ピエール瀧の23区23時

2020-2022

ピエール瀧

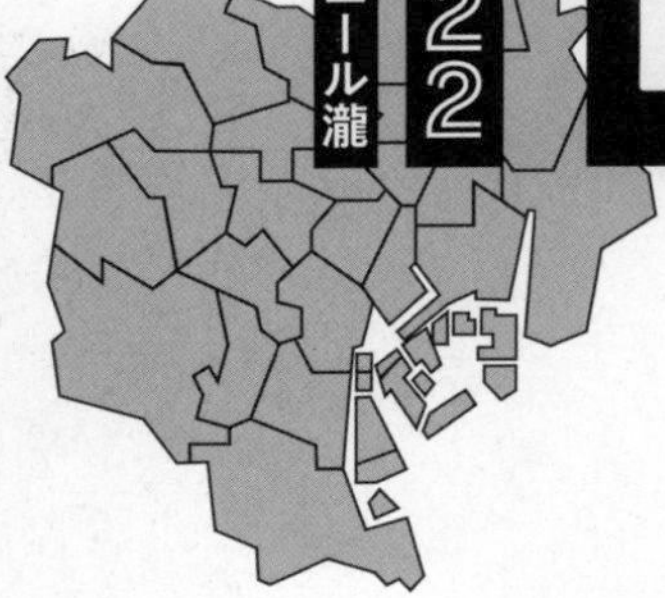

産業編集センター

introduction

東京23区を夜中にまた歩いた。

〝また〟というのはこれで2度目だから。


前回23区を歩いたのはちょうど10年前。東京のさまざまな場所から建設中のスカイツリーが見えた。そして東北で震災が起きた。

セカンドシーズンとなった今回、東京は56年振りの開催になるはずのオリンピックでざわついていた。しかしCOVID-19という新型コロナウイルスがどこからともなくやってきて、東京どころか、日本、世界がメチャクチャになった。

それでも僕らは歩き続けた。答えは求めない。夜中に知らない場所に集まり、ただひたすらに角を曲がり、時折訪れるくだらない瞬間を噛み締め、皆で他愛もない話をしながら月に照らされ続けた。


歩いてみてわかったが、東京の23区はやはり特別な場所だった。

自分も35年以上住んでいるが、本当にまだまだ知らない場所がたくさんある。知っているつもりだった場所もいつの間にか姿を変えていってしまう。変わり続けていくことが東京の最大の魅力なのかもしれない。

そんな巨大アメーバのような街を夜中に彷徨うという、心底無駄な時間に付き合ってくれた仲間に心から感謝したい。

各区の特徴を捉えて企画を考え、人懐っこいムードで道中に彩りをもたらしてくれたライターの矢吹くん。時には5時間を超え、足が棒になる夜に興味を持って寄り添ってくれたマネージャーの藤森。「瀧さんとなら!」と二つ返事で引き受けてくれて、東京の街角の美しい写真を撮り続けてくれたカメラマンの横ちゃん。今回も素晴らしいデザインで本を仕上げてくれた、前回の23区同行者でもあるデザイナーの日高さん。〝自分が微妙だった時期〞にも関わらず、この企画を快く引き受けてくださり、もう一度書籍化を実現する機会を与えてくれた編集の松本さん。

その他にも、旅の案内をしてくださったスペシャリストなゲスト同行者の皆さん、書籍完成に至るまでに関わってくださった関係者の皆さんにも感謝したい。

今回の旅は、2020年から2022年という、未曾有の出来事が並行して起きていた東京の都市の雰囲気を記録することができたと思う。でも自分としては、なんでもない家並み、偶然咲いていた花、誰も気にもとめない風景、知らない人との会話をこうして記録することができたことに喜びと興奮を感じている。

もし機会があればまた23区を歩いてみたい。そして、〝夜の一瞬〞をまた味わいたい。

ピエール瀧

contents

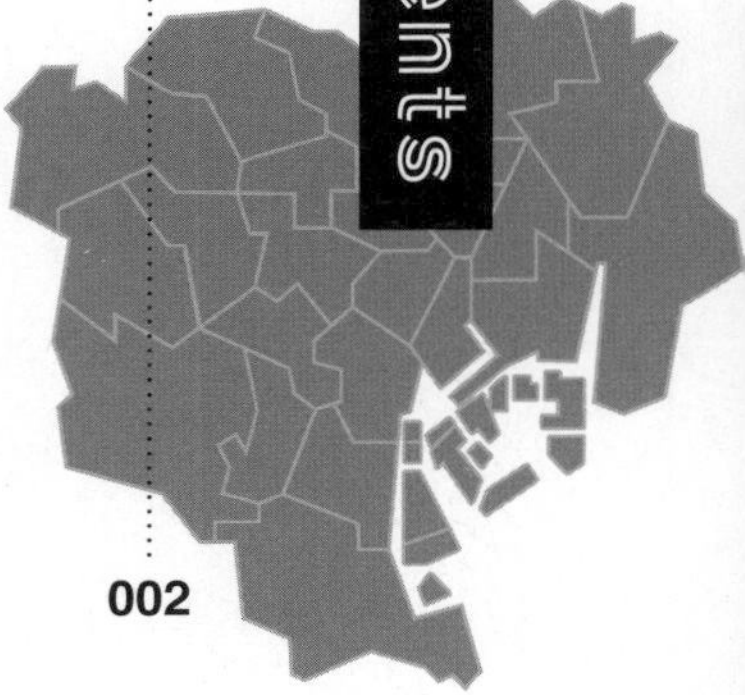

編集注：コロナ期間中はマスクを着用。撮影の時だけ周りに人がいないことを確認しながらマスクをとることがありました。

夜の散歩2つのルール

夜の散歩はとにかく行き当たりばったり。
集合場所が必要なのでスタート地点だけは決めておくが、
あとは気の向くままにゆるゆると歩くだけ。
とはいえ時には「しばりを楽しむ」のもオツなもの。
今回も10年前の『23区23時』と同じく、
2つだけルールを作った。

ルール1
23時になったら写真を撮る。

ルール2
100円自販機を見つけたら味見する。

23区

100円自販機

ジャスト23時

Photo

夜の公園遊具

夜の銅像・石像

100円自販機

8種の野菜のクリーミーポタ

江東区 東雲のバイク用品店の前で

瀧：これは珍しいマシンだな。
100円？　違う、90円か。紙パック？　これはありかも。
今までなかったパターンだ。夏にポタージュかよ（笑）。

荒川区 gekidanUの劇場の前で

贅沢メロンラテ

gekidanU 劇場主の遠藤さん：瀧さんこちらウチの100円自販機です。この贅沢メロンラテを是非飲んでください。

板橋区

蓮根のへび公園付近で

冷やし甘酒

瀧：珍しいな、100円の甘酒がある。月桂冠じゃん！完全に冬に売る気が無い姿勢。冷やし甘酒だからね。

雑司が谷駅付近で

豊島区

ほうじ茶ラテ

瀧：このラインナップだったらほうじ茶ラテいってみようかな。

愛媛河内晩柑ゼリー

瀧：50円!?　衝撃の50円。広尾で？　明治通りだよ！　これはもうさ、金持ちの道楽としての施しなんじゃないの？（笑）これはいっとこう。

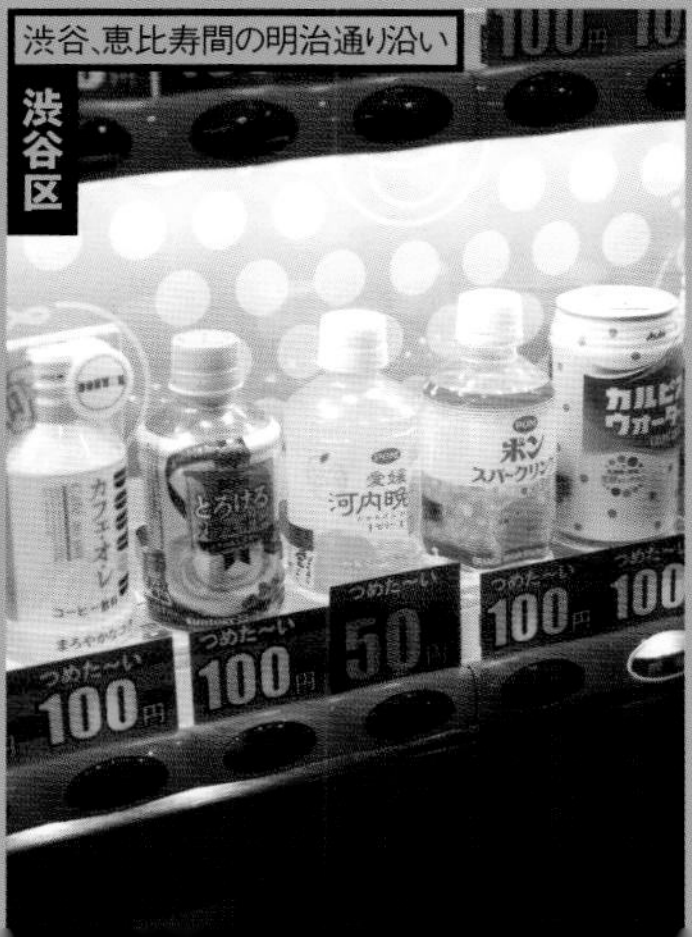

渋谷、恵比寿間の明治通り沿い

渋谷区

銀座の路地裏で

とろけるマンゴー

中央区

瀧：ザギンの100円自販機を求めて。あった。銀座なのに100円だ！　クリーミーカフェゼリー、エスカップ……。あ、これいいね、牛乳。
――でも売り切れてますね。
瀧：じゃあ俺これにするわ、とろけるマンゴー。

新宿区

高田馬場駅付近で

瀧：なんかあんま見たことないヤツがある、これいってみようかな。ウィルキンソンレモン。

ウィルキンソンレモン

毎日一杯の青汁

千代田区 日枝神社で

瀧：お！　キタキタ！　ネクター 100 円、青汁 100 円……。ここは珍しいから青汁かな。

お台場海浜公園 水上バス乗場で 港区

コナンサイダー

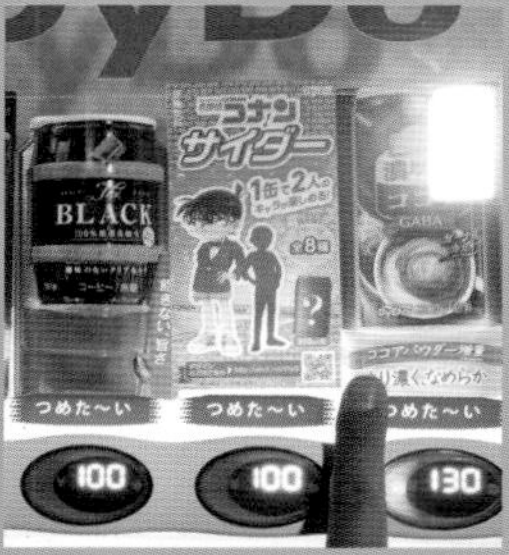

—水上バス乗場の自販機をチェックしましょうか。

瀧：あ、100 円のやつあった。この中だったら、コナンサイダーじゃない？

── 100円自販機ありました！
瀧：全く知らねえやつあるわ。ファンタ、ルロ味!?「コロンビア国民が愛してやまない爽やかな甘酸っぱさ」全然知らねーわ。

瀧：キャラメルミルク、アメリカンカフェオレ……。隣の自販機ではお菓子も売ってるね。
──エスカップ売ってますね。しかも100円。
瀧：やっぱエスカップじゃない今日は？

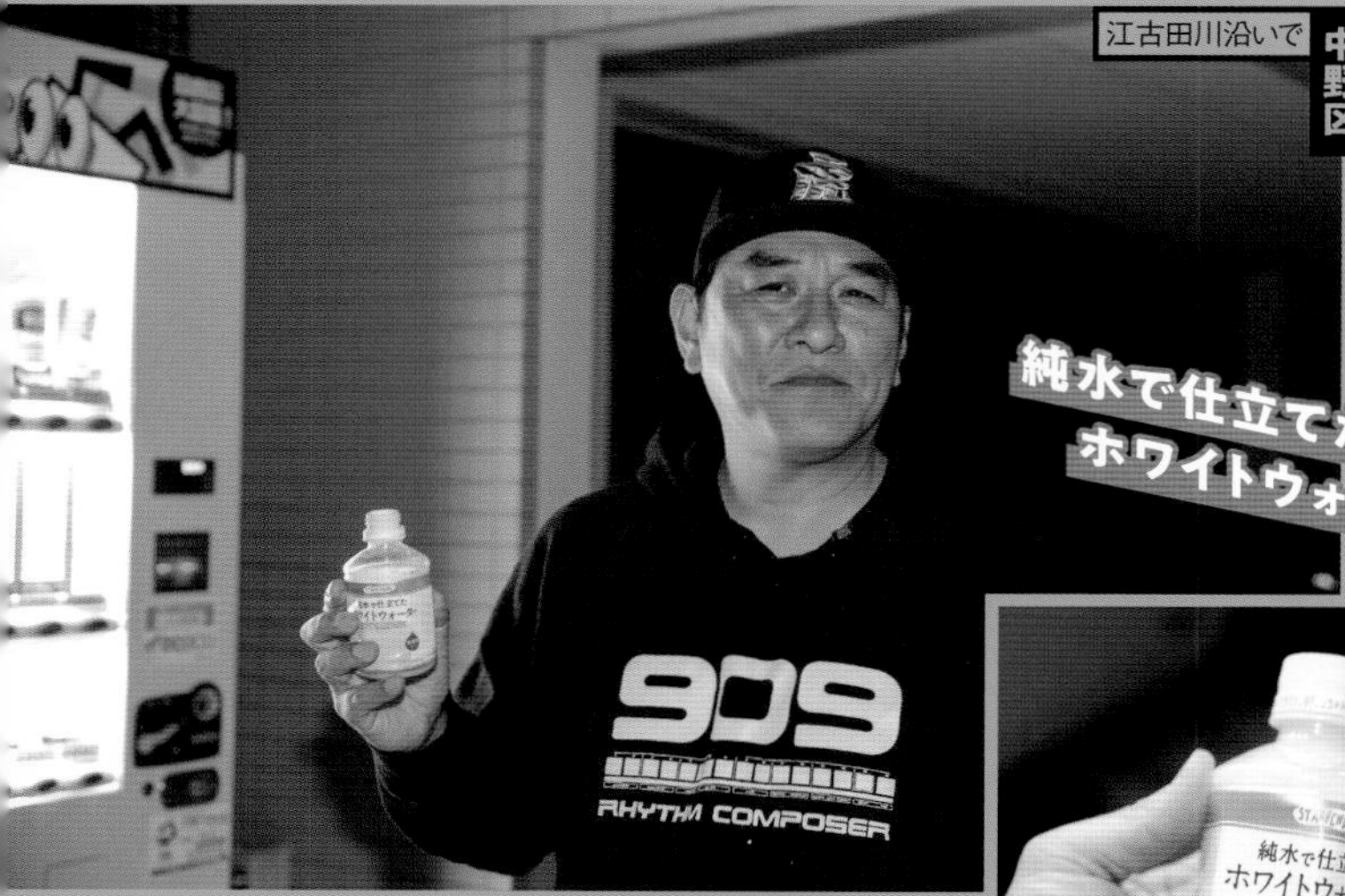

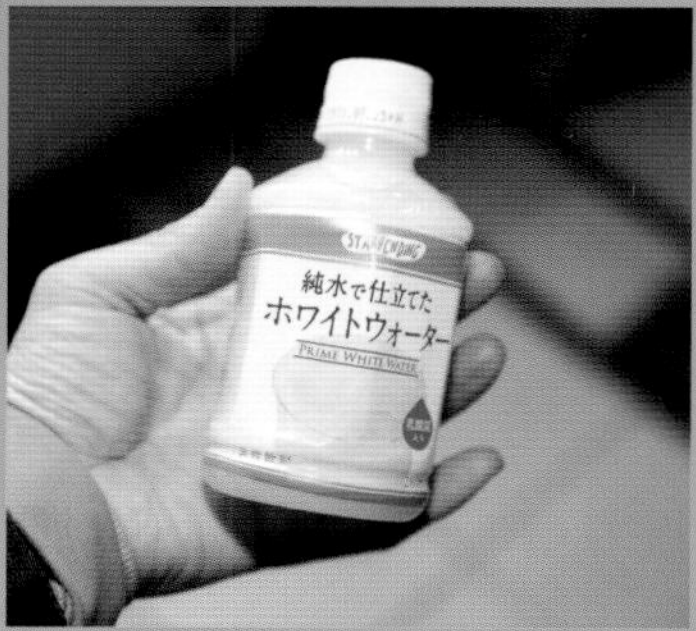

瀧：ホワイトウォーターでいきますかね。アンバサ的な話なんじゃないの？　乳酸菌入りって書いてあるし。

瀧：今オニオンコンソメスープを飲みたい気持ちはほぼゼロに等しい（笑）。まあでも行ってみよう。

瀧:ちょうど喉が渇いたんだけど、渇いたときに100円自販機がない(笑)
──あ、なんて言ってたら100円のやつありましたね。
瀧:普段なら面白みに欠けてスルーするけど、喉が渇いてるから買ってみようかな。じゃああんまり見たことないこれにしよう。

瀧:お、久々に80円の自販機が登場!! 謎缶!?
──面白そうですね。みんなでいってみましょうか。
瀧:チャレンジ精神旺盛だねえ(笑)。

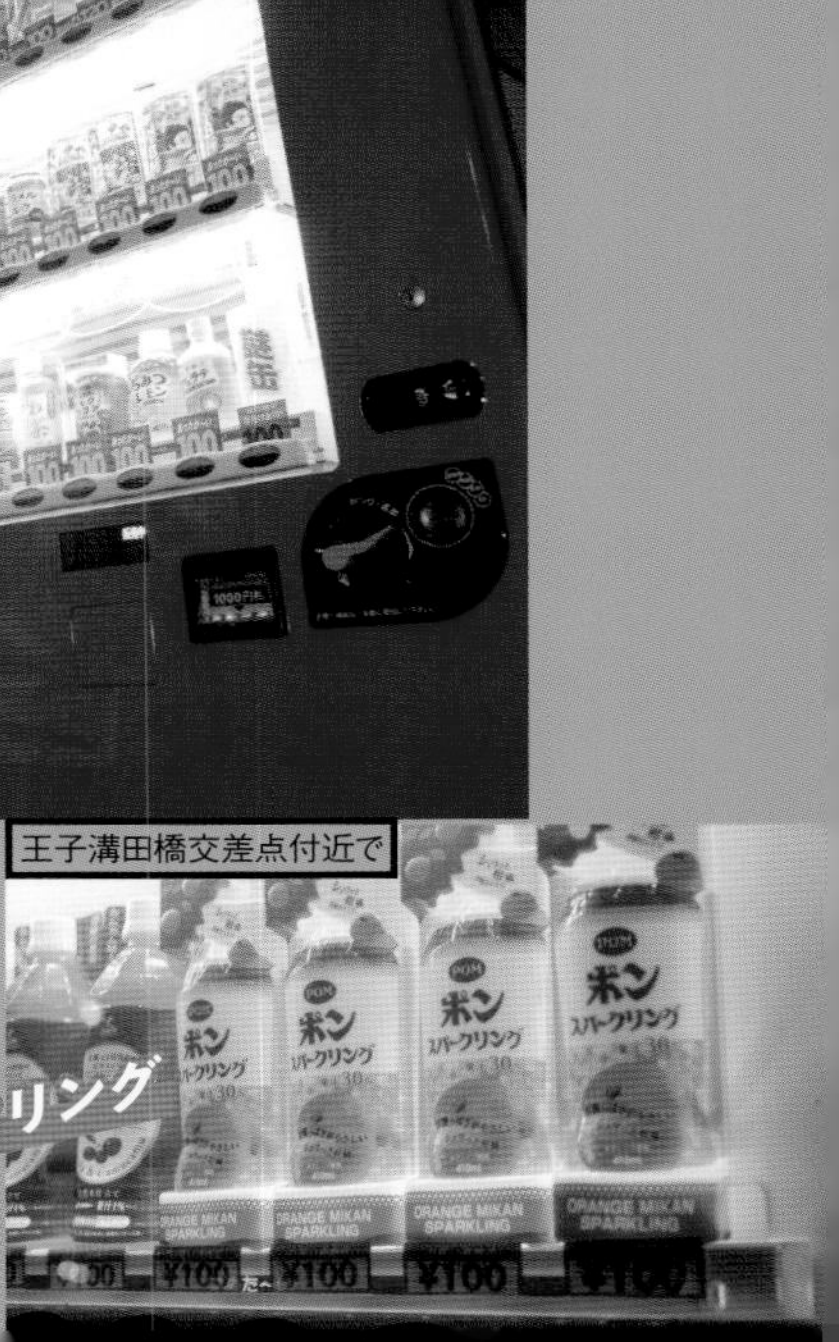

瀧:なんとポンスパークリングが100円だ! 即決!

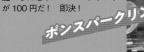

X フリーダムエナジー

足立区

見沼代親水公園付近で

足立区入谷で

アルプスの天然水

瀧：これいってみようかな、100円のがぶ飲みエナジードリンク。すげえ、緑色の飲み物。「X フリーダムエナジー」って書いてある。何がフリーダムなんだろ？

瀧：東京の一番端にある100円の飲み物はこちらになりました。アルプスの天然水！記念に東京の側を向いて飲もう。

目黒区

ポーランド大使館付近で

ドクターペッパー

瀧：メジャー系のやつだけど、ちゃんと100円だね。コカ・コーラ500ml缶か。今、500mlも飲めないな。ここはドクターペッパーかな。こんなカラーリングだっけ？

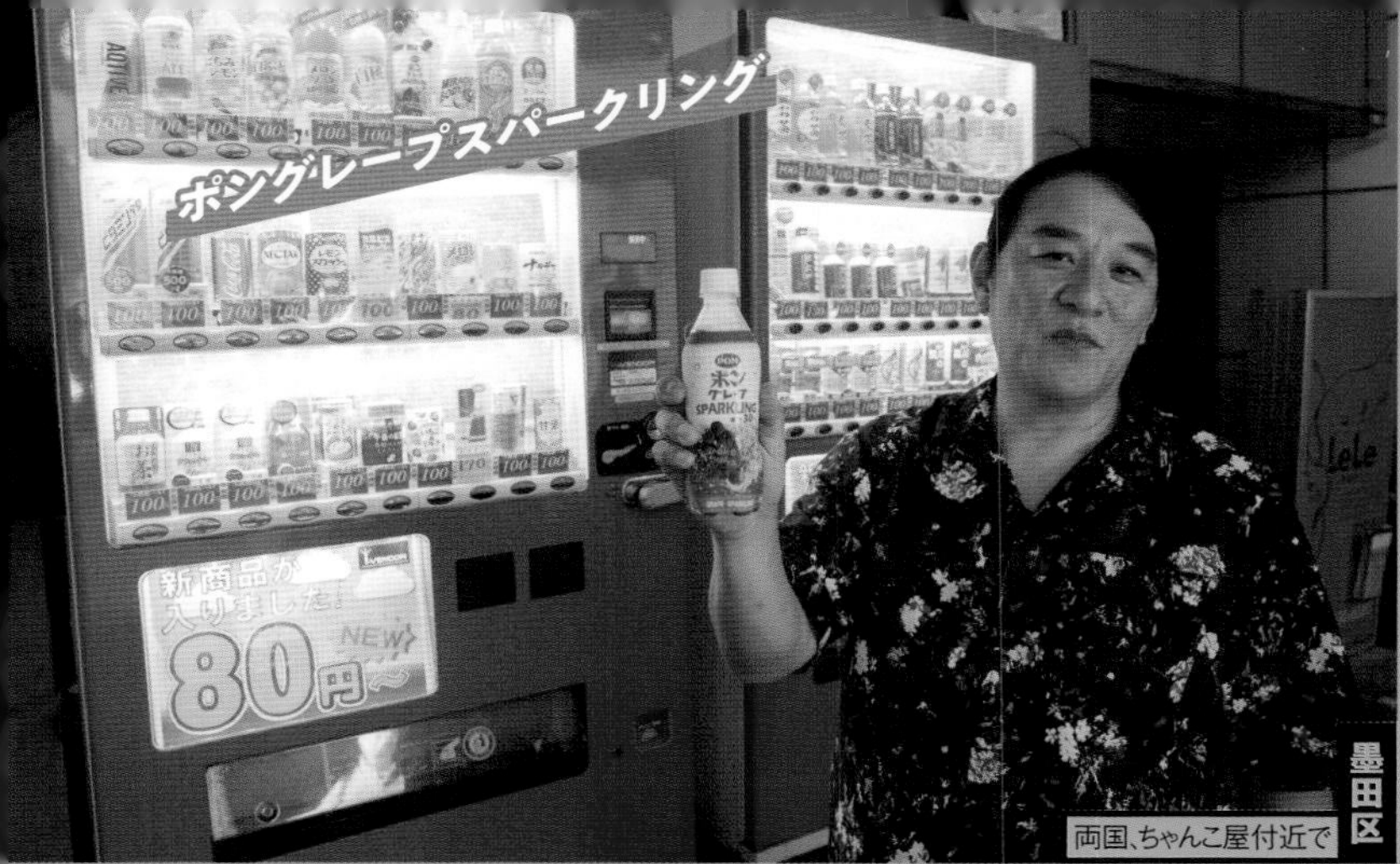

墨田区
両国、ちゃんこ屋付近で

瀧：80円で売ってる！　今日はポングレでいかせてもらいます！　小学生の小遣いで買うにはちょうどいいぜって思うな。

文京区
千石駅付近で

瀧：これかな、ほうじ茶。珍しくない？　ほうじ茶の温かいやつ。持つのに熱くない缶を発明したら大金持ちになれると思うけどな。

瀧：これまだいってないかも！　レモネード。ダイドーだしな。このちょっとクラシックなイメージは2022年ならではかも。ちょっとレトロっぽい方が新しいというね。

品川区

江戸川区
小岩の昭和通り商店街付近で

特濃ライム

瀧：初めて見る特濃ライムにするか。うん、味が濃いめのレモネードだ。

――お砂糖いっぱい入ったアメリカのお母さんが作ってくれる感じですよね。

瀧：ああ、そんな感じするね。アメリカのお母さんが作ったレモネード飲んだことないけど（笑）。

葛飾区
新小岩のたつみ橋交差点付近で

角切りりんごと日向夏

瀧：これ行こうかな。角切りりんごと日向夏。

――あ、これサンAが作ってるんですね！　宮崎では知らない人がいない、間違いのない飲料メーカーです！

瀧：間違いがないんだ（笑）。全幅の信頼感じゃん。

四つ木付近で

太陽のCCレモン
パインミックス

瀧：「太陽のC.C.レモンパインミックス」これいこうかな。

――僕も行きます、喉渇いてきました。

瀧：100円率が高いね、葛飾区。庶民感が強いよ。

瀧：一応見ておく？　強炭酸水ミネラルストロング。うわ、これすごいよ注意書きが。「10 秒以上待ってから開栓してください」だって。

瀧：普通に水飲んで良い？ やっぱあんだけの量のスープを飲み干すと体が反応する（笑）

瀧：お、自販機あるね。じゃあ、みかんスカッシュを。生協系か、いやめちゃくちゃレア。しかも 100 円以下で買えるもん。

ジャスト23時

――なんか銅像ありますね。
瀧：国際自動車か。タクシーの会社だ。これ多分創業者の人じゃない？
――あっちに「ソーシャルディスタンス」って旗も見えますね。もうすぐ23時です。
瀧：じゃあ今回の23時の写真はダブルで（笑）

高島平観光協会（仮）の高橋さん：駅の隣なのでアナウンスとかも聞こえてきて。電車の音、聞こえますよね。
瀧：聞こえるね。もう23時か。ではここらで写真を。

遠藤：あそこは荒川区スポーツセンターですね。
――ちょうど23時になりました。写真を撮りましょうか。
瀧：じゃあ、スポーツセンター前のこの像と撮ろう。「春のうたが聞こえる」って書いてある。

タナミさん：その道を挟んだ側、これが布袋尊ですね。
瀧：今ちょうど23時か。じゃあ写真撮っとこう。

瀧：俺、観光地に来てる気分だもん。完全に知らない街だよ。そして23時か。人がいっぱいいるなっていうところで撮ろう。

──瀧さん、「月のはなれ」の階下にあるお店のママが、編集の松本さんのお知り合いみたいなので、ちょっと寄っていきません？
瀧：いいよ。こんばんは〜。どうもどうも。
女性陣：えーっ（笑）。写真撮ってもいいですか？
瀧：全然いいですよ！23時だし、ちょうどいいね。

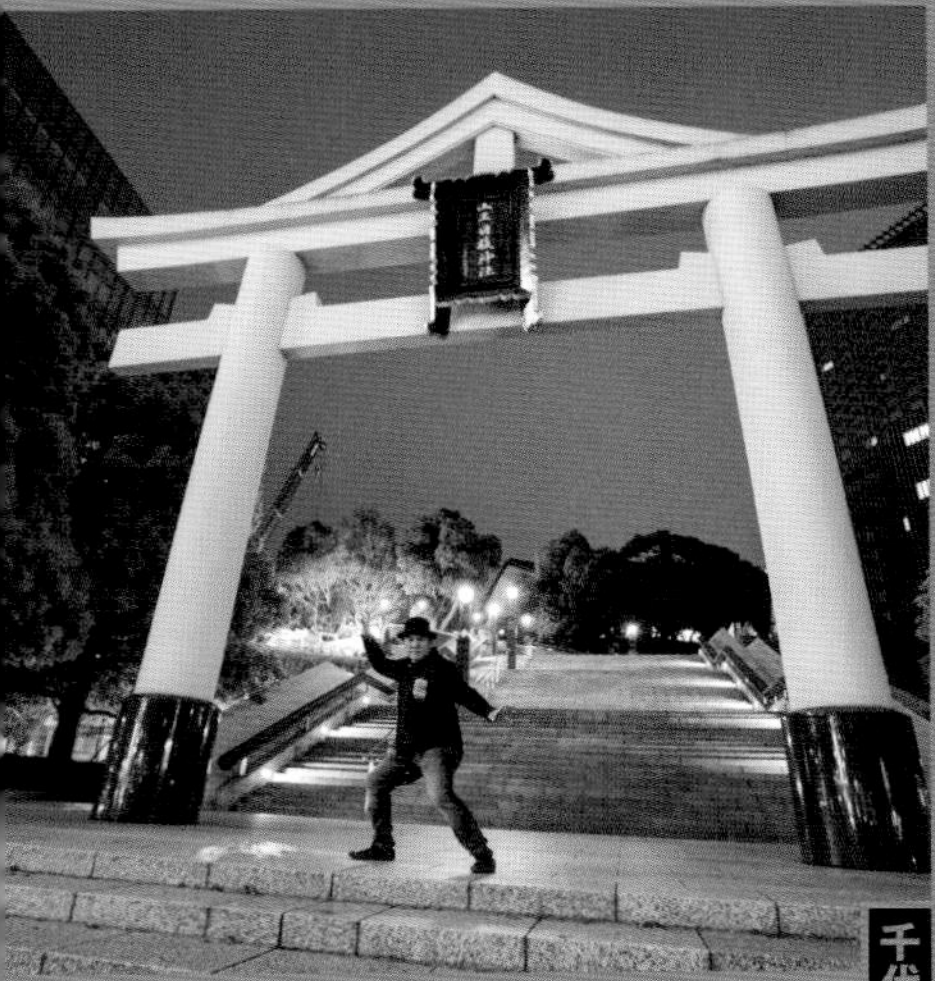

千代田区

瀧：神社の構えとしてはすげえなこれ。やっぱ迫力あるよ。
――ちょうど 23 時なので写真撮っておきましょうか。

新宿区

瀧：早稲田松竹の前の信号、全然変わんねえなと思ってたら、押しボタン式か。もしかしてそろそろ 23 時？

台東区

――ちょうど 23 時ですね。ここで撮りましょうか。
瀧：そうね、俺の大好きな科学博物館の前で。

港区

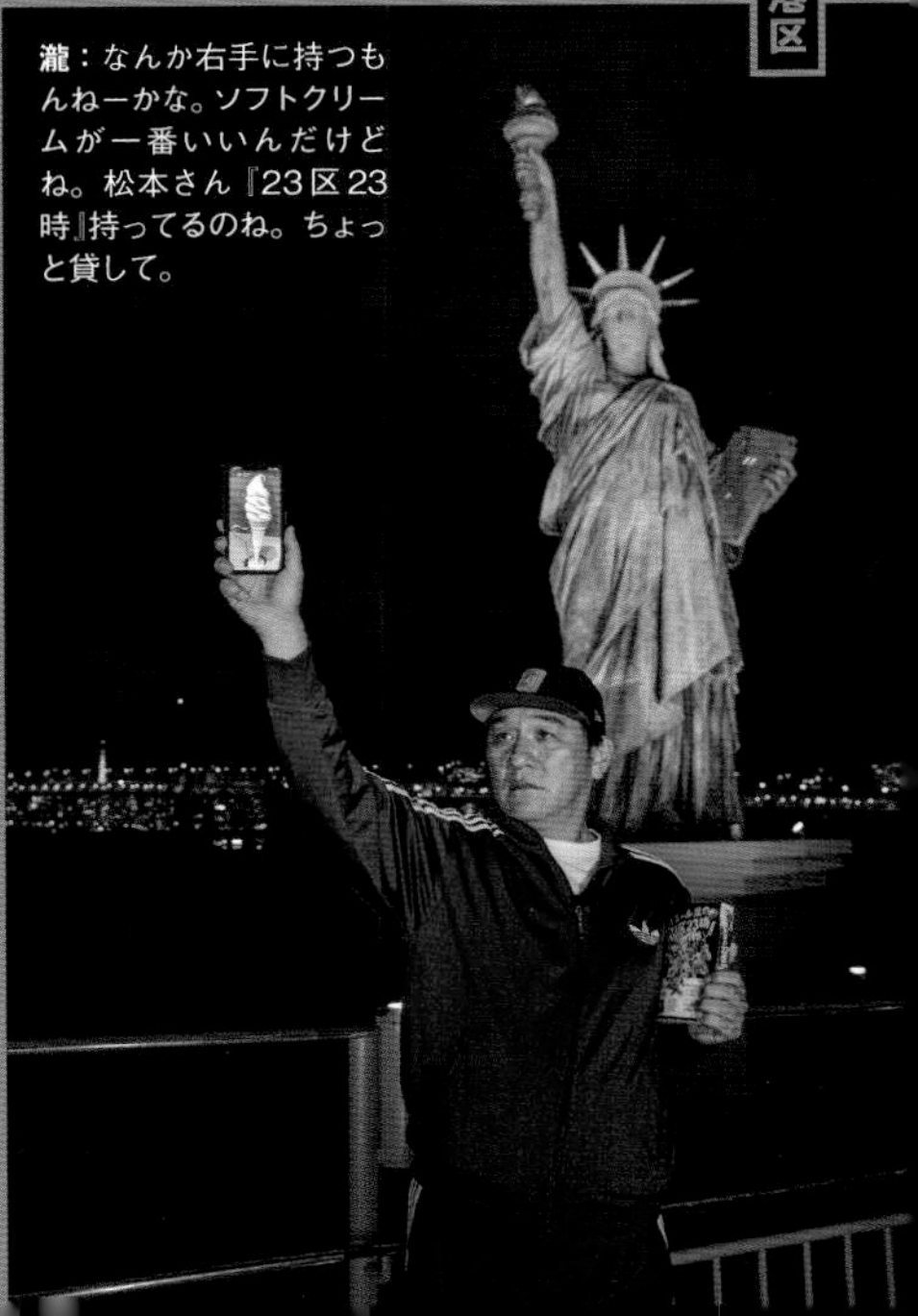

瀧：なんか右手に持つもんねーかな。ソフトクリームが一番いいんだけどね。松本さん『23 区 23 時』持ってるのね。ちょっと貸して。

大田区

瀧：今 23 時か。じゃあここで撮っちゃおう。おーい君たち～、一緒に写真撮ろう。

中野区

――ちょうど 23 時になりました。公園の時計と一緒に撮ってみます？　意外とまだやってない気が。

瀧：そうね、時計と撮るっていうシンプルなやつやってなかったわ。

世田谷区

瀧：あ、これトンネルなんだ！　東京外かく環状道路。東名から関越にダイレクトに繋がるトンネル道路を作ってるのか。

――瀧さん、今 23 時ですね。

瀧：じゃあもうこれがいいかもしんないね。

瀧：ここ電車撮るのに最高の場所だね。うわ、なんか来たよ！　めっちゃ近い！　速っ！　そして怖っ‼　電車までめっちゃ近いじゃんこれ！
── 瀧さん、23 時です！（笑）
瀧：今のやつでもういいんじゃないの（笑）。

── 舎人町公園です。
瀧：あそこに置いてあるの桃かな？
── そうみたいですね。ちょうど 23 時なので写真を撮りましょうか。

瀧：この煙突はゴミ処理場かな。やっぱ清掃工場か。最新焼却炉だ。
── 23 時です。撮りましょう。

文京区

矢吹：今、ちょうど23時ですね。
瀧：じゃあここで撮ろうよ。本の街だし、売ってるとこだからいいんじゃないの。

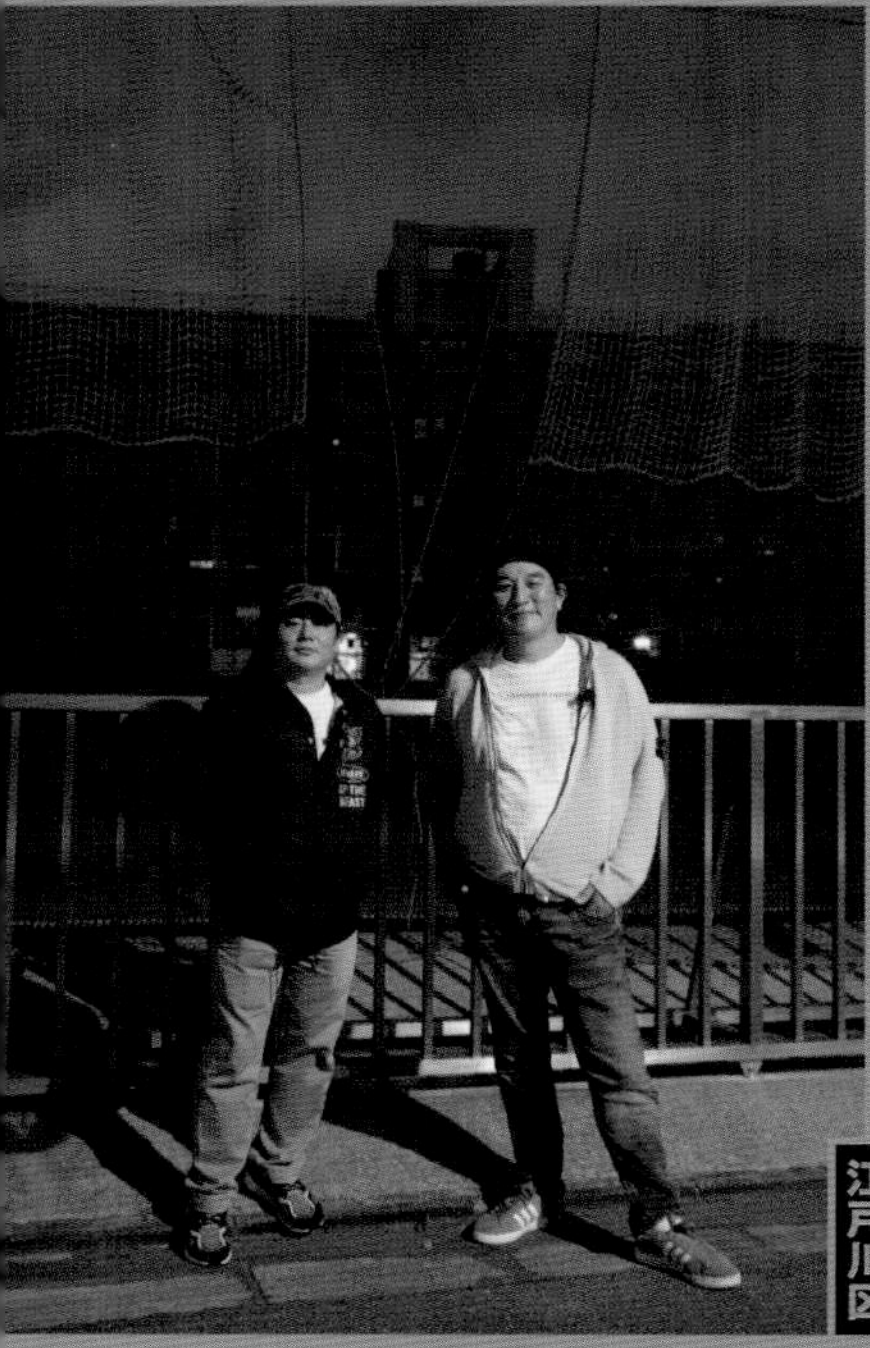

江戸川区

――瀧さん、今、23時です。
瀧:じゃあ、ここで撮ろうか。サンちゃんの母校で。

墨田区

瀧：じゃあ、あの遊具は咸臨丸イメージなんだね。ちゃんとアメリカの方をむいてるかな？
―― 調べてみます。んー、向いてないですね（笑）
瀧：そうか（笑）。じゃあ23時だし、ここに座って写真撮ろう。

店員さん：お待たせしました。こちらイカリ醸造のアイリッシュレッドと黒です！
瀧:う～ん、ぱっと見わかんないね（笑）。
――今、23時です。
瀧：じゃあ、ここでの写真を23時にしようか。みんなでかんぱ～い！

品川区

瀧：いたいた〜！　モンチッチ！
──ちょうど23時です、モンチッチ公園で写真を撮りましょう。

葛飾区

瀧：そろそろ23時だね。蜂に注意の看板あったからそこで撮ろうか。じゃあ坂本くん、一緒に。
坂本：いいですか？　よろしくお願いします！

練馬区

杉並区

瀧：ちょっと僕は今は入りたくないですけど。もうすぐ執行猶予が切れるんで（笑）
──ちなみに、今23時ですね（笑）。
瀧：本当に？　しょうがないなぁ、じゃあ牢屋入ろうか（笑）。せっかくだから忍者と一緒に撮ろう。

夜の公園遊具

高島平団地れんが公園
板橋区

辰巳駅オブジェ
江東区

お台場レインボー公園
港区

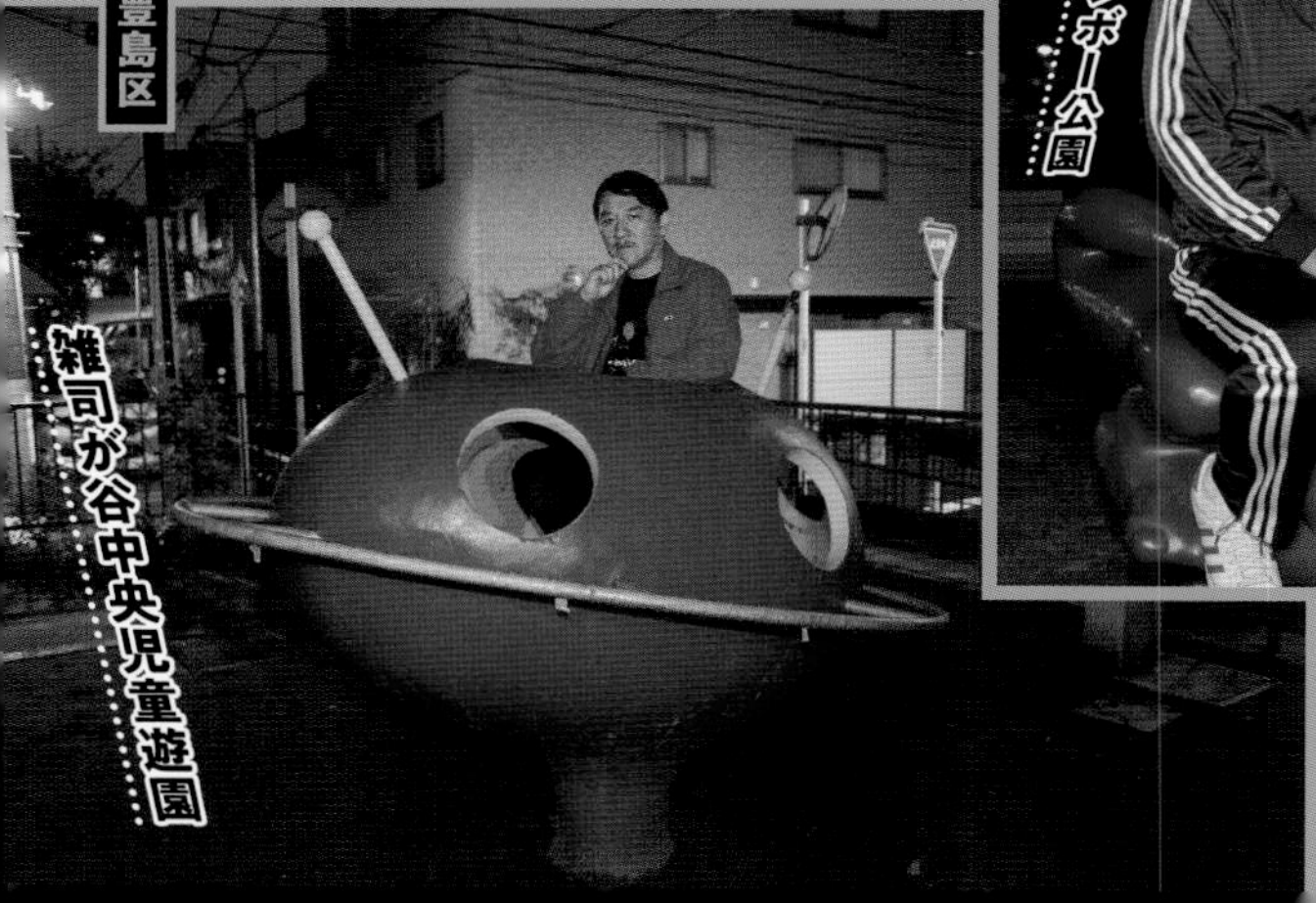

雑司が谷中央児童遊園
豊島区

世田谷区
世田谷田直公園

大田区
羽田仲七児童公園

北区
飛鳥山公園

足立区
舎人町公園

文京区
春日駅付近商店街

葛飾区
モンチッチ公園

夜の銅像・石像

台東区

不忍池辯天堂

大田区

穴守稲荷駅前 キツネ像コンちゃん

中野区

新井五差路

目黒区

すき家 目黒三丁目店前

江戸川区

名人横綱栃錦像

墨田区

徳川家康公銅像

葛飾区

岬太郎銅像

江東区《こうとうく》

足立区
板橋区
北区
練馬区
葛飾区
荒川区
豊島区
中野区
文京区
台東区
墨田区
杉並区
新宿区
江戸川区
千代田区
江東区
渋谷区
中央区
港区
世田谷区
目黒区
品川区
大田区

ゆりかもめ
「市場前」駅スタート

——さて、第1回は江東区です。豊洲市場最寄りの「市場前」駅からスタートして、東京オリンピック会場予定地を経由して若洲公園を目指します。

——このエリアは、100円自販機が無さそうですね。

瀧：いやいやいや、絶対あると思うよ。100円自販機業界を舐めたらいかんよ。今日はすげえ距離を歩くルートだけどさ、やっぱり一人で歩くより、誰かと一緒の方がたくさん歩けるよね。

——しかも安倍首相が退任を表明した日ですからね。

瀧：そんな日にオリンピックの会場を観に行くっていうね。だってあの人、オリンピックを有終の美にして辞めるつもりだったんでしょ？

——それがコロナ禍で儚く崩れ去った感じですね。

瀧：前回の『23区23時』はさ、スカイツリーが7割方完成してた時にやってたから、世の中的にもスカイツリーの話ばっかりだったけど、今やもう誰も話題にしてないじゃん。オリンピックもそんな感じになるのかな。あ、人を見かけないような場所なのに、夜走ってるランナーいるんだね。おそらく湾岸の高層マンションに住んでる人だと思うけど、どんな暮らしをしてるんだろう？

——瀧さんはマンションに住んだことってあります

か？

瀧：住んだことはあるんだけど、一番高くても5階。落ちたら即死んじゃうくらいの高さのところって感覚的に住めなくてさ。だから、高層マンションの上の方に住める人ってのは感覚的に俺とはまったく違うんだろうなぁって思うな。

東京オリンピック会場予定地

――あっちに何やらスタンドがありますね。

瀧：なんか観客席あるじゃん。あそこオリンピック会場なのかな？　でもなんか狭くない？

――スケボーやBMXかもしれないですね。建設計画のお知らせがありますね。「東京オリンピック有明BMXコース」と書いてあります。そこを右に曲がると、有明コロシアム

があります。今年オリンピックやってたら、観たかった競技って何かありました?

瀧：野球。あと100m走の決勝はやっぱ単純に観たいよね。マラソンはそんなに観たいとは思わなかったし、結局北海道でやることになっちゃったけど、俺ずっと首都高でやればいいのにと思ってたんだよね。散水車に前走ってもらって、打ち水しながらやったら涼しくていいんじゃないのって(笑)

――84年のロス五輪みたいですね、あの時も高速道路でマラソンをやりました。

瀧：そうだったっけ。首都高はアップダウンあるから結構な難コースになっちゃうだろうけど。なんかこの辺ってさ、街の規模が大きくて子どもたちが学校通うのも大変そうじゃない?

――学校がパンクして大変みたいですよ。高層マンションが一棟建って、そこに若い夫婦たちが引っ越してくると、それだけで子どもが一気に増えちゃうので。

瀧：そうか、そこだけマンモス校になっちゃうわけか。都市計画ってそういうことを考えないで進めちゃうことあるんだな。あそこに見えるヤツも高層マンションだ。

――この辺、人が歩いた形跡があんまりないですよね。向こうに有明アリーナが見えてきました。オリンピックではバレーボールの会場として使用される予定です。まだ工事終わってない感じですね……。

瀧：「安全第一」って書いてあるままだし、なんか止まってるね。デカいなあ、ここも。工事予定表が書いてある、本当は去年(2019年)の12月に完成してるはずだったのか。あ、「建築主　小池百合子」って書いてある(笑)連絡先が「東京オリンピック・パラリンピッ

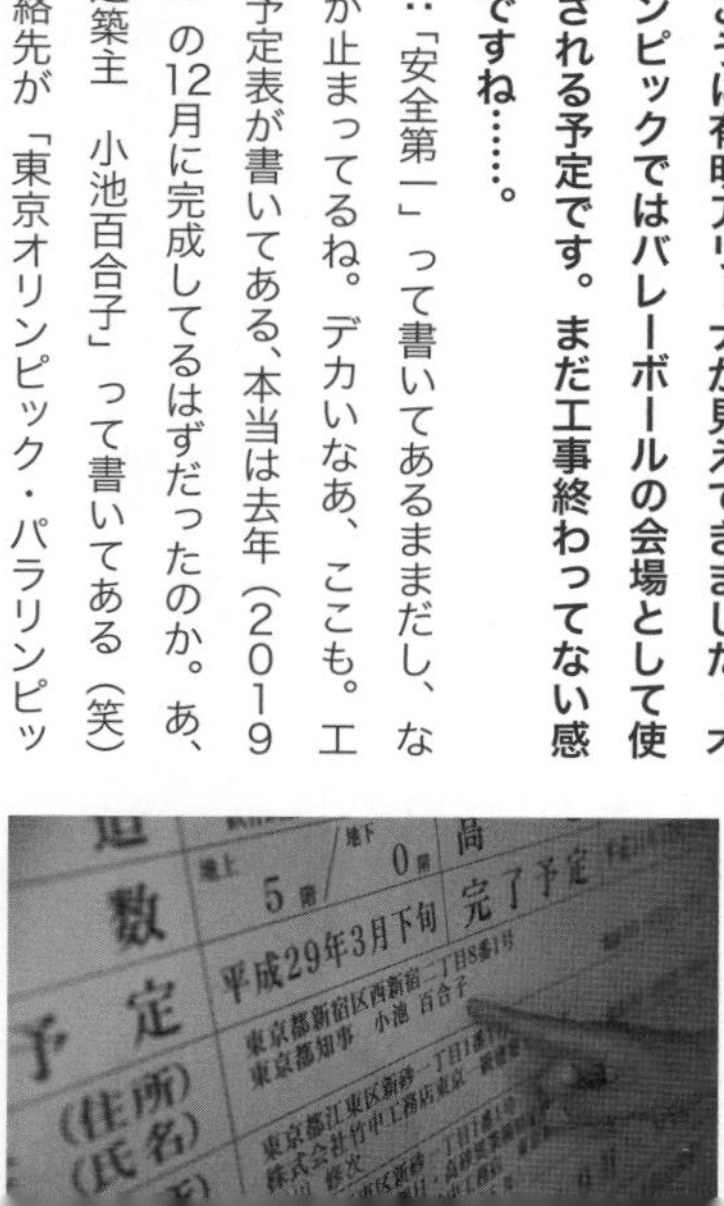

ク事務局」か。そう言えば、豊洲も元々は埋め立て地だよね？　前来たときも思ったんだけどさ、この辺の埋め立て地って土地の神様がいない感じするよね。でも風は涼しいな。海沿いだから海風がちゃんとある。

昭和の香り東雲公園

瀧：「東雲2丁目団地入口」。綺麗な団地だね。これで「シノノメ」って読むんだよなっていうのは、車で通り過ぎるときにいつも思うんだけどさ。

――普通に走るだけのドライブもするんですか？

瀧：するする。あてもなく走っていって、あてもないところで降りて、あてもなく歩いたりする。

――車、一回映画賞でもらってましたよね。

瀧：2013年の毎日新聞映画賞で男優助演賞を受賞して、ティアナっていう日産の車を新車でもらった。それはしばらく乗って、その後、当時の担当マネージャーにあげちゃった。元々「凶悪」っていう映画がきっかけでもらったからさ、その映画の監督の白石さんに「監督、車乗り換えようと思うんですけど、車を売るのは気が引けるんで映画に関わった人に渡した方がいいかなと思ってるんです。ということで車いります？」って聞いたら、「僕車買ったばっかりなんでいいです」って言われて。そうですかって（笑）で、マネージャーにあげた。お、公園があった。この素朴な感じいいね。この辺りの土地の元々の気質はこの感じなんじゃないの？　東雲公園いいじゃん。

――ここはちゃんと人がいそうですしね。

瀧：そうそう。子供がちゃんと走り回った跡がある。しかし東雲公園、なぜすべり台が2つある？（笑）

――使う子が多いんじゃないですか？

瀧：そう？　ブランコでしょ子供が喜ぶのはやっぱし。

――すべり台、なんとあっちにもう1台ありました。

瀧：3つもあるのか！東雲公園（笑）でも超気持ち良いわ、夜のブランコ。でも通行人2人にすげえ見られた。夜中におっさんがはしゃぎ回ってるから警戒だって目で。

――普段から夜中出歩いてるんですよね？

瀧：相変わらずウロウロしてる。去年の夏頃も、夜中に多摩川まで車で行って、土手を延々歩いたりしてた。コロナで非常事態宣言の時は、車で九十九里の方とかも行ったりしてたよ。まず家で弁当作って、嫁と子どもに「どこも寄らないからな」って宣言してみんなで出発。サービスエリアも寄らない。で、九十九里の海岸辺りで見つけた四阿（あずまや）で弁当を広げて食べて。食べ終わったらまた車に乗って誰にも接触せず、どこにも寄らずに帰ってくる。でもそれからしばらくしたら、「九十九里海岸の辺りで県外からサーフィンやりにきてるヤツらがいてけしからん」っていうムードになっちゃったのよ。なんか東京ナンバーが行くのがはばかられる感じになっちゃった。じゃあどうしよう？　って、また多摩川の土手を延々歩いたりしてた。だけどそれはそれで楽しかったけどな。家族3人で歩くの。

――夜の時間帯ですか？

瀧：そう、夜。子供もずっと学校に行ってないから、それこそ23時ぐらいの時間にふらっとコインパークに車を停めて、家族でお菓子ボリボリ食べながら歩いて帰ってくるだけ。ガス橋とか多摩川下流のあの辺を。「ここ俺が指揮してゴジラにやられたところじゃん」とか言いながら（笑）

車両のベッドタウン

――左側になんか銅像ありますね。

瀧：国際自動車か。国際自動車だからタクシーの会社だ。これ多分創業者の人じゃない？

――あっちに「ソーシャルディスタンス」って旗も見えますね。もうすぐ23時です。

瀧：じゃあ今回の23時の写真はダブルで（笑）そして東北急行バスの会社もあった。江東区ってこんな感じでタクシーとかバスとかのねぐら的な感じにもなってんのかな。土地いっぱいあるだろうから。

バイク用品店の前で意外な100円自販機発見

瀧：お、ここバイカーそろい踏みじゃんか。バイカー連中がなんか集まってんね。

――そして自動販売機がいっぱいありますね。

瀧：これは珍しいマシンだな。8種の野菜のクリーミーポタ？　ポタージュのポタか！　うわあ真夏にポタージュかよ（笑）じゃあ行くしかないな。

（ガチャン）

うわ、デカッ！え？冷たい……。氷が入ってる……。では、いただきます。（飲む）うん、みんなが思ってる粉末の野菜スープあるじゃんか。あれの冷たいやつだ。8種類はわかんないけど、旨味はある。塩分は取れるよ。今のこの、汗をかいてる瞬間にはいいかも。冷たいのはいいんだけどさ、氷が入ってるのはちょっと嫌だわ。冷たいクノール（笑）

二輪はなんか無理

――瀧さんって二輪免許持ってます？

瀧：ない。原付しかない。欲しいなとはちょっと思うんだけど、それは仕事上で取っとこうかなと思うだけ。バイクいいなぁとも思

うんだけど、絶対にコケない自信はないってかさ。もし事故ったら痛いじゃ済まないじゃん。膝が逆に曲がってるのとか見たくないなって。

さて、これどっちに行くべきだろう。

——首都高に沿ってずっと歩くって感じですね。

瀧：行き先に箱崎、浦安って書いてある。

（ブオンブオンブオンブオン〜　爆音のバイクが数台通り過ぎる）

瀧：今のは浦安の子達じゃない、多分（笑）そうか！

これ、レインボーブリッジから来て、浦安の方に抜ける高速（東関道）の下の道だよね。

有楽町線「辰巳駅」

——東京メトロ有楽町線「辰巳」駅が見えてきました。

瀧：すげえ駅だ。地下シェルターかっていう。そして何これ？　ドラゴン？　辰だから？　藤波辰巳？（笑）だめだ、藤波のポーズが全然思いつかねえ。辰巳だからドラゴンステーションなのか。あれ、これは何なの？　こっちは蛇になってる。

―あっちが「辰」で、こっちが「巳」ってことじゃないですか？

瀧：合わせ技？（笑）なるほどなあ。

―ここもうちょっと行くと新木場駅ですね。

瀧：じゃあ新木場駅で休もう。そうか、これもしかしてagehaの横を通る？

―通ります。ageha、もうコロナ禍になってから行ってないですね。

瀧：俺も、New Order観に行って以来行ってないかな。

夢の島へ

瀧：松の木とか多いけど暴風林扱いなのかな。そして向こうに見えるあのでっかい建物は何だろう？

―あれはプールですね。

瀧：あ、東京辰巳国際水泳場。かっこいい。水門があって、向こうにスカイツリー。夢の島って「World Happiness」やってたところだよね。

電気でライヴやったなあ。つーかさ、ビール飲みたいね。緊急事態宣言出てた期間ってやたらと家で酒飲まなかった？

―期間中はすごかったですね。「おかあさんといっしょ」を子どもと見ながら飲んでました。夕方16時から。

瀧：俺一応17時までは飲まないって決めてた。じゃないとずっと飲んじゃうから。まあでも昼から飲んでも全然いいんだけどさ。ヨーロッパとかのオープンテラスで昼間に飲む感じいいじゃん。「でも家で真っ昼間からはなあ……」って（笑）

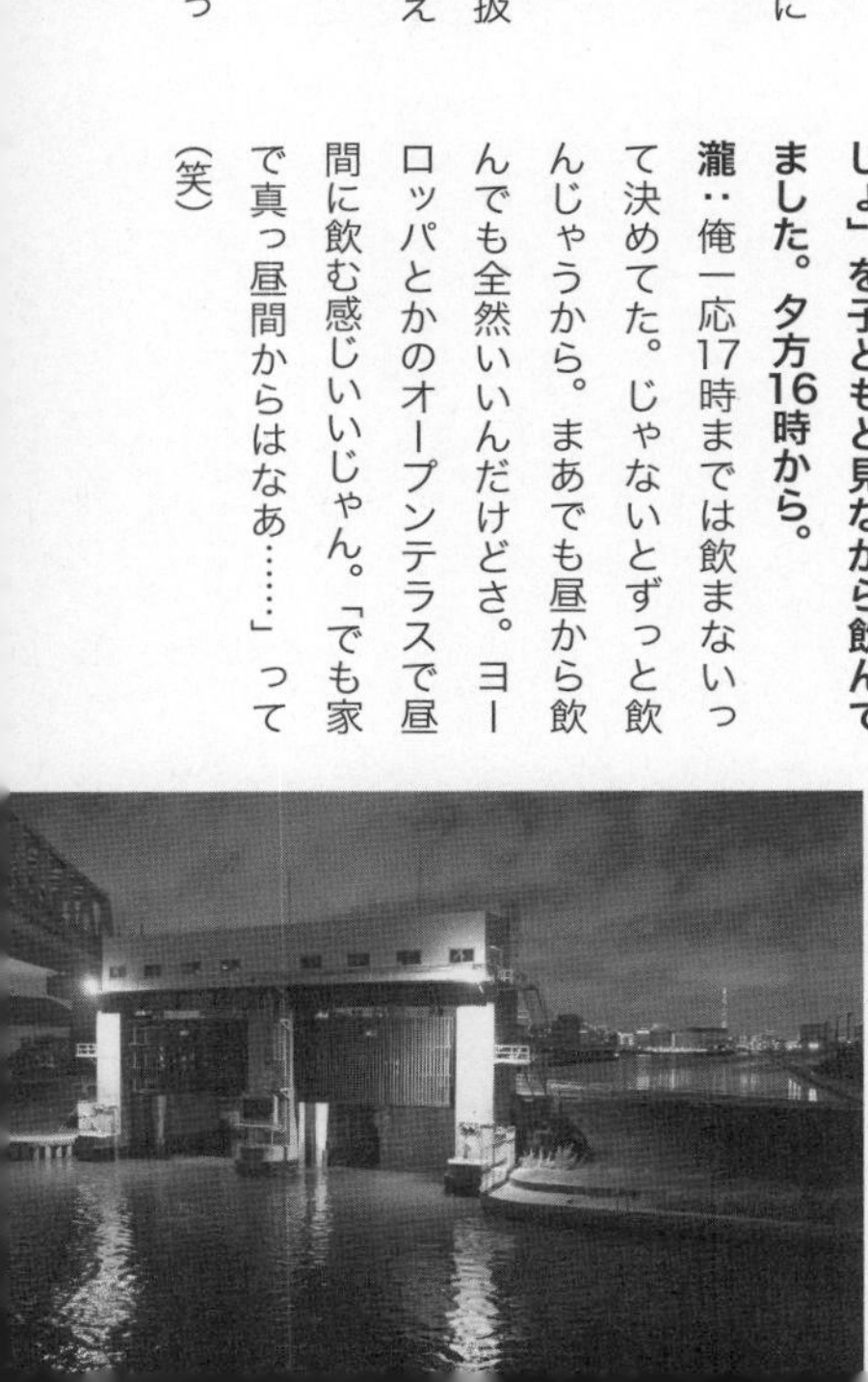

誰も居ないスタジオコースト

――「新木場」駅が見えてきましたね。

瀧：まさか夢の島に歩いてくるとは思わなかったわ。

――コンビニありますね、休憩しましょう。

瀧：ここから釣りする公園まではどのくらい？

――1本道ですけど、まだ結構先ですね。せっかくだからスタジオコースト寄ります？

瀧：ああ、良いね。そうしよう。ふう、ちょっと休めた。あっちがスタジオコーストだよね？

――そうですね、あそこの横断歩道渡って行きましょう。

瀧：スタジオコーストに歩いてきたの初めてだわ（笑）もしオリンピックやってたらデカいパーティーとかガンガンやってたんだろうね。

――この辺から、工場というか、アスクルの倉庫とかも出てきますね。

瀧：クラブと倉庫で思い出したけど、マンチェスターってさ、これは（電気グルーヴの）ファーストをレコーディングした頃の話だから90年代初頭の話ね。マンチェスターの街って、中心街のピカデリーの周りに工場があって、さらにその外側にドーナツ状にベッドタウンがあったのよ。80年代後半に不景気で工場が軒並み倒産してなくなっちゃった後、その跡地を使ってパーティーとかレイヴとか、そういうウェアハウスパーティーをやってたんだよね。廃屋を利用して若い子たちがゲリラ的にパーティーをやっていたっていうのがシーンの根幹を作ってたわけでさ。そういう感じって、自然といえば自然だよね。

――ベルリンも、最初は東ドイツの廃墟でパーティーやってましたもんね。

瀧：そうそう。俺らLove Paradeの最初の方に行った時その感じだった。Love Paradeって、最初はベルリンの壁が崩壊したんで、東西が一つになったっていうことを祝うためのデモとして申請したんだよね。行政に企画を通すためにね。もう頭いいなっていうかさ。デモとして申請して、それが通って、後のメガイベントのLove Paradeになっていくんだけど。その頃は東側の文化圏とひとつになったばっかりだったから、元東側の変なやつとかもいっぱいいてさ。ぶっ飛んでて面白かった、本当に。

無人の産業エリアをひたすら歩く

――荷台引いてない時のトラックって可愛いですね。

瀧：あー、あれ可愛いよね。そして、またタクシー会社の根城があった。イースタンタクシー、イースタン交通株式会社東京イエローキャブ。やっぱさ、都内でバスとかタクシーの会社をやろうと思ったら、大量の車の寝床を作らなくちゃいけないわけで。それ考えたら必然的にここら辺りになるよね。

――うんうん、そうですね。

瀧：あそこでおじさんが1人で警備している。重機のレンタル会社か。やっぱ江東区って、何かを「置いておく」ところなんだね。ん？ 何このバス？ 江戸前汽船、もんじゃ屋形船と江戸前汽船だってさ。ここから出てるのかな？ 新木場江戸前汽船。「もんじゃができる屋形船」だって！ もんじゃってのがいいな。

ファミマじゃなかった⁉

——あ、ファミマが見えますね。あそこは開いてるっぽいですね。入りましょうか。

瀧：そうね。ん、PORT STORE⁉

——本当だ。ポートストアって書いてある。

瀧：ファミマじゃないんだ⁉

——店内の作りは普通のファミリーマートですけどね。

瀧：お、凄いねこのコーナー。釣具、釣り餌、作業靴。独特だねえ（笑）釣り人用にリールも売ってる、網も。天秤、キス天秤。これウキか。何か買ってみる？ これかな、ボウズ逃れっていう仕掛け。これと、一応餌を買っとこうか。あ、タクシー案内あるよ、タクシー会社。

――これ、電話番号メモっときましょうか。ここだったら来てくれるってことですもんね。

ようやく若洲海浜公園に到着！

瀧：オッケー、それじゃあ行こう。

――人は全然歩いてないですけど、車はこの時間でも結構通りますね。

瀧：そうね。車の人たち俺たちを見て「何をあいつら歩いてんだ？」と思ってんだろうね。

――今日録音してるデータ聞いたら、最初の方で「まずは道の左側歩いて、帰りは逆側歩けばいいよね」っていう会話があるはずなんですけど、ここまで歩いてから聞くと恥ずかしいですね。

瀧：無邪気だったな、あの頃って。あ、出た若洲海浜公園！ ついに到着しました、若洲マリンパーク！ 遠かったなあ、これもう散歩の域を越えてるよ。

――最早、ここでゴールの感覚ありますもんね。

瀧：あるある。ここで釣りやって終わりでいいんじゃねえのって。えーっと、こっち側は「釣り施設利用可能」で、こっち側が「釣り禁止区域」か。車結構停まってるなあ。春日部ナンバー、大宮ナンバー。

夜釣り開始

――この辺から釣りが出来るエリアですけど、どの辺で釣りましょうか。

瀧：うーん、混んでるな。

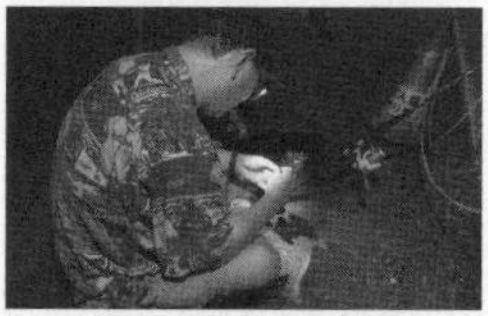

結構な釣り銀座。ようやくたどり着いた。長いこと竿を持って歩いて来た甲斐があったよ（笑）ほら！Ｏｒｂｉｔａｌ!!

——そんなの持ってたんですね（笑）

瀧：さて買った仕掛けはどうなってんのかな？　よし準備完了。これでいってみよう。（仕掛けを海へ）これ竿置いて待つヤツだと思うな。とりあえず5分10分ぐらい待ってみよう。

——瀧さんが最初に釣りやったのっていつ頃なんですか？

瀧：もう25年位前じゃないかな。最初はシーバスを狙って、東京湾の釣船でルアーで釣ってた。あとは夏の平塚沖のシイラやったりとか。去年ぐらいからまた行く機会が多くなって、今年は結構行ったよ。アジ、タチウオ、シーバス、シイラ、チヌ、タコ、イカとかね。

——船釣りだと大体何時くらいに出るんですか？

瀧：朝5時出船とかかな。横浜の山下埠頭とか、その辺から船貸切で行くんだけど、面白いよ。東京湾に、荷下ろしの順番待ちで長く停泊してる巨大船あるじゃない？　イカリ沈めて待ってるやつ。その船の底の方に魚がいっぱい付いてるらしくて。船のそばまでボートで行って、その船の船体の横っ腹んとこにルアー投げると、船底の方にいる魚が反応してルアーをチェイスするのよ。シーバスとかが。

——釣れたのどうするんですか？

瀧：食べて美味しい魚は持ち帰って家でさばいて食べるよ。シーバスは匂いを嗅いでみて判断する。「コレは湾に入ってきたばかりっぽいから大丈夫だ

な」とかさ。それにしてもここさ、餌つけてポチャッてやって、スマホのゲームやってりゃいいんだから楽だよね。家の中でやってるより健康的だよ。土曜日とかだったら子供連れてきて「夜更かししていいぞ今日は」って。夏の夜にさ、ここにきて竿を振ってダラダラしてんのいい趣味だよね。釣れたらラッキーぐらいにしか思ってなさそうな雰囲気じゃない？

釣りをしながら無駄話

——映画とかドラマの撮影してると、待ち時間ってどうしてもいっぱい出てくるじゃないですか。瀧さんどうしてるんですか？

瀧：3時間待つんだったら楽屋戻っちゃうけど。ちょっとセッティングを変えるので30分とかだったら、普通にもうスマホゲームとかかな。

——セリフってどこで覚えてるんですか？

瀧：家。俺、分量が1ページだろうが、20ページだろうが、前の日に覚える。「64」の車内のシーンとか、20数ページぐらいあって「これは少しずつ分けて撮るんだろうな」と思ってたら「最初から全部通しでいきます」って言われて「マジかよ！」って。それも前日に覚えた。俺がセリフを覚えるモチベーションは、「覚えていかないと怒られるから」。例えば大河ドラマとかだと、月曜日に演者がみんな集まって、各シーンの場当たりみたいなのやるんだけどさ。主役級の人たちと

かはもうそこで全部セリフ入ってるの。その中で俺だけ台本持ってやってんの。覚えるときは風呂と自分の部屋で覚えてる。とにかく同じことを何度もやるのが駄目なんだよね。

——LIVEだとずっと同じ曲のリハやる場合もありますよね。

瀧：そうそう。だから俺らリハもちゃんとやらないもん。曲の並びと繋ぎとやってほしいことを全部伝えて、「こんなもんでいいっしょっ?」って。舞台って毎日やってさらにダメ出しとかされるわけでしょ。何なんだダメ出しって（笑）ていうか、だーれも竿上げないね。釣れない日なのかな。

——1回あげてみましょうか。

瀧：釣れない日もあるんだよね、その日の潮の流れだったりとか、水温だったりとかでさ。この残った餌、もうあげちゃおうかな。お兄さん、この餌もういらないんだけど使う?

横にいた釣り人：いいんですか?

瀧：うん。使って使って。

横にいた釣り人：ありがとうございます!

瀧：あ、キャンプ場ある。「たまむすび」でBBQやったのここじゃねえかなあ?

——そんなことやったんですねー。

瀧：うん、昔ね。赤江さんが、「キャンプだ!バーベキューだ!」って言い出して。でも大吉くんとか玉ちゃんとかいるからさ、あんまり人がいないところがいいんじゃないかってここを選んだんだよね。でも当日来てみたら、横でフェスやってたんだよ（笑）「赤江さん、人がいないど

ころかめっちゃいるじゃん！」って。

――いい話ですねえ（笑）あ、ちょうどタクシーが来ましたね。よろしくお願いします、「市場前」駅まで。

文明の利器タクシー

――やっぱ車だとあっという間ですね。

運転手さん：この辺、ヘリポートもあるんですよ、警察のと報道関係のと、あとね、地方から凄いお金持ってるお爺さんお婆さんがヘリコプターで来ることもあるんですよもあるんですよもあるんですよ、「電車とかで来るより早いから」って。

瀧：変わったでしょ、新木場も。

運転手さん：そうですね。古いお客様でいうと木材屋さんはみんな運送会社とかになっちゃいましたね。ただ新木場あたりの木材屋さんは結構金持ちが多いんじゃないですかね。うちの会社の並びが、土地の価値22億とか出てました。いやこんなとこ22億なの？って。でも居住許可が下りてないらしいんですよ。埋め立てた時のガスとかまだ地下に溜まっちゃってるらしくて。

瀧：ああ、そういうことなのか。あ、そこで停まってください。ありがとうございました。ああ、汗かいたな。ちょっと服着替えるわ。

マグロの競りを見学

瀧：ここからまた、市場編があるのか（笑）

――**瀧さん、豊洲市場に来るのは何回目ですか？**

瀧：これで2回目。前に来たのは、卓球くんと一緒に寿司食べに来た時。どっちが通路？　すげえな。市場じゃないみたい。病院とか、免許の書き換えセンターみたいな感じ（笑）わ、凄い写真を撮らせてくれる。すしざんまいやりたくなるよね。築地市場で取引された最大級のサイズ、496キロ。すげえなこれは。えーっと、こっちが見学ギャラリーか。二階通路から見るマグロ競り見学。かっちんかっちんのマグロ

が並んでる。マグロの良し悪しはやっぱあの尾の輪切りでわかるんでしょ?

——うわ、あれでっかいですねえ。

瀧:あれはすごいな。しかも凄いフレッシュ状態。あ、ちっちゃい子が来た、未来の若旦那かな。子どもに早いうちから見せとけっつー英才教育だろうな。

——平場で見るより上から見ると面白いですね。あ、5時半になった。

(カランカランカランカラン)

瀧:おっさんたち、浮かれた感じの人全然いないんだね。ずっとマグロをコネコネしながら、ライトで照らして。あ、秒で終わった。マグロに付いてるあの青い紐と緑の紐は何か意味があんのかな。ピンクもあるな。種類とか、産地? あのおじさんはひらひらをいっぱいつけてるな。あっという間に売れていくんだな。そしてみんなラフに持って行くねぇ(笑)地面をズルズル引きずっていく。

瀧、長靴を買う

——次は水産仲卸棟物販エリアです。ここが築地市場時代から100年以上オリジナル長靴を製造販売している「伊藤ウロコ」さん。

瀧:はじめまして! 僕、釣り船乗るんですけど、釣り船の上でよさげな長靴ってどれですかね。

高野:はじめまして。高野と言います。ちなみに解体

はします？

瀧：解体はしませんね。

高野：うちでオススメなのは、白底付大長、通称白ウロコ。底タイプが耐油底と天然底と二つあるんですけど。滑る場所対応ですと、天然。木の船とか乗ります？

瀧：木の船は流石に乗らないですね。乗るのは普通の釣り船だけです。

高野：雪のあるところには行きます？

瀧：それも行かないですね。

高野：じゃあ耐油底でいいと思います。耐油底は雪とか氷とかでちょっと硬くなる性質があるんですよ。そういうとこに行かないんなら天然底でいいと思います。魚の脂とか血とか、そんぐらいですよね。

瀧：そうですね。

高野：外見上は全く同じで、ここのサイズマークが白いやつが耐油、黒いのは天然。

瀧：かっこいいなあ。これ山に履いて行っても大丈夫ですか？

高野：釣りだけじゃなくて、山も行くんですね。

瀧：音楽フェスってあるじゃないですか、フジロックとか。あれに行くと、絶対雨降るんすよ。ぐっちゃぐちゃにぬかるんだりする所行くと、長靴ないと大変な目に遭うんです。

高野：大変な目に遭うんですね。

瀧：はい（笑）来年タイミング合えばマグロ釣りに行こうと思ってるんで、これ履いて行きますね。

創業108年のカレーライス

——続いてカレー屋さんに行きましょう。こちら、「印度カレー中栄」店主の円地政広さんです。

瀧：はじめまして。シーフードカレー、そそりますね。でも最初に食べるんだったらインドカレーとかなのかな？　ご主人、どうですかね？

円地：スタンダードなのはインドカレーですけど、初めてご注文される中で多いのは、3

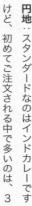

種類の中で2種類選べるという「あいがけ」ですね。

瀧：痒いところに手が届いてるなあ。じゃあ「あいがけ」のインド&ビーフを大盛りでください。いただきます。…うん、うま～い！　米が美味い！　そして量がすごい！　ご主人で何代目なんですか？　築地の頃から長くやられてるんですよね？

円地：私で4代目です。創業108年ですね。

瀧：築地から移って、客層とか変わったりしました？

円地：築地の時は周りに会社も多かったので、観光客以外にサラリーマンの方が多かったんですが、豊洲に移ってからは、企業がないので、市場関係者と観光客に頼るしかないという感じですね。

瀧：そうかそうか、それはちょっと寂しいですね。貴重な話をどうもありがとうございました。ごちそうさまでした！

――エネルギーって大事ですね、身体に力が戻ってきました。

瀧：飯食って元気になった。カレー美味かったよ。

――今回はえらく長かったですね、もう8時近くになっちゃいましたけど、これで本当に終わりです。では最後に瀧さん、江東区とは。

瀧：江東区は基本モノを置いておく場所、スーパーストックタウン！

総歩数
12555歩
KOTO-KU

荒川区

あらかわく

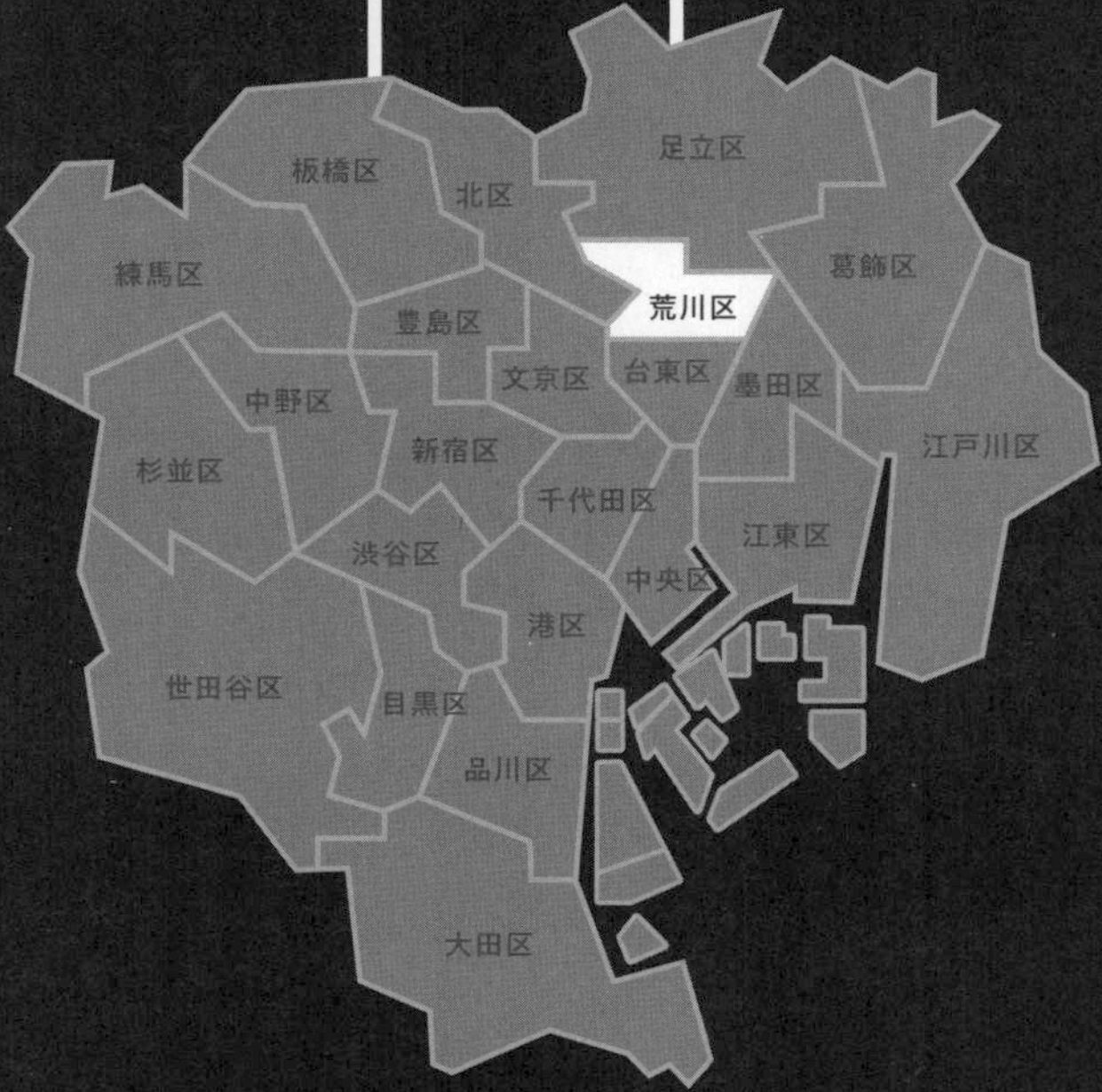

足立区
板橋区
北区
練馬区
荒川区
葛飾区
豊島区
文京区
台東区
墨田区
中野区
江戸川区
杉並区
新宿区
千代田区
江東区
渋谷区
中央区
港区
世田谷区
目黒区
品川区
大田区

日比谷線「南千住」駅スタート

——では、始めていきましょう。第2回目は荒川区です。昭和7年(1932年)に南千住、三河島、尾久、日暮里の4つの町が合併して誕生しました。今日はこれから、南千住仲通り商店街にある劇場「アトリエ5-25-6」を所有しているgekidanUの代表、遠藤遊さんに案内してもらう予定です。

瀧：実は今どこにいるのか全然わかってない（笑）上野の近くとか？

——南千住は、荒川区の右端で、足立区・墨田区・台東区と面している位置関係ですね。

瀧：しかし、南千住駅前にはちゃんとでっかいビルがあるんだなあ。お、いきなり知らない人（像）を発見！

——これは松尾芭蕉ですね。

瀧：芭蕉？ なんで芭蕉なの？ なんか書いてある。『元禄2年（1689年）3月27日、松尾芭蕉はここ千住の地から、奥の細道の旅へと出立しました』マジっすか！『この像は矢立初めの句を詠む芭蕉の姿を表現したものです』と。「矢立初め」ってなんだろうね？

——（スマートフォンで検索しながら）矢立は筆と墨壺を組み合わせた携帯用の筆記用具一式のことで、芭蕉が腰につけてるのがそうですね。ここで「奥の細道」の最初の句を詠んだから「矢立初めの地」と呼ばれているようです。芭蕉は当時深川に住んでいたようですから、ここを東北への入り口ととらえ、日光街道を歩いたんでしょうね。ちなみに芭蕉は三重県の伊賀出身です。

瀧：ふーん。あ、一句書いてあるね。「行く春や　鳥啼き魚の　目は泪」、それと「荒川区俳句の街宣言」って書いてある。ていうことはよ、荒川区の小学校は学校

で俳句を詠む授業とかやってんじゃないのかな？　逆に、ここまで言っといて、やってなかったら俺許さないよ（笑）そういえば芭蕉ってさ、『奥の細道』を著してから有名になったの？

――（引き続きスマートフォンで検索しながら）いや、伊賀上野にいた頃からもう弟子がいて、その人と住んでいたみたいですね。

瀧：そうなんだ。松尾芭蕉って、服部半蔵説あるよね。忍者ばりの健脚じゃないと、当時のあの年齢で、あの距離を歩けないよねって。じゃあ俺も今夜の最後に一句詠むよ。だって荒川区長がそう宣言してるんだし、次世代まで続けよう、って言ってるわけじゃんか。

――そうしましょう。では、劇場に向かいましょうか。瀧さん、荒川区は遊びに来たりしますか？

瀧：全然ないね。俺にとっては、「伊集院の地元」って位の印象しかない。前から思ってるんだけど、皇居より西の地方出身の人は、皇居より東には住まない気がしてるんだよ。

――確かに、東側に住んでいる人は、地方出身でも埼玉県や茨城県出身の人が多い気がします。

瀧：そうでしょ？　あんまりこっちに住んでみようと思ったこともないんだよね。静岡から東京に引っ越してきて、ただでさえ他所者なのに、この辺に住んじゃうと余計に他所者感が増しちゃう気がしてさ。住んでみたい気はあるのよ。人が優しそうっていうか、サッパリしてそうだし、下町のお祭りとかも楽しそうだしさ。しかしここら辺は本当に普通の商店街だね、ここに本当に劇場があるの？

――はい、民家を改装して劇場にしているそうです。

瀧：あそこ夜中なのに爆笑しながら子どもが走ってる、良いトコだね（笑）コレ何だろ？あ、「えがおの棚」っ

て書いてある。何だろう。あー、物々交換するところだ。「不要となったものはこちらに自由においてください、必要なものはご自由にお持ちください」だって。

——なんか持っていきます？（笑）

瀧：いやいや、俺のための棚じゃないでしょ（笑）これはなんだ、ハンガー？で、こっちはちょっとしたご飯いれる御櫃か。「防犯カメラを設置しました」だって。

——ゴミを捨てる人もいますからね。

瀧：そっか、そういう人もいるよね。捨てるのにお金取られるんだったらここに、って。そういうのは良くないよねえ。あと余計なお世話だけど、夜ここに取りにくる人もいるだろうからさ、明かりつけておいてあげればいいのにね。小っちゃい電球でも良いからさ。こういうのってタイの街角とかにもあるよね。

——あと、駅に本が置いてあったりする場合もありますよね。

瀧：あるね、あるある。あれは良いよね、本を交換していいよ、ってやつ。

案内人の元へ到着

——劇場が見えてきました、あそこですね。

瀧：劇場なのここ？　ただの住宅街の一軒家じゃん。2階の窓のとこ、誰かギター弾いてるのが見えるわ。ピー！ピー！（指笛を鳴らす）

劇団員：（窓を開けて出てきて）あ、こんばんはー、よ

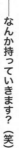

ろしくお願いします！　今、降りますね！

――こちら、劇場主で geki-dan U 主催の遠藤遊さんです。

瀧：こんばんは。はじめまして、ピエール瀧です。

遠藤：はじめまして、遠藤です。

瀧：この外壁に映画を映して、みんなで観たいね。カルト映画とかは厳しいだろうけど、ジブリとかならさ。あの「3」て壁に書いてあるのは何？

遠藤：昔、演出で書いて、そのまま残ってる感じですね。ここで喋るのもなんなので、上がっていただいて……。

――（道の方に目をやり）あれ？　今、裸で自転車漕いでる人が通りましたね……。

瀧：マジで？　嘘？　全裸で？

――下も履いてなかったですね……。

遠藤：ああ、この辺はそんな人ばっかりですよ（アッサリ）。あ、瀧さんこちら、ウチの100円自販機です。この贅沢メロンラテを是非飲んでください。

瀧：メロンラテがオススメなのね。紀州の梅とかも気になるけど、じゃあオススメいっとこうか。とりあえず買っておいて……これを飲みながら中で話を聞こう。

お邪魔しま～す。

（玄関を見て）

家じゃんか！　完全に。しかも、「呪怨」に出てくる家じゃん！　奥菜恵やのりピーがギャーと叫んで、そこを子どもがスーッと通り過ぎるんでしょ？（笑）

遠藤：（笑）まず1階を案内します。和室をこんな感じで、機材庫にしてるんです。

瀧：あーなるほど、機材庫にしちゃうと怖くなくなるね。この家は借りてるの？

遠藤：ここは僕の家族の持ち家なんです。元々は祖父の家で、今はもう僕も住んでいないんですけど、17歳

の頃、ここで一人暮らしを始めました。
瀧：じゃあ自分の家を改造して、劇場にしてるのね。
遠藤：そうです。この部屋、最近発見したんですけど、謎の床下収納がありまして。これです。
瀧：おお、すげえじゃん。ここも元々ついてたの？
遠藤：そうみたいです。お婆ちゃんに連絡してみたら、「なんか権利書とか入ってなかった？」って言ってました。
瀧：いろんな物を隠しとくとこだったんだ。コレ、人も入れられちゃう広さだよね。えーっと、ナショナル住宅製。名前が「秘蔵っ庫」って言うんだ（笑）
遠藤：次に2階へどうぞ、上が劇団のアトリエになってます。今日は他の劇団員も呼んでます。
瀧：じゃあ行っちゃおうか、ちょっと失礼して。うわ、2階は結構暑いんだな。お、いたいた。こんばんはー！
一同：こんばんはー！
瀧：こんばんは！　ピエール瀧です。お邪魔します。ここが劇団のオフィスになるんだ。なんか、こうやって人が並んでいるとオーディションみたいだね（笑）ここで芝居の公演もするの？
遠藤：はい、イス並べて座席を作って、ギリギリまで詰めれば35人まで入りますね。
瀧：そんなに入るんだ。意外に入るなぁ。演者は大体何人くらい？
遠藤：スタッフ含めて10人くらいですね。
瀧：10人かあ、演者の方がお客の数を上回ってる回とかあって欲しい（笑）そうだ、話を聞く前に、これ（贅沢メロンラテ）やっつけていい？　初めて飲むなあ。いただきまーす。あ、結構美味いじゃん。でもめっちゃ甘いわ！　アイス溶かしたみたい。これ凄い口の中に残るなー（笑）

遠藤：100円と思えない存在感ですよね（笑）

瀧：そうだねえ（笑）100円自販機の飲み物って、大体味薄いじゃんか。でもコレ、このまま凍らせてみたら美味しそうだよね。アイスっぽくなると思うな。

自宅を改装して劇場に

遠藤：では、今日いる劇団員を紹介します。演出を担当しているヒガシナオキ、電気周りのことを担当している電気マグロ、音楽を担当している鈴木明日歌です。

一同：よろしくお願いしまーす！

瀧：なるほど、レギュラーメンバーに役者はいないんだ。

ちょっと今俺さ、こうやってみんなに「劇団をやってます」と言われても、「言い張っているだけなんじゃ？」っていう懐疑心がどんどん首をもたげてきてるんだけど。そんなことはないっしょ？（笑）実際にやった公演のフライヤーとかってあります？ 今ここだけ見せられて「演劇やってます」って言われても半信半疑でさ。つーか、半分信じてるだけでもいい方っていうか（笑）

遠藤：そうですよね（笑）パソコンですけど、これで公演を観られます。タイムマシンに乗って、この子が未来から来たって設定なんですけど。

瀧：あー、本当にやってるねえ。いつも家の中でやってるの？

遠藤：横の駐車場もウチの敷地なんで、最初は野外ステージを使ってそこでやってました。家の中でもやり始めたのは一昨年からですね。多摩美術大学の学生だった2012年に劇団を立ち上げて、旗揚げはちゃんと小劇場を

使ったんですけど、1回目でお金を使いすぎちゃって。シェイクスピアが好きだったんで、「野外演劇もいいな」と思って始めた感じです。以降、延べ15公演くらいやってます。

瀧：シェイクスピアなんだ！　意外と言っては失礼だけど、ちゃんとしてるのね。この公演はチケットはいくらで、何人くらい来たの？

遠藤：チケットは2000円で、この時は6日間で549人来ていただきましたね。家でやってる一番の理由は、やっぱりお金で。おかげで出演者やスタッフにギャラを支払えるので。

瀧：スタッフにギャラを払えるってのは大事な事だよねえ。そういうのは東京のど真ん中では無理なのかもしれない。でもさ、外で公演やってるとさ、さっきの全裸でチャリ漕いでるおっさんとか、通りすがりの人でも見られちゃうって事だよね。

遠藤：はい。この時は、道路にブルーシートを敷いて見てる人もいましたね。

瀧：それ、道路占拠で警察来ちゃうやつじゃんか！

遠藤：警察は野外公演をやると毎回来ますね（笑）もうすっかり仲良くなりました。

瀧：毎回来るのかよ！（笑）近所の人達にはどう思われてるの？

遠藤：最初は周りに挨拶も行かないで、「うるさい若者」って感じだったんですけど……。

瀧：「遠藤さん家の孫、美大行ってヤバくなっちゃった

ぞ！」て思われてたかもね（笑）

遠藤：ハイ（笑）それで20歳の時に、深夜2時に音楽を流しながら稽古をしてたら、向かいの蕎麦屋さんから「うるせー!!」って怒られて。それで謝りに行ったことをキッカケに商店街の皆さんに認めていただいて。コロナ禍の公演では、これまでで一番皆さんと話し合いましたね。

瀧：そうか。商店街のお年寄り達にとっては、良いか悪いかは置いておいて、活気の種を撒いてくれたヤツらだってことは間違いないもんね。じゃあ、商店街の集まりとかにも行ってるんだよね？　この辺の人達ってどんな感じなの？

遠藤：ずっとここで生まれ育った方が多いんで、街への愛が強くて。町屋の方も含めて、荒川区全体がそうなんですけど、地元の輪が凄い出来てて、みんな仲は良いんですけど、「一見さんお断り」っていうムードが凄く出ていて。それだけに、みんな情に厚いから、一度地元に入り込んだら凄く仲良くしてくれるし、裏切られることはない、って感じですね。今思うと、早めに蕎麦屋さんに怒られて本当によかったな、と。

瀧：そうかそうか。（公演に）協力もしてくれてるだろうしね。もう一回さ、商店街全体を舞台にしちゃうとか、みんなを巻き込んじゃえばいいんじゃない？　警察にもちゃんと申請してさ。

遠藤：我々も商店街は巻き込んで行きたくて、来場された方には極力帰りにこの通りのお店に寄って欲しいんですけど、どこも早く閉まっちゃうんですよね。それでみんな駅前で食べて帰っちゃうんで。
瀧：そっか。商店街にしてみたら駅前の商業施設とかも、敵にしちゃいけない、共存していかなきゃいけないっていうムードなんだろうけどね。なんか、ここら辺の下町らしいエピソードとかってあります？
遠藤：空き巣と仲良くなったことはありますね（笑）
瀧：どういうこと？　一緒に空き巣しようぜ！　って誘われたの？（笑）
遠藤：ホームレスの人がウチに入ってきちゃって、第一声が「空き家だと思った」って言い訳だったんですけど。
瀧：本当にそう思ったんじゃないの？（笑）
遠藤：それで話してたら仲良くなって、まあでも結局最後は警察には突き出したんですけどね。
瀧：そりゃそうだわ。だって空き巣だもん、相手（笑）ちょっと大分時間も経っちゃったんで。そろそろ行きますか。この辺でどっか面白いオススメのところとかある？
遠藤：まずは三ノ輪商店街、それからコツ通りっていう処刑場があった、この辺りでは一番大きい通り、あとは貨物駅が歩道橋の上から見られる場所があるんで

すけど、そこが個人的には好きですね。

瀧：ふーん、貨物駅があるんだ。じゃあ3つ行ってみよう。ありがとう、お邪魔しました。最後にみんなで写真撮ろう！

関東大震災や空襲を潜り抜けた街

瀧：外に出て外観見て思ったんだけど、劇団の看板とか何もないのね。ちっちゃいのでもいいから、なんか出しとけばまた理解が深まるんじゃないの？

遠藤：そういう話は劇団の中でも出てたんで、これを機会に検討してみます。

瀧：そうね。「gekidanUアトリエ5-25-6」って書いておけばさ、空き巣に入られないで済むよ（笑）

——ではここからは遠藤さんに道案内をお願いして、劇団の皆さんと一緒に散歩を再開します。よろしくお願いします。

遠藤：はい。まずは三ノ輪商店街に向かって歩きます。

瀧：そこ行ったことあるよ。玉ちゃん（浅草キッドの玉袋筋太郎さん）とやってた番組のロケでお蕎麦を食べに行ったはず。活気のある、アーケードがある商店街だよね。ところでさ、この辺の道がクネクネ曲がってるのは、大戦の時に爆撃されなかったから昔のまま残ってるってこと？

遠藤：祖父から聞いた話だと、吉原があったことが理由としては大きくて。遊女が逃げても同じところにたどり着くように、細くてクネクネした道を多くしたらしいです。

瀧：そうか、ちょっと見通し悪いくらいの方が、色街の人からしたら都合が良いってことか。おじいちゃんが言うんなら間違い無いんだろうね。

遠藤：この辺が吉原のお陰で栄えた街なのは間違いないらしいです。ここが国道4号線ですね。日本橋から青森までずっと道が続いています。

瀧：そうか、じゃあ芭蕉は旅のスタートでここを通ってたんだな。

遠藤：そろそろ三ノ輪商店街が見えてきます、あのアーケードがあるところが入り口ですね。

瀧：お、ちょっと雨が降ってきた。こういう時、アーケードがあるとやっぱりいいね。こっから吉原って近いの？

遠藤：アトリエから15分くらいですね。

瀧：この街灯や、アーケードの上の方のデザインとかも手間かかってるよね。やっぱり夜の散歩は上を見て歩けるからいいよね。昼間はあんなところ見ないじゃん。

——あそこ、「就寝禁止」って書いてありますね。

瀧：本当だ（笑）ちょっと写真撮ろう。

遠藤：こっちの公園がドラマ「野ブタをプロデュース。」のロケ地になったところで、結構好きな場所です。

瀧：その情報が無かったらパッと見ハッテン場だよね（笑）真ん中のベンチに座ってたらOKの印、左側に座ってる場合はタチ、みたいな。

遠藤：都市伝説で、上野駅の10番ホームがそうだ、って話ありましたよね。

瀧：そうなんだ。ここに来る途中さ、ラジオ聞いてたらLGBTQの番組やってたんだよ。今はネットとかがあるからそうでもないかもしれないけど、昔は出会うのとかも大変だったわけじゃんか。そういう時、ハッテン場はありがたかったと思うんだよね。当時、その様子は奇異に映ったのかもしれないけどさ。

――また「ご自由にお持ちください」がありますね。

瀧：本当だ、コレいいじゃん。この棚まだ全然使えるんじゃないの？ 劇団に持って帰りなよ。横にすれば表彰台とかにもなりそうだし（笑）

遠藤：（無視して）ここでアーケードを抜けて、右に曲がります。

瀧：お、「芸術の神様　中之島弁財天」て看板があるよ。君らに必要な神様だよ（笑）行ってみようよ。こういうのスルーするのはよくない。俺らも「芸術ものの端くれ」と思いたいじゃんか。

遠藤：地元ですけど、そんなのがあるの全然知らなかったです。あっ、あった。小っさ！

瀧：ダメだよそういうこと言ったら。そう思ったとしても、「可愛らしい」とか言わないと。

遠藤：そうですね、すいません（笑）

瀧：ちゃんと弁天様がいるな。なんか書いてある、「当商店街至近の元弁天湯は大正時代創業で、関東大震災や空襲を潜り抜けた建物でした」ほら、やっぱりこの辺はドカーンとならなかったんじゃない？

――大体更地になった後に区画すると道が真っ直ぐになりますよね。

瀧：そうそう。「百年近く親しまれてきましたが、東日本大震災で配管などに甚大な被害が出て閉業しました。その女湯の脱衣所の中庭に置かれていたのがこの弁天様です」と。それで今ここに祀られているんだね。ていうことはさ、この弁天様は百年かけて延べ百万人以上の女の人の裸を見てきたってことでしょ（笑）それは大事にしなきゃ！　じゃあみんなでお賽銭入れてお参りしますか。まず劇団のみんなでやったら？

遠藤：はい。じゃあ我々は、えー、商店街会長くらいにはなれますように（笑）

瀧：監視カメラもそこにあるから、きっと商店街の誰かがその願いを聞いてくれてると思うよ（笑）俺は「ご縁が十分ありますように」で50円で。（チャリン）よろ

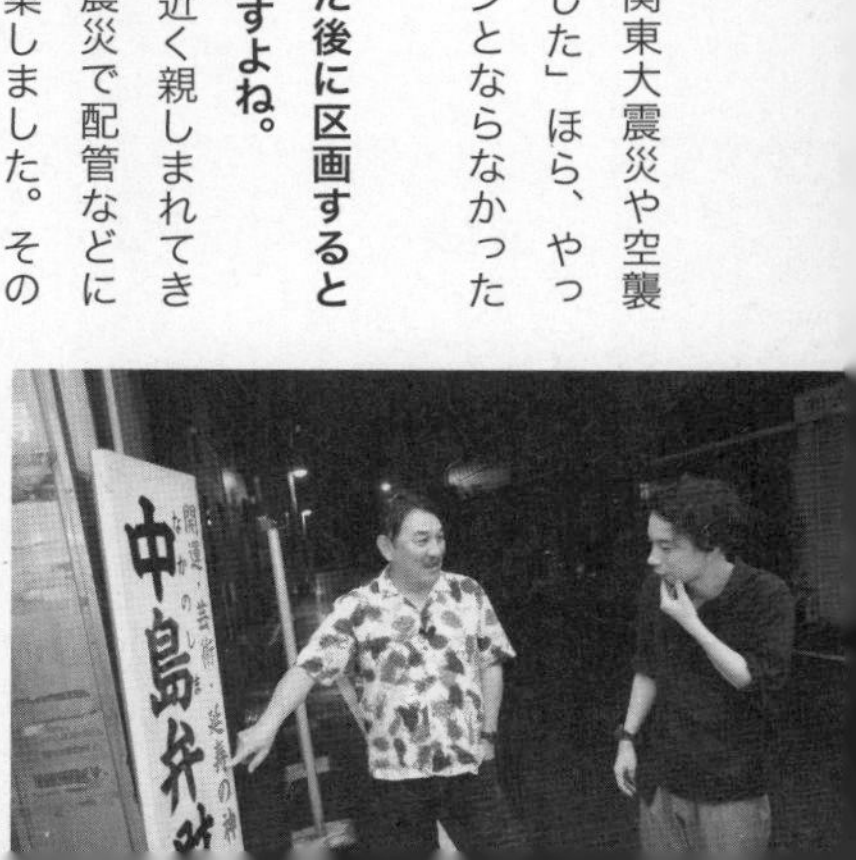

しくお願いいたします、と。

刑場跡を通って貨物駅へ

——この辺は道路に置いてある植木鉢が多いですね。

瀧：そうなんだよ。東京の西側って、樹木の数は多いんだけど、そういう植木鉢があんまり無いんだよね。こっち側は、こういう細い道に入ると道の真ん中に軽々置いてあったりしてさ。「車？通すわけねえだろ」って感じで。

さて商店街を抜けてきたら急に大きい通り出たね。

遠藤：あそこが荒川区スポーツセンターですね。

——ちょうど23時になりました。写真を撮りましょうか。

瀧：じゃあ、今見つけたからスポーツセンター前のこの像と撮ろう。「春のうたが聞こえる」って書いてある。

遠藤：スポーツセンターの横の道に入って、コツ通りの入り口に向かいます。

瀧：こないだ気づいたんだけどさ、「止まれ」の標識って真ん中で止まってないんだよね。裏見ると三つ穴があって、これなんか左端で止めてあるんだよ。こん

23:00

だけ長いこと見てきたのに初めて気づいたんだよね。

——多分道幅的に変えられるようにしてあるんでしょうね、ここだとそうしないとトラックとかが当たっちゃうんでしょうし。

瀧：そうだね、擦る確率は確かに減りそう。

——あ、また句碑がありますね。

瀧：出ました。俳句第2弾、さすが「俳句の街」！「荒川千住　芭蕉主従に　花の春　兜太」兜太さんて誰だろう、噺家さんかな。

——スマホで調べると……。あ、俳人だそうです。新春区長対談で詠んだ句を句碑にしたみたいですよ。

瀧：こっちにも史跡がある。橋本左内さんの墓旧套堂だって。『南千住には、この套堂ばかりではなく、福井県ゆかりの史跡や幕末の史跡が多く所在しています。回向院境内北側に新たに設けられた史跡エリアには、福井藩士橋本左内の墓、小浜藩士梅田雲浜の墓があり、また、回向院内には、小浜藩医杉田玄白らの「ターヘルアナトミア」の翻訳と「解体新書」の刊行を記念してつくられた観臓記念碑があります。これらは、地域の人びとにとって身近なものであり、福井県にとっても重要な史跡となっています。』と。「ターヘルアナトミア」！　杉田玄白ってこの辺で医者をやってたのかなあ。

遠藤：そこの素盞雄（スサノオ）神社の先からコツ通りに入るんですけど、昔、小塚原刑場があって、骨が埋められてたからそう呼ばれるようになったと言われています。杉田玄白たちが、「解体新書」を作るときにここで死刑者の解剖に立ち会った、っていう話もあります。

瀧：ふーん、そうなのか。ヤマタノオロチを倒したのがスサノオだったよね？　神社開いてるかなあ。あ、閉まってる！　でもそのかわりになんかあそこにデカ

いガマガエルがいる、ほらあのテカテカしてるの。うちらが来たら出てきてくれたから、きっと神様が乗ってるんだよ。スサノオの化身じゃないの？　そう思う方が人生の潤いになるよ（笑）

遠藤：毎年、南千住内の神社で御神輿を行き来させるんですよ。ウチの前も通るんですけど、それをやる神社の一つですね、ここは。そしてあそこがコツ通りの入り口です。

——コツ通りの入り口に、接骨院がありますね（笑）

瀧：マジで？わ、本当だ。「南千住コツ通り接骨院」（笑）写真撮らせてもらおう。

お巡りさん：こんばんはー、何されてるんですか？

——ちょっと散歩の企画で歩いてます。

お巡りさん：そうなんですねー、お気をつけて！

瀧：ありがとうございます。今のお巡りさん、最初は俺らのことを「ん？」って感じで怪しんでたけど、最後はニッコリ笑ってくれたなあ。仕事熱心だな。

——別のお巡りさんともすれ違いましたけど、なんかチャリ乗ってた未成年っぽい子に「とにかくなんかあったら交番に話しに来てよ」とか言ってましたね。

瀧：夜中だもんね。この辺のお巡りさんは、ちゃんと

地域見守ってくれてる感じするな。
遠藤：もうこの大通りがコツ通りなんですけど、山谷の名残で旅館が多いんですすよ。
瀧：なんと。通称じゃなくて、本当に「コツ通り」って言うんだね。あ、看板あった「南千住駅前に南千住コツ通り商店街」。
遠藤：コツ通りを抜けて、南千住駅前に戻ってきました。
瀧：あ、これ最初の駅のところ？　戻ってきたんだ。お、スカイツリーが見える。見てよ、あれ凄くない!?　雲がかかって頭だけ見えて、雰囲気「未知との遭遇」じゃん！あれ写真撮っておいて！ああなる事あんだね、スカイツリー。

貨物列車を見に行く

遠藤：この駅前のトンネルが、僕結構好きなんです。
瀧：ここ？　これトンネルって言わないって（笑）ガード下ぐらいだよ。でも確かに味わい深い、良いね。ちょっと共産圏の匂い。
遠藤：昔は落書きとかもいっぱいあったんですけど今はもうほとんど消されてますね。あのお寺の辺が当時の刑場の跡で、この先の歩道橋をあがると、貨物列車が集まっているのが見えます。作業に行き詰まると、よくそこに貨物列車を見に行きます。
瀧：えらい複雑な構造の歩道橋だな。お、下からでも貨物列車見えるじゃん。ここも結構良い眺めだなあ。じゃあ上がってみようか。うわあ、ここスゲー良いね！言ってる意味わかるわ。あー、電車がやって来た！

——この辺一帯はＪＲ隅田川駅。旅客ではなく貨物専用の駅ですね。

瀧：ここに東京発着の貨物が集まってるんだ。ていうことはさ、当然トラックターミナルも近くにあるっていうことだよね。一周まわってそこも見てみようか。昔は山谷の人達用に、そういうところでの荷下ろしの日雇い仕事とかあったんだろうね。向こうの方にコンテナいっぱい積んであったし。で、そのトラック運転手たちのために、夜もやってる定食屋とかもいっぱいあると思うんだよね。

——では、歩道橋を降りて、線路沿いに歩いて行きましょうか。

遠藤：この辺も小さなホテルが多いです。

瀧：山谷のあたりは簡易宿泊所が多いんだよね。「ドヤ街」って「やど」からきてるっていう話もあるし。みんなここで荷下ろしとかで働いて、そういうところに泊まってたんじゃないかな、って。

——お、雀荘がありますね。

瀧：いいね、激渋じゃんこの外観！日雇い労働で得たなけなしの金が雀荘で一瞬で消えていく……。味わい深い想像をさせるよね（笑）

——貨物駅沿いに歩いてみましょうか。

瀧：また100円自販機あるね。本当に100円自販機多いね、荒川区。あ、またあった。熊野古道水、80円。100円自販機天国だね。

——瀧さん「隅田川駅」って看板がありますね。ここが社員の人達の入り口ですかね。一部でしょうけど、トラックが停まってるのも見えます。

瀧：ＪＲ東日本じゃなくて、ＪＲ貨物の会社の駅なんだね。ちょっと写真撮ろうか。

——関係者以外立ち入り禁止、地内に入ったら罰金に処す。って書いてありますね。

瀧：うん、だから絶対に中には入んない。俺の執行猶予が消えちゃう可能性があるから（笑）「瀧さん何やったんですか?」「隅田川駅に入っちゃって……」「そんな駅ないでしょ！　瀧さんまだやってるんですか！」って言われちゃう（笑）

このエリア周辺に定食屋とかあると思った

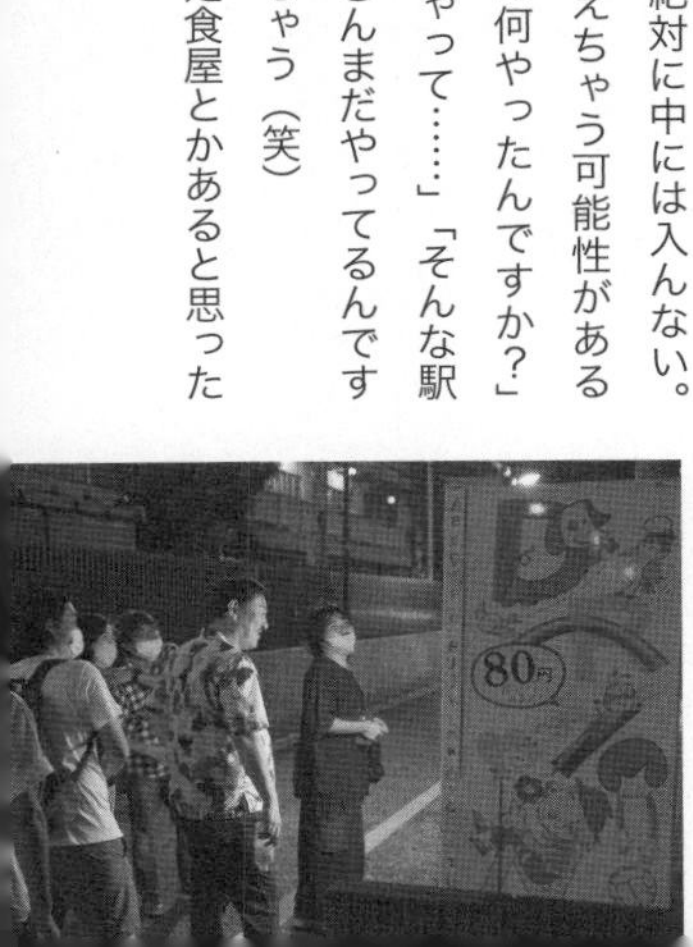

けど、実際は全然ないね。あれもコンビニだし。あのポスター何？

――「東京カラー印刷」って書いてありますね。

瀧：印刷会社か。「製本・印刷・出荷」。じゃあ劇団の十周年でパンフレットか何か作るときにさ、ここに頼めばいいじゃん。

遠藤：そうですね。十周年の時にはなんかやらなきゃね、って話はみんなとしてたので。

瀧：ちょっと待って、あれはまさか……。「妄想の宝箱や夢の福袋を販売しております、元祖1000円ガチャ」だって。じゃあここで撮ろう、決定。「夢の世界をスタート、好きなボタンを押してください」だってさ。（ガチャン）お、なんか大きいぞ。中身は……腕時計です（笑）バックライトが7色のグラデーションに光ります、って書いてあるわ。うわ、すげえ色してる。ストップウォッチと、アラーム機能もついてるね。誰か腕時計持ってない人いる？

遠藤：僕持ってないです。

瀧：じゃあ、gekidan Uの発展を願って、これあげる。芝居で尺計りたいときとかあるでしょ（笑）

遠藤：ありがとうございます！ 劇場に飾ります。あそこがもう貨物駅の反対側なんですけど、ここまで来ると結構新築のタワーマンションが建ち始めてるんですよ。

瀧：本当だバンバン建ってる。でもさ、ここってJR、東京メトロ、つくばエクスプレス、さらに貨物駅もあるわけだから、結構交通の要所だよね。意外だな。

――そうですね。ちょうど歩道橋の反対側まで出てきました、ん？あそこにマスクしてるお地蔵様がいますね。

瀧：「延命地蔵尊」。これは俺の想像だけどさ、貨物駅の敷地のところも、昔刑場だったんじゃないかな。だから普通の駅にはしづらいし、今いる道の向こう側みたいにタワーマンションを建てるわけにはいかない。だから貨物駅に。自分が行政側だったらそうするなあ。

——僕らは中に入れないからわからないですけど、もしかしたら隅田川駅構内にも供養のお地蔵様がいるかもしれないですよね。

瀧：うんうん、そうかもしんないね。当直するの嫌だなあ（笑）だって、まあまあな数のご遺体が置かれてたわけだもんね。

——あそこに貨物電車のルートが書いてありますね。

瀧：ここから苫小牧や大阪までノンストップで出てるんだ。さっきまで厳重だったのに、急にラフにコンテナが積まれてるね（笑）ここ昔、トラックが出入りしてたゲートなんじゃないかな。道のあっち側の今タワーマンションが建ってるところ、元々は何があったの？

遠藤：本当にただの空き地だったんですよ。タワーマンションが建ち始めてから、駅前にショッピングモールが出来たりして、どんどん開発されていきました。

瀧：そうか、この辺だけ堰を切ったように人がどっさり住んでるもんね。その人たちの生活のためにもショッピングモールを作らなきゃいけないってことか。

遠藤：ここから貨物の牽引車が待機しているのが見えるんですけど、凄くいい眺めなんですよ。

瀧：うわ、無骨でカッコいい。あんな感じなんだね。東ヨーロッパスタイルで実直なデザインだな。洒落っ気が全然ない、共産圏の匂いがする。ここが貨物駅のホームになるんだね。この辺凄くいいわ。あの赤いのと青いのはどう能力が違うんだろうなあ。あれとか今もエンジン動いてるよね、ブブブブって音してるから。

——新しくできたショッピングモールが見えてきましたね。これで貨物駅を一周して、南千住駅前に戻ってきました。

瀧：凄いショッピングモール通りだな。テンションがグアムみたい（笑）くら寿司、さぼてん、大戸屋、しまむら、西松屋、ダイソー、なるほどね。なんか、取ってつけたようにここだけ急に開発されてるね。通りの名前もなぜか「ドナウ通り」。これはさ、君らの地元のさっきの商店街からしたら大打撃だよね。

遠藤：そうなんですよ、完全にここで分断されちゃって。

瀧：だからさ、商店街からしたらきっと君らは武器だよ、新しく若者を引き込むためのさ。

遠藤：頑張ります、商店街会長になれば色々自由にやれますよね（笑）

瀧：そうそう、商店街の起爆剤として頑張って。あ、駅前になんか謎の像がある。

――23時に撮った像と似てますね。

瀧：どれどれ。ドナウの調べって書いてある。あ、ここ『ドナウ広場』って言うの？ あっちにもなんか書いてあるね。「南千住駅東口『ドナウ広場』とそれに続く道路『ドナウ通り』は、荒川区とウィーン市ドナウシュタット区との交流を記念して命名されました。ドナウシュタット区内にも『東京通り』、『荒川通り』と命名された街路があり、両区の交流は、

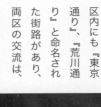

平成8年（1996年）の友好都市提携から今も続いています。」はー、だから『ドナウ通り』だったんだね！　いやあ、この広場にCoCo壱番屋は作らないで欲しかったなあ（笑）せめてオーストリア料理屋にして欲しかった。

遠藤：荒川区がオーストリアの街と友好都市になってるなんて、全然知らなかったです。

瀧：じゃあ、ここで今日は締めよう。ゴール。いやあ、今日は楽しかった。遠藤くんたちも案内ありがとうね！

遠藤：こちらこそ、ありがとうございました！

瀧：じゃあ約束通り、荒川区で一句。

「蒸し宵に　霞を纏う　スカイツリー」

——では瀧さん最後に、荒川区とは。

瀧：ここから芭蕉も旅立ったし、東京を発着する荷物もここに集まってくる。始点であり、終点でもある。「実は始まりと終わりの街」かな！

板橋区《いたばしく》

板橋区
北区
足立区
練馬区
葛飾区
荒川区
豊島区
文京区
台東区
墨田区
中野区
江戸川区
杉並区
新宿区
千代田区
江東区
渋谷区
中央区
港区
世田谷区
目黒区
品川区
大田区

都営三田線「高島平」駅スタート

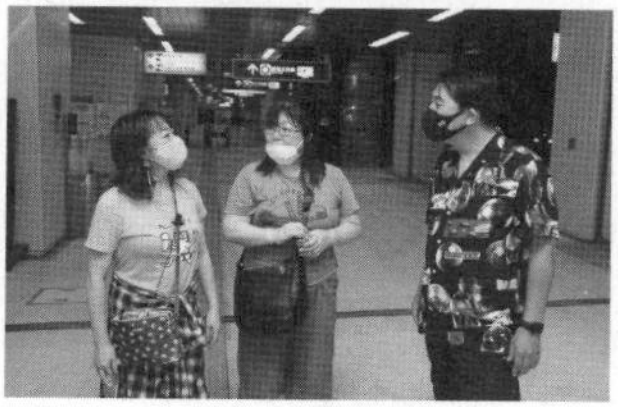

——今日、板橋区を案内してくださるのは「高島平観光協会（仮）」の塚原智美さんと高橋法子さんです。

瀧：高島平観光協会（仮）はどんな活動をしているんですか？

高橋：高島平はいいところだよっていうのを内外に知らしめるっていう。

瀧：内にも？

塚原：内にも。みんな自虐的なんで。

瀧：高島平って言われてるのは、高島平団地のことですよね？

塚原：う〜ん。そう言われちゃうので、それ以外にもあるよって言いたいんです。

瀧：おふたりは高島平団地にお住まいなんですか？

塚原：私は今も住んでいて、彼女は昔住んでいました。

瀧：高島平って、ほぼ団地がメインなんですか？　なにしろ初めて歩く土地なんです。

高橋：高島平は9丁目まであります。駅でいうと、西台、高島平、新高島平、西高島平までが高島平なんですよ。

瀧：4駅分！　これって何線？

高橋：都営三田線です。

瀧：都営三田線の3駅分に高島平の地名がついているんだ。その内団地は？

塚原：団地は2丁目と3丁目と9丁目にあります。

高橋：それ以外は団地じゃないんです。2丁目と3丁目も全部が団地じゃない。

塚原：ちなみに6丁目には女性が住んでいないんです。

瀧：は？　女性が住んでいないとは？

高橋：住民票の登録が男性しかない。

瀧：何で？

高橋：三田線を南北の境目に西台駅をスタートすると、南が1、2、3、4、5丁目まで。西高島平駅で三田線を北に跨いで6丁目から9丁目まで戻ってくる。

瀧：折り返しになってるんですね。

高橋：西台駅の南側が1丁目で、北側が9丁目。そのなかで、6丁目はトラックターミナルとか市場がメインなんです。

瀧：商業用の施設が多いんですね。だから6丁目には女性の住民はいないと。普段仕事で歩いてる女性はいるけど、住んでいる女性は6丁目にはいない。住んでいるのは男性だけと。

団地エリアに到着

――高島平団地西側の入口に着きました、1階にいくつかお店がありますね。

瀧：いいっすねぇ、「ファミリー名店街」。この商店街のノリ。このアーケードに提灯がぶら下がっている感じも、いいですねぇ。

塚原：そうなんです。ここいつも季節モノぶら下げてて。こいのぼりとか、七夕とか。

瀧：俺、団地に住んだことないけど、小学生とかの小さかった頃って街全体がこのノリだった気がするな。

塚原：あっ、にゃおん。魚屋のとこに。

瀧：ちゃんと魚屋の前に猫がいる。魚屋の軒先に猫がいる街、最高じゃないですか。団地ができたのはいつ頃なんですか？

塚原：昭和46年に完成して47年の4月から入居ですね。

瀧：俺42年生まれですから、5歳くらいの時か。昭和の子どもの多いど真ん中世代。それ用に作ったんですかね。ニュー

ファミリーは実家から独立して住むでしょうし。

高橋：開発当初は5000戸くらいの団地を建てる予定だったみたいですが、足りなそうだということで倍の1万戸に。それで高層になったんです。

瀧：なるほど。上に伸ばすしかないっていうことだったんだ。新しい棟を建てるのではなく、当初の計画のまま上に増やすという。おふたりはいつ頃そこに入ったんですか？

塚原：私は両親が入居権を当てて。私47年の4月生まれなんですけど、私が生まれた日に父は新居の電球をとりつけてたらしいです。作業してたら病院から電話があったって。

瀧：新しい生活始まる感じしますね。キュッキュッ！　オギャー！　ですもんね。ドラマチックだなあ。

高島平の歴史を見守る「喫茶イヴ」

塚原：あ、ここ。団地ができてからずっとやってる喫茶店なんです。

店主：いらっしゃいませ、おお、瀧さんようこそ。阿部です。多分同い年くらいだと思います。私、昭和41年生まれですので。

瀧：僕42年です。

店主：ですよね。話合うかもしれない。

瀧：僕の勝手な感覚で言うと、これだけのマンモス団地に住んでるって、なんだかスペースコロニーで暮らしてるような感じがするのかなと思うんですけど、実際どうですか？

阿部：ずっと居すぎて、もうそういう感覚もなくなっちゃいましたね。板橋区って東京の果てじゃないですか。自然がやたら多いんですよ。もう東京じゃないんじゃないかっていうくらい。もうそこ荒川ですからね。その手前に新河岸川があって、もっと先に行くと隅田川。東京を走ってる電車で終着駅があるのは都営三田線の西高島平だけ。つまりその先と接点がないんです。普通はだいたい、埼玉や千葉、神奈川へ続く線に接続してるじゃないですか。三田線でも反対側は目黒から横浜までずっと続いてるけど、こっち側はスト

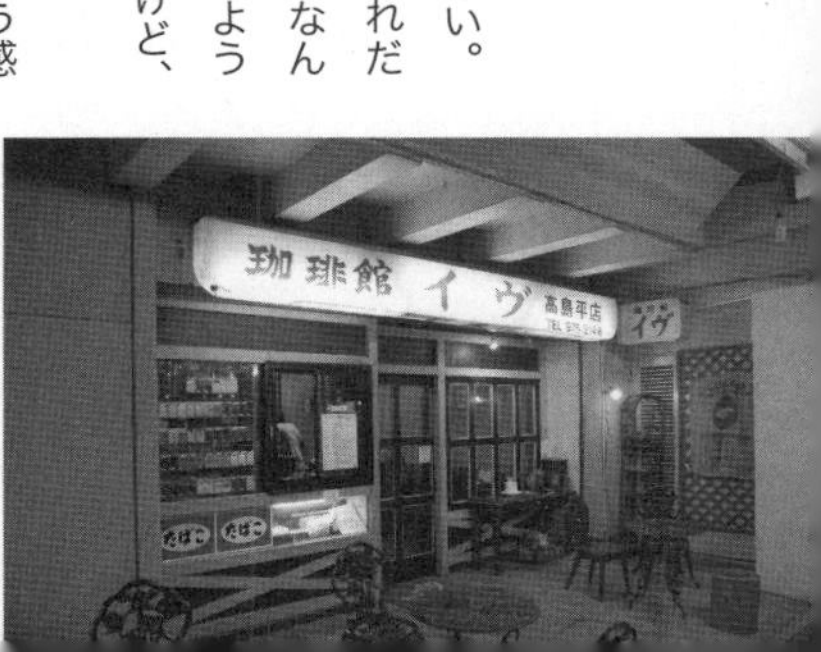

ンと終わってるんですよ。

瀧：なるほど、東京のエンドポイントなんですね。

モモンガとアイスコーヒー

高橋：あ、この方（別の席にいたお客さん）私のママ友です。息子の部活の先輩のお母さんなんです。

瀧：はじめまして。お姉さんの高島平のオススメは何ですか。

塚原：こちらのお姉さんのオススメはモモンガです。

瀧：は？　モモンガ？

塚原：モモンガを飼ってるから見せに来てくれたんです。

瀧：あららら。ていうかポシェットの中にいるんだけど……。

お客さん：フクロモモンガなので、常日頃ポーチの中で生活してます。

瀧：高島平は今、どういう状況になってるの？　テレビとかで、住民が減ってきましたとか、リノベやってますとかは見るんですけど。その辺はどうなってるんですか。

高橋：ピーク時は3万人以上いたので、都市として独立できるのではないかと。それよりは減りましたが、それでも高島平に戻ってくる人は多いんです。違うところの人と結婚して、違うところに住んだけど、やっぱ住みやすいって戻ってくるっていう。

瀧：団地に？

高橋：周辺です。団地だと家族構成や子ども年齢によっては手狭な場合もあるので。子育てにいいところです。

瀧：ちなみにおふたりは他のところに住まわれたことってあるんですか？

塚原：私ないんですよ。

瀧：ずっと高島平。

塚原：しかも団地しかない。

高橋：私は志村坂上に住みました。三田線で5、6駅大

手町方向に行ったところです。
瀧：ここと違いました？
高橋：違いました。近所には一軒家しかなくて古い街でした。
瀧：基本毎日デカい建物を見て暮らしてたわけじゃないですか。それがないところに行ったらどう思うの？
高橋：最初道が覚えられなくて。こっちはきれいに区画ができてるけど、志村坂上は一軒家ばかりで道が三角になってたり台形になってたり。30年前なのでスマホもないから家にたどり着けなくて。
瀧：この辺の人は、何号棟のところ右に曲がって行ったら公園があってっていうような覚え方？
塚原：そうです、分かりやすいです。
瀧：あ、アイスコーヒーが来た。めっちゃかわいいですね（笑）
塚原：このハートのグラス、団地マニアの中では有名で。
高橋：高島平団地見学に来てる人でここに来なかったらモグリ。ツイッターで写真をあげると、団地マニアから沢山いいねがつきます。関西の方からも。
瀧：そうなの？　じゃあ俺もあげてみよう（笑）確かにあんまり見ないハートのグラス。そしていいわ、この無造作にストローがささってる感じも。
阿部：気に入った人だけ赤で出す、普通の人は白で。
塚原：私たち赤になったことない（笑）

高島平便利帳とは？

高橋：実は高島平便利帳ってのがあって。高島平新聞社が街の情報を発信していて、すっごい便利なイエローページみたいなものを作っているんです。
瀧：なるほど、歯医者はここですよ、裾上げしたかったらここに電話しなさいよ、とかそういうやつ？
塚原：高島平情報が完璧に載ってる。昔すごい使ってたのはバスの時刻表。インターネットがない時代だか

ら、そういう情報ってすごく便利で。

高橋：そう、結婚して志村坂上に行った時、ネットもなかったし、すごい困りました。いきなり暗闇に放り出されたみたいに、どこに何があるか分かんないじゃんって。

塚原：今も全戸に配ってます。

瀧：マスターここにもあります？　便利帳。

阿部：あります。

瀧：うわ、すぐ出てきた。

塚原：お店とかも、出前してくれるところは出前マークがついてたり。高島平の歴史がずっと記録されていてすごいですよね。

瀧：病院とか、ふれあい館、周辺の神社・寺院の電話番号も載ってる。病院もめっちゃあんのね。ていうか病院めっちゃない？　すげえ！　病院めっちゃある！（笑）

塚原：何回も言う（笑）

瀧：（便利帳を眺めながら）えーっと、「呉服や光永」って知ってます？

塚原：はい。そこは「高島平きものしんぶん」っていう新聞を出してるんですよ。

高橋：高島平ならではの呉服情報などが書いてあって、年5回出してる。

瀧：「ベンアンドベン西台店」は？

高橋：制服つくってるところですよね。

塚原：何で高島平クイズ始まってるの。

高橋：多分私中学校の制服そこでつくった。

瀧：なるほど。「サカエストア」は？

塚原：薬局。

瀧：ブー！「サカエストア」は野菜・果物です。
塚原：あっ、しまった。サカエ薬局と間違えちゃった。すぐそこの八百屋ですよね。

人との繋がりが親密になる構造

瀧：一回余所に出ると他の地域は横のつながりが少なすぎるって思うんじゃない？
阿部：人の繋がりが密な理由があって。この団地、ワンフロアに40軒近くあるんです。玄関が横一列に繋がってる。40世帯ほど入ってるフロアが14階まで。5階建ての方はだいたい10軒でひとつの階段をみんなで使う。そうすると親密になるんですよ。よくある公団の昔の建て方なんですけど。
瀧：普段からエレベーターや階段ですれちがってる。
阿部：階段掃除をみんなでしたり。
瀧：「こんにちは～」みたいなやつが起こるのね。
阿部：10軒で草むしりやったり。
瀧：あ、これ見取り図？
塚原：団地配置図です。
阿部：今ここにいます。端っこですね。

瀧：このお巡りさん通りってなんですか。
塚原：名前がなかったので「高島平新聞」で公募してみんなで決めてつけた。
瀧：何でお巡りさんなの。
高橋：今はないんですけど、ここに交番があったんですよ。
瀧：あーなるほど。
阿部：これ見て面白いのがね、我々が入居してきた47年頃って5～6箇所あった商店街が、みんな定休日を変えてたんですよ。
瀧：一斉に閉めちゃうと困っちゃうから？　でもそうか、それくらい人住んでるんですもんね。
阿部：うちのこんな店でも開店した当時は外で並んで待ってた。周りに何もないから。高島平の歴史では、団地が一番古いんですよ。この周りの地域っていうのは後でできたんです。

瀧：もともとは何だったんですか？

阿部：湿地帯。野っぱらです。

瀧：野っぱらにいきなりスペースコロニーが空からドンって降ってきた感じか。みんながそこに住んで、後に周りが発展していったと。じゃあこの辺りの発展は高島平の人が支えたと言っても過言ではない。

高橋：最初からいる人たちが、色々運動して保育園を増やしたりとか。図書館つくって欲しいとか。

瀧：言ってみたら、当時の六本木ヒルズですよね。

塚原・高橋：おぉ～。

瀧：商業施設と住居をいっぺんにドンとそこにつくっちゃうぜ！ってことじゃないですか、要するに。

塚原：確かに。東洋一のマンモス団地と言われてたんです。

瀧：東洋一っていう響き、いいね。駆け上がってく感じがあって。

団地の祭事情

瀧：祭とかってやってました？

塚原：昔は2、3丁目合同で原っぱでガーッとやってたんですけど。

瀧：もうフェスのノリでしょ？（笑）

阿部：盆踊りの輪が三重になって。みんな浴衣着て着飾って。

瀧：その盆踊り、どのくらいの人出なんです？ 5000人とかはいる感じ？

高橋：住んでる人が何万人だから、多分1万人以上はいましたよ。

瀧：やっぱフェスじゃんか（笑）さてそろそろ行きましょうか。どうもごちそうさまでした。

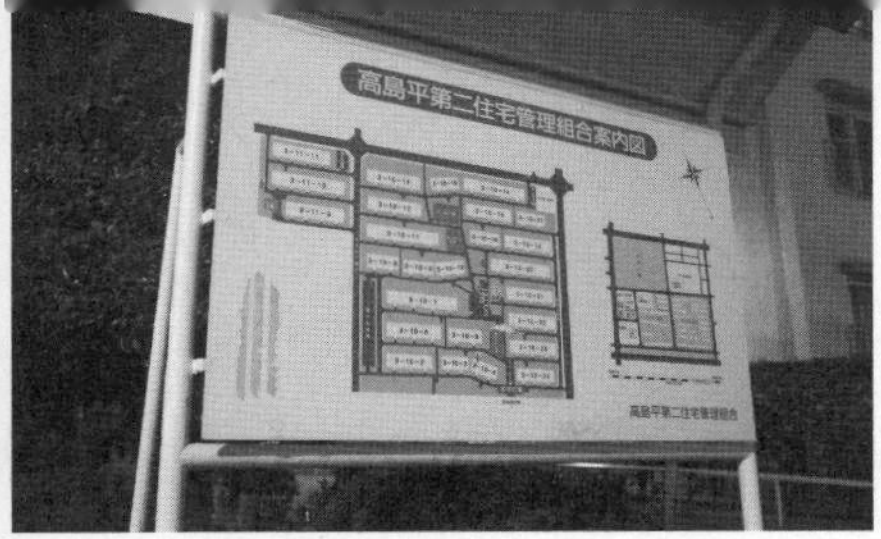

団地ツアー開始

塚原：次は、住んでない人にはなかなか経験できない団地を抜けるっていうのをやりましょう。じゃあまずこの辺から。5階建てゾーンですね。1階が人気で。

瀧：1階が人気なんだ。意外ですね。

塚原：エレベーターがないから高齢になっちゃうと。

高橋：あと子育て世帯になると、騒音を気にしなくて済むから。

瀧：若い頃は5階に住んでたけど、年とったから1階に移動するっていう人もいるんでしょうね。

塚原：あとエレベーターのある棟に行くとか。

高橋：瀧さんの実家の周りにこういう団地みたいなのってあったんですか。

瀧：通ってた小学校の横に松富団地っていうのがあったんだけど、そこに友達が住んでたから遊びに行ったりしてました。当時は団地かっこよくていいなと思った。昭和50年くらいの話かな。

塚原：集会所。そしてここに給水塔が。

瀧：給水塔ってかっこいいよね。

塚原：団地によってデザインも違う。そうそう、最近ベンチが増設されたんですよね。

瀧：何かこれ新しくつけた感じするね。

——公園のベンチと違って、寝ても大丈夫なようになってますね。

瀧：そうね、真ん中に仕切りがなくて。あと、なぜか低く作ってあるね。おじいちゃんおばあちゃんとか3歳児とかが、コテってなっても怪我しない高さなのかな。ちなみに集会所には何をしに来るんですか?

高橋：同じ階の人たちで懇親会をやったりとか、昔はしてました。

瀧：誰々ちゃんのお誕生日会をやるので集会所を使う、とか?

塚原：ありましたね。

瀧：お葬式とか。

塚原：やってました。お通夜とか多かった。最近はあ

んまり見ないけど。昔はみんなやってた。

瀧：団地に住んでると、アンタのとこもウチのとこも間取りは一緒なわけじゃないですか。どういう風に使ってるかとか、どういう間取りかとかは共通言語としてあるわけですよね。

塚原：はい。だいたい子ども部屋になる部屋も一緒だし。

瀧：どこどこのホームセンターで売ってたカラーボックスが子ども部屋の角っこにジャストでハマるよ、みたいな情報とか。そういう情報交換ができるってことですよね。

塚原：サイズ感どの家も同じですからね。

高橋：昔、都営とかだと、ちょっと小さい「団地サイズ」っていう畳があったんです。

塚原：だから多分トイレとかも「団地サイズ」。だからリフォーム用にも「団地サイズ」っぽいチラシがくるんですよ。それからしか選べない感じ。

瀧：でも今から47年くらい前なわけじゃないですか。僕は当時5歳。静岡だからかもしれないですけど、実家を建て直す前で、便所は汲み取りだったんですよね。当時は公衆トイレとかも含めてそういうところ多かった。それに比べたら清潔なシステムですよ。

高橋：最初から洋式だったしね。

塚原：団地に入って、トイレが変わって感激したって人もいましたね。高齢の人とか。

瀧：味わい深いなこの辺。ここがwithエレベーターのやつ？

塚原：そうです。11階建てのエレベーターゾーンです。

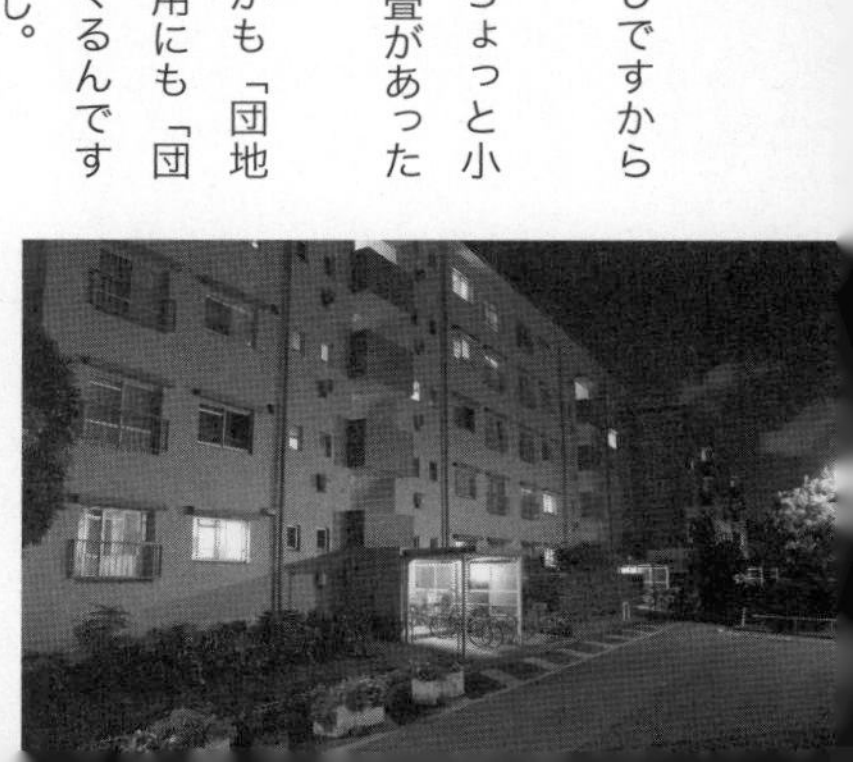

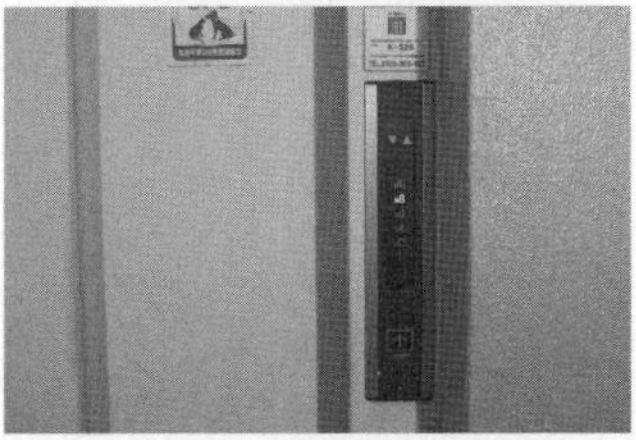

——**棟によって全然デザイン違いますね。**

塚原：そうなんですよ。

瀧：建てられた年代は別々？

塚原：いやみんな一緒です。全部同じタイミング。それぞれのエレベーターを使う住民が管理してて、緑地にも個性があります。この辺の団地はステップフロアっていって、エレベーターが各階の間に止まるんです。

高橋：そこから、上に行くか下に行くか。

塚原：だからちょっと階段使わなきゃいけないんです。

瀧：なるほど。各階に止まるわけじゃないんだ。間に止まるんですね。

塚原：各階の窓と窓の間がエレベーターホールの窓になってると思うんですけど。

瀧：「何となくこの辺まで運ぶわ。昇るか下りるかは各々で」ってこと？　じゃあちょっと上の階に好きな子が住んでたら、わざと上に行ってもしかしたらすれ違うかも、みたいなことやりそう（笑）

塚原：ここはれんが公園。地面がれんがでできていて、れんが公園って呼んでたんです。みんなサッカーとか、ここで練習して。当時ローラースケートがすごい流行ったんです。あそこに雲梯があって、その辺でローラースケートで滑って、受け身取れずに骨折する子が多かった。魔の骨折ゾーン。

瀧：でもキャアキャア言ってみんな遊んでそうでいいすね。団地中に響くくらい。

高橋：でもどの家にも子どもがいたから誰も何も言わない。

瀧：今やうるせえ！　みたいな話になることあるじゃない。そういうの聞くと、ここの人たちは何で？って思うだろ

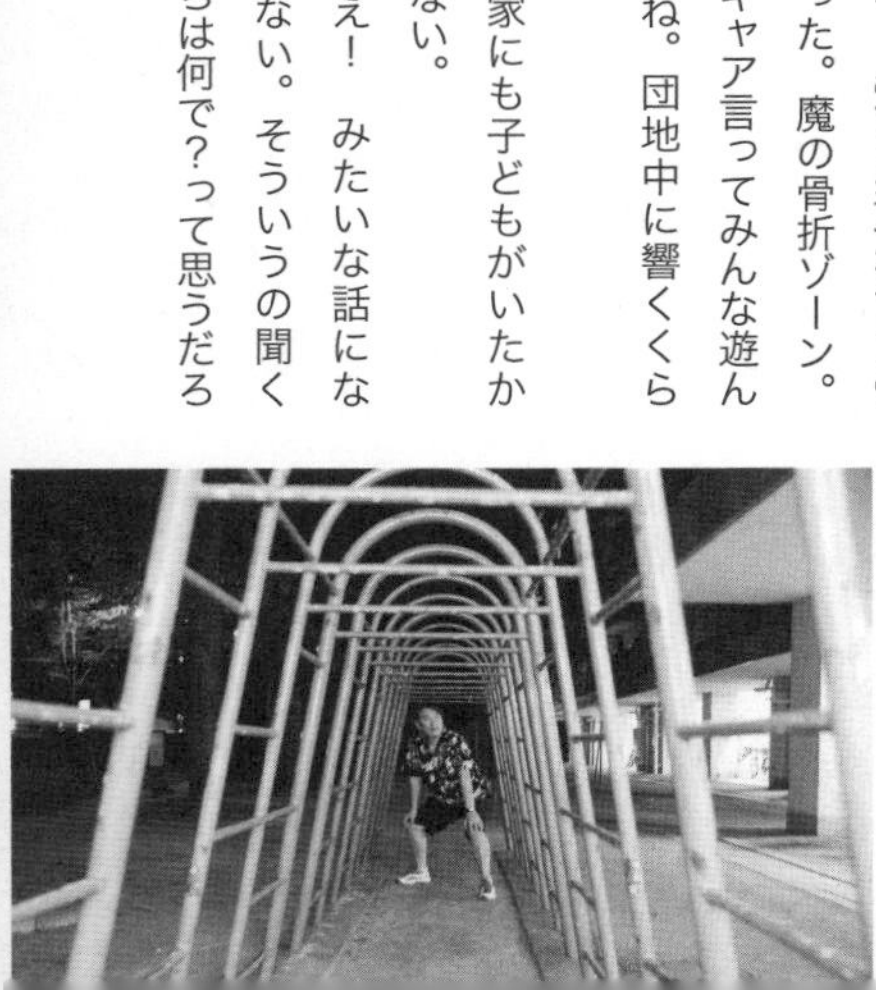

うね。

塚原：ピアノとかも昔は全然気にしないでみんな弾いてて。だいたい20時くらいまでは弾いていいみたいな何となくのルールがあった。

高橋：あとは下から友達を呼んだり。

瀧：おーい！って（笑）

塚原：この上に同級生が住んでたんですけど、ここでしゃべってる声が全部上に聞こえちゃうらしくて。昨日こんな話してたでしょって。

瀧：お前佐藤のこと好きだろ、みたいな。

塚原：そういうの全部バレるんです。

瀧：ノリは下町なんだね。

塚原さんちにお宅訪問

塚原：うちはこの棟です。我が家までご案内しますね。前はこの案内図も、各家の苗字が全部載ってて。

瀧：これが例の40軒近く並んでるって言ってたやつ？ うわ！ 32号室まである！ エレベーターホールいい雰囲気すね。

塚原：ここで、雨の日は遊んだりしてましたね。

——怒られたりしなかったんですか？

塚原：当時は言われなかったですね。

瀧：きっと当時はここで雨の日にミニ四駆とかラジコンやってたんだもんね。

塚原：縄跳びもやってましたよ。

瀧：廊下に出ました。住民の皆さんお邪魔します。なるほど、凄い眺めだわコレは。高所恐怖症の人は完全に無理だ。すげえ。昭和40、50年ぐらいに、この高さからの眺めを独り占めなのは、なかなかのことですよ。

塚原：そうですよね。荒川の花火が、あのガスタンクの方に見えるんですけど、花火大会の日はこの廊下に椅子を出してみんなでビール飲んだりしてました。

瀧：う〜む、やはりオープンエアの廊下って単純にすごい。それとこの眺め。この高さでこの感じすごいっすよ。他にはないですもん、なかなか。多分新しい建物だとここに柵付けちゃうと思うんで、もうこれが成立してることが凄い。

塚原：そしてここがウチですー。どうぞ。

瀧：ここはどういう間取りですか？

塚原：3Kですね。部屋が南側にふたつ、北側にひとつあって。あとはキッチン。それでこれが例の便利帳です。

瀧：やっぱりちゃんと便利帳あるんだなあ。ちょっとベランダお邪魔します。ほほー、なるほど。空が広い。塚原さんは、ここのお家は、親と最初住んでた？

塚原：同じ団地で違う部屋に親と住んでいて、うちの父が退職金で突然この部屋を買ったんです。

瀧：それを「お前のだ」って？

塚原：初めは「俺のだ」って言ってたんですけど。間取りが左右逆で使いづらいから、やっぱり俺は住まない、と言うので。

瀧：ああ、なんかちょっと気持ち悪いのかもね、逆だと。それも団地あるあるっぽいね。

瀧：ところでこれ、何でここにあるの？　何用？

塚原：これも団地みんなあるんですよ、なんであるのかよくわからないんですけど、だいたいみんな30センチ物差しを置いてます。

瀧：これをさ、何度も張り替えたりする業者いるだろうね。「在庫あと12枚あるな」みたいな。あ、ここ、窓開けとけば結構風通りますよね。

塚原：そうなんです、玄関も開けておけば。

瀧：風の通りがすごいから、掃除機かけるの面倒くさいなと思ったら、2つ開けとけば埃とかは全部なくなる感じない？

塚原：強い風の時は、テーブルの上の紙や軽いものが飛ばされちゃうんですけどね。クーラーがなかった頃はみんな玄関の扉にかまぼこ板挟んでましたね。

瀧：ドアストッパーがかまぼこ板（笑）どの家も同じ間取りなんだもんね。なんかね、平等って感じ。

塚原：どの学校でも格差が生まれないので。

瀧：そうでしょう。そのTシャツあそこの洋品店のヤツじゃんとか、運動靴もあそこのやつだなっていう。みんな同じ暮らしを同じようにやってるから、羨ましがるっていうことがないわけですよね。

塚原：確かに悩むっていうことって、言うほどなかったですよね。自分を卑下するとかもないし。

瀧：他人を見下しもしないし、羨ましがりもしない。

塚原：そうですね。

——そろそろ次に行きましょうか。

瀧：そうね。どうもありがとうございました。お邪魔しました！

――さて1階に戻ってきました。

瀧：団地だけで、けっこうお腹いっぱいだよ。でも面白い。このポストもいいね。しかしあれでしょ？　放課後に遊びに行く家に困らなかったんじゃないですか？

塚原：はい、同じ棟の中に同級生がいっぱいいた。同じ階だけでも32世帯あるので。

瀧：草野球チームとかさ、そういう子ども会のチーム分けはどうなってるの？

塚原：なんかいっぱいあるんですよね、少年野球チームでも。

瀧：高島平団地のトーナメントを勝ち上がって優勝するの、まあまあ難しいっすよね、多分。

塚原：年配の人たちのチームもあって。グラウンドいっぱいあるんです。

瀧：そうか、健全に暮らすとなると、運動できる場所が必要っていうのでたくさん作られたんだと思うな。

高島平の名前の由来

――次は西台団地に向かいましょう。ここからはメインの案内を高橋さんにお願いします。

高橋：はい、了解です。実は2019年の3月1日で、高島平っていう地名が生まれて50年だったんですよ。ここが名前の由来になった場所。高島秋帆っていう長崎出身の西洋砲術の人の名前をつけたそうで。

瀧：西洋砲術、長崎藩だからか。

高橋：そうです。ここで初めて演習をやったから、高島秋帆さん所縁の平地、ということで高島平という名前にしたそうです。

瀧：なるほど。幕末の頃ってことですよね、おそらく。

高橋：板橋区には西洋砲

術の保存会とかを中心に活動する人がいて、赤塚に板橋の郷土資料館があるんです。昔の館長が西洋砲術とかもすごい詳しくて、「八重の桜」の前半部分の監修もやってましたね。あそこがガスタンクです。

瀧：いいね、川沿い。これ何のパイプだろ？ 東京ガス株式会社制圧器だから、あのタンクのガスをこっちで制圧してんじゃないの？ そして、デカいじゃんか！ しかも3つもある。

高橋：その橋は、仮面ライダーの撮影をよくしてた場所なんです。私が子どもの頃に、ガスタンクをバックに撮影してました。

瀧：確かにロケーションとしてはいいもんね。しかしこの団地とガスタンクのバランス（笑）こんな危ないもんの近くに、こんなにたくさん人が住んでるんだ（笑）

高橋：この辺りから私が育ったエリアに入ります。

瀧：高橋ゾーンだ。ところで家賃っていくらくらいなんですか？ 差し支えなかったら教えてもらえないでしょうか？

塚原：うちは分譲なので家賃はよくわからないんですよね。

高橋：賃貸だけど、都営団地は世帯収入によって家賃違うんですよ。一度父親が失業した時は、うち多分2万円くらいだったんですよ。

瀧：世帯主の収入の額に応じて家賃が決まるの？

高橋：世帯収入で決まるんですよ。だから子どもたちが大きくなって、子どもの収入もその世帯に組み込まれるようになったら家賃が上がっちゃうので、出なきゃいけないんです。それを避けるために子どもが違うとこに移ったり。そういうシステムですね。うちは最後父と妹で住んでたんですけど、父が亡くなった時、何ヶ

月かの猶予で妹が退去しなくちゃいけなかったんです。借りた時の世帯主が亡くなったら、子どもにはその権利が引き継がれない。配偶者には権利が引き継がれるから、奥さんだけになって住み続けるのはいいんですけど。

瀧：はー、厳しいですね。

——こんだけ人情に厚い話聞いてきたのに、その辺はお役所なんですね。

瀧：そうだねぇ。思い出？　関係ねえよ。横の繋がり？　知らないよ。こっち書面でやってんだからさ、っていう。

上が団地で下が車両基地

瀧：やあ見えてきた。右の建物が西台団地ですよね？　結構高層じゃないですか。

高橋：14階建なんです。団地の下にめっちゃ明るい部分あるじゃないですか。あそこ車両基地なんですよ。

瀧：わ！　建物の下が基地になってんだ！　じゃあ電車の上に住んでんすか？　朝とか結構振動があったりしないですか？

高橋：音がします。うち下の方の階だったので。

瀧：ゴトンゴトン、みたいな？

高橋：それと駅の隣なのでアナウンスとかも聞こえてきて。電車の音も聞こえますよね。

瀧：聞こえるね。もう23時か。ではここらで写真を。

高橋：昔は基地が全部公園だったんですよ、砂場もあって、屋根があるんで濡れなくて。

瀧：雨の日でも遊べるね。すごい都会的ですね。

高橋：今ある公園は5号棟の下と、7号棟の下です。

瀧：わ！　この感じ。こんだけ錠があるのって、恋人岬くらいしかみたことない（笑）

——橋の上とか（笑）

瀧：ん？　何あれ？　魔法陣じゃないすか、なんかポッ

プな魔物が降臨するやつ（笑）

——あと『ウルトラマン』シリーズのブルトンみたいですね。

瀧：そうだよね、ブルトン。あと『ミクロの決死圏』の「白血球が襲ってきた～」のやつっぽい。うわ、遊具から

出られねえ。手を貸して（笑）おじさんになると、もうこういうの出るのは大変。でも雨の日でも遊べるように設置してあるんだもんな。いいよね。昔はチョークで地面に落書きしてもよかったんだろうしね。最近チョークとかでもなんかはばかられる感じになってきてさ、よくないよね。

高橋：そうですねえ。あ、ここから駅に出られます。

瀧：おー。ウルトラマンというか、円谷っぽいとこっすね。視覚的に。ここは車両基地なんですよね？

高橋：洗車したり電車を点検したり。検査場なので、修理とかもここでやります。

瀧：はあ〜。こんなに裸で電車停まってるとこ見られちゃうんだね！

高橋：これのすぐ上に団地が立ってるんです。

瀧：激ラフだねぇ、急にラフ。しかも団地マニアと鉄道マニアの両方の胃袋を満たす。両方の胃袋を同時に満たす場所って珍しくない？ もしも実写でエヴァンゲリオン撮る時は、第3新東京市の場面ここで撮るだろうね。綾波とか住んでそう（笑）これは面白いわ。意外に知られてないですよね。

高橋：そうなんです、高島平まで団地を見にくる人はいるんですけど、ここは意外に知られていなくて。

瀧：ていうか、電車入ってないとわかんないもんね。夜ならでは、深夜の散歩だからありつけるごちそうだ。

蓮根エリアを探索

高橋：あれ、へび公園です。昔蓮根川が流れてたところが暗渠化して緑道になったところに作られた公園なんです。ずっと変わってない。

瀧：ほんとだ。へびだ。

高橋：ここは「ドーン、チッケッタ」の聖地と言われてるんです。みんなこの上を裸足で歩くんですよ。

瀧：なるほど。そして子どもは絶対へびの口に砂を入れるんだな（笑）

高橋：40年前からここにあります。

充実の自販機コーナー

瀧：あ、自販機コーナー。珍しいな、100円の甘酒がある。じゃあ、いってみるわ冷やし甘酒。これ会社どこ？　月桂冠じゃん！　初めて見た。月桂冠でこれ出してるんだ。じゃあいくぜ。（ゴクゴク）トロトロ系〜！　うまい。もちろん甘いけど意外にしつこくない。ちゃんと月桂冠が出してるっていうその説得力。それを100円で買える気軽さ。そして完全に冬に売る気が無い姿勢、デザイン的に。冷やし甘酒だからね。これがもし「あったか〜い」のゾーンで売ってたらもう意味わかんないよね。しかしまだまだあるね。前作から年月は経ってるとはいえ、まだまだ100円自販機はバリエーションあるな。

区立城北公園に到着

高橋：あそこが城北公園です。

瀧：この歩道橋すげえ作り方すんね。真ん中に入り口が。あとあそこの建物の2階の看板面白い。城北公園前の施設で「ダンス・お芝居」はわかるけど、「野球のミーティング」って、急に具体的なんだけど（笑）

高橋：瀧さんにミニＳＬの前で写真撮って欲しくて。

瀧：あ、あっちに野球場ある。だからなのかな、ミーティングせよ！　っていうのは。

——ここ、公園の面積のほとんどが野球場じゃないですか（笑）

高橋：そうなんですよ（笑）

瀧：このレンガっぽいのがさ、ちょっとメジャーの球場っぽいじゃん。良いね、板橋。結構グラウンドのクオリティ高い。そして学校を発見。

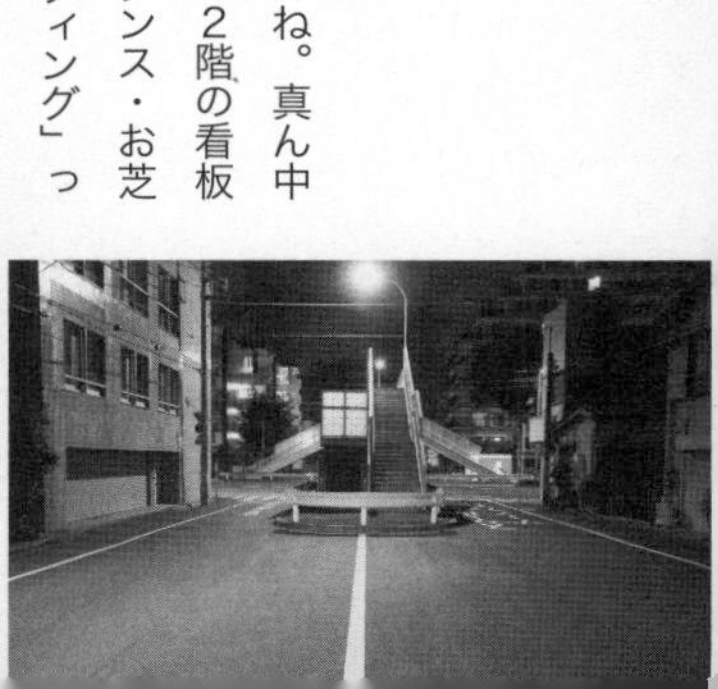

高橋：はい。志村六小ですね。

瀧：その学校がナンバリングされていく感じって、最近ぽい。

——コロニー感ありますよね。

瀧：そうそう。サイド6、サイド7みたいなことでしょ。明治の頃から学校ありますとかだと、その土地の古くからの名前がついたりするんだろうけどさ。高島平はさっき言ってた砲術の人が来てからその名前になったわけでしょ。それ以前はなんて地名だったの?

高橋：赤塚田んぼとか、そういう名前で呼ばれてましたね。今の赤塚とかに住んでる人の祖先たちが、耕してたんだけど。

瀧：元々開墾した農地だったところを再開発して住宅にしますっていうことだったんですね。

高橋：その人たちから土地を買って、新たにお店を始める人もいたりとか。

瀧：じゃあその時期、昭和40年中期ぐらいから土地売ってお金持ちになった人がいるはずなんだよなあ。そういう人の日本家屋があってもいいはずなんだけど、それがなかなか見当たらない。

——赤塚には高台があるからそっちかもしれないですね。

高橋：そうなんです、お金持ちはそこに住んでる人が多いんですよ。

瀧：ほほう。山の手もそうだけど、お金のある人はみんな高いとこに住むんだな。

高橋：はい。向こうの人たちからすると、高島平に降りていく。そういう感じ。

瀧：そうか、天上界の人たちなのか（笑）

板橋から冒険家が世界へ

——これは植村直己冒険館?

高橋：そうです。前野町に住まわれていて、最後の遠征には板橋区から行ったんですよ。

瀧：ここから南極にここから行ったってこと?

――わ！　ちょっと雨降ってきましたね。

瀧：この下で雨宿りさせてもらっても、植村直己さんは怒らないと思う（笑）ビバークさせてもらおう。植村さん、ちょっと緊急避難させてください！　この冒険館には何があるの？　入ったことあります？

高橋：犬ぞりの模型が置いてあったりとか、実物大の犬の剥製とか。

瀧：へえ。おふたりは地元をちゃんと掘ってて偉いですね、本当に。

――とか話ししてたら、雨、止んできましたね。

再び高島平団地に向けて歩く

瀧：この辺はちょっと町の商店街っぽい感じですね。このあたりは集合住宅じゃないバージョンの町っすよね。

高橋：そうですね、この辺は。蓮根は神社とかもありますし。

瀧：蓮根はその開発のゾーンから外れてたってことでしょ。こっちのお年寄りに話しを聞くのも面白いかもしれないですね。長く住んでる人にしてみたら、突然隣町にスペースコロニーが降ってきて、新しい街が活動開始しちゃうわけじゃないですか。

――第9地区ですね（笑）

瀧：そうそう（笑）だからこっちの人からしたらさ、おいおいなんだよ急に⁉　っていう。いいなここ。「レモンハウス蓮根」ってもう、2個食べ物入れちゃってる。

瀧：この辺はイチョウだね、街路樹が。柳の所もある

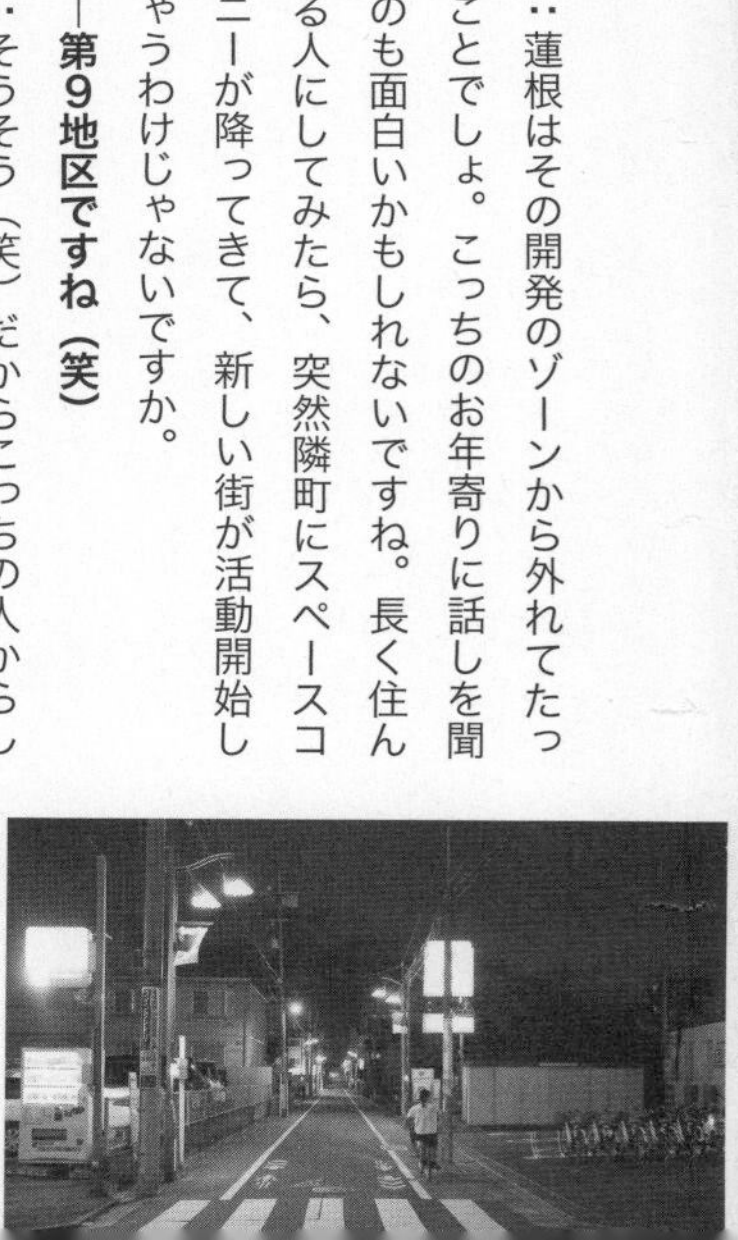

けど。

――歩道も広いですよね。

瀧：お、街路樹が百日紅になった。サルスベリって珍しくない？　街路樹で。

――あんまりないですね。

塚原：これがさっき便利帳に載ってた呉服屋さんです。

瀧：こんなとこまでカバーしてんの⁉　広い！　そうか、1丁目から9丁目の店舗を全部網羅してんのか。なるほど。団地だけじゃないんだね、あの手帳って。

塚原：そうそう。

瀧：やっぱさ、なにか買うんだったら、地元の店で買わないとなっていう感じはあります？

塚原：極力そうしてます。

瀧：やっぱそうなんだね。共済感がある。ビックカメラじゃなくて、地元の電気屋さんで洗濯機買ってあげないと、みたいな感じ？

塚原：本も極力Ａｍａｚｏｎで買わないで、地元書店で予約して買ってます。応援もしたいし、なくなって欲しくないっていうのもあるから。思い出がある。

高橋：あれが親指のオブジェです。

瀧：親指のオブジェ⁉　どういうこと？　真ん中に筒みたいなの見えるけど。

高橋：電車から見るともっと綺麗に見えるんですけど。爪とかシワとか。日本のガウディって言われてる梵寿綱の作品なんですよ。

瀧：こうして歩いてみると、高島平団地だけちょっと独特ですね。他のゾーンとちょっとグルーヴが違うっていうか。特区な感じだよね。

――なんか不思議なのが、荒れてる感じでもないじゃないですか。

瀧：そうなんだよね。ゴミも落ちてないし、治安が悪

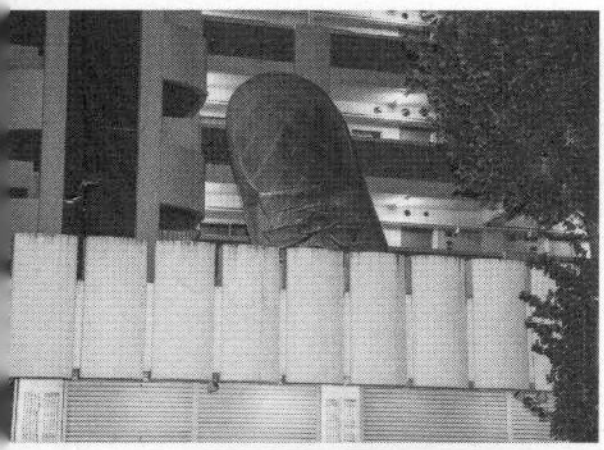

い感じもしない。何かあそこだけちょっと別の条例で動いてるっていうか。

——あそこだけのローカルルールがある感じ。

エンディング

——団地エリアに戻ってきましたね。

瀧：そうね。あの上の方の柵のデザインいいな。チューリップと、こっちはひまわり。

塚原：柵がついてるところとついてないところがあって。つけるときは何割かの住民の賛同がなきゃだめなんで。分譲だと意見の集約が難しかったんだと思います。

瀧：なるほど。

塚原：昔は飛び降りとかも集中してあったりしたんですけど。

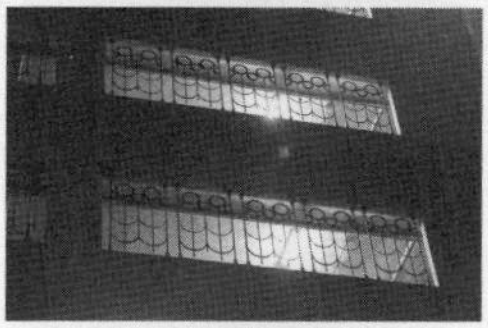

瀧：長く住んでるとそれくらいじゃもう驚かない？

塚原：他にもいろいろ高い建物ができたからか、今ではなくなりましたね。

——うわ、急にまた雨が降ってきましたね。

瀧：降ってきたっ。雨宿りしよう。どっちどっち？

塚原：あっち行きましょう！

——（雨宿りしながら）でもこれで一周だいたい回った感じですかね？

塚原：はい、これで大体。

瀧：（掲示板を見ながら）この「おうちごはん」っていうのはどういうシステムですか？

塚原：実際に住んでる人が持ち回りでご飯を作ってくれるんです。共働きの家の子どもも来るし、高齢の人とかも来る。高齢の人がお昼に住民同士で集まって食べたり。

瀧：助け合いな感じなんですかね？

塚原：なんとなく地域交流というか、コミュニティカフェとして。コロナになる前は、週末に整体の人が来てここでマッサージしてくれたり。

瀧：ご飯食おいしい？

塚原：おいしいですね。手作りご飯。本当に人んちの家のご飯（笑）

瀧：それいいなあ。やっぱりそういうコミュニティがすごく独特だなと思うんです。

塚原：あ、ここのＬ字とＶ字の団地が形としては見応えあって。ここでとりあえずツアーとしては終わりです。

瀧：では、ここで締めということにしましょう。塚原さん、高橋さん、楽しいツアーをどうもありがとうございました！

——では瀧さん、最後に「板橋区」とは。

瀧：シンプルに思うのは、都市計画ってやっぱちゃんとしてんだなって。都市計画って今も使う単語だけどさ、ここは昭和40年ぐらいから計画がスタートしてるわけでしょ？　その都市計画って今からしたら昔の古いイメージがある。でもそれなのに２０２０年の今歩いてみても、「道が広くていいね」とか、今も住んでる人達もちゃんと「住みやすいですよ」って言うわけだからね。そういうのを考えると、都市計画ってちゃんとした都市デザインなんだなって思ったなあ。板橋区というか高島平は、「高島平」っていう名前のオールドスクールスペースコロニー。サイド7ならぬ「サイド高島平」！

総歩数
16212歩
ITABASHI-KU

豊島区《としまく》

板橋区
北区
足立区
練馬区
葛飾区
荒川区
豊島区
文京区
台東区
墨田区
中野区
江戸川区
杉並区
新宿区
千代田区
江東区
渋谷区
中央区
港区
世田谷区
目黒区
品川区
大田区

副都心線「雑司が谷」駅スタート

——今日は「占い師と巡る七福神」が夜散歩のテーマ。占い師のタナミユキさんに案内していただいて、雑司が谷の七福神を巡りたいと思います。

瀧：よろしくお願いします。タナミさんは雑司が谷にお住まいですか？

タナミ：住んではいないんですが、店が雑司が谷にあるんですよ。

瀧：占いのお店が？

タナミ：実は古本屋で占いをやってるんです。

瀧：古本と占い？　ということは本業は古本屋さん？

タナミ：いえ、古本屋の方は夫がやってます。

瀧：ご夫婦で古本と占いか、なるほど。雑司が谷って、駅降りたらいきなり「都立雑司ヶ谷霊園はこちら」っていう案内があるんですね。「左は鬼子母神、右は霊園だよ」って。

タナミ：それしかないの。

瀧：それしかないことはないでしょう（笑）だってあの絵は、夏目漱石？

タナミ：そうですね、壁アート的な。

瀧：あれそうですよね。縁があるんでしょ。では小雨そぼ降る豊島区を行きましょう。

タナミ：一番最初はまず100円自販機に。

瀧：もう？（笑）早くない？　慌てなくてもいっぱいあるでしょ。もしかしてわざわざ探しておいてくれたんですか？　大丈夫ですよ、あれ巡り会うもんなんで（笑）

タナミ：もう着きました、ここです。

瀧：早っ！　おお、ミルクセーキにミルクココア、ほうじ茶ラテ！「香ばしくもまろやか」か。あ、結構うまいじゃん！　ほうじ茶の香ばしさと、ミルク的な

ものをマッチさせて甘めに仕上げましたっていう感じ。ちゃんとミルクと混ぜて鍋でコトコトして作ったぜっていう。さて豊島区だと、定番の「サンシャインはどっち？」ってやつですよね。

タナミ：道に迷ったらサンシャイン見ればいいんですよね。

瀧：基本サンシャイン方面に歩けば、中心地には近づけますよね。前回も歩いて思ったんすけど、豊島区ってサンシャインの周り以外はすごいゴチャっとしてますよね。でかい幹線道路か、ゴチャっとした住宅街の細い道ばっかりでなんか見通しが悪い。だからサンシャインなかったら結構道に迷いませんか？

タナミ：今でも迷いますよ。

瀧：やはり。この線路は何線ですか？

——都電荒川線ですね。

瀧：荒川線か。三ノ輪からきてるやつだよね。荒川区から来た電車はこの辺まで来てんのか。そしていきなり神社に到着だ。

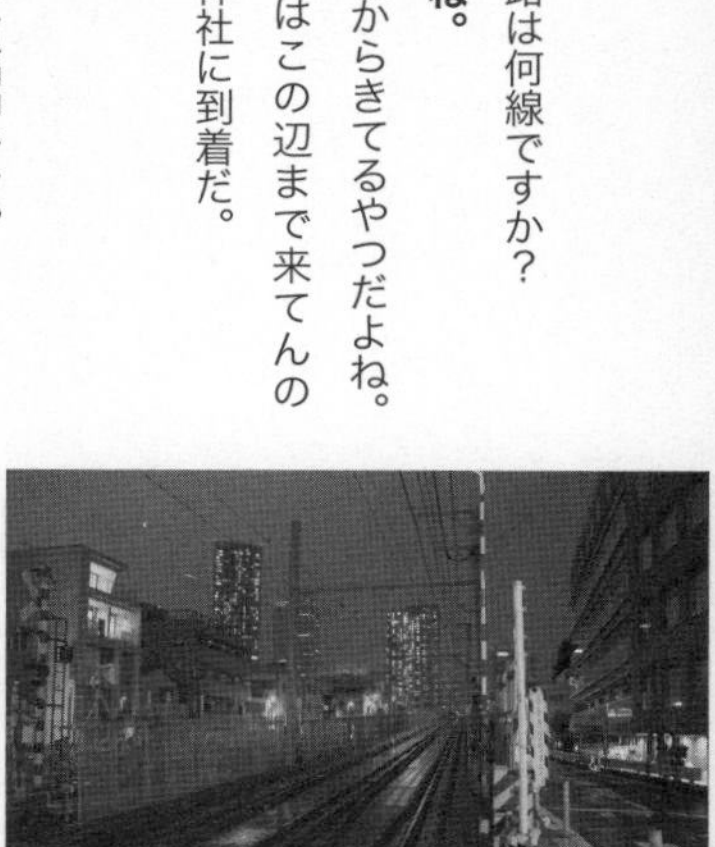

七福神巡り、開始

タナミ：ここが最初の七福神です。

瀧：ここは七福神の何？

タナミ：恵比寿様ですね、正面は大鳥神社。

瀧：ちゃんと手水舎が稼動してる。あ、消毒液。今はこんなのも置いてあんだね。さて恵比寿さん、その前にメインの大鳥神社にお参りしよう。いい賽銭箱だなあ。

——奉納が「そごう」からきてますね。流石豊島区。

瀧：本当だ。西武そごう。そして恵比寿さん、と。か

わいいね。かわいらしい。

——瀧さん、普段散歩するときも、神社仏閣見かけると、お参りするようにしてるんですか?

瀧：全部はやんないけど、たまに。なんかさ、お参りするとちょっとさっぱりしない？　行く先々で、「土地に着いたら神社でお参りしなきゃ」まではやんないけど、歩いてたりして、「ここ!」っていうところはお参りしたりするよ。神社って夜入れるとこが割と多いんだよね。でもたまにさ、夜来るとめっちゃ怖いところとかもあるんだよ。「コレは怖くて入れねえ」っていう感じの。鬱蒼としてる感じとか、なんか黒い湯気立ってるみたいなとことか。

次はこっち、恵比寿さん。一応こっちなんだよね、今日のメインは。

（パンパン）

「雑司が谷七福神大鳥神社恵比寿神。七福神の中でも日本古来唯一の神様で、イザナギ、イザナミの御子で…」えっそうなの!?　知ってた？　恵比寿さんて、イザナギとイザナミの子どもだって。

——いや知らないです、初めて知りました。

瀧：イザナギとイザナミって国を作った神様だよね。二人の子どもってこと？　嫡子？　「鯛と釣り竿を持った姿は、釣りして網せずということで、暴利を貪らない清い心をしていると言われ、商売繁盛の神として愛されています。皆様もはい、えびす顔ですよ」だって。最後の一言いる？「商売繁盛・芸能上達」の御利益。

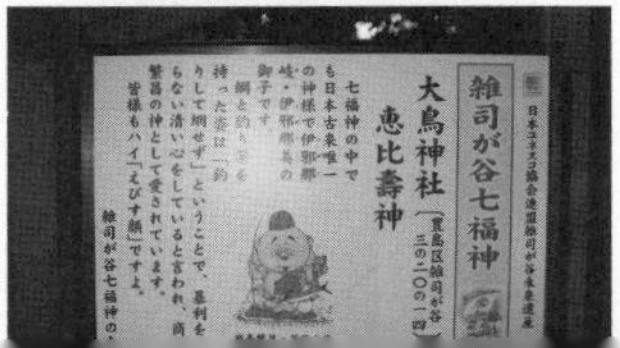

でもいいね、釣りして網せず、っていうのはさ。釣りはするけど網は使わない、みたいなことですよね。イザナギとイザナミの話も興味深い。

タナミ：ちょっとそこは怪しいとこありますけどね。

瀧：それ言いはじめたら本当にね、もう（笑）あれ、なんかスタンプあるじゃん。これスタンプラリー的なことなの？　誰か紙持ってない？

——僕、自分の手帳に押していきます。

瀧：手帳にやるのいいんじゃないの。おお、結構綺麗に出るね。

——スタンプを押すインクを夜でも置いてくれてるのがいいですよね。

瀧：いいよね。「夜でも押しなよ」って。

——ここ以外の、他のところもスタンプあるんですか？

タナミ：あるんですけど、ポケモンGOで人が集まっちゃうから夜鍵をかけるようになった場所もあって。人が夜中に来て大騒ぎしちゃうから。

瀧：ああ、そういうことか。

——罪深いゲームですね。

タナミ：私もやってましたけどね。

瀧：人を外に引っ張り出したっていうところは評価するけど、そうなっちゃうんだなあ。じゃあ俺も一発目。ズドン！　よし。見た？インクの蓋を片付けようと思って蓋パターンって閉めたら、銀杏の葉っぱが出てきた。こんな素敵なことあります？　素敵！　秋らしい。なんかちょっとプレゼント感があるなあ。狸に化かされる系っていうか（笑）さあでも1ヶ所目、大鳥神社完了。あ、雑司が谷七福神ってのぼりもちゃんと出てる。

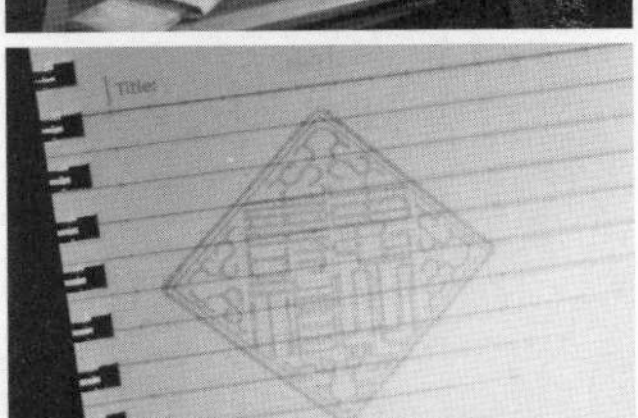

タナミ：お正月で6000人くらい人が来るんですよ、西武が宣伝してて。ここ熊手も売ってるんですよ。

瀧：熊手も売ってるの？　あれって段々大きくしてかなきゃいけないんじゃなかったっけ？

タナミ：いや、ここは神社なんで。

瀧：そうなの？　神社の熊手は大きくしていかなくて大丈夫なのか。

タナミ：はい。

細い路地を行く

瀧：これは何を作ってんだろう……。前の本の時（10年前）に歩いたら、この辺り金網で仕切られてて「ここでっかい空間あんね」って言ってたやつだよね。そこに今何か建設しているんだな。あ、丁度警備員さんがいた。すいません〜。これ何作ってるんすか？

警備員さん：道路ですね。

瀧：バイパスみたいなやつですか？　地上？

警備員さん：環5ですね。環状5号線。地上です。

瀧：なるほど環状5号線なんですね。わかりました、ありがとうございます！

警備員さん：はい、ありがとうございます。

瀧：環状5号線だって。

タナミ：2020年までにできるはずだったんですけど、やってみたら出来なかったってやつですね。

瀧：オリンピック用に最初突貫のつもりでやってたけど、もうちょっとゆっくりちゃんと作る？ってことになったのかな。あ、今猫が家の中に入った、かわいい。そして細くて渋い裏道を抜けてみると……、井戸だ。「この井戸は地域の皆さんのご協力をいただき、整備したものです。防災まちづくり井戸」。へえ。

タナミ：この辺りは消防車が入れないので、こうやって井戸が作られています。

——ゴミ収集はどうしてるんですか？

タナミ：そこの大きい通りに車を停めてから集めています。

瀧：ここ、車でうっかり迷い込んだら頭抱えちゃうな。周囲の家にも車停まってないもんね。車来ないゾーンだ。ラビリンス感ある。

タナミ：この土地は、「なんとなく右のほうに行くと着く」とかいうのは有り得ないですからね。

——さっき看板の文字かすれてて、唯一残された単語が「犬の糞」「つないで」でしたね。瀧さんとこの企画やるようになってから、いつも歩いてた道でもちょっと変なとこ見て歩く癖つきましたね。

瀧：本当、良かった。夜って遠くを見ない。半径10メーターぐらいしか見えないから、変なとこに気づくようになるのよ。で、別に急いで歩かないじゃない。昼間はそんなに足下見ないし。だから夜歩くといろんな発見がある。

鬼子母神の漢字の由来

タナミ：こっちに曲がります。そしたらここが鬼子母神堂です。

瀧：あ、鬼子母神。そうか、さっきの神社からもうすでに別ゾーンにいるんですね。都の指定天然記念物がありますな。境内の大イチョウ。あと王門欅並木って今見えるこれのことか。他にも「都指定有形文化財」。いっぱいあるじゃん見るところ。「国指定重要文化財雑司が谷鬼子母神堂」、「区指定無形民俗文化財」。そして一番左、「雑司が谷ガヤガヤプロジェクト」っていうのがある（笑）鬼子母神は、子どもを食べてた人だよね？子どもを失っちゃったのをきっかけに。それで鬼として人んちの子どもを食べ散らかしてたのを、誰かが諭したんだよね。誰だっけ？諭したの。

タナミ：その時に角を取ったので、この辺りの「鬼」の字はどれも上の角がないんですよ。このあたりの人はその表記に関しては厳しいです。

瀧：なるほど。「鬼」の上のちょんが無い。角が取れてるんですね。誰が諭したんだっけな。悲しみのあまり鬼になっちゃって、いろんなところで子を盗んでは食べてたのを、「何やってんだ、訳を話してみろ。それじゃあいかん」つってさ。

――（検索して）釈迦ですね。

瀧：釈迦！　なるほど、そうか釈迦か。

タナミ：そうですね。そういえばお釈迦さまの誕生祝いもしてます。

瀧：花祭り。

タナミ：はい。

瀧：鬼子母神だから、神になった後祀られたんですもんね。それで結果子どもの神様になるんですね。

タナミ：鬼子母神なので、腹帯に入れる安産祈願のお守りが手に入れられます。

瀧：そうなんだ。俺は自分の娘が産まれるときは水天宮に行きましたよ。「へえ、そういうとこ行くんですか?」ってよく言われるんだけど、行ったよ一応ね。でも、鬼子母神でもいいんだね。

タナミ：鬼子母神は「戌の日」に。犬はお産も軽いからってことで。

瀧：犬いっぱい産むから、みたいなことでしょう。ところでこの大木もすごいことになっちゃってるね。これ多分腐ったかなんかして折れて、それ以上腐らないように絆創膏みたいなので止めたんじゃない？　きっとそうでしょう。この通りは両脇のお店も、古かったやつを若い人たちが引き取ってやってる感じですね。

タナミ：そうですね。

瀧：洒落た感じね。

漫画好きの聖地、まさかの素通り

タナミ：さっき通り過ぎたのは手塚治虫の並木ハウスです。トキワ荘の後に仕事場にしてた並木ハウスが、そこにあったんですよ。

瀧：へえ。というか、戻りましょうよ。それはスルーする手はないでしょう（笑）

タナミ：すいません、日々暮らしてると別に普通になっちゃって（笑）

瀧：ここを入ってってたところ？　おお、「登録有形文化財」。灯りがついてる、まだ人が住んでるんですね。

タナミ：一回、壊すことになってたはずなんですよ。でもやっぱり無しになって。

瀧：今や重要文化財になりましたからね。重要文化財はもう壊さないんじゃないですか？　むしろ壊すどころか修復しながらね、東京都が責任持ってね。あの隣のお宅は、「変なやつらがまた来た」ってなってるかもしれないけど。すみませんね、お隣さん。手塚治虫はじゃあ、鬼子母神の横で漫画書いていたってことですよね。

タナミ：藤子不二雄たちも来ていたそうですよ。

鬼子母神に到着

瀧：このお店もいいすね。

タナミ：ここはドラマのロケ地になったりしてるバーで。

瀧：なるほど。しかしこの扉の小ささのやつあんまないね、俺絶対頭当たるもの。

——瀧さん身長いくつですか？

瀧：180。いいね、なんかかわいいなあ。

——隣の公園のあの遊具、

鬼じゃないですか？

瀧：え？　違くない？　てんとう虫とかじゃない？

——あ、違いました（笑）

瀧：全然違うよ、鬼子母神だからって鬼なわけないっしょ（笑）これはフクロウか、池袋のフクロウ。あ、猫。チッチッチ。また猫いた。

タナミ：瀧さん、猫飼ってるんですか？

瀧：うち3匹います。黒ネコ、キジトラ、茶と白のツートンの3匹。

タナミ：うちも黒ネコと茶トラがいるんです。Ｔｗｉｔｔｅｒで見たんですけど、鬼子母神で生まれた子猫の里親募集をしてたみたいで。

瀧：鬼子母神でもらう子猫って良さそうじゃないすか。何か正解な感じがする（笑）次の七福神はあれね、鬼子母神にある大黒天か。でも鬼子母神の境内には入れないんでしたね。大黒天はどうにかして見れたりするのかな。

タナミ：あの真ん中に囲まれてる太いやつ、あれが大黒様ですね。

瀧：どれどれ？　きっとスタンプは中だよね。

タナミ：境内に昼間に来ると、駄菓子屋さんがあるんです。鬼子母神の歴史とともに２００年受け継がれていて、そこの駄菓子屋さんのところだけ駄菓子屋さんの土地らしいんですよ。お寺の中なのに。

瀧：へえ、行ってみたくなるね。とりあえずペコリと大黒天にお辞儀だけしていこう。これで2つめクリアと。大黒さんってどういうルックスだったっけ？　お腹膨れてる人だっ

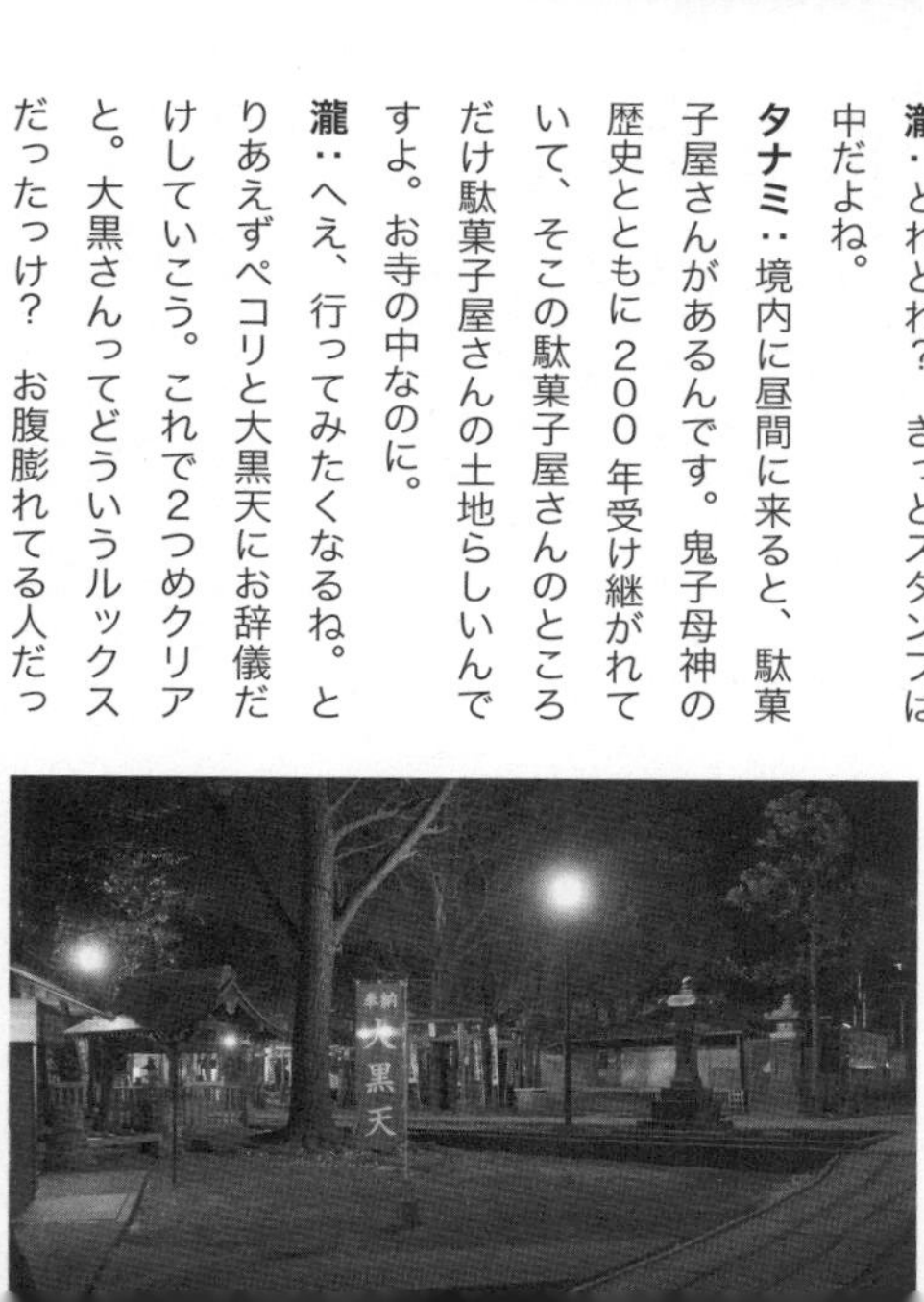

け？

タナミ：そうですね。

瀧：袋持ってる人は？　それは布袋さんか。大黒天は小槌持ってる人か。ふくよかで。

タナミ：そうですね、大黒さんは食べるに困らない、っていう御利益。

瀧：米俵の上に乗ってるもんね。

タナミ：あと大黒天は賭け事の神様としても有名みたいです。

瀧：ああ、小槌持ってるから？

タナミ：そうそうそう。

瀧：それ、俺に似てんね。あ、このモツ焼き高松屋さんもなんかいいよね。

タナミ：なんかやめちゃったみたいで。

瀧：やめちゃったんですね、残念。ここはちょっとカフェっぽくなってるね。いや全然いいんだけどさ、全部カフェにしなくてもよくない？っていうのはあるよね（笑）

女神オリビアって誰？

瀧：さ、デカい道に出たぞ。今通ってきたとこは鬼子母神西参道っていうのか。

――ここの看板の「鬼」も、ちゃんと角がないですね。

瀧：そうだね、ここもちゃんと角ないね。

――でもこれ、知らない人は台風か何かで取れたと思いますよね。

瀧：知らないときっとそう思うだろうなあ。「なんで直さないの？」って。このデカい道は明治通り？

タナミ：そうです。

瀧：あ、タクシーメーターを作ってる会社だって。すごくない？　タクシーメーターを専門に作ってる。あ

れ？　こっちの道は大鳥神社参道？　じゃ最初の恵比寿さんのとこに行く道か。参道が2本並んで並行して走ってるんですね。鬼子母神の参道と、大鳥神社の参道と。

タナミ：この辺りは犬も歩けば寺にあたるくらい有りますよ。

瀧：なるほどなるほど。ん？　なんだこれ？「フクロウの社の女神オリビアは言った　若者も老人も今を精一杯生きよう」だって。誰オリビアって？

——ここの建物が、まず「フクロウの社」って言うみたいですね。

瀧：本当だ。でも多分フクロウは後付けじゃない？「池フクロウ」から。このオリビアって誰ですか？って感じ。オリビア、タナミさんも知らないですか？

タナミ：ちょっと待ってくださいね、知ってる古本屋がそこにあるんで聞いてみます。スミマセーン。

古本屋さん：あ、どうも。

瀧：こんばんは。古本屋さんってことは……。もしかして、タナミさんの旦那さんですか？

タナミ：いや、違います（笑）古本屋「往来座」の店主の瀬戸さんです。

瀧：そうですか、失礼しました（笑）いま、夜の散歩やってるんですよ。七福神巡りをしてまして。ちなみに、オリビアって誰か知ってます？

瀬戸さん：オリビアって昔の歌手でいませんでした？　あ、そういうことじゃない？

瀧：はい（笑）あそこにフクロウの碑が立ってるじゃないすか。そこにオリビアって書いてあるんですよ。

瀬戸さん：ああそれ、自分も気になっ

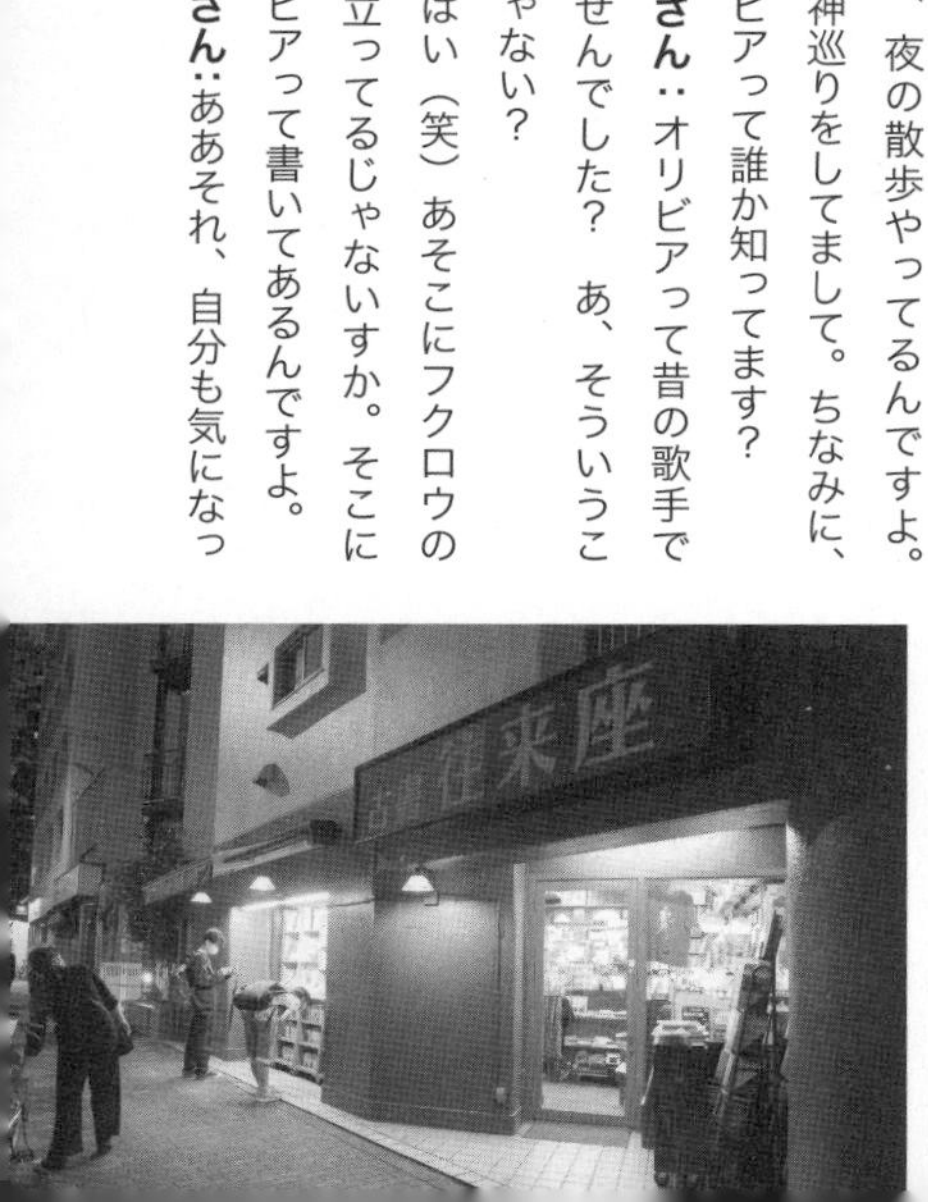

てたんです。多分ギリシャ神話の神とか、そういう感じなんじゃないかな？　ってなんとなく思ってるんですけどね。

瀧：でもギリシャ神話の神が「若者も老人も精一杯生きよう」って言います？

――（検索して）おっ。ギリシャ神話でオリーブの枝に乗った知恵の象徴フクロウって書いてありますね。

瀧：凄い！　じゃあやっぱりギリシャ神話だったんだ。古本屋さんからその知識が出てくると、説得力ありますね。

瀬戸さん：はい、僕は知ってました（笑）

瀧：今の言葉で店の価値が跳ね上がりました（笑）どうも突然夜分にありがとうございました！　じゃあ、行きましょうか。

後でタナミさんところの本屋も行くんですよね。

タナミ：はい、前を通りますんで。

瀧：だから多分さ、池袋だから「袋推し」になって、フクロウをいろいろ調べてみたら「課長！　何かギリシャ神話の中に、オリーブの木に乗ってたフクロウがいたみたいっすよ！」ってことになって採用されたんだろうね、完全に憶測だけど。神話には著作権もないだろうし。

――それはデカかったでしょうね（笑）

瀧：タナミさん、街歩いてるとあちこちにフクロウってやっぱ散らばってます？

タナミ：あ、池袋では……。えっと、すいません、ちょっと道がわかんなくて心が迷っちゃって。

瀧：やっぱ迷いやすいのね、この辺は。でもね、迷うの上等なんで全然大丈夫です。あんまりね、スムーズに行っても面白くないじゃないですか。それにしても同じ住宅街でも、なんか味があるね、この辺は。あれ、住所が南池袋3丁目になりましたね。ここも寺じゃない？

七福神めぐり、再開

タナミ：はい、蓮光寺というお寺です。

瀧：あれ？　行き止まり？

タナミ：いや、予定してた道です。

瀧：この細いとこ行けるんだね。なんだか辻斬りが待ち構えてそうな雰囲気のところだな。辻斬りが待ち構えてさ、ここで斬られると、こないだの荒川区の刑場のとこに運ばれて、それで杉田玄白に解剖されるっていう図式でしょ。

――「また男かよ～、もう間に合ってるよ」とか言ってたかもしれないですね。

瀧：そうね。ここも何か、独特の空間ですね。

タナミ：ここがもう法明寺なんですね。

瀧：もうここって境内の中？　あ、これ裏口の方から来たんだ。

タナミ：ここにポケモンＧＯ禁止の看板が出てて、結構雑司が谷中騒ぎになっちゃったんです。

瀧：Ｐｒｅｃｉｎｃｔってどういう意味？

――Ｐｒｅｃｉｎｃｔ Ａｒｅａで「境内地」って意味ですね。

瀧：ここにも七福神が？

タナミ：今から弁財天に行きます。

瀧：そんなに広いエリアに散らばってはいないんだね、七福神。そして雑司ヶ谷って寺町なんだね。

タナミ：駅を出たときに言ったように、寺以外に何もないんですよ。

瀧：昔の寺町だと、寺で囲む真ん中に城があったりしたんだよね。寺の人たちも、戦があると、そこが第一防衛線で闘うっていうね。

タナミ：そうですそうです。ただ、この辺は元々遊郭だったという説もあるんですけどね。付近の料理屋で漱石のおじいちゃんが亡くなったそうなんですが、一説には腹上死だったと。

瀧：夏目漱石のおじいちゃんが？　いい死に方するねえ（笑）

タナミ：あー、弁財天が閉まってる！

瀧：山門不幸、どういうこと？あ、寺の人が誰か亡くなられたんじゃない？　だから今、開けてないのかもしれない。えー、日裕上人さんが令和2年の4月12日に亡くなられたんで、今山門不幸で開けてませんよ、って意味じゃないですか？

タナミ：そうです、流石、瀧さん。

瀧：そんなことするんだね。というか、そういう決まりなのか。今年1年は開かないかもしれないですよ。

タナミ：そうですね。でもスタンプだけは置いておくんだとは思いますけど。

瀧：入れないのはちょっと残念だけど、こういうことをしてるってのはちゃんとしてる気がする。ここが弁財天さんだったんですよね。

タナミ：そこに旗が出てます。

瀧：でもスタンプはある。とりあえず、ここの中に弁財天さんがいるんですもんね。それじゃあお参りだけ。手を合わせて。はい、これで3つクリアしました。あそこに鳥居もあるね。法明寺さんはなんのお寺なんですか？

タナミ：法明寺さんは、鬼子母神の別院です。

瀧：なんか味があるね、狭い路地とか。これは歩いてしか巡れないもんね。

タナミ：ヤマト運輸の人も、リヤカーで荷物運んでますね。

瀧：そうか、そういう事だ。そしてはたと見上げれば、高層ビル、高層マンション。でもこうやってみるとさ、高層ビルもデカい墓にしか見えない（笑）墓ナメで見ると、もうマンションもそうとしか見えないなあ。

――この墓は雑司ヶ谷霊園？

タナミ：ここは法明寺のお墓ですね。

瀧：暗がりに狂った侍が刀を持って立って待ち構えてそうな雰囲気。「今宵も刀が血を求めておるぞ」って。

タナミ：池袋のパルコの前辺りは、昔そういう辻斬り

がよく出てたらしいですね。

瀧：パルコ前（笑）なるほど。そうですか。

タナミ：ここの威光稲荷が、凄いパワースポットって言われてるんです。

瀧：なんでパワースポットなの？

タナミ：ここは810年建立。偉いお坊さんが「ここに光あれ」って言った木があることから、聖地と言われるようになったみたいです。

瀧：大木なんすかそれは？

タナミ：大木ってほどでもないんですけど。なんか傷んできちゃって、そこそこの大きさになっちゃったらしいんですよ。

瀧：へえ。

——なんか雑司が谷って、植物のバリエーション豊富ですよね。

タナミ：昭和40年代にいろいろ植えたらしいんですよ、樹木を。だから種類が多いみたいです。

めがねと布袋尊

瀧：ここすごいね、これ何⁉ 老眼めがね博物館？ これすごくない？

——これすごいですね、「今日本で一番人気があるカレンダー、病気が治った、仕事が発展した、人間関係が良くなった」。

瀧：なるほど（笑）これ店開いてる時間だったらさ、なかなかここまで味わえないかもね。いやこれはさ、インスタレーションとしてすごい（笑）「金はいりません」て書いてある。商品券とかで買えるんだ。タナミさんはここ開いてるの見たことあります？

タナミ：ありますよ。今コロナで閉

まってることも多いみたいですけど。あ、その道を挟んだ側、これが布袋尊ですね。

瀧：4つめだ。今ちょうど23時か。じゃあ写真撮っとこう。「雑司が谷七福神　中野ビル布袋尊　中野ビル7代目に護持されている布袋尊。唐の末期に実在したと言われる仏教の禅僧でもあり、弥勒菩薩の化身とも言われています」と。弥勒菩薩って、60億年先に来るんじゃなかったっけ？「満面微笑みと、大きなお腹、大層な宝物が入っているような布の袋は福々しさを感じさせてくれます」。なんかこのフォルム、他人な気がしないわ。いいね、この小箱もちゃんとさ、パンフも入ってるじゃん。スタンプ押そう。

——おお、かっこいいスタンプですね、これ。

瀧：いいね、これ。そしてその後ろにキックボクシングジムがある。減量しなくちゃいけないとこなのに。「俺キック卒業して早くこんな腹になりたいなー」ってなりそう。

——格闘家の人って、引退すると一気に太りますからね。

瀧：いやそうでしょう。そうなるよ。だって現役のときと同じように食っちゃうだろうし。現役時は食ってもトレーニングするから筋肉になるけど、引退したら筋肉には変わらず脂肪になっちゃうんだもん。

池袋大仏と福禄寿

瀧：ここは結構な商店街じゃないですか？　なんて通り？

タナミ：東通り。

瀧：それは池袋から雑司が谷へ行く東側の通りの今は端っこの方ってこと？

タナミ：そうです。

瀧：駐車場の鳥居になんか書いてある、立ちションすんな、ってことだよね。ちょっとしにくいようにさ。あそこでしたら神を冒涜した感じになるからね。

――メキシコに行ったとき、本当に１０ｍ歩くことに、マリア像ありましたね。タイで仏様よく見かけるのと一緒で。お参りのために。

瀧：やっぱマリア像なんだね。

――キリスト像じゃないですね。

瀧：マリア像とかそういう女性の神様の方が頼りにしやすいのかな。なんかそこもお寺なんだな。モダンだなあ。

タナミ：仙行寺です。池袋大仏っていうでっかい大仏を最近作ったんです。

瀧：どういうことそれ？　まあ、いつ作ってもいいと思うけど。大仏は信仰心の表れだろうからさ。でも最近作ったんだ（笑）ニューエスト大仏？　大仏って言うぐらいだから、デカいんですよね。何ｍぐらい？

タナミ：５ｍくらいはあるんじゃないですかね。浮いてるように見えるそうです。ここの中にも七福神がいるんですよ、福禄壽さん。

瀧：そうなんだ、福禄壽って、頭が長い人だっけ？なんの神様？

——確か長寿の神様だったかと思います。

瀧：長寿か。福禄壽、5つめね。なんか書いてあるね。「福禄壽が司るのは幸福全般。長寿、財産、実の子に恵まれる」。嫡男をもたらしてくれるのか。だから家が繁栄する神様ってことなんだろうね。

タナミ：容姿としては背が低く、長い頭に長い髭が特徴ですね。

瀧：ここも夜は入れなかったか。でもこれで5つ。次に向かいましょう。

池袋での思い出って？

——ちなみに瀧さん。池袋って、普通に遊びに行くことあります？

瀧：いや池袋は来ない。池袋に遊びに来たっていう記憶だと、それこそインディーズバンド時代に、筋肉少女帯のメンバーこっちの方だったんで、その時は飲みに来たりした。ピアノのエディとか、ベースのユウとかがこっちのエリアで。「じゃあ遊び行くわ」って言って、駅前のエビ反り像で待ち合わせしたの覚えてる。

——筋少この辺だったんですね。

瀧：あともう1個、思い出があってさ。このあたりで一晩中飲んで泥酔して、朝10時ぐらいに駅前の植え込みの中で目覚めたことがあった。眩しくて朝ガバッと起きたら、植え込みの中で寝てた。池袋は西口と東口だと、どっちが栄えてるの？

タナミ：西口が栄えてるんです。

瀧：東通りは東側だから、ちょっと裏っかわ？

タナミ：表といえば東なんですが、栄えているのはあっちですね。

瀧：そっか〝ウエストゲートパーク〟だもんね、表は東側なのね。お、タバコと雑貨のほしのさん。隣は履物屋さんか。いいね。こういうお店はもう減っていっちゃうんだろうなあ。ところでこのマークはなんだろう？

タナミ：矢印？　タバコ産業？

瀧：いやあ、矢印だったら向き下にしない？　店ココって感じで。何のマークだろうか。タバコの煙？　違うな。なんだろうね。そしてこの看板から奥側は一気に生活ゾーンな感じに変わっていくね。

——なんかこれいいですね、「避難場所」って非常口の人がかたどってあるの。

瀧：本当だね。あ、全部じゃん、全部にある。

——全部にありますけど、ちょっとわかりづらいですね。

瀧：あ、本屋さん。

——瀧さんて本屋さんて行きます？

瀧：たまにね。デパートの中の本屋さんとか。蔦屋書店とか、何とか堂みたいな。デパートの中でワンフロアの半分くらい本屋さんだったりするじゃん。ネットで買うより本屋さんの方がね、ぱっと見て「これ読んでみようかな」とかなるよね。何か目を引くやつがあるっていうかさ、本から呼ばれるときあるよね。

雑司ヶ谷霊園に到着

タナミ：ここが雑司ヶ谷霊園です。夏目漱石のお墓があります。

瀧：夏目漱石か、さっき言ってたもんね。

タナミ：おじいちゃんが腹上死。

瀧：おじいちゃんの方が、なんか好きになってきてんだけど俺（笑）ここは結構通ります？　夜でも。

タナミ：夜はさすがに通らないですね。迷ってしまうので。

瀧：墓で迷うのやだわ。墓突っ切った方が早いのかも知んないけど。

――凄く手入れされてる霊園ですよね。

タナミ：周りの花屋さんとかが霊園内を綺麗にするために管理してるみたいです。

瀧：なるほど。雑司ヶ谷霊園って区立？

タナミ：いや、都立ですね。

瀧：都立か。あ、車が来てる。車来てるよー。

（ブーン　車通りすぎる）

――こころなしか、迷ってしまった車に見えますね（笑）

瀧：そうね（笑）どうしたらこの墓場から出られるわけ？　って。

気の流れが変わるといわれている坂

タナミ：ここが気の変わる道です。

瀧：気が変わる？　どういうこと？

タナミ：わからないけど、この辺から何かが変わるそうです。

瀧：誰曰く？（笑）

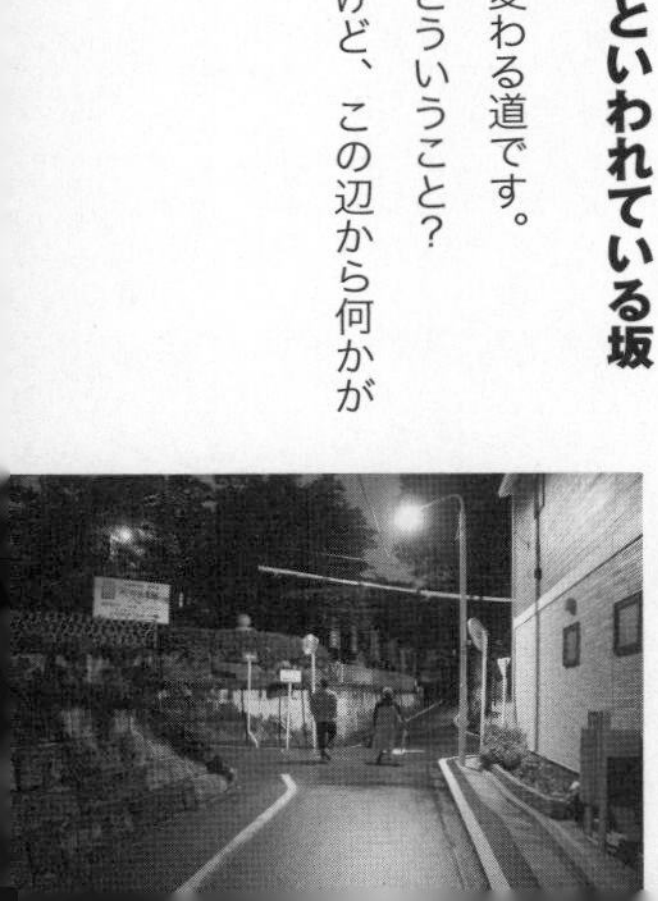

タナミ：地元の歴史研究している人が、ここから向こうに登っていくと、途中から気の流れが変わる場所があるって。
瀧：地形がすり鉢になってるからじゃない？
タナミ：わからないけど。
瀧：さっき歩きながら、「坂を下ってんな、坂多いな」と思ってたんですよ。まあとにかく行ってみましょう。じゃあ2人で行きましょうか。
タナミ：ほら、ここでちょっとふわっとするっていう。
瀧：なるほど。したような気もするし、してないような気もする（笑）今日雨の日だからじゃないすか？　晴れの日だったらもうちょっと気というか、気温が下がるんじゃないかな。
タナミ：ちなみにここが毘沙門天です。
瀧：毘沙門天さんも入れないいないんだね。
——（検索しながら）毘沙門天はインドのヴァイシュラヴァナを前身にした神様みたいです。なんかこれもう無理やり顔だけ和風にしてる感じですよね。甲冑とか絶対日本の物じゃないと思うんですけど。
瀧：皮膚病ってなんだろう？　昔そういう流行り病とかあったってことかな。
タナミ：最初に寄った大鳥神社が、疱瘡のために建立されたんで、多分疱瘡だと思います
瀧：そうか、それだね。今でも水疱瘡あるもんね。ウチの娘も水疱瘡になったわ。
——何歳でなりました？
瀧：幼稚園だった気がする。違う、小学校3年生だ。クラス替えの初日それで行けなかったから。2年生終わりだったら8歳だよね。薬をツンツンって全部のポツポツに塗って、それで綺麗に治ったけど。やっぱ昔は薬で簡単に治せなかったりするもんね。それだと神頼みしたくなるよ、親にしてみたらさ。そして七福神

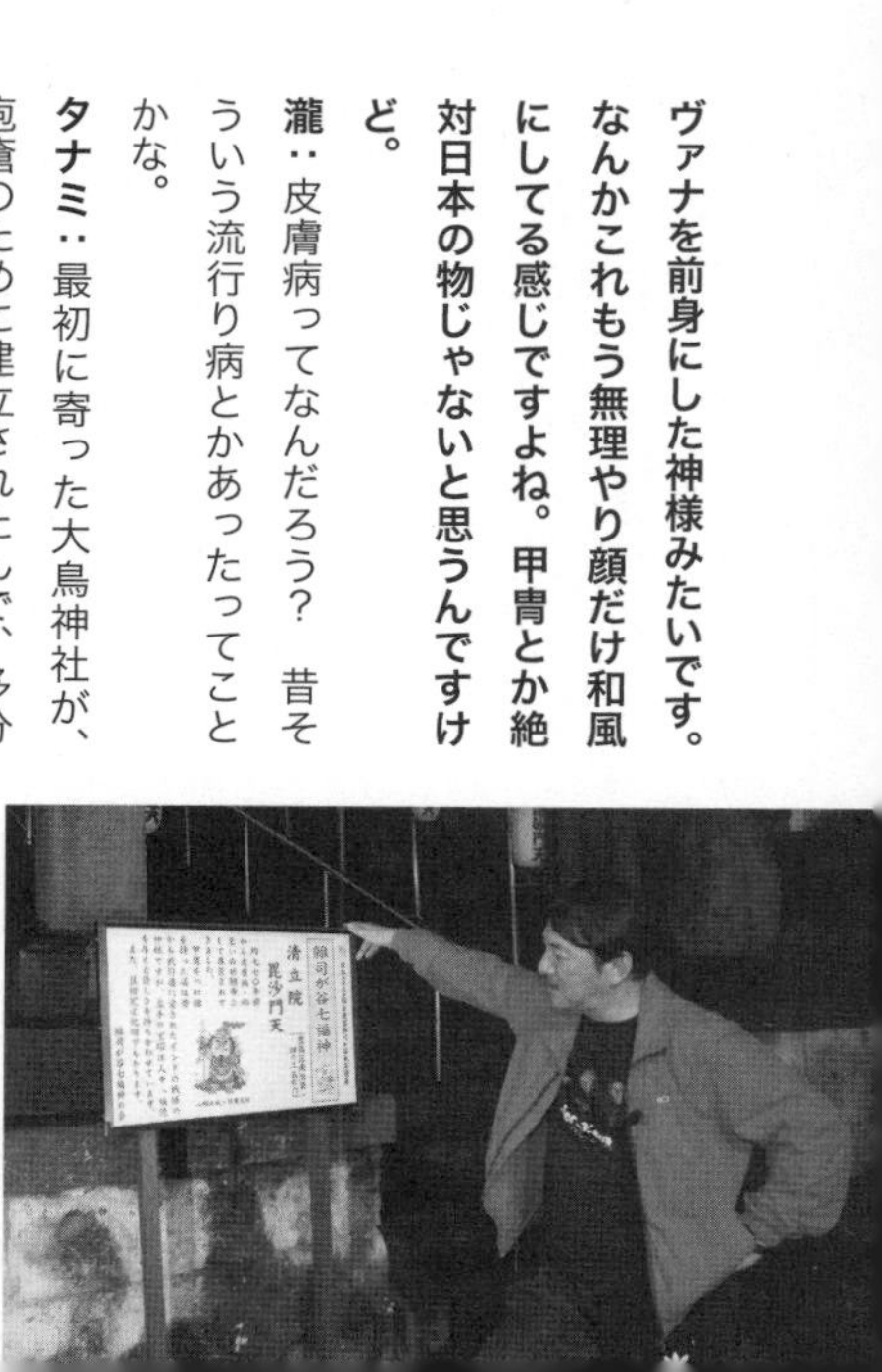

巡りも、あと1個か。

タナミ：あとひとつ、文京区なんですけどいいですか？

瀧：最後のとこ？　そりゃ行くでしょう。行く行く。でも今、東西南北どっちに向かって歩いてるのか全くわからない。サンシャインに背を向けてるのかどうかもわからない。

——曲がりたい角いっぱいありますしね。

瀧：そうなんだよ、目的地なかったらめっちゃ曲がりたい。これ前も言ったけど、夜だと曲がれちゃうっていうね。

タナミ：ここ、「ターキー」。瀧さんと一緒に絶対来ようと思ってたところなんです。

瀧：(笑)じゃあ写真撮りましょう。しかしこの土地、まっすぐで抜けてる道がない、そして見通しがきかない、あとアップダウンが結構あるから、多分自分の位置を見失うんだと思う。さっきサンシャインどっちだっけ？　って確認した場所から、多分90度以上曲がってきてると思うんだけど、家が密集してるから、その頼みの綱のサンシャインも見えないっていうさ。道もS字になってたりして、西向いて歩いてるつもりが、いつの間にか南に歩いてたりとかするんだと思うんだよね。

——日が出てないから余計ですよね。

瀧：そうね。この道もいつの間にか登ってるしね。ここらは火事になったら大変だろうね、本当に。

締めの七福神はダーククイーン？

タナミ：日本中の七福神の中で、女性の神様を2つ置いてるのは、雑司が谷だけなんです。

瀧：なるほど、神セブンが他と違うわけですね。誰がいなくて誰がなってるんですか？

タナミ：寿老人がいなくて、吉祥天を入れてます。

瀧：吉祥天女。吉祥天て何の神様ですか？

タナミ：幸せを招くみたいですけど、一応町としては恋愛の神様で推してます。

――（検索しながら）吉祥天は美女の代名詞らしいですね。

瀧：なるほど。だからレディースの暴走族たちが特攻服の後ろに吉祥天女って書くんだな。

――母が鬼子母神、夫が毘沙門天、妹が黒闇天だそうです。

瀧：へえ、鬼子母神は色々あった後に、子どもを産んでるんだね。黒闇天ってのはなんの神様なの？

――容姿は醜悪で、災いをもたらす神様らしいです。

瀧：また陰キャが（笑）メンヘラ陰キャっぽい感じだね。

――閻魔王の妃の一人とされてるみたいです。

瀧：黒闇天ダーククイーンじゃないっすか。でも容姿は醜悪なんでしょ？

――日本では貧乏神としても恐れられてるらしいです。

瀧：貧乏神なんだ。貧乏神って男のイメージだけどね。

――荒川区で瀧さんが言ってた、東京の東側だと道に植木鉢がハミ出てる問題。この辺まだギリ出てますよね。

瀧：そうね。でもでも、だいぶ少ないよ。さっきの細かい道の奥の方とかさ、もう歩行者とか来ないから、植木鉢置いておいてもいいじゃんか。絶対誰も通らない道とかだったらさ。でもここらはまだ置いてない方

だよ。

——今建ててる住宅の看板に、「空間を最大限活用するモダン住宅」って書いてありますけど、要するに狭いってことですよね（笑）

瀧：そういうことよね。でもここさ、こんだけアップダウンのある土地だと、日照権でものすごい損する土地があると思うんだよね。屋根を斜めに切っても、それでも日光稼げないポジショニングとかさ。

タナミ：あそこ右に曲がります。

瀧：また曲がんの？　本当に曲がってばかり。全然真っ直ぐ歩いてない。そしてこっちは文京区だ。

タナミ：はい、そしてここが清土鬼子母神、吉祥天です。

瀧：突然あんのね（笑）イントロがないっていうかさ。ここも夜は入れないんですね。

タナミ：あれが吉祥天です。

瀧：あの社っぽくなってるところですよね？

——吉祥天の後ろに猫ちゃんいましたよ。

瀧：本当だ、猫がいる。吉祥天の社の裏側に黒と白の猫がいる。やっぱり、メスであってほしい(笑)なんだろ、すごく奥まった場所に突然あるんですね。

タナミ：とはいえ、あそこに見えてるのが大通りです。不忍通り。

瀧：そうなんだ、じゃあひとまず大通りに出ましょう。

……という事で大通りに出ましたが、これ、大通りの側に吉祥天へのアナウンスが何もないじゃないですか（笑）これはたどり着けなくない？　目印とかなんにもない。

タナミ：大通り側は文京区だから、こっちから入るなってことなのかも。裏（豊島区サイド）から入ってくるのが正式なルート、七福神めぐりとしては。

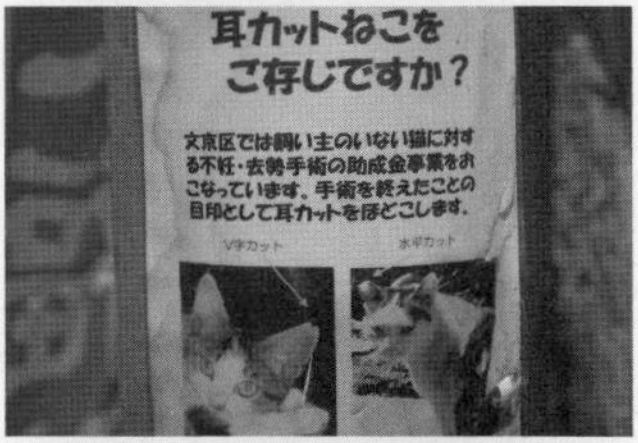

フィニッシュに向けてのそぞろ歩き

瀧：じゃあなんとなく戻るとしますか。今いるここは文京区？　久しぶりにデカい道に出た気がする。でも、これで一応七福神巡りはしましたね。なんか最後女の神様だったじゃないですか。割と女性が巡ると、よろしいコースなのかもって思いましたね。高校生や大学生ぐらいの女の子がみんなで連れ立って行くと楽しいんじゃないのかな。

――その時は自転車じゃなくて徒歩の方がいいですよね。坂も多いし。

瀧：そうね。確かに自転車そんな走ってなかったよね。そういやさ、マンションもそんなになかったよ、今思い返してみたら。この間の板橋区の逆じゃない？　板橋区のコンクリートのでっかいマンションが林立してるのに比べたら、今日は木造建築結構見たし。神社仏閣ゾーンを巡ってるからだろうけど、お寺もたくさんあったし。街の成り立ちがもう違うんだな。荒川区や板橋区とはさ。

――単純に、こっちの方がリッチですよね。

瀧：そうそうそう。「文化度が高い」って言おうとしたんだけど、それはちょっと悪いなと思って、荒川区にさ。

――大丈夫です、僕が荒川区在住ですけど、そう思いますから（笑）

瀧：こっちは暮らしと共にさ、ちょっとゆとりじゃないけど、何か文化的な側面ていうか、遊びがある感じ。荒川区は「日々を生きてます」って感じ。

タナミ：ここが区境なんですけど……。

瀧：あ、イタチ！　いや、ハクビシン？　写真撮れた？　ダメか。今、そこの茂みに入ってったよ。結構デカかったよ、尻尾長くて。アライグマみたいな顔してた。なんとなく後ろ振り向いたらのそのそって歩いて行った。七福神を巡り終わったからハクビシンが出てきたのかな（笑）フクロウとハクビシンの町。

——結構動物に会いましたね。

瀧：ね。猫もなんか結構多かった気がする。今まで行った中では一番多く猫見たかも。霊園でお供え物とか食ってんのかもしれないよ。この坂、さっきすげえここも気になったんだよな。なんか、すごいムードあるなと思って。ねえ、あれ曲がれるのかな？ あの細い道。

——行ってみましょうか。

（以降声を潜める）

瀧：奥にもう一棟あるね……。アパートか……。

——ここまでですね……。

瀧：ふう。あの家の向こうに、もう一棟あったアパート。あそこどうやって引越ししたり、洗濯機入れたりするんだろうね。

タナミ：この辺に入れる人の技術はすごいなと思います。

瀧：いやもうね。この辺の道はもし車だったら曲がりたくないな、俺。

——今歩いてるこの道路が、広く感じますもんね。

瀧：そうね。うん。本当ね。

——タナミさんの本屋に到着です。

瀧：ここですか。あ、よかったらここで終わりでもいいっすよ。

タナミ：あ、ちょっと待ってください、主人が渡したいものがありまして。

ご主人：どうもありがとうございました。

瀧：ご主人、奥さんにお世話になりました。どうもありがとうございました。ハクビシンに会いましたよ、そこで。

ご主人：本当ですか。あの、ＥＰ－４って知ってますか？

瀧：ＥＰ－４、もちろんです。

ご主人：リーダーの佐藤薫さんが、新しいレーベルを始めまして。僕スタッフやってるんですよ。これＴシャ

ツ、良かったらご着用ください。

瀧：まじっすか。僕EP-4、高校生の時（1985年）に池袋西武でホルガー・ヒラーとやった時、部活さぼって静岡から見に来たんですよ。池袋西武の納品場でライブやったとき、僕客席で見てました。いやー、ありがとうございます！　めっちゃ嬉しいです。佐藤薫さんによろしくお伝えください。

タナミ：私も占いましょうか？

瀧：いや、いいです。

タナミ：フフフ。

瀧：僕、占いは本当に困ったときだけ占ってほしいと思ってて。またいつか、別の時に。

タナミ：私、駅まで送っていきますね。

瀧：しかし、タナミさんいなかったら駅まで戻れないと思うわ（笑）いや本当に。しょっぱなから見当違いの方に歩きそうだよね。スタート地点からどれくらいだと思う？　あそこもう駅だって、最初の。

タナミ：この辺住んでないと、ちょっとこの辺の地形は分からないですよね。駅に到着です。

瀧：それじゃゴールということで。いや、本当に今日はありがとうございました！

タナミ：ありがとうございました！

――では最後に瀧さん、豊島区とは？

瀧：豊島区の七福神を巡ると、ハクビシンに会える！　七福神からのハクビシン！

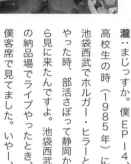

渋谷区《しぶやく》

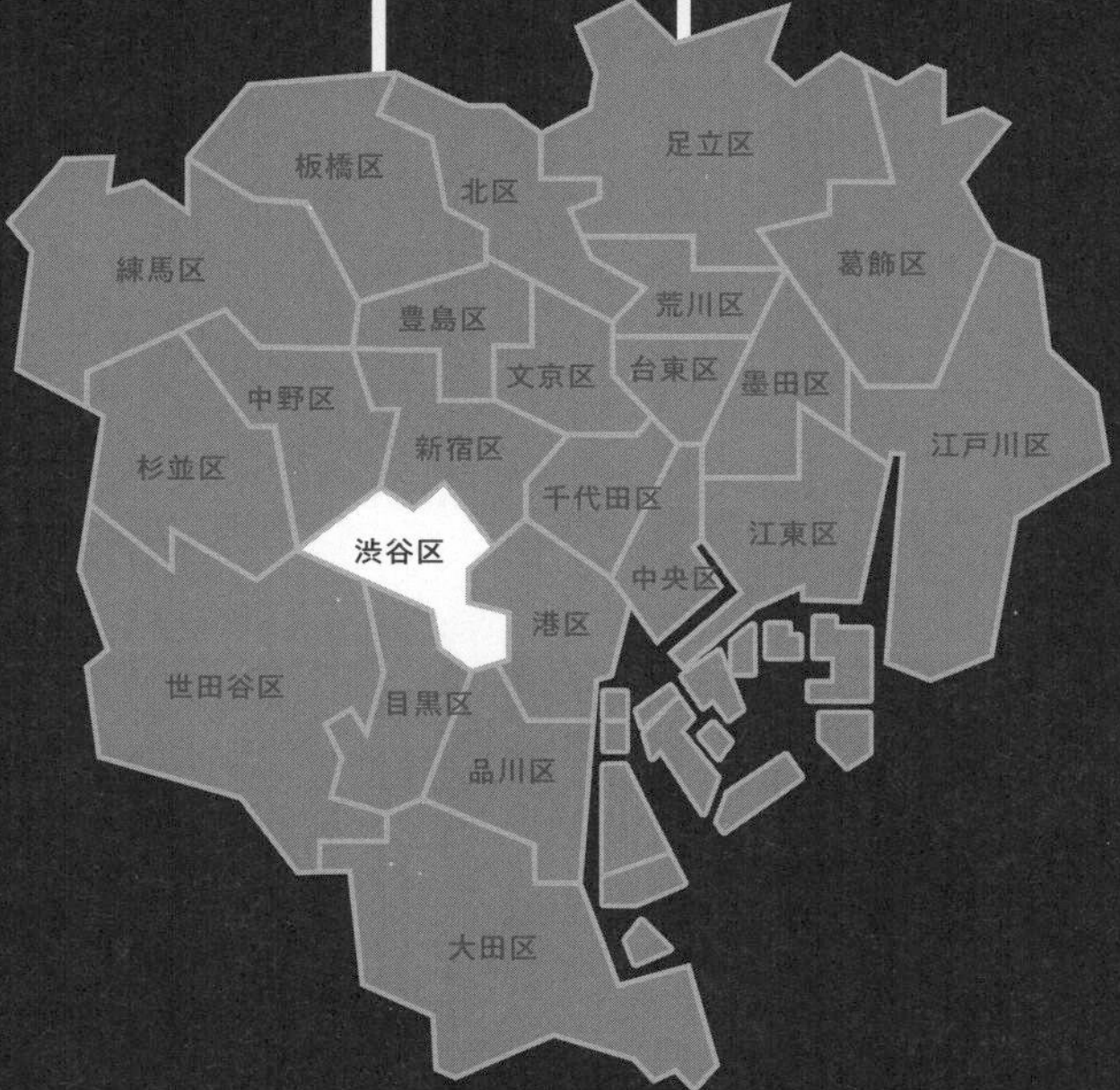

板橋区
北区
足立区
練馬区
葛飾区
荒川区
豊島区
文京区
台東区
墨田区
中野区
江戸川区
杉並区
新宿区
千代田区
江東区
渋谷区
中央区
港区
世田谷区
目黒区
品川区
大田区

副都心線「明治神宮前」駅スタート

——今夜は、渋谷区。瀧さんのマネージャー藤森さんのご友人が、「日本最初の億ション」と言われているコープオリンピアにお住まいということで、マンション内を案内していただけることになりました。その後は広尾出身の芸人、「春道」の櫻間心星さんに地元を案内してもらう予定です。

瀧：新しい原宿駅ってあの感じになったんだなあ。どうなの？　ニュー原宿駅は。原宿駅と言えばさ、皇室御用達駅みたいな存在だったじゃん。ここから乗り降りするらしいよねっていう。俺、東京にこんだけ長いこと住んでるけど、明治神宮に参拝に行ったこと1回もないなあ。まだ開いてる？

——今はもう閉まってますね。

瀧：やっぱり行く一番の動機としてはさ、お正月じゃん。だけど、元旦に真っ暗かつ人混みの中をよちよち歩きするのヤダなあと思って。

原宿の一等地に建つマンション

瀧：さて、そんな原宿駅からほど近い場所にあるのが本日伺うコープオリンピア。こないだあそこの下の南国酒家（中華料理屋）で家族でご飯食べた帰り、コープオリンピアの話になったのよ。どんな人が住んでて、どんな暮らしをしてるんだろうねって。で、家族3人で想像してみたところ、外国から来た人がここに部屋を借りて靴を脱がない生活してるんじゃないか？　っていうので家族の意見が一致したわけよ。

――住んでる人に一番聞きたいのは、スーパーはどこ行ってんですか？　ってことですかね。

犬：ワンワンワン！

瀧：ワンちゃんだ。そりゃ吠えちゃうよねぇ、ごめんねワンちゃん。あ、こっち来てくれた、かわいいね。あ、今の一部始終を上の窓から男の人に物凄い見られてた（笑）

藤森：こちら、今日コープオリンピアを案内してくれる川上くんです。

川上：どうもはじめまして、川上です。

瀧：どうも、瀧です。今川上くんが喋ってたおじいさんは、管理人さん？

川上：そうです。「知らない人みたいだけど大丈夫か？」って来てくれた感じですね。入り口でファッションスナップを撮る人もいるんで、それで気になって見に来たんだと思います。

瀧：なるほどなるほど。管理人さんすいません。お騒がせしました。

管理人：はい。居住者の方から連絡が来たのでね。「なんか撮影やってますよ」って。

瀧：大変申し訳ございませんでした。やっぱそういうモノなんだね。

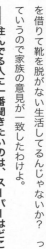

川上：そうなんですよ。マンション内は撮影禁止ですが、僕の部屋だったら大丈夫です。こちらがエレベーターなんで、乗ってください。

川上君の部屋に訪問

瀧：お邪魔します。ほほう、そんなに古い感じしないね、というか、なんちゅうとこに冷蔵庫置いてんの（笑）

川上：15年前ぐらい前に中途半端に内装を変えちゃったんですよ。

瀧：とはいえ、玄関入ってすぐ冷蔵庫？（笑）

川上：隣が自分の実家で、ここは元々姉が住んでたんですけど、結婚していなくなったんで、父がお客さんが来たときに応接間として使ってて。

瀧：へえ。元々はここと同じ間取りでもう一つ実家があったってことですね。

川上：そうですね。狭いですけど上がってください。

瀧：お邪魔します。ふーむ、なるほど。え、終わり？（笑）

川上：そうです（笑）僕が寝るときはここに布団敷いて寝てます。

瀧：ワンルームというか、ワン玄関じゃん。Kもない。キッチンは？

川上：無いですよ。でも隣の部屋にはあるんで、キッチンはそっちで。トイレと風呂はあります。ユニットバスです。元々この部屋は祖父が書斎として使ってたらしいんですよ。このフロアに全部で6部屋分あるんです。

――コープオリンピアが建てられたのはいつですか？

川上：前の東京オリンピックの時（1964年）ですね。

瀧：ちょっとお風呂見てから話聞いていい？ そもそもユニットバスってさ、前のオリンピックのときに、風呂の工事をいちいちやってたら、始まるまでに間に合わなくなっちゃう。その打開策として工場で組み立てた風呂場を現地に持っていって、パコッてハメ込んで浴室を完成させ

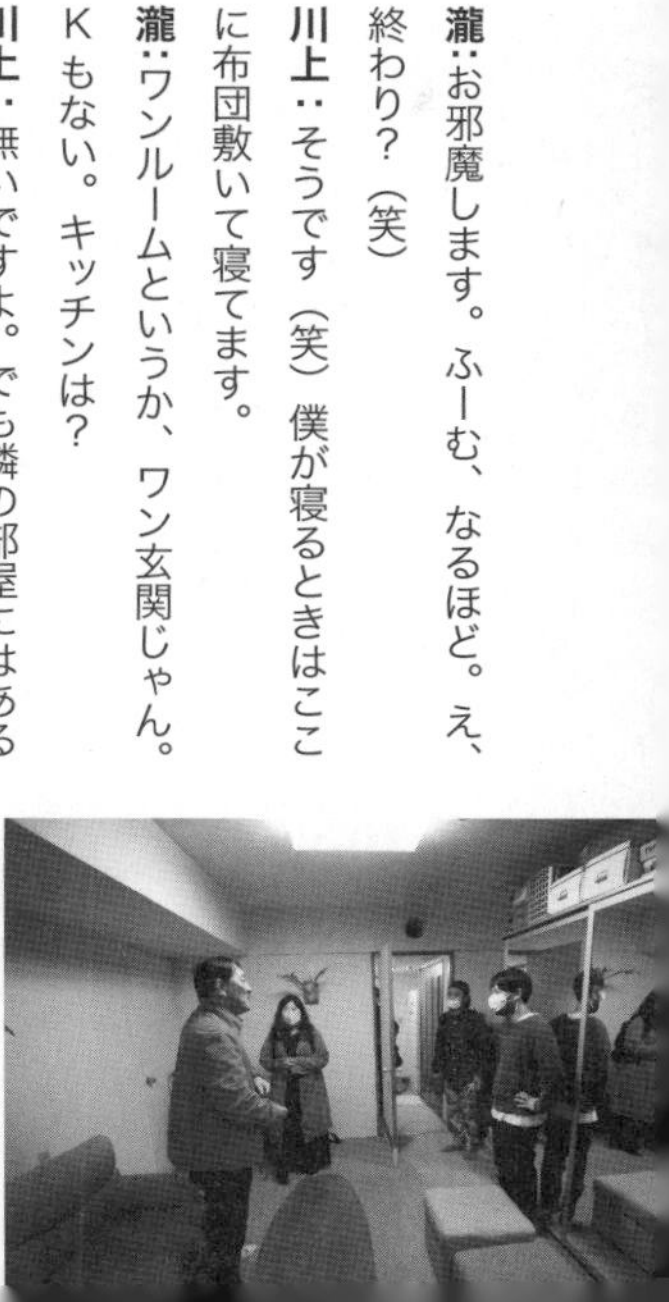

たっていう。それが今ここに適用されてるのが興味深くて。でもこれ確かにユニットだけど、ちょっとなんとも言えないな。もしかしたら「この感じで作っていったらオリンピックに間に合わないよ」ってなった側のやつじゃないの？　ちゃんと壁タイルだし。

（部屋に戻って）

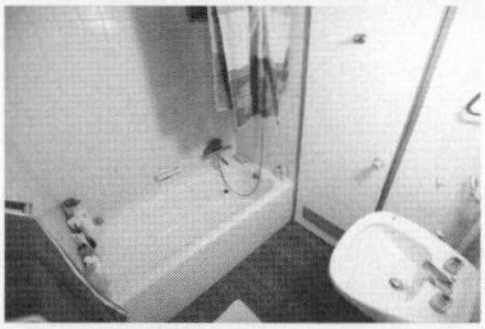

瀧：川上くんちのご一家がここに越してきた理由って？

川上：もともと青山の方に住んでて、ここができるっていうので買ったって言ってました。

瀧：やっぱオリンピックだし、何か感じもいいし乗っかってみるって感じ？

川上：当時、原宿は全然何もなくて。本当に何もないところに選手村を作って。

瀧：今の豊洲と同じような感覚だったんだろうね。じゃあ一家でここに越してきて、オリンピックがすぐ近くで行われて、東京体育館とか、国立競技場とか、全部味わったってことだよね。ここ聖火通ったかな？

シティボーイ川上

瀧：じゃあ川上くんは小学校もこの辺り？

川上：表参道ヒルズの裏に区立神宮前小学校ってのがあるんですけど、僕は受験して、電車乗って私立に行ってました。広尾の方に。

瀧：どんな子どもだったの？　本当に全く想像つかない。原宿で生まれ育つなんて、シティボーイ中のシティボーイじゃんか。

川上：そうですね。

瀧：ほら、全然否定しないもんね（笑）でもそれ

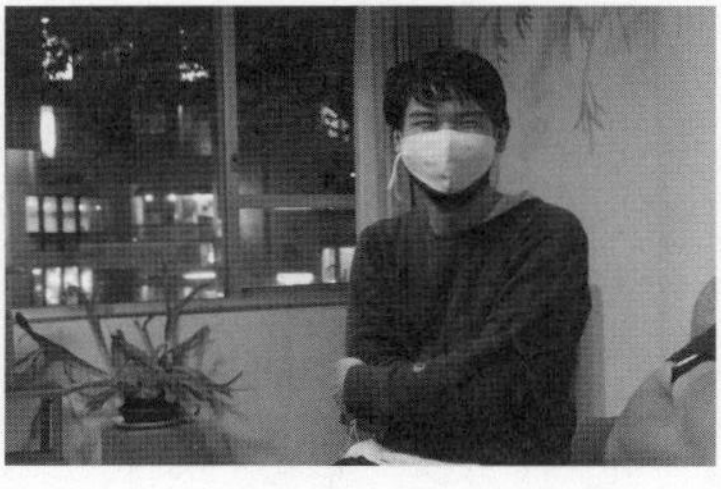

が全然鼻につかない。だって、川上君はそうなんだもん。

川上：何ていうかこれが当たり前だと思って暮らしてきたんで。

瀧：何年生まれ？

川上：86年です。

瀧：86年ってことは、ピテカントロプスとかなんとかだ、って言ってた後に生まれた感じか。じゃあ、物心ついた頃にはクラブとかある文化だったでしょ。

川上：そうですね。高校のときとか大学のときとかはａｓｉａとか行ってました。

瀧：その遊びが普通なんだもんね。

川上：もっと小さい頃は、明治神宮とかによく遊びに行ってました。

瀧：俺さっき明治神宮に行ったことないっていう発言をしたばっかり。

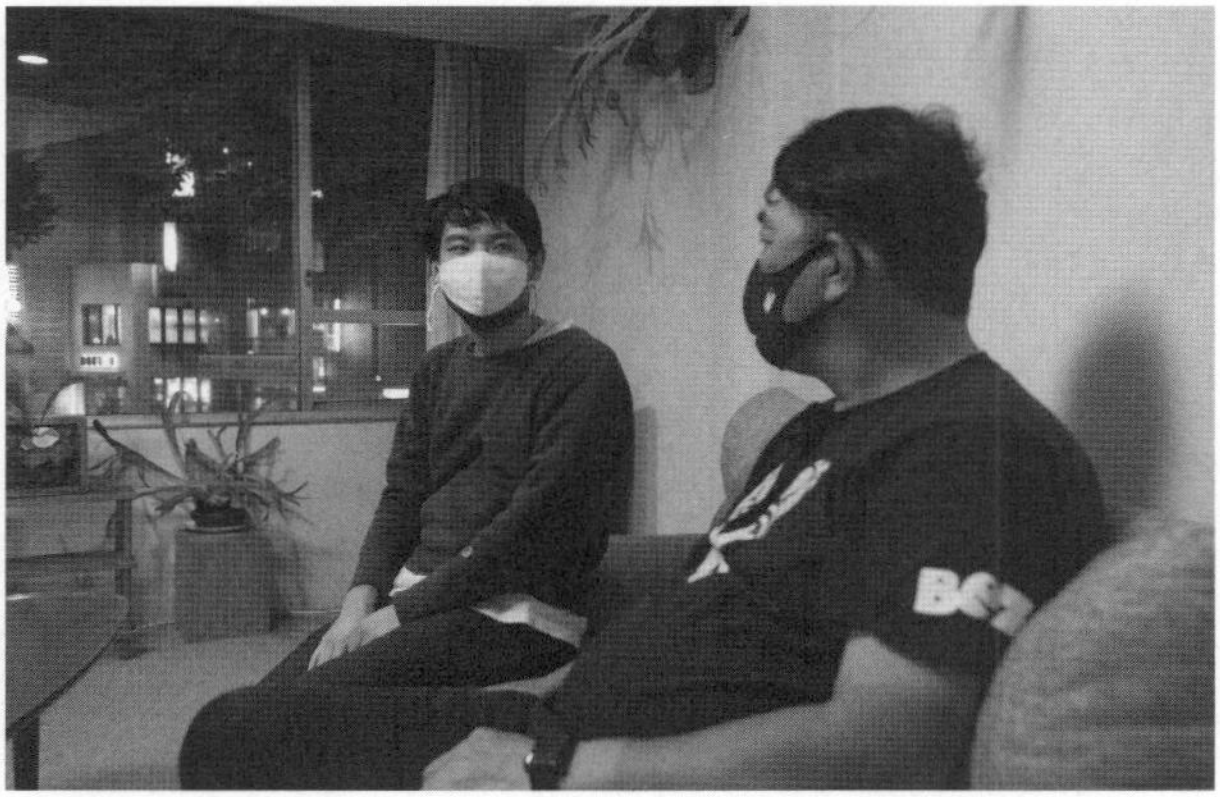

川上：結構楽しいですよ、自然が豊かで。代々木公園もよく行ってました。

瀧：近所づきあいとか、このエリアのお祭みたいなものとかは？

川上：穏田商店街っていうのがあって、神社もひとつあって、なんかちっちゃいお祭も。でもここはエリア外で、ちょっとよそ者扱いで。

瀧：なるほど、そっちはそっちで昔ながらの繋がりがあるんだ。

川上：そうなんです。母は割と子どもの頃からここに住んでいて、このマンションの住民はある程度知り合いみたいな感じなので、その人たちがある意味「町内」みたいな。でも僕は同じフロアに1人、2コぐらい年上の子がいたぐらいで地元の友達っていないんですよ。

瀧：そうか。周りがこの様子じゃ、ほぼ地元の人いないもんね。ご近所さんに遭遇する可能性が低そう。俺の場合静岡市のもう本当に田舎の方だからさ、近所は近所の人しか歩いてないから、どこかの家の人なわけよ。で、今住んでるところも近所を歩いてる人ってだいたい近くの人だったりするわけよ。そういうことはあんまりないんだもんね、原宿は。

川上：そうなんですよね。この辺によく遊びに来てる奇抜なファッションをされてる方とかを見るだけで。

瀧：何かすごいアパートだし、みんなが羨むような場所だと思うのよ。でも、住んでて寂しくならない？

川上：いや、そうなんですよ。トラックとかめっちゃ通るし、結構うるさいんです。それとスーパーとかもないんですよ。

瀧：さっき矢吹くんが、スーパーどこ行ってるのか興味津々ですって言ってた。

——そうそうそう。

川上：ピーコックが近くにあったんですけど、そこもなくなって。紀ノ国屋か、渋谷の方まで出るしかなくて結構不便で。

瀧：最低ラインがピーコックなんだ。寂しくない？って聞いた理由はさ、賑やかでいいんだけど、なんか逆に孤独になっちゃわない？ってこと。

川上：ああ、そうかもしれませんね。ここ帰ってきても歩いてる人はみんな他人ですし、家はありますけど、地元って感じたことはあんまりないですね。

瀧：お父さんとかお母さん、もしくはおじいちゃんおばあちゃんはどこが地元なの？

川上：今一緒に住んでる祖父祖母は母方で、ずっと東京青山の方にいたのでこの辺なんですよ。父は出身が静岡市で、伯父が瀧さんと同じ高校だって言ってました。静岡東高校。

瀧：そうなんだね。お父さんの実家行った時、どう見えた？　静岡（笑）正直に言って。素朴に見えた？

川上：見えました。

瀧：そうだろうなあ。原宿対静岡じゃコールド負けだもん。というか、試合すら行われないわ。

原宿の変遷

瀧：そういうところに長年住んできて、周りは変わってきたと思う？

川上：店って長続きしないっていうのはずっと思ってて。ずっと残ってるのってドトールとじゃんがらラーメンぐらい、この辺だと。

瀧：じゃんがら、確かに長いね。

川上：南国酒家も長いんですけど、あそこはもう物件を持ってるんで。ここの下も昔はスーパーマーケットだったらしいけど、僕が生まれたころぐらいになくなって。ちっちゃい和食屋さんも入ったんですけど、どんどん入れ替わっていくから、切ないというか無常を感じるというか。

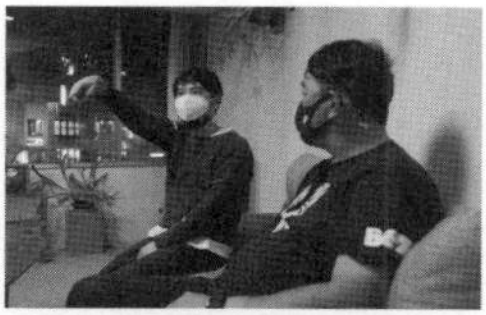

川上史における3大事件

瀧：渋谷駅方面も含め、やっぱもうついていけないって感じになってたりする？

川上：宮下公園は結構切なかったですね。よく遊んでたんで。

瀧：どうなの？　あの変わりっぷりと、ブランドショップがズラリな感じ。俺の宮下公園だったわけでしょ。極端に言ったら。

川上：センター街とかも高校生のときは一番たむろってたし、それが全然知らない街になってしまったという感じで。

瀧：それ寂しいよね、やっぱ。俺の地元の公園は、今帰っても俺の公園のままだもん。じゃあ、コープオリンピアに住んでいた川上少年が出会った3大事件、教えてください（笑）

川上：ここの2階に知り合いだったら数千円で一泊できるゲストルームがあるんです。この部屋くらいの広さなんですけど、ベッドが2つ置いてあって。そこを大晦日に借りて、友達と飲んで、3時ぐらいに初詣に行ったっていうのが思い出です。

瀧：あらヤダ、めっちゃスマート。さっき明治神宮の初詣はよちよち歩きになっちゃうからしんどいって言ったばっかり（笑）行った後絶対ヘトヘトになるわけじゃんか。休むトコないから、行かないわけ。でも川上くんの場合はここがあるんだもんね。

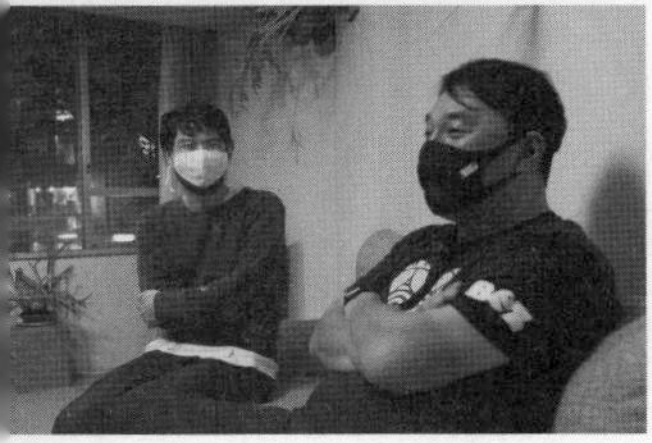

帰ってくればいいんだもん。

川上：あと、今ちょっとビル建っちゃって見えないんですけど、神宮の花火大会が屋上から見えたんですよ。8月頭にはここの住人はみんな屋上にシートを敷いて。

瀧：もうここの建物のお祭りみたいなもんだよね。あともう1個ぐらい、何か絞り出して（笑）もうものすごい私的なことでもいい。

川上：大学生のときの夏の何でもない日に、友達が勝手にマンションに女の子連れ込んでいて。屋上でなんかイチャイチャしてたら、僕の姉に見つかったっていう（笑）

瀧：あんた何とかしなさいよって（笑）

川上：「知らない」って言いました（笑）

瀧：でもその友達にしてみたら、この屋上相当いいと思うなあ。

――こんなとこに住んでても、思い出を3つ挙げてもらったら、お正月と夏の花火とイチャイチャで、あんまり他と変わらないですね。

瀧：それこそ何かポールマッカートニーが来たことがあるとか（笑）、何かのパレードがあったとか、アップルショップができたときはここまで行列ができてたっていうようなことかと思ったら、物凄くいい。川上くんがいい人なんだな。

川上：そういう意味では、昔目の前の大通りで歩行者天国やってたんですよ、日曜日に。小学校1年生のときに、父とキャッチボールして、あそこで。

瀧：マジで？　表参道でキャッチボール（笑）

川上：そしたらテレビのロケで板東英二さんが来て。あの人元野球選手じゃないですか？「ちょっとキャッチボールするか」ってボールを取って、すごい難しいボールを投げられて、小学校1年生の僕には取れなくて。そしたらなんか「駄目やな」みたいなこと言われたっていうのはありました。

瀧：あるじゃん！　それぞれそれ、欲しいのそれ！（笑）だってここの住民じゃなかったら、そこでキャッチボールなんかやんないんだもん。

絶景広がる屋上エリア

瀧：今更だけどそのシダシリーズいいね。

川上：ありがとうございます！　ケアしなくちゃいけないんで、3週間に1回ぐらい水やりに来てるんです。一応売ったりもしてて。これが好きで、ずっと。

瀧：服屋とかに置いても良さそう。話を聞きながら、目を引くなとずっと思っててさ。

川上：ありがとうございます。

瀧：じゃあ最後ちょっと屋上だけ見させてもらって。

写真ダメだから音声レポートになるけど。

川上：じゃあ、行きましょう。で、さっき友達が入ってきた話しましたけど、そこから入ってくると上に行けちゃうから、エレベーターは秘密のコードを入力しないと動かないように最近なりました。はい、着きました。

瀧：うわ、オシャレ。ここの感じはなんかすごい。時代感はこの間の高島平で見たのと同じノリなんだけど、やっぱしオシャレ。あ、屋上が駐輪場なんだ。

川上：そうなんです。みんなエレベーターでここまで持ってくるんですよ。

瀧：なるほど。うわ、屋上。これはすごいね。これはすごいわ。明治神宮ナメの新宿だもんね。そしてこの周辺の名だたるビルがこんなに手軽に見られるんだっていう。これは君の友達が夜ここで女の子とチュッってやってたのはわかるわ。ところで姉ちゃんは何してたの？　夜中にここで。

川上：姉ちゃんも、もしかしたら男連れてきてたんじゃないかと思うんですよね（笑）

瀧：きっとそうだろうね（笑）

——川上さん、あちらにあるのはプールですか？

川上：はい。住民が自由に入って良いプールだったんですけど……。

瀧：え、住民が自由に入って良いの？

川上：子どもが遊べるのってここくらいだったんですけど、水が下の階に漏れてしまうようになっちゃって、今はもう使っちゃダメってなりました。ここが使えなくなったときは寂しかったですね。

瀧：ここもレトロで良いね。「俺のプール」がここに残っ

てるじゃん。これなくなったら喪失感半端ないと思うよ。いいものを見せてもらったなあ。ありがとう川上くん。めっちゃ楽しかった。じゃあまたね！

原宿から渋谷へ移動　怒涛の開発エリアへ

――この後、渋谷駅で次の案内人と合流予定なんですけど、どう行きましょうか？　宮下公園の話題出たんで、そこ見てから渋谷駅に行きます？

瀧：そうね、そこ見てから行こう。あれ、ここにこんな橋あった？　初めてこの橋の存在に気づいたかも。水無橋。

――周辺色々工事してますけど、ここは残してますね。

瀧：これ山手線の渋谷駅に向かってる線路だよね。ここを歩くことはないなあ。新しい宮下公園てまだ入れるの？　この時間でも？

――まだ大丈夫だと思いますけどね。着きました。あれが宮下公園ですね。

瀧：これもう公園じゃないけどね（笑）どこから上がるの？　宮下パークって呼び名になったのか。えーっと……4階なんだ「渋谷区立宮下公園」は。ネオ宮下公園初めて来たよ。

――瀧さん、渋谷って普通に遊びに来ることあります？　映画館とか。

瀧：映画館は、もう二子玉川にしか行かない。でもそこでやってないやつだったらここら辺も来るよ。

警備員さん：すいません、もう閉園になりますんでー。

瀧：あ、そうなんですか。向こう側から抜けられます？

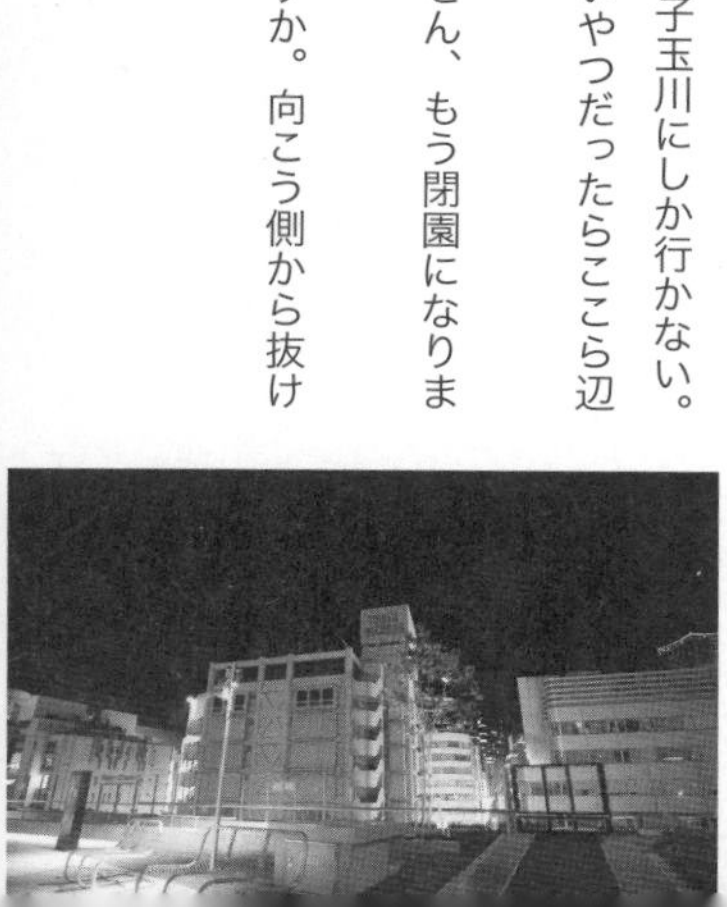

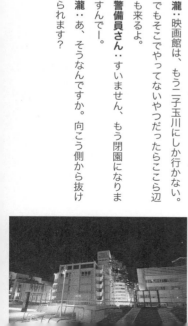

警備員さん：はい。
瀧：23時で閉園なんだな。客層めっちゃヤング。「昔はこの辺はさ」っていう様なことを語り始めたら、もう若い子達からしたら「出た出た、思い出オヤジ」って感じになるんだろうね（笑）
――この辺って、瀧さんが遊びに来ることがあった時代は何があったんですか？
瀧：元の宮下公園の隣にでっかい駐車場があったんだよ。ちょっと高いけど、ベテランのおっさん達がテキパキと駐車スペースまで案内してくれてた。とにかくそこに車を入れちゃえば、ビックカメラも行ける、映画館も行ける、その周辺の服屋とかも行ける、飯も食えるっていう便利さだったんだけど、それがなくなっちゃったのが痛いんだよね、実は。今はもうどこに停めていいかわからないもん。
――1階に降りました。あそこが渋谷横丁、19店舗の飲食店が新しく入ったそうです。
瀧：すごい人だ。知らない街になってる。そして知らない街がものすごく賑わってる。そして23時か。人がいっぱいいるなっていうところで撮ろう。

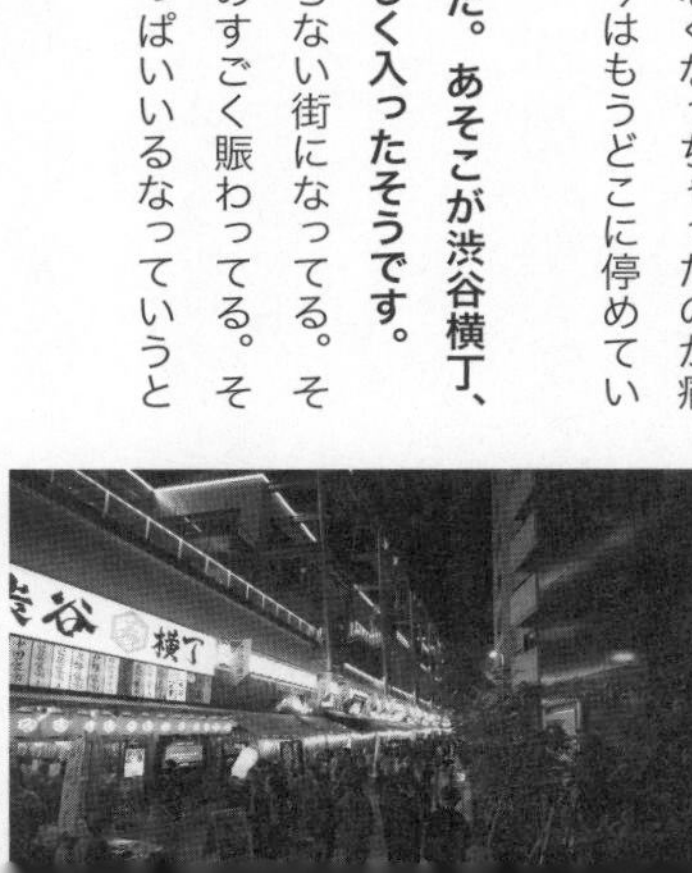

のんべい横丁大盛況

――僕が知ってる店あるんで、ちょっと寄ってみましょうか？　ここです、「Bar Calms」。すいません、2人大丈夫ですか？
バーテンさん：はい、大丈夫ですよー。あ！　あら～。どうもー、いやだー、ビックリしたあ。
瀧：皆さん、ごめんなさいね。おくつろぎの中。
――バーテンのりんごさんです。ビール2杯いいですか？

りんご：はい、大丈夫ですよー！

瀧：急にブルーマンデーがかかった（笑）

りんご：いやー、びっくり（笑）はい、ビールです。お疲れ様ですー。

瀧：じゃあ乾杯。なんかめっちゃ人増えたよね、この辺。長いこと東京住んでるけど、こんな混んでるのんべえ横丁初めて見たな、って。あ、すいませんね、隣でキャッキャしちゃって。

お客さん：いや、あの、ファン過ぎて何も言えなくて……。お母さんと一緒に親子で大ファンで。

瀧：そうなの？　お母さんいくつ？

お客さん：1966年生まれです。

瀧：お母さん、俺の1個上なんだ。もう俺がお父さんぐらいの歳だね。

お客さん：そうですね。私、小さい頃からお母さんと一緒に映像見たりしてて。

瀧：そっか。お母さんに、電気グルーヴ関連のあげられるものなんか持ってないかな？　えーっと、じゃあこれあげるよ、電気グルーヴのテレホンカード。

お客さん：えー、いいんですか！？

瀧：うん、緊急用に持ってるやつ。携帯落としたときに電話できないじゃん。それ用。

お客さん：ありがとうございます！　お母さんに見せた上で、私のものにします（笑）

瀧：ははは。じゃあ、行きますか。お勘定で。

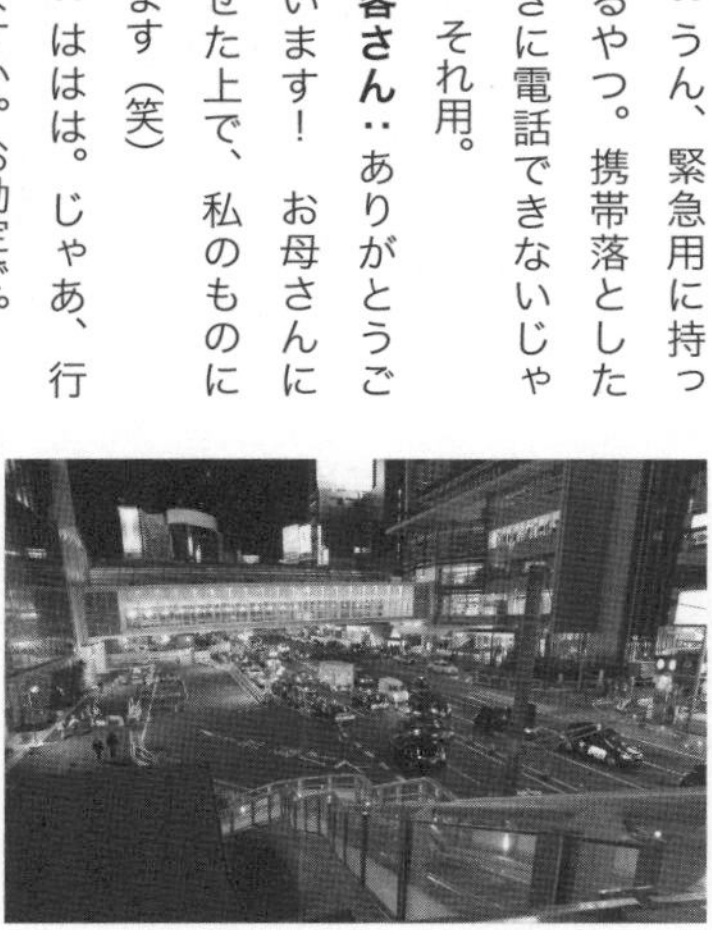

渋谷生まれの芸人の地元エリアへ

——渋谷駅新南口に到着です。あ、いたいた。

櫻間：初めまして。春道というコンビで活動してます、芸人の櫻間心星です。

瀧：櫻間くん、よろしくお願いします。芸人さんなんだね。今さ、原宿から宮下公園を抜けてきたんだけど、もう全然違う街になってて衝撃なんだけど、

どう？　地元の人からすると。

櫻間：「なんか急に変わったよね」とかそういう話はしないです、地元の友達とも。常に変わるのが渋谷だなって感じで。

瀧：なるほど、キラーワードいただきました。で、今日は櫻間くんのマイ渋谷ポジションに連れてってくれるんだよね。

櫻間：そうですね。渋谷区って言うと、だいたい渋谷駅じゃないですか。恵比寿もちょこちょこ名前上がると思うんですけど、多分広尾って行かないと思うんで。

瀧：広尾は家からタクシーでピンポイントでお店に行くぐらい。歩いたりとかはしないね。

櫻間：実家は恵比寿と広尾の中間あたりなんですけど、地元民としては広尾の方が思い入れ強いんですよ。だから広尾を一緒に歩いてみたいな、って。

瀧：お願いします。実家は一軒家？

櫻間：いえいえ、マンションです。生まれた時からずっとそこです。親が兵庫出身で田舎もんなんですよ。それでずっと恵比寿に住みたいって話をしてたというのをよく聞かされました。田舎もんの考え過ぎて、大都会に住みたいと思うと多分恵比寿なんですよ。新宿とか六本木のクラブにうちの親父が行きたがってたんで、近いとこが良くて。あとテレビ局員とかちょっとやってたこともあったので、一番いい場所だったってのも聞きました。

瀧：なるほど。言い方悪いけど、絶妙にチャラい（笑）親がそれだとさ、ヤンチャに育ちそうだけど、櫻間くんそんな感じしないね。

櫻間：親がヤンチャだとしても、環境がヤンチャにしないんで。地元でヤンチャなのって、ミヤノ君てのがいるんですけど彼1人くらい。ボンタン履いて給食室に給食投げ込んだっていう伝説が1個あるくらいで。

瀧：ミヤノ君は同級生？

櫻間：3つ上ですね。同級生の兄貴なんですけど、ラストヤンキーって言われてて。でもその人ぐらい。僕らの世代は1人もいなかった。

瀧：櫻間くんその感じで、仲間にヤンキーも悪い子もいない。品の良い子が多い地

域ってことでしょ。その中で芸人チョイスしたのって、なかなかのことなんじゃないの？

櫻間：そうですね、周りは大企業に勤めてる奴らばっかなんで。

瀧：こんなこと言ったら失礼かもしれないけど、ドロップアウト組じゃんか。

櫻間：そうでしょうね。あ、ここ左です。地元民しか知らない銭湯があるんですよ。

地元民御用達銭湯

瀧：銭湯なんてあるのこの辺に⁉　ていうかこの道路の下部分を初めて見たわ。

櫻間：今はなくなっちゃったんですけど、この道の下側って元々セカンドハンドショップだったんですよ。中古の家具とかを売ってる。地元民のおばちゃんたちは結構ここで家具とか買ってたんですけど、僕が世界一周してる間になくなったんですよね。2年前ぐらいまではあったので。

瀧：そうそう、世界一周してたんだもんね。

ここなに？　知らない抜け道だ。

櫻間：ここ結構有名なんですよ。「モテキ」の撮影にも使われたりして。

瀧：俺、「モテキ」出てたけど知らねえわ。ここが銭湯？

櫻間：そうです、ここから見えないだけで実は煙突もあるんですよ。

瀧：行ったことある？

櫻間：ないです、怖くて。何かジゴロみたいなおっちゃんしかいないんですよ。

瀧：ジゴロはむしろ銭湯来ねえだろ（笑）　一見ガラの悪い人たちがいるのか。でもここのマンション住んでる人は家にお風呂ありそうだもんね。

櫻間：入り口にいつも何人かいるので、流行っていると思うんですけどね。

瀧：知らなかったよここは。いい仕事するね、櫻間くん。

これはたどり着かない。でもここを怖いと思う感覚でよく世界一周できたと思うわ。ところであれは何の施設なの？

渋谷と自然

櫻間：上が清掃工場ですね。ここって地元の人たちが菜園楽しめる、結構大きめの農地だったんですよ。東京のど真ん中で菜園が楽しめる場所があったんです。あと、東横線の線路があったんですよね。

瀧：改築で地下に潜ったんだね。

櫻間：鉄橋のときの柱はこのまんまですね。あそこ植物園なんですけど、ホタルが見られるんですよ。

瀧：どこかで育ててきたのを放すとかじゃなくて、あそこで育ててるの？

櫻間：そうなんですよ。10年ぐらい前からずっとやってるプロジェクトです。なんか渋谷って自然がないのがコンプレックスだと思うんですよね。「家庭菜園とかないんでしょ？」って言われたくないのかなって。

櫻間くんの地元広尾

櫻間：歩道橋（渋谷橋）渡って、こっから広尾っすね。

瀧：櫻間エリア？　やっぱ落ち着く？

櫻間：落ちつきますね。建物ばっかで、なんか空がちっちゃいけど。ここが地元だから世界一周したのかな？と思ってます。何かよくある話ですけど、息苦しくなるっていうか。

瀧：こざっぱりしてるとこだから、なんか1回汚れてみたくなっちゃったのかな？

櫻間：そんなめっちゃ良い子ではないですよ（笑）

瀧：俺の田舎もんなりのさ、広尾の人に対するイメージ言っていい？　「ものを定価で買う！」。

櫻間：あー、ご名答というか、その感じですね。

瀧：安いとこ行ったりとかさ、アウトレットとかで済ませたりとかじゃなくて、「物は基本定価で買います」っ

ていうイメージ。
櫻間：それはそうですね。ここ広尾唯一の駄菓子屋です。小学2年生の時にできました。
瀧：そうなんだ。駄菓子屋の扉じゃないもんこれ。ちゃんとしたガラスの不動産屋とかの扉だよ（笑）
櫻間：ここ、なんでもあるんですよ。メンコとか、きな粉棒とか、クジとか、おばけけむりとか。
瀧：おばけけむりがいよいよ製造終了したの知ってる？
櫻間：え、そうなんですか!?
瀧：今あるやつで、ストック終わっちゃうんだよね。いろんな人が、「どうにか存続できないか」みたいなことでいろいろ頑張ったらしいんだけど。作ってる工場がもう打つ手がないって。
櫻間：じゃあ、何年後かにプレミア付きそうですね。

衝撃の自販機登場！

瀧：確かにさっきの渋谷橋の交差点からこっちってあんま来ないかもしれない。六本木行くとか東京タワーの方とか、その辺りに仕事だったり用事だったりとかで行くことはあるけど、歩いては来ないよ。
櫻間：僕からすると、この辺が逆に一番見慣れてる街なんですよね。
瀧：そうなるよね。お、この自販機も１００円じゃんか。え、50円！？　ちょっとこれ衝撃の50円だって。広尾で？　明治通りだよ！　これはもうさ、金持ちの道楽としての施しなんじゃないの？（笑）
——これはいきましょうか。
瀧：うん、これはいっとこう。すげえ。行くぜ50円。（ガチャン）出たよホントに。50円は今までの１００円自販機の歴史の中で最安値更新です。
櫻間：なんか嬉しいです。
瀧：マジで衝撃。しかもそれが広尾でっていう。「愛媛河内晩柑ゼリー」だって。ゼリーって書いてある。いただきまーす。ん？　出てこねんだけど（笑）

——強く振ってくださいって書いてあります。

瀧：そうなの？　シェイクしてみよう。

（シャカシャカシャカ）

改めて、いただきまーす。ん、美味い！

——「和製グレープフルーツ」って書いてますね。

瀧：グレープフルーツよりはちゃんと甘い。でもこっちのポンジュースが100円でこれが50円って意味わかんねえわ。渋谷区のいろんなとこ見てきて、今一番驚いてる（笑）

小学生櫻間

櫻間：ちょっと奥入って良いですか？　そこの月極駐車場が8万円。1ヶ月8万円なんですよ。このマンションの一帯が有名な月極で、フェラーリやランボルギーニだったりがいっぱい停まってるんですよ。

瀧：それなら8万は安いような気がする（笑）それがプリウスだった場合は納得いかないんだけど。

櫻間：この通りからこっち側は何か外国人ばっかりなイメージですね。僕この小学校なんですけど、同級生外国人10人いたんで。

瀧：マジで？　大使館関係の人の子ども達？

櫻間：そうですね、この辺いっぱいあるんで。

瀧：みんな日本語喋れるわけじゃないでしょ？　何かあると英語で教えてあげんの？

櫻間：何かポケモンの話してました。「ポケモンて世界共通言語だねー」なんて。外国人の子って3ヶ月もいなくてすぐどっか行っちゃうんです。6年間いたのってイスラエル人のデビッドくんだけ。仲良くなるキッカケはポケモンっていうイメージ。鳴き声のマネとかすると、「お前そのポケモンのチョイスいい

な！　わかってんな！」って。

瀧：いいね、いい話だね。

広尾商店街と性を教えてくれた公園

櫻間：ここが広尾商店街です。お餅屋さんとか、三味線屋さんとか、そういう店が広尾商店街はあるんですよ。

瀧：じっくり歩くと、昔ながらのお店もちゃんとある。全部新しいチェーン店に乗っ取られてるわけじゃないんだね。道の向こう側は港区か。こっち側は君らのエリア。この道を超えることに恐怖はないの？

櫻間：あっち側が麻布中学校の根城。インテリのやつらばっかなんで、麻布中には勝てる！っていうのが基本あるんで怖くなかったです。

瀧：なるほど（笑）、六本木にヤンキーが住んでるわけないんだもんね。

櫻間：そうなんですよ。あ、ここ曲がります。

瀧：これ小学生用の道じゃん。ショートカット用の通路っていうか。

櫻間：この団地、小中学生の頃遊びに来てたりしてました。そこがもう広尾公園。ちょっと野球ができる広さの公園で、鬼ごっことかしてました。

瀧：鬼ごっこって（笑）

櫻間：やらないんですか、皆さん？

瀧：鬼ごっこばっかりやることはないなあ。缶蹴りとかあるじゃん。

櫻間：あ、缶蹴りもちょこちょこやってましたよ。ここです！　ここで人生で初めてエロ本を見つけたんですよ。小学校4年の時にエロ本を誰かが見つけたから読んでみようってみんなで集まったんです。夏の暑い日、100円自販機のマンゴープリンが大ブームだったんで、買って飲んで。みんなお腹いっぱいの状態で本を読んだら、なかなか描写が過激だったんですよ。僕ら耐性が全くなかったんで、友達がそれ見て全部モドしちゃったんです。さらにもらいゲロした子も何人か続いて。僕は堪えたんですけど、気色悪いなっていう思いと、なぜか罪悪感があったんですよ。それで夜すっごい申し訳なさそうに親に聞いてみたんですよ、「男の人が女の人にちんちんを挿れたりするんだね」って。

瀧：親は何つったの？（笑）

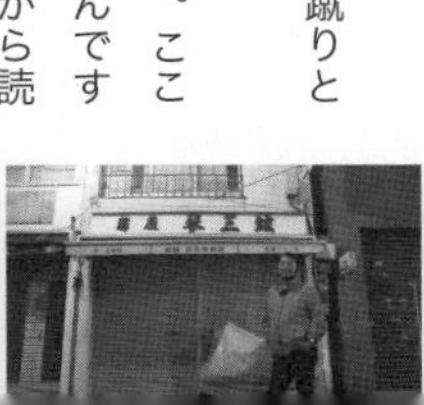

櫻間：歯切れ良かったですよ。本当にウィキペディアみたいに説明されて。オブラート無しで説明されましたもん。

瀧：なるほど、ディスコ感覚で（笑）性に対する事実を繋いで、最初キスのレコードから入って、みたいな感じかな。これがスクラッチだ、このリズムで作ってこい、って（笑）その本はどんな描写だったの？

櫻間：なんか、劇画調の漫画だったんですよ。

瀧：漫画か。なるほどなるほど。ちょっとフェティッシュ入ってるやつだ。

櫻間：そうなんです。ちょっと独特なやつで。「親にちゃんと聞いてこよう」って言ってたんですけど、みんな聞けなかったらしくて。だから次の日俺が「セックスってのがあって、それやんないと子ども産まれないらしいよ。俺らの親もそれをやったらしいよ」って言ったら、俺めっちゃ嫌われたんですよ。「うちのお父さんとお母さんがそんなことするわけない！」って1週間ぐらい口聞いてもらえなくて。でもミヤノ君の弟がそういうのチェックしてたみたいで。そいつだけが俺の肩にポンと手を置いて「俺はわかってるよ」って。ああ、まだあるんだこの倉庫。

瀧：もう「櫻間世界遺産」じゃんか。

櫻間：ここで鬼ごっことか缶蹴りすると、一気に団地の14階とかまで行くんですよ。

瀧：あ、逃げるの縦もアリなんだ！

櫻間：そう、3Dなんです。僕1人で14階に逃げて富士山見るのめっちゃ好きだったんですよね。僕、旅先で1人で景色見るのがすごい好きなんですが、それって多分この上で富士山見るのが好きだったからなんだろうなって。

瀧：そのころからもう、あの空の向こうはどうなってんだろうなとか思ってたんじゃないの？

広尾のグルーヴ

瀧：櫻間くんはさ、初めて彼女できたのっていくつの

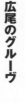

とき？

櫻間：1回しか出来てないんですよ。世界一周中に初めて。

瀧：中高彼女いないの？　なんで？　モテそうじゃんか。

櫻間：いやあ、僕が聞きたいですよ。面白いやつで終わっちゃうんですよね。

瀧：いや、何が聞きたかったっていうと、この辺りで中学生とかで彼女ができたら、どこでデートすんの？っていう。

櫻間：ここは来ないですね、みんなと会っちゃうんで。恵比寿ガーデンプレイス辺りですかね。

瀧：静岡とかの田舎の子だとさ、繁華街のファッションビルとかメガショッピングモールとか、そういうとこに行っちゃったりするわけよ。そういう感覚はないんだろうね、この辺の人は。これ、どこに出たんだ？

櫻間：あっちが明治通りで、恵比寿方面に行く道ですね。

瀧：なるほど、「広尾さんぽ通り」。HIROOの「OO」が、無限大になってんのね。

櫻間：うわ、全然気がつかなかった。だせえ（笑）

瀧：「終わることがないぜ、広尾さんぽ通りは」って願いが込められてるんでしょ。

都会っ子目線のガーデンプレイス

櫻間：ガーデンプレイスに着きました。

瀧：ガーデンプレイスでも遊んでた？

櫻間：鬼ごっこやってましたね（笑）ゲームとしては一番面白いですよ。

瀧：またか（笑）

――「逃走中」みたいなことやってたんですね。

櫻間：そうなんですよ。僕ら鬼ごっこを本当にサバイバルだと思ってやってるんですけ

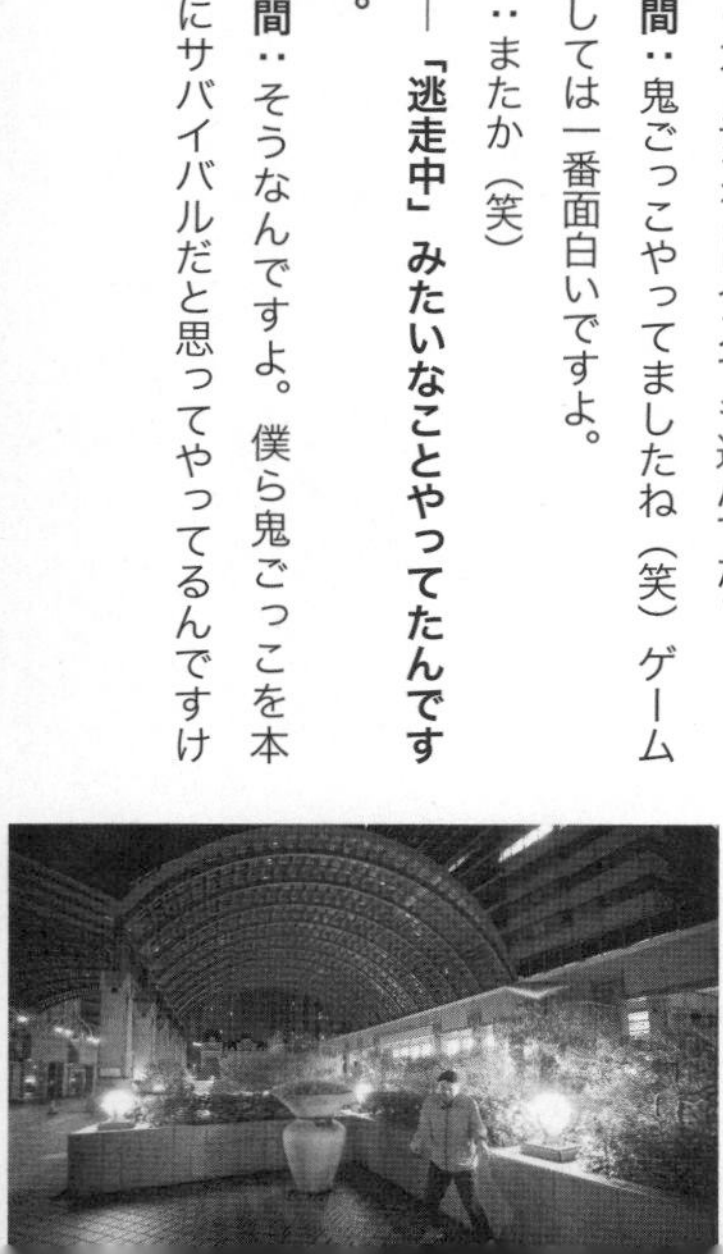

ど。

瀧：でもこんだけエリア広くしちゃったらさ、捕まえたかどうかってのはわからなくなっちゃわない？

櫻間：僕らマセてたんで、もう携帯持ってたんですよ。それをトランシーバー代わりに。

瀧：なるほどそうか。じゃないと14階まで逃げて行ったら本当わかんないもんね。携帯持って鬼ごっこ。「携帯」と「鬼ごっこ」っていう、テクノロジーと素朴さの組み合わせ（笑）ものすごいテクノロジーを持ってるけど、遊びはプリミティブっていう。ガーデンプレイスできたのっていつ？

――恵比寿ガーデンプレイスは、サッポロビール工場跡地の再開発事業として1994年に開業したそうですね。

瀧：そんな前だっけか。電気で「DRAGON」とか作ってた頃だ。そんな経ってんのか。やだもうなんかそういうの、本当ショックなんですけど（笑）しかし渋谷はさ、今日この夜だけでも原宿行って、広尾行って、恵比寿行って、行くとこいっぱいあるね。

――初台や幡ヶ谷方面も渋谷区ですもんね。

瀧：前回はそっち行ったんだよ、森山直太朗と。

櫻間：ここは本気で鬼ごっこしたらヤバいぐらい面白いですよ、このフィールド。上手い下手がハッキリ出る。「上手い」って言い方するんですよ、足が速い遅いとは別で。

瀧：櫻間くん、彼女ができない理由はそれかもしれない（笑）鬼ごっこかも。なんかあの子パッと見カッコいいし、スマートだけど、鬼ごっこの話しかしない。

櫻間：かもしんないです（笑）でも、この辺はデートスポットとしても有名ですよ。

瀧：じゃあここで一緒に並んで写真撮ろう。デートスポットだったらこの辺かな。

櫻間：やってこなかったな、ここでこういうこと。俺だけ。

瀧：だから鬼ごっこだって、原因は！ちょっと鬼ごっこ止めてみ？　1回。

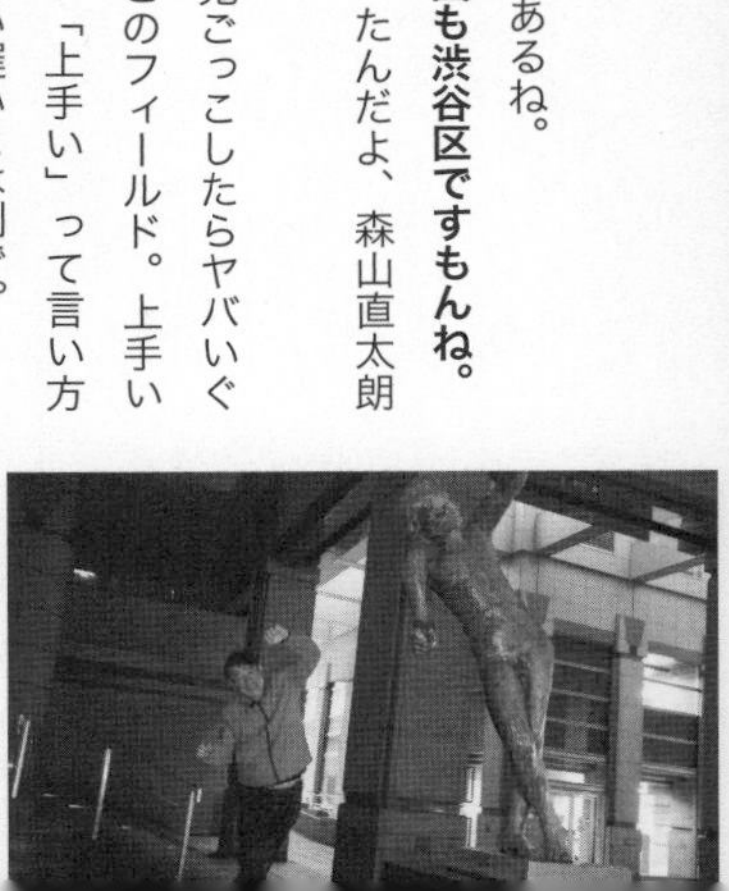

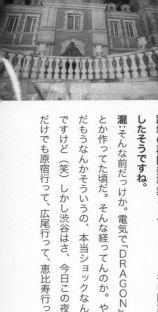

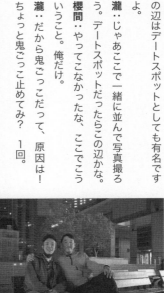

神社を経てちょろる

櫻間：そこにサッポロビールが建てた神社があるんですよ。

瀧：神社があんの!? 本当だ、恵比寿神社。

櫻間：最初にまず工場があって、会社が来て、JRの駅の名前決めるってなってビールの名前にちなんで恵比寿になったんですよね。最後に、恵比寿の人はみんな「ちょろる」って言う場所に行きましょう。「ちょろり」っていう白湯系のラーメン屋さんがあって、朝までやってるんですよ。そこにバイト終わりとか、飲み終わりに行くことを「ちょろる」って言うんです。

瀧：わかった、じゃあちょろろう。それで締めでいいんじゃないかな。

櫻間：やってるやってる、じゃあちょろって終わりましょうか。こんにちはー、いいですか?

ちょろり店員さん：はい、大丈夫ですよー。

瀧：ビール飲むべきだね。オススメは?

櫻間：普通のラーメンですね。めっちゃシンプルですけど。

瀧：わかった。すいません、ラーメンと瓶ビールをお願いします。とりあえず櫻間君ありがとう、楽しかった、乾杯!

――では瀧さん、最後に渋谷区とは。

瀧：渋谷区は「SHIBUYA」になりましたっていうのが一番シンプルな感想かも。でもちょっと前のさ、それこそセンター街とかが悪い子たちでいっぱいだった渋谷があったわけじゃん。そのムードを何とかしなきゃって再開発があって、渋谷の規模の町が町ごと生まれ変わるっていうのは凄い体験だよね。江東区だってタワーマンションとか建ってたけど、一部なわけじゃんか。だから渋谷区はもう漢字でもカタカナでもなくて、アルファベットのSHIBUYA!

中央区《ちゅうおうく》

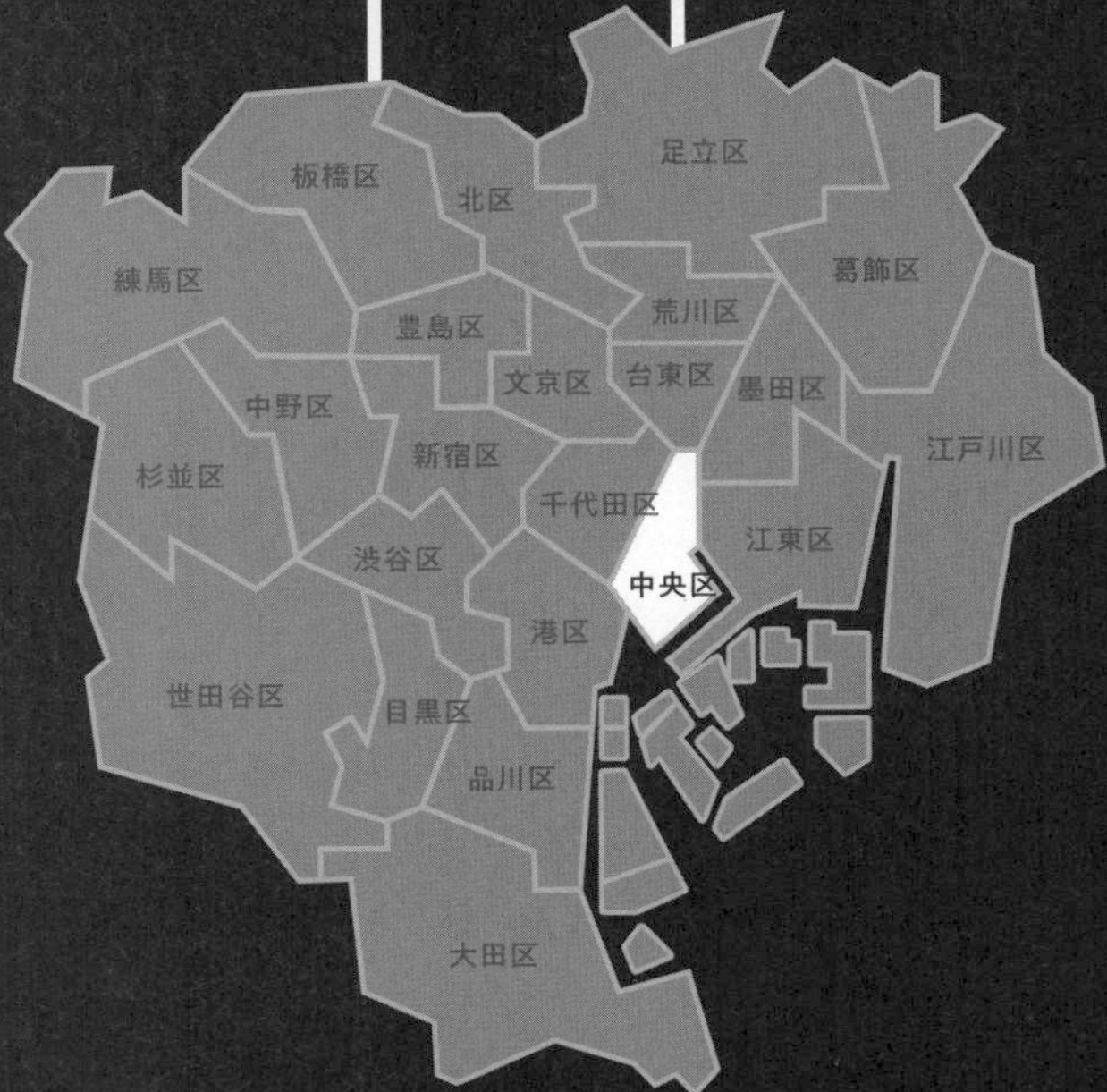
足立区
板橋区
北区
練馬区
葛飾区
荒川区
豊島区
文京区
台東区
墨田区
中野区
江戸川区
新宿区
杉並区
千代田区
江東区
渋谷区
中央区
港区
世田谷区
目黒区
品川区
大田区

東京メトロ日比谷線「東銀座」駅スタート

——今日は中央区です。今回は案内人として、銀座で画材屋を営む若旦那に夜の銀座を案内してもらいます。まずは歌舞伎座から画材屋へ向かいましょうか。瀧さん、銀座に遊びに来ることってありますか？

瀧：銀座は全然馴染みないんだよね。銀座で働くような会社員の友達いないもん、俺みたいなインディーズバンド育ちのやつは。歌舞伎座で歌舞伎を見たこともないし。でも東銀座駅には思い出があってさ。21歳ぐらいの時に、1年間だけ制作会社で働いてた時期があったのよ。バイトなんだけど、「コマーシャルだったり、企業モノのVP（ビデオプロモーション）だったり、バンドのプロモーションビデオとか作ってた。電通プロックスっていう電通の子会社と仕事することが多くてさ、打ち合わせでよく東銀座に来てた。ディレクターとの打ち合わせを隣でメモったり、編集室に素材のテープを運んだり。当時は1インチっていう規格のテープだったんだよ。テープ幅が1インチあるからそう呼ばれてたんだけど、1本がバカでかいのね。本編集ってなるとそれが10本ぐらい必要になるんだよね。その当時の下っ端のスタッフの仕事は、大量のテープをガッサーッて持って編集室に行くっていうのが定番だったのよ。だからさっき東銀座の駅に降り立って、ここ1インチ持ってヒーヒー言いながら歩いたなっていうのを思い出して、「いい思い出全然ねぇな」って思った（笑）とにかく、華やかな雰囲気の場所で飲んだりとか、そういう記憶が全然ないのよ。この辺なんてめちゃくちゃ綺麗じゃん。あれ和光？ あれなんて破壊されてるところしか見たことないもん。樋口（真嗣）さんとか特撮の人って、

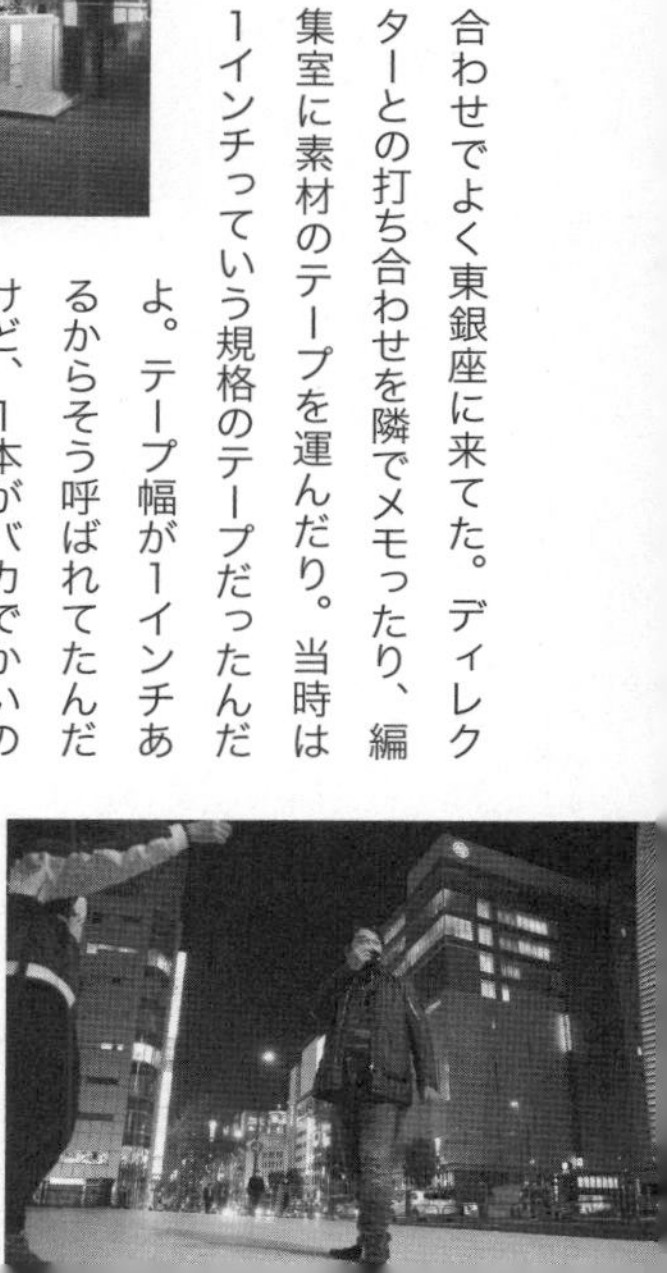

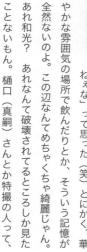

やたらとあれ壊したがるもんね（笑）

——初代ゴジラで壊す時、映画のスタッフが銀座の建物の所有者さん達に挨拶に行ったらしいんですよ。「お宅の建物を壊す行為をしていいか？」って許可取りも兼ねて。当時はみんな嫌がってたらしいです、映画で壊されることを。それで「いや、これはこういう意図がありまして」って説得してまわったらしいです。

瀧：なるほど。「こんなに大事なものが壊されちゃうほどゴジラという怪獣は巨大で恐ろしいんです」っていう主旨を。怪獣映画はまだその頃なかっただろうから説明に難儀しただろうね。和光って行った事ないや。三越がギリあるくらいだわ。あと歩いてる人がやっぱ綺麗でシュッとした人が多いよね。いいよね、そこはいい。

——あと、銀座っていきなりこの着物屋さんみたいなお店がありますよね。

瀧：そうね。何これ？　婚礼衣装なのかな。帯19万8000円。ここで白無垢をわざわざ買う人はちゃんとしてるわ。

——あの角に、日産のギャラリーがありますね。

瀧：いいねぇ、日産。ショーウインドーがかっこいい。

——一番最初に乗った日本車ってなんでした？

瀧：一番最初に自分の車として手に入れたのは、日産のスカイラインだった。バラエティ番組で知り合った中古車屋さんがくれたんだよね。日本車に限ると、スカイラインの次は中古のエルグランドを買った。子どもが生まれたんで、おっぱいあげる＆オムツ替えカーとして。あとは新車のティアナ。毎日新聞映画コンクールで男優助演賞をもらったときの副賞。そう考えると、日本車は日産しか乗ったことないわ。銀座といえばこの辺のイメージあるなあ。華やか

だし。銀座の目抜き通りはやっぱこれだよね？

――ここが銀座通りですね。

瀧：そうなの！？　銀座通り！　今めっちゃでけぇ声出しちゃった、恥ずかしい。お登りさんみたいだわ（笑）

――銀座三越のライオン像がマスクつけてるみたいなんで、見に行ってみましょうか。

瀧：じゃあそっち側に渡ろうか。この間家族でさ、マンダリンオリエンタルに泊まったのよ。激近旅行に行こうってさ。あそこは日本橋だけど、やっぱり目抜き通りを歩くのはちょっと気恥ずかしくて、1本裏を歩いてた（笑）

――あそこの角が、有楽町ですね。

瀧：ああ、あそこは「オールナイトニッポン」やってた頃に来てた。30年ぐらい前だけど。その頃は毎週有楽町のニッポン放送に来てたよ。

――築地に寿司食べに行ったりはしてました？　築地は中央区になりますけど。

瀧：行ってた行ってた。キャバクラ嬢と一緒に真夜中のアフターで（笑）

――着きました、三越前です。

瀧：お、本当だ。ライオン像がマスクしてる。

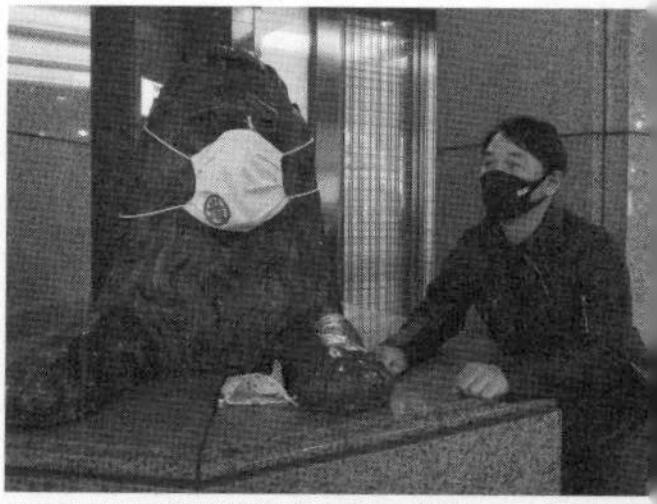

銀座そぞろ歩き

瀧：この間、マンダリンに行ったときに思ったんだけどさ、銀座ってこの花壇シリーズあるじゃん。歩道に花が植えてあるやつ。何これガーベラ？　結構な数あるけど、都市でこれって結構珍しくない？　ニューヨークとかロンドンとかベルリンの中心部にはあんまりこの感じないよね。

――そうですね、渋谷とかにもないですもんね。

瀧：いつもこれ何なんだろうなと思っててさ。誰かが

ケアしてやらないとこうはならない訳でしょ。

——はい。確かにそうですね。

瀧：水あげたり、植え替えしてるのかわかんないけど、銀座のこの町並みの道っていつもちゃんと綺麗だよね。

——こんだけ人通り多いのにぐちゃぐちゃにならずに、ちゃんと残ってますもんね。

瀧：そうでしょ。盛り場的なとこだったらさ、酔っ払った若者が寝そべったりとかなりそうだもん。お、FENDIで何か撮ってる。おそらく広告とか雑誌の撮影をしているんだろうな。銀座っぽいねえ。今までその概念なかったけど、夜中歩くんだったら銀座、結構いいよねぇ。GINZA SIX。これはもうクリスマスモード入ってるってことだよね。

——「とんねるずのみなさんのおかげでした」で、GINZA SIXで色々買わされてましたよね。

瀧：男気じゃんけんで負けて、30万円ぐらいの熟成肉を買わされた。あとなんか漆器の食器セットみたいなのも。ちゃんと食ったよ、肉は。本当にうまかったけど、もううまいと思うしかないっていうか（笑）TBSラジオの「たまむすび」に持っていって、外山さんと食った気がする。

——先週、外山恵理さんお会いしましたよ。

瀧：外山さん元気だった？　元気出るよね、外山さんに会うと。あの笑い声聞くと、何か邪気が払われる感じがするよね。

——外山さんと瀧さんがやってる頃、2人とも本当に何もエピソードトーク持ってこないから、聴いてて毎回面白かったです。

瀧：ふたりとも手ぶらで臨んで2時間半乗り切るっていうスタイルだったから（笑）先週こんなことがあったっていう話があるときもあるけど、基本は手ぶら。

でも俺あの枠やってる間はずっとそうだったよ。あと矢吹くんが来たりする30分のゲストコーナーあるじゃない。俺あれも資料見たことほぼないもん。ゲストが来る3分前に今日はどんな人来るの？ って聞いたりして（笑）でも30分位だったらさ、どうにでもなるじゃん。あ！ 今の見た？ ヤマハのロゴのどら焼きがモニターに出てきた。ちょっと待ってね、もうすぐまたモニターに映ると思う。ほら！ ほら！ ヤマハのロゴのどら焼き！ 食べたら歌が上手くなるかな？（笑）

——そろそろ右へ曲がりましょう。あ、見えてきました、あれが今日の案内人が営まれている画材屋さんです。

銀座で100年続く画材店へ

瀧：白の看板に赤い赤字で「月光荘」。目抜き通りから道1本入ると雰囲気が落ち着くな。なぜホルンのマークなんだろ？ とか思ってたら、本当にちゃんとホルン飾ってあるんじゃん。後で聞いてみよう。

——じゃあ中に入りましょうか、こんばんはー。こちらが本日銀座の街を案内してくださる「月光荘」のご主人、日比康造さんです。

日比：中央区にようこそ。はじめまして！ 今日は夜の散歩なんですよね？

瀧：はじめまして、ピエール瀧です。そうなんです、23区を夜中にウロウロするという企画です。画材道具だ。全部オリジナル製品？

日比：そうなんですよ。

瀧：「いわさきちひろさんも月光荘のスケッチブックをご愛用くださっていました」だって。なるほど、へえ。創業100年なんですもんね。そうだ、これなんでホルンなんですか？

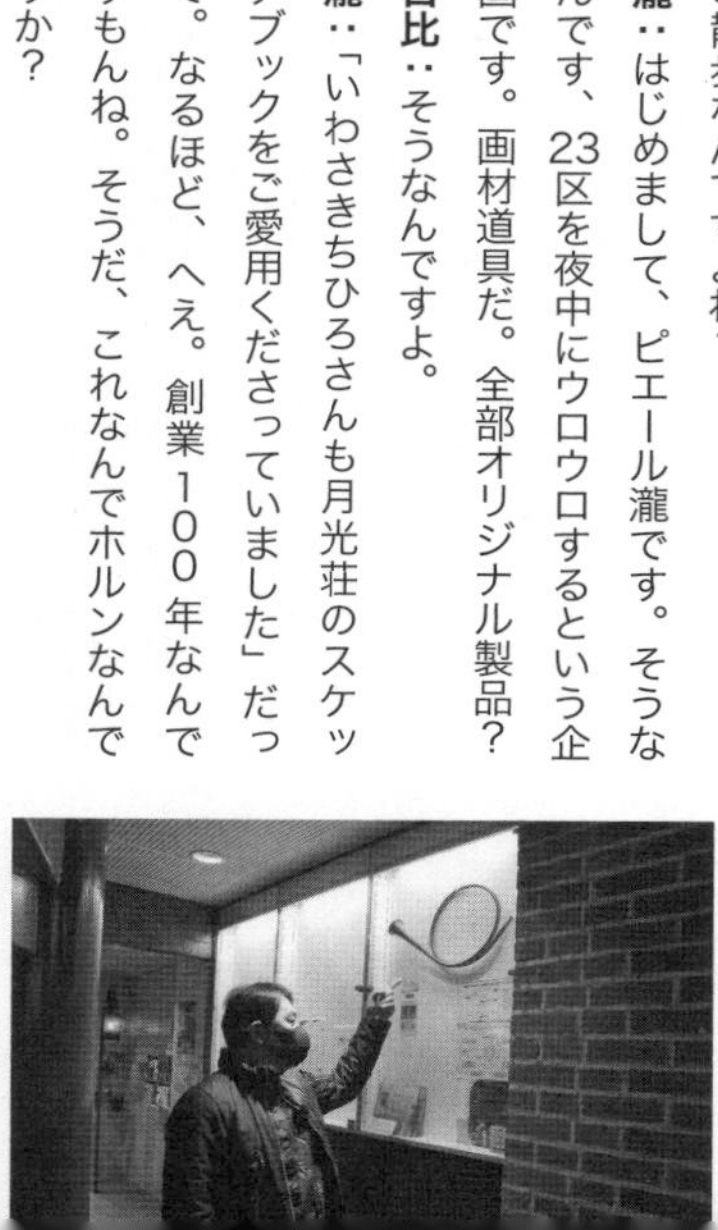

日比：うちの祖父が創業者なんですけど、与謝野晶子さんに結構かわいがってもらっていたらしくて。与謝野さんに店の名前をつけてもらったときに「ヨーロッパでは貴族が狩りのときにホルンで連絡を取り合って通信手段としていたから」ということで、「このホルンの音の下にたくさんの仲間が集まりますように」ということでデザインされたらしいです。

瀧：なるほど。もしくは「獲物が集まりますように」ってことですね。

日比：（笑）

瀧：商品かっこいい。このお店は、今もいろんな人が訪れてるわけですよね。

日比：そうです。絵の道具を売ってるんですけど、創業当時から面白い人たちがサロンとして集って遊んでくれて。感性の交差点のようなお店という意味では今もそうで、ここから歩いて3分ぐらいのところでサロンをやっているんですよ。飲食もできますので、よかったらご案内します。

瀧：やだ、銀座の人っぽい、エピソードが（笑）僕全然知らないんですよ、銀座。ほぼ来ないというか、銀座に足場がないというか。ワケのわからないまま飛び込むとえらい目にあいそうじゃないですか。

日比：それは確かに。

瀧：でしょう？ あ、このバッグもかわいいっすね。

日比：全部オリジナルなんでここでしか手に入らないですね。

瀧：お稽古バッグだって。いいですねぇ。

サロン「月のはなれ」へ

瀧：日比さんはお住まいも銀座なんですか?

日比：母の代まで銀座に住んでいたんですが、僕の代から世田谷に住んでます。

瀧：銀座はすれ違う人がビッグネームの時があるっていう漠然としたイメージがあります（笑）みんな見て見ぬふりするっていうマナーもあるだろうから、そういう人たちと飲み屋で隣同士になってるんだけど全然気づかないとか。バーの隣の席の人が巨大な会社の社長さんだったり。

日比：確かにありますね。ここのビルの屋上が「月のはなれ」というサロンになってます。上に行くには階段しかないんですけど。

瀧：「月のはなれ、後23段」って書いてある。わ、人がめっちゃいっぱいいる。オープンエアーだ。いいとこっすねぇ。

日比：どうぞ、こちらに座ってください。何飲まれますか?

瀧：すいません、みなさんちょっと失礼してお邪魔いたします。じゃあとりあえずビールいただいていいですか?

日比：紹介させてください、銀座で三代続くテーラー、壹番館の渡辺新さんです。銀座のドンのような方でして、この後お店の方も見せていただけます。

渡辺：よろしくお願いします。散歩の企画なんですか? 日比さんは銀座詳しいですよ。

日比：よく言いますよ（笑）

瀧：渡辺さん、映画『キングスマン』の日本版に出てきそうな佇まいですね（笑）

日比：本当に、冗談じゃないところが怖いんですよ。

瀧：そうなんですか（笑）ちなみにどんな方のスーツをこれまで？

渡辺：芸術家の方が多いですね。魯山人さんからずっと繋がって、現代美術の村上隆さんとかまで。

瀧：魯山人！　村上隆さんも！　村上さん、花柄の服だけ着てるわけじゃないんですね（笑）

渡辺：やっぱスーツ必要な時があるんで。とはいえ裏地に花柄のやつは入れてまして。

瀧：なるほど、裏地に。いい話。

日比：じゃあ飲み物揃ったので、乾杯しましょうか。

瀧：はい、乾杯〜！よろしくお願いします。中央区というか、銀座ってこういうムードの町じゃないですか。ずっとこの場所でお仕事されてて、緊張感でくたびれたりしないですか？

渡辺：あの表通りから1本入るとちょっとホッとしたりしませんか？　なんかね、それが見つかると途端に住みやすい街になるんですよ。例えばお寿司屋さんに行って「どっかにいい天ぷら屋ない？」って紹介してもらったり。そうやって人との繋がりができていく。下町みたいな所があるんですよね。表通りだけ見てると違う街だと思うんですけど。

瀧：やっぱりそういう部分あるんですね。その関係性作る過程で、僕は一発目に入る場所が見当たらなくて足踏みしてるんですよ。

渡辺：最初にどこから入るかって大事ですからね。

瀧：そこを失敗すると、本当にもうやばいネットワークに組み込まれて、ケツの毛まで抜かれちゃうわけじゃないですか。なんか恐ろしいんですよ銀座（笑）

渡辺：それはもうその人の持ってる運としか言いようがない。

瀧：渡辺さんはもうお住まいはずっと銀座ですか？

渡辺：店の上に住んでます。静かでいいですよ。

瀧：そうなんですね。もう本当に下世話な話で大変申し訳ないんですけど、金はどんどん吹き飛んでいきますよね。

渡辺：それはもう（笑）でも、金を撒かなくても銀座は楽しいもんだと思います。それはやっぱり「繋がり」だと思うんです。

瀧：なるほど。この街にいる人たちのネットワーク、繋がりとかセンスっていう部分なんでしょうね。でも渡辺さんとか日比さんは、先代の時代から足場があっていいですけれど、俺らみたいな田舎のポッと出だと銀座に住もうかなっていう感覚にはなかなかならないですよ。

渡辺：でもそれは変わって行くと思いますよ。ニューヨークだって、五番街から上には人が住んでるじゃないですか、あんな繁華街でも。ロンドンやパリもそうです。これからは、外国人から順に街に住み始めるんじゃないかと思うんです。丸の内に三菱地所がでっかいマンション建ててるんですよ。そしたら外国人が住み始めて、「ここって住んでいいんだ」ってなっていくと思います。

瀧：そうなんですね。あとはやっぱりね、年配の人たちがいっぱい住んでる感じがするんです。元から住んでる人がほとんどで、若い奴らはあんまり住んでない感じ。革靴で暮らす街って感じなんですよね。スニーカーじゃなくて。

渡辺：それは確かに。

瀧：コツコツ音がする街でしょう。それが似合うっていうか。僕は基本スニーカーで楽に生きたいんです、だらしないんで（笑）もし銀座に住んだら、普通にちょっと緊張しちゃうっていうか（笑）近年はやっぱり外国の方が増えましたよね。外国人がたくさん歩いてる銀座見ると、いいもんだなと思います？　それともなんかちょっと変わっていっちゃって寂しいなと思います？

渡辺：戦後は外国人ばっかりだったみたいですからね。進駐軍の人たちが遊びに来るときに、日本人を刺激しちゃいけないから軍服からスーツに着替えて来てたみたいです。

瀧：まあ占領されちゃってましたしね。でも、銀座で3代続くお店っていうのは凄いことですよやっぱし。これが15代とかだったら、それこそ「江戸時代からのお抱えだからね」っていう磐石のバックボーンがあったりとかしますけど。３代っていうのは、逆に一番リアルな感じがします。生き残ってるんだっていう感じ。一番ハードなんじゃないですか？15代だったら、途中にボンクラ当主もいたと思うんですよ。でも仮にいたとしても、歴史があるから周りが支えてなんとかやっていける。３代ってやっぱり自分たちだけで成し遂げた感じがするんですよね。目利きのお客さんばかりが来る環境で。

渡辺：確かにお客さんの要求のハードルは高いですね。うっかりしたことをしたら、お客さんから「しっかりしてください」って言われたり、そういう街ですね。

瀧：お客さんもピシッとしてますからね。

日比：僕は銀座はお金だけを使うあんまり面白くない街だと思っていましたが、渡辺さんにご紹介いただいたお陰で道が開けて。そこからなんていい街だろうと心から思うようになったんですよ。

瀧：その道俺も知りたいなあ（笑）僕の場合のルートって、テレビ業界の人間とかなので、ロクでもない人間が多いんですよ（笑）たまに招かれても、おねえちゃんの中に舞い降りる感じになっちゃうんですよね。それだとそこから出ないわけじゃないですか。

渡辺：おっさんの中に舞い降りないと。

瀧：いいフレーズですねぇ（笑）でも確かに、そうならないと深みが出ないじゃないですか。本当に悪いことしてんのおっさん達ですからね（笑）最近はそこをもっと知りたいなって思うんですよね。

銀座の夜伝説を聞く

瀧：いやあ、でもこの空間はいいっすね。正直「ここに女の子を連れてきたらモテるかもな、うひひ」とかさっきから思っちゃってますもん。ここパリじゃなくて銀座ですもんね。そこで今生演奏してますけど、まあまあの音量で鳴らしても怒られないっていうのも銀座なんですか？

日比：これは最初めちゃくちゃ怒られて。換気扇の周

りから音が漏れちゃうんですよ。だからしっかり費用かけて防音工事をやりました。それでこれができるようになったんです。生演奏できない店はやる気がなかったので。

瀧：あ、今上からハラハラと落ち葉が落ちて来ましたよ。素敵。ビールもう一杯もらってもいいですか？　腰据えて飲み始めちゃいそう（笑）

日比：ビール党ですか？

瀧：ビールだったら、ずっと飲んでいられます。なんですけど、やっぱほら、ちょっと高いお酒とかもいろいろいってみたいじゃないですか。銀座でそれ注文したら、きっとかっこいいでしょ？　でも残念な事に、どれを頼めばいいかわからない（笑）

渡辺：銀座でね、一晩で3000万円くらい飲んじゃった人がいるんですよ。

瀧：一晩で3000万円!?

渡辺：ええ、一つの店で。銀座のクラブはね、足りなくなったら町中からかき集めてくるんですよ。他の店とお酒の貸し借りができるので。で、ロマネ・コンティを沢山頼んだ人がいたらしくて。

瀧：ロマネ・コンティって銀座で頼むといくらするんですか？

渡辺：2、300万円かな。だから10本頼むとそれくらいいっちゃいますよね。

瀧：うわ～。

渡辺：ついてた女の子に話を聞いたんですけど、何にびっくりしたって、紙袋の中に札束が入ってて、現金で3000万円どさっと出して「領収書いらないです」って言って帰っていったらしいんですよ。

瀧：誰それ？　たけしさん？（笑）

渡辺：土地関係の人らしいですけどね。そうそう、僕の知り合いが飲みに行った時に、「お腹空いた」ってそいつがやたらとチャーム（おつまみ）のサキイカを頼んでたら、そのうち焼きそばくらいの盛り方で出てくるようになって。帰りにお会計見たら、チャームだけで10万円。3000万円もすごいけど、サキイカだけで10万円も凄いですよね。

瀧：それならもっと良いもん食べれば良いの

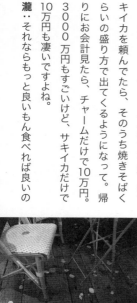

に（笑）正道な人と邪道の人の伝説ですね。そういう伝説ってもっと言い伝えていきたいところですけどね。

渡辺：勝新さんとか、そういうムードの方ってまだ芸能界にいらっしゃるんですか？

瀧：僕はそっち側の人間じゃないのでよくわからないんです。インディーズバンド上がりの人間ですから、そっち方面はもう全然です。でも今の芸能関係だと、もうそういう人達はいない感じがしますね。たけしさんとか凄そうですけど。大企業の人だったとしても、今はコンプライアンスなんて言葉もあるし。

移りゆく銀座

瀧：今はコロナ禍という特殊な状況ですけど、その影響はやはりありますか？

渡辺：多分、銀座と祇園が一番くらっちゃったんだと思います。月島とかはまだ人がいるんですけど、銀座は本当に人が減りました。1丁目から8丁目まで、全部スカーッと消えましたからね。

瀧：どんだけ会社の接待費でみんな飲んでたんだって話ですよね。「会社の領収書で落ちるから」って飲んでた連中が皆姿を消してしまったと。例えばリーマンショックがあったりとか、東日本大震災があったりとか、日本がシュンってなっちゃった時期っていうのは、これまでもあった訳じゃないですか。

渡辺：やっぱり桁が違います。これまではまだそれなりにまわってましたから。今後は多分飲食の一次会はなくならないと思うんですよ、でも二次会は減ると思う。そうすると影響は出ますよね。

瀧：なるほど。僕はテレビの世界で30年ぐらい仕事して来ましたけれども、なんとなく30歳ぐらいまでは、例えばテレビだとクールごとの区切りの会や忘年会みたいなことを

ホテルの宴会場を貸し切ってやったりとかしてたんです。あとはそれこそグアム行ったりハワイに行ったりしてやるぞ！　みたいなお金を局が持っていたんですよね。その予算をひねり出せるように回ってたし。でももう今はそういうのは全くないです。そうなっていくっていうことですよね。

渡辺：でも銀座が凄いなって思うのはね、変われるんですよ。バブルが崩壊した時期ってね、それまでは目抜き通りって全部銀行だったんですよ。支店がいっぱいあって。でも銀行の統廃合でそれが無くなってしまって、空いた物件がどうなるのかなと思ったら、外資系のブランドがいっぱい入ってきて違う街に生まれ変わったんです。それこそね、昔街がレンガ造りに変わった時、3分の2は出ていっちゃったんです。蒸し風呂みたいで暑いっていうんで。でもそれも関東大震災で壊れちゃって、また3分の2が入れ替わるんですけど。そんなふうになんだかんだで入れ替わったりしていく場所なんですね。残酷物語も多い。ガラガラポンで結構節操なく変わる街なんですよ。

瀧：老舗で、昔からあって磐石っていうところばかりではないわけですね。根性論とは無縁の街かと思ったんですけど、意外とそうでもないんですね。

日比：ベースは根性論ですよ。みんな涼しい顔してますけど、水面下ではみんなもがいてもがいて。外では見せられないですけど。銀座の人と話してるとそういう話しかしてないですもん。

渡辺：往生際の悪い人たちが生き残ってるんですよね。

瀧：先代、先々代から受け継いだ店を守っていく、という使命もあるわけじゃないですか。お2人は特に。

日比：でも明日は我が身じゃないですけど、100年続いていても、明日店を開けられる保証は何もありません。緊張感は絶えずある。さっき言った3分の2に、いつ入っちゃってもおかしくないんで。

渡辺：そうだよな、怖い。

瀧：はあ〜。ル・マン24時間耐久レースを100年やってるようなもんですよね。ずっとアクセル踏みっぱなしにしないと、えらいことになるっていうね。銀座の人早死にしません？（笑）

日比：でも楽しいんですよ。無理が体力を生むこともありますし。でも瀧さんも近いんじゃないですか？

瀧：無理はすることはありますけど、僕はバンドでやってるんでちょっと違いますかね。バンドが2代・3代続くってあんまりないじゃないですか（笑）バンドを襲名した話なんて聞かないですし。

渡辺：歌舞伎って、仕組みとして続くんじゃなくて、やっぱりその代の芸が素晴らしいから続いてると思うんですよ。やっぱりその代の人たちが小さい頃から稽古して頑張って、それで続いてるわけじゃないですか。つくづく商売もそう思いますよね。そこに生まれたからできるわけじゃない。やっぱり商売も一代芸だと思うんです。

日比：やっぱ絵の具屋としても、少しずつ形を変えていかないと生き残っていけないし、多分同じことなのかと。

渡辺：うちの婆さんに「戦後すぐの頃どうやって食ってたの？」って聞いたことあるんですよ。背広の注文なんてないじゃないですか。そしたら米軍のワッペンを付け替える仕事をしてたらしいんですよ。

瀧：そういう話を聞くと、銀座の見方が変わりますね。

日比：そろそろここはラストオーダーなんですが、いかがでしょうか？

瀧：そうですね。そろそろ23時だし、行きましょうか。

渡辺：先に出ます。店を開けときますんで、いらして

ください。

日比：では我々はゆるゆると向かいましょうか。

——瀧さん、階下にあるクラブのママが、編集の松本さんのお知り合いみたいなので、ちょっと寄っていきません？

瀧：あ、そうなの？　いいよ。こんばんは〜。どうもどうも。

雪月花のママ：あー、こんばんは〜！　観てました〜！

瀧：ありがとうございます。今も観てください（笑）

女性陣：えーっ（笑）写真撮ってもいいですか？

瀧：全然いいですよ！　23時だし、ちょうどいいね。

女性陣：ありがとうございます〜！

銀座で三代続くテーラー、壹番館へ

日比：着きました。このビルが壹番館ビル、銀座を見張ってるビルですね。

瀧：銀座のボスビル。一番杭ってことですよね。なんすかこれ⁉　すごいとこにすごいお店があるなぁ。

日比：新さん、ありがとうございます、夜に開けてくださって。

渡辺：いえいえ。冷蔵庫にシャンパンが冷えてたんで、よろしければどうぞ。

瀧：いただきます。やっぱこれはかっこいいね、本当マジで。そしてシャンパンが美味い。正解にたどり着いた感じがする（笑）

日比：これ、樹齢５００年の木を丸々一本使ったカウンターなんですよ。

瀧：これ、運んでくるのだけでも相当大変じゃないですか。これどうやって運んできたの？　エグいっすよ。多分トレーラーですよね？

渡辺：入らなくて一回ドア外したんです。

瀧：なるほど、すげえ。こちらのお店は90年続いてる

んでしたっけ？

渡辺：なんかね、日比さんがディスるんですよ。３桁になってから威張れよって。

日比：逆にそう言っていじめられてるんです（笑）

瀧：ディスりも高レベルなんでしょうね、本当の銀座は（笑）

――本当に『キングスマン』みたいですね。瀧さんが出てた映画『凶悪』はどこで撮ってたんですか？

瀧：『凶悪』はね、北関東とか御殿場とかいろいろ。拘置所のシーンの撮影とかは全部御殿場の一般の施設で撮ったよ。その時は、後に本当に留置所に入ることになるなんて思わなかったなあ（笑）

一同：（笑）

瀧：入ってわかりましたよ、あのセットってよくできてたんだなって（笑）留置所には23日間いましたね。10日間勾留を2回っていうのがＭＡＸの拘束期間なんです。あとそれに裁判所の申請手続き分でプラス3日間くらい。でも俺の場合は最後の2週間くらいは何にもやることがないんで、本当に毎日本読んで寝てただけでしたね。

――なんか差し入れとかなかったんですか？

瀧：本は差し入れをしてもらえればいくらでも読めるのよ。差し入れの本がない場合でも、「官本」っていうライブラリーが留置所にあって、1日に1冊だけそこ

から借りられる。唯一の漫画作品で『ブッダ』が全巻揃ってたんだよね、手塚治虫のやつ。で、1巻から順に借りていくっていうのを朝の日課にしてたんです。そしたらある日、仲良くなった看守の警察官の人に「瀧さん明日か明後日に出られるみたいじゃないですか、寂しいなあ」って言われて。「そうっぽいすね〜、色々お世話になりました」とか話してたんですけど、「はっ！　やべぇ！　保釈が明日だったらブッダの最終巻が読めねえ！」ってなって（笑）保釈が翌々日だったらギリギリ最終巻に辿り着けるんですよ。だけど、もし翌日だったら最終巻の手前で終わっちゃうじゃん！　って。「何その気持ち悪さ？」ってなってたんですよ（笑）でも結局翌々日だったんで、保釈当日の朝早くに担当さんに「最後のブッダ借ります！」「よかったですね！ゴール！」なんつってちょっと盛り上がりました。お陰でスッキリ出られましたよ（笑）もし最終巻だけ読めなかったら、気になって保釈後に買わなきゃいけないじゃないですか。

日比：そうですね（笑）ところでスーツとか着ることあるんですか？

瀧：スーツはその湾岸署を出る時に着ました（笑）

日比：その時は壹番館着て出るわけにはいかないっすね（笑）

瀧：すいません、お手洗い借りていいです

か？

渡辺：どうぞ、2階です。

（階段を上がって2階へ）

瀧：ありがとうございます。うわ、2階もいいっすね。凄いですね、このテーブルも。

日比：これが下のカウンターを作ったときに切った端材です。

瀧：この迫力は端材じゃないですよね、もう。まあしかし、夜中にあんまり長いことお邪魔するのもアレなんで、そろそろ失礼します。渡辺さん、本当にありがとうございました。

日比：すいません遅くまで、ありがとうございました。

渡辺：いえいえ、こちらこそ。楽しかったです。

生産者と直に繋がるビール屋、麦酒屋るぷりん

日比：ここからどうしましょうか？

瀧：もう結構いい話いっぱい聞けたんで、ここからは日比さんが、例えば夜酔っ払ってふらっと歩くっていうルートがあったら教えてもらえませんか？

日比：わかりました。じゃあ悪友バージョンと、王道バージョンがあります。

瀧：どっちも魅力的ですねえ、どうしよう。

日比：じゃあ、悪友バージョンで！

瀧：お願いします！

日比：ここの3階です、「麦酒屋るぷりん」。非常に若いオーナーさんがやってるところで、生産者と直に繋がっている本当に面白いところです。

瀧：このビルは知らないと足踏み入れないっすわ。

日比：こちら、オーナーの西塚さんです。

西塚：こんばんは、オーナーの西塚です。

日比：ありがとうね、遅くに。

西塚：いえいえ。

——銀座、紹介されないとお店見つけられないですね。

瀧：無理だってこんなの。「食べログ」で調べて来たと

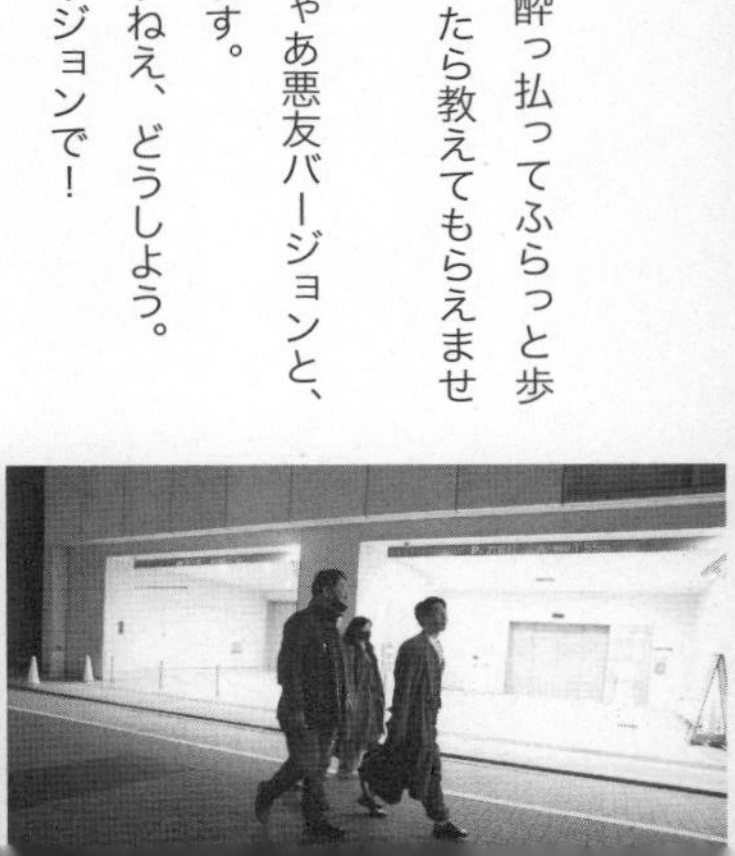

ころで、水先案内人がいないと旅できない海じゃんか、本当に。銀座の海は、適当に流れ着いた島が本当に上陸して良い島かどうかはパッと見わからないっていうかさ。

日比：ここは6タップあって、全てのビールの生産者、ワインやウィスキーの生産者と繋がって仕入れてきているという、ちょっと稀有なお店です。

瀧：夜な夜な強者達が集まってくるわけでしょ？　この店に。

日比：そうそうそう。ビョークは来たよね。

瀧：ビョークが来たの!?　すごいじゃないですか！　今樽は全部繋がってるんですよね？　じゃあビール飲もうかな。

西塚：はい。高橋くん、ちょっとビールご案内して。店員の高橋です、ビールのことは彼に任せてありまして。

瀧：よろしくお願いします。ビールのラインナップは毎日違うんですか？

高橋：なくなり次第どんどん新しいのを入れています。お付き合いしてる生産者さんは同じなんですけど、その生産者さんが作ってるビールが毎回変わるんですよ。1週間でだいたい入れ替わるんです。

瀧：壮大なビールの実験ＢＡＲじゃないですか。

高橋：例えばこのタップは、京都醸造っていうところが京都で作ってるんですけど、日本の文化が大好きなアメリカ人とイギリス人の3人でやっています。

瀧：へえ。そこで作ってるビールがこれから出てくる、と。「これは飲んどけ！」ってやつを出してもらってもいいですか？

高橋：じゃあ京都醸造の一番軽い感じのやつから。その次に、しっかりした感じのやつを。

瀧：いただきまーす。うわめっちゃ

美味しい。ホップの味だね。これ、ちょっとフルーティーですね。

高橋：ホップって麻科なんですよ。ホップ開発とか研究している方は、ドイツとかで研究をやって日本に帰ってこようとするときに、ホップにまみれてるから、空港で犬に吠えられちゃうらしいんですよ。

瀧：なるほど、麻薬犬がお前ちょっと待て！って（笑）

高橋：アメリカでIPAという、ホップをたくさん使うビールがあるんですけど。それは元々、マリファナ好きな人が同じような感じで飲めるように、ということで作られたビールなんですね。だから凄い近いところにあるんですよ、ビールとマリファナって。実際にマリファナを原料にビールを作ろうとしてる人もいるみたいで。

瀧：へえ、そうなんだ。しかし美味いねこのビール。

高橋：これはホップ焼酎。銀座の新名物にしたいと思っています。

瀧：どうやって醸造所にたどり着くわけ？

高橋：知り合いからとか、SNSを通じて情報を得たりとかですね。あとは僕も普段からよく飲み歩くので、飲みに行ったときにたまたま醸造所の方と鉢合わせてご紹介いただいたりとか。

瀧：地ビールが解禁になったのってちょっと前だもんね。なんかバンド活動に近いっていうかさ、下手したら本当に1000本だけしか作らないみたいな小規模の銘柄とかもありそうじゃん。実際地ビール作ってるとこってどのくらいあるの？

高橋：国内だと聞く限り、400ヶ所。そこから先はわからないですね。毎年500本しか作らないっていう本当にちっちゃいとことか、あとはレストランがやってたり、ホームセンターが作ってるとか、そういう製造所もあるので。

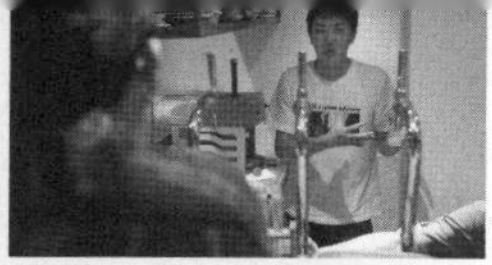

瀧：そんなトコまで網羅してるの!?　そこまでたどり着かないと気が済まないんだな、変態だ（笑）

西塚：本当にね、彼はビールの話をしてるときに一番良い顔をしてるんですよ。だから全部任せちゃってて。

高橋：僕は仕事のモチベーションはほんとそこで。そのために入ってきたようなものです。

瀧：それは信用おけるなあ。これから、ビールのことは高橋君に聞くことにしよう（笑）

ビールマニア高橋君

瀧：高橋君が、今一番好きなビールって何？国内で。

高橋：難しい質問ですね…。僕はもともと黒ビールが好きで、このお店も常設でずっと置いてるんですけど、静岡の反射炉ビール。そこの黒ビールが好きですね。

瀧：伊豆のとこだ。

高橋：僕、静岡市なんですよ。

瀧：わ、そうなの？　高校どこ？　俺は静岡東高。

高橋：僕は静岡北高だったんですよ。

瀧：東校のすぐ近くじゃん。今いくつ？

高橋：出身は清水で、29歳です。

瀧：なるほど、じゃあ『しょんないTV』観てたでしょ？（笑）

高橋：観てました。部活はサッカーやってましたね。

瀧：さっき言ってた伊豆の反射炉っていうのは、江戸時代に反射炉っていうシステムを使って鉄を溶かして鋳造してたところだよね。

高橋：そうです。で、そこで今はビールを醸造してるんですけど、そこで作ってる頼朝っていう黒ビールが一番好きです。

瀧：源頼朝のこと？

高橋：はい。

瀧：伊豆に幽閉されてたんだよね。

高橋：そういう歴史に因んで名付けられたみたいですけど。

瀧：因むなよ。罰として幽閉されてたんだから（笑）有罪だから「黒」ビールってこと？　じゃあ俺もそれ

飲もう。俺もようやく黒ビールを飲む権利を手に入れた気がする（笑）今飲めます？

高橋：飲めますよ。場面を選ばずというか、一杯目でもいいくらいです。こちらです、どうぞ。凄くしっかりローストされてるんですよ。

瀧：これカフェオレ好きな人とか、女性でも好きな人がいそう。

——何度か一緒に飲ませてもらってますけど、瀧さんが顔を赤くしてるの初めて見ました（笑）

瀧：そうでしょ。すげぇ酔うわ、これ。高橋くんの実家は清水のどこ？

高橋：日本平のスタジアムの横辺りです。

瀧：結構学校まで遠いじゃんか。

高橋：そうなんです。北高まで自転車で1時間半ぐらいかけて通ってました。

瀧：静岡の朝の通学風景ってほぼ昔の中国みたいだもんね。一応バス乗って通学するパターンもあるんだけど、電車は私鉄が1路線しかなくて、ほぼ機能しない。だから静岡の学生たちは、朝はもうみんなチャリで民族大移動やるのよ。その光景がほぼほぼ中国。

高橋：雨が降ろうが、雷が落ちようが自転車通学ですね。清水と静岡が合併したから隣町の高校にも通えるようになったんで。

瀧：その頃の子か。そうかそうか。

高橋：すいません、僕終電があるので、この位で。

瀧：高橋くん面白い話を色々ありがとう！

銀座の100円自販機

瀧：ふ〜。結局、中央区は飲み倒してるなあ。

——ぼちぼち自販機を探しに行きましょうか。

瀧：そうね。

日比：一ヶ所、銀座の中にありそうなところがあるんで、そこに行きましょう。

西塚：今ふと思ったんですけど、店だったら教えていただいた情報をネットで調べられるけど、自販機は調べられないですね。

瀧：そうなんですよ、100円自販機は一期一会。普段は注意して見てないしね。

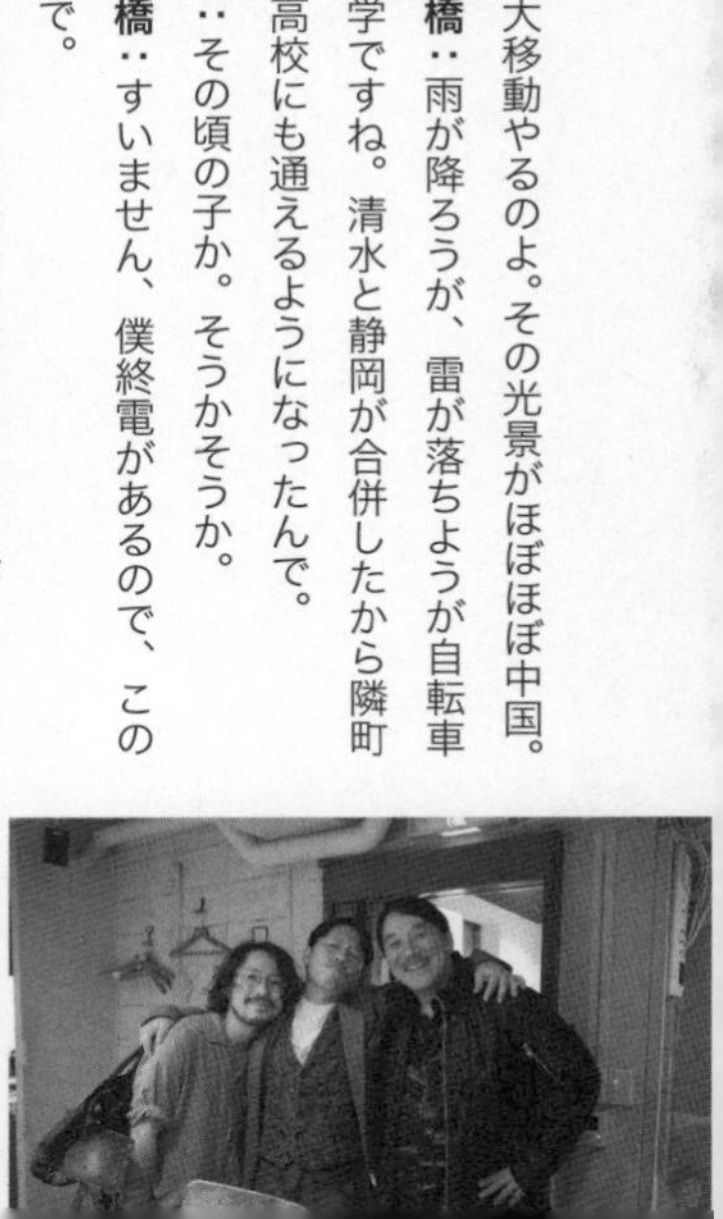

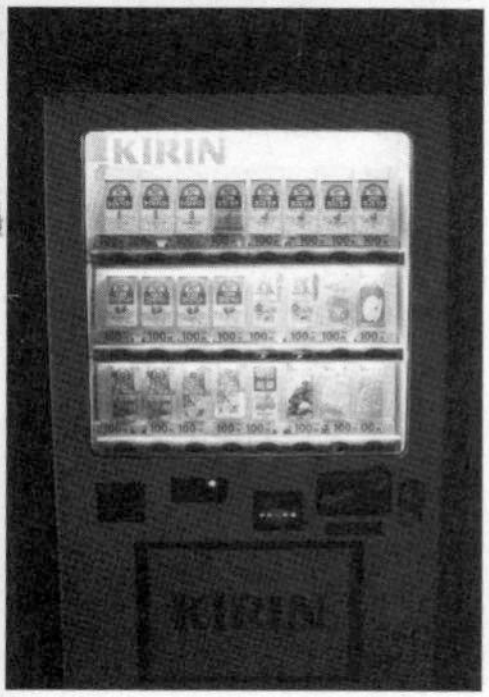

日比：じゃあ行きましょうか、お会計お願いします。

西塚：はい、ありがとうございました！　お会いできて凄く嬉しかったです。

瀧：こちらこそ、ありがとうございました！　ごちそうさまでした、また来ます！　では行きましょう、ザギンの100円自販機を求めて。

日比：もうすぐそこです、あの並びなんですけど。

瀧：あ、あった。ホントに銀座なのに100円だ！　日比さんすごい！　どれ買うか迷うなぁ。まずラインナップを全部見よう、クリーミーカフェゼリー、エスカップ……。あ、これいいね、牛乳。

——でも売り切れてますね。

瀧：本当だ（笑）やっぱみんな牛乳いくんだな。酒を飲む前に飲んで、胃に膜をはっておこうっていうことだろうな。じゃあ俺これにするわ、マンゴー。じゃあ行ってみます、とろけるマンゴー。ていうか、まあまあ酔っ払ってるわマジで（笑）いただきます……、うめえじゃん！　流石バヤリース（笑）でもこの自販機コーナーで一番心温まるいい話は「牛乳が売り切れ」っていう事だわ。これは本当に良い話。

——これ意外と和服姿のお姉さまが牛乳をきゅっと飲んでから出勤してるかもしれないですよね。

瀧：きっと牛乳は戦に向かうときの鎧なんだよ。

——100円自販機やっぱあるところにはちゃんとありますね。

瀧：ちゃんとあったね。もっと離れてる場所になっちゃうかと思ったけど。あ、これでもよかったな、ビーフコンソメスープ。でもこれはもうちょっと寒くなってからにしよう。ということで、日比さん、終了です。今夜は色々ありがとうございました。

日比：ありがとうございました。

——では瀧さん最後に、中央区とは。

瀧：う～ん、酔っ払ってるから思いつかない。じゃあ、革靴の街！

総歩数
1661歩
CHUO-KU

新宿区《しんじゅくく》

足立区
板橋区
北区
練馬区
葛飾区
荒川区
豊島区
文京区
台東区
墨田区
中野区
新宿区
江戸川区
杉並区
千代田区
江東区
渋谷区
中央区
港区
世田谷区
目黒区
品川区
大田区

東京さくらトラム（都電荒川線）「早稲田」駅スタート

――新宿区は、瀧さんが「早稲田大学界隈を見てみたい」とのことでしたので、作家の本橋信宏さんに案内人をお願いしました。本橋さんは早稲田大学出身で、卒業後も高田馬場に事務所を構え、この近辺をテーマにした『高田馬場アンダーグラウンド』という書籍も執筆されています。瀧さんが出演されているドラマ『全裸監督』の原作者でもあります。実は、おふたりがお会いするのは初めてだそうですね。

瀧：初めてですよね？ ピエール瀧です。よろしくお願いします。

本橋：そうですね、本橋です。よろしくお願いします。

――本橋さん、本日はご著書に登場した早稲田周辺のアンダーグラウンドな場所のご案内をお願いします。

瀧：本橋さんはどちらのご出身なんですか？

本橋：所沢なんですよ。大学でこっちにやってきて、それからはこの辺ですね。

——瀧さんの周り早稲田大学出身者多いですよね。

瀧：そうなの？　誰だれ？

——宇多丸さん（RHYMESTER）、西寺郷太さん（NONA REEVES）、Mobyさん（SCOOBIE DO）。

瀧：あの連中ってそうなんだ!?　宇多丸は聞いたことあるけど。

——この3人の特徴になっちゃいますけど、理屈っぽい人多いですよね（笑）

瀧：そうなんだよね！　なんか知らねえけどディベート仕掛けてくるやつ多いんだよ。論破しなくていいのが音楽なのに、っていう（笑）俺、大学って行ってないからさ。こういう学園都市的な感じのところってどうなってるのか全然わからないんだよね。

本橋：あっちがグランド坂って言うんですよ。昔は本当にグランドに通じてて。こっちは、大隈重信の大隈通り。

瀧：アカデミックな地名が多いすね。やっぱし。

——『全裸監督』の瀧さんの役名なんでしたっけ？　ビデオ屋の店長ってことしか覚えてなくて。

瀧：和田ね。

本橋：Ｎｅｔｆｌｉｘはやっぱり凄いですよね。

瀧：『全裸監督』の脚本も、『ナルコス』やってたチームに1回シナリオ投げてチェックとかしてもらってるって話を聞きましたよ。

本橋：『全裸監督』観た人から「山田孝之さんは本当に性行為をしてるんですか？」ってよく聞かれるんですけど、してるかどうかはお尻の肉の凹み方でやっぱわかるんです。どっちなのかは、ここでは言いませんけど。

瀧：男性のお尻の肉ってことですか？　なるほどそうなんすね。そういうシーンがもしこれから先あるときは参考にさせていただきます。

本橋：このあたり、昔はもうちょっと雰囲気違ったんですけどね。あ、あそこのマンションの上の方に黒木香が住んでたんですよ。当時の撮影所に歩いて行けたので。

瀧：なるほど。『SMぽいの好き』が出た後の話ですよね？　へえ、ここか。あの頃、そっちの業界の広がり方すごかったですよね。

無学無教養で早稲田大学に到達

瀧：あ、めっちゃモダンな建物が見えてきたね、何これ？

本橋：これはもう早稲田大学の一部ですね。

——学祭とかって呼ばれたことないんですか？

瀧：学祭？　ああ、早稲田の学祭一度来たことあるわ。電気グルーヴとしてじゃなくて、俺と清水ミチコさんでトークショーみたいなことやった気がする。

大橋：あれが、大隈講堂です。

瀧：あ、ちょっとマップ見に行っていいですか？　うわ、馬鹿でかいじゃん、早稲田大学。施設、めっちゃいっぱいあるね。桑田が入った早稲田（笑）プロを引退してから後にちゃんと入学したっていう。何らかの欠落を埋めるかのように。

本橋：桑田は「巨人と密約はなかった」ってずっと言ってますね。「俺は早稲田に行きたかったから3年間ずっ

と勉強してた。密約があったら俺3年間そんな風に勉強してるか?」って。それ聞いて確かにそうだな、って思いましたけどね。

瀧：あれだけの選手で勉強してる暇があるのはすごいですよね（笑）他の奴らは全ての時間を野球にかけてもレギュラーとれない中、お前はレギュラーをとって更に勉強もしちゃうわけ?って。

――桑田、だいぶ浮いてたでしょうね。

瀧：でも「ちゃんと恋もしなくちゃ」って恋もしてたんだもんね。やっぱスゲえよ桑田。

――瀧さん、「早稲田と言えばこの人」みたいな、有名人で思い浮かぶ人誰かいますか?

瀧：スーパーフリー以外で?（笑）

本橋：サッカーの岡田監督とかもそうですね。実は同じゼミだったんですよ。

瀧：あー、岡ちゃんも早稲田ですか。

本橋：じゃあ、次は神田川に行きましょうか。それからだいぶ距離があるんですけど、神田川のモデルになったアパートがまだ残ってるんで、それを見に。

国民的ヒット曲誕生秘話

瀧：青葉城恋歌の広瀬川とか、いろんな有名な川ってあるじゃないですか。その中で、神田川くらいちっちゃい川が有名になって、結構な割合の人が知ってるってすごいですよね。

本橋：「神田川」の作詞をした喜多條忠さんは実際に川沿いのアパートで同棲して。あの頃はまだ染め物が盛んだったから、川の水で生地についた余分なのりや染料を洗い流してたんですよね。朝起きると、反物の色で川が紫になってたり、赤になったり。その時は川の名前も知らなかったそうなんですけど、放送作家やってるときに、「神田川を綺麗にしましょう」みたいな運動を見て、「ああ、この川は神田川っていう名前だったんだ」とそこで初めて知ったそうなんです。それで15分間で歌詞書いて、南こうせつさんから「LPにあと1曲足りない」って電話が来たんで、その場で歌詞を伝えたら、こうせつさんから5分後にまた電話がかかってきて「できたよ」って。それでできたのが「神田川」なんですよ。

瀧：あれ、アルバムを構成するための1曲だったんですね。でもあるんですよ、そういう成り立ちの曲って。

本橋：深夜放送が盛んだったから、リクエストがすごく多くなって、それで人気が出たんですよね。

瀧：なるほど。当時だと『同棲時代』とかかな、漫画でいうと。ああいう雰囲気、学生の恋愛とか、暮らしのそういう感じがマッチしたんでしょうね、なんかね。

——瀧さん、同棲ってしてました？

瀧：してたよ。今の嫁ともしたし、その前の彼女ともしてたし。同棲何回したかな？　3回したかな。

本橋：えらいなあ。

瀧：えらいってどういうことですか（笑）同棲って、楽じゃないですか。

本橋：相手の人生を背負い込んじゃう、っていうのがえらいなあって。ある程度、結婚とか意識して？

瀧：いや全然。コトが終わって帰る、でもまた来るんだったら、別にここにずっといればいいじゃん、みたいな感覚ですかね。ちゃんと未来を見据えて一緒にいたってわけじゃなくて、そっちの方が楽でよくない？　っていう感じでしたかね。

——初彼女っていつだったんですか？

瀧：彼女ってどのぐらいの？

——キスするぐらいの。

瀧：キスは俺、だいぶ遅いよ。高校3年生かな、って何の話だよ（笑）

本橋：童貞喪失も?

瀧：童貞喪失もそのキスの女の子と。高校3年生の時です。野球部だったんで女の子とは全く接点なかったんですよね。で、部活引退して卒業までの間にどうにかしなきゃなっていうので彼女を誘って。静岡市のはずれにある用宗の海岸でキスしたあと、「パステルの風」っていうラブホテルで初体験。そのホテルは静岡の草薙球場の近くにまだあるんだよね。初めて女の子とそうなったときにホテルに置いてあったボディーソープがビオレだったから、未だにビオレの匂いを嗅ぐと、ふわーっとなる。なんとなくドキドキして甘酸っぱいというか。

本橋：匂いは思い出させますよね。

瀧：しかも匂いって、急に連れていかれるじゃないですか。あと、音もそうですけど。

本橋：そうそう。

瀧：視覚的なものって、自分の記憶の中で割と変換されちゃうんですけど、音と匂いは変換されないっすよね、あんまり。

――あのビルも、結構趣がありますね。

本橋：あそこね、昔、雀球の店が入ってたんですよ。

瀧：ああ、ありましたね雀球。アレンジボールの仲間ですよね。

――瀧さんパチンコ打ったりしてたんですか?

瀧：もう最近は全然やんなくなっちゃったけど。ツアーに行って、リハ終わって、暇だからパチンコ屋行ったりしてた。うわ出ちゃったよ、もうちょっとで本番始まんのにな、って（笑）だから隣にいたおばあちゃんとかと「俺もう行かなくちゃいけないから、これやっていいよ」「あら本当？　ありがと」みたいなこととかやったりしてた。

エロの市民権と八〇年代

瀧：僕あんまり高田馬場周辺にアングライメージを持っていないんです。

本橋：そのイメージこそがこっちの思惑通りなんです。調べてみると色々ある。殺人事件もあるし、怪談話もある。あとビニ本制作のメッカでもある。当時の自販機本のクレジットを見ると、住所がだいたいこの辺なんですよ。

瀧：なるほど。エロの発信基地。エロと言えば、僕20歳ぐらいのとき1年だけ制作会社にいたんです。ＣＭ作ったり、企業のＶＰ作ったりする会社だったんですけど。ある日、上の人から「シブサン（3／4）のテープ編集のデッキが壊れたから、瀧、デッキをどっかから借りてこい」って言われて。いろいろ電話したら、四ツ谷に制作会社があることが分かって。そこに電話してみたら「いいよ貸してあげる」ってことになって借りに行ったんですよね。で、あとからわかったんですけど、そこってアートビデオの編集所だったんですよ。ＳＭとかハード系のアートビデオの作品が再生されたシブサンデッキだったと思うと味わい深いなあと感じた思い出があります。

本橋：懐かしいね、アートビデオとか。

瀧：あとなんかブラックレーベルみたいなとこもありましたよね。黒いパッケージのね。ドキドキしながら見てましたよ、僕。

水と欲望があふれる町

——瀧さんは高田馬場や早稲田に遊びに来ることってありますか？

瀧：新宿区は、歌舞伎町のキャバクラとかランパブに行ったり、あと職安通りとかの韓国ゾーンにご飯食べに行くぐらい。前は北新宿に新宿ロフトがあったから、ロフトの打ち上げとかでちょっとわちゃわちゃ飲みに行ったりってのはあったけど。あとはレコード屋とかね、ＵＫエジソンとか。こっちの方まではほとんど来なかったな。新宿止まり。そういう記憶はあるけど全部

――それも、昔の話ですよね。

瀧：そうそうそう。最近はもう全く。これ神田川っすよね？　面影橋か。ぱっと見は目黒川だもんね。しかしちょっと怖いくらい深いな。都市計画の用水路っぽいですよね。

本橋：この川底の岩盤が、上総層（かずさそう）って言って、もう削れないくらい硬いんですって。だから太古のまま残ってるんですよ。

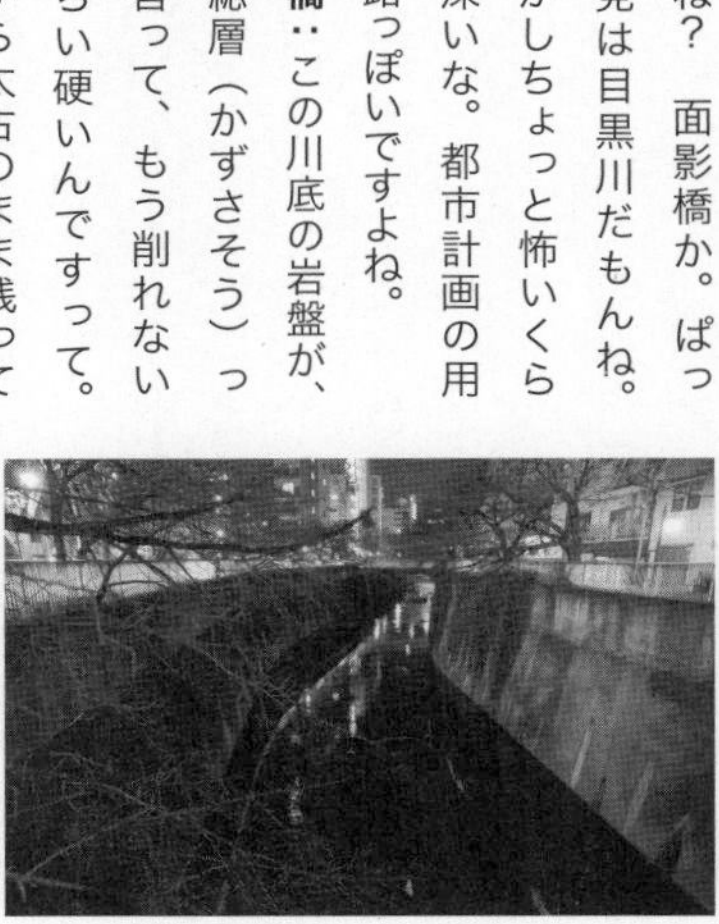

瀧：じゃあでかい岩の上に乗っかってる町なんですね。この川になみなみと水がたまったとこって見たことあります？　洪水とかで。

本橋：ありますよ。昔はこの幅の3分の1くらいしかなかったから、もうしょっちゅうあふれてて。この辺のエロ本やビニ本作ってる会社なんか、もう慌てて「上に上げろーー！」って大騒動でしたよ。

瀧：なるほど（笑）エロ本を高いところへ上げろ！って。いくらビニールに包まれてるとはいえね（笑）

――今の話で思い出したんですけど、本橋さんの本にマップがあって。池袋、新宿に学校があって、「風俗街を学校でブロック」って（笑）

瀧：なるほど（笑）でも僕ら勝手に東京のエロゾーンといえば歌舞伎町やその周辺だって思い込んでいますけど、昔はこの辺もいろいろあったんですね。おそらく大塚のあたりもそうでしょうし。

本橋：そうそう。だから大塚もね、美味しい店多いですよ。

瀧：なるほど。そういう遊び好きな旦那衆の舌を満足させるような粋なお店が多かったってことですよね。

――角海老も大塚ですからね。

瀧：そうか。俺、角海老って好きなんだよね。ボクシングと宝石とソープってさ、なんて正直なんだろうと思うんです。

本橋：角海老の選手の試合、リングサイドで見てるとソープ嬢が応援に来てるよね。あれ良いなあと思ってね。

――あれって理由があるんです。もちろん全員じゃないんですけど、選手がソープで働いてるんですよ。角海老宝石ボクシングジムの選手募集のチラシみたいなのを見ると、「仕事紹介します」ってちゃんと書いてあるんですよ。

瀧：ふーん、ウチに入ってくれたらちゃんと仕事もあるぜっていう。

――ボクシングを考慮してシフトを組むし、朝はロードワークもあるでしょう？　って。だからシステムとして非常によくできてるんです。まだ最初角海老がソープしかなかったときに、当時のオーナーが「ボクシングジム作りたい」と思って動いたら、ボクシング業界から「母体がソープだとまずい、何か別の事業をやってくれ」っていうことで作ったのが角海老宝石なんですよ。

瀧：なるほど。じゃあ順番としては、ソープ→宝石→ボクシングが正しいんだ。へー、いい話だな。

高田馬場の地名の由来

——高田馬場は100円自販機多そうですよね。学生街だし。あと出版社も多いし。

瀧：エロ本作る会社が多い理由って何だったんですか？

本橋：一説には、まず神田神保町に近いっていうのがあります。後は白夜書房があったのは大きいんじゃないですかね。それで自販機本とかの業者もできた。

瀧：「HEAVEN」とかですよね。当時「ビリー」みたいなやつとかって、エロとサブカルが同居してましたよね。

本橋：裸があれば後は何やってもいい、っていうんで、ライターの修行の場になってたんですよね。今、そういう場がなくなっちゃったから。

瀧：だって『完全自殺マニュアル』とかも最初はビリーとかの連載ですもんね。あそこに一回掲載されたやつが1冊になる。人の殺し方とか平気で載せてて何でもありの総合変態雑誌でしたよね。高校生の俺たちはそれを卓球くんの家で、みんなで読みふけってたっていうね(笑)あ、ビックカメラ本部あるじゃないですか(笑)これいいすね、やってくる電車の正面と横っ面も撮れるって。

本橋：向こう側は豊島区高田なんですよ。

瀧：へえ、豊島区高田っていう地名もあるんですね。

高田馬場っていうのは土地の名前じゃないんですか？

本橋：いや、土地の名前もちゃんと高田馬場なんですけど。元々は戸塚町って名前だったんですよ。ただね、役所に司馬遼太郎みたいな歴史好きがいたんだたと思うんだよ。それで「堀部安兵衛の高田馬場の一騎討ちに由緒ある地名があるから復活させようじゃないか」って言って地名をつけたんだと思うんだよね。

瀧：馬場ってことは、馬の乗り継ぎ場？

本橋：流鏑馬の方ですね。

瀧：へえ。駅としての場かと思ったら、流鏑馬なんですね。

神田川そっちのけでエロ話

本橋：ここが「神田川」のモチーフになった三畳一間の下宿があった跡地です。歌碑を作るべきだって思って、赤い手ぬぐいの代わりに赤いテープを巻いといたんだけど、剥がされちゃってるね。

瀧：確かに歌碑建てたくなりますよね。今ある建物、これもそんなに新しくないですけど、この前の段階の建物が当時のオリジナルってことでしょうね。あれ、なんかバーができている。最近こういうジンのバーが結構できてるよね。ハイボールの次はジントニックを想定してるのかわかんないすけど、なんかマーケティ

ングの連中が放り込もうとしてる気がするんだよね。なんとか定番にしたいというか。お、「東京デザインテクノロジーセンター専門学校」だ。やっぱ萌えな感じなんだね、今は。アニメーター志望っていっても大友克洋とか今敏系じゃないっていうか、もうすっかりこの感じなんだな。

本橋：あっちにコアマガジンや白夜書房がありますね。で、この辺にね、マンションの一室がそうなってる、伝説の風俗店があったんですよ。

瀧：行かれたことありますか？

本橋：そこはないですね。だって6万ですからね、当時の値段で。知り合いの編集者とかテレビ局の人間とか、足繁く通ってましたよ。

瀧：お金払って女の人の家に遊び行かしてもらうみたいなノリってことでしょうね。2時間とかくつろいでね。

本橋：部屋が3箇所あったらしいんですよ。

瀧：いわゆるマンヘルですよね。

本橋：詳しいですね。

瀧：若い頃に行ってた時期がありますから、渋谷でしたけど。

本橋：私もね、ソープよりマンヘル派でした（笑）

瀧：ソープランドってシステマチックなんですよね、技巧的すぎて。ソープの女の子とかが雰囲気作ろうとして喘いでるとちょっと萎える。いや別にいいよ無理しなくて、って思っちゃう。

昭和のスキャンダル

本橋：ここが早稲田通り。次は女優殺人事件の現場跡を巡礼しましょう。菊容子っていう、1971年に放送された『好き！　すき！！　魔女先生』っていう石ノ森章太郎原作のドラマで有名になった女優でね。

瀧：俺8歳でしたわ。そのドラマ、子ども向けのやつですよね。

本橋：だけど、ちょっと色っぽいんですよ。理由もないのにホットパンツ履いてたり。彼女と付き合ってた役者がいて、結局彼女の方が冷めちゃったみたいなんですよ。そしたら男が悩みに悩んで、一緒に死のうって言って、殺しちゃって。それから何時間後かに、男も確か小田原の有料道路内で橋の欄干に激突したんだけど、でも生き残っちゃって。当時凄いニュースになったんだけど、裁判官も同情したのか、確か懲役7年だったんだよね。

瀧：ええ！？

本橋：すごく刑が軽いのは、昔結構あったから。

瀧：それは何ですか？　女優さんの方がちょっとひどい扱いをしたから、とか？

本橋：裁判官からしたら、彼もすごく反省してるし、結局自分も死のうと思ったっていうことで。

瀧：なるほど。これは殺人じゃなくて、心中のし損ないなんだっていう解釈？　でも女優さんにしてみたら、「いやいやいやいや！？」って話っすよね。俺も雰囲気に流されて一瞬へぇと思っちゃったけど。

——菊容子さんは、『人造人間キカイダー』とかにも出演されてますよね。

本橋：そう、石ノ森章太郎さん原作のヤツによく出てるんだよね。命名者も石ノ森さんで。

瀧：はあ。昔ね、ちょっぴしエロいお姉さんたちって、そういう小学生向けのヒーロー番組に出てましたもんね。

——山本リンダさんも『仮面ライダー』出てましたも

んね。

瀧：そう、ホットパンツで戦闘員に蹴りを入れてた。

本橋：あれね、子ども喜ばないじゃん。製作スタッフのためだったと思うんだよね。

瀧：あー、なるほど。そっちか。でも当時子どももだったけど、なんとなくモヤモヤしてましたよ。明確に理解してるわけじゃないですけど、なんだろうな、これ楽しみにしてる部分あるぞ、みたいな。

——あ、もう早稲田松竹見えてきましたね。

瀧：なにあれ？　スタジオ？

本橋：いや、映画館ですね。昭和26年にできた。

——旧作ばっかりかけてる映画館ですね。

本橋：一回つぶれかけたんだけど復活の請願があって生き残ったんです。

瀧：ちょっと写真撮りにいきましょうか。これ押しボタン式の信号か、全然青に変わんねえなと思ってたら。もしかしてそろそろ23時？

——はい。

23:00

瀧：23時の写真ここでいいね。

本橋：この辺、昔はらんぶるっていう有名な喫茶店があったんだけど、もうなくなっちゃったね。

瀧：昔はそのらんぶるで上映時間待ったりしてたってことですよね。

芸能とカルチャーの町

本橋：ここです、このマンションで菊容子が殺されたんですよ。

瀧：手を合わせておきましょう。写真はやめておいて。でもそういう芸能関係の人が住んでる町のイメージはちょっとありますよね。劇場に近いし、交通の便もいいし。手塚先生もだけど、赤塚先生が下落合に住んでた感じとかも含めて、ある時期のカルチャーの巣窟になってた感じはあるよね、この辺りが。

本橋：この先曲がると、80歳超えの美人三姉妹がやってるスナックがあるんだけど、今やってるかなあ。ここです、多摩旅館。こっちがｉｆっていうスナック、それでこっちはアルフっていって、こっちもスナックなんですけど……やっぱやってないなあ。三姉妹がそれぞれオーナーでね。

瀧：ちょっとこのｉｆ、時給１８００円ですよ。時給１８００円！

本橋：いいなあ、やろうかな（笑）

やはりアトム推し

本橋：あの駅前のビルが、ビッグボックスですね。74

年にできたスポーツ施設。ボウリング場とかあって。黒川紀章ですよ、建築は。

瀧：へー。ビッグボックスに近づくの初めてだなあ。そうか、都市型スポーツパークの走りっつうことか。

本橋：できた頃は不評でね。「使い勝手も悪いしなあ」って。あえてデザイン性を拒否した、こういう無骨なのが逆に黒川紀章にとってはおしゃれで。でも長い目で見るとこれが良かったんだと思うんですよね。

瀧：当時は異質な建築物だったんでしょうね。巨大な一枚岩というか、ちょっとモノリス寄りっていうか。あ、店内マップがある……まあ用があるか、って言ったら

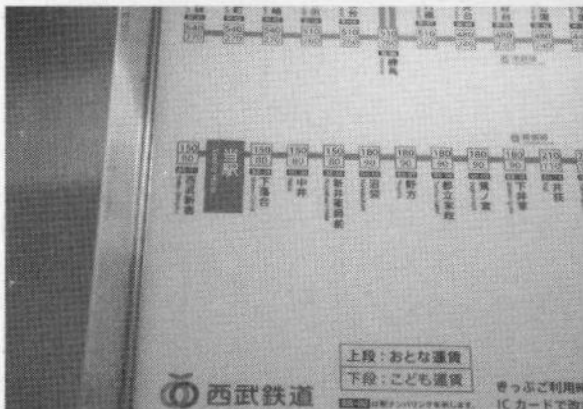

：ないなあ（笑）

本橋：昔はトレビの泉って店にジュークボックスがあって、そこでよくイルカの「なごり雪」を聴いてましたよ。

瀧：昭和の新宿感あるなあ。ジュークボックスの文化ってもう一回流行らないですかね。あれってみんなが参加できるＤＪってことですもん。

——あれ、高田馬場名物、手塚キャラの壁画です。手塚作品で一番好きなのってどれですか？

瀧：「鉄腕アトム」

のプルートゥの話。あれはやっぱ面白いじゃんか。浦沢（直樹）先生がリメイクするくらいだしさ。あと「ばるぼら」とか短編も結構好きだけど。あ、一番好きっていうと語弊があるかもしれないけど、水飲むと犬になっちゃう話ってあるじゃん。

――「きりひと讃歌」じゃないですかね。

瀧：ああいう人間讃歌なやつもいいよね。まああれは流石にこの壁画の中にはないだろうけどさ（笑）前回の『23区23時』でも通ったけど、あの時より綺麗になってる。あ、これ「ブッダ」じゃない？　「ブッダ」の漫画読んでた話はしたよね。ブッダ久しぶり♡、留置場以来だよ（笑）あ、やっぱ「ブラックジャック」かな、一番好きなのは！　前言撤回、「ブラックジャック」だわ。当時、『少年チャンピオン』に連載されてた。「ドカベン」も載ってたから、他の人たちが割とジャンプとかマガジンとか買ってる時に、俺チャンピオン買って読んでた。

本橋：黄金時代ですよね、チャンピオンの。

瀧：「ブラックジャック」って手術のシーンが出てくるじゃん。うちの母親看護職だったから、家の本棚に医学書とかがあったわけよ。解剖学の本の内臓の写真と

か見ながら「ブラックジャック」見て、なるほどその感じかってビジュアルを補填しながら読んでたから、一番夢中になって読んでたのは「ブラックジャック」かな。凄いよね、手塚先生、医師免許持ってるのに漫画家になるってどういうこと？　って思うよね。

——ものすごい学歴の無駄遣いですよね。

瀧：俺たち凡人にはそう思えるよね。司法試験を受けて漫才師になるみたいな感じじゃない。

ブルセラショップ発祥の地

本橋：通称黒ビルってとこに、ブルセラショップの第1号店があるんですよ。ちなみに一番高い制服ってなんだと思います？

瀧：一番高いのですか？　警察官とか？

本橋：ＪＡＬなんです。

瀧：ＪＡＬ！　やっぱＪＡＬなんですか。ＡＮＡではなく。そうなんだ〜。

本橋：あと、デパートの制服も結構な値段がつくって聞いたことありますね。あっちの路地ね、卓球場があ

りますよ。

瀧：卓球場か、いいすね。すごく入り組んだ建物だなあ。

本橋：儲かるたんびに付け足し付け足しでね。

瀧：パーツが増えてくのか。

——ところで、高田馬場にブルセラショップできた理由ってなんなんですか？

本橋：学生が多く集まる場所、というのもあったんだと思います。

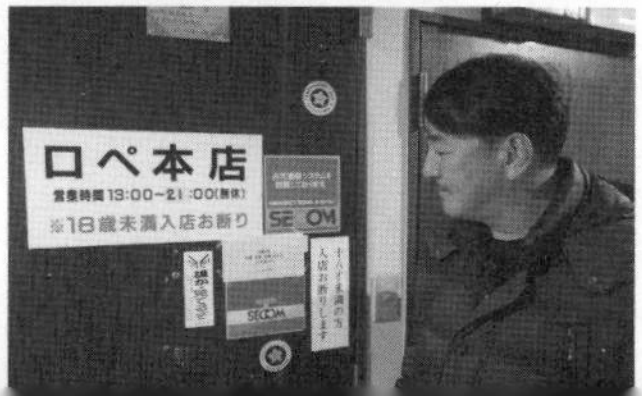

瀧：ここ？　こんな駅前すぐにあるの？　うわ、味わい深いなあ、ビルの中も。あったエレベーター！

本橋：9階にあります。ミャンマーの学生が、食材を買いに来るような店も入ってるんですよ。着きました。ここです、ロペ。

瀧：ここか。すごい怪しいな（笑）なるほど。

——『高田馬場アンダーグラウンド』の表紙ってここから撮ったんですか？

本橋：そうそう。よくわかったね。

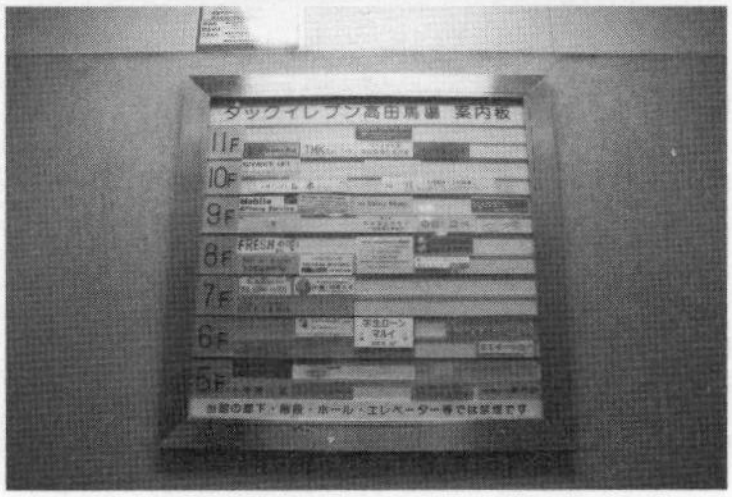

13時ホールの謎

本橋：じゃあ改めて、手塚プロの方に行きましょうか。しかし瀧さん、健脚だね。

瀧：ダラダラ夜徘徊するのは全然平気です。走れと言ったら駄目ですけど。

本橋：私も明るいうちによく歩くけど、夜散歩するのもいいね。

瀧：はい、僕の場合は散歩というか徘徊なんですよね、もう。角全部曲がってみようとか、こっち行ったらどうなってんのかな、とか。家の周りの半径2キロぐらいは、もう曲がったことがない角は、ほとんどないっす。

本橋：私もなんの変哲も無いような、売りが無いようなところ歩くの好きなんですよね。そういうところで何か見つけながら、まだ自分の感性は死んでないんだなって確認してます。

瀧：そう、そういうところの方が味わい深くて好きだったりするんですよ。あそこのマンションの一番上の部屋だけ光灯いてる、何やってんのかな、とか。何十年もこの場所に住んだ人たちがいるんだな、とか。この街角はこの街角で50年100年分のドラマがあるんだと思うとクラクラしますよね、うん。この店「赤門教育」ってプレートがある、何なんだろうね。看板

見て検討がつかない店多いよね。ん？ 何あれ？「早稲田予備校13時ホール」って？ 時計の文字盤に13時がある。

本橋：何で13時があるのか、この予備校の人たち教えてくれないんです。「それぞれ考えるように」って。いろんな説があるんですけど。この予備校がね、猪木ビンタ発祥の地なんですよ。

瀧：え、ここが⁉

本橋：「講演に来た猪木が予備校生からパンチを喰らう」って余興をやったら、猪木がビンタで殴り返しちゃったんだよね。そしたらその予備校生が「ありがとうございます！」と言っちゃったんで定着しちゃったんですよ。

瀧：ああ、なるほど。猪木が反射的に（笑）それでいいもんだっていうことになっちゃったんだね。まあでもちょっとされてもいいかもなって思っちゃうもんね、猪木だったら。

カオスと手塚プロ

瀧：ここはケバブ屋だし、そっちはミャンマー料理。で、あっちはバインミーって書いてある。バインミーはどこ料理？

――ベトナムですね。フランスパンに色々挟んで食べる。

本橋：瀧さんに聞きたかったんだけどね、ＡＶ女優とかソープ嬢って静岡出身者がすごく多いんですよ。なんでかわかります？

瀧：そうなんですか？ 知らなかったです。静岡は、逆に言うと風俗とかないんですよ。割と教育都市みたいな感じで、あんまり歓楽街とかないんですよね。ラ

ブホテルぐらいはありますけど、エロいことをしてその対価としてお金をもらうっていうシステムが街の目に付くところにあんまりないんですよ。そういう子達が東京出てきて、最初はうまいこと言われてコロッとやられちゃうのかもしれないです。静岡の女の子に性的な資質として特別何かがあるわけではないと思いますね。

——あ、シチズンプラザ。ここなんですね。ここもスケートリンクとかボウリング場とか、スポーツ施設が色々入ってますよね。

瀧：シチズンプラザ、なんかさっきのビッグボックスもそうですし、ちょこちょこスポーツ入ってますね。

本橋：あそこを左に曲がると手塚プロがありますね。

瀧：こっちですね。あ、100円自販機があった。まだ買ってなかったよね？ なんかあんま見たことないヤツがある、これいってみようかな。ウィルキンソンレモン、これを100円で。（ガチャン）ナンバーワンって書いてある。じゃ、いただきます。確かに、甘さゼロのレモンフレーバー炭酸水。でもこれはこれでうまい。しっかり香りがわかるな。ハイボール、これで割ったら美味そうだな。飲み屋で急に炭酸無くなってもこれなら助か

るね。喧噪からちょっと離れて、すごく静かーなところになってきた。いいじゃん、こっちの方。そしていまだにそこに手塚プロがあるんだな。眞さんとか、るみ子さんとか、もう離れちゃってるのかな？　一応関わってはいるんですよね。

——ＨＰ見ると、取締役でまだ在籍されてますね。

瀧：そうなんだ。あ、看板がある。電気もついてるね。やはりアトムがいる。高田馬場で生まれたって設定なんだって知らなかったけど、結局ここに手塚プロがあるから山手線でも高田馬場駅でアトムの曲が鳴るんだね。じゃあ、ゴールが手塚プロでいいですかね？　本橋さん、今夜はありがとうございました。エロからアトムまで（笑）

本橋：こちらこそ、ありがとうございました。楽しかったです。

——では瀧さん、最後に新宿区とは。

瀧：新宿区の裏通りのお店ってパッと見て何の店かわからない、やっぱりそれが印象的だったかな。新宿は入ってみないとわからない店が多い、でもなかなか入れない（笑）うっかり入ると大変なことになりそう、って惑わされる街だね。あとはやっぱり10万馬力の街。高田馬場との馬つながりで（笑）

総歩数
9294歩
SHINJUKU-KU

千代田区《ちよだく》

足立区
板橋区
北区
葛飾区
練馬区
荒川区
豊島区
文京区
台東区
墨田区
中野区
江戸川区
杉並区
新宿区
千代田区
江東区
渋谷区
中央区
港区
世田谷区
目黒区
品川区
大田区

千代田線「国会議事堂前」駅スタート

――今回は東京のど真ん中千代田区です。瀧さんの発案で、夜の永田町を歩いてみようと思います。

瀧：今日のテーマは「千代田区にある官公庁の建物を巡る」。総理大臣官邸とかニュースでよく見るし、あと「小学生の頃来たぜ、国会議事堂」っていうのはあるけど、結局あまり知らない建物ばかり。そんな千代田区永田町界隈の官公庁を夜中に巡ってみようっていう、ね。

――千代田区の地図を見て気づいたんですけど、日枝神社の辺りまで千代田区なんですね。あそこはもう港区だと思ってました。

瀧：そうそう、この地図でいうと左側の先がTBS（港区）で、ちょうど神社の辺りまでが千代田区なんだよね。千代田区ってさ、ちっちゃいよね。

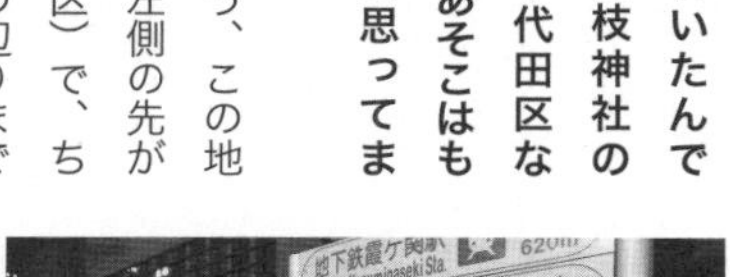

――そうですね、皇居が真ん中にドカンとありますけど。

瀧：そうかなるほど、皇居があるか。それはデカい！

――さっき日枝神社の辺りから歩いて上ってきたんですけど、途中に「なんでこの辺が官公庁になってるのか」って説明が書いてあって。日枝神社って山とか水とか大地を司る神社らしく、この辺で江戸城を中心に畜産

業を行っていたらしいんですよ。その跡地がどうも官公庁になってるっぽいですね。

瀧：なるほど、武家屋敷とかじゃなくて、割とファームゾーンだったたってことね。この辺回ってみようぜって言ったけど、どういうメニューかは考えてなかった。でもやっぱまずは国会議事堂は一応カメラに収めたいじゃんんか。あと、行ってみたいっつったら何処だろ？　やっぱあそこ、総理大臣官邸でしょうな。今いるここは国会記者会館の前なんだね。

厳重警備！　首相官邸！

瀧：どういう順番で巡っていこうか？　首相官邸、写真を撮る分にはいいんじゃないの？　「お前ら何やってんだ！」って言われたら「どーもすいません。てへへ」って言えばいいだけでさ。あ、中央官庁の案内あるね。

――ここでちょっとプランニングしましょうか？

瀧：あ、もうここが総理大臣官邸じゃんか、国会議事堂と近いんだな、やっぱり。日比谷公園は千代田区？

――そうですね、多分その辺がゴールになると思うんですよ、日枝神社まわってから。

瀧：オーケー、了解。首相官邸、厚生労働省、国土交通省、外務省、警視庁。あと桜田門ね。しかし首相官邸はどの程度だったら写真撮らせてくれるんだろ？　さすがに入口の前で撮るのは無理か。道のこっち側から（フォトグラファーの）横ちゃんに上手に撮ってもらおう。しかしお巡りさんがいっぱいいるな。ピリピリしてて、簡単に近づけさせせないムードが凄いわ。

――一応人の家ですしね。

瀧：人の家だけど、俺の家でもあるんだぜ。一応税金で建てたんだから（笑）どこかの何かの部分、1センチ四方ぐらいのキューブ的なものはさ、俺の家だって考え方もできるじゃんか。

お巡りさん：すいませーん。

瀧：はい。あ、写真を撮ったらまずいですか？

お巡りさん：いや、大丈夫なんですけども、報道の方じゃなくて街の写真撮ってるだけですよね？

瀧：はい。

お巡りさん：わかりました。それでしたら大丈夫なんですが、もしかしたらこの後も誰かにまた同じことを訊かれるかもしれませんので、その場合は同じように答えていただければ。

瀧：わかりました、ありがとうございます。じゃ撮ろう。しかしすごいな。他のお巡りさんもみんなこっち見てるわ。そりゃそうだよね。

お巡りさん：あのすいません、何もないと思うんですけども、一応鞄の中身だけ見せていただけますか？　仕事なもので。

瀧：はい。なるほど、危ないもんが入ってないか、ってことですよね？　いやそりゃそうですよね。すいません、お仕事増やしちゃって。

お巡りさん：すいません、ありがとうございます。（カバンの中身チェックする）はい、確認しました。ご協力ありがとうございます。大丈夫ですので。すいません、お引き留めしちゃいまして。

瀧：いえいえ、こちらこそお騒がせしました。やっぱそうなんだね。首相官邸の警備すごいちゃんとしてんだな。

——本当ですね。まあ撮影でフラッシュ使うのだけはやめておきましょうか。

42年ぶりの国会議事堂

瀧：でも昼だったらさ、写真撮ってる人普通に結構いそうじゃない？　前に「夜はいろんなことを許してもらえる」って話したと思うけど、逆に夜の方が許してもらえない感じよね、この辺に限っては。

——確かにそうですね。

瀧：多分昼だったら写真撮ってもそんなにうるさく言われないと思うんだよね。でも夜だと「何こいつら？　すごく怪しい」って話になる。見てよ、警察関係のバス2台待機中。そんなこと話してたら国会議事堂に到着、と。お巡りさんすいません、ここで写真撮ってもいいですか？　この表札だけ撮るので。

お巡りさん：そこだけなら大丈夫ですよ。

瀧：ありがとうございます。

——さっきのお巡りさん、オリックスバファローズの吉田正尚に似てましたね。

瀧：ハイウエスト吉田（笑）？　確かに似てたね。しかし吉田はなんであんなにハイウエストなんだっていうね。渡辺謙さんか吉田正尚くらいだよ、あんなにウエストを上げるのは（笑）

——自分の下半身の筋肉を強調したいのかな？　と思うんですけど。

瀧：それだけじゃない気もするけどな。つうかさ、さっきお巡りさんと話した会話も含めて、もうこのエリア全てのお巡りさんに俺らの情報が行き渡ってそうじゃない？　なんか撮影してる5人組がいるよ、って。取材か旅行かはっきりしないけど、多分あれ取材かなんかだぞって。取材の場合だとさ、俺が建物と一緒に写るには申請許可が要るのかな。でもきっと横ちゃんが普通に撮るには許可要らないんだもんね。

——この企画でこんなに緊張感あるのも初めてですね。

瀧：それはすげぇあるね、普通にこうやって歩道を歩いてるだけなのに、なんとなく常に誰かに見られてる感じあるもんね。やっぱここも「防犯カメラ作動中」だもん。後ろの方の遠くにいるお巡りさんでさえガッチリこっち見てるね。「ちょっとでも変なことしたらお

前らわかってんだろうな!」っていうムードすごい出てる。だってほら見てごらんよ、塀の上もさ、細いワイヤーでブービートラップみたいなの張ってあるよ。そういやさ、さっきの表札に衆議院って書いてあったってことは、向こう側が参議院ってことだよね。そっちも見てみようか。

――あ、ちゃんと参議院って書いてありますね。

瀧:左が衆議院だから、右が参議院。なるほどなんか思い出した。国会議事堂は小学校6年生の修学旅行で来て以来だな。うちの小学校の修学旅行先が東京と日光だったんだよね。

ところで、あの配置されてる警備のお巡りさん達は、どの庁舎のあたりでいなくなるのかね? それによってあんまり大事にされてない庁舎がわかるよね(笑)

国会議事堂の裏側はどうなってるの?

瀧:参議院の側に沿ってさ、裏側とかまでグルッと回って見たくない? 道の向こうサイドの森っぽいのはなんだ?

――そっちは憲政記念公園ですね。

瀧:憲政記念公園ってことは、日本が憲政になったことを記念して作ったたってことだよね。

――(検索して)前は憲政の神様って言われた政治家、尾崎行雄の記念館だったのが、1972年に衆議院に寄贈された時に改称されたみたいです。門が閉まってますが、ちなみにあそこはお土産物屋さんだそうです。

瀧:安倍晋三饅頭とか売ってるところかな? 政権が変わると速攻で作って売り出すやつ。キャバクラとかでみんなで半笑いで食うんだよね。普通の深夜の散歩だったら別にそんな事ないのかもしれないけど、ここら辺りだとどうやら一眼レフのカメラがあると相当向こうを警戒させるみたいね。だってさ、昔から夜中に酔っ払って歩いてる人なんてのはいくらでもいたわけ

じゃんか、絶対。有楽町で飲んだ後の帰りの余興とかでさ。そういう人が千鳥足でただ歩いてる分にはそんなに問題ないんだろうけど、やっぱ一眼レフだよ、あちらさんの緊張感を増幅させるのは。しかしこの辺りめっちゃ植物の手入れが行き届いてるね。落ち葉も定期的に掃いて清めてますって感じだもん。あ、あそこのエレベーターホールの横に飲み物の自販機見えてるな。いくらの設定なんだろうな、あれ。とか言って立ち止まってたら、新手のお巡りさんがまた近寄って来てる。「視認しました。赤いキャップ、黒い服、5人組。一眼レフ持ってます」とか無線で報告してるんじゃない。お巡りさんが来た方向に抜けると日枝神社か。

お巡りさん：すいません、どちらまで行かれますか？

瀧：日枝神社の方までです。

お巡りさん：はい、わかりました。

瀧：やっぱ、僕ら怪しいですか？

お巡りさん：いやそんなことないですよ。

瀧：いやいや、でもきっと怪しく見えますよね。でもご安心ください、悪いことは企んでませんので（笑）

お巡りさん：はい（笑）ありがとうございます（笑）

瀧：いえいえ、こちらこそすいません。ご苦労様です。

――衆議院の裏に、国会の郵便局あるみたいですね。

瀧：議事堂って吉野家も入ってんでしょ、確か。国会のバックヤードでみんなで牛丼食べてるってことだよね（笑）「ミサイルどうする？」とか言いながら。コンビニもあったもんね、セブンイレブンが。これは議員宿舎？

——参議院の議員会館ですね。

瀧：参議員の議員さん用の部屋が用意されてるのか。あ、そういえば昔「しょんないTV」のロケで来て中入ったことあるわ。ということは衆議院側の会館も別にあるってことだよね。当選したら、この中のどれか一つの部屋をあてがわれるわけでしょ。専用部室みたいな感じでさ。で、選挙で落選すると「はい、じゃあさっさと出てってね」っつって。ドライだわ（笑）

徹底警備に心が削られる

瀧：国会議事堂ってさ、お札とかになったことなかったっけ？　俺、ホワイトハウスと勘違いしてるのかな。

——調べてみますね。（検索して）あ、百円札に使われてますね。

瀧：百円札か。しかしさ、これだけ長くここらをウロついちゃってると、警察サイドとしてはだいぶ俺たちに対する警戒レベルが上がってきてると思うよ（笑）中央コンソールルームのモニター上に、ピッピッピッって俺たちもう光の粒で動いてる感じだと思う。

——「はい、カメラ切り替えてー」

瀧：「立ち止まってるな。何だ？　なんかジュースの自販機の方見てます。喉渇いてんのか？」とかね。そして、ここにもまた謎の器具が設置されてるな。うかつに触るとキュ〜〜〜ンと鳴って記憶が2日分ぐらいなくなるんじゃない？　そんな感じだよねこの黒いの。

——T字路に来ました。ここを右に曲がって坂を下っていくと日枝神社ですね。

瀧：割と長い坂。ということは、日枝神社の裏を経て、TBS方面に続いてるんだよね。とりあえず1回曲がろうか。いい加減曲がらないとお巡りさんがずっと（振り返る）……ってほんと、まだめっちゃついてきてるじゃん（笑）徹底マークされてんのしんどくなってきたからいい加減曲がろう。えぇと、山王坂か。「ここもまた、実に走りたくなる坂である」感が凄いね、山王坂。お巡りさんも、今本部に連絡してるだろうね。「例の5人組坂下ってます」って。いなくなってくれりゃ、それが向こうにとっては一番いいんだろうね。でもさ、途中から絶対後つけられたよね。どの辺から？

——お土産屋の辺りですね。

瀧：ただ歩くだけなのに緊張感あったよね、本当に。いやむしろ理由としては真面目じゃんか。夜中の国会議事堂前辺りどうなってるんだろうな、日本を支えるいろんな官公庁見てみたいっていう。理由としては至極真っ当。むしろ昼間だったら歓迎されてもおかしくない理由なんだけれども、夜来ちゃうとピリッとするっていうさ（笑）そして今も見られてると思うよ、望遠のカメラか何かで。

いつもの町並みに落ち着きを取り戻す

瀧：坂を下ってきましたよ、と。わ！　これお家？

——酒屋さんですね。

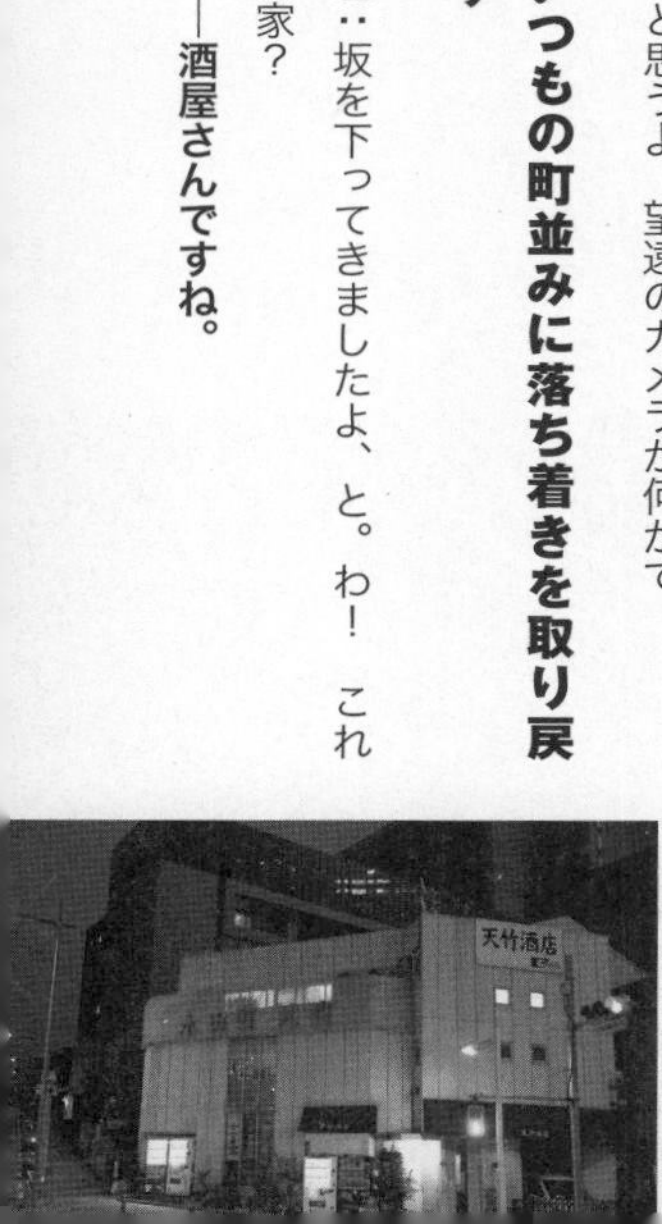

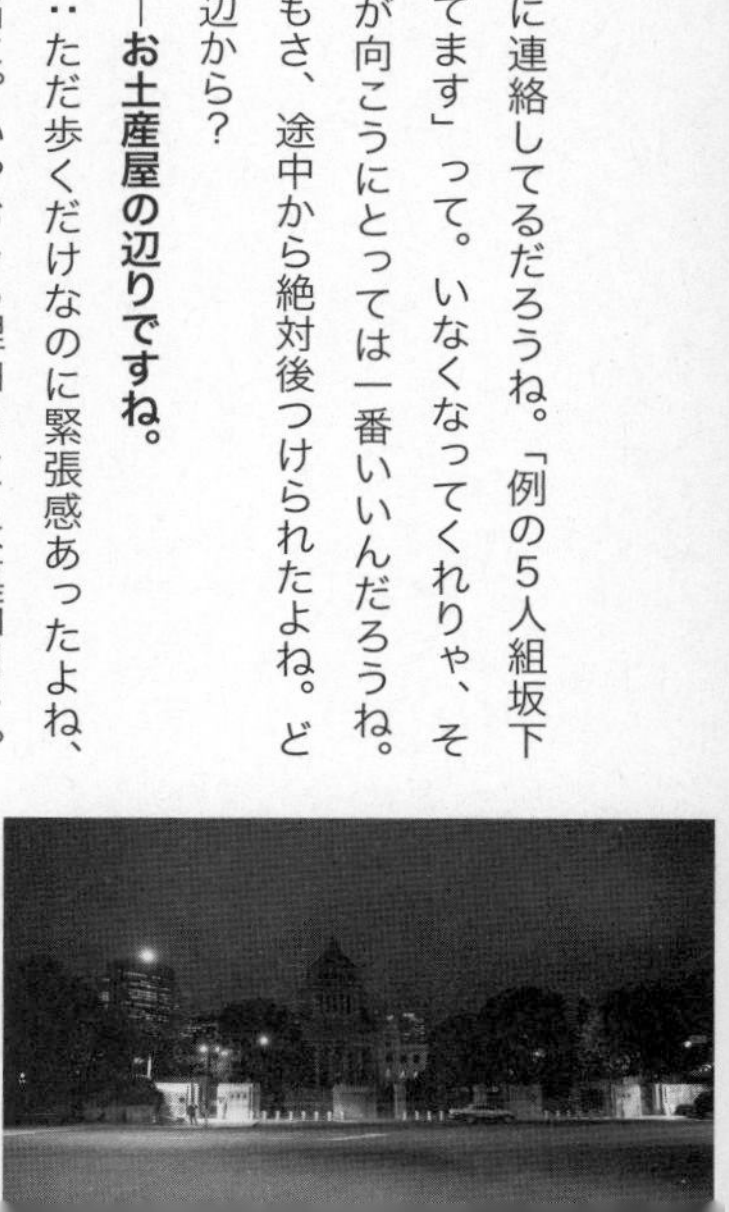

瀧：スッゴイとこにあんね。天竹。急に普通の家じゃんか。普通の酒屋さん落ち着くわ〜。いつもの町に戻ってきた感じ。そうか、ここはもうどっちかっていうと神社寄りのエリアだ。いっこ坂下ったら解放されたね、監視スクランブル状態から。肌感覚でわかるモンだわ。実は今日家で昼間に映画『新幹線大爆破』を観てたの。それを観た後だから、何となくさっきまでの妙にピリッとする感じが心地よいというか（笑）

——それめっちゃ面白いですね（笑）警察に追われ続けてる映画（笑）

瀧：そうそう、それの気分的な名残をこっそり楽しんでたというかさ。ほんと坂1本下っただけで、地図上の位置で言ったら議員宿舎と首相官邸があるところのすぐ裏っかわだけど、全然違うもんね。あ、隣の建物もいいねこれ。料亭？

——お蕎麦屋さんですね、永田町黒澤。臨時休業中。もしかしてコロナ禍で今はやってないのかもしれないですね。

瀧：外装がカッコいい。あの松とかいいね。いい感じの佇まいだなあ。行ってみたくなるお蕎麦屋さんだね。

——2020年4月7日から当面の間休業ですって。メニューにカレーうどんありますね（笑）しかも全然高くない。

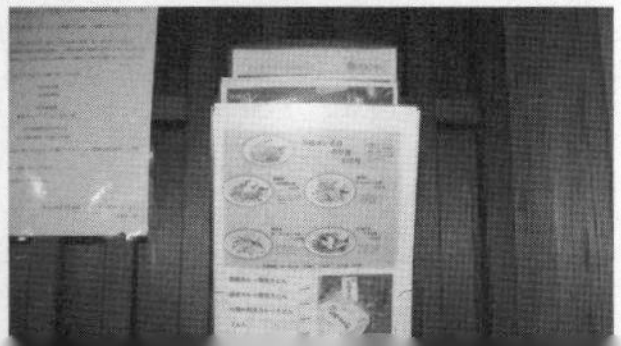

瀧：この雰囲気でカレーうどんあんの⁉（メニュー眺める）お弁当とかもあるよ。へえ。夜23時までやってたんだね、以前は。それかもう、出前っしょ、国会に。「今日は長くなりそうだな、じゃあ黒澤のカレーうどんか。定番の」みたいな。

——2階もありますね、しかも結構広い。宴会場ですかね。

瀧：この感じだったらありそうだよね。弁当って書いてあったから、国会で何か決まった後に、そばで締めましょうってやってたんじゃないの。

——打ち上げ盛り上がりそうですね。

瀧：うん、正当に打ち上がりそう（笑）

日本屈指の公立名門校

——僕好きな景色があるんですけど、寄っていいですか？

瀧：いいよ。何？　矢吹くん、日枝神社の辺り歩き慣れてんの？

——TBSラジオで仕事終わったあととか、この辺散歩して帰るんですよ。

瀧：なるほど。いい習慣。俺、この辺り歩くのは初めてなんだよね。車で通るとしても、まずこっちは通らないもんね。トイレ発見。公衆トイレだね。雰囲気から察するに、タクシーの運転手さん御用達トイレっぽい。

——そのトイレの向かい側なんですよ、僕好きなの。日比谷高校です。都立高校では一番入るのが難しい、日本屈指の名門高校なんです。学校の敷地から自由民主党の本部が見えるんですよ。夜なんであんまりちゃんと見えないんですけど、あの横にちょっと青い字で自由民主党って書いてあって。

瀧：ああ、なるほどなるほど。確かにあるな。はいはい。

——毎日あの看板を見ながら登校してくる、日本で一番賢い公立高校に通う子どもたちの気分を、ちょっとだけ味わえるんですよ（笑）

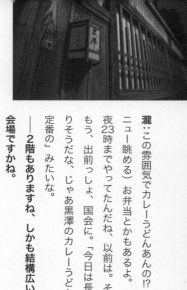

瀧：気分だけね（笑）公立高校だからちゃんと受験あんだもんね。「偏差値90」みたいな感じなの？

——東大進学率は都立高校で1番のはずですね。

瀧：男子校なの？

——いえ、共学です。卒業生だと、夏目漱石とか安藤優子さんとか。

瀧：そうなんだ！　オレ用の学校でないことは確かだわ（笑）トイレ横の自販機に100円の缶コーヒーがあるな。これきっとタクシーの運転手さん用だろうね。運転手さんのための100円コーヒー。運転手さんが、オシッコしてから桜眺めて缶コーヒーを飲む。ほっと一息つきながら。桜と自販機か。しっくりくるよね。ここは確実に運転手さん用のスポットじゃん。今この瞬間だけでもぱっと見るだけで5台くらいタクシー停まってるもんね。こんだけ両サイドに停めてられるってことはさ、一般の車があんまり通らない道なんだろうね。基本は昼間に日比谷高校に用がある人くらいでさ。ここは左側がもう日枝神社の敷地になるんでしょ？　ここは何なんだろ？　お茶屋さん？

——ここは「山の茶屋」、鰻屋さんですね。

瀧：何と鰻屋さん!?　この佇まいの!?　超食べてみたーい（笑）食べログ的なやつ見てみようよ。

——ランチで2万しますね……。

瀧：ランチで2万ってどういうこと？

——一番安いコースでも1万2000円です。

瀧：そりゃあ普段からこういうとこで飯食ってる麻生さんは、カップラーメンの値段なんか知らないよね。いやマジでさ。そんなことあんの？　と思ったけど、こことか見ると「いやでもそれはそうかもな」って気

もする。

——そう考えるとさっきの「黒澤」の値段は良心的ですよね。カレーうどん870円ですから。

瀧：そうね。ここは「山の茶屋」コースのみか。でもちょっと何か行ってみたい気にさせるね。ハレの日に来たい感じ。入学祝いとか、日枝神社でお見合いする時とか。あとは七五三とかかな。お宮参りした後に、両家のおじいちゃんおばあちゃんと一緒に来たりしてさ。お着物着た子ども囲んで「なんか疲れたみたい」「そうかもね」なんつって、うなぎ食べるんじゃない？　いいなぁ（笑）

千代田区にもちゃんとある100円自販機

瀧：日枝神社の周りって静かで落ち着いてんね。そういえば、日枝神社ってお参りしたことないなぁ。

——折角だから行きましょうか。

瀧：是非行こう。どうせ行くなら、正面のあのすごい階段を上がって行きたいかな。

——あそこの横に今、エスカレーターありますよね。そしてまたしても自販機ありましたね、ここ100円ありますよ！

瀧：お！　キタキタ！　ネクター100円、青汁100円……。ここは珍しいから青汁かな。神社の脇でネクターを飲むのは、気分的になんか違うっていうか（笑）千代田区編は青汁にしよう、健康志向で。しかも日枝神社横なのにちゃんと100円だもんね。せっかくだからあそこの日枝神社の格調高い碑の横で飲ませてもらおうかな。じゃあいただきます。うむむ、確かにゴクゴク飲めんね、この青汁。一応健康な気分にはさせてくれるな。

瀧、日枝神社にお参りする

瀧：今まで全然気づかなかったけど、あそこ伏見稲荷みたいに鳥居連なってるね。多分本宮とは別ゾーンだよね。あそこからまず行ってみようか。（階段登る）うわ〜、何だこれ!? なかなかの雰囲気じゃない？ 赤坂近くにこんなトコあったんだ。

——奥までずっと続いてますね。

瀧：でも、なんかいいねこの雰囲気。夜だと更に。いやもう幟に書いてある名前がすごいわ、本当に。ヤクルト本社、高島屋……、錚々たるラインナップ。ここ何かありそうじゃない？ 茶道裏千家、帝国ホテル、任天堂、日本テレビ放送網、武田薬品とかに混じって個人の名前もチラホラあるな。なんなんだろうね、ここ。

——瀧さん、すげえの見つけましたよ！

瀧：なになに？ あ！ オリエンタルラジオ！ すげえ、あっちゃんかっこいい！ マジのあっちゃんかっこいいヤツじゃん（笑） これはお神輿用倉庫的な事？ どこの町内のやつとか書いてある。八重洲1丁目、京橋2丁目、京橋3丁目、西八丁堀2丁目。結構遠くない？

——元々、日枝神社の支社が八丁堀の方にあったんですよ。多分もともと向こうにあったのを今はこっちに置いてるんじゃないですかね。

瀧：ああなるほどね。日枝神社、ちゃんと夜入れてくれるのいいな。お百度参りで願掛けする人もきっとい

るだろうしね。仕事終わりで家にまっすぐ帰りたくないときに寄ったりしたら、気分変えてくれて、小さいことはどうでもいいかってなりそうな気もする。あ、これ何？　さざれ石だって。

——君が代に出てくるやつですね。

瀧のマネージャー藤森：僕、学校の方針で君が代歌わなかったから歌詞知らないんですよね。

——確かに、私学だと歌わないところありますね。

藤森：そう。曲は知ってますけど。

瀧：そらで言えない？　ちょっと歌ってみて。

藤森：君が代の〜♪

瀧：もう間違えてる（笑）早ぇよ！　あ、例の階段のトコなんかの工事中だ。遅くまでやってるなあ。知らなかったけど、上からの眺めも結構凄いんだな。これ何の工事だろ？

——（聞いてくる）下りエスカレーターを新設中だそうです。

瀧：じゃあ、そっちの階段から下降りようか。神社の構えとしてはすげえなこれ。やっぱ迫力あるよ。

——ちょうど23時なので写真撮っておきましょうか。

瀧：そうだね。一番ぽく撮れるとこで撮ろう。

懲りずに再び警戒ゾーンへ！

――しかし僕、瀧さんが『新幹線大爆破』を昼に観てたっていうのがずっと面白くて。そりゃあ国会周り歩くの怖かっただろうな、って（笑）

瀧：ずっとつけられてるっていう緊張感と、どんどん範囲が狭まってきて追い詰められる感じ（笑）あの映画の最後も空港とかでその感じあるじゃん。でもかっこいいよね、あの映画。モダンだなっていう。

――ちなみに階段降りた、ここからはもう港区です。そっちの方から曲がって千代田区に戻ります？

瀧：じゃあ官公庁街を最後に見て、日比谷公園ゴールぐらいがいいんじゃないかな。何あれＢＨオークションって？　めっちゃかっこいい車あそこにない？　黒いやつ。

――オークション会社ですかね。

瀧：これ旧車じゃない？　ポルシェ？　しかし、ここに噴水があるのも知らなかったな。夏とか酔っ払って入る馬鹿ちょいちょいいそうだな。行こう、やっぱ水

の近くはうっすら寒い。一応、ちゃんと千代田区ゾーンを歩いていこう。この左側の施設は何なの？

――ここはもう総理官邸の裏ですね。

瀧：横ちゃん、総理官邸の裏撮って。連行されるとし

たら横ちゃんだけにしておこう（笑）もうさ、めっちゃ緊張するでしょ、写真撮るの。

フォトグラファー横井：します（笑）

瀧：また再度空気がピリッとしてきたね、本当に。いやあ、またあっち行くの。なんか身構えちゃうね。この辺から警戒レベル爆上がりでしょ。ほらもうなんか、警察官待ち構えてない？　さっきとは別の人達に遠巻きに囲まれてる。ほら、あっちからも来てるじゃん、正面からも。「なんかまた来てるぞさっきの5人組、赤いキャップを確認」って報告済んでるかも。しかし首相官邸はすげえな、壁が。絶対侵入させないぞ！　っていう決意を感じる。脇を通ってるこれは首都高？

——首都高ですね。

瀧：霞が関の降り口のとこだ。

——官公庁一覧の地図がありますね。瀧さん、見てみたい省庁あります？

瀧：そう言われると困るな。でも有名な省庁はやっぱ見てみたくない？　外務省、経産省とか……。ここは？

——これ内閣府ですね。

瀧：あ、ここってさっき話しかけられたところか！　お巡りさんに。財務省、外務省はどうやら両方見れる、と。後は警視庁、その辺を見てみようかな。

——そうですね、じゃあそのあたりのルートで行きましょうか。

瀧：やっぱ首相官邸の周辺は急にお巡りさん増えるね。「なんだよあいつら！　また戻ってきやがった！」って言われてるかな。「大谷翔平のキャップをかぶったやつめ！」って。でも下手したら、すでに個人特定されてる可能性もあるよね、顔認証とAI解析で。もう俺なんてすっかりデータベースに入れられちゃってるだろうからなあ（笑）この建物は合同庁舎か。なんか経産省かなんかでさ、月に300時間残業してたみたいなニュースあったじゃない。全然家に帰ってないみたいな。

コロナ禍になってから、厚労省の担当の人はほぼ家に帰っていなくて、ずっと泊まり込みで寝ずに対策やってるっていう。

——しょうがないですよね、それ。

瀧：だよねぇ。そんだけやっててもそこらへんのテレビばっかり観てる連中に「何もやってないのか」ってあっさり言われちゃうんだよ。でもそんなテレビ観て文句言ってる連中に、対策班に入って一緒にやろうぜっつったら、そいつら半日ももたないだろうね。

——損な仕事ですよね。

瀧：法律と感情と治安維持みたいなやつが全部ごちゃまぜになってカオスになってる状態から、皆が納得する一番いい抜け道を探せ、みたいな話でしょう。ホント損な仕事だよねぇ。ストレス超溜まるだろうな。しかし停まってるなー、空車のタクシーが山ほど停まってるね。

——「居酒屋タクシー」って問題になったの覚えてます？

瀧：タクシーが役人に「今日もお仕事お疲れ様っした！」ってビール出してくるやつだっけ？ あとこの辺のお役人に毎回サービスで缶コーヒーか何か渡してたりして、それは駄目だっていう話になったやつだよね。

——そうですそうです。多分役人にしてみたら、毎回頼む仲がいい運転手ができてたんだと思うんですよね。

瀧：そうだろうね。「矢吹さんは明日何時ぐらいに終わるの？」

——「明日は2時かな。」

瀧：「じゃあその時間に待ってますね」みたいなね。役所と癒着はダメ！って問題になったよね。

――あの道を曲がると財務省と外務省があります。ほんとずっとタクシー並んでますねー。

瀧：深夜とかに役所の分科会みたいなやつが終わると、50人単位でバーっとタクシー配車の依頼が来るんじゃない？

国家の中枢、官公庁エリアを歩く

瀧：「中央合同庁舎第4号館」、これが？　国税庁、内閣官房……、めちゃめちゃいろんな省庁入ってんね。復興庁、国税庁、国土交通省、海上保安庁、農林水産省。

――「合同庁舎」だから、各省庁から担当の人たちがここに集まってるんですね。

瀧：ってことなんだよね。ここら辺りは割と普通な雰囲気だけどさ、やっぱこの道挟んだ反対側（議事堂&総理官邸側）に行くと、一気に緊張感増すんだよな。あっちサイド違うわ〜。『太陽を盗んだ男』は原爆を盗んだんだっけ？

――プルトニウムを盗んで原爆を自分でこさえて国会に置いてく、でしたね。沢田研二が国会に入っていくシーン、ダマで撮影やったらしいんですけど、よくやりましたよね。今夜怖い思いしたから余計にそう思います。

瀧：当時は国会を狙おうなんて奴、もう映画の中だけにしかいなかったんじゃないの？　うわ〜、ここめっちゃツツジ咲いてる。しかも北方領土を想いながら。

――そうです。それであっちが外務省。

瀧：あっちが外務省か。なるほど、外務省はこの時間でも働いてるっぽいね。どっか暇そうな省庁はないか

な？

——特許庁とかなら今は明かりついてないかもですね。

瀧：どうなんだろうね。さて外務省前だ。「外務省特別警戒実施中　一般来訪者様は入場できません」だってさ。外務省だとちょっとまた、ピリっとし始めたね。かなりの窓に電気ついてる。バリバリ仕事してんね。そして外務省前で客待ちしてるのは個人タクシーが多いね。さっきの財務省内閣府の車両は、黒いやつがほとんどだったのに。もしかしたら、省庁ごとに縄張りが出来てるのかもしれないな、タクシー業界で。でもその方が業界にとってはハッピーじゃない？

——タクシーチケット問題もあるかもしれないですね。省庁ごとに出してるタク券の発行元が違ったり。

瀧：あー、あるかもしれない。もう年間契約でさ、どさっと利権渡して、とにかく優先で省庁前で待ってろっていう話かもしれないよ。これはさ、絶対何か決まり事があるよね。

——ちょっと検索して調べてみましょうか。あー、どうも個人タクシー組合が外務省づきになってるみたいですね。

瀧：なるほど。でかい会社のＭＫとか、東京無線とか、ああいう組織に対抗するためにみんなで組合作って、組織としてどっかに1個ぶっといパイプ作ろうっていう算段だよね。ところで今まだ電車走ってる時間？

——はい、まだ23時台ですね。

瀧：まだそんなもんなんだ。今日何か1回疲れちゃったんだろうな、最初の数十分でさ。今になって振り返るとさ、すげぇ空気がピリッとしてたからか不思議と饒舌になったもん。なんか緊張感で。黙って歩いてると怪しまれちゃうから

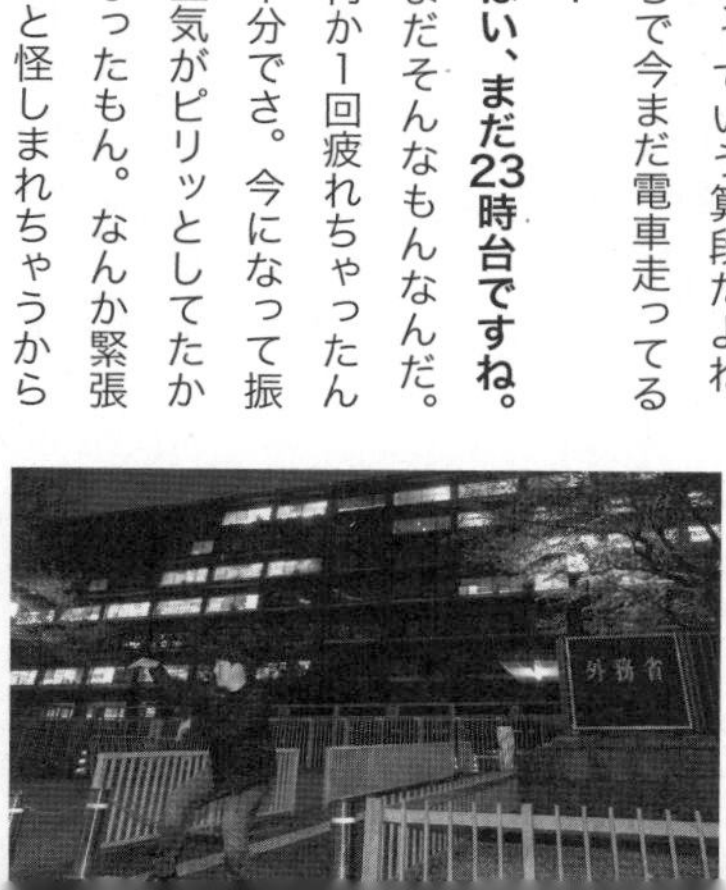

さ、向こう（警察）にね。怪しまれないように何でもないことでもいいから何か喋らなきゃいけない、っていう使命感と素朴さのアピールで。お、外務省の看板あった。この張られているチェーンから向こうは、普段ならちょっとはふざけて行ってみたりするけど、今は怖くてとてもじゃないけど行けない（笑）

――さらに検索したら、省庁の仕事は入札制みたいです。外務省の担当は個人タクシー組合が入札で取ったってことじゃないですかね。

瀧：タクシー組合が独占の権利を落札したってことなのか。売店とかもそうなのかな、多分そうだよね、セブンイレブンとかも。

――ファミマが入ってるとこもありましたよね。

瀧：なるべく一つの業者に集中しないようにしてるんだろうね。「公平に」って観点で。

瀧、裁判所に凱旋！

この建物なんかすごい新しいじゃん、何これ？

――裁判所です。

瀧：裁判所か〜！　俺来た事あるわ、ここ（笑）

――もうすぐ行くと、最終目的地の日比谷公園ですね。裁判所写真撮っときます？

瀧：記念に撮っておこうか。当時は裁判所の前で報道陣に写真を絶対撮られないように細心の注意を払ってたんだけどね（笑）なんか書いてある。「当庁舎の柵や壁に横断幕や立て看板を取り付けたり、立てかけることを禁止します。東京高等裁判所事務局管理課」。裁

判所第二南門か。あ、貼ってあるよ。掲示板に裁判のやつ。近々こんなの行われるよってやつでしょ。本日の裁判メニューじゃない？　うわうわ、結構あるなあ。検察審査会、知的財産高裁、地裁民事。これ、公示だよね。こっち側にもビッシリ貼ってあるこの感じすごくない？

――大学の掲示板を思い出しますね。

瀧：大学の掲示板ってこんな感じなんだ、でもこれほどの量じゃないでしょ？

――いや、こんなもんですよ。

瀧：そうなんだ。これとかは係争中の対象の人に伝えるためのやつか。この日に出頭せよっていうような。「原告　○○○○株式会社　被告は合同会社△△△△原告から訴状が提出されました。当裁判所に出頭する期日が下記の通り定められましたので、同期日に出頭してください。なお訴状を送達しますので、下記答弁書提出期限までに答弁書を提出してください」、期日○月△日の午前10時25分に裁判所までやってこい、だってさ。民事の案件だから、「土地とか物件とかを占拠しちゃってて出ていかない」とかなのかな？　あとは「立ち退きは無効だ！」とかかも。なんか不動産業者とかが対象のやつ多いね。あ、個人対象のもあった。へえ、「共用部分移転登記手続請求事件」で出頭せよ、か。共同で使ってた生活道路とかの登記で揉めてる感じなのかな。事件扱いになっちゃうんだな。あと、どうやら刑事事件のやつを貼ってる様子はないな。

――外国人の名前もいっぱいありますね。

瀧：建物明け渡し。おそらく居座りだね。出て行かずに居座ってる、もしくは部屋からいつの間にかいなく

なっちゃってるとか。家賃も払わずに。

——これ家賃を踏み倒してるとかも多分こうなるんですよね。

瀧：ということじゃないの？　ここに掲示されているのは民事だけっぽいな。

ゴールの日比谷公園到着

瀧：もう24時過ぎた？

——まだ過ぎてないんですよ。

瀧：そうなんだ。今日長ぇな。

——我々が、いかに最初の30分でめっちゃ疲れたかってことですよ（笑）

瀧：確かにあまり経験しないすげえ濃厚な30分だったような気がする。ほのぼのしてる感じが一切なかった。ここ、野音（日比谷野外音楽堂）のすぐ向こう側の風景なんだもんね。個人タクシーがあんなに揃ってる瞬間なんて普段なかなか見なくない？

——さて、日比谷公園に着きました。とりあえずひと段落ですかね。

瀧：しかしとにかく独特だったな。「こんな緊張するエリアって他にある？」っていう。何だろう？　小泉総理とかあのぐらいの頃までは、そこまでピリピリしてなかったような気もするっていうか。なんかもうちょっとだけ俺たち寄りじゃなかった？

——今の時期（コロナ禍）っていうのもあるでしょうけどね。

瀧：そうね。ちょっと有事入ってるもんね、今は。まあようやく緊張が解けてきたよ。

——野音での思い出って、瀧さん何かありますか？

瀧：野音？　出たこともあるしね。最近だと8．6秒バズーカのコスプレでスチャのヤツ（イベント）に

出てはしゃいだりもしたし。電気でも野音でLIVEやった時に「電気ビリビリ」のイントロが流れた瞬間に、偶然夜空に稲光りが走ったっていう出来事はあったな。本物の稲妻がビカビカビカ!ってさ。それ見たお客さんがみんな「すげえっ! 特効!?」って驚いたっていう(笑)

——ボチボチ締めに入りますか。皆さん車、どこに停めてますか?

横ちゃん:僕赤坂の方に停めましたね。

瀧:じゃあさ、最後赤坂の方に行ってみる? そうだ! 電車で行けない? まだ地下鉄走ってるなら、ちょっとそれで行ってみようか。

——良いですね、まだ地下鉄やってるんで、それで行きましょうか。

瀧:「23区23時」で電車乗るなんて(笑)ところでまだあるの? 電車。確かコロナで早まったんだよね、終電が。

——まだ走ってますね。じゃあ霞ヶ関駅から丸の内線に乗って赤坂見附に行って終わりましょう。

瀧:うん、そうしよう。

——瀧さん、在来線て乗ります?

瀧:在来線? 全然乗らないね。こないだ甲子園に野球観に行ったときに、新大阪から大阪駅行って大阪駅から阪神電車かな? とかで甲子園まで在来線乗ったけど。そのときに在来線に乗ったの超久しぶり、って話をした。電車の中って今こうなってるんだっつって新鮮だったよ。あの、俺、Suicaのアプリはあるんだけど、これをピッとやっていいんだよね?

——あ、そのレベルで乗ってないんですね。

瀧:そう。もう本当に乗ってない。(ピッ)これが今の霞が関の駅か。もうちょいホーム

の奥まで行こうか。近辺の地図がある。

瀧：今夜歩いたのって、このぐらいのエリアだったんだね。ここの通りがめっちゃ怖かった。ピークここじゃない？　首相官邸。怖いなあ、首相官邸怖かった。あ、今こんなのあるんだ、行き先表示のLEDモニターみたいなヤツ。

——結構前からありますよ。

瀧：そうなんだ。この時間になるとそんなにみんな霞が関からは乗らないね。

——朝なんかは、電車は普通に混んでますけどね。

瀧：ここで降りる人（最終目的地）いるかな。

——乗り換えとかで降りる人はいるかもしれないですけど、流石にこの時間だといないんじゃないですかね。

瀧：ああ、乗り換えか。電車来た、すいてる。うわ、かっこいい。今の電車かっこいいいね。そして車内吊りの広告ってまだあんだね。これ全部モニターになってるんだと思ってた。まだこんな感じなんだ。

——今、国会議事堂前駅だったので、次が赤坂見附駅ですね。

瀧：あれ充電していいの？　モバイル充電コネクタ。

——あんなのあるのは知らなかったです。

瀧：着いた？　降りよう。車両の外観のデザインちょっと昔風の、クラシックな感じなんだね。何もかもが新鮮なんだけど（笑）ホームのベンチもこの感じなんだ、今。

——東京の在来線、乗るの何年ぶりですか？

瀧：世田谷線を除いたら……5年ぶりぐらいかな。その5年前乗ったのも、田園都市線が乗り入れてる半蔵門線でどこまで乗ったっけな？　浅草とかあっちの方

まで1回行ったぐらいかもしれない。

——駅を出ちゃうともう港区になっちゃうので、ここで一度締めましょうか。瀧さん、千代田区とは。

瀧：監視カメラの街なんだよな、本当に。ずっと見られてたっていう。日枝神社とかでもカメラあったから。あと、見かけた人がおじさんばっかりだったんだよね。警察官もみんなおじさんに見えるっていう、若い人でさえも。だから「監視カメラとおじさんの町」だよね。

総歩数
10129歩
CHIYODA-KU

港区《みなとく》

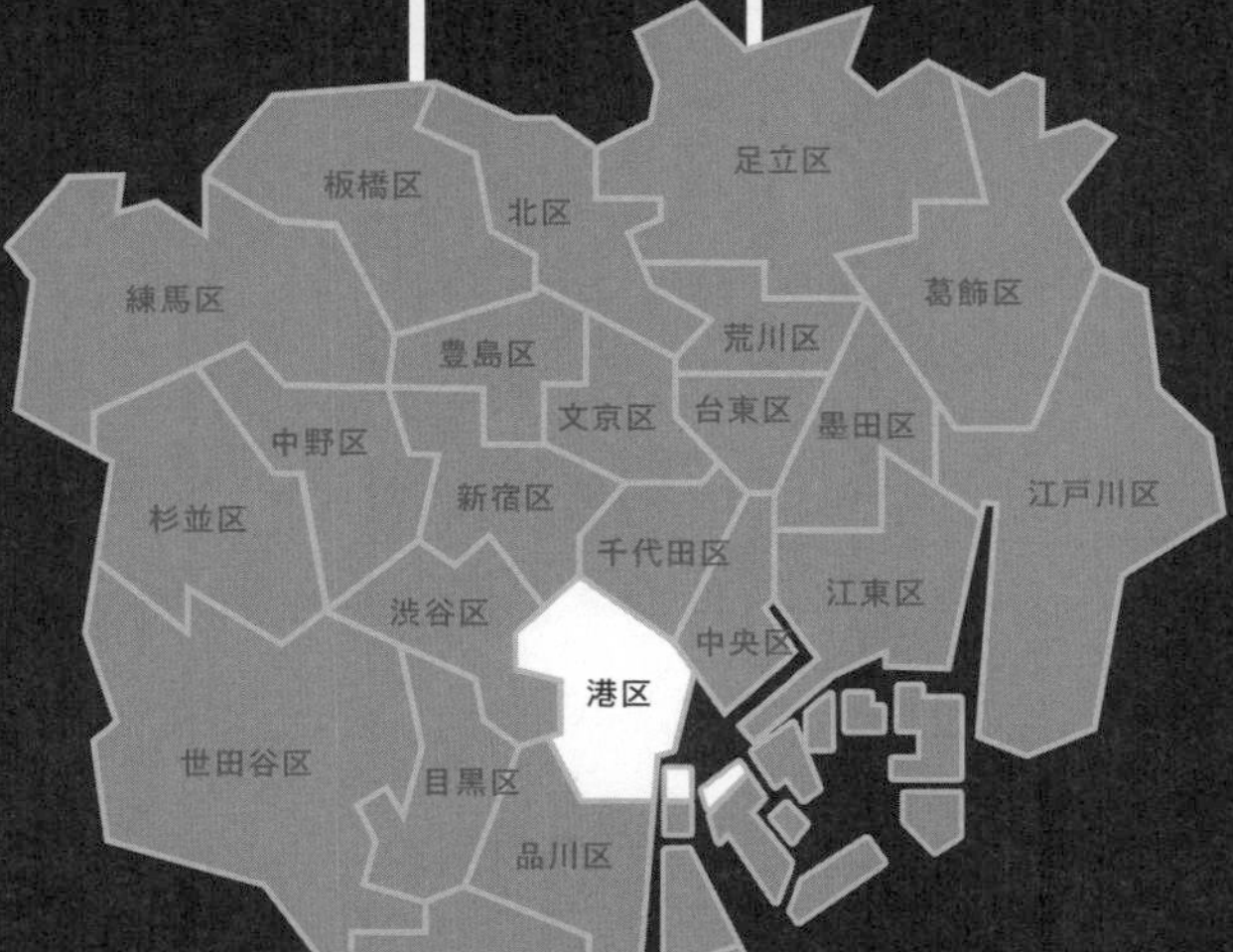
足立区
板橋区
北区
練馬区
葛飾区
荒川区
豊島区
文京区
台東区
墨田区
中野区
江戸川区
新宿区
杉並区
千代田区
江東区
渋谷区
中央区
港区
世田谷区
目黒区
品川区
大田区

ゆりかもめ「お台場海浜公園」駅スタート

――港区は、お台場を歩きます。瀧さんと「よく考えたらお台場ってよく知らないよね」という話になったのがきっかけですよね。調べてみたら団地も学校もある。これはちょっと行ってみよう、100円自販機もきっとあるだろうし、ついでに東京五輪の痕跡も見てみようということで。

瀧：どんなルートを回ろうかね？　今はフジテレビ本社ビルの近くにいるわな。

――駅を出てレインボーブリッジのたもとの方に行くと、団地と学校があるんですよ。まずはそっちに行こうかな、と。

瀧：行かないなあ、普段そっちの方。行こうと思ったこともない。

――ここから左の方に行くとお台場海浜公園なんです。

瀧：それってさ、海上に屋形船がたまるところでしょ？　とりあえずそこで1回船停めるから、みんな甲板に上がってファンキーな景色見物していいよってところ。レインボーブリッジとフジテレビが見えるキラキラゾーン。

――学校を見終わった後、またこっちに戻ってきて、公園へ。港区と品川区と江東区が入り乱れてるので、江東区の手前ぐらいまで歩ければ、と思ってます。

瀧：へえ、ヴィーナスフォートの方ってもう江東区なんだ。Ｚｅｐｐ Ｔｏｋｙｏがあるとこだよね。ところでさ、ヴィーナスフォートってなくなるみたいじゃんか。別に、経営難とかじゃないのに。

――居住地域は全部港区なんですよ。商業施設とか港湾があるところは江東区で、品川区は公園ばっかりですね。ハッキリはしている、と。

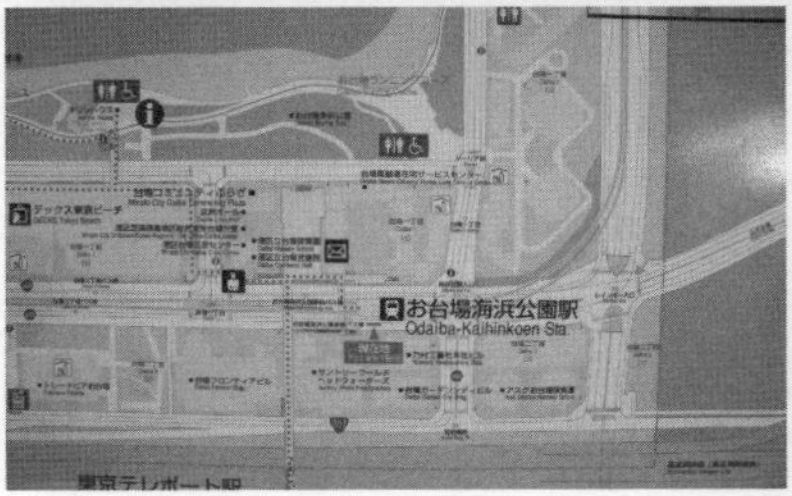

瀧：湾岸署は？

——残念ながら江東区です！

瀧：江東区か〜、懐かしの湾岸署は（笑）高速でお台場に来る時に「右側ゾーンにはどうやら人住んでんね」って思ったりはする。まずは駅の構内を通って道の向こうに渡るべきかな。

菓子充実！

——向こう側にマルエツがあるんですけど、部活帰りの女子高生が歩いてたり、結構生活感はありますね。

瀧：前の『23区23時』の時にゆりかもめに乗った気がするな。そうそう、確か豊洲駅までゆりかもめに乗ったんだ。思い出した。すげえな、駅の改札横の自販機でめっちゃお菓子売ってる。なんか自販機ノリノリじゃない？　ここ。お台場で楽しんだ後、最後小銭使い切っていきなよっていう感じ。こんなにお菓子の自販機並べてる駅の改札ないよね。

——そうですね、渋谷ぐらいですかね、こんなにあるのは。コンビニもそんなに数はないし、駅近のマルエツも22時には閉まるみたいなんで、結構助かるんじゃないですか、夜ここに帰って来る人にとっては。

瀧：そうだよね。もうどうにもなんないだろうね、夜中は。ここ住んでたら。

——意外と規則正しい生活になるかもしれないですね。

瀧：あとUberEatsないと、しんどいだろうね。新橋とか、勝どきの方から来るんじゃないかな。レインボーブリッジの向こう側あたりから海渡ってくるんだろうね。

お台場居住ゾーン

瀧：お、マンションだ。そうか、お台場のこの住民ゾーン、フジテレビから見たらはす向かいの位置になるのか。フジテレビから道挟んでこっち側へは来ないね。

ここの前の道はすげえ通るんだけど、絶対車だもん。

——さっきカメラマンの横井さんも言ってたんすけど、車停めるところがなさすぎる、って。

瀧：ああ。一般の人が車停めるとしたらジョイポリスの中とかでしょ？　あ、やっとベンチあった！　さっきからずっと歩いててさ、お台場って全然座らせてくんねえなと思ってたんだよね（笑）　もっとベンチたくさんあってもいいと思わない？　海風のエリアなんだし。あ、マンションの中庭にモダンな遊具がポツリ。ここのマンションで生まれると、ちびっ子はもれなくこれで遊ぶんだろうな。ていうか、これでしか遊べないじゃん。これしか遊具ないのかな？　どうやって真ん中に行くんだろう。

——結構ワンパクじゃないと難しいですね。

瀧：よいしょ。なるほど。マンションの奥の方を通って行ってみたいけどな。奥の方を抜けてったらどうなってるんだろ？　抜けられないかな。それか渋く庭園があるだけかも。それで学校はどっちだ？

——学校はマンションの向こう側ですね。

瀧：マンションの掲示板があった。五番街6号棟台場1丁目アパート団地。「暮らしの音に注意しましょう。子どもが飛び跳ねたり走り回ったりする音、ドアや引き戸を開閉する音」だって。そこまでってそうそうないでしょ。建物中に響き渡るくらいバターン！って勢いよく閉めちゃってるってこと？「ふとんをたたく音。バルコニーでふとんをたたくと周りに音が響きます」か。まあそれはそうですけどね。なるほど、もうあれだね。何か地域交流のほんわかした集まりがあります、みたいな感じじゃないね。

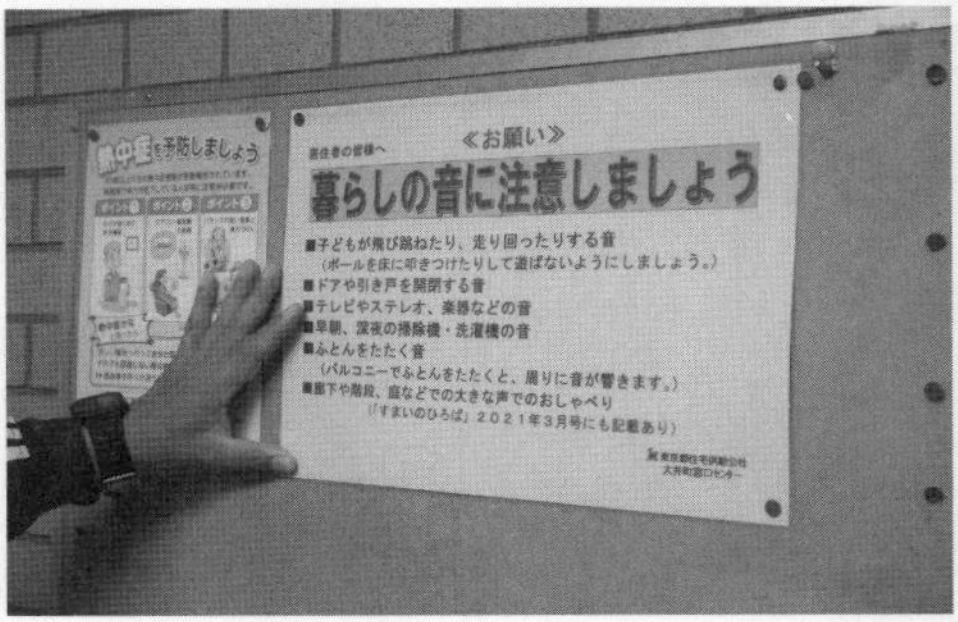

——板橋区とは大分温度差がある感じですね。今回お台場来るにあたって調べたんですけど、団地って基本その周囲にある物件の値段に合わせて家賃が決まっちゃうので、お台場の団地って結構家賃高いみたいなんですよ。

瀧：なるほど。

——多分やむを得ずお台場に住まなきゃいけない人たちが住んでると思うんですよね。江東区の方って港湾とかもあるみたいなんで。

瀧：ああ、なるほど。海の近くで仕事してる人たちにしてみたら職場に近くていいんだもんね。あ、OKマート発見。OKとマルエツだったら、みんなOKに行っちゃわない？

——マルエツ、見てきましたけど結構頑張ってましたよ。

瀧：ああ、そうなんだ。こないだ思ったんだけども、俺、業務スーパーとハナマサがあればもうやっていけるわ。その二つがあればもうコストコは無くても大丈夫な感じ。あ、TOKYO2020の名残だ。これはあえて残してんのかな？　ここでオリンピックをやったんだぜっていうことをさ、記念碑的に。俺お台場来ると、毎回気持ちを探すんだよね。どんな気持ちでここにいたらいいのかなってさ。

——でもそれ、瀧さんが特別なんだと思いますよ。瀧さんの場合は仕事で来るじゃないですか？　お台場って、ほとんどの人は遊びに来る場所だと思います。

瀧：そうか。俺、Zeppもほぼ仕事で行くもんね。お台場で浮かれ気分になったことがあんまりないっていうか、ほぼない。

——僕初めて来たとき嬉しかったですもん、フジテレビのところだー！って。

瀧：俺、フジテレビがこっちに移転する前の、新宿の

河田町社屋時代から仕事で行ってたのよ。番組のスタッフから、次の社屋はお台場になりましたって聞いて、当時初めて関係者入り口から入って行った時は、こりゃ勢い&最新感あるテレビ局だなーっていう雰囲気は確かにあったけどね。ちょっと待って、何これ⁉ ワッショイワッショイ（笑）台風の名残じゃないこれ？ 今現在、台風が通り過ぎてからたった2時間後だからね。嵐の名残がそこかしこにあんね。落ち葉もこんなに積もっちゃってさ。片づけてた人も、「もういい！」って言って捨てて帰ったんだろうね。俺今日の昼過ぎ、ニュースでお台場の台風の映像見てたもん。通行人の傘が風でひっくり返ってキャーッ！って言ってるいつものヤツ（笑）

湾岸と祭り

瀧：これまで緊急事態宣言とかさ、マンボウ（まん延防止等重点措置）とかいろいろ国から警告が出ててさ、気軽に出歩いちゃ駄目って言われてたじゃない。仕方がないから家族と夜中に車でこっちまで来て、この辺を深夜にちょっとウロウロしたりしてたのよ。健康のために。それなら誰にも接触しないし、会わないわけだから大丈夫だろうって。で、家族3人で歩いてたときに、嫁が「ここ湾岸署の近くじゃない？」って気づいてさ。俺、「そうなの？」って。湾岸署がどこにあるかは詳しくは知らないからさ、俺。だって連れて来られてるから（笑）「ならせっかくだから行ってみよう」って湾岸署まで行ってみたのよ。建物の周りを車で3周ぐらいして眺めてさ。留置所にいた間、朝イチの短い時間だけ外気に当たらせてくれる場所があったのよ。一応「運動」って言う時間だったけど、実際は爪切ったり髭剃りをさせてくれるグルーミング用の場所。そこが建物から出っ張った場所だったのを思い出して、それどこだろう？ってみんなで探してみたら、嫁が「も

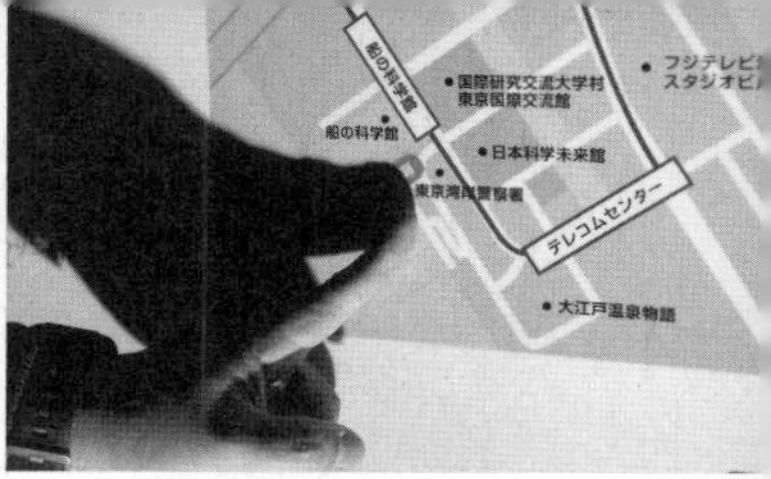

しかしてあれじゃない⁉」って感じで見つけて。

――ハッハッハ!

瀧：本当に建物からポコッて出てるとこあんのよ。そこを夜中に発見して、家族3人でゲラゲラ笑って面白かったよ。

――お台場って90年代に出来たんですよね、確か。都市博（都市博覧会）やる予定だったんで。

瀧：ああそうか、結局やんなかったやつだよね。ん? あの銀色のやつ、なんだ? ダスター? なんかアポロ的なやつが文化財として飾ってあるのかと思った。この感じなんだね。「表示ランプを確認してください。鍵を開けてください」か。自分で鍵を開けて使うのね。「レバーを下げると、投入口が開きます」。つまり住人はここにゴミを各々で捨ててっていうことじゃない?

――ちゃんと英語でも書いてありますね。

瀧：本当だ。この雰囲気ってさ、宇宙船の展示とかの感じじゃない? ちょっとバイオハザード的な趣っていうかさ。味わい深いデザインだなあ。そういえば、お祭ってあんのかな、この辺。

――どうしてるのかな? って感じですよね。

瀧：お祭、きっと新たに作らないとないよね。

――あ、あそこ五輪会場だったところですね、トライアスロンの。

瀧：トライアスロンか。各国の選手が、水がすげぇ汚いから海に入りたくないって言ってた。その気持ちはわかるわって感じ。ここで海水浴やれって言

われたら、ちょっとやだもん。

——瀧さん今、祭っておっしゃいましたけど、やっぱりここが地元の子もいるわけじゃないすか。

瀧：そうね。親がここにマンションを買って、ここで生まれて、ここで大きくなったっていう子はいるでしょ、絶対。もう成人になってる年齢の子とかもいるよね。

——お台場冒険王とかフジテレビの祭が、この辺の祭の代わりになってるかもしれないですよね。

瀧：あー、その可能性はあるね。期間限定だし、買い食いとか面白そうだしね。ただ、行ってる人には申し訳ないんだけど、俺ああいう局主導のイベントにいく人の気が知れないんだよね（笑）

——なんてこと言うんですか（笑）「ポンキッキーズ」に出演して局に通ってたときって、フジテレビはもうこっちでした？

瀧：最初は河田町で、その後こっちも来てた気がする。あとは「ミラクルタイプ」でも通ってたからさ。ミラクルさんの声やりに。しかしこの辺、飲みに行くところ困りそうだよね。

——そうですね。駅前に「笑笑」があったくらいですかね。なんか毎日規則正しそうですよね。

瀧：生活スタイルとか生活サイクルがさ、ちょっと俺らにない感覚で回ってそうじゃない？　なんとなく一日の終わりが早そうだよね。

——駅前のマルエツも、コロナに関係なく、通常22時閉店みたいですしね。

瀧：でもこうして歩いてみるとさ、お台場に建ってるマンションの感じって、この間行った有明とか豊洲の方のマンションよりも、一時代分古いもんね。古いは言い過ぎだけど、決して新しくはない。あの冠載ってる建物あ

るじゃんか、あの感じに仕上げちゃうのってさ、もうあんまりないじゃん。今だともっとシンプルにしない？ 今あの感じやるの中国だろうけど、中国だったらもっと派手にやるじゃん。お台場ってこの先、多摩ニュータウンみたいな感じになっていくのかもしれない。

住民に手厚いパブリックゾーン

瀧：ここは子どもちゃん達用の公園かな。シーソー珍しいね。（シーソーに乗ってみて）うわ、めっちゃ沈むんだけど。シーソーって最近撤去されがちじゃない？

この下に子どもが挟まれたら危ないから、みたいな理由なんだろうけどさ。でも久しぶりに乗ったら結構楽しい。色合いもちょうどいい感じだし。

——ぐるぐる回るやつとかもすっかり見かけないですもんね。確かに遊具の種類ってだいぶ減りましたね。

ブロロロロロロ〜！（道路を走るやんちゃなバイクの音）

瀧：音鳴らす系のバイクはちゃんと現れるんだな（笑）あれはやっぱ、千葉とか横浜から来たのかな。お台場散らかしに行く？ なんつって。

——ふふふ。この公園の名前ってお台場レインボー公園なんですね。

瀧：レインボーブリッジ由来か。砂場もある。見てよ、このタイヤの遊具とかすげえちゃんとケアしてる。危なくないように地面をラバーコーティングしてあるよ、ほら。

ブロロロロロロロ〜！（再びバイクの音）

瀧：さっきのバイクもう戻ってきたのかよ。あいつら行って来いしただけじゃんか（笑）かわいいな、なんか。ちょっと押してみてくんない？ うわ〜、超おもしれぇ

～！　ここから向こうは学業ゾーン？　すげえな、この幼稚園４階建てじゃんか。

――幼稚園、小学校、中学校は多分全部一緒になってますね。

瀧：でも、この虹の橋幼稚園だけで地域の子どもを収容しなくちゃいけないよね。足りてるのかな。

――お隣は小中一貫教育、お台場学園。

瀧：お台場学園、フジテレビの番組の名前みたいだな（笑）港区立じゃんか。でも、さっきの幼稚園も一応公立か。じゃあこのあたりの子どもはみんな、この小中と幼稚園に通って、ずっと一緒に育っていくって感じなんだな。あ、ローズマリーかなこれ？　ここローズマリーめっちゃ生えてんね。俺さ、実は最近、近所を散歩するときに「ここには野良ローズマリーが生えてる」っていう場所をチェックするようにしてんのよ。煮込み料理とか肉料理を料理するとき、ローズマリーの枝って買っちゃうと多くて使いきれないいんだよ。しかもそう簡単には売ってなかったりすんの。最近俺がよく作ってる料理が『ソーセージのビール焼き』。まずぶっといフランクフルトを買ってきて、フォークでぶすぶす穴あけたら、ビールとニンニクに漬けるの、２時間ぐらい。で、そのあと切ったジャガイモを加えて、塩コショウを適当にぶっかけてオーブンで焼くんだよ。

――美味そうすね。

瀧：その時にローズマリーを入れたいわけ。なきゃないでいいけど、プラスした方が風味が効いて美味いのよ。だから最近は近所を散歩しながら、野良ローズマリーポイントをチェックしてんのね。人んちの玄関の横とかで、プランターみたいなのにワサワサ育ってるやつも結構見かけるけど、それは採ったら泥棒じゃんか。だからそれは駄目。最近見つけたのが、家から3、4分行ったところの保育所の建物の脇に、灌木扱いで伸び放題に伸びてる所があんのよ。これならさすがに大丈夫だろうってことで、今はこっそりそこに甘えてる（笑）

台場ってどうやって作るの?

瀧：お台場ってさ、昔は海だったわけじゃない。江戸時代の人が埋め立てて土地にしたわけじゃん。コツコツコツコツ地道に。でさ、砲台場とか、どうやって作ったのかなって不思議に思うんだよね。だって、一つ30センチの石を、海にぼっちゃんぼっちゃん沈めていったところで、たかが知れてるわけじゃんか。それをエンジン搭載の船もない、当然重機もないのにやり切ったんだからさ。海の真ん中にいきなり砲台の足場を作るのって、誰がどうやって考えたのかなっていう。

――しかもペリーが来たから慌てて作ったわけですもんね。

瀧：俺の想像は、でかい木の和船があるじゃんか、それの後ろに小舟をいくつも係留して、でっかい岩を乗っけて沖まで連れていくわけ。たくさんの小舟を引っ張っていくイメージね。で、ここのポイントだ!ってなったら、当時だったら罪人？ そういう人を小船に乗せておいて、そいつらが小舟のへりを左右にゆらゆら揺らして船ごとひっくり返して岩を落とすっていうやり方。たまにその罪人が縄と岩に巻き込まれて一緒に沈んじゃったりとかして?って想像してなんかじんわりくる。でもそういうやり方じゃないとさ、海中に足場なんて作れなくない？ 偉い人に今作れ、って言われたらどうする、矢吹君よ。「これ矢吹。今、エゲレスとメリケンが我が国を狙っておるのじゃ。江戸前の海の

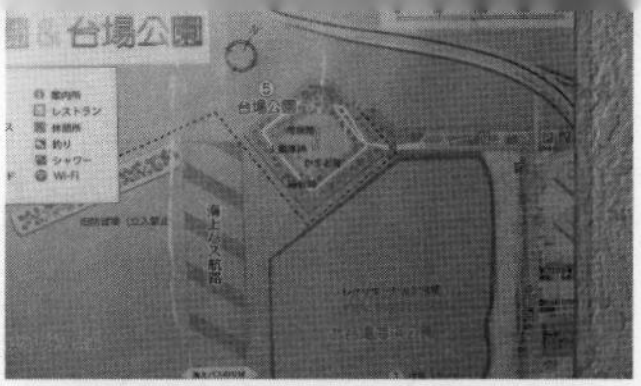

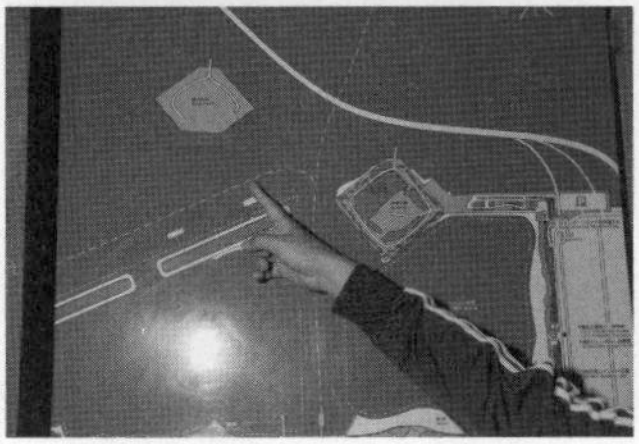

真ん中にカノン砲を設置しようと思うんじゃが、足場をどうやって作ったらよいかの？ 来月までに考えて参れ。考えつかなかったら切腹であるぞ」って言われたら。

――「罪人使って〜っ」て、同じようなことしか思いつかないですね。

瀧：じゃんか。それ以外どうやって作んの？

首都のスーパー絶景

瀧：この壁の向こうはオリンピック関係で何かやってたっぽいね。海見えるもんな。トライアスロンは見なかったから、全然どうなったかはわかんないけど、結局お台場でやったんだよね。

――しかし、お台場ちゃんと寒いですね、海だし。

瀧：そうね。やっぱり海に近いと気温は下がるね。港区ってさ、六本木もそうだし、白金周辺も港区じゃない。いろんな側面がある区だよね。行政の仕事も細分化されてたくさんありそう。港区役所にはきっと海ゾーン担当のセクションがあるわけじゃない。でも千代田区にはないじゃん、中野区とかも。海無いからさ。でも江戸川区、江東区、品川区、大田区には海周辺を担当してる部署が区役所内におそらくあるよね。さらに荒川とか多摩川の流域の区だと、今度は河川担当の部署が必要なわけじゃんか。そう考えると、区役所の仕事内容も区によって全然違うんだろうね。あ、この壁は、オリンピック前はなかったのかな？

――TOKYO2020に合わせて作ってますよね。

瀧：前はこっからさ、ちょっと水辺歩きたいな、って時に降りて行って歩けたってことだよね。大会期間中のテロ対策もあるってことなのかな。あ、松ぼっくり落ちてた！

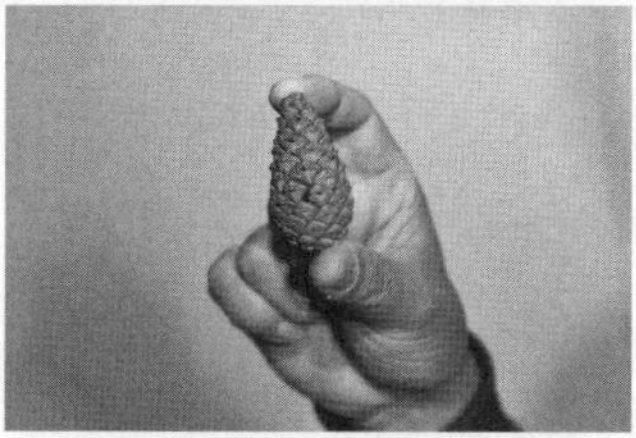

——江戸時代には、やっぱまずここで育ててたんですかね、松を。

瀧：やっぱ潮に強いんじゃないのかな、松って。防風林とか松多いもんね。

——松ぼっくりは、濡れるとちっちゃくなりますよね。で、乾くと開きます。

瀧：そうなの？　雨降った後だから今はこうなってるってこと？　へえ。

——ずっとこの感じで閉まってるんですね、公園の一部が。せっかくだから海沿い出たいですよね。

瀧：そうだよね。23区内で到達できる浜辺ってそんなに多く無いからさ、早いとこ解放してほしいよね。

——気にして歩いてみると、お台場って思ったよりマンションありません？　もっと少ないかなと思ったけど。

瀧：ここの角までがマンションゾーンじゃない？　シムシティでいうところの。

——そうですね（笑）

瀧：シムシティと同じ作り方だよね。真ん中に目貫どおりの広い道があって、道に面して住宅の建物を建てたら、その向こう側にも道を通す。その住宅ゾーンから横道を一旦挟んで、商業地域を置く。そしてちょっ

と離れたところに工業地域を置くっていうのがシムシティのさ、典型的な発展のさせ方じゃない。で、その割合を2：1：1にするっていう。住居2商業1工場1のバランスをとっていくと都市の人口が増えていくバランスで、それがセオリーなのよね。で、発展に伴って街の治安が悪くなった時は、中心に公園を置くと改善されてよくなるっていう。まあよく出来てるゲームなんだけど、割とこのお台場って、本当それを地でいってるなっていう感じがする。新しい街だ。こうなる前は何があったんだっけなって感じだもんね。今はジョイポリスと海の公園の裏側を、歩いてるのか。ああ、ジョイポリスと海の公園の間の道だわ。ここの駐車場、今だとやっぱ夜は入れないのかな。以前はここに車停められたような気もするけど。

——ここが駐車場で、その向こうが水上バス乗り場ですね。あっちに行くとお台場の自由の女神がありますよね。あと、ヒルトンホテルがあります。

瀧：自由の女神ってまだあるんだっけ？　ヒルトンと、日航ホテルあるよね。卓球くんがさ、Zeppでライヴが2daysで続けてある時はあそこ泊まったりしてる。「帰るのめんどくせー！」って言って。あ、人が何人か出てきた。ここ入れるのかな？　どうやら行けるみたい、よかった。水上バス乗場。昔だったら、夜カップルがやってきて軽くイチャイチャするっていうゾーンだった気がする。ああ、結構見事な景色じゃんか。レインボーブリッジを夜中に車で渡りながらチラッと夜景を見下ろすと、「すげえトコだな東京は」ってシンプルに思うよね。風景の説得力が半端ないもんね。ここから松本零士のやつに乗れるんじゃん。これこれ、松本零士デザインの遊覧船。エメラルダスっ

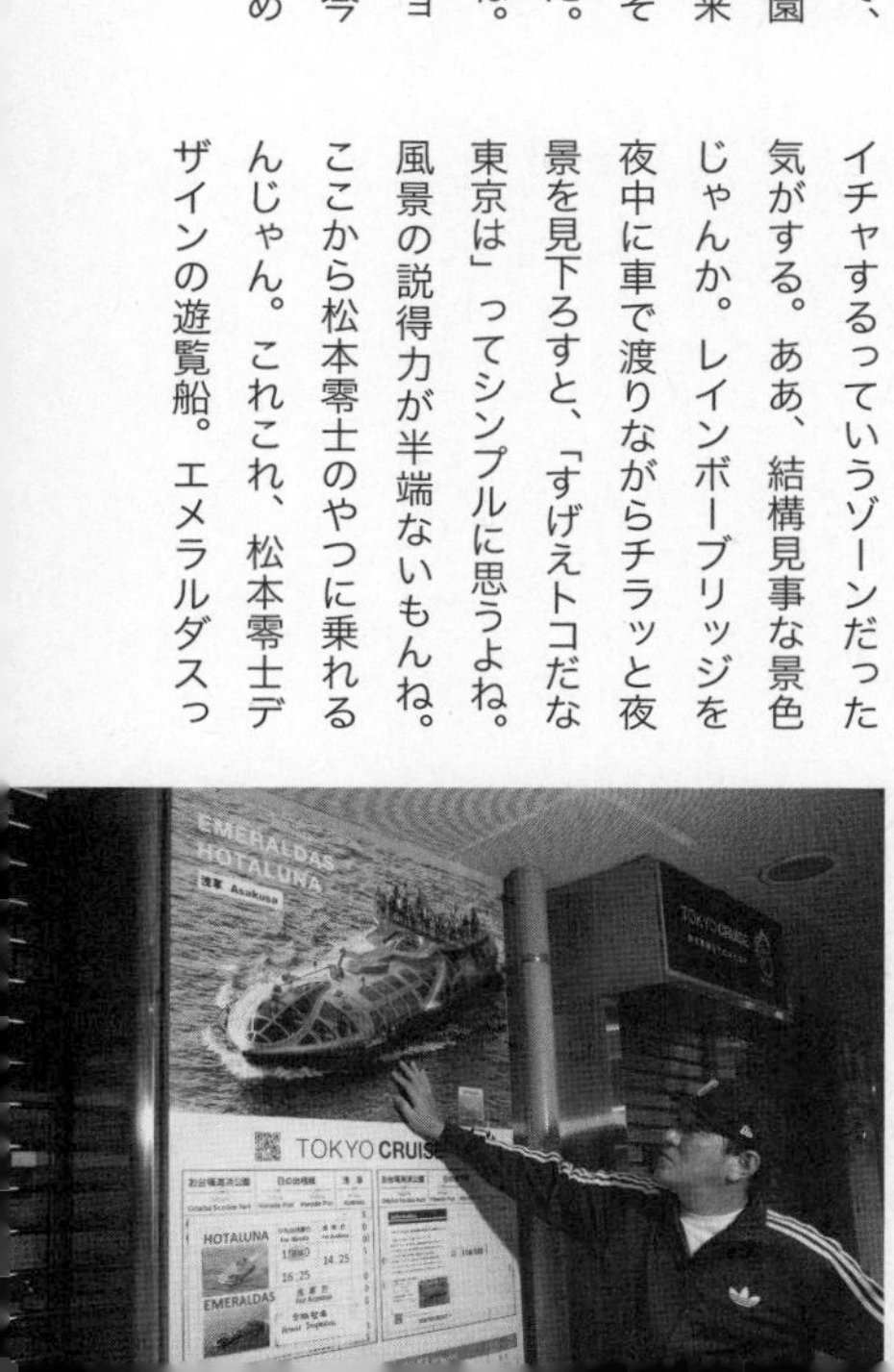

て名前なんだな。まだ乗ったことないなあ。乗ってみようかな、今度。

100円自販機を発見!

瀧：ここはあるかな。100円のやつあった。コナンサイダーか。ここの100円ラインナップは、4つ。でも俺は缶コーヒーは飲まないから、必然的にコナンのやつになりますな。（ガチャン）誰だこれ？　矢吹君知ってる？

——わかんないです。

瀧：有名なキャラなのかな。俺、名探偵コナン全く知らないんだよね。最近ちょっと人気ある新しいキャラいるらしいじゃない？　推しにする腐女子が続出してるとかいう。これなの？　もしかしたら。

——いや、それじゃないですね。じゃあ僕も。（ガチャン）あ、知ってるキャラだ。服部平次。

瀧：そうなんだ。それも全然わかんないわ（笑）じゃあ、あっちの夜景をバックに2人で飲もう。これ誰なんだろ？　缶に名前とか全然書いてないんだな。なんか和装だし。ホント全く通ってないからありがたみゼロだわ（笑）

——（調べて）瀧さんが持ってるの、羽田秀吉ってキャラですね。

瀧：秀吉、了解。じゃあここで飲もうか。キャラが見えるように、カンパーイ！

瀧：ここからの眺めだと東京タワーがちょっと消えちゃうんだな。残念。しかし夜中に水辺に来て、夜景だけ見るのもいいもんだよね。

——来てる人、地元の人っぽい人多いですよね。

瀧：そうね。地元の子もいるかもね。あとさ、上京してきた大学

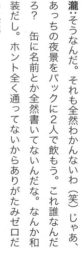

1年生諸君が、ちょっとみんなで行ってみない？　っていう場所としては、ちょうど良くない？　ベタ過ぎて半笑いで来てみたら、実際は結構凄かった！　みたいなさ。緊急事態宣言中はこもりがちでさ、夜中の8時以降に外にいる意味がなかったじゃない。ここなんてもう超ベタすぎて、プライベートではほぼ来ないんだけど、でもこうやって来てみるとちょっと浮かれてる自分がいるな。うん、わざわざ来る気持ちもわかる。東京でさ、こんだけ空間が抜けてて、景色がいい場所ってあんまりないかもしれないね。

瀧、今更自由の女神へ！

——瀧さん、もうすぐ23時ですね。

瀧：23時か。あれがさっき言ってた自由の女神だよね？　あそこで23時の写真撮ろうか。すごい人いるね、やっぱ。あの海に近いさきっちょの岩の方とか。若い子がみんなでキャッキャ言っちゃうのはわかるな。大学生ぐらいの3、4人のグループとかがちらほら。大学生ってさ、コロナの影響で今全員リモートの授業なんじゃないの？　明日がリモート確定だったら、今夜はここで夜更かしして遊んでても全然いい感じするよね。「じゃあみんなで夜中に襲撃だ！」なんつってさ。今時だと、海を見に行こうで湘南とかはまず無いか。今の大学生、車持ってなさそうだもんね。東京の大学生だと特にね。

——仕事でZeppとかテレビ局とか来たとき、別に

散歩とかしないですよね、この辺。

瀧：しない。Ｚｅｐｐ来て、リハやった後にヴィーナスフォートのゲーセンの方をちらっと冷やかしに行ったりぐらいはしたけども。フジテレビに来ても、基本は局の中にずっといるからね。収録の途中ですげえ空き時間があったとしても、やはりヴィーナスフォートとかの買い物ゾーンに行く。こっちの海沿いまでは来ないもんね。観光客も多そうでなんとなく面倒だし。しかし今更、この自由の女神にこんなに注目するとはって感じ（笑）

お台場に足りないモノを考える

瀧：道を渡ってフジテレビ側のブロックの方に行ってみよう。お台場ってさ、横浜のみなとみらいみたいに観光用ロープウェイあってもいいと思わない？

――あー、確かにあってもいいですね。

瀧：遊べるところをもっと増やしてもいいよねぇ。映画館はないんだっけ、お台場って？

――いや、ありますね。ユナイテッドシネマがあります。そこのアクアシティにありますね。

瀧：おお！　４ＤＸのスクリーン完備じゃんか、なるほど。（ビル横のショップサインを眺めながら）ええと、映画館はある、東京ラーメン国技館もある。何だ？　東京ラーメン国技館って？　新横浜のラーメン博物館的なこと？　日本を代表する６店が集ってるのか。知らなかった、そんなのあるの。じゃあ映画館ある、旨いラーメン屋もある。あとは何が欲しいかな。あれじゃない？　ホームチームがある野球場か、サッカースタジアム。それか、バスケチームでもいいな。

――「地元意識」が薄そうですけどね。

瀧：確かにそんな気はするな。じゃあヤクルトが新たにスタジアムを建設するっていう感じとかどう？　地下５階分くらいの駐車場併設で。最新式のボールパーク的なスタジアムを造ってさ、年に何回かスタジアムクラスのバンドがそこでライブやったりするのは丁度いいんじゃないの。なんならフェスとかもアリで。この立地なら音出せるだろうからさ。あ、ここからだと東京タワーがシンボリックに見える。この道おそらく

計算づくで作ってるよね、だってあの真ん中見てよ。

——こういう話をしてると、お祭とかスポーツチームとかって、公共財として大事なんだなあと思いますね。

瀧：そうね。それもあるしさ、大っぴらにハメ外していい瞬間をもたらしてくれる利点とかもあるよね。お台場の雰囲気だったら地元のバスケチームくらいあってもいいよね。キャッツだっけ？　シルク・ドゥ・ソレイユだっけ？　期間限定でデカいテント立てて公演やってたじゃん。あんな感じでもいいのにね。10年やったら片付けますんで、みたいなノリ。

——これなんですかね？（笑）

瀧：これなんだろうね（笑）モニュメント的なもの？

お台場にかかる謎の橋

——高速の上にかかってるこの橋の途中から江東区になりますね。

瀧：なるほど。じゃあ港区のエッジの部分まで行ってみようか。橋の手前のここまで？　ここから向こうはあからさまにタイルの色が違うじゃない。

——ここまでが港区ですね、橋の向こうは江東区。でも、なんかGoogleマップによると、橋は品川区みたいです。

瀧：へえ。じゃこの下の道路がさ、品川区の道路なのかな。

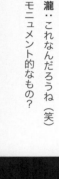

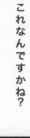

——下の道路は江東区ですね。

瀧：へ？　橋だけ品川区なの？

——Googｌe情報ですけどね。Googｌeマップではこの橋は品川区になってます。

瀧：港区にある品川区の橋ってことなのかな。

——お台場調べたときに知ったんですけど、そもそもその3区で土地の取り合いにはなってたらしいです。どの部分を取るかで税収とかも変わってきますし。

瀧：元々は埋立地だからフリーだったけど、いずれは隣接する港区、品川区、江東区に分割しなくちゃいけない話し合いというか、せめぎ合いがあったっていうことでしょうな。

——せっかくだから、港区の端っこに建つグランドニッコーの方にも行ってみましょうか？

瀧：普段歩かない、ホテルの裏側の道とか歩いてみる？　おわ！　橋の下にバイク置き場があんじゃん、スゲー意外。

——仕事でいつも通ってる人が置いてるっぽいですよね。

瀧：ね、整然と並んでて、いつも置いてる感じが出てる。それで、取り立てて苦情も来なさそうなこの感じね。ここってさ、きっとこの近所で働いてる人がこっそり置いてるとっておきの場所じゃん。しかもそのバイクを雨が降っても濡れないように、品川区がこしらえてくれた橋がきっちりガードしてくれてるっていう見事な連携（笑）この辺、人通りないけど、ちゃんと植木刈るんだね。

——手入れされてないわけじゃないですもんね。

瀧：ね。ここはここで一応ちゃんとやるんだなっていう不思議さね。業者の人たちが「もうこれ意味ある？」ってブツブツ言いながらやってそう。そして人が通らないせいか、ゴミ一つ落ちてない。これ建物側の植木はニッコーがケアしてるわけでしょ。この感じだったら、年

に1、2回はやってると思うよ。ホテルの窓から見えるわけでも無いだろうに。

エッジまで手を抜かない港区

——交差点に着きました。ここが港区の端です。この交差点の道路の向こうはもう品川区ですね。

瀧：なるほど。すげえ、見てよ。こんな区のエッジ中のエッジの場所なのに、丁寧な歩道を作ってある。歩行者とチャリのゾーンを分けて、ちゃんと道路の中央に植木で分離帯を作るっていう。なぜ急にちゃんと道を作ったんだろう。ここまでちゃんと作られてる歩道って、あんまなくない？お台場でもここまでのやつは今夜は見かけなかったな。

——本当に。不思議ですね。

瀧：やっぱ区の端っこから新しいルールで埋めていこうぜってことなのかな（笑）こんな区のエッジの場所なんてさ、普段ほぼ誰も通らないじゃん。せっかくだからこの植木とかさ、全部面白い形に刈り込んじゃえばいいのね。そし

たら面白がって見に来る人がいるかも。

——モアイとかの形にですよね。

瀧：そうそう。これとかモアイにできそうじゃない、大きさとか雰囲気的に丁度いいよ。オモシロ植木通りとかにして、お台場の隠れた名所になんないかなぁ。モアイ、ピカチュウ、ヨッシー、ゴジラとかがずらり並んでる感じ。うん、これいけるわ！　それぐらい自由にやっても構わないストリートだと思わない？　この木っておそらくニッコーの持ち物でしょ？　ニッコーに電話してさ「面白いからやりましょうよ！」って言ってみようかな、怒られるの覚悟で（笑）あと港区の行政は、道路脇の植木とか雑草の処理をちゃんと定期的にやってるね。

——綺麗ですよね、ここも人がいないのにちゃんと整っていて。

瀧：ね、人が大勢やってくる商業地域だからというのもあるのかもしれないけど、お金をやっぱりちゃんとかけてるっていうかさ、体裁を取り繕ってる感じがあるよね。道のあっち側（反対側）はもう品川区なの？

——品川ですね。

瀧：じゃあこっち側の綺麗な一帯が港区ってことだよね。

――それで言うと、中央分離帯になってるところ。あそこを境に港区と品川区が分かれてますね。

瀧：やっぱし。いや、そうかなと思ってさ。道路に植えてある樹木とか灌木の種類も変わるもんね。向こうとこっちで全然違うよね。ホテルの敷地の分の木はニッコーが植えてケアしてるとしても、それ以外のやつもすごいちゃんとしてる。こんなやんなくても別にいいんじゃねえのっていうくらいのレベルで。あと今気づいたんだけど、電柱が全然ないね。

――確かに。

瀧：全く見かけないなと思って。電柱どころか電線すら見てなくない？

――そうですね。それだけで雑多なイメージ減りますね。このまま道沿いにまっすぐ行ったら、スタート地点に戻ります。

瀧：そっか。じゃあなんとなく港区お台場の浮かれゾーンは一周した感じだね。なんかお台場ってさ、人間の頭ですごく練られて作られた場所じゃない。さっき話してたシムシティみたいなエリア配置の話だったりとか、電柱がすっかりない感じとか、初めの方に行った住んでる人たちのための空間のケアの仕方とか。すごく考えられて新しく作られただけに、隙なくカチッとまとまってる実感がある。でもそうなると、なんだかちょっと面白みがなくなるんだなって俺は思ったな。歪んでるトコが欲しくなるっていうかさ。綺麗で豪華な画集だから、雑に見ちゃいけない緊張感っていうかさ、なんとなくそういう感覚がずっとある。容れ物はすごいしっかりしてる。でもそこに入る側してみたら、ちょっと歪んだ場所があったり、少しだけ傷があったりしてくれる方が実は気分的に楽って言ったら変だけどさ。そんなような感覚がさっきからずっとあるんだよね。この街って、実際たくさんの人とすれ違うわけでもないじゃん。コロナとかいろんなことがあるとはいえ、もうちょっと道に人が歩いていてもいいのになっていう感じ。なんだろうね、生活感というかさ、街が息づいている感じっていうかさ、そういうものがもう

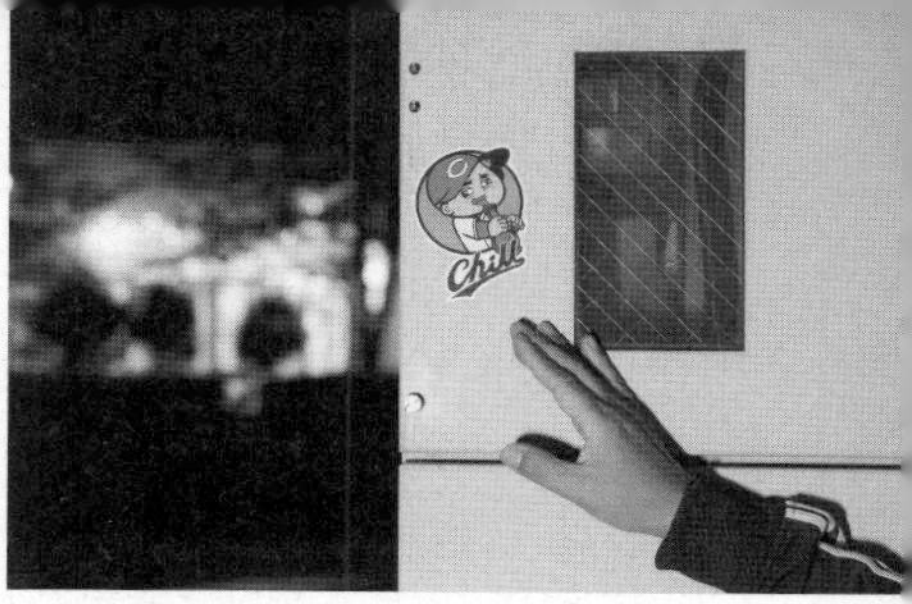

ちょっと体感的にあってもいいな、って思うな。

——タギングとかステッカーも見なかったですね。

瀧：ね。とか話してたらあった。やんちゃな子が貼ったやつが。しかも元ネタはなぜかカープ（笑）この感じが町に馴染んでると、長くいられるよね。こういうのがないとさ、なんかだらしなくしてちゃいけない感じがするというかさ。お台場ってさ、公園とかの一見自然ぽい場所でも実は全部人力で作られてるよね。直線が多くて、全てが計算式で作られてるって感じ。

——もしかしたら地元の子からしたら、「あの公園は封鎖されてない時はそんな感じなんですよー」って言うかもしれないですけどね。

瀧：そうね。でもこれが博多とかだとさ、この道沿いに屋台が並んでたりしてるじゃん。その硬軟のバランスで言うと、お台場は硬が強い。でもそれを補って余りある、あの説得力抜群の夜景ね。それも含めて、都市計画としてよく練られてる街なんだと思ったな。シムシティだとすごい発展するよ、この街は（笑）江戸時代の埋立から始まって現在まで、隅々まで人の手が入ってる、そして莫大な時間とお金もかかってる感じがしたなあ。

——では最後に、お台場しかまわってないですけど、港区とは。

瀧：究極の人造都市！これに尽きる。

台東区《たいとうく》

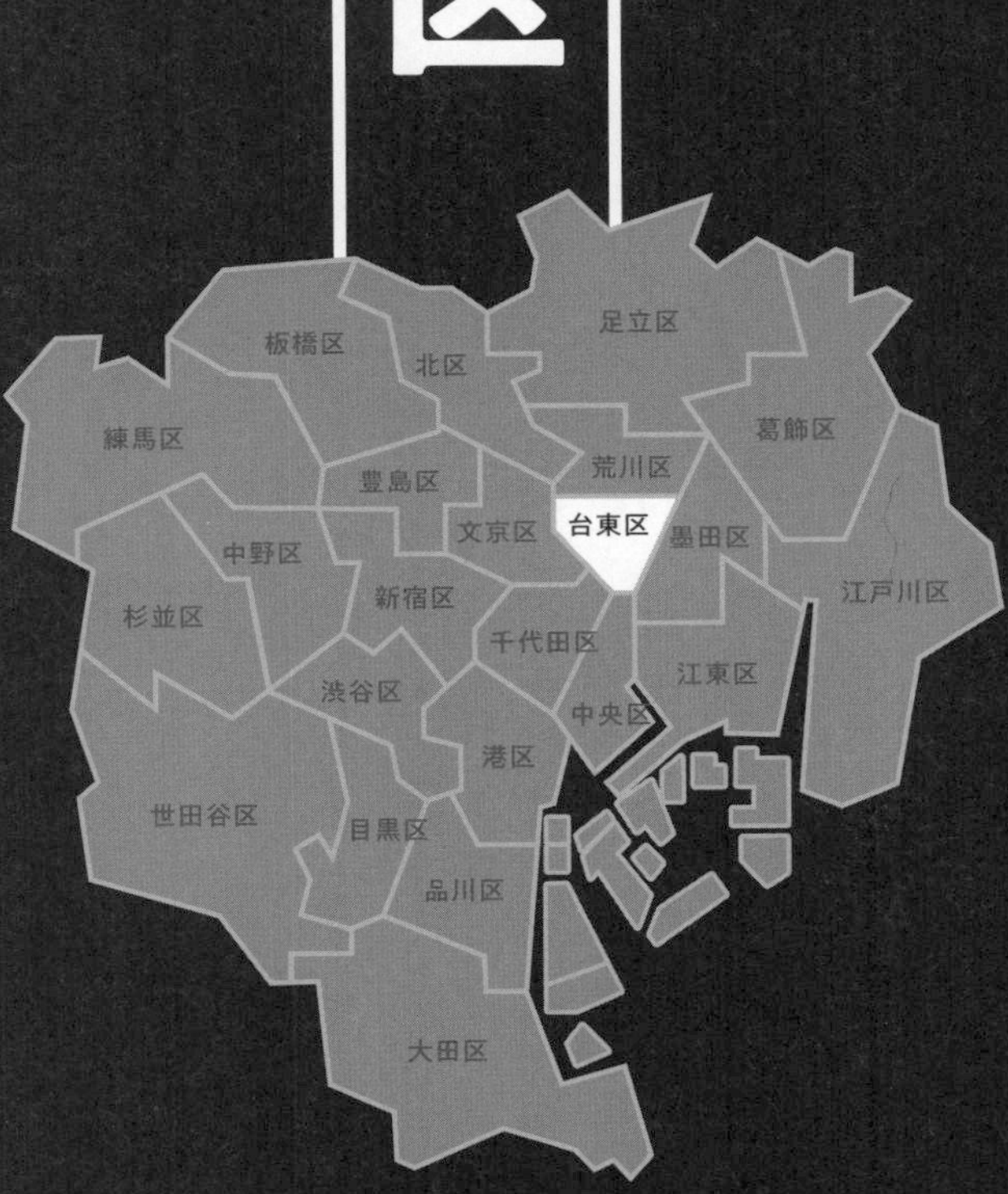
足立区
板橋区
北区
練馬区
葛飾区
荒川区
豊島区
台東区
文京区
墨田区
中野区
江戸川区
杉並区
新宿区
千代田区
江東区
渋谷区
中央区
港区
世田谷区
目黒区
品川区
大田区

京成本線「京成上野」駅スタート

——今日は台東区を歩きます。上野動物園の倉庫を見せてもらってから、上野公園を抜けて谷中霊園まで歩いてみようと思います。瀧さん、上野界隈って来ることありますか？

瀧：うん、たまに。この不忍池近辺も、昔夜中に来たりしてたし。科学博物館が好きなのよ、俺。科博に行ってから、夜に公園近辺をちょっとウロウロするっていう感じかな。花見の時期は来ないよ、さすがに。

——すごい人ですもんね。ちなみに美術館は？

瀧：実は行ったことないんだよね。あ、これ何の扉だろ。ここから御神輿とか出す扉なのかな。ちょうど御堂の下だよね。何のマークなんだろう。

——上野のイメージってあります？

瀧：上野のイメージか。東北方面の玄関口。それとさっき精養軒とかあったけど、そういう昔ながらのお店が多いイメージ。あまりにも老舗すぎて、ちょっと来るのがはばかられるっていう（笑）この辺の人は気軽に来たりするのかな。

——僕、上野精養軒の存在は「キン肉マン」で知りましたね。

瀧：え？ 出てたんだ（笑） 俺さ、保育園の卒園旅行が上野動物園だったんだよ。それで、仲のいい友達と、各動物の檻の前でスケッチブックにクレヨンで動物をスケッチした思い出があるな。パンダがちょうど日本に初めて来たばっかの頃でさ、カンカンとランランね。パンダ舎に群がる尋常じゃない人だかりの向こう側に、汚いおしりみたいなのがちょっと見えたぐらいしか覚えてない。そのときに、生まれて初めてモノレールに乗ったんだよね。上野動物園の園内を走ってた。今でも実家で探せば、その時描いたスケッチブックまだあるんじゃないかな。

——その時が初めてですか？ 東京。

瀧：そうだと思う。ところでさ、恩賜公園て名のつく公園って箱根にもあるんだよね。そもそもどういう意味なの？

——（検索して）恩賜公園は、宮内省が所有していた土地が、第二次世界大戦後に公に下賜されたって意味みたいですね。

瀧：元々は天皇家が持ってたものを国民に開放して、「みんなで使っていいよ」ってことになったのが恩賜シリーズってことか。なるほど。あれ？ 森鴎外居住跡だって、マジですか!? 森鴎外、ビルに住んでるじゃんか（笑）「森鴎外は文久2年。1862年正月19日。森静男の長男として産まれた。本名林太郎という。明治22年、1889年3月9日、海軍中将赤松則良の長女登志子と結婚しその夏に根岸からこの地、この上野近辺に

移り住んだ。この家は現在でもホテルの中庭に残されている」なんかちょっと前に、森鴎外の住居どうすんだ?ってニュースになってた気がするな。

——その家、クラウドファンディングで管理費用を募ったみたいですね。目の前のバス停も「鴎外旧居跡」っていう名前なんですね。

瀧：上野周りはこういう感じの旧跡でがっちり固められて、新しいものが入り込む隙間があんまりないのかなっていうイメージがかなりある。昔も今も「上野」なんですよっていう。リノベ物件多そうだよね。新しく店舗とかやりたいけど、建て直しちゃうのは無理だから、もうリノベじゃね?っていうさ。

あ、あの方かな? 上野公園の倉庫の方。多分そうだ、こんばんは!

千足：こんばんは、はじめまして。東京動物園協会の千足《ちあし》と申します。

小出：小出と申します。

瀧：ピエール瀧です。今日はよろしくお願いします。めっちゃ怪しいっすよ、おじ

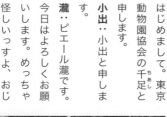

さんが夜中の坂の曲がり角でパンダ持ってたら（笑）千足さんと小出さんは動物園の職員さんですか？　めっちゃかわいいですね、このパンダ。

歴史ある上野動物園の倉庫

瀧：こちらの、左側がその倉庫なんですか？

千足：はい、怪しいですよね。いろんな人からよく聞かれるんですけど、実は昔は都内いろんなところに都電が走ってまして。この建物は元々は変電所だったんです。

瀧：なるほど、この中に変電設備があったってことですね。

千足：そうです。都電はここまで来てなかったんですけれども、上野の駅の方から、鴎外荘の方向に向けて通っていました。

瀧：あ、今その道を丁度歩いてきましたけど、じゃああそこって実は電車道だったんですね。上野公園と不忍池の間の道に、都電が通ってたってことなのかぁ。それっていつ頃廃止になっちゃったんですかね？

千足：変電所は昭和46年です。昭和47年に東京動物園協会が買い取ったんですよ。では、中をご覧ください。

瀧：近くで見ると建物めっちゃかっこいいですね。シャッターオープンしてくださいますか。

小出：東日本大震災の後に、耐震の問題で大きく改築したんですよ。

瀧：なるほど。（しばらく待つ）……小出さん、開かないじゃないですか（笑）あんなに意気揚揚とやったのに。「はい、それではいよいよ御覧に入れますよ」みたいな

テンションだったのに。めっちゃダサダサじゃないすか（笑）こうしたら？（ちょっと操作してみる）

小出：あ、開いた。ありがとうございます！

瀧：中は箱だらけすね。失礼します。あ、なんかでも内側は壁も床もがっちりリノベやりましたね。

千足：本当に梁も何もなくただの空洞だったんですよ。壁だけでもってたんで、それはちょっと耐震上問題があるということで。

瀧：それ、建て直すよりお金かかりそうな感じがしますけど。でも歴史的価値のあるもんですし、なんか上野の景観にあいますもんね。

千足：皆さんにすごく愛されてた建物なんで、ぜひ残して欲しいという声も多くて。

瀧：今はどんな使い方をされているんですか？

千足：園内のグッズショップで売ってるぬいぐるみとか、いろいろなものをここで保管してます。

瀧：園内のグッズショップで売ってるやつかあ。見てよ、

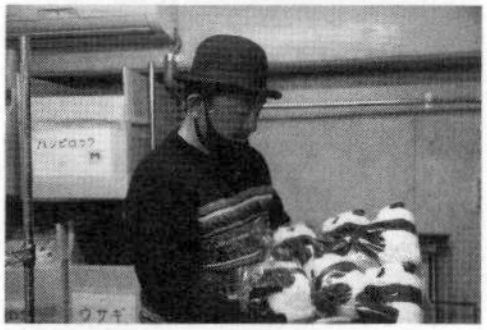

ここの箱。これは売れるでしょうな、「箱入りシャンシャン」。箱入りと箱入り娘でダブルミーニングかかってますもんね（笑）やっぱこれっすよね、上野動物園と言えば。パンダ。

千足：はい。本当は事務所にしようと思ってたみたいなんですけど。当初倉庫として使い始めちゃったらすごく便利で。

リノベの魔術、複層構造！

瀧：あ、なんともう一層ある、上に！　いやこれ、超有効活用してますね、スペースを。そしてここに外壁の内側を見つけましたよ。

――これきっとわざと残したんでしょうね。

瀧：だよね。おしゃれなことをする建築士さんだなあ。

そして驚くことに、さらにまだ上の層もある！　3階建てだ！　すごいすごい。すごい機能的でモダンな構造にしましたね。古いレンガの建物に、ぬいぐるみと歴史が詰まってるのってちょっといいっすね。

――ところで、夜の動物園はどんななんですか？

千足：怖いですね。灯りもほとんどありませんし。ワー！　って突然動物が鳴いたりして。

瀧：夜のサファリを1人で歩いてるような感覚ですか？　まあ飛びかかってはこないでしょうけど。

千足：タヌキとか結構いるんですよ。もともと野生のやつが。

瀧：夜の動物園は怖いですか、職員の方であっても。自分が独り占め感よりも、怖いが先にきちゃうんですね。ナイトツアーみたいなのは？

千足：夏の期間とかは3時間延長。通常17時に閉めるんですけど、20時までやりますよ、ということはありますね。

瀧：夜の上野動物園、興味あるなあ。今度参加してみよう。いやあ、夜中なのにいろいろありがとうございました。

都電が眠る池之端児童遊園

瀧：じゃあ、不忍池方面に戻ろうか。

――さっき瀧さん、この辺は新しいものが入る余地がないってお話されていたと思うんですが、実は僕のおばあちゃんの墓がある谷中霊園は空きがあんまりないらしくて、「売ってくれ」っていう連絡が凄い来るらしいんですよ。

瀧：便利だし、賑やかで良さそうだもんね。文豪とか歴史上の人物がご近所さんになったりするわけだしさ。確かに都内の有名霊園だとなかなか新しく入る余地はないのかもしれないよね。2階建てにはできないもんね、墓って。

――そうですね（笑）

瀧：観覧車みたいにしてさ（笑）それでボタン押すとシュイーンと先祖の墓が降りてきたり、とかね。

――新しめのお墓のエリアもあるんですけど、普通のお墓1個の土地に頑張って9つくらいお墓建ててるのとかありますよ。

瀧：そうか、昔でっかいお屋敷があったけど、その土地を4分割して4棟で新築物件を建売するみたいな感じだよね。ちょっと通りの裏の方行ってみようか。

――あ、昔の都電が飾ってありますね。

瀧：本当だ。よかったねこっち来て。当時はこれが走ってたのか。「ここ池端児童遊園は、かつて都電停留所のあった場所です」だってさ。旧7500系を車体改造して新しい7500系にして平成20年まで走っていた車体だって書いてある。

――なんか新しめですもんね。

瀧：そうね。でも、こういう板を入れるこの「お乗りの方は」っていう文字とかさ、昔の感じだよね。なんか落ち着く。

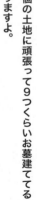

あの動物園横の高層マンションの人、普段動物見られるのかな。園の動物を眺めてる俺らを、さらに俯瞰の目線で見ている人がいるって言う二重構造。

——最後に上野動物園行ったのっていつ頃ですか?

瀧：うちの子どもがまだちっちゃかったころだから10年ぐらい前かも。それからは行ってない気がする、シャンシャンとか見てないもん。

不忍池と弁天堂

瀧：ここから不忍池に入れそうだな。目の前に池が広がるぜ、と。地図があるね。やっぱこの真ん中のルートをめぐるべきじゃない。

——もし時間あって寄れたらなと思うんすけど、この東京国立博物館の横側に鶯谷駅があって、そこからみんな吉原行くんですよ。

瀧：へー、そうなんだ。

——それでこの通りまで、しばらくソープの送迎車がズラーっと並んでるんですよ。今コロナでどうなってるかわからないですけども。

瀧：なるほど（笑）アルファード、エルグランドの黒塗りがズラリっていう具合ね。いいね、俺は好きだぜそういうの。おっ、空き缶発見。誰か

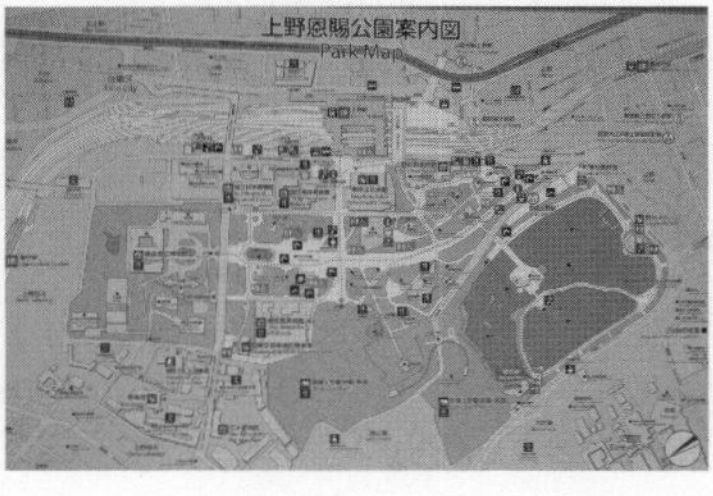

ストロングゼロを飲んだんだな、ここで（笑）場所柄ストロングゼロが似合う。それにしても、月が風情がありますな。
ちょっと池の中突っ切ろうよ。やっぱりこっちの江戸エリアの方は柳の木が増えるね。江戸風情あるよ。エレカシの歌で、「いい季節だ。どこへ行こう。不忍池など楽しかろう」っていう歌詞があってさ。宮本と不忍池って似合うって当時思ったな。文庫本持ってくる感じじゃない？

——この辺りがボート乗り場の入り口ですね。

瀧：公園に来てボート乗るようなデートってあんまりしたことないな。

——この下抜けて行くと上野恩賜公園ですね。

瀧：弁天堂はお寺なの？

——寛永寺のお堂らしいです。あ、林家正蔵さんの提灯ありますね。

瀧：本当だ、真ん中のいいところに。他は、氷川きよし、山川豊…そうそうたるメンツですな。あそこにうっかり並べないね（笑）そこにさ、疫病退散って書いてある。ちょっと隠れてるけど。

——コロナ前だと、この辺にバーっと出店がたくさん出てたんですよね。

瀧：あ、この石碑に駅伝の歴史について書いてある。3日間走るやつだ。そしてアパホテルが見える。なん

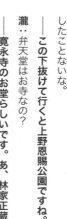

か10年前と上野が大きく違うのはどこに行ってもアパホテルがあるっていうことだな。じゃあ上野公園行こうか。

——まずは西郷さんの像、寄ります？

瀧：そうね、上野公園に行って西郷どんをはずすのもね。しかし不忍池は来るならベストは春だな。夏は蚊がいっぱいいてしんどそう（笑）

——春だとお酒も売ってますからね。

瀧：ね、ワンカップとか飲んだりしてさ。あてもなくぶらぶらするの楽しそうじゃない？

上野公園の顔、西郷どん

——じゃあこっから、上野恩賜公園に入ります。階段昇ってあっちに行くと西郷隆盛像があります。

瀧：あ、俺数年前に甥っ子と一緒に来た気がするな、科学博物館見物の後に。そんときに西郷さんとの写真を撮ってやった思い出がある。今急に思い出した。

正岡子規と野球場

——ここを真っ直ぐ抜けていきましょうか。

瀧：上野の森美術館で面白そうな展示をしてる。そうだ俺、昔雑誌の企画で板尾（創路）さんとオペラ観に来たな。なんか大きなホールあるでしょ？

——東京文化会館があるからそこじゃないですかね？

瀧：だと思う。お客さんがみんなちゃんとしてたなあ。どっちに抜けようか？

——こっちだと上野動物園の入り口がありますね。ここが、正岡子規記念球場です。正岡子規の記念碑も向こうにありますね。

瀧：記念の野球場？　正岡子規って野球好きだったの？

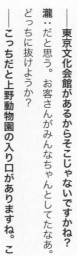

——はい。野球に関する句や随筆を多く残していて、明治時代に彼がこの辺で野球をやってた、という文章も残っていることからここに記念球場を作ったそうです。

瀧：お、これが記念碑か。いいじゃんかボールで。「子規の随筆『筆まかせ』には、明治23年3月21日午後に上野公園博物館横空地で試合を行ったことが記されており、子規はこのとき捕手であったことがわかる。子規の雅号のひとつに、幼名の升にちなみ「野球（の・ぼーる）」という号がある。子規は野球を俳句や短歌、また随筆、小説に描いてその普及に貢献した。ベースボールを「弄球」と訳したほか「打者」「走者」「直球」などの訳語は現在も使われている。これらの功績から平成14年に野球殿堂入りをした。」へー、正岡子規キャッチャーだったんだ。

夜の動物園を通り過ぎて

瀧：あそこでしょ入り口、上野動物園の。

——あー、ありました。上野公園内のパンダの郵便ポスト。

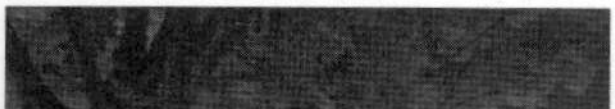

瀧：この感じか上野動物園。入場には事前予約の整理券が必要ですだってさ。今時分(コロナ禍)はそんなルールになってるんだねえ。やっぱ竹なんだな。「課長、何で作ります？　柵」「そこはやっぱ竹じゃねえか？」「そうっすよね〜」っていう会話が容易に想像できる（笑）

深夜のスケーター

瀧：ところで、ここってスケボーやっていいのかな。多分いいんだよね、なんかあっちでやってるもんね。いや、いいなと思ってさ。スケートをやってる子たちもさ、なるべくやらせてあげたいじゃんか、どっかでは。別に悪いことしてるわけじゃないんだし。スケボーパークみたいな場所もないことはないけど、限られてるからさ。基本ストリートの移動手段だったわけだし。仲間内のみぞルートとかあるだろうね、こっからここまで一度もスケボーから降りることなく移動できるぜっていうマップみたいなの。話聞いてみる？

——いいですね、なんかお行儀良さそうな子たちですもんね。

瀧：じゃあそうしよう。こんばんはー。

少年1：あ、こんばんはー。なんすか？

瀧：ちょっと今、夜散歩する企画やっててさ。君達の様子が楽しそうだから、もしよかったら話聞かせてもらえれば。いいかな？

少年1：全然いいすよー。

瀧：学生さん？

少年1：そうです。

瀧：この辺に住んでんの？

少年1：いや、茨城す。みんなバラバラですね、住んでるの。

瀧：ここってスケボーやっていいの？

少年1：いや、ダメっすよ。看板あそこにあります。

瀧：あんのかい（笑）

少年2：おい、ちょっと待って、マジかよ？ お前らこの人知らねえの？

少年1：いやあ、どっかでみたことあるとは思ってたんですけど、名前が思い出せなくて。

少年2：電気グルーヴのピエール瀧さんだぞ！

少女1：ヤバイ！ 写真撮って欲しいんですけど、いいですか？

瀧：ちょっと待ってて（笑）今、上野を取材して歩いてたんだよ。地元の子っている？

少女1：私、台東区です。

瀧：台東区ってどう？

少女1：なんもないです。

瀧：なんもないことはないでしょ（笑）

少女1：上野公園はあるかな。

少年1：ていうか、俺4月8日誕生日だから一緒だと思うんですよね。

少女1：あ、私も誕生日一緒～！

瀧：あ、そうなの？ じゃあ色々からかわれたでしょ、去年は。沢尻エリカとカラテカの入江も一緒の誕生日だから。世間を騒がせてって事で。

少年1：はい。焚火してたら、母親から「お前のとこにも警察来るぞ」って言われました（笑）

瀧：それでは来ないだろ（笑）まあじゃあせっかくだからみんなで写真撮ろうか。

少女1：あ、私23時門限な

んでもう帰ります～。

瀧：ありがとう。君いいトコの娘なんだね。

少女1：はい（笑）ありがとうございました〜！

瀧：こっちこそありがとう！　礼儀正しくていい子だな君ら。じゃあね、スケボー怒られないようがんばってね～。

上野公園のアートなトイレ

瀧：ちょっとトイレ寄って良い？

——公衆トイレあっちにありますね。

瀧：これトイレなの？　すげえなこのトイレ。

（ピンポーン　こちらは上野トイレミュージアムです。向かって左が男性用、右が女性用、正面は誰でもトイレです）

瀧：音声案内もあるし、素晴らしいね。えーっと、個室は……何これ？　これウンコじゃん、周りにあしらってあるの（笑）

——テーマは排泄と環境らしいです。

瀧：ここに説明が書いてある。「このトイレは『上野トイレミュージアム・プロジェクト』として、東京藝術大学の学生たちによって改修されました。トイレを、上野公園の様々なミュージアムのひとつとして考えるプロジェクトです。私たち人間にとって『排泄』には、どうしても不浄なイメージがつきまといがちです。しかし、お隣の上野動物園では、飼育員たちが日々動物の排泄物の色やカタチを観察することで健康状態を確認しています。飼育員たちにとって「排泄」という行為は、大切な情報の源です」と。うん、いいじゃんこのトイレ。外国人に教えてやりたい。すげぇ良くないこのトイレ？

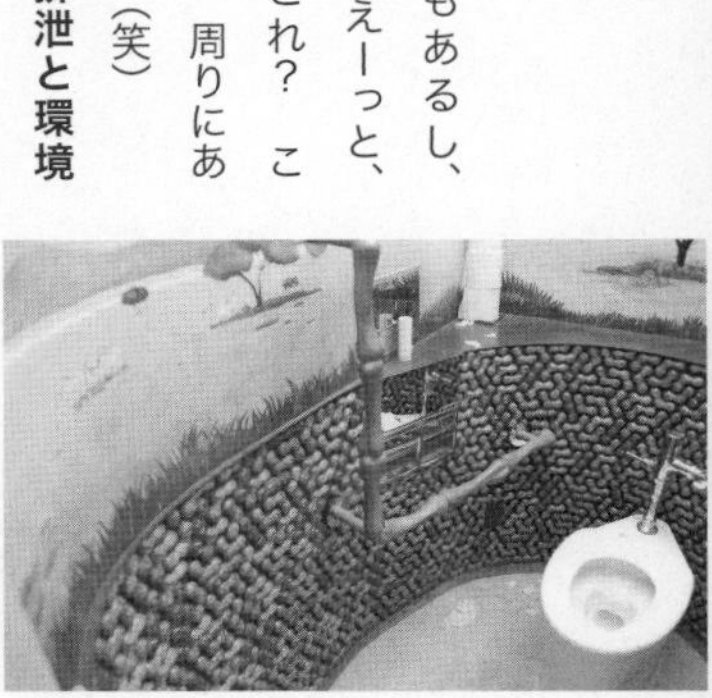

科博を通って鶯谷へ！

――あそこに見える建物あるじゃないですか。あれが博物館動物園駅跡で、京成線で使われてた駅なんですけど、もう廃止になりました。

瀧：何を表現したところ？　博物館とかいろんな珍しいものがありますよ、っていうことを表現したレリーフなのかな。

――では、鶯谷の方に一回出ましょうか。ここが国立科学博物館ですね。

瀧：このクジラ凄い覚えてる。保育園で来たときに、動物園と科学博物館も見たんだよね。日帰りだったんだけど、ここと動物園ですげえ楽しかった思い出あるなあ。

――ちょうど23時ですね。ここで撮りましょうか。

瀧：そうね、俺の大好きな科学博物館で。

――保育園の割に、えらいボリュームの遠足だったんですね。

瀧：うん。でも、静岡から7時ぐらいの新幹線に乗れば、1時間半後の8時半に東京駅着いて9時には上野に着くから。そっから、動物園を2、3時間見て、更にここを2時間ぐらい見ても、その日中には静岡に帰れるもんね。当時は「こだま」だろうけどね。

――このままずっとに行くと鶯谷駅ですね。

瀧：もうこの時間だと、吉原への送迎の車はいないんじゃないの？　ラスト便がいるかな。

——あ、見てください。もうこの辺から車の列、始まってますね。

瀧：だからこれコーン置いてあるのか、長々と。いいね。要は、エロターミナルだ。ここから各お店に発車&発射するんでしょ。もはやエロハブだもんね。鶯谷駅。谷中霊園まで人通りがあるとこ通りたいな。静かな文化ゾーンはちょっともうお腹いっぱいて感じ。

——じゃあラブホ街通って行きましょう。

鶯谷で一杯飲む

瀧：しかしここから見ると、中々の線路の数だな。在来線マニアにはたまらないだろうね、この橋。なんか来た、山手線ね。あれは取手に行く電車だ。電車＆ラブホテル。あるジャンルの人にしてみたら夢の空間だろうな。もう見慣れてしまって、普段通る人はなんとも思ってないのかもしれないけど、これだけの画角で電車バンバン来るのきっと見ものだよ。上京したてでここ来たら結構「わあっ！　大都会！」ってなると思うよ。随分歩いたから、休憩がてらビール1杯ぐらい飲みたいねぇ。

——反対側の駅前の通りに、それなりにいろいろ店あるんで、どっか入りましょうか。

瀧：ね。お、ここかラブホ街。超いっぱいあんね。息づいてる。楽しそうなストリートだな、ここ。若い頃にはまあまあ風俗行ったりしてたけど、鶯谷まで遠征したことはないな。渋谷止まりだったわ。

——「信濃路」。ここにしましょうか。

瀧：いいね。すいません、いいですか？

店員さん：はーい。あと3時間で閉めますけど、大丈夫ですか？

瀧：はい、大丈夫です。ありがとうございます。「3時間」て（笑）カツ丼があるよ、その気になればがっつり飯も食えちゃうな。すいませーん、注文お願いします。まずはハムカツ2枚いっときますか。あとは赤ウインナー炒めと、赤ウインナー揚げ。生ビール3つと、ハイボール1つ。

——この後、谷中霊園に向かう予定ですけど、谷中霊園には著名人が眠るお墓が多くありまして、こんなパンフレットも配っています。どこに誰のお墓があるかのリストです。何をした人物なのかの解説もあるので、どなたかのお墓参りに行ってみようかな、と。

瀧：なるほど。徳川慶喜、渋沢栄一……。あ、飲み物来た。とりあえず乾杯しよう。かんぱーい！　ああ、赤ウインナー美味い！　落ち着くわ〜。もう一杯飲んじゃおうかな。すいませーん、生もう一杯。さて、どうしようかね。

——犯罪者のお墓もあるんですよ。高橋お伝、「明治稀代の毒婦と呼ばれ、斬首刑となった最後の日本人女性として知られる」とあります。

瀧：ふーん。この中だと、この人が気になったかな。松浦佐用彦、「大森貝塚発掘者モースの助手・東京大学創生期の動物学者」ってあるけど、助手でしょ？　なんで助手の墓がわざわざ？　って思わない？　この人のお墓寄ってみようよ。

——では、どっかでお花も買っていきましょう。夜中でも売ってるとこあるので。

瀧：そうね。じゃあそろそろ行こうか。ご馳走様ー！　で、どっちだ、谷中霊園？

——ここから上がっていくとちょうどいいですね。あそこにもうお墓見えるじゃないですか、あれもう谷中霊園ですね。

瀧：ラブホテル、線路、墓のコントラストいいね。左側で仕込んで、右側で終わるっていうね。左がスタートポイントで、右がエンドポイントっていう縮図。その間を列車が日々往来。これいいシチュエーションだわ。

谷中霊園へ

——あ、ここのコンビニで花売ってるんで、ちょっと買ってきますね。

瀧：うん。おもちゃ売り場があるって変わってるなあ。おもちゃのゾーンって、あんまコンビニで見ないよね。

——買ってきました。瀧家のお墓は静岡ですか？

瀧：うん。なんか、昔は神道だったらしいんだよね。何代か前にお寺に移して、改宗したらしい。うお、何気なく塀の向こうを覗いてみたら、意外な光景が広がっていた。見てみ。

——うわ、なんか石仏とか灯籠みたいなのがズラリですね。

瀧：ね。お地蔵さんみたいやつ、すごくない？　元々どこかにあったやつを、建て直すからどかしてくれみたいなのを集めたのかな？　8万4000体地蔵尊。罪人でも誰でも、徳が低い人でも、全部一応助けてくれるってのがお地蔵さんなんだって。だから、お地蔵さんが一番幅が広い。修行をしてない人でも、宗派が違っても、罪人であっても、とにかく助けてあげます

よっていうのが、お地蔵さんらしいんだよね。それにしてもわかんないね、それがなぜここまでここに集まっているのかが。

――「屋内墓好評販売中」しか書いてないですね。

瀧：そうね。このポスターもなんか味があるなあ。病封じだってさ。コロナにちょうどいいかもしれない。

――そろそろ谷中霊園です。

瀧：本当だ、住所も谷中7丁目。一応谷中霊園って書いてある。

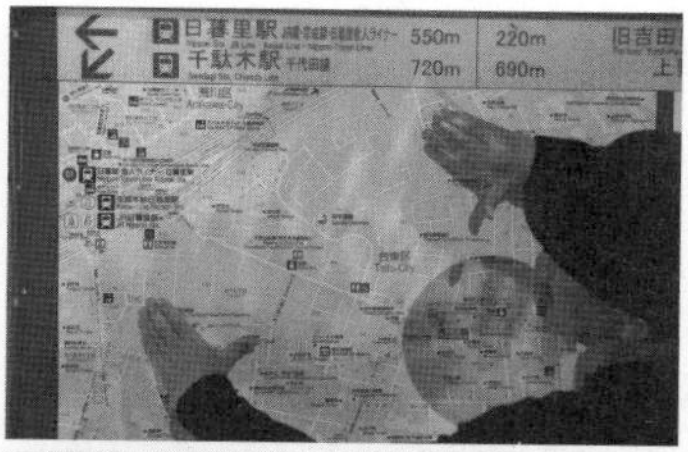

――昔は五重塔が園内にあったらしくて。関東大震災で壊れたそうなんですけど。

瀧：これか。マップで見ると谷中霊園とてつもなくでかいなあ。ここが慶喜の墓所。五重塔跡は子供用の広場になってる。ぎんなん通り。季節によってはすごい匂いが漂ってそう。でっかい家も一杯あるね。石材、花……。じゃあまあ、まずは慶喜のお墓行っとこうか。今夜の流れだとさ、西郷さん行ったから、慶喜も行かないとね。ここの建物、めっちゃ渋いね。静岡に浮月楼っていう料亭があるんだけど、そこって慶喜が住んでた

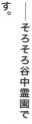

屋敷なんだよね。あの人、晩年は結構楽しくやってたみたいでさ、自転車に乗ったりとか、カメラやってるとことかそのお店に写真で残ってる。こっちだ、お墓。

——あの囲いがガッツリあるところが慶喜公のお墓ですね。

瀧：なるほど。なんか立て札に順路が書いてあるじゃん、こういってこう入る？ それにしても、周囲の囲いがちゃんと壁じゃんか。俺、静岡市の生まれだからさ、市内に家康の城があった駿府城公園とか、家康が死後最初に葬られた久能山東照宮ってのがあったりするのよ。あとはさっき言った浮月楼もある。だから静岡の人にとっては、江戸時代の徳川家最初と最後の人にちょっとゆかりがある感じがするんだよね。

——ここですね、夜なので鍵がかかってますけど。

瀧：これかあ。奥さんなのか、子どもたちなのか、他の沢山のお墓も一緒にあるよね。お墓なのになんか家感あるなあ。では、一応失礼の無いようにパリッとしてから。

松浦左用彦の墓に参る

——さっきのマップで瀧さんが気になってた松浦佐用彦のお墓行きましょうか。

瀧：大森貝塚を発掘したモース博士の助手の人ね。45番乙6号2側だからこっちの方向か。他の著名人はみんなさ、「○○の創始者」とか言われてるけどさ、松浦さんは、その貝塚を発見したモースって人の何人かいた助手の1人なんでしょ。助手だけどそこに名前が載るっちゅうことはさ、よっ

ぽどの功績がある人なんじゃない？ 何を成し遂げたんだろうっていう興味がある。ここだ。この並びのどこかだよね、お墓があるの。え〜っと、松浦…ここだ！ でも説明書きとかが全然ない。

――かっこいい墓石ですね。

瀧：そうだね。かっこいい。

――雑草生い茂ってますね。なんか参られている感じが全然しないですね。一応抜いて綺麗にしときます？ こんな機会でもなければ参ることもないでしょうから。

瀧：そうだね。全然知らない人だけど、これもご縁だと思ってやっとこう。俺、こんなことやるの、大河で演じた溝渕広之丞さんのお墓に参った時以来だな。

――どこまで行ったんですか？

瀧：高知県に「城下町へ行こう！」のロケで行ったときに、スタッフに溝渕さんの墓を探してもらったのよ。演じさせてもらった御挨拶をしなきゃと思ってお参りに行ったら、山奥の本当に何でもないところにひっそりとあってさ。ちっちゃいお墓だったんだよ。料亭で龍馬と後藤象二郎を会わせて、和解のセッティングをした立派な武士なんだけど、それなのにこんなちっちゃいお墓なの!?って不思議に思ったなあ。

――あ、松浦さんのお墓、裏に英語でなんか書いてありすね。すっごい薄いですけど。

瀧：松浦さん、裏側へ失礼いたします。矢吹くん読める？

――えーっと、大意で言うと「教え子であり、友人であった松浦。大事なことは権威ではなく、観察と実験であるという信念を抱いた男だった。モース」。モースの教え子だったみたいですね。

瀧：その下は漢文で何か書いてある。これはうちらじゃ解読無理か。せっかくなんで、ちょっとお花をお供え

させてもらおう。タバコを1本とも思ったけど、タバコ吸わない人だったら悪いしね。高知県出身の人なんだね、松浦左用彦さん。

——じゃあ水も入れて、お花を。

瀧：じゃあちょっと失礼して。いつぐらいの人なんだろう、ちょっと調べようか。モースって人はなんなの？

——大森貝塚を発掘した人ですね。東大の教授で、そこで教え子だったのが松浦さんみたいです。

瀧：じゃあモースから調べようか。「1877年、明治10年6月17日に横浜に上陸したアメリカ人の動物学者。10年後、このエドワードモースが6月19日に横浜から新橋へ向かう途中、大森駅を過ぎてからすぐの崖に貝殻が積み重なっているのを列車の窓から発見し、政府の許可を得て9月16日に発掘調査を行った。助手ら3人らとともに土器を発見し、9月29日にも訪れ、10月9日から本格的な発掘を行った。後の1955年、昭和30年3月24日に大森貝塚は国の史跡に指定された。モースらの発掘した貝殻土器道具、クジラの骨片、人骨などの出土品は東京大学に保管されており、1975年に全て国の重要文化財に指定されている」か。モース博士が電車に乗ってて、何あれ？って発見して、じゃあ調査するぞ！ってなったときに、一緒にいた人なんだろうね。

——松浦さん、実際に発掘が始まってから1ヶ月後に亡くなってますね。

瀧：1ヶ月後に亡くなったんだ。そうなんだ。可能性としてはさ、うがった見方なのかもしれないけど、「先生あれなんすかね？」って言い出したのは、もしかしたら松浦さんかもしれないよね。だから立派なお墓になってる的な。

——かもしれないですね。高知出身なのにここに眠ってるってことですから、東大の学生がみんなでお金出し合ってここにお墓作ったんでしょうね。20才という

若さで亡くなったわけですし。

瀧：なんか興味深いなー。貝塚はもちろん知ってるじゃんか、学校で習ったし。じゃあ大森貝塚でも調べてみようか。（スマホで調べる）ここにも書いてある。「モースはアメリカ人の動物学者で海の研究をしていました。1877年腕足類の研究のため来日し、横浜から東京に向かう汽車の窓から貝塚を発見しました。それが大森貝塚です」だってさ。調査団の写真があるよ。この中のどれかが松浦さんの可能性あるってことだよね。松浦さんもそこで聞いててじれったいだろうね、「そこに写ってるじゃん！　それがオレオレ！」って。「俺が、発見したの！　本当はさ！」とか（笑）あ、大森貝塚の動画がある。ちょっと見てもいい？（動画を見る）なるほど。モース博士が大森貝塚について書いたものが、日本初の発掘調査報告書なんだって。それでモース博士は「日本考古学の父」と言われていて、「大田区と品川区に大森貝塚の記念石碑がある」と。

――大田区と品川区まだこれからなので、大森貝塚に絡めてもいいかもしれないですね。

瀧：そうね。でも松浦さんのお墓、荒れてはいないけど頻繁に参られてる感じはしないよね。じんわりするなあ。では、松浦さん本当にありがとうございました。これで失礼いたします。でも松浦さんさ、なんでこの著名人のラインナップに載ってんだろうね。

――不思議ですよね。

瀧：なんかいろいろ想像しちゃうね。実はモースのことが好きだったのかな？　とか、まずアメリカに行っていろいろ下準備してくれたりとか……。

――通訳だったのか？　とかですよね。

瀧：そうそう。

——もう結構いい時間なんで、最後100円自販機を探してから終わりましょうか。

瀧：そうね。でもさ、さっき墓参りしながら、「もしかしたら将来松浦さんの役をやる時が来たりして」とか一瞬思った。

——でも、年齢的にはモースじゃないですか？　松浦さん20歳で亡くなってるので。

瀧：そうか。でもモース外国人じゃん（笑）コントじゃねえんだからさ。俺がつけ鼻つけて「貝塚発見したよ」って？　なんで俺がモースの役なんだよ（笑）でも松浦さんにしてみたらさ、「なんであんた達そんなに俺に興味持ってくれるの？　驚きだわ」ってなるかもね。しかも、子孫とか研究者じゃなくて、全然知らないやつらだしね。ちょっとさ、大森貝塚調べておいてくれる？松浦佐用彦っていう単語が出てくる文献とか、松浦さんはどんなことをしたのか、っていうのをさ。なぜあそこまでの立派な石碑になってるんだろうな、本当に。20歳の若者だよ？

——わかりました、色々調べておきます。

瀧：モースの文献ないかな。実は日本考古学の父は本当は松浦さんなんじゃねえか？　っていう可能性も若干ながら残るよね。今日ここに来たときの最初のテンションから全員ガラッと変わったよね。墓を後にする頃にはモースへの半端ない興味（笑）ここまっすぐ行くとどこ行くの？

——上野公園に戻りますね。

瀧：よし！　その道に賭けようぜ100円自販機！よーし、絶対この通りにはあると思う。そしてもう1時半だ。今夜は結構ウロウロしたなあ。飲み屋に30分ぐらいいたけど。

――あ、100円自販機ありました！

瀧：でかした！　全く知らねえやつあるわ。ファンタ、ルロ味!?　「コロンビア国民が愛してやまない爽やかな

甘酸っぱさ」。（飲む）うーん、よくわかんねえ味。薄い。昔、ファンタアップルとか、そういうリンゴ方面のやつがあったじゃんか。あれの味の薄いバージョンって感じ。でも決して不味くはないよ。本物のルロの実を食ってみたくなったな。

――では最後に瀧さん、台東区とは。

瀧：何か町全体が博物館というか。今回がそうなったっていうだけの事かもしれないけど。モースは博物学の祖で、その学問を極めてるのが今の科学博物館でしょ。墓もそうだったけど、珍しいものや歴史的なものが集まって、街ぐるみで色々リンクしてるような気がする。そんな綺麗にまとめなくていいのかもしれないけど、そうだな。「過去に触れて、今を想う町」かな。

総歩数
14684歩
TAITO-KU

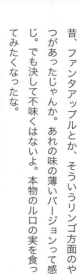

大田区《おおたく》

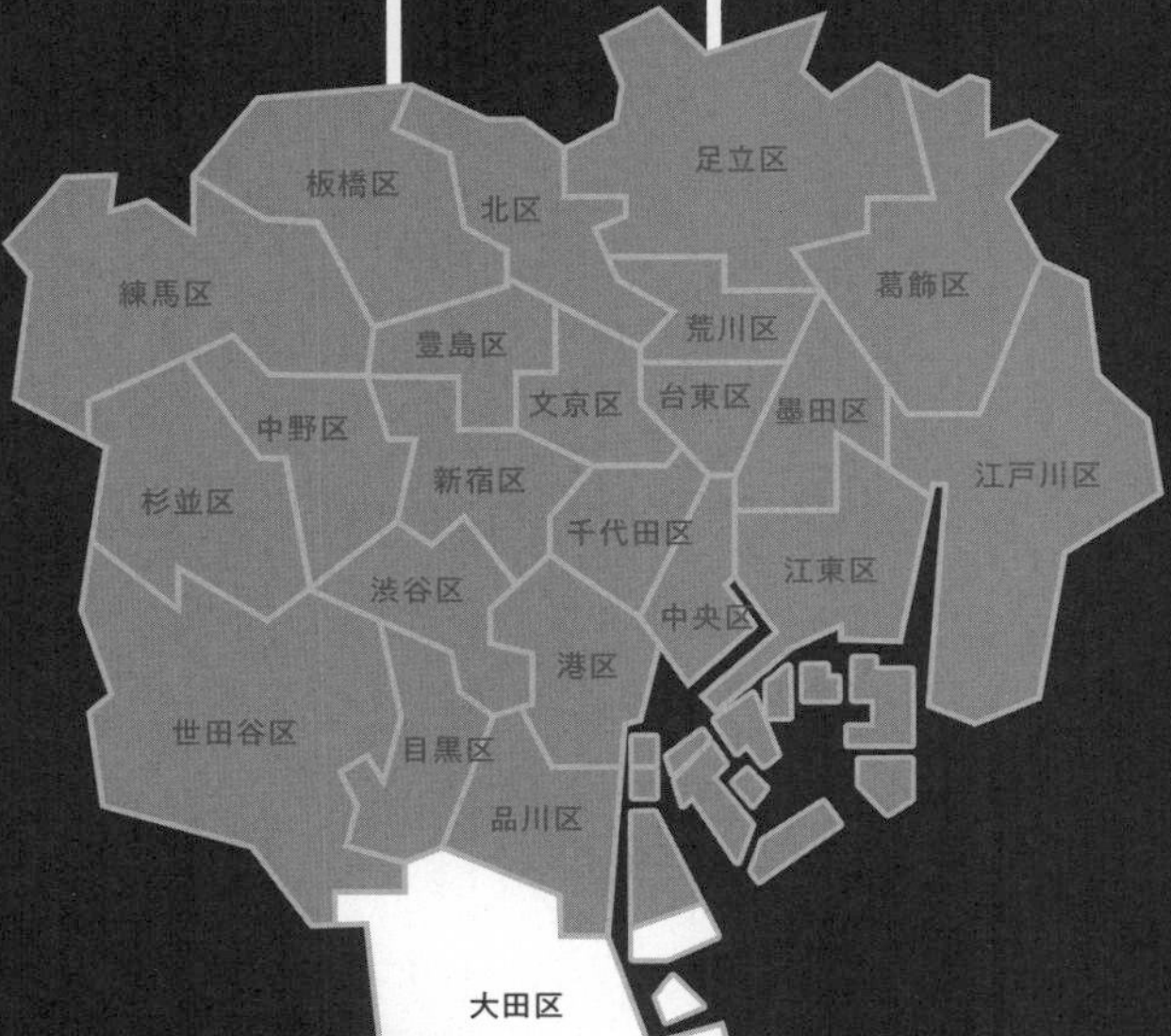
足立区
板橋区
北区
練馬区
葛飾区
荒川区
豊島区
文京区
台東区
墨田区
中野区
江戸川区
杉並区
新宿区
千代田区
江東区
渋谷区
中央区
港区
世田谷区
目黒区
品川区
大田区

京浜急行空港線「穴守稲荷」駅スタート

——大田区では、瀧さんの「町工場を見てみたい」にお応えして、実家が町工場をしている僕の友人に声をかけています。まずはそちらに。その後、台東区編で話題になった大森貝塚の跡地と言われている場所まで行ってみようと思います。

瀧：お、町工場、いいね。

——友人は、大学の同期の女の子なんですけど、テクノ好きで、電気グルーヴのCDとか貸し借りしてたんですよ。

瀧：あ、女の子なんだ。

——電話で「あの時貸したりしてたよね。その後、瀧さんと一緒に実家に行く事になるって、人生わかんないね」って話して。

瀧：ふふふ。彼女にしてみたら「でかした！　矢吹！」って話かもね。それにしても初めて来たな、穴守稲荷駅。次が大鳥居駅、その次が天空橋駅ってすげえファンタジーな一角だね、このあたり。

——羽田空港のところに元々三つぐらい町があったんですけど、GHQが日本を支配するときに24時間以内に全員町を出ろって言われたらしいんですよ。で、その時に、そのエリアにあった神社とかが軒並みこの辺に移ったらしいんです。だから神社がものすごく多いんです。

瀧：へー。そういう理由なのか。お、電車が潜っ

た。こっから羽田空港に行くのか。この辺て、もう空港エリアの一角？

――橋を渡ったらもう空港ですね、多分ここまっすぐ行くともう川崎とか。

瀧：そうか、今は西に向かって歩いてるんだね。いやぁ、来ないんだよねこの辺。用があるの羽田空港くらいだもの。あとはそうね、ホームセンターには来るかな。ねえ、この公園さ、木が松って珍しくない？ 普通、松を児童公園の木にするかね？ っていう驚きね。渋いね。いいわ、独特で。それにしても、大田区の工場って住宅街の中にいきなりあるのね。

――住宅だと思っていても、実際は工場なところが結構あるんだと思います。

瀧：そうか。下が工場で上が居住スペースとか。

――さて着きました。ここですね、友人の実家。株式会社ホンダテクノスさんです。

瀧：でっかいじゃんか、ホンダテクノス。昼間来たら、メカニカルな音が聞こえるんだろうね、ガチャンガチャン。

――瀧さん、こちら僕の友人で本田杏実さん、そしてお父さんの本田平夫さんです。

本田親子：はじめましてー！

瀧：普段からここに一緒にいらっしゃるんですか？

杏実：今は別に住んでるんですけど、ここの3階が実

家で。さっきまでご飯食べてました。こちら私の旦那です。

瀧：はじめまして。お父さん、工場に取り込めますね（笑）

本田：狙ってはいます。

瀧：お手伝いしますよ、説得します（笑）

何でも作るホンダテクノス

瀧：ホンダテクノスさんは、何屋さんになるんですか？

本田：なかなか難しいんですけど、ユーザーさんが「こういうものが作りたいんだけど」って言ってもらえたら作るっていう会社ですね。

瀧：マジですか？　決まってないのか。しかし見たことのない機械ばっかりだ。お父さん、お客さんからなんか作りたいって言われても、さすがに限界はあるでしょ。

本田：地元の先輩が「何作れるんだよ」って聞いてくるんで、「先輩が作りたいもん作りますよ」って答えるんです。「大人のおもちゃでも作れるの？」って聞かれたから、「言われたら作りますよ。オリジナルのやつを作りましょうか？」って言ったら、その先輩が「こいつ大人のおもちゃを作れるらしい」って言いふらしちゃったことはありましたね（笑）

瀧：ほほー。じゃあ、大人のおもちゃのメーカーから依頼があったら作りますよって話ですか？

本田：いやでも、既に売ってるものの方が安いじゃないですか。専門メーカーもあるでしょうし。だからオリジナルなら……ってことなんですけどね。

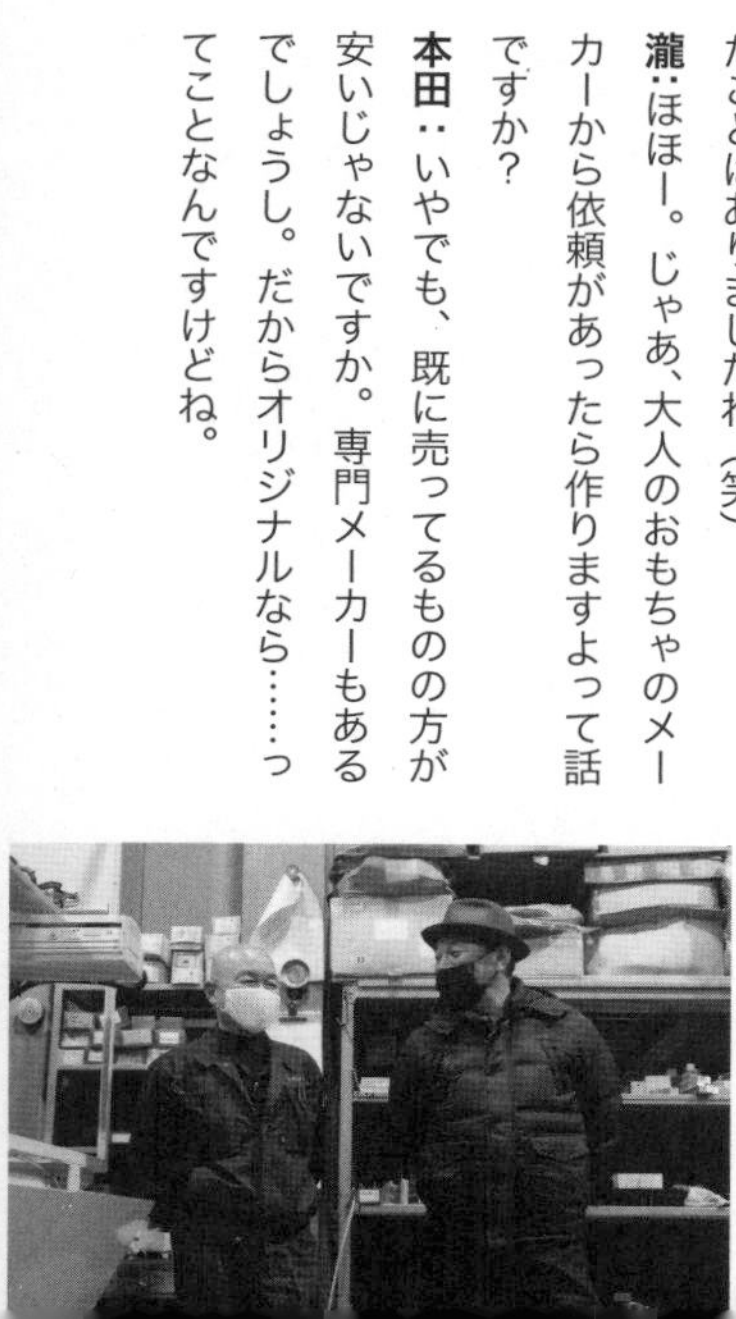

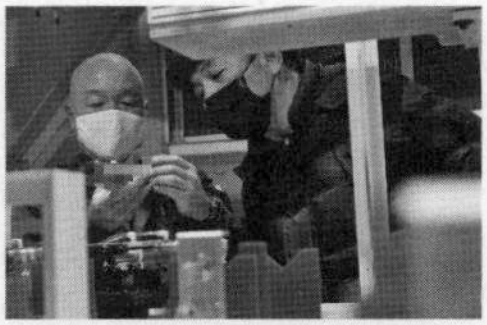

瀧：なるほど。新しく作り出す感じなんですね。

本田：これは企業秘密で詳細は明かせないんですけど、工場のラインの一部です。これが作られる製品(パーツ)で、これに合わせて機械を今制作しています。

瀧：え！ お父さんが作ってるのこっちのデカいマシンの方なんですね。俺、このパーツの方を作ってんのかと思ってました。

町工場のプライド

瀧：大田区と言えば技術のある職人さんがたくさんいて、実はその人たちが支えてるんだぜ、日本の産業界を！ っていう話をよく聞きますけれども、どうなんですか今の現状は。

本田：後継者が減ってるっていうのはありますよね。あと、こういうものを作れる?って頼んでも、「ちょっと無理ですね」って。チャレンジ精神がないっていうか。でも70代のおじさんたちは、「もう疲れたよ」って言いながら溶接で作るんですよ、材料から何から。

瀧：そんな感じの無茶ぶりに答える人が、昔は何で多かったんですか？

本田：俺だからできるんだぜ、みたいなプライドを持って仕事してる人が多かったんじゃないですかね。

瀧：名前は表に出ないけど、実はあれを作ったのは何とか工業の何とかさんなんだよね的な。ちなみに、娘さんの旦那さんって何をやられてる方なんですか？

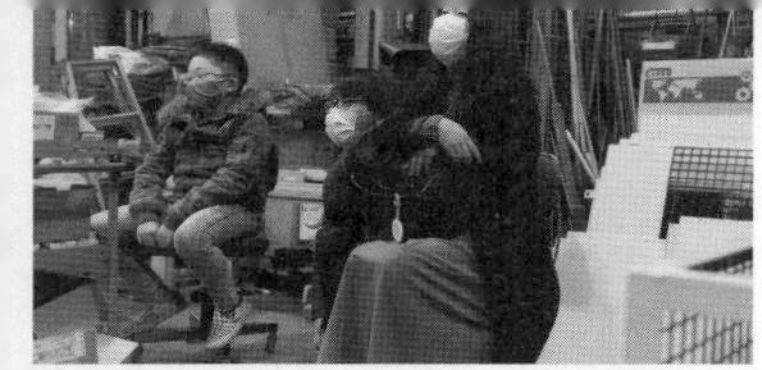

旦那：私は、普通の会社の経理財務を。

瀧：そろばんパチパチ系？　娘さんは？

杏実：私は鉄道会社で不動産の開発をやっています。

本田：一流鉄道会社の不動産部門ですからね。娘と新宿で食事したとき「お父さん、世の中にはお金持ちっているんだね」って。新宿の高層ビルの最上階辺りに、すごい金持ってるおじいちゃんがいると。で、その土地持ちの人たちと交渉しなきゃいけないと。

瀧：なるほど、妖怪みたいなおっさんと渡り合わないといけないいんですもんね。じゃあやっぱり跡継ぎは、あそこにいる一番下の僕ですか？

本田：どうでしょうね。

瀧：あ、あっち向いちゃった（笑）そらそうね、いろんなとこでそうやって言われるだろうから。ごめんよ。

ところでこの工場はお父さんの代でここに？

本田：いえ、父が30年ぐらい前に始めたんです。最初は僕と親父の2人だけで。やっぱり親子でやるってすごい大変でしたね。仕事のやり方とか、やっぱ全然人によって違うじゃないですか。

瀧：大田区の町工場ってそういう人ばっかりいそう（笑）このエリアはどんなノリの土地ですか？

祭で気合が入る町、羽田

本田：地元意識が強いんですよ、このあたりの人って。若い頃は、全然知らないおっさんが「お前見たことねえな」って声かけてきて、「本田です」って答えたら、「聞いたことねえな、お前の親はどこ出身だ？」みたいなことをよく言われましたから。

瀧：なるほどなるほど。割とそういう血気盛んな土地柄。

本田：みんなこっち側しか見てないですよね。ほら、後ろはもう海しかないんで、後ろから敵来ると思ってないんです。

瀧：なるほど（笑）いい意味での背水の陣ということですね。でも、お祭とか面白そうじゃないですか？

お神輿担ぐ系？

本田：若い頃は私もやってましたけど、今はもうただ賑やかしで。15基ぐらい町内別に町内会の神輿が練り歩くんですよ。それをちょっと眺めて、年に1回しか会わないようなやつと、長話してみたいな感じですね。

杏実：お祭の日になると、絶対家に人集まってますね。

本田：うかうかしてると、ワインセラーからお酒全部なくなっちゃったりね。

瀧：「全部空けといてやったからな？」って感じですか？（笑）いいとこは何ですか、この辺住んでてよかったなっていう。

杏実：世話焼きなところはありますね。

瀧：ああ、人んちの生活に、どんどん食い込んでくるんですね。

杏実：そうですね。悪いことできないっていいうか。

瀧：じゃあ浮気できないですね。

本田：でも、このコミュニティ内で浮気しますから。えー、お前ら新婚じゃなかったの!?ってなったこと何度かあります（笑）

羽田に工場がある利点

本田：あと空港近いんで、地方にメンテナンスとかで呼ばれたときに、この格好で飛行機乗って日帰りで帰ってこれる。

瀧：そうだ僕それ思ったんです。これが例えば練馬の工場だったら、練馬から羽田まで持っていく、もしくは移動する作業があるわけだから。そうするとコストはやっぱり余計にかかってしまう。だから工場が羽田にあることはアドバンテージじゃないですか？

本田：それはまああありますね。

——瀧さん、こういう町工場で働く人の配役とかって過去にありました？

瀧：俺？　何かあったかな。

本田：「海賊と呼ばれた男」で、真空管ラジオ作っていらっしゃいましたよね。

瀧：ああ、よくご存知で（笑）ありがとうございます。でもなんかこんな感じの広い空間が家にあるって憧れちゃうなあ。

本田：コロナでオーダーが2ヶ月ぐらい遅れたんですよ。その2ヶ月間ここ空っぽだったんで、夏はここに3メーターぐらいのプール置いておいて、ビール飲んだりしてましたね。そうしたら居酒屋の息子さんから「なんで呼んでくれなかったんですか？」って声かけられて。

瀧：何か行動を起こしたら街にはすぐ筒抜けだと思った方がいいんすね（笑）

本田：多分、今日瀧さんがいらしたこともすぐ広まると思います。

瀧：なるほど。でも僕のことを知らない人だったらお前どこのもんだ？　ってすぐ言われちゃうんですよね？（笑）まだこの町からボクシングの世界チャンピオン出てないですか？　出すべきじゃないですか、どうにかして。ふさわしいと思うなあ。ところで工場は誰かが継ぐ予定なんですか？　娘さんの旦那さん、機械いじり好き？

旦那：機械いじり、好きですね。

瀧：よし、明日すぐ今の会社を辞めよう。

一同：（笑）

瀧：ここら辺で羽田の夜景が綺麗に見える所ってあります？

杏実：ここから500mくらい行っ

た空港近くに、イノベーションセンターっていうところがあって、そこは綺麗に見えますね。無料の足湯もありますよ。

瀧：へー、是非行ってみます。今夜は夜分にありがとうございました。

本田：こちらこそ、ありがとうございました。

GHQと羽田

――では、イノベーションセンターに行きましょうか。

瀧：そうね。あ、船がある。そうか羽田は漁師町でもあるのか。大田区だときっと川漁師もまだいそうだよね。

犬：ワンワン！

瀧：犬にワンワンって吠えられる経験も、なんかもうあんまりなくない？　あ、もう川だ。本当に羽田空港むっちゃ近いね。ここ渡ろう、弁天橋。あ、なんか一気に空港感出てきた。あっちに見えるの国際線ターミナルかな？　ここは歩きではまずこないなあ。あ、地元の若い子が約2名チャリでかっとばして行ったけど、どこ行くんだろう。

――さっきも少し言いましたけど、元々羽田には町があったんです。GHQに飛行場にするから24時間以内に全員出て行けって言われたときに、24時間は無理だってことで頑張って交渉して、時間を延ばしてもらって仕方なく全員丸ごと人やモノだけじゃなく神社とかも残さずに出て行ったらしいです。ここにさっきの話の記念碑がありました。羽田の人たちが追い出された件の。

瀧：そういう歴史のもとに、今の羽田空港があるんだな。当時それを経験して、まだ生きてらっしゃる方ってきっといるよね。この新しくできたイノベーションセンターってのはなんなんだろう。大きなイベントをやったりする施設なのかもしれないね。展示会とかさ。

――ここならきっと地方からも来やすいですよね。

瀧：地方どころか、世界各都市からも来やすいよ。なんか行灯から音楽とか流れてるし、デートスポットとしてもいいかも。海外からたくさん人を招いて、国際巨大見本市みたいなのとかをやりやすそうだよね。

——昔、blurのグレアム・コクソンのバンドメンバーと話した時に、「サマソニは空港から近いから本当に助かる」って話をしてて。彼らはツアーになると移動も大変だから。空港の近くでエンタメとかいろんなことが間に合うとみんなにとって便は良いですよね。

眺め最高足湯スカイデッキ

瀧：あ、あった。足湯スカイデッキ。うわ〜、空港の眺めもすごいじゃんか！　気持ちいいとこだなあ。あ、若い男の子2人組が先客でいる。こんばんは。地元の子？

若者：こんばんは。はい、そうです。この辺の人ですか？

瀧：いや、地元の人から聞いて、足湯に入れるっていうから来てみたところ。君達は高校生？

若者：高校生です。

瀧：さっき自転車でうちらの横を通り過ぎていった人たち？　もしかして？

若者：そうです。

瀧：ここに入りに来たの？　足湯行こうぜ、って。

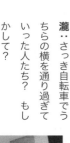

若者：はい。最近ハマってるんです。

瀧：渋いなあ（笑）君たちいくつ？

若者：18歳です。バイト終わったから足湯でも行こうかって。

瀧：良い趣味してるねぇ。存分にバイトの疲れを癒したまえ。どうもありがとね、ごゆっくり。

若者：はーい！

瀧：じゃ、俺も入ってみようかな。ここで良いかな。（チャプン）うお、うおおお、気持ちいいわ〜。いやぁ、羽田で意外なもんにありつけたなあ。足湯はイメージないわ。ちゃんとあったっけえし。さらに飲み物の自販機まである。

——残念ながら100円ではなかったですね。

瀧：この条件でそこまで欲しちゃダメな気がする（笑）お湯も結構な温度だよ。いや〜、最高だよね、ここ。

——僕も入りますね。うわ、これはあったかい。

瀧：ね。あ、今23時か。じゃあここで撮っちゃおう。おーい君たち〜、一緒に写真撮ろう。俺のYouTubeの「ユアレコ」じゃないけど、やっぱり地元の人のおすすめは絶対なんだって本当に。よし、じゃあそろそろ次の目的地に向かおうか。

環八沿いを歩く

——こっからもう大森までまっすぐ行っていいです

か？

瀧：うん、行こう。ところで今いるこれ、何通りになるの？

——環八ですね。

瀧：これ環八なんだ。うわ、あの前方に見えているものの何？　メタルなエビの頭？　でっかいウナギ？

——あれは東京都下水道局羽田ポンプ場ですね。

瀧：あれポンプ場なんだ。災害用かな。言われてみれば確かに場所によったら海抜ゼロメートル地帯あるだろうね、ここら辺。

——大田区の人に聞いたんですが、大田区には雨乞いじゃなくて雨止めのお祭があるそうです。いい感じに雨が止んで川が氾濫しませんように、っていう。

瀧：そんなのあるんだ。確かにここも見た感じ土地が水面とほぼ一緒の高さだからさ、大雨が降ったりしたヤバい時はこのポンプが水を汲み出してくれるんじゃないの？　やっぱりそうだ、看板にちゃんと描いてある。河川へ放流。このトレーラーが溢れた時用の緊急ポンプなんだろうね。「雨の日もポンプ場は頑張っています」だってさ。地域の人にしてみたらすげえ大事な施設なんだろうな。ここも何か企業っぽいのが出来てる。クロネコヤマトの集配センターみたいな？　なん

だこの建物、スゲーな。

——ここはヤマトフォーラム。どうやらスポーツ施設みたいですね。

瀧：ここクラブイベントとかできそうじゃない？　建物かっこいいし。この辺って前からこんなにホテルって沢山あったっけ？　きっと最近できたんだよね。10年前はこんなにホテルなかったと思うけどなあ。環八沿いを歩くとちょっと寂しいみたいな感じじゃなかった？　ＪＡＬホテルもある。ちょっと一本、裏の道に入ってみる？　大森方面にずっとまっすぐ行くんなら、まあ環八沿いを歩くことも滅多にないからそれでもいいんだけど。

——ルート的には入っても問題なしですね。

瀧：せっかくだからちょっと入ってみよう。環八からちょっと入ると雰囲気はどうなってんの？っていう興味と共に。

住宅街で聞く松浦佐用彦氏について

瀧：中規模マンションみたいなものが多いね。何か味ありそう。あれあれ、行き止まりだ。T字になってる。おそらくこの辺って、江戸時代の頃に埋立てて広くしたわけじゃんか。海の方にどんどん新しい土地を増やしていった歴史があるわけでしょ。でも本田さんの話みたいに、歴史的に見ると新しいと思われる土地でも、もうだいぶ人が土地に根付いているわけだよね。そう考えると今のお台場のあのよそよそしい感じも、時間が経つとこんな感じになるのかもしれないよね。

——ああ、なるほど。

瀧：１００年後ぐらいいじゃないかな、こうなるの。あ、あれ全部ロボット受付のホテルだよね。都内にもあるんだね。映画の「ゾッキ」で行ってた蒲郡にもあったな。あと佐世保でも見たことある。

——ここから目的地の大森まで４キロ。一本

道が続くんで、僕の松浦左用彦さん調査結果を報告しようかな、と。

瀧：今このタイミングで？　そうね、しばらく住宅地が続くだろうしね。じゃあ聞かせて、調査報告。

——では始めます、松浦佐用彦さん調査報告。まあまず、松浦さんって誰だよ、ってところを改めて復習しておくと、台東区で行った谷中霊園でお墓参りをした方ですね。現在の東京大学在学中に、大森貝塚の発見者であり、「日本考古学の父」と言われているモース博士のアシスタントをしていたんですが、大森貝塚発掘作業中の1877年に20歳の若さで病気により亡くなりました。

瀧：うん、そうだったね。

——で、松浦さんは地元が高知県なのに、なんでお墓は谷中霊園にあるんだ？　モースや学生がお金を出し合ってお墓を建てたみたいだけど、一体何をした人なんだろう？　もしかして本当に大森貝塚を発見したのは松浦さんだったりして？　それとも、もしかしてモース博士と恋仲だったのか？　なんて話になり、「じゃあ僕が資料館とか行って調べてきますから、大田区編では大森に行きましょう！」という流れになったという。

瀧：うんうん。その通り。で、どうだったの？

——僕はもうね、もう1回、松浦さんの墓に行って土下座したいぐらいです。松浦さんはめちゃめちゃ日本の考古学に貢献した人でした。

瀧：ああ、そうなんだ！　大天才だったってこと？

——もちろん、才能もあった方だと思うんですけど、すごい努力した方だったみたいで。まだ発掘とか考古学っていう概念がないわけじゃないすか、当時の日本では。ですけど、モース博士が貝塚らしきものを見つけました。そこで発掘しようと思ったけど、当時の東京府の土地だから勝手には掘れないですよね。しかも、もしも私有地にかかっちゃったら、最悪国が買わないといけないじゃないですか、土地を。

瀧：うん、そうね。

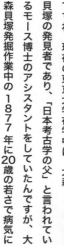

——だから、発掘許可をくれとか、将来的にもし私有地からも出土品が出たら買い上げてほしいっていうことを踏まえ、役所まで行って、役人相手に説明、説得したのが松浦さんだったんですよ。モース博士は日本語がそこまで流暢じゃなかったでしょうし。

瀧：なるほど。発掘して出てくるのは只のゴミじゃなくて、我々の祖先の痕跡を探せるかもしれない、歴史的価値があるものなんですよっていうことを、役所に説明してたってことね。

——発見しただけじゃどうにもできなかったのを、学問の分野に押し上げて日本に根づかせたのは松浦さん。役所に行っても、「何言ってんだ」ってやっぱり言われちゃって。それでも粘り強く説得して。それに半年くらいかかったそうで。

瀧：「君が骨を折ってくれたおかげでこうやって結果を残せた。日本の考古学が半歩か一歩かわかんないけど、前に進むことができたんだよ」っていう実績をたたえて、皆で松浦さんの墓を作ったということね、なるほど。

——というのがあったので、推測でアレやコレや言ってごめんなさい、ってのがまず最初で。その後の話なんですけど、実は大森貝塚跡って言われるところが二箇所あるんですよ。

瀧：え、そうなんだ!?

——1個が大田区にあって、300m離れた品川区の方にもう1個。どっちが本当の貝塚だよ!って話なんですが、その経緯もすったもんだがあったらしく。モース博士が帰国した後に、品川区の方に大森貝塚碑というのを建てようと毎日新聞の副社長をしてた考古学好きのおっさんが言い出したんです。当時のモースの弟子たちも「じゃあここに建てましょう」ってなった。で、これ僕の推測もあるんですけど、どうも言い出した人たちの中で派閥争いみたいなものがあったみたいで。

瀧：うんうん。

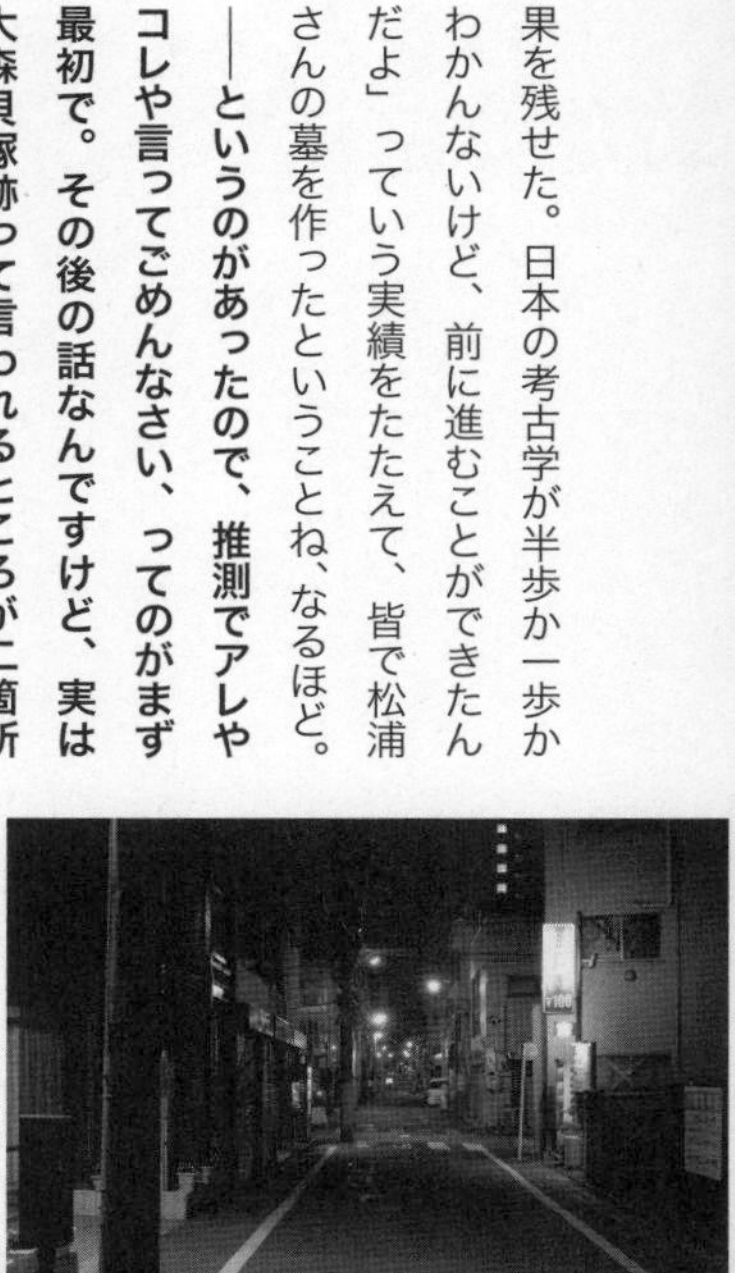

――佐々木忠次郎さんっていう、モース博士と一緒に発掘もしていた人が、「いいや、品川じゃない！」って言い出したんですよ。「大田区のここだと思う」と。「なぜなら、俺たちはこの大田区にある松の木の下でお弁当を一緒に食べた」と。

瀧：また松の木出てきた（笑）

――モース博士と大森貝塚を発掘していた人なんて、絶対にその世界では偉い人になってるわけじゃないですか。その人がそういうふうに言い出しちゃったもんだから、学者周りがみんなその人の味方するしかなくなっちゃったみたいで、それで結局記念碑を二つ作ることになったんですよ。

瀧：うんうん、なるほど。

――その作られた記念碑も、いちいちトゲがあって。まず品川区側の記念碑が、昭和4年にできてるんですよ。大田区の方は昭和5年にできたんすけど、大田区の貝塚記念碑の説明文を見ると、「本当は昭和2年につくるはずだったけど世界的な恐慌でお金が足りなくなってしまったから昭和5年になっちゃった」、要は、「こっちが先だぜ」っていうふうなことがわざわざ書いてあるんですよ。

瀧：なるほど。

――何が悲しいって、その大田区の方に、松浦さんの名前まで掘られてるんですよ。「こっちがちゃんと松浦が一番力を尽くした方だから！　松浦はこっちのものだから！」みたいな陣取り合戦に巻き込まれてて、その時はもう松浦さん亡くなっちゃってるから、死人に口無しでいい様に使われた感満載で。

瀧：なるほど、名前がそういうふうに使われちゃって。

――で、この言い争い、実は昭和50年くらいまでずっと続いてて。結論としては最初に話した通り現在の品川区側で間違いなかったんですよ。というのも、東京府が発掘のために一部の私有地を購入していて、その土地の契約書とか公文書が出てきたんですね。それを見ると、買ったのは間違いなく品川の部分なんです。で、300ｍしか離れてないんすけど、その間に実はちょっと谷があって、地層がもう完全に別なんですよ。

瀧：ははあ、そうなんだ。何か大田区ってずっと何かを取り合ってるね、令和島とかもさ。

——もう大森貝塚に関しては完全に争い事になっちゃっていて、草葉の陰で松浦さんが泣いてるぞ！と思いながら調べてました。

瀧：そうだね、それは悲しい。この夜の住宅街を歩きながらだと、そんだけ長い説明も軽々聞ける（笑）

——以上、松浦さんに関する調査報告でした（笑）とりあえず、大森貝塚の跡ではないんですけど、石碑だけは残っています。そこに松浦さんの名前も彫られているので、一応見られるってことで向かいましょう。

瀧：うん、ありがとう。興味深い話で面白かったよ（笑）そして、この辺ちょっと減ってきたけど、今説明を聞きながら歩いてきたところにも町工場がいっぱいあったね。

生活感のある大森南

瀧：お、100円自販機を発見。キャラメルミルク、アメリカンカフェオレ……。

——エスカップ売ってますね。しかも100円。

瀧：やっぱエスカップじゃない今日は？　自販機限定って書いてある。この小瓶のやつを100円で売ってるの珍しくない？やっぱ、大田区らしいっていったらこれ一択な気がする。エスカーップ!!（グビグビ）ああ、懐かしい味がする。ちょっと元気が出るような気もする。100円で元気になったら、こんなありがたいことはないけどね。最近だと撮影のときにたまに差し入れで置いてあるやつを見かけることが多いかな。エネルギーチャージ完了。町工場みたいなところか

なり多いね。夜中も稼働してるとことかも実は多そう。あれれ？　これさ、シン・ゴジラでゴジラが第2形態になる前に遡上してくるとこじゃないの？

——ああ、ここそうかもしんないですね。

瀧：船とか吹っ飛ばしながらこの川をガシガシ登ってくるよね、それで品川の方に向かうじゃん。違うかな。これ何ていう川？

——呑川っていうみたいですね。

瀧：ここであってほしいなあ。樋口さんに聞こうかなぁ（笑）

——（調べる）2、3個別の似たような川もあるみたいですね。

瀧：そうかそうか。見た目似てるからもしやと思ったんだけどなぁ。

味わい深い駅名が多い京急沿線

——これが産業道路です、大きな道に戻ってきました。途中、環七を通ります。

瀧：ここあれじゃないの、高橋さん（注：板橋区編の案内人）が好きな暗渠だよね。元々は川だった道。そして、やはり周辺には松が植えてある。

——空港に行くときは、いつもタクシーですか？

瀧：仕事だとタクシー。家族で出掛けるんだったら車で行って空港の駐車場に停める感じ。電車で行くことはないかな。

——そこ曲がると、梅屋敷駅の方向です。

瀧：梅屋敷っていう駅名いいなあ。俺、女の子に君どこ住んでんのって聞いて、梅屋敷って言われたら、ちょっと好きになっちゃうかも（笑）なんか可愛くない？　梅屋敷に住んでるのって。商店街に入ってから道がくねくね曲がり始めたね。

——そうですね。そして本当に普通の住宅街になって

きましたしね。

瀧：お、海苔問屋を発見。渋い。三輪神社、厳島神社氏子総代ですよ。水産庁長官賞受賞店。土台が強いわ。なんかね、さっき本田さんにも聞いちゃったけど、俺、毎回祭のこと聞くよね（笑）

——静岡で住んでたとこは、どうだったんですか？

瀧：住人が中心になってやるような祭はなかったんだよ。お祭になるとみんないつもとは別のルールで動く感じあるじゃん。地元のお荷物ヤンキーが、頼りになる瞬間があるというか。いつもは地域にとってのお荷物だけど、「今日は戦力になる日だぞ」って気合い入れて役に立つってすごくいいシステムだと思うんだよね。そういう祭がうちの地元にはなかったから祭があるところってちょっと羨ましい。うちのチーム（ピエール学園）の左のピッチャー、幡ヶ谷出身のやつなんだけど、10月は全然野球に来ないのよ。理由を聞いたら、10月は地元の祭をハシゴするんだって。ほぼ1ヶ月間神輿を担ぎ続けなきゃいけないから、野球やってる場合じゃないって（笑）そういうの羨ましく思えるんだよね。あ、なんかすごい曲がりっぷりで、先を見せようとしない誘い道が現れた。

——そっち行かないでください。今の商店街をまっすぐ行けば、梅屋敷には着きますから（笑）

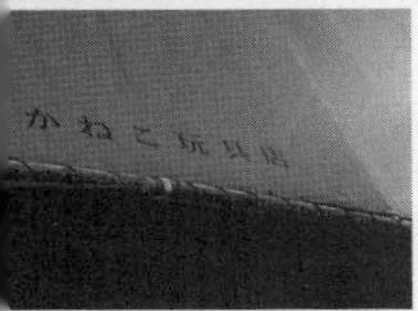

瀧：この両サイドさ、最近綺麗にしましたよって感じじゃない？　最近したっつうことはさ、商店街として

まだまだ機能してるっていうことでしょ。いいよねぇ。そしてその中で際立つこのかねこ玩具店の控えめぶり。木の玩具、積み木とか売ってそうじゃない？　今どきのポケモンのおもちゃとかも売ってるのかな。昼間覗いてみたくなるね。この辺の飲み屋で飲んで、深夜にここを酔っ払って歩いたりしたい。雰囲気いいわ〜とか言いながら。瀧さん声でかいっすよ！　とか注意されたりしてさ（笑）あ、こういう感じのお店最近よく見かけるよね。新しいお店にはなったけど、元々あった古い看板は残すっていう。

——確かにそのスタイルだいぶ増えましたね。

瀧：俺それ結構好きなんだよね、先人へのリスペクトと地域への優しさが感じられてさ。ここもいいね。うめやストアー。昭和感満載だ。魚、お肉、……野菜、あそこなんだったんだろうもう1個。雑貨的な店とか、それか乾物屋とかかな？

——魚屋の売り物、鮪と魚は別扱いなんですね。

瀧：ほんとだね。鮪の目利きには自信あったんじゃない？

激狭道路を発見！　当然行く！

——さて第一京浜にぶつかりました。これを渡れば梅屋敷駅です。

瀧：そもそも梅屋敷ってのはなんなの？　やっぱお武家さんの屋敷的な？

——ちょっと調べてみますね。（第一京浜を渡りながら調べる）かつてこの駅付近に、梅屋敷という屋号の風邪薬を販売していたお店が存在し、それで梅屋敷って名前になったということです。

瀧：元々は店の名前だったのか。イトーヨーカドー前みたいなことだよね。というか、普通店名に屋敷ってつける？　よっぽど目立ってた屋敷だったんだろうなあ。見てよ、これ一応道だよね。めっちゃ細くない？

そして結構な距離あるじゃんか。あっちだよね、目的地。ここをあえて抜けてみる?

——行ってみましょうか。

瀧：うわ、100メーター以上あるよ。すげえ細え道……。我らよくぞここまで足を運びけり。夜だから静かに行こうね。はあ、まだ続いてるぞ。こういう細い道ってたまに遭遇するけどさ、こんなに長いのは珍しくない?

——これまで見た中では一番ですね。でもルート的には外れてないですね。

瀧：横幅1mぐらいじゃない? 十字路が見えてきた。

——これ、悪さしている人にとっては、ルート覚えておけば逃走経路かなんかになりそうですね。

瀧：これ元は水路とかだったのかな? ドブ川というか。奥に何か見えてきたぞ。

——あそこどうやら公園のようですね。

瀧：あ、公園に出た。ホントだ。

——もうほぼゴールの大森ですね。

瀧：うわ出た、またこの感じだ。暗渠の仲間。これも元小川かもしれない。昔はさ、家の玄関の前に水路とかドブがあって、生活廃水とかそこにバンバン流しちゃってたよね。俺が小かった頃（昭和40年代）の実家近辺とかそんな感じだったよ。

——今日は大田区の端から端まで行ってる感じです。

瀧：そうか、大田区横断だ。それでもまだずっと大田区なんだもんな。こんだけ歩いてもさ。これが23区分あるってなると、やっぱ歩くと広いんだな東京。首都高とか車で走るとあっという間に終わるんだけどね。でもでかいよねやっぱ。そして尋常じゃない数の人が暮らしてる。すげえなあ本当に。歩くと実感するなあ。ちなみに

大森貝塚は何時代の貝塚だったの？

——縄文時代ですね。

瀧：縄文なんだ！　ってことは、俺たちが今歩いてるこの道もさ、はるか昔は海岸だったわけじゃん。それが今は埋め立てられて、俺たちがこうして歩けてるわけじゃんか。貝塚があったってことは、人が暮らしてた集落がそこにあった証拠だよね。みんなで貝を採って食べて、ゴミとして貝殻をポイッてやったからそうなったわけだよ。その後長い歴史の間で色々な出来事が起こって、さまざまな理由で徐々に埋まっていったんだろうね。人為的な原因も含めてさ。ロマンあるよね～。しかしこうしてコロナ禍で23区歩いてるとさ、「すき家」って頑張ってんなって思うよね（笑）

——絶対に夜開いてますもんね（笑）

瀧：むしろ「すき家」しか開いてないもんね。若干ライフラインの側面あるよね。

——ここ渡って左です、そうするとアーケードがある商店街です。

瀧：ＪＲの駅だぜ！　って感じだね、大森。

——メジャー感ありますよね。

瀧：うん。アーケードある感じ。お、すげえ立派な商店街。大森駅前郵便局。うわ、そんな所にあるんだ。これ入り口はこのさらに奥にあるの？　大森って意外に栄えてるんだな。ガールズバーもあるよ。このアーケード街の路上にさ、夜中に車が無造作に停まってる感じっ

てすごい地方感あるね（笑）

——そうですね（笑）大森駅に到着しました。

瀧：なるほど。ゴールまでもうちょいか。

——実は今から訪ねる大田区側の貝塚碑、NTTの敷地内にあるのでこの時間は入れないんですけど。

瀧：マジで!? 入れないんかい（笑）

——ただ、レプリカが置いてあって、そこにもちゃんと松浦さんの名前が書いてあるので、とりあえずそこをゴールに出来ればな、と。

瀧：なるほど。大田区は時間外の訪問者への対応もできてると。

——そういう意味では、大田区の方が気は効いてるんですよ。品川区の方は夜は閉まってしまうので。ここがかつて闇市だった飲み屋街。あ、瀧さんこれです！大田区の大森貝塚碑のレプリカ。大森貝墟の碑というのが正式名称だそうです。

瀧：これ？ これか！ やった！ ゴーーール（笑）

——ここから奥へ降りてNTTの敷地の方に行くと、オリジナルの大森貝塚碑が線路沿いから見えるようになってます。

瀧：見学時間は9時から5時。貝塚の模型があったりするわけでもないんでしょ？ 碑があるだけ？

——碑だけです。なぜなら、ここじゃなかったからです！ 品川の方には何かいろいろあるんです。

瀧：お、佐々木忠次郎さんの名前がある。あの松浦さんのお墓で始まって、ここに導かれて俺たちがやってきたことを考えると、なんかじんわりするな。

――松浦さんの名前も書いてあるんですよ。佐々木さんは松浦さんの名前を、本当に頑張った人の名前を使ったんですよね。もちろん、佐々木さんだって頑張ったと思うんですけど。

瀧：本当だ、ちゃんと松浦さんて書いてあるわ。これにて松浦佐用彦編、完結だな!! つうか、台東区の墓からここまで松浦佐用彦ストーリーだったけど、一人の人の人生に思いを馳せるのすごくよかったな。知らなかった人だけど、どんな気持ちだったんだろう？ って考えるのも供養の内な気がする。こんなに長く東京に住んでるけど、そしてこの前を何度も車で通ったことがあるし、大森貝塚っていう単語も知ってはいたけど、そのメインじゃないところからここにたどり着き、何かの真理にはたどり着いた気がする。いいね、さっぱりしたよ（笑）

――瀧さんでは最後に、大田区とは。

瀧：羽田のあの三つの町が、出て行けって言われた話。そしてこの松浦さんが日本の考古学の基礎を作った話。羽田空港は何度も利用してるし、この前の道もこれまで何度も通ってるけども、俺それぞれについて全然知らなかったんだなって。本田さんの工場の話とかもそう。でも俺だけじゃなくて知らない人結構多いと思うな。だから大田区に限らず他の区もそうかもしれないけど「知らない歴史が眠る場所」ってたくさんあるなと。かと思うと、あの羽田の新しい施設とかさ、西の端の羽田空港から今後歴史が作られていくのかなっていう気もする。昔は海に広げていったのに、今度は海の側から発展しようとしてるんだもんね。そう考えると「23区の中で一番海と付き合いが深い街」だよね。

中野区《なかのく》

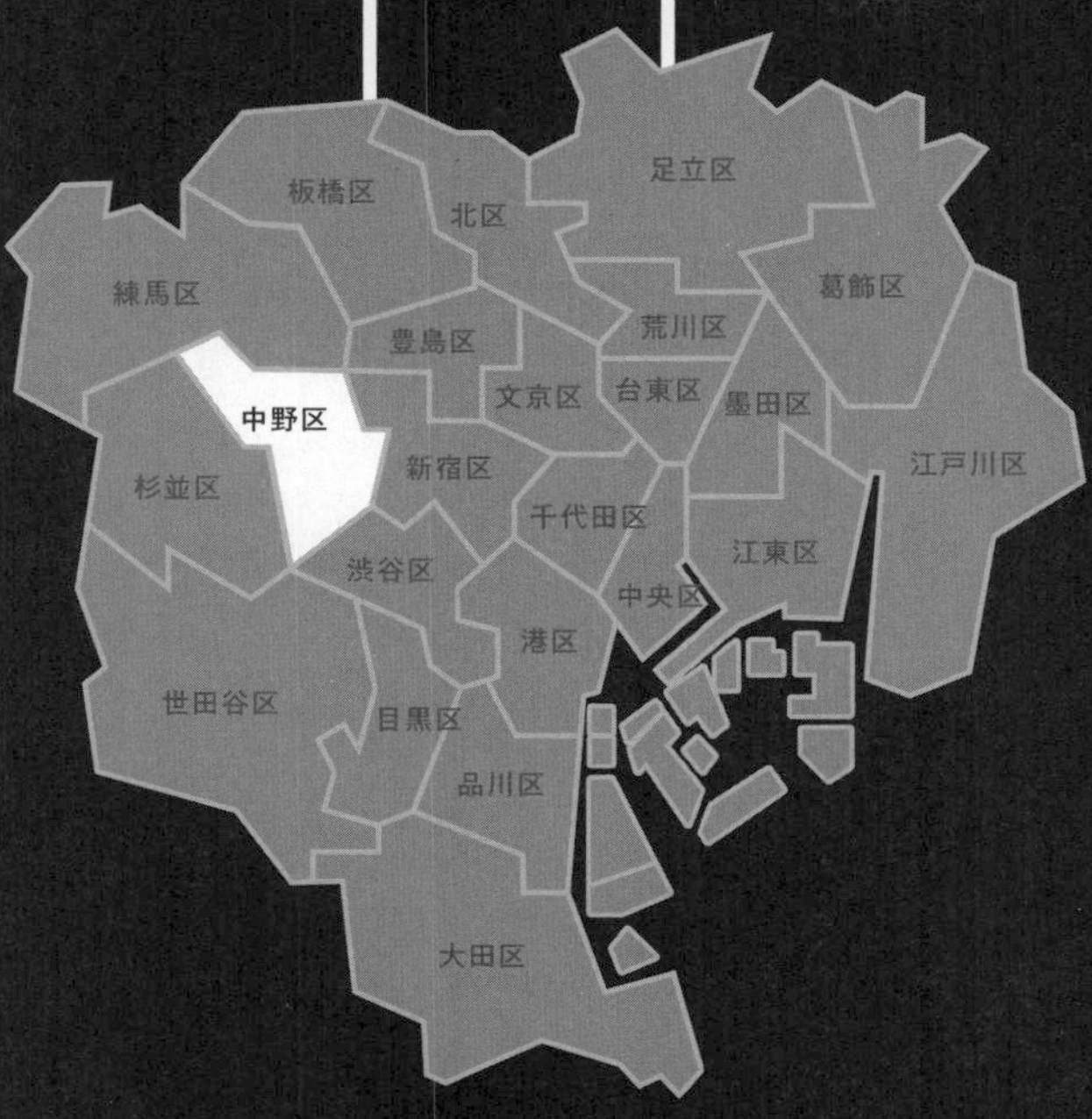

足立区
板橋区
北区
練馬区
葛飾区
荒川区
豊島区
文京区
台東区
墨田区
中野区
杉並区
新宿区
江戸川区
千代田区
江東区
渋谷区
中央区
港区
世田谷区
目黒区
品川区
大田区

都営大江戸線「新江古田」駅スタート

——今回は中野区です。瀧さんの発案で、「まちクエスト」という散歩アプリを使いながら歩いてみようと思います。画面のレーダーを頼りに身近にある「クエスト」を探して歩き、その場所に設定された問題に答えて遊ぶアプリなのですが、ユーザーは問題も作ることができます。「ポケモンGO」とか「ドラクエウォーク」のクイズ版、という感じですね。

瀧：新江古田。ここ来るときに、「えこた」なのか「えこだ」なのかどっちなんだ？　と思いながら来たんだけど、駅名見たら、「えごた」なんだっていうね。頭になかった変化球で泳がされて三振取られた感じ（笑）

——練馬区側の「江古田」は「えこだ」と読みます。

瀧：なんで点が移動するんだよ（笑）さあ、今日はその位置情報系アプリ、散歩のお供アプリの「まちクエスト」を使って、街歩きをしながら各所に散らばっているクイズを解きまくっていこう。そしてチャンスがあればクイズも作っていこう。（立ち上げたアプリを見る）どれどれ。お、新江古田駅にもクイズがあるね。

——では、イントロがわりに解いてみましょうか。

瀧：はい、じゃあ出題してください。

——「新江古田駅」の駅名を正しく読むと、この駅名の読み方の中にある数字と同じ発音の文字があります。その数字とは？

瀧：５！

——その通りです！

瀧：「そうか！　えごた、だったんだ！」と思ってる人たちは、俺たち以外にもいたってことだよね。

——クイズはいいクイズですよね。

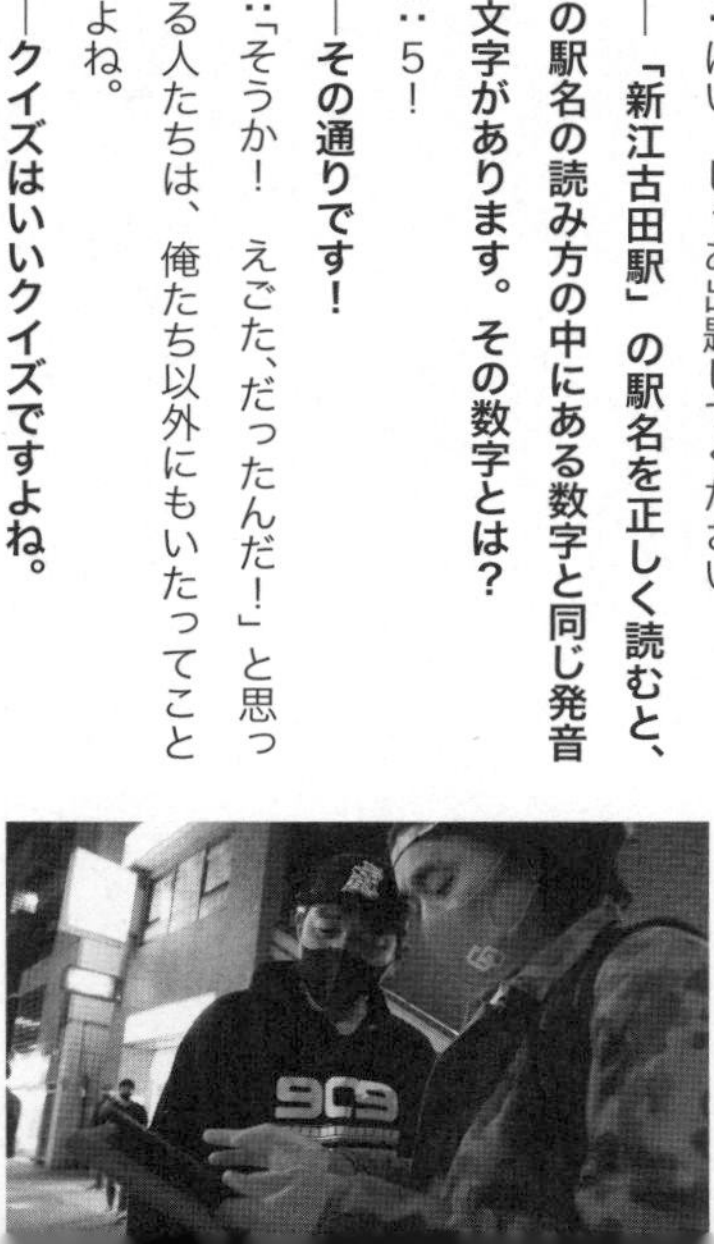

瀧：ね。「テクノアーティストで知られるAlter Ego（オルター・エゴ）ですが、どの国の出身でしょう?」とか思いついた（笑）他に近くにクイズある?

――もうこの辺にはないみたいですね。この先（江古田通り）をまっすぐいくと、公園に1問クイズがおいてありますが。

瀧：じゃあ、とりあえずそれを目指して歩こう。今日は歩くのもいいけど、真剣にクイズを解いて、そして新たにクイズを作って置いていくっていう趣向もありだね。ちなみに今いるこの新江古田駅前って、目白通りだよね。

――そうですね、別名、都道8号ですね。

瀧：じゃあ、それクイズにしよう。数字は意外とみんな知らなさそうじゃない？ 通りの名前間違えないようにしないとな。クイズ作ったのに記述間違えたりしてるのってすげえダサいからさ（笑）じゃあ問題は「新江古田駅前を通るのは目白通りですが、都道何号線でしょうか?」で、答えは「8」ですよと。よし、アップしよう。どう?どう?反映されてる?

――されてます!出題者の名前も「23ku23ji」。

瀧：矢吹くんが作った別のアカウントで、ちょっと答えてみようよ。

――わざと間違えてみましょうか。じゃあ6にして。

……「不正解です、しばらく問題に答えることができません。」やばい!（笑）

瀧：どんくらいダメなの?

――あと7秒待ってください、って出てます（笑）じゃ

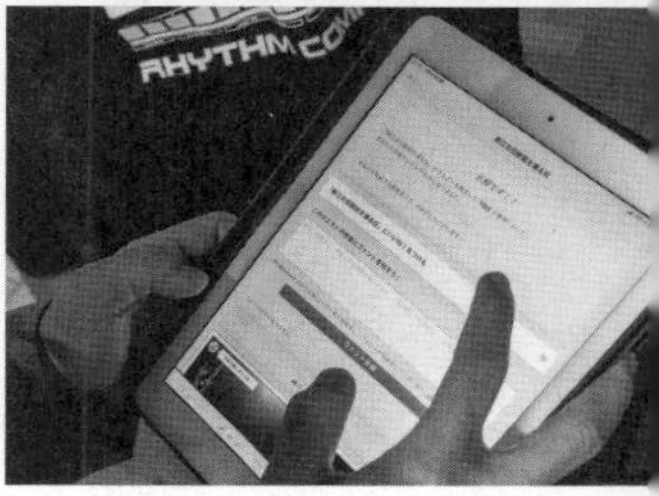

正解してみましょうか。

瀧：そうしてみて。

——答え、8。「正解です！ 10ポイント獲得！ あなたが初めての発見者です、おめでとうございます！」やったー！

瀧：よーし！ なんだろう、すげぇ嬉しい（笑）

——答えは数字かカタカナかアルファベットだったら、なんでも大丈夫みたいです。

瀧：じゃあ新たなクイズを求めて出発しよう。何かいつもと違うムードだ。なんだか楽しい（笑）

クイズを求めて中野区を歩き回る

——この先に江古田の森公園という公園があるので、まずはそこに行きましょうか。

瀧：なるべく頑張ってさ、クイズ置いていきたい気もするよね。よし、この道をまっすぐ行けば公園に着く？

——右に曲がっても着きますね。

瀧：じゃあここ曲がってさ、公園のど真ん中あたりから入ってみよう。ここは地名に「江」がつくってことは、元は川原とか川だったのかな。

——暗渠が多いみたいですね。

瀧：やっぱ水場なんだな、元々湿地帯とかなのかもね。江原小学校だって。

——瀧さんって中野に遊びに来ることってあります？

瀧：中野はないな。飲み屋ももちろん多いだろうし、芸人、バンドマン、役者やってる子たちとか結構いるイメージあるけど、うちらの周辺の仲間はこっち側じゃ

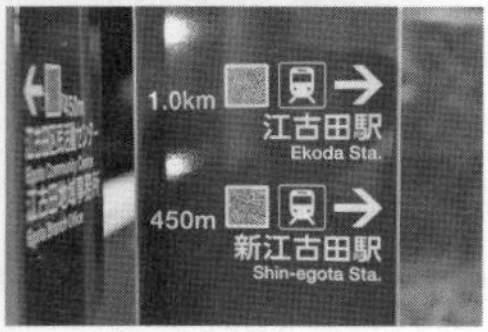

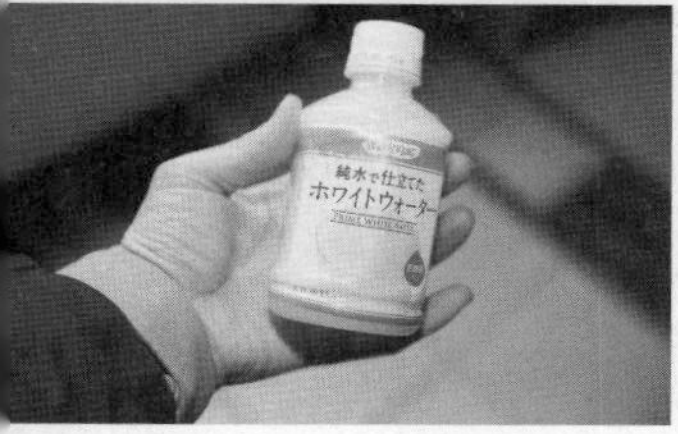

なかったなあ。こっちに住んでる仲のいい友達ってそんなにいなかったんだよね。そして川の様子がなんかすごいね。完全に干上がってる、第3新東京市の川じゃんか。

——これは「江古田川」です。

瀧：もう川の体をなしてないよ。暗渠とも違う。やっぱりここまでやるのは水害対策な気がする。昔は割と溢れちゃったりしてたんだろうね。お、100円自販機だ。

——ホワイトウォーター、ジンジャーエール。あったかいミルクセーキ珍しいですね。

瀧：昔はね、ミルクセーキってロング缶だったのよ。ホワイトウォーターいきますかね。（ガチャン）いただきます。うまい！ 一口目の感想は、「地元の子ども会の味」。なんかそういう子ども会の記憶の味がします。

——じゃあ僕も、いただきまーす。あー、なるほど。駄菓子屋に30円ぐらいで売ってたヤツを思い出します。

瀧：ああ、似てるよね。ビニールに入ってるヤツ、あれの白の味。それをごくごく飲めるようにしたっていう。そこは評価します。

江古田の森公園から出題

瀧：はい、着きました。夜の江古田の森公園。何かクイズにできそうなものを探そう。向こうの遊具の方に行ってみようか。あ、あそこ竹林があるじゃんか！

瀧：竹の花って100年に1回だけ咲くんじゃなかったっけ。違う？

——ちょっと調べてみます、60年〜120年ですね。だいぶ幅があります。

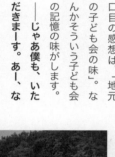

瀧：ふ〜む、そうか。でも竹林いいからさ、なんとかしてクイズにしたいよね。筍って英語でなんて言うの？

——Bamboo Shootですね。

瀧：よし。「江古田の森公園には竹林があります。さて、筍を英語にする場合、アルファベットのｏはいくつ必要でしょうか？」これどう？

——いいですね！　作りましょう。

瀧：俺が映り込む感じで出題の写真もしれっと撮っておこう。知らずに見つけた人をびっくりさせるために（笑）まあまあいいクイズじゃない？　答えは4だよね、よし送信と。

——アプリで見てみますね。来ました！

瀧：はい、では答えます。4！

——正解です！（笑）

瀧：よーし（笑）出題するの楽しいなあ。気の利いた問題を考えたくなるよね。ん、これはトイレかな？

——山小屋みたいですね。

瀧：これトイレだってぱっと見わかんなくない？　ここを知ってるか知らないかで近所の人かどうかわかるよね（笑）近所の人にしてみたらさ、ギリギリの状態だけど、ここまでたどり着けばなんとかなるっていう精神的保険のトイレだろうからさ。

——確かに緊急用っぽいですね（笑）とりあえず、次のクエストの場所目掛けて歩きましょうか。この道をまっすぐ行くとクエストが1個あるようなので。

瀧：あ、江古田通りに再び戻ったのか。そうか、駅から通りをまっすぐ行きつつ右に折れてちょっと寄り道して、公園で一問作ったんだもんね。さてと、クイズのネタっぽいものは何かないかなぁ。

——警察署とかあれば、警察マスコットでおなじみのピーポくんは何人家族でしょう？　とか作ってもいい

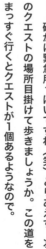

ですよね。

瀧：ああ。ピーポくんの家、実は赤ちゃんいるんだよね、妹も。確か7人家族だわ。この前鮫洲の免許センターで見た。何だろうな、いつも『23区23時』ではキョロキョロして歩いてるけど、今回はさらにキョロキョロして歩いてる。でも、この街歩きクエストを最初に考えた人は、うんちくを踏まえたいい問題を作ってほしがってるよね、きっと。出題者のセンスが問われるような。そして坂だね。さっきいた場所がさ、川だったわけじゃない。つまり低くなっている土地ね。

——もうすぐクイズがあるところにつきますね。

瀧：まちクエストって、問題がある場所の半径3メーター以内に入らないと答えられないんだよね。まずはそのサークルまでたどり着かないと。ここ？　わあ！　なんとお寺じゃんか！

神社仏閣と相性が良いまちクエスト

——東福寺さんです。ここに問題がおいてあります。では読みますね。

瀧：はい、ください！

——「東福寺、この寺院には1728年に鷹狩に訪れた……

瀧：ちょっと待った！　急に本格的なんですけど（笑）

——（笑）「東福寺、この寺院には、1728年に鷹狩に訪れた徳川吉宗が立ち寄って食事をした「御善所」。石碑が設けられており、境内に入ってみることができます。また、豊島八十八ヶ所や御府内八十八ヶ所の礼所をめぐる人々も訪れる寺院です。この寺院は豊島八十八ヶ所・御府内八十八ヶ所何番札

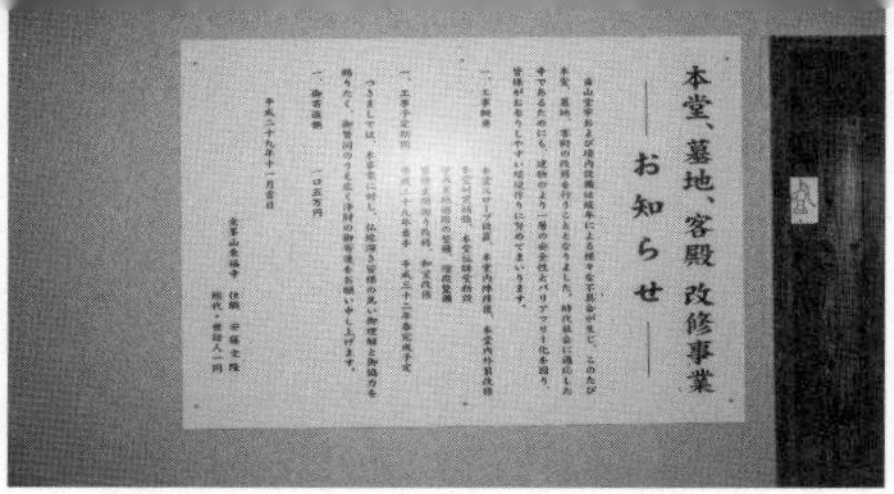

所でしょうか？」

瀧：急になんだよ！　わかんねー（笑）あ、御善所跡って書いてある。ちゃんとヒントはあるんだろうな！

――夜だと解けない。つまり、昼間に境内に入らないと分からない可能性ありますよね。

瀧：それは困るなあ、なんか手掛かりはないかな。「バリアフリー化のお知らせ」絶対ここじゃねえわ（笑）ネットでちゃっちゃと調べりゃいいんだけどさ、それはなんか反則じゃん。面白くないし。あれ？　よく見たら石碑になんか書いてある。「御府内八十八ヶ所の二番」これじゃない？　答えてみようよ。

――では入力します。２番。……正解です！

瀧：やったー！　いやあ、ものすごいドラクエっぽい喜びがある（笑）ここにアイテムあったぁ！っていう感じの。

――正解して10ポイントが入りました。「あなたは16人目の発見者です」とのことです。

瀧：なるほど～、よしよしよし！　いやこの石碑がなかったら完全に無理だった。こうやってそつなくヒントがあるのがいいんだな。注意深く見渡せばなんとかなる的な。

――ちなみにここの横に氷川神社があって、そこにもクイズあるんですけど行ってみます？

瀧：うんうん、行ってみよう。その場所にヒントがあるのかも見ておこう。やっぱ出題する側としてもさ、なるべく回答者を楽しませたいじゃん。エンターテイメントの世界に身を置いてる身としてはさ。氷川神社あった。失礼します。何だか古そうな神社だな。狛犬の佇まいも良いよ、この布陣というか。ちゃんとお参りをしておこう。パンパン！　よし。では、問題をく

ださい！

――はい。「江古田氷川神社。1460年創建と伝えられるこの神社には、1846年に当時の拝殿として建てられた現在の神楽殿や江戸時代から伝わる獅子舞などが今も残されており、獅子舞は、10月第1日曜日の例祭で見ることができます。江古田の獅子舞は、雄・雌合わせて何匹の獅子が登場するものでしょうか？」

瀧：えー!?（笑）でもあそこにさ、狛犬4匹いたじゃん。ってことは、4かなあ？　でもあれは狛犬だから、獅子舞とはちょっと違うかもしれないけども。参道の両脇にさ、二つずつ並んでる様はちょっと珍しいなあと思ったんだよね。普通は一対じゃない？　それがなんとなく気になってたのよ。でも見てよ、ここにも何かが乗ってたっぽくない？

――確かに何かが乗っていた形跡はありますね。

瀧：う～ん、ということは答えは6なのかな。あ、獅子舞の舞台ってここじゃない？　ここで獅子が舞うんじゃないの？　あそこから出てきて……神楽殿の説明文がある！　でもヒント的なことは全然書いてね～（笑）

――もしかしたら裏に書いてあるかも……やっぱりないか。

瀧：う～ん、じゃあやっぱ4かな。しょうがねえ！　まず、4いってみよう！

――わかりました。4で回答してみます。……「不正解、しばらく問題に答えることができません」。

瀧：うわ～！　てことは、6か2だよね？　……2でやってみよう。

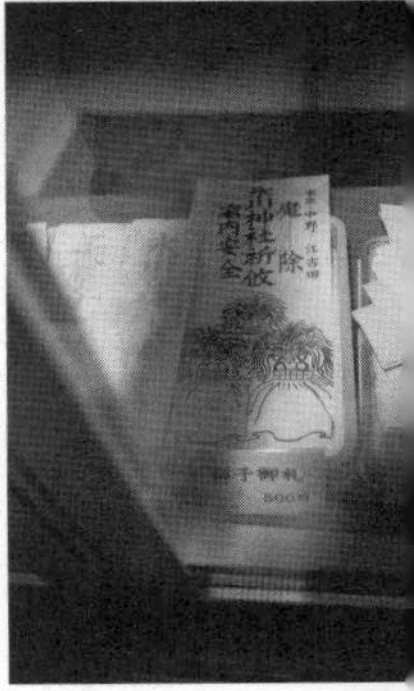

——いってみましょう、2。……「不正解、しばらく問題に答えることができません」。

瀧：ヤバい！　ピンチだ！　社務所のあたりには何かヒントないかな？

——あ！　ここ見てください。獅子が3匹いる!!

瀧：おお、本当だ。ふぅ～、やっぱさ、慌てて答えちゃ駄目だよね。反省。

——ということで、3でいきましょう。はい、回答。……正解です！　気持ちいい～。良いクイズ。慌てて答えちゃ駄目だし、こういう感じに仕上げたいなら慌てて作っちゃだめですね。

瀧：うん、そうかもしれないな。じっくり作るべきだね。ここの氷川神社の獅子が3匹のことはもう忘れないもん、だって。

——こういう問題作りたいですね。

瀧：そうだよね。よく周りを探してね。本当にRPGゲームで鍵が見つからなくて困り果てたんだけど、よくよく探したらちゃんとあったわっていう感じに近い。ここにあったのか！　見落としてた！　っていう感じ。なるほどいいね、まちクエスト楽しいなあ。

——ここからまたしばらくクイズないんですよ。

瀧：じゃあ神社を出て、歩きながら見つけた町情報からクイズを作っていこう。あ、この立て札とかにも何かおもしろ情報が書いてあるかも……「三匹獅子の特色を示し」（笑）ほら、こういう風に大事な情報はきっとどこかにあるんだよ。もうなんか、クイズ作家として嫉妬を覚えるね（笑）さっきのお札にさ、3匹の獅子が描いてあるのを見つけた瞬間のやったー！っていう感覚ね。その前にちょっと引っ掛けがあるじゃん、2例いるから4じゃねっつってさ。まあ俺の早とちりなんだけど。クイズ番組の司会者としてはしてやったりな話だよ

ね。こいつ4に行ったわ。ぷぷぷ、ホントは3なのになっていう。番組側の狙い通りだ（笑）

良いクイズを作るのは難しい

瀧：さて、どっちに向かうべき？クイズハンターとしては。

――次に問題がいっぱいあるのは、このＹ字路をまっすぐですね。

瀧：オッケー。とりあえずさっきの2問は盛り上がったな。魚屋さんあるな。看板の隣のとこ可愛くないあれ？　何匹描いてある？

――4匹ですね。

瀧：う～ん…魚屋さんに描いてある魚の数4つが答えじゃ良い問題とは言えないよね、単純すぎて。

――あ、あれさっきの獅子舞じゃないですか？

瀧：本当だ！　実は結構街を挙げての獅子舞推しなんだな。さっきの問題ってさ、地元の人にしてみたら超常識問題だったんだろうね。郷土愛のある地元の人が考えたんだろうな。

――変に僕らがいじったら、問題自体の本質を間違える可能性ありますよね。

瀧：そうね。まあ知ったかぶりして、「地元でもなんでもないやつが来て、俺らの地元の話を勝手に崩しやがった」って思われたら悪いしね。俺らは俺らでやっていこう。さっきのバンプーシュートの出来はまあいいじゃない、あれは。夜の散歩をやってきた俺たちなりの夜の視点でいいクイズを見つける、もしくはひねり出したいよね。あ、ここの交差点結構分岐あるよ。5叉路か。5叉路大好きの俺たちとしてはなんか問題できないかな。「5叉路に接している4軒のお店。そのうち、医療関係の建物はいくつ？」とか？　候補は整骨院、歯医者、

薬局、中華料理というね。でも、なんか難しいなあ。

――「5叉路から照明の獅子が何匹見えるか?」とか。

瀧：ああ、それはでも視力によるからなあ。

――そうか、そうですね。

瀧：これは？「5叉路の真ん中に立って、地面に書いてある漢字はいくつ?」。もうさ、なんか俺ら良い問題作りたがり過ぎてるね（笑）

――さっきのが良すぎたから（笑）

瀧：そう。これ早くなんとかしないと、問題考えてるうちに1時間ここで終わってしまいそう。今見えてる漢字は4つだよね。じゃあこれにしようか。「5叉路の真ん中のマンホールの上に立ってぐるりと周囲を見渡したとき、道路に描いてある漢字は全部でいくつあるでしょう?」。答えは4。これでいいか。

――これは結構いいと思いますよ。実際にここを訪れないとわかんないですしね。

瀧：そうでしょう。よし、こっちの写真を選択して問題を作成と。お、来た来た。

――回答してみます、4で。正解です! 10ポイント獲得（笑）

瀧：テッテレー！ よし、じゃあ次は、問題を解きに行こう。

――次の問題がある方に行きましょうか。結構歩かないとダメですね。

出題者にもセンスが問われる

瀧：じゃあまたチャンスがあったら作りながら歩こう。野方消防署だ。地名が野方になりました。なんか中野区ってすっかり住宅街なんだね、本当に。

――中野区にしてみたら、中野駅の周辺の雰囲気が例外中の例外なんでしょうね。

瀧：自分にとっては中野区と杉並区は同じフォルダ、そんな感じ。あと練馬とかも。ここが新青梅街道。新青梅街道を渡って、また左か。これ環七の内側に今いるんだよね、俺たち。

——そうですね。

瀧：橋みたいなの向こうにあるな。ここは関東バス整備センターだって。中野区って意外に川が多いんだな。歩いてみるまでそんなイメージなかったなあ。まだ1キロぐらいしか歩いてないから早いかな、そんな判断するの。

——いや、実際多いですよ。暗渠も結構あるみたいですし。

瀧：公園というか、広場に着いた。これなんか、すごい歴史がありそうだよね。

——これです、ここです。これが問題になります。

瀧：歴史ありそうだなあと思ったら、やっぱこれか。古戦場だったんだな。

——これ、めっちゃ長いのでよく聞いていてください。いきますね。「江古田古戦場の石碑。室町時代の関東では、幕府の出先機関・鎌倉府の長官である鎌倉公方が、その補佐役でありつつ幕府からの監視役でもあった関東管領・上杉家との対立を発端とする戦乱に敗れた後、鎌倉公方の遺児・古河公方と上杉家の対立、上杉家内部の権力者・長尾家の跡目争いとなる紛争が続いていました。その中で、石神井城を拠点に古くから豊島郡などを支配していた豊島氏と、上杉家の実力者として江戸や川越に拠点を築いていた大田道灌の間での緊張が高まり、ついに、妙正寺川の流域・江古田や沼袋での合戦となりました。この合戦が行われた文明9年は、西暦では何年でしょうか？」

瀧：まじかよ！（笑）もう知識ひけらかしたいだけじゃん！　前段まったくいらないじゃんか（笑）というか問題作ってくれた人には申し訳ないけどさ、それはちょっとなんか

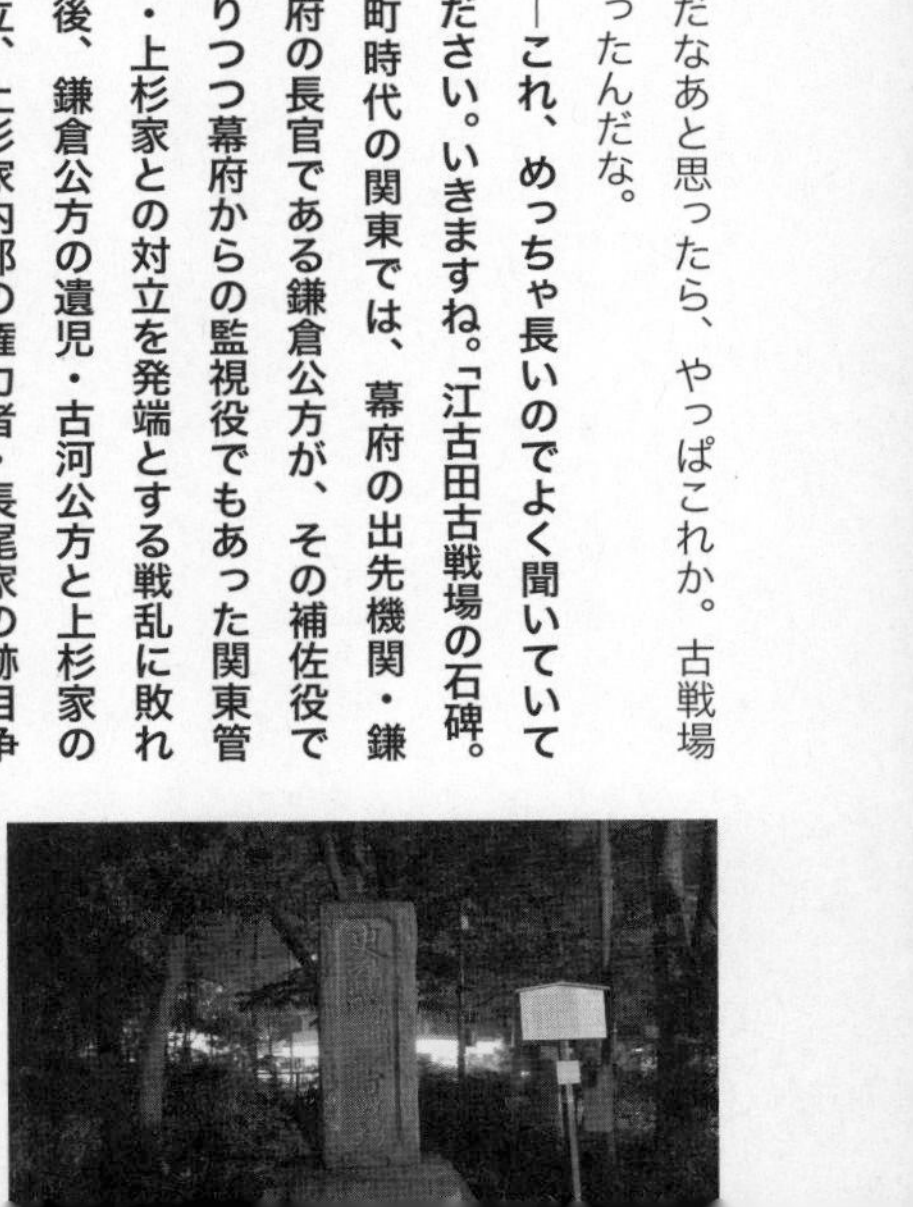

独りよがりすぎるっていうか。もうちょっとこっちの気分を楽しませてくれないかなって思うよね。まあでも、まずは石碑に手ぐらい合わせておいた方がいいかな。あ、この立て札にあっさり書いてあるわ。読みますよ、もう2行目に答え書いてあった。「文明９年（１４７７年）」だって。

——じゃあ入れてみます、１４７７。はい正解です！

瀧：はい正解きた！　そらそうだわな（笑）

——瀧さん、僕たち、みるみるゲームのランキングが上がってて、現在48位です。

瀧：急上昇ルーキー解答者の登場だ。まあこっちが作った問題も答えてるしね。

——ちょうど23時になりました。公園の時計と一緒に撮ってみます？　意外とまだやってない気が。

瀧：そうね、時計と撮るっていうシンプルなやつやってなかったわ。じゃあ。

ライトなクイズも作りたくなってくる

——ここから沼袋の方に向かうと、また新たな問題が置いてありますね。

瀧：当然行きましょう。見てよ。すごい川を監視する気満々の機器じゃない？　これ多分川の水量を測るやつじゃないかな？　中野

区って川の氾濫にすごく怯えてる印象あるな。

――知識系の問題じゃなくて、なんかちょっと違うパターンの問題も欲しいですね。公園みたいなところで、遊具の亀は何匹いるでしょう？　みたいな。

瀧：そうね、その場所に訪れた甲斐があるやつね。ここなんだろ？　建材屋さんかな？

――そうみたいですね。なんか目をひきますね。

瀧：せっかくだからライトなクイズ置いておこうか。会社の名前が答えで。有限会社ヤマト。

――アリじゃないですかね？「このマークは何と読むでしょう？」という画像問題どうです？　答えは全角カタカナで。

瀧：いいね。写真わかるように撮ってさ。問題文これでどう？「中野区立菊七中学校の向かいに、重機管材を取り扱う会社があります。なんという会社でしょう？　カタカナ3文字でお答えください。ヒントはこの屋号のマーク」。正解はヤマト。

――いいですね。ちょうどクイズの空白地帯にポンとありますし。

瀧：ね、じゃあ出題を……。はい作った。全体のバランスを考えたらこういうライトなやつもいるよね。でもこの会社の人が一番びっくりするかもね。なんでウチが問題に？　ってさ（笑）

――小学生でも楽しく答えられるやつですね。でも今夜の最後はもう「会心のやつできた！」っていうクイズを作って終わりたいですね。

瀧：町にあるものからクイズ考え出すのなんかいいなあ。いつもと違う観点で町を見てる。普段の移動のときの暇つぶしに作り始めちゃうかもしれない。

――実際にやってみると、クイズ作家の人ってすごいですね。使う脳みそが普通の文章を書くときと全然違うというか。

瀧：絶妙な角度で脳を刺激したくなるよね。やっぱさ、わかったときにやったー！って思う方が気持ちいいじゃん。見てよ、ここ。江古田橋ポケットパークだって。物は言いようだよね。うん、本当にポケットだった（笑）ちっちゃいのもあるし、エアポケットのポケットっていう意味もある。なんかちょっと面白いもんを発見したいなあ。ある場所に立ってみると、どこかの方向に何か変わったものが見えますとかさ。

—昼だと、富士山が見えるとかありますよね。

瀧：ああ、そういうのいいよね。それ小学生とかが考えた問題だったら、ほほえましく答えちゃうな。

—この川沿いをもう少し歩くと問題が置いてありますね。

瀧：さっきの問題だけどさ、文明9年のやつ。役所の人とかが考えたのかな。解答者を全然楽しませようとしてくれないっていうかさ、問題の文言が堅すぎて全然知的好奇心を刺激してくれなかったよね。ああいう問題の出し方だと自分には関係ない話って思っちゃうんだよね。俺たちとしては夜ならではの問題をどっかに放り込みたい。

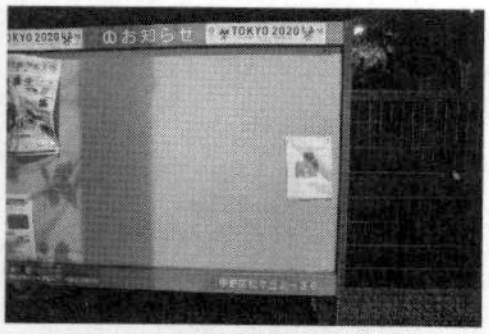

問題をよく聞け！瀧！

—着きました。ここに問題がありますね。

瀧：橋だ。あけぼの橋。この絵のことじゃないの？ハゼっぽい。

—この絵に関する問題です。「曙橋。妙正寺川にかかるこの橋の近くには、護岸の中にくちばしの黄色い魚が潜んでいます。サンマならくちばしの黄色いものは活きのよさを示す目の付け所にもなりますが、この魚はどうなのでしょうか？　さて、この橋から見える位置にこの魚が描かれたものは何カ所あるでしょうか？」

瀧：ほほ〜！　さっき俺たちが作った5叉路のやつと同じ感覚の問題じゃん！　求めてた感じの問題きた！　魚のプレートを数えるんでしょ？　この橋から見える

範囲だと両岸合わせて8かな？　えーっと……8だ！

——残念！　不正解！　だから、こっちじゃないですか？

瀧：こいつか！　この口が黄色いやつだけを数えるのか。あれは違うもんね、口が開いて表情ポヨンとしてるやつ。じゃあ、え〜っと、４だね。

——入れてみます。……正解でーす！

瀧：いえーい！

——問題文をちゃんと読まないと！っていういい問題でしたね。それで、この先に新井五叉路という五叉路があるんですけど、そこにも問題があるんですよね。

瀧：これさ、子どもと一緒にクイズ探しながらのんびり歩いたりしてさ、日曜の午後とかに。一緒に問題を作ってみるなんてしたら楽しいかもね。あ、電車が見えてきた。

——もうすぐ沼袋ですからね。

瀧：時間が経つとなくなっちゃう物だとクイズにはしにくいって感じあるよね。保存樹木的なやつとかあったりするじゃん。そういうのだといいかも。あとは奇っ怪な風貌の建物とかないかなあ。

——中野区、そういうのあんまりないですよね。さっきの魚が珍しいくらい。

夜だと解けない問題もある

瀧：駅には何かクイズあるんじゃないの？

――それがないんですよ、作ってみます？

瀧：うん、行ってみよう。作りたくない？ 駅絡みで。黄色い電車ばっかりじゃないんだな、西武新宿線って。案内図を見てみよう。歴史民俗資料館、沼袋駅。今ここか。でもまたしても水関係の地名、沼ってついてる。江古田も田んぼだから水関係だしね。

――でもこうやって作りながら歩いてみると、瀧さんが最初に言ってた「新江古田駅はエゴタと読みますが、オルター・エゴはどこの国の人でしょう？」って問題、このアプリのクイズとしてアリな気がしてきましたね。

瀧：本当だよね（笑）出題者の色が出るやつね。じゃあ、最後にあそこに戻ったら作ってみようか。どうせ車をあそこに停めてあるし。あれ、氷川神社またあるよ。沼袋氷川神社。

――一応、神社にも問題があるんですけど、これ中に入らないと解けないやつですね。「神社の七福神を何やら怪しげなタヌキのような生き物が案内してますが、決して怪しくありません。沼袋氷川神社の境内に祀られた真っ当な七福神です。この先には、七福神なので当然7体の神様の像がありますが、その中で足元にカメさんのいる神様は、このタヌキさんの入り口の正面から見て左から何番目にいらっしゃるでしょう？」。この内容だから昼間に中に入らないとわからないんですよね。

瀧：なるほど。いやでも、なんとかして氷川神社の中に参拝者を入れようと思ってる人にしてみたらいい問題。入れてはくれないけど、夜間のお賽銭だけは受け付けてるね。ちゃっかりしてます（笑）

西武新宿線沼袋駅に到着！

瀧：駅に来た。さて南口。ぱっと見この駅前の印象的なビルでどうにかなんないかな。

——上の風見鶏とか、何かいじれそうですよね。

瀧：「風見鶏が駅の方を指してる方角はアルファベットで何でしょう?」正解はS、南ね。これならアルファベットで答える問題いけるよね。

——アルファベットの答えまだないですしね。あ、来た来た。答えはSと。正解です！

瀧：やったー！　ちなみにクエストメーカーランキング（出題者ランキング）も、月間11位になった（笑）

キリンレモンスポーツセンター

——じゃあいよいよ五叉路に行きますか。

瀧：そうだった、五叉路問題対決だわ。でも中野区ってさ、歩いてみるとホント謎の小さい公園が多いね。平和の森公園って名前も歴史的に何かあったの？　って変に勘繰っちゃうな。森系の公園が多い。これ何よ、新井大好きナカノさんだって。新井薬師のことかな？　あと、気づいたらいつの間にか小高いところにいるね。

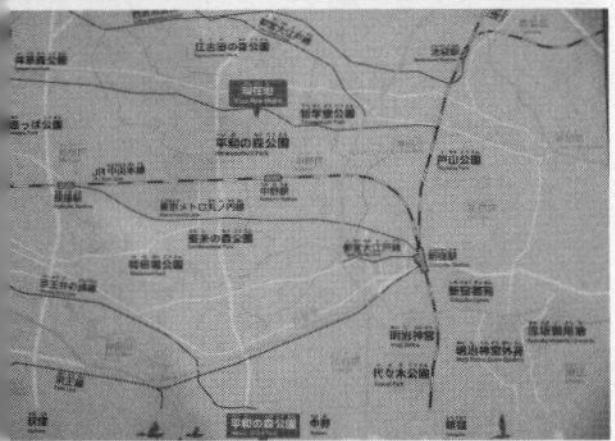

――登った記憶もないんですけどね。

瀧：うん。でも、割と坂の多いエリアだなあとは思ってたけど。あそこに行ってみない？　でっかい建物。

――あれはキリンレモンスポーツセンターですね。

瀧：行ってみようよ。ここにクイズないの？　って感じ勿体無くない？　お、良い野球場じゃんか。ホームベースはあっちか。「混雑時の遠投、ロングパス禁止」みんなが自由に使えるところなのかな、校庭解放みたいな感じの。

――個人利用の時と解放されてるときで時間帯を分けてるみたいですね。草野球のスコア書くところあるんで。

瀧：クイズのネタどっかにないかな。キリンレモンにちなんだクイズとか。キリンレモンかぁ、

……何年なんだろ？　キリンレモンが出来たの。

――調べてみますね。……1928年ですね。そこら辺にキリンレモンに関する説明書きがあったら一番いいですけどね。

瀧：そうだね。どうだろう。

――あ、キリンレモンって実は無果汁みたいですね。「果汁何％でしょう？」答え、0。これどうでしょう？

瀧：ああ、なるほど。レモン果汁何％の飲み物でしょう？答えは0％。それいいね、そうしよう。ちょっとした驚きもあるもんね。その前に前段で、なぜここがキリンレモンスポーツセンターになったかってうんちくを紹介して、問題作ろうか。

――キリンビバレッジは中野区に本社がありますね。

へえ、このスポーツセンターって去年できたんですね。キリンがネーミングライツを取っただけで。

瀧：ふーん、そうなんだ。「2020年、平和の森公園内に新しくオープンした「キリンレモンスポーツセンター」。中野区に本社を構えるキリンビバレッジ株式会社がネーミングライツ契約を締結し、キリンの代表商品でもあるキリンレモンから名前が付けられました。さて、そのキリンレモンに含まれるレモン果汁は何パーセントでしょう?」答え、0。どう?

——自販機でキリンレモン売ってたら、それもヒントになるからいいですよね。

瀧：よし、投稿完了。

五叉路に到着

瀧：じゃあ、五叉路に向かおうか。今何時?　もう12時半か。そこの五叉路で今夜は一区切りって感じだね。氷川神社、沼袋の奇妙なビル、キリンレモンセンター、意外とこの辺で行くべきところはある程度クリアしてるような気がするけどな。中野区の花壇チェック。ここはいろいろバリエーションちゃんとあるな。軽々しく葉牡丹を植えてない事は評価します(笑)パンジーはね、ある程度しょうがないのかも。多分丈夫な品種なんだと思うな。あ、ちょっといいの来たんでない?イタリアンだって、GRAND PA。この風景、クイズにしたい欲求。

——また良いビルですね。

瀧：ね、チャンス来たよ。ピザ生地を投げて窓から窓へキャッチボールしてる。ちょっとサイド側からも見てみようか。トマトもあるね。「本物の窓はいくつ?」とか……。「何枚のピザ生地が舞ってるでしょう」とか……。

——「イタリア国旗何枚見えるでしょう？」だとどうですかね？

瀧：うーん、でもあの電光掲示板もそうじゃん。ああいう風になってるのを、国旗とカウントするか否かっていう難しさはあるよ。配色は確かにそうなんだけど、解答時に迷っちゃうなっていうさ。

——ああ、そうか。

瀧：それか、「このピザ屋のイタリアの国の形を模したブーツの部分にあしらってある野菜は何？」答えトマト、とかね。何だろうな、ピザ生地は全部で3枚か……。

——先に五叉路を見て、そっちのクイズ解いてから考えます？

瀧：そうね、先に五叉路のやつ解いてみようか。

——もうすぐそこなんです、新井五叉路。

瀧：すぐ近くじゃん。ああ、これ五叉路なんだ。そういう五叉路か。なるほど、1、2、3、4、5、確かにそうだね。交差点から見える向こう側にあるのもなんか神社仏閣っぽくない？ 多いよね。

——瀧さんがよく言うように、この辺は空襲を受けてないんでしょうね。

瀧：多分ね。だから道幅が細いし、くねくね曲がってる。その結果、五叉路なんてものが成立してるってことだと思うよ。そう考えると歴史ある街角に思えてきた。

——ここですね。では問題です。五叉路ではなくこの像に関する問題でした。「桜もちと童女」。

瀧：OK。お願いします。

——「桜もちと童女。お隣には、空を眺めて

いる「桜雲と童子」もいます。桜にちなんだタイトルの像がならぶこの一角には、足元にも色とりどりの桜が咲き誇っています。歩道上に設置されたタイルには、何種類の桜の絵があるでしょうか？」

瀧：ふむ。プレートの数は1、2、3、4、5、6。答えは、6か？　あ、違うな！　違うわ。芝桜と八重桜が2つづつあるわ。だから答えは、4だ！　さあ入れてみて。

――答えは4で……正解です！

瀧：ん〜、やった！

――良い問題でしたねえ。でもこの問題、ちょっとひっかけ入ってましたね。

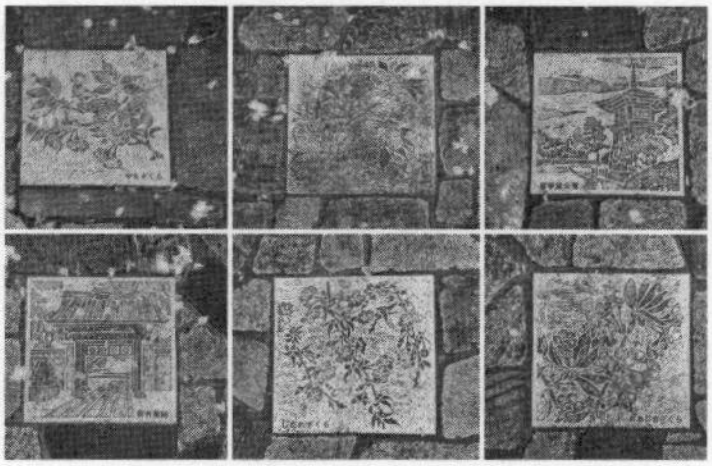

瀧：そうね。ちょうどいい湯加減の問題だったな。これを踏まえてさ、さっきのピザのビルの問題を再度考えましょうか。

――何かちょっと引っかける要素も入れたいですね。

瀧：そうね。でもクイズがなかったら、あの像と巡り会うこともなかったかも。

再度ピザの問題を考える

――さて、戻ってきましたピザのビル。

瀧：「壁一面の壁画で楽しませてくれる。イタリア料理店グランパですが、壁画に描かれている。食べ物は何種類？」だったら？

――小麦をどうします？

瀧：小麦も入れる、食べ物に。でも小麦とピザ、一緒っちゃ一緒か。ひっかけにはなるけどね。

――あ、これどうですか？　壁に描かれているシェフが2人帽子をかぶっていて、一番上にグランパの帽子のマークあるじゃないですか？「壁に描かれている帽子は何個？」答えは3。シェフの帽子だけを数えちゃうと2、と答えてしまう引っかけで。

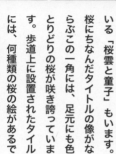

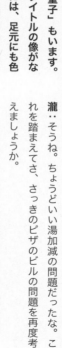

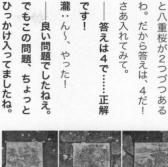

瀧：そうか、あれ帽子なんだ。それいいじゃん！　決まり。じゃあ作ろう。「新井5叉路近くにある壁画が特徴的なGRAND PA。壁画に描かれている帽子は全部でいくつでしょう?」ヒントも書いとこうか、「壁画を上から下までよく見てみよう」。答えは3だよね。……作成、と。

――はい、来ました問題。3つ。回答する。正解です！

瀧：いやあ、お疲れ様でございます。いい問題だよね。じゃあ、最後に新江古田駅で、オルター・エゴの問題を作りに行こうか。もうそこまではタクシーで戻ろう。

（タクシー移動）

――はい、着きました。新江古田駅前です。

瀧：じゃあ本日最後の問題を作ろう。「都営地下鉄大江戸線の新江古田駅の読み方は「Shin egota」です。間違えやすいのでご注意を。egoと言えば、変態テクノデュオで知られるAlter Egoですが、彼らはどこの国のアーティストでしょう?」答え、ドイツ。

――これ、いつも本当にこのゲームやってるおじいちゃんおばあちゃんとかにも是非解いて欲しいですね（笑）

瀧：そうね（笑）よし、作成。全部で8問かー、結構作ったよね。

――はい、問題来ました。答えはドイツ、正解です！　あ、ランキング34位になった。

瀧：お、やったじゃん（笑）これからさ、別の区を歩いてる時でもちょいちょい作っていこうよ。どんどん問題にしてサイトにあげときゃいいんだもんね。順位を見る限り、問題作る人不足してるみたいだし（笑）

――じゃあ最後に、中野区とは？

瀧：今日歩いたところの印象だけだけど、川も道もくねくね区！

世田谷区《せたがやく》

足立区
板橋区
北区
練馬区
葛飾区
荒川区
豊島区
文京区
台東区
墨田区
中野区
江戸川区
新宿区
杉並区
千代田区
江東区
渋谷区
中央区
港区
世田谷区
目黒区
品川区
大田区

東急田園都市線「二子玉川」駅スタート

——世田谷区は、瀧さんの発案で二子玉川から多摩川沿いを北へ向かって歩いていきます。

瀧：駅から川沿いを上っていくと世田谷区西の端の大きな公園、砧公園の裏側あたりに出るんだよね。砧公園はみんな割と行ったことあると思うんだけど、裏っかわは俺もそうなんだけど意外と行ったことないと思うのよ。球場があるところを抜けていくと、おそらく成城付近に到達すると思うんだよね。成城って高級住宅地で有名だけど、あんまり行ったことないでしょ。

——そうですね、成城は遊びに行ったこともないです。西側は草野球のときに多摩川沿いのグラウンド行くだけですね。

瀧：ウチのチーム（ピエール学園）は河川敷ではもうやんなくなったなー。もう河川敷のグラウンドでやるほどみんなハツラツとしてないっていうか（笑）

——渋谷区のときに、瀧さんが「渋谷が本当に変わった」って話されてましたけど、僕の印象からするとここほど変わった場所ないんですよ、二子玉川駅近辺。

瀧：でっかい楽天の本社ビルとかもできたりしてさ、確かに町が大きく様変わりしたかな。この高島屋は昔からあったんだよね。昔は駅側のでかい新しいビルが

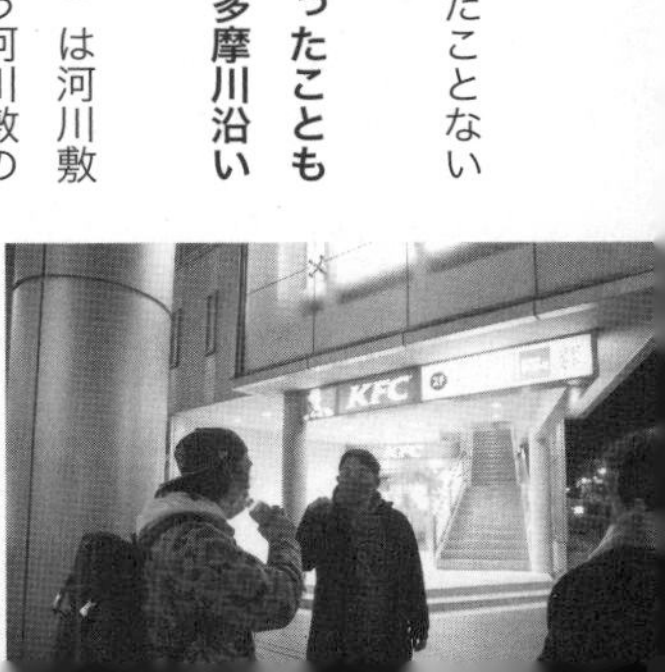

建ってるあたりに、「ねこたま」っていう珍しい猫が見られる施設があったのよ。隣にナムコワンダーエッグっていうテーマパークがあって。割とそういう田舎のひなびた遊び場みたいな雰囲気を醸し出してた町だったんだけど、大規模な再開発になってニュー二子玉の出来上がり。なんでそんなこと知ってるかっていうと、19歳ぐらいのときに、今新しいビルが建ってる辺りにある東急系列の造園会社でバイトしてたんだよ、俺。

——瀧さん、本当に色々バイトやってたんですね（笑）

瀧：そうね（笑）造園って言っても、設計を主にやる会社で、そこでちょっと図面に線を引いたりとか。あんま俺が引くことはなかったけど、設計やってる人たちのお手伝いというかね。この図面にこの植樹のシールを貼ってくれとか。

——あ、僕の二子玉川のイメージ、あの「たま川」の看板で止まってますね。素朴なイメージだったのが、気がついたら何かいろんなビルが建ってたって感じです。

瀧：そうね。今はこの看板に違和感があるけど、ちょっと前まではこの看板が似合う町だったよね。さっき言った、造園会社にバイトに行ってた頃は、本当にのほほんとした感じの町だったんだよね。駅降りても何にもなくて、東急ハンズと高島屋ぐらい。なんかね、東京も西の端に来ちゃうとこの感じになっちゃうんだなっていうような感じで、むしろ高島屋があるのが意外というか。バイトしてた頃はお金が全然なかったから、昼になるとコッペパンの5個入り買って土手でモソモソ食べてたもん。会社の人たちはランチでお店に入るんだけど、俺はお金がないからコンビニでパン買って、土手に行って川を眺めてもぐもぐ食べるみたいな。20歳くらいの頃かな。ふふふ。今夜は風が冷たいね、やっ

ぱ川が近いからかな。すぐそこだからね、多摩川。

——川沿いの方も結構いろんな店が出来たりしてるんすよね。

瀧：ああ、そうね。うちはもうデパートでご飯食べようっていうのも高島屋。駐車場ちゃんとあるしさ、楽っちゃ楽よ。そういえば昔、チーズケーキファクトリーって二子玉にあったよね。当時は現場への差し入れといえばそこのチーズケーキがぴったりだった。そうそう、河川敷の入り口から川だけちらっと見てみる？ 数年前にここら辺りから水が押し寄せてきて、町が水浸しになっちゃったんだよね。河川敷への景観＆雰囲気優先っていう理由で、堤防の切れ目が長いことほったらかしになってたらしいのよ。川に抜ける道をふさぐなんてけしからん！ みたいな理由で。で、数年前にそれが原因で結局えぐいことになっちゃったっていう。野球場とかサッカー場が水没してえらいことになるっていうのは時々あるんだけど、町まで水がくるっていうのはなかったんじゃない。今見るとこんだけ切れてるって、衝撃だよね。

玉堤通りを北上

瀧：さて、とりあえず道沿いを北に向かおうかな。「玉川左岸海から18キロ」。左岸っていう言い方をするってことは、川って源流側から見るんだね。源流から海に向かって見て、今俺たち左側にいるからさ。

——その多摩川左岸の道の向こう側、自動車免許の教習所になってるとこですよね。

瀧：ああ、ジェンキンスさんが免許を取ったと噂の（笑）……うわ！ 玉堤通りの脇にこんなでっかい空間があったんだな。この上の川崎側に向かう道は何度も通ってるけど、下がどうなってるのかを一度も考えたことがな

かったな。

――もったいない感じですね。この二子玉周辺の開発ぶりを考えると、この空間を遊ばせとくのは。

瀧：何かにする予定なのかな。何がいいと思う？　フットサル場とか？

――フットサルいいっすね。後はテニスコート。

瀧：ハンドボールだとみんなあんまりやんないもんね。後は、思い切ってカーリング場とか。

――この辺は来ることあるんですか？

瀧：江東区のときにも多摩川沿いを歩いてたってことは話したと思うけど、たまに橋を渡って川崎側の土手を歩くんだよね。もちろんこっち側の土手を歩く時もあるよ。だから玉堤通りって名前なんじゃないかな。この道の向こう側の川のとこがどうなってるか見てみたいけどさ、この交通量だと渡るの怖くない？　完全に無理じゃんこれ。車ビュンビュン走ってる。

――これは流石に怖いですね……。確かバッティングセンターがこの辺にあった気がしますね。鎌田ってところに。

瀧：バッティングセンター、なんか見た記憶がある。15年ぐらい前はもしかしたらあったかもしれない。左側の住宅地を抜けると土手っていうか河原に行けるようになるところがあるのよ。昔うちの子どもがまだちっちゃい頃にそこから行ったことあるな、家族で日向ぼっこしに。東の端の方はさ、なんか民家がみっちり密集してたりするじゃない。で、西はのほほんとしてるよっていう感じだったのが、駅前再開発で一気に変わったよね。でもさ、あの高層マンションに住んでる人たちって、やっぱりある程度お金に余裕がある人が住むわけじゃない。元々ここで育った人たちにしてみたらさ、後から来た人たちがそこに住んでさ、ガラリと生活を一変させるような新しいスタイルを作られたりしたら、どんな気持ちなんだろうね。それはそれで発展ＯＫとして歓迎なのかな？

――結構離脱していってるんじゃないですかね？

瀧：もうちょっと環八よりに岡本って地名があってさ、

そこも高台になっててやっぱり高級住宅地なんだよね。本当、高いところっていうのはお金持ちが住むんだなあって実感する。岡本の坂は本当にエグくて、昔は登るの大変だったんじゃないのと思うんだけど、洪水の心配は皆無。

——あとは、他の人から覗かれにくいとかはありますよね。

瀧：見下ろしたい願望とかはないよね、さすがに（笑）

——友人が、某超有名企業の創業者の家に行ったことがあるらしいんですけど、そこもやっぱり高台にあって、街を見下ろせるところに「キャプテン翼」の若林くんの家みたいなのが建ってたらしいです。

瀧：でもさ、ある程度の山まで行っちゃうとさ、今度は逆に住まなくなるじゃない。

——街を見下ろせるってところがラインなんですかね。

瀧：もっと遡れば、お城があって武家屋敷があってっていうような、防衛の拠点としての意味はあったのかもしれない。

思い出の不二家レストラン

瀧：ちなみに今なんでこっち側を歩いてるかっていうとさ。この先の右側にあった不二家のレストランってまだあるか確認したいからなのよ。

——まだありますよ、去年の秋に見ました。

瀧：そっか、良かった。そこにはうちの子どもが生まれた頃の思い出があってさ。まだ最初はバブバブの赤ちゃんじゃん。でも大きくなったら、一緒にレストラン行けるようになるなって楽しみだったのよ。お店デビューはそこの不二家に連れて行きたいっていうのが、俺の父親としての夢だったわけ。で、後に夢が叶うんだけどね。うちの子どもにとって初めてのレストランがそこの不二家だから、なくならないで欲しいなって思うのよ。それで心配になって今ちょっと見に行こうとしてる（笑）あ、どっかで1本裏道入ってもいいんだよね。砧公園は、もうこれ上がってきゃ絶対着くからさ。えーっと、どこに抜けるんだろう、この道。あんまり地図で見たことなかったけど、この辺って川が結構走ってるんだな。あ、地名が鎌田になったよ。バッティングセンターを検索してみよう。ここはやっぱテクノロジー頼みで。「近くのバッティングセンターを探す」

スマホ音声：こちらが見つかりました。

瀧：700m先、鎌田4丁目。本当だ、アメリカンスタジアム。すげえ名前（笑）ここをまっすぐ行ったらあるっぽい。

——行きましょうか。

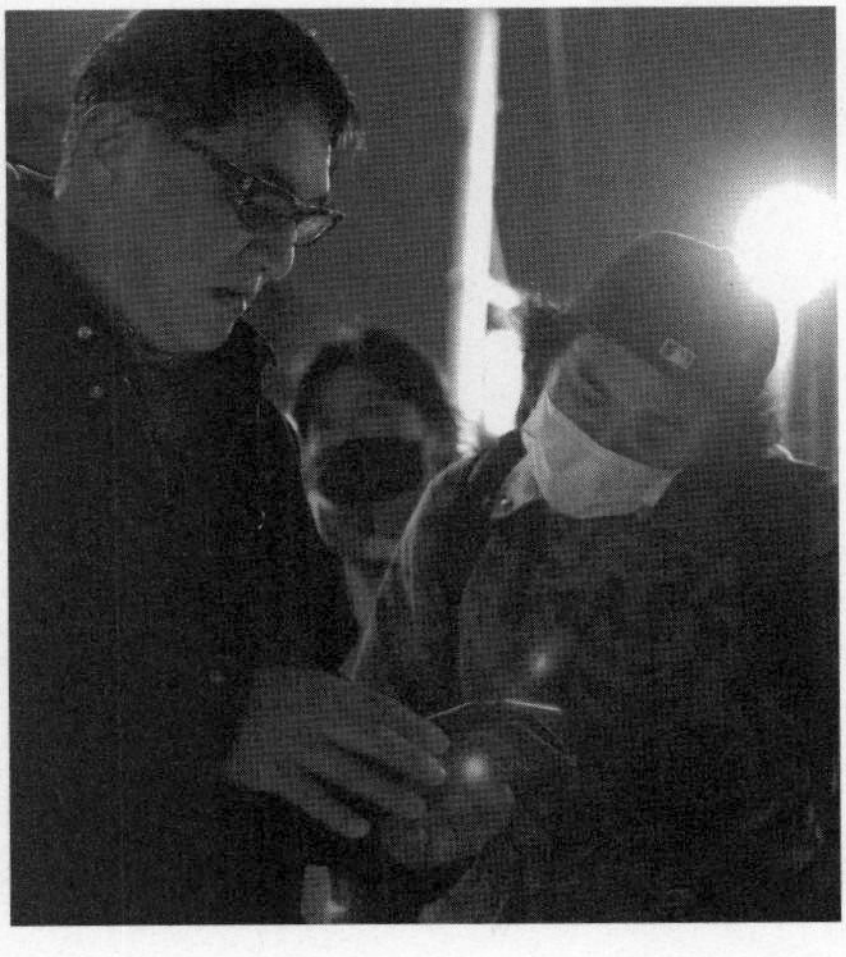

瀧：うん。そこまで行った後、どうしようか考えよう。本日はゆるゆるルートだから。俺の実家が静岡市の割と田舎の方、町から車で20分ぐらい安倍川を上がったところの川のすぐ近くなの。自分が川の脇で育ってるから、この辺（多摩川脇）が気になるのは、そのせいかなとは思うんだけど。うちの実家のところも、土手が続いてる。土手の途中を切って道路を通してるんだけど、「水害のときは中心地を守るために閉めます」っていうゲートがあるのよ。そんでうちの実家って、閉められる側なんだよね（笑）

——僕も中学んとき住んでたのが名古屋の新瑞っていうところで、そこも川沿いだったんですよ。うちは大丈夫だったんすけど東海大豪雨っていうのがあって、その後、周りの美容院が激しく内装を変えたんですよ。椅子が電動式だったんですけど、

大豪雨の後、椅子の上げ下げを人力でやるタイプになって。

瀧：ああ、その次が来てもいいようにね。

——結構町のいろんなことが一発で様変わりしました。引っ越した友達もいましたね。家財道具とかすっかり駄目になったんじゃないすかね。

瀧：大きめの工事をしてる。ここ、中に道通そうとしてるのかな。「護岸を含む河川の整備を行っています」か。やっぱこの間の多摩川氾濫の洪水が効いてるのかな。ここに川が流れてることを全然認識してなかったわ。はあ、なるほど。しっかりやんなきゃモードの工事だ。やばかったっぽいな、この様子だと。あ！　あれ不二家かな？

——あれじゃないですか？　ありましたよ、あそこ。

瀧：あー、よかった！　子どもが生まれる前から、要は嫁のお腹が大きいときから、「こういうとこに将来娘と来たりできたらいいよね」って、ベタなことを漠然と思ってたんだけどさ。それを実現できたっていう瀧家にとって記念の店。俺もお父さんになったんだなっていう当時の柔らかい感情を思い出す（笑）あの時のまんまだもんな。

——ペコちゃん、中にいますね。

瀧：いた？　ペコちゃん外にいないなとは思ってた。夜は仕舞っちゃうのか。ああいたいたペコちゃん。この辺の席に座った思い出があるな。お子様ランチプレートみたいなのがあって、子どもにとってキャッチーであるはずだと。それをベタベタになりながら食ってるところを眺めてちょっと嬉しい、みたいなさ（笑）親のエゴっちゃエゴだけど。でもとりあえずこういうと

こに来て、ちょこんと座ってるのを見るだけで「大きくなったなあ」ってなんなかった？

――「こういうところでは子どもって結構ちゃんとしてくれんだな」とか思った記憶が。

瀧：そうそう、意外にに公共のとこではちゃんとするんじゃんっていう感動もあったなあ。

バッティングセンターと1000円ガチャ

瀧：ちょうど喉が渇いたんだけど、乾いたときに100円自販機がない（笑）

――バッティングセンター前、結構期待していいんじゃないですか？　なんて言ってたら100円のやつありましたね。

瀧：お、割と普通のラインナップを安く売ってますって感じのやつだ。普段なら面白みに欠けてスルーするけど、喉が乾いてるから買ってみようかな。気分的にキリン天然水いってみたい気がするんだけど、水でしょ？　期待して飲んだとしても、うんやっぱ水だよねっていう当たり前の結果が目に見えてる。

――（笑）でも抑えといてもいいんじゃないですか、ここで？

瀧：どうしようかな。じゃああんまり見たことないこれにしよう。（ガシャン）なんかスナックで水割りのセットで出てきそうな感じじゃない？　いただきます。（ゴクゴク）うん、知ってた。水だ（笑）じゃあ行こう。へえ、駒澤大学玉川校舎なんてあるんだ。

――駒澤も、いくつか校舎あるんですよね。

瀧：あそこの駒澤大学だと思って入学してこっち来ちゃったら、う～んてなるだろうね（笑）アメリカンバッティングセンターってあれかな？　あのキラキラしてるとこ、ラーメン屋の向こうの。

――お、中古車販売所だ。

瀧：このミニクーパー可愛いなあ。

――179万円か、結構安いんじゃないですか？

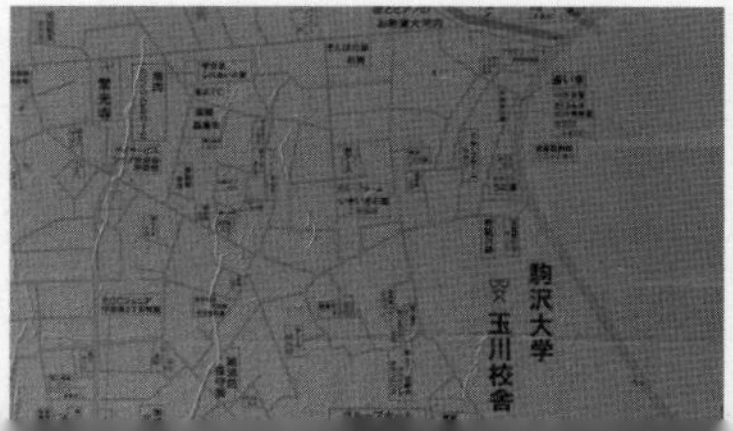

瀧：これで撮影現場に到着する感じ良くない？　後ろのシート倒れてくんないかな。ひとり用のキャンピングカーに改造したりして。走行距離8万キロか。でもあと10万キロぐらい走れると思うよ。プッシュスタートって書いてある。どういうことなんだろう。

——中古車売り場のこの飾りっていいですよね。こういうとこでしか見ないですけど。

瀧：これね。アーチのヤツ。中古車屋と、後は住宅展示場とかでも見るよね。えーっとバッセンはどこだろ？　もう近いと思うけど。あった！　ちゃんと外観がアメリカっぽいわ。アメリカンスタジアムって名前で、アメリカっぽくないわけないんだけどさ（笑）これ、1000円ガチャ？　久しぶりにやっちゃおうか？「一夢1000円」。なんだろうなぁ、このラインナップだったらドローン欲しいな。Amazonのギフトカードもいいよね。よーし行っちゃうぜ！　それにしても何でこれ、見かけるとやっちゃうんだろうね。昼間だったら絶対やんないと思うんだよ（笑）

——確かに（笑）

瀧：えーっと、右下！　ここ！（ガシャン）重い音ではない。腕時計臭がプンプンする。荒川区でgekidanUの遠藤くんにあげたヤツっぽい感じの。開けるよ、せーの、バン！……単眼鏡！（笑）あ、まだなんかある。どれどれ、特別記念スピードくじ15等。15等って（笑）

——QRコードあるからこれを読み込め、ってことですね。ちょっとやってみます……。「会員登録してから先にお進みください」とのことです。これはやめときましょう（笑）

瀧：一応ケースに入る、ミニ望遠鏡じゃない？　ここからの眺めを見てみよう。うーん、ほんのちょっとだけ大きくなるだけかな（笑）1000円分は大きくならないな。根元のこれをまわすとピントか。オペラグ

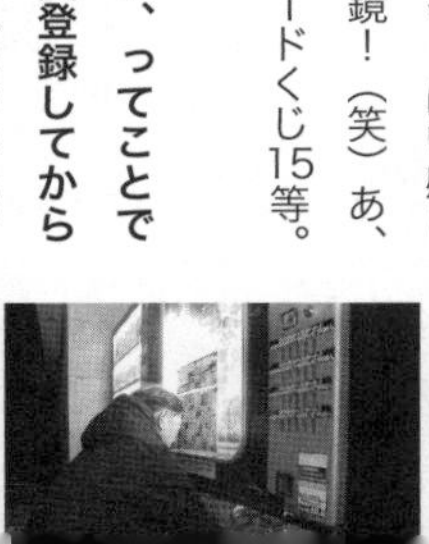

ラス的なことですな。矢吹君、こっからあのアメリカンスタジアムの看板を見てみて。

——これはかなり微妙ですねえ。普通に見た方が見やすいです（笑）

瀧：ちょっとだけ大きくなるぐらいとしか言いようがないよね。一応戦利品としてとっておこう。ケースと、あとレンズ拭きもついてるし。絶対スマホのカメラでズームした方が大きく見えるよね。この建物、結構メジャーリーグ感出してるね。1階がバッティングドーム、オートテニス、ゲーセンみたいなところ。2階がカラオケ、ビリヤード、ネイルサロンだから、パパと僕が1階でやってる間、ママは2階にいるねっていう感じかな。卓球もできるよ。

——夜中3時までやってますね。

瀧：本当だ。夜中にここに来て卓球とかやるの悪くないよね。世界卓球とか観ると、無性に卓球やりたくならない？　最初の練習みたいなカコンカコンてヤツ、なんかあれやりたくなるんだよね。今度子どもと一緒に卓球やりに来てみようかな。ビリヤードコーナーとかさ、常連のお兄ちゃんが深夜に来てやってるところ、なんか想像できるよね。

——思ったよりデカい施設でしたね。

瀧：ね。ラーメン花月も併設してるわけだからさ。暇

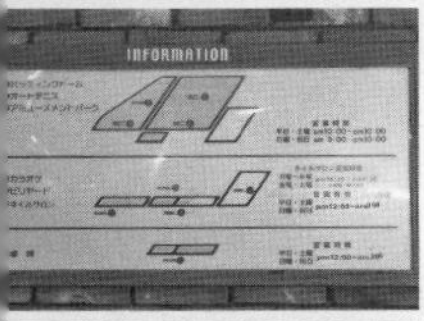

だし、小腹すいたなって人にはうってつけだよね。そして俺の脳の片隅にあったアメリカンな外観ってのも一応合ってた（笑）

謎のメガ工事

瀧：住所が宇奈根になった。こっちから行こう。砧公園の裏っかわだと、多分こっちから行った方が行きやすいと思うんだよ。

――そういえば前に瀧さんと話してた、東京の東側は東北方面出身の人たち、つまり東京から東側生まれの人たちが割と住んでいる。東京の西側は、大阪の人だったり、比較的東京から西側生まれの人たちが多く住んでいる。そういう話したじゃないすか。

瀧：うんうん、したね。

――僕は東京の東側、割と江戸ゾーンに住んでいて。妻の周りのママ友やパパ友にも聞いてみたんですけど、もう大体出身東北とかなんですよね。

瀧：へ～。

――僕、妻の両親とも同居してるんですけど。妻の母も青森出身で、最初はそれこそ二子玉に住んだらしいんですよ、上京してから。だけどちょっと違うってなって、最終的に引っ越したのが今のところなんですよ。それで僕の仮説なんですけど、これって人間の本能として、地元の両親に何かあったときにさっと行けるところに住むんじゃないかな、と。新幹線に品川から乗るか、上野から乗るかでちょっと違うじゃないですか。

瀧：ああ、なるほど。

――例えば妻の母は、実家になんかあったら上野から新幹線に乗るわけじゃないですか。それが東京の西側に住んでると、山手線を半周しなきゃいけないから、故郷まで一手間かかるわけですよ。

瀧：１本で行ける感ね。それはちょっとあるかもしれないなあ。郷愁的に故郷に近い方がいいってわけじゃなくて、腰上げてすぐ

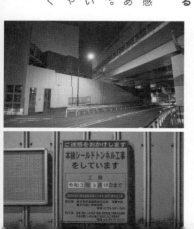

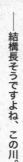

行ける感じっていうクイックさね。でもなるほど、東の方はやっぱり北の出身の人が多いのか。興味深いな。あれ？　これ東名高速道路の下だ。というか首都高から用賀のインター行くところか。「本線シールドトンネル工事」だって。二子玉で高島屋に行って、帰りにこっちを通って車で帰ったりすることもあんだけど、歩いてみて初めてわかったのは、実は川がいっぱいあるのね。

——結構長そうですよね、この川。

瀧：こんな川あったんだな、知らなかった。なんだか景色が寒々としてる。こっちのさ、東名沿いの下道を歩いたことないから、工事の壁沿いに行ってみようよ。

——実際に歩いてみるまで何があるかわからないもんですよね。

瀧：ね。歩く速度じゃないと気がつかないことってあるよね。しかしこの工事、この様子だと思ったより規模すごいものじゃない？

——トンネルになるんじゃないですか？　ここに書いてますけど。

瀧：あ、本当だ！　東京外かく環状道路。東名から関越にダイレクトに繋がるトンネル道路を作ってるのか。

——瀧さん、今23時ですね。

瀧：じゃあもうこれがいいかもしんないね、この地図入れて。

——日本最大のシールド工事って書いてますね。

瀧：アクアライン越えってことでしょ。東名の本線からジョイントするわけじゃんかきっと。そこから北に向けて高速道路のままトンネルになっていくってことだよね。で、

大泉に繋がると。

——環八の渋滞が大幅に緩和されそうですね。

瀧：トンネル工事をやってる場所に辿り着いたのは収穫だったな。

地域発展の痕跡に触れる

——このちっちゃい公園から上に上がれそうですね。

瀧：行ってみよう。きっと何かあるよ。そして秒でまごとの跡を発見（笑）黒光りしたどーんとした碑がある。「田直土地区画整理事業完成記念碑」だって。昔田園だったところを、土地に変えたのかな。牧歌的なところを残したかった人たちと、そうじゃなくて住宅

にして発展しようって思った人たちとの記録だ。なんかちょっと考えちゃうね。当時この事業をやってなかったら、おそらく楽天の本社も二子玉川に来ることはなかったってことだもんね。楽天の上層部の人は一度ここにお参りに来るべきじゃないかな（笑）割と牧歌的で、畑をやったりしてたところを開発したいとなったんだけれども、国がひとつひとつやると時間がかかるから、そっちの地域で話をまとめてくんないかな?って言われたんだよね、きっと。で、「わかりました!」って話をまとめた人たちが建てた碑か。そしてそれを見守るように桜が咲いている。

——そうですね。地域の開発と発展の痕跡で

すね。

瀧：世田谷区立田直公園か。小さいけどじんわりする公園だったな。田直は、田を直してからつけた新しい名前っぽいよね。

世田谷でゴジラと邂逅！

瀧：全然知らないとこに来た。空間がさっぱりしてる。世田谷区って意外にアップダウンがあると思わない？世田谷の「谷」の部分なのかな。

——歩いていて思いました、結構高低差が頻繁にありますよね。

瀧：また川に出た。これは多分仙川だと思う。この川沿いを上って行くと、成城学園とか東宝スタジオの方出ると思うんだよね、そっちの方行ってみる？

——いいですね、行きましょう。

瀧：ルートとしては、東宝のスタジオの雰囲気を味わって、ゆっくり成城の街とかウロウロできたらなって感じかな。

——このお地蔵さん、綺麗ですね。地域に大事にされてるのがわかる。

瀧：花を頻繁に変えてもらってる。現役感あるよね。石の表面の具合を見るとむっちゃ古くない？　なんだろうね、川の氾濫からお守りください系なのかな？それにしても川沿いは超冷えるなあ。夜の散歩の難点は、冷える時は心が折れるくらい超冷えるってのあるよね（笑）なんか温かいもの飲みたくない？

——そろそろ欲しいですね……。

瀧：飲みたいよね。でも残念なことに自販機が見当たらない。さっきいたところはちょっと丘っぽくなってたじゃんか。でも川の方に近づくにつれてちょっと変わるよね、雰囲気が。建物の密集具合とかがさ。これは何の工事だろ？　……古い団地を建て替えてデカい新

築マンションを作ってるのね。砧公園の真裏でいいとこに作ってるね。ここはタクシーの運転手さんたちが寝てる休憩道路だな。車が停まってる。仮眠ゾーンとして最高なんだろうな、静かで暗いから。

——そろそろ世田谷通りですかね。

瀧：全然人とすれ違わない。あれれ、いつの間にか世田谷通りだ。東宝スタジオの前にゴジラがいるからさ、そこで写真撮ろうよ。こっちこっち、世田谷通りの向こう側に渡って。いつもは車で来てるけど、歩いて来るのは初めてだな。このサミットのとこを左ね。東宝の撮影所がここにあるって知ってた？

——いや、知らなかったです。

瀧：東映、日活、角川とかの撮影所は割と東京の郊外の方にあるじゃない。東宝のスタジオだけはここにあるんだよね。近くてありがたい。

——よく来るんですか？

瀧：東宝スタジオ？　結構来てるね。100回以上は来たかなあ。スタジオにセット組んで撮ったやつだと「ローレライ」とか「全裸監督」もここで撮ったな。「進撃の巨人」もここだわ。あと他にもいくつか撮ってる。

——今日も昼に行ってたんですよね？

瀧：うん、衣装合わせだけどね。俺のお気に入りポイントとしては、この東宝スタジオの奥の方に「くろがねや」っていうホームセンターがあんのよ。ホームセンターだけどもスタジオの人が「ちょっと角材買ってこい」とか言われて買い出しに行ってる感じの。撮影

スタジオとしては、すぐ隣にホームセンターあるのありがたいと思うな。撮影の合間の暇潰しにもなるしね。ほら、そこにホームセンターへの看板あるでしょ。

——いいですねー。

瀧：それでこれがさっき言ってたゴジラ。みんなで写真撮ろうか。

——瀧さん、ゴジラではどれが好きとかあります？

瀧：「シン・ゴジラ」は面白いよね。ゴジラ大暴れのシーンとか今でもたまに見返したりするよ。自分がやられるとことか（笑）あと、やっぱり最初の「ゴジラ」も好き。得体が知れないって言う怖さはあの作品が一番強いもんね。ここのゴジラって、お膝元の撮影所のやつだからマジゴジラってことじゃんか。ちょっとアガるでしょ？

——いやあ、めちゃくちゃアガりました（笑）

高級住宅地の成城を徘徊する

——徐々に成城の街並みになってきましたね。この辺は歩いてきたことはあるんですか？

瀧：この辺は歩いては来たことないな、こっちに用事がある時は車で来てる。やっぱ丘を登るに従って家の雰囲気が良くなるよね。またまたいい感じの家並みになってきた。

——住所はもう成城ですね。

瀧：成城1丁目。街

並みにポッと出感がないよね。

——わかります……！

瀧：なんかね、しっかりと何世代かお金持ちやってますっていう安定感が感じられる。そのゆとりからなのかわかんないけど、桜とか樹木とかが大事にされてる感じなんだよね、成城のこの辺って。まずは駅までたどり着いてみようか。今回こっちに行ってみたいって思った理由の一つはさ、駅の向こう側もTHE成城って感じの道が続いてるんだけど、それがどこで終わるのかっていうのを検証してみたいのよ。あ、教会がある。成城キリスト教会。上にちゃんと十字架があるね。そうだ、成城の名前の由来ってちょっと調べてもらっていい？　地名に「城」ってついてるけど、なんかお城に関係があるのかなと思ってさ。

——（スマホで調べる）地名の由来、どうも成城学園が出来たから成城って言うみたいですね。学園の名前は中国の古典「詩経」の大雅の一節にある「哲夫成城」から取られているそうです。

瀧：へえ、そうなのか。成城の地名は成城学園が出来たからだったんだな。成城学園がこの土地にやってきてから、徐々に周りがこういうふうな高級住宅地になっていったっちゅうことだよね。これなに？　全然気がつかなかった、マリア様？

——この辺に住んでる外国人向けの教会ですかね？

瀧：はあ、カトリック成城教会。ここのミサ、早いね。

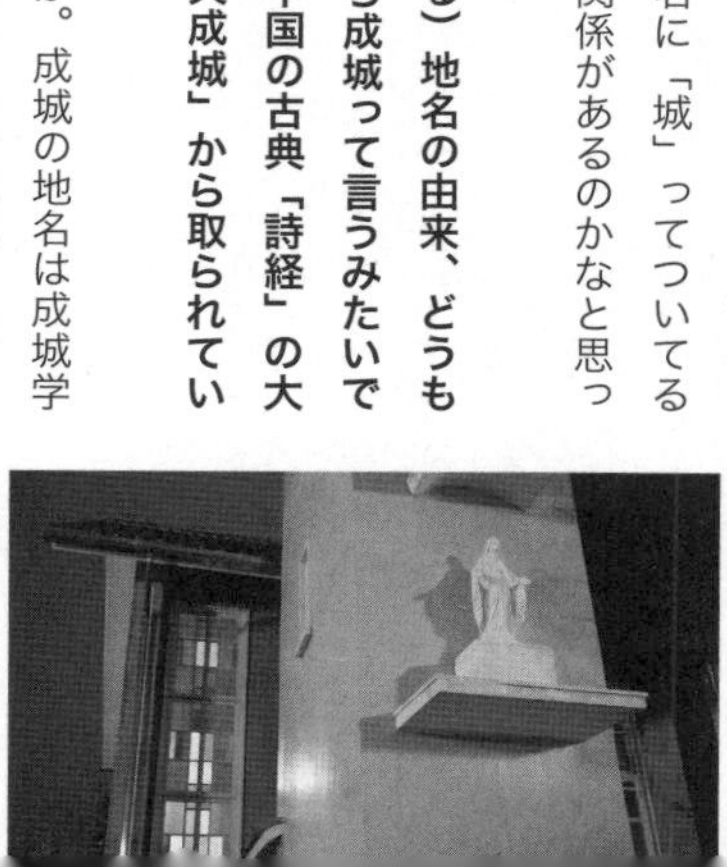

7時からだもん、さっきの成城キリスト教会は10時ぐらいからだったんだけど。

——瀧さん、調べてみたら、やっぱり成城学園が来てから住宅地としての開発が始まったみたいですね。

瀧：やっぱりそうなんだ。何年ぐらい前のことなの？

——この成城学園前駅ができたのは、昭和2年です。

瀧：はあ。ってことは1927年か。そうか、町の歴史100年ぐらいなんだね。初めに学校ありきって珍しいパターンじゃない？　学校ありきで土地が限られているからか、成城の駅付近ってギュッとしてんだよ、本当に。商店街とか街並みが本当にギュッと密集してる。

——バス停の横に椅子があるのは市民に優しいですね。

瀧：そうね。まだ駅から来る人がいるな、今の時間は終電ぐらいか。成城学園前駅に無事到着と。俺ら、東急沿線の駅から小田急沿線の駅まで歩いて上がってきた事になるね。二子玉のKFCから成城学園のKFCへ来た（笑）こっちの

店舗は色抑えめだね。東急から小田急まで歩いてみたけど、その間はごっそり何もないぞって感じだったわ。

——東名通してるぐらいですもんね。

瀧：そうか、東名があったか。東急、東名、小田急だね。ここがさあ、総本山なのかなと思ってるんだけど違うかな？　高級スーパー成城石井。

——1号店の証みたいなのありますかね？　どこかに。

瀧：（調べる）ここ成城6丁目かな。……これ本店だ。名前の由来はなんなんだろ？

——調べますね、元々駅前にある果物店で、それがスーパーマーケットになった。で、社長の名前が石井さん。

瀧：石井さんが始めた店だったんだ。最初は果物屋だったのか。ここ1号店なんだな、成城石井の総本山。でもそんなに売り場面積は広くないんだよね、ここ。

——東京ドームの敷地内に、都内最大の成城石井がありますすよ。広いし、変なスパイスとかいっぱいありますね。

瀧：へえ、知らなかった。楽しそう。

——成城って飲む店あるんですか？

瀧：あんまないんだよね。だから飲むなら、ひとつ隣の駅の祖師ヶ谷大蔵の方とか行ったりとかじゃないかな。やっぱ小中高大あるから、でっかいよね学校の敷地が。ここは大学ゾーンかな。さあ、やってまいりました、街の由来の成城学園。正門の前からイチョウ並

木が続いてる。雰囲気いいよね。

――「寒いし、終わったらラーメンでも」って言うのが、東京23区内でピンポイントで出来なさそうな場所ですね。静かで落ち着いてます。

瀧：そうね。でも、本気で探したらなくはないと思うよ。きっと成城の人もラーメンは食べるだろうからさ（笑）

豪邸が建ち並ぶ桜並木通り

――この辺から高級住宅街ゾーンですか？

瀧：いや、もうちょい歩くと凄いエリアがある。でも、最初に駅と学校から始まって、徐々に街ができ上がっていくってのは発展の仕方としていいよね。文化的でさ。学園都市っていう単語がぴったりじゃない？ ボチボチここら辺から凄いエリアになってきたよね。停まってる車がもう違うなっていう。高級住宅地って概ね静かで落ち着いてるよね。

――お祭とかどうするんですかね？

瀧：ね、お神輿とかどうすんだろう。この一画のお宅の数々すごいよね。すごいけど嫌味が全然ない。ここが一番高いんじゃないかって感じもする。地域の区画もさ、碁盤の目でしっかりしてるじゃない。そこに迫力のお屋敷が整然と建ち並ぶ。で、これはどこで終わるのかっていう興味、この雰囲気が。家だけ見たらビバリーヒルズ並みのやつもあるよね。まあ、プールはもちろんないだろうけど。

――ビバリーヒルズだと結構ちゃんと観光地ですけどね。

瀧：そうか。しかしもう、古いお屋敷ばっかりだね。

――ここに100円自販機ってありますかね？

瀧：それは望めないかも（笑）一応そこにも自販機あるけど。ここに食い込むのは業者にとってはきっと至

難の技だよね。置かせてくださいって頼みづらいよね。もうこれとかも古いお家だなあ。築90年くらい経ってそうだけど品があるなあ。街灯にちゃんと成城って書いてある。駅前にあったやつとデザインちょっと違うよね。多分ああいうのもさ、ちゃんとした人がデザインしたりしてるんだろうな。

——この感じが途切れたときって、もしかしたら住所は成城じゃなくなるんですかね。

瀧：そうかもしれないよね。さっきから凄いおしっこしたいけど、ここで立ちションは絶対にできないわ（笑）ここは絶対にしちゃ駄目って感じがする。あと、アパートがいつ出現するのかっていうのも気になるよね。あの遠くに見える光って駅だよね。ここまでずっと真っ直ぐの通りだもんね。あ、そしてついに桜並木はここで終わると。この辺りからちょっと雰囲気が変わったね、高級住宅街は途切れた感じ。

——成城7丁目を越えますね。あっち側に「成城通り」っていう通りがあるので、最後にそこを歩いて終わりましょうか。

いつもの街並みに安堵する

瀧：道が徐々に曲がり始めた。特AエリアからAエリアになった感じかもな。特Aゾーンからノーマルな世田谷になってきた感じ。

——あちらのお宅には本当失礼ですけど、久しぶりに軽自動車みましたね。

瀧：そうね。これなんか、絶対にどかさないっていう自然に対する決意が感じられるもんね。最初に木の方が住んでたっていう概念ね。桜並木が終わるのと同時に家の密集が始まった感じがする。そして庭の面積も減ってきたな。あの信号があるところを左に行くと駅のバスターミナルの方かな。こっから先はどこに抜けるのか、俺もわからないな。

——上祖師谷の方に抜けるみたいですね。

瀧：じゃあそっちの方まで行って今日は終わろう。

——ここが成城通りですね、

角のお店で成城プリンを売ってます。

瀧：成城プリン？　何それ？　初めて知った。近隣の老婦人とかだとさ、意地でもこの成城通りのまいばすけっとには行かずに、頑なに成城石井に行く人がいそう。ちょっと遠かったとしても（笑）

――「お父さんの時代から通ってるから」的な感じですかね。

瀧：このお店も好きだな。写真撮っとこう。なんか、この佇まいでいてくれると庶民出身としてほっとするよねっていう。

――でも、まいばすけっとが現れた瞬間に、特Aのところは終わった感じなんじゃないですか？

瀧：うん、俺もそう思ってる（笑）なんか妙な緊張感から解き放たれて、今とても居心地が良いもん。あと、マンションもようやく出てきたよね。でも相変わらず静かなことに変わりはないな。あれってデニーズ？　赤いイメージのデニーズって珍しくない？

――開いてたら絶対入ってましたね。

瀧：ほんと、デニーズ開いててほしかったなあ。今の俺たちの状況なら絶対飛び込んでたよね。コーヒー2杯ずつぐらい飲んであったまって、コンポタとかもいいな。これ多分初期の頃の店舗だよね。赤いのって珍しくない？

――調べたら、デニーズ1号店は横浜みたいですね。

瀧：そうなんだ。アメリカから船で到着、そしてデニーズでホッと一息、みたいな流れだったのかな。船から荷物と気分を下ろした感じ。そしていつの間にか成城学園感は消えたね。

――なんか二子玉と東名の間の感じに戻りつつありますね。

瀧：そうね、でもまだ住所は成城なんだよね。学園が来て駅ができて、さあどこまでを成城

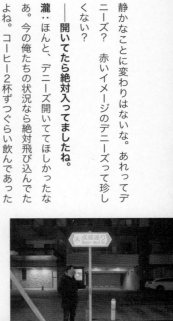

とみなすのかっていう最初の設定のコロニー感が、地名が変わった瞬間にわかる気がする。何だろこれ、フォトスタジオか。地元の人は家族写真をここで撮ったりすんのかな。アトリエ木下、since1923年か。大先輩だよ、横ちゃんの。しかしこの辺は土地勘が全然ないな、このまま道を行ったらどこに抜けるんだろう。

——あっちに行くと、烏山に繋がりますね。

瀧：千歳烏山か、京王線のね。そうか、芦花公園の脇を北上してる感じなのか。

——オオゼキとかC&Cカレーとか、京王が扱ってるスーパーとか飲食店とか、僕は結構好きですね。

瀧：オオゼキって京王絡みのスーパーなんだ。オオゼキいいよね、俺も好きなスーパー。そして道の反対側に団地が現れた。

——あ、ここでどうやら住所的に成城は終わりのようですね。

瀧：ここが境界線になるのか。えーっと倉橋通りが。

——そのようですね。

瀧：まあここでゴールかな。今夜は寒かったけど楽しかったよ、お疲れ様でした。

——では瀧さん、最後に世田谷区とは？

瀧：二子玉から歩いてきて、今日見てきた感覚で言うと、やっぱ近年になって今の形が出来上がった場所っぽいよね。公園で見た田直の件も、昭和63年でしょう。成城の街の歴史も100年ぐらいなわけじゃんか。20世紀にできたエリア。だって映画もそのくらいの歴史じゃない。ということから考えると、世田谷区はここ100年の街！

北区《きたく》

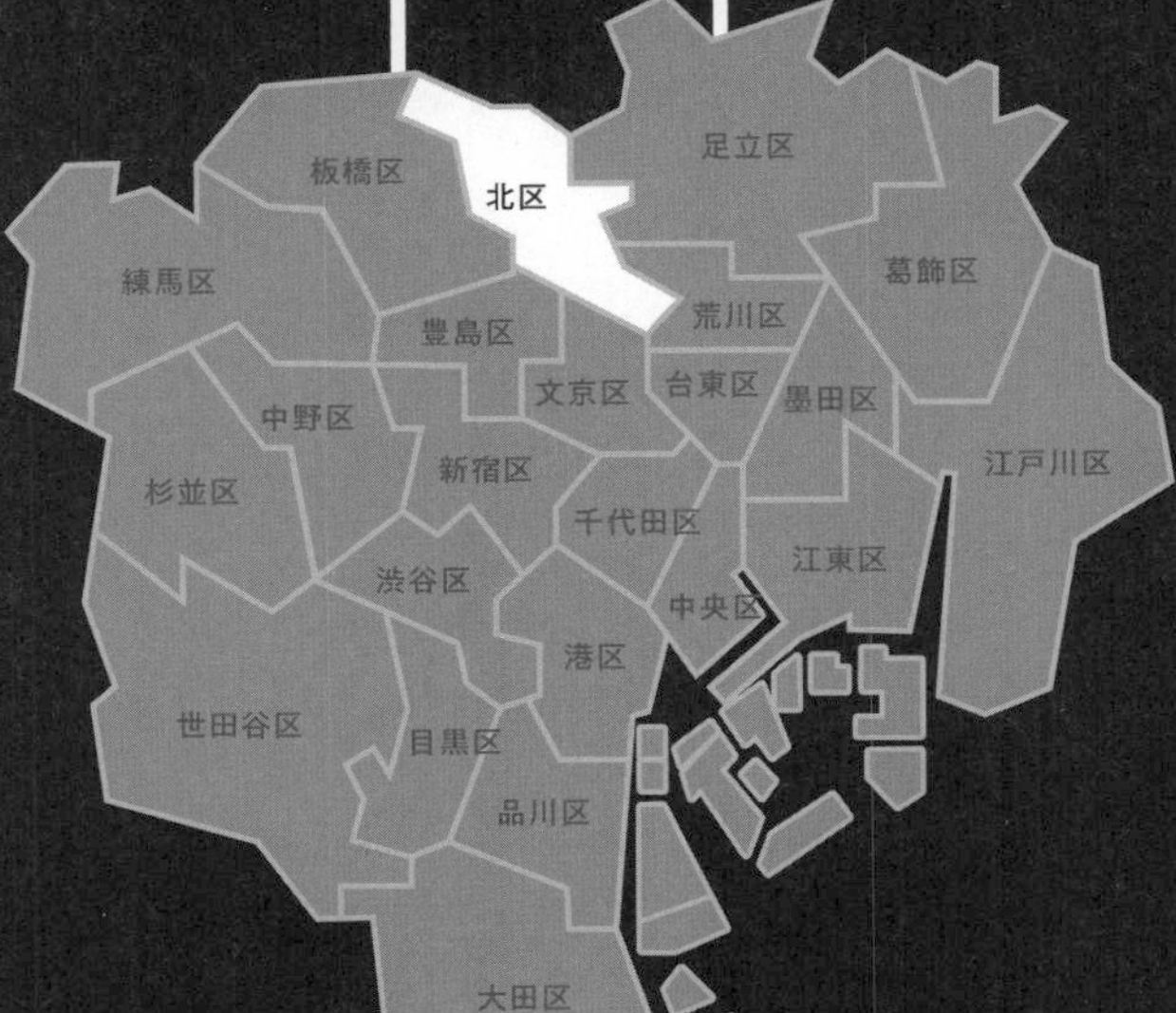
足立区
板橋区
北区
練馬区
葛飾区
豊島区
荒川区
文京区
台東区
墨田区
中野区
江戸川区
杉並区
新宿区
千代田区
江東区
渋谷区
中央区
港区
世田谷区
目黒区
品川区
大田区

JR京浜東北線「王子」駅スタート

――今回は北区を歩きます。前回の『23区23時』で瀧さんが「北区は赤羽と王子しか知らない」と仰っていたのが印象的で。10年前の前回は赤羽を歩いたので、今回は王子近辺を歩いてみようと思います。

瀧：でも王子も1回行ったことがあるくらいだよ。ちっちゃいクラブがあって、そこでDJかVJをやったような気がする。その時に初めて来て、それっきりだと思うな。

――王子3Dですか?

瀧：そうそう! そこにピンポイントで来たことがあるだけ。へえ、王子駅の裏側ってすぐ川になってるんだ。駅のバスターミナル側と印象が全然違うんだね。

――これは石神井川です。石神井公園まで続いてます。

瀧：駅のこっち側、暗いけど雰囲気は悪くないね。なんだか地方都市の駅に来た感じがちょっとある。雑多が心地いい。

――じゃあ石神井川沿いに歩き始めて、そのまま飛鳥山公園まで行きましょうか。

瀧：この川沿い、灯篭的な照明が両サイドにあしらってあって、スナック帰りのママとお客さんが話しながらしっとり歩けそうな感じじゃない?

――あー、なんかそういうのが似合う道ですよね。

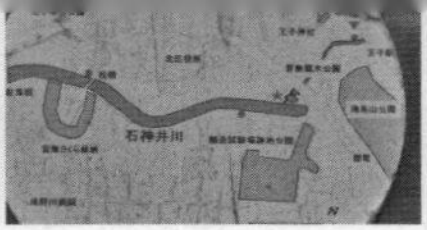

瀧：アダルトな関係の人たちにとっては悪くないよね。暗いから遠慮なく腕くんじゃったりしてさ。王子って王子製紙の王子？

——それで合ってます。

瀧：王子にあった製紙工場だからか。あ、駅からちょっと歩いたらすぐに公園の敷地なんだ。音無親水公園。今は桜はまだ一分咲きって感じだ。この桜が満開になったらいいムードなんだろうなあ。夜、みんないい具合に酔っ払ったりしてさ。

——すぐそこにラブホテルもあります。

瀧：もう話早くていいね。夜桜を見に行こうなんていう体で誘って、じゃあせっかくなんで我々も満開に♡なんつってさ。どうやってホテル側に女の子を近づけるかっていうのは男にしてみたら難題だからさ。桜ありがとうって感じ（笑）ここは親水公園というぐらいだから、この石神井川の水辺でみんな寛ぎなよっていうことなんだろうね。この公園の上にかかってる橋もいいよね、デザインが昔っぽくてレトロな感じ。音無橋っていうのか。なんと昭和5年11月に出来てる。

明治通りでちょっと寄り道

——あー、橋の上のそこいいですね。

瀧：昭和初期とか、戦前の東京の写真に出てきそうな雰囲気の橋じゃない？　桜の花が欄干や街灯にあしらわれてる。いいデザインだなあ。

——今、大河ドラマで渋沢栄一をやってるんで、この

辺は盛り上がってますね。渋沢栄一の家がすぐそこなんですよ。

瀧：渋沢栄一って、近代日本の仕組みを作った人でしょ、ざっと言うと。北区に縁がある人なのか。この橋、ただ上を通ってるだけだと橋全体の良さってわかんないよね。俺さ、何度もこの明治通りのウワーっと湾曲してる道を車で通ったことはあるんだけど、飛鳥山公園には足を踏み入れたことはないんだよね。

——あそこに飛鳥山山頂へ続くケーブルカーがあるんですよ。

瀧：へえ～。23区内なのにケーブルカーなんてものが整備されてんのか。レジャー感あるねえ。

——今調べてみたんですけど、さっきのあの橋（音無橋）は渋沢栄一が作ったみたいですね。

瀧：へえ、渋沢栄一にゆかりのあるもの結構あるんだね。お、このお店は缶ビール&たこ焼きか。いいね。公園に行くんだったらさ、ビールとたこ焼き片手に行くのよくない？

——いいですね！　この店（たこ課長）に寄って買っていきましょう。

瀧：この辺りの地名は滝野川か。……わかった、思い出した。昔、滝野川に住んでる女の子がいて、その娘とデートするために車で来てたんだ（笑）だから俺はこの明治通りの道を知ってるんだな。滝野川と王子って近いのか、今初めてわかった。

――瀧さん、たこ焼き出来上がりましたー。ビールもゲットです。

瀧：まだ花見にしてはちょっと時期が早いけど、我々としては浮かれ目的で公園を通ろうという魂胆でしょ。だからこのぐらいはやってもいいんじゃないかな。よし、じゃあたこ焼きを持って公園行こうか。

瀧、人生初の飛鳥山公園へ

瀧：飛鳥山公園歩道橋。これを渡っていくのか。飛鳥山公園ってさ、すごいところにドンとあるけど、公園へのアクセスがちょっと難しいね。

――だからケーブルカーができたんでしょうね。

瀧：これもう公園というよりも山だもんね。都内の他のどの公園とも趣が違うね。公園内の階段の手すりが木じゃんか。しかも最近作り直した新しい木の匂いがする。あずまやを探してたこ焼き食べようか。

――せっかくだから何かの花の近くで食べたいですよね。

瀧：何これ？「象山先生櫻賦の碑」。説明文によると「明治14年1881年、門弟の勝海舟、北沢正誠、小

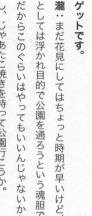

松彰らによって碑が建立されました」とのこと。そうか、ここのアイデンティティー幕末から明治な感じなんだな。佐久間象山の影響で吉田松陰が国の外にも目を向けなきゃいかんぜってなるんだもんね。そして「青天を衝け」の幟。

――あ、いいっすね、今ポルノ的な落ち方をしましたね、花が。

瀧：椿か。椿って武家屋敷に植えないやつじゃなかったっけ？　首がストンと落ちる感じで花が落ちるから。それが縁起でもないってタブーだった気がする。さっきのケーブルカーは公園のどこに繋がってるんだろ？

――もうちょっと先ですね。そして明るいうちしかやってないですねー。

瀧：そっか。でもちょっと乗ってみたいな、そのケーブルカー。あっという間に着く感じだろうけど。しかしここでの花見いいんじゃないの？　なんか島っぽいじゃん、陸の中の。仮設トイレもあるし、花見用の準備万端じゃない？　フジロックと同じゴミ分別システムができている。苗場で見るやつだよ、これ。

――タワーレコードのタオルを首に巻いたボランティアの人達がズラーっといる感じですよね。

瀧：そうそうそう。こっちも何か急に意識高くなっちゃって、すごい細かく分別やっちゃうみたいなね。「しぶさわくん」だって、これ渋沢栄一？

――の、ゆるキャラですね。

瀧：これはちょっと無礼じゃない？（笑）

飛鳥山公園でプチ花見を開催！

——調べたんですけど、歌川広重の浮世絵にも飛鳥山の絵があるそうです。江戸期に花見スポットとして開発したみたいですね。

瀧：へえ、花見の名所にしようとしたわけね。いい動機だなあ。そしてパンジーもこんだけ並べてくれると寂しくなくていいわ。

——どういうことですか？

瀧：よく地域の老人会とかがさ、こういうところとか駅前とかに、緑と花で潤いをなんつってやるじゃん。そういう時ってだいたいパンジーのプランターとかを並べるじゃんか。俺さ、パンジーの花のプランターとかを見ると、ちょっと寂しい気持ちになるんだよね。葉牡丹のやつとかもそう。やってくれてる人には悪いけど、それがあることで逆に寂しさが増すっていう感覚。でもここまでやってくれるんだったら素晴らしいわ。花が視覚的に襲ってくる感じがいい。今まで見たパンジー畑の中では、ナンバーワンだな。この花壇のとこじゃない？　たこ焼き食べるとしたら。（たこ焼きを食べる）うーん、美味い！　最高！　よし、これで今年の花見をしたことになった。みんなも食べようよ。瓶のビールも開けよう、栓抜きがないからライターで。

——100円ライターで開けられるんですね。

瀧：ドイツに行ったときに向こうのＤＪ連中から、ビールの栓をライターで開けられるようになんないと一人前じゃないと言われた（笑）はい開いたよ。

一同：乾杯～！

瀧：今は夜10時過ぎだけど、ここにぶらっとビール片手で来るのいいよね。真夏の夜とかも夕涼み的な感じで。おや？ 今いるここって一応山頂なんだ？ よし、これで飛鳥山は制覇した。登頂したぜ。でも飛鳥山公園が花見用公園だったっての初めて知ったよ。そうか、そうなるとさっきの歩道橋とかをちゃんと整備しておかないと、馬鹿が酔っ払ったまま明治通りを横切って車にはねられるかもしれないもんね。花見での死亡者続出は困るもんな（笑）

――階段で転んでる人とかも結構いるらしいですよ。まあ、ここで1杯飲むぐらいいいじゃない、って思うんですけどね。

瀧：いや本当。仲のいい人達でやってきて、桜眺めて回って、ちょっとお酒飲む分にはいいじゃない。年取ってくると不思議と咲いた花の写真撮りたくなるんだよね。この間も、卓球君が梅か桃を撮ってインスタにあげてたし。何なんだろうな、花が綺麗に咲いてるからって写真撮っちゃう感じってさ。俺も40過ぎてからだな、その感覚が芽生えたの。

都内最高峰レベルのプレイパーク

瀧：花見ができるゾーンの反対側はちびっこプレイパークになってるんだね。お城じゃんこれ。しかも洋風でバカでかい。こりゃ子どもにしてみたらテンション爆アガりだわ。この電車は何なんだろ？ 昔荒川線で使われて

た車両だって。

——最初は大塚から飛鳥山まで開通したのが都電荒川線の始まりなんですね。

瀧：古い車両だなあ、木の椅子。昭和24年に造られた車両だってさ。あっちにはＳＬの車両もある。

——子どもの夢が全部そろってますね。

瀧：そうね。なんか古いけどポップだよね。プレーパークの充実ぶりとしては結構都内でも上の方なんじゃない？ だって象もいるじゃんか。こんなのあんまり見たことないよ。ファンタジー感に充ち満ちてる。

——確かに珍しいですし、綺麗にしてますよね。

瀧：正直、今の俺でも結構遊べるもん（笑）子どもちっちゃかったら、ガチで半日ぐらい遊んじゃうパターンだわ。逃げろー！ とか言って。あ、やっぱりそうだ！

カバもありやがった。このカバとウサギとアシカ。俺の静岡の実家の近所に、河川敷公園があってさ。そこの砂場にこれと同じものがあったのよ。俺が保育園ぐらいの頃だから、つまり今から50年ぐらい前の話ね。実家の公園以外で同じものに遭遇したのは初めてだわ。安倍川と飛鳥山が時を超えてつながった感じがして奇妙。写真を撮って嫁に見せてやろう。最高だな飛鳥山公園。渋沢ゾーン、子どもゾーン、花見ゾーンの公園だ。これ昼間に来てたらちょっと印象違うだろうな。夜だからこその独り占め感あるじゃん。

——昼間は結構混んでますから。あとは子どもがいたら、もちろん子ども

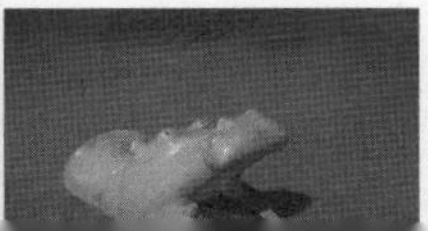

優先ですもんね。

再び王子駅周辺へ

――じゃあそろそろ駅を挟んだ向こう側に移動しましょうか。

瀧：線路の上をまたいで行くんだな。この鉄橋、ある時期に見たらすごく古臭く見えるんだろうけど、今見るとモダンに見えるね。

――綺麗な状態で残してますもんねえ。

瀧：さて線路の向こう側についた。ここ電車撮るのに最高の場所だね。うわ、なんか来たよ！　めっちゃ近い！　速っ！　そして怖っ!!　電車までめっちゃ近いじゃんこれ！

――瀧さん、23時です！（笑）

瀧：23時！　さっきのやつでもういいんじゃないの（笑）電車まで激近でヤバかったわ〜。だって線路の「チュン、チュン！」って音で電車が近づいてきたってわかったもん。結局、公園へ行ってプチ花見して戻ってきてまた王子駅だ。鉄橋を降りたらすぐに踏み切りがある。これ荒川線の踏切なのか。さ、次はどこへ行く？

――荒川沿いに、豊島五丁目団地という大きな団地があるので、とりあえずそこまで行ってみましょう。

瀧：あの奥の建物いいね。ボウリング場のものなのか。あのアーチの削り方、手前のマクドナルドのマークと相まってシンボリック。王子って、前のものが残ってて、

街に馴染んでる感じがしていいもんだね。この店舗の種類の組み合わせだと、駅前だから下手したらモール化しちゃうじゃん。だけどこの感じのままで残ってる。『映像研には手を出すな！』の街っぽくない？

——あー、わかりますわかります（笑）

瀧：あのアニメの中で出てくる設定の街っていうか。こういう雑多な町のパーツがいくつも入り組んでる感じじゃんか。ボーリングのピンも。ビルの一番下がせんべい屋って、超渋いわ〜。サンスクエアビルか、覚えておこう。さて大きい道沿いを行くのもいいけど、ちょっと歓楽ゾーンも覗いていこう。なんかガールズバーがいっぱいだ、あっちにもガールズバー。なんとなく再開発の手がもうすぐ伸びてきそうな雰囲気が漂ってるな。

——半分以上お店やってないですね。

瀧：この小料理お多福も終わっちゃったか。こういうお母さんが1人でやってるような小料理の店ってどんどんなくなっていく一方だろうね。こういうお店ってさ、店に立つのが誰でもいいってもんじゃないじゃん。そのお母さんの佇まいも込みの店の味っていうかさ。寂しいねえ。そしてカレーハウスじゃんご。これ、もう今はあまり使わないフォントだよね。80年代によく見た気がする。よく見ると真ん中の象もちょっとなんきんさんのイラストっぽい（笑）とか言いながら明治通りに戻ってき

たら、国立印刷局王子工場があった。ここで国の刊行物とかを印刷してるってことだよね。そうか、王子には製紙工場があって、印刷局もあるんだな。ということは出版社も多かったりするのかな？

——王子はやっぱり紙屋さんが多くて、出版社は文京区とか千代田区が多いですね。

瀧：なるほど。知識を紙に落とし込む工程を町ぐるみで担当してるんだな。この印刷局、Ｇｏｏｇｌｅマップで見たらバカでけえって感じかもしんない。

——なんかジャンクションみたいな交差点が多いですね。

瀧：そうそう、なんかね。さっきの駅前の歩道橋もまあまあジャンクションみたいな感じだったじゃん。あと飛鳥山のとこも歩道橋あったからさ。今のところ北区は歩道橋がいっぱいあるんだっていう印象（笑）あ、自販機発見。なんとポンスパークリングが１００円だ！　これは考えるまでもなくポンスパークリングだな。即決！（ガシャン）これ振っちゃ駄目か。炭酸入ってるんだもんね。ポンジュースだからって振るとえらいことになるやつだ。いただきまーす！　うん、美味い～！　炭酸がいいですよ。ほぼオランジーナです(笑)でもこれは美味しいなあ。取っておいて後でまた飲もう。このラインナップのペットボトルで１００円ってさ、ちょっと珍しくない？

——確かに。水とかが１００円ならわか

りますけどね。

瀧：じゃあ行こう。これ大田区行ったときと同じだね。でかい幹線道路を越えると、全く雰囲気が変わるパターン。明治通りを過ぎてから、様子が変わったもんね。王子がイメージ通りの王子然としているのって、駅の周りだけなんだね。あ、川。あんまり地形の概念が頭に入ってないから突然川が現れた感じ。これ上を通ってるの多分首都高で、埼玉方面に行くラインでしょ。

——そうです。東北道方面ですね。

瀧：いつの間にかお店も減って、すっかり普通の住宅の街並みになったね。でも北区もさすが東京23区だけあって、建物が密集して建ってる。所狭しと建ってますな。

——ここ豊島二丁目町会って書いてあるじゃないですか、まっすぐ行くと、2、3、4って増えていって5丁目です。

瀧：その豊島5丁目団地っていうのは川に囲まれたところのエリアなのか。北区の端っこなのね。この道、入って行ったら出られなくなるかな、なんか斜めってて面白そうだと思ってさ。

——行きましょう行きましょう。戻れますんで、曲がりたいところは曲がりましょう。この辺りも空襲で焼けなかったんですかね？

瀧：確かにこのくねくね具合は、ノー爆撃かもしれない。いや、細っ！　そして道が秒で行き止まった、失敗（笑）あ、そしてなんと終点はお墓でした。なんか空き巣に

目をつけられそうな立地条件だよね。「見通しが悪い。くねくねしてる。道幅も狭い。住居が密集してる」。住民の皆さん、気をつけて。そしていい感じの地元の美容室を見つけた。

——落ち着いてていいフォントですね。上のグルグルもいいです。

瀧：ね。これまで何人もの地元のお嬢さんを成人式に送り出したんだろうね。「お母さんも昔ここでやってもらったのよ」「親子三代、また成人式が来たの」「早いわねぇ〜」みたいな（笑）

豊島中央通り商店街

瀧：ここから商店街の始まりだ。急に気になるローカル商店街が現れた。王子の駅前を越えたあとは、気持ちが吸い込まれるようなものはあんまり見かけなかったけど、この商店街の佇まいは吸い込まれるね。豊島中央通り商店街っていうのか。結構長いよね。

——そういえば王子駅前からここまで、コンビニが少なかった。となると、この商店街住民に頼りにされてそうですよね。

瀧：店がどこも現役でバリバリやってそうだもんね。ミートソーススパ衝撃の４００円だよここ。生姜焼き５００円、オムライスも４８０円だってさ。すげえ！こっちはお風呂屋さんか。古そうだけどなんかいいね。

長年通ってるお客さんがたくさんいそう。地域に絶大な影響力を持ってんのかな。このお風呂屋さんは地域に絶大な影響力を持ってんのかな、ここだけすごい他と違うんだけどな。

——昔のものが綺麗な状態で残ってますよね。

瀧：ちゃんとお茶屋さんがお茶屋さんとして機能してる。障子・襖張替えの店、酒屋さん、レディスファッションハトヤ。

——学生服とかもこの商店街で買うんですね。

瀧：この感じ懐かしいね。春は新入生用の需要で学ランと体操着が売れまくるでしょ。この商店街、最近の

大手資本のチェーン店が全然ないね。クリーニング屋さん、お花屋さん、とり肉のお店もそれぞれが専門店としてちゃんと営業してるもん。饅頭屋さん、フラワーガーデン鈴木。こういう個人商店を1ヶ所に集めちゃうとさ、やっぱモールになっちゃうわけじゃんか、イオン的な。ショッピングモールって買い物する側にとっては便利なんだけど、あれがひと施設できるとやっぱ商店街は潰れちゃうよね。快適で便利なんだけど、その代わりに地域のオリジナル文化が消えてっちゃうんだよね、残念なことに。ここはフィットネス&ジムか。総合格闘技、ブラジリアン柔術って書いてある。ここの商店街の夏祭りってなんか楽しそうだよね。

——商店街がしっかり盛り上がりそうですもんね。

瀧：チャイナハウス。ゲームって書いてある。このガチャ筐体が置いてあるの懐かしいね。この赤いやつがこんだけ並んでるのはナツい。子どもの仕業かな、ガチャの上にチョコを2つ食った跡がある（笑）アルフォートの空き箱が2箱（笑）ガチャガチャのラインナップは海洋生物大集合とかか。そして「何が出るかな」シリーズがあった（笑）まあじゃあ1回やっとくか。100

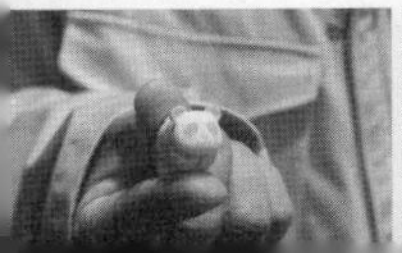

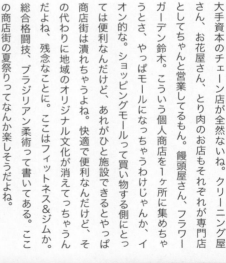

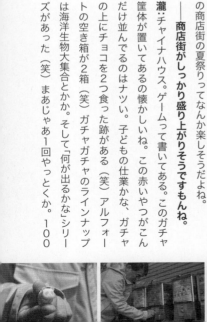

円と。（チャリン　ガシャ　ガシャ）ん？　何だこれ？　パンダか！　オレンジのパンダ（笑）

――コップのフチ子みたいなやつですね。

瀧：ああ、そうか！　どこかのヘリにちょこんとさせるやつだ。まあかわいいからいいけど。ギリ損はしなかった感じ（笑）

豊島五丁目団地

――商店街、意外と楽しかったですね。

瀧：うん、いい商店街だったな。いつの間にかもう豊島4丁目まで来てるのか。

――団地までもうすぐですね。

瀧：5丁目だもんね。団地はあれ？

――多分あそこに見えてるアレが今夜の目標の団地ですね。豊島5丁目団地は元々化学工場だったらしいんですけど、工場が移転することになって、その跡地が団地になったみたいです。割と最近まで工場だったみたいですね。

瀧：なるほど。そして周囲はすっかりと住宅街。バレエ研究所、公文式。日々の暮らしが想像できる街角が続くなあ。豊島連合町会カッパまつり実行委員会って書いてある。なんだろうカッパまつりって。川が近くにあるから？　あ、これじゃない？　団地。マップあった。UR都市機構って書いてあるよ。

――そうですね、これで間違いないです。この8番に喫茶店とか商店街っぽいところも入ってるはずです。

瀧：商店街がモールに取って代わられるって話したけど、ついにリアルなモールが現れるよ。

――地図に描いてある通り、周りがぐるっと隅田川ですね。だから洪水とか台風とかがあると本当に危ない。

瀧：なるほど。端っこに小学校もあるんだな。団地の子はみんなここに通うんだろうな。子ども同士の結束

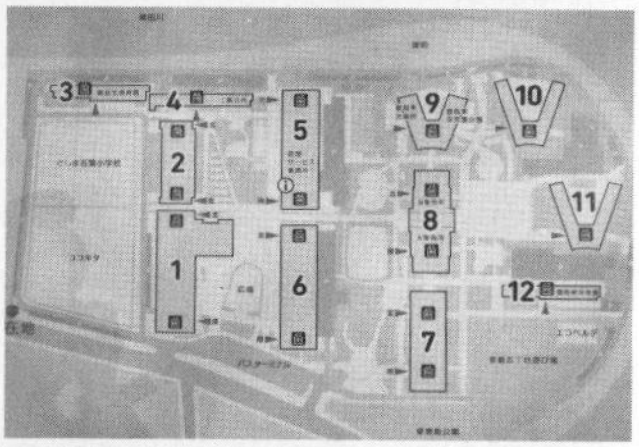

が固そう。そして全貌が見えてきた。デカいな！

――迫力ありますよね。全部で5000世帯ぐらいあるそうです。

瀧：5000⁉　単純に考えて1万人以上が住んでるって計算か。すげえわ。ちゃんと建物が綺麗。各棟14、15階建てか。1階部分には店舗が軒を連ねてる。トーホーショッピングモール。ラーメン、パン、中華料理…。豊島5丁目遊び場も用意。ちゃんとダイエーもある。近場で日常の買い物を済ませられるようになってんね。保育園も小学校もある。団地の入り口にはバスターミナルも整備、朝は朝でラッシュが凄そうだけどね。なんか、向かい合った棟のベランダ部分の工夫が効いてて、絶妙なプライベート目隠しになってんね。

――団地独自の暮らしのルールとかもありそうですね。

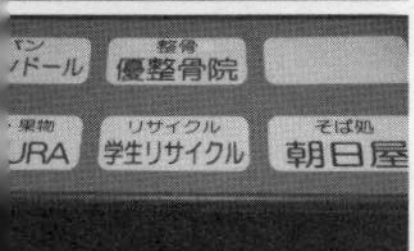

瀧：この団地の1階の飲食店は出前もしてくれるんだろうね。何号棟何階の○○です。はーい、毎度〜って。

――スッゴイ早いんでしょうね、もう。

瀧：人によっては電話の声聞いた瞬間に「はーい！カツカレー大盛りねー」なんてね。モールには夜は入れないのか。トーホーショッピングモールってもしかしたらこの入り口の内側にあるやつのことなのかな。

――この中にあるんでしょうね。店舗の一覧表示があります。

瀧：マック、おそば屋、……学生リサイクル!!　なるほど。結局通う小学校とか中学校が一緒だろうから、まだ使えるものは効率的に回るようにできてるんじゃない？　いいシステム。

――お弁当屋さんが中にありますね。400円以上のお弁当でご飯大盛無料だそうです。

瀧：外からわざわざ買いに来る人って多分あんまりい

ないわけじゃない。この団地の住人だけでビジネスがまわるんだろうね、おそらく。

——正直、もっとゴミとか落ちてるかと思いましたけど、全然綺麗でしたね。

瀧：いや俺もそう思った。タギングとかアイスを食い散らかしたゴミとかは多少あったけど。それも明日の朝になったらお年寄りとか善良な住人が片付けるんだろうなっていう。たくさんの人で住むってのはマナー必須になるんだな。ていうか北区、とにかく自販機が軒並み安いんだけど（笑）

——みんな１００円ですよね。

瀧：ここも１００円だもん。１００円自販機率70％ぐらいの感覚じゃない？　ここは産婦人科だ。これまで何人の地元の子を取り上げたんだろうなって感じ。子どもがたくさん生まれた時代だったら毎日生まれてそうな勢いだったろうね。入院、分娩、手術も全部やってくれるんだ。ヘタしたら老先生が団地の奥さんの股を全部見てるっていうことになりかねないよ。

——産婦人科の横に、もう保育園ありますもんね。

瀧：命のサイクルを体感するにはいい縮図。これだけ揃ってるんだったら、生まれてから一度もここを出ることがなかったとしても人生を全うできるかもしれないよ。

川と団地のアート感

瀧：川に出た。これ隅田川になるの？

——そうですね、左手の橋の向こうはもう足立区ですね。橋までが北区。

瀧：一応川っぺりまで行ってみようよ。もっと閉塞感あるのかなと思ったら、意外にそんなことなかった。対岸の向こうの建物はさ、

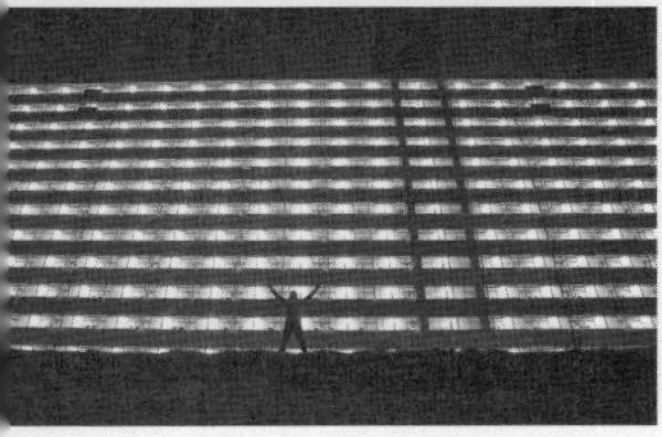

新しいし、各家庭で何をしてるのか遠目でも結構わかるじゃんか。こっち側はさ、うまいこと目隠しをしてるんだよね。スタイルが違うんだな。掲示板で見た「カッパまつり」はどこでやってるんだろう？　見渡したところ、夜釣りをする人もいないんだな。ここじゃあ釣れないのかな。

——雰囲気的にはいても良さそうですけどね。

瀧：ね。なんかウォーターフロントとも言えなくもないな、言い方としては。とりあえず今夜のゴールに到着か。

——そうですね。あの橋を見てから、王子駅まで戻りましょうか。

瀧：そうしよう。なんかさ、王子駅の周りからここまで、夜チンタラ歩くにはすごく良かったね。うわ、なんかこの感じテクノじゃない？　1個だけ蛍光灯が切れたりしてると超気になりそう（笑）俺がシルエットになって写真撮りたい、ちょっと土手の上行ってくるからカメラ構えておいて！　ここでさあ、各照明に色をつけたりとかして制御したらアニメーションできそうじゃない？　このロケーションでそういうＰＶを作ってみたいなあ。文字動かしたり、ドット絵とか。対岸のあっち側の建物にも協力してもらって橋から撮れば迫力ありそう。めっちゃお金かかりそうだけど。

王子の素晴らしさに心奪われる瀧

——この橋までが北区ですね。

瀧：趣のある橋だなあ。デザインしすぎてなくて、機

能優先ていうかさ。この橋から眺める両サイドの建物が水面に映る様はヤバくていいねぇ。よし、満足した。じゃあなんとなく王子駅の方に戻ろうか。

――そうですね。歩数計測とかは、また王子駅前に着いてからで。

瀧：うん。北区ってさ、ボーッと飲めそうな場所が多いところだよね。飛鳥山公園もそうだったけど、この川っぺりもそう。なんか缶の酒持ってぶらつきたくならない？

――さっきの団地のダイエーの前とかもそんな感じで飲んだ後ありましたよね。

瀧：この会社、トンボ鉛筆だ。しかもそのトンボ鉛筆の社屋の前に紅トンボっていう店があるんだな（笑）

――子会社ではなさそうですね（笑）

瀧：どうやら紅トンボは居酒屋みたいね。トンボ鉛筆の人が紅トンボで飲んだりするんだろうな。いい関係性だわ。トンボ鉛筆は元々ここにあって、昔河川でトンボがいっぱい飛んでたのが社名の由来だったりしたのかな？

――ああ、そうかもしれないですね。

瀧：北区の人たちって機嫌よく暮らしてる感じがするよね。ちっちゃいお店がちっちゃいまんまちゃんと機能してたりとかさ。ライフスタイルを誇示するような店が少ない。

――ちゃんとみんな地元の馴染みの店に行ってるんでしょうね。

瀧：うん。あと、カフェが少なくて居心地がいい。居心地がいいっていうのはちょっと言い過ぎかもしんないけど。カフェっぽくなく過ごしてていいっていうかさ。洒落たカフェって五穀米じゃないといけないような強迫観念にかられるじゃん。ジャンクフードばっかり食ってるとちょっと恥ずかしいっていうかさ。でもここは気取らない感じで、丼飯をちゃんと腹いっぱい食わしてくれそう。あとコーヒーがまずそう。でもそれが美味いっていうか。まずいコーヒーが美味いっていう心地よさね。なんかあと、女の子の気性が良さそう。彼女が北区の子だと最初から本音で付き合えそうな感じかな。なんかほんとさ、今のお店だったりとか食事処とかも、みんな身の丈に合った感じで気取らなくてよさそうっていうね。でかい病院はあんまり見なかったけどさ、ちっちゃい診療所みたいなのはいっぱいあったよね。

——ショッピングモールはないけど、個人商店はいっぱいあるっていうのと一緒ですよね。

瀧：そうそう。それって今や長所な気がする。

——境界の明治通りを越えると、やはり景色が変わってきましたね。

瀧：建物が高くなる。家賃がちょっと上がって、外車も増えてきた感じだ。車がアウディになった。あと、北区は意外に雑草伸び放題ポイントはあんまなかったね。

——飛鳥山公園も綺麗でしたもんね。

瀧：ね。今日歩いたルート限定だけど、ここあんまりケアされてないんだってところはな

かったよね。北区の行政がちゃんとしてんのか、住民の意識がちゃんとしてんのかわかんないけど。今日いろいろ歩いてみてわかったのはさ、これまでごめん王子って感じ（笑）今までちょっとなめてて悪かったよって。俺が無知なだけで、すごくちゃんとした街だった。駅前のあのビルをさ、なんかこの感じいいねって話してたじゃん。

——はい、サンスクエアビルですね。

瀧：そうそう。なんかあのビルのモードのまま、隅々まで行き渡ってる感じがない？

——ああ、何か考えが集約されているっていうか。

瀧：そうそう。この発想が街を象徴してるっていうか。1階がおせんべい屋さんなのも含めてね。この感じの街だったじゃん王子全体が。一番のレジャーはボーリングっていう浮かれてない感じ。サンスクエアに答えが全部ある。この広場の花屋も閉店後にそのまま花置いてあるし。さっきの米屋の外にも米袋を普通に置いてあったじゃない。それ見て治安いいんだなと思って。やっぱ北区は赤羽のイメージに引っ張られすぎなんだな。だから王子近辺の町のプライドはサンスクエアだよ。あのビルのボウリングのピンが倒れたときは王子が終わるとき。あのワンピンが王子のプライドですよ。

——では最後に瀧さん、北区とは。

瀧：北区というか王子だけど、「サンスクエアビルが全てを物語る！　ちなみに俺は好き！」

総歩数
14240歩
KITA-KU

足立区《あだちく》

足立区
板橋区
北区
練馬区
葛飾区
荒川区
豊島区
文京区
台東区
墨田区
中野区
江戸川区
杉並区
新宿区
千代田区
江東区
渋谷区
中央区
港区
世田谷区
目黒区
品川区
大田区

日暮里舎人ライナー
「見沼代親水公園」駅スタート

——今日は足立区です。この区は埼玉県との県境に広く面していて、その上ちょっと変わった境目もあったりするので、今回はそれに沿って歩いてみたいと思います。東京都と埼玉県、隣り合っていても管理行政が変わるとどうなるかも歩きながら見ていきましょう。

瀧：県境って、川とか大きい街道とかじゃないんだ。

——暗渠になってるところとか、色々ですね。

瀧：そっか。今いるここは、なんていう駅？

——日暮里舎人ライナーの「見沼代親水公園」駅ですね。

瀧：日暮里舎人（とねり）ライナー。全然知らない路線だ。しかもここが終点なんだね。路線図を見ても知らない名前の駅ばっかり。あだち観光イラストマップを見てみよう。親水公園っていうのはどうやら緑道のことなんだな。桜のイラストがある。

——時期的にはいい時に来ましたね。

瀧：この川沿いが全部公園ってことね。今俺たちがいるのがここか、なるほど端っこだ。足立区の西部地区にいるんだよね。

——そうですね、足立区の中では西側の地域です。

瀧：隣は荒川区だよね？ 俺、足立区のイメージはほぼゼロに近い状態だわ。ちょっと治安が悪そうっていう噂と、たけしさんが生まれた場所っていうくらい。

足立区で訪ねるべきポイントというか、区民の皆さんも知っていて、これぐらいの場所なら来たことあるでしょう、もしくは知ってるでしょう?っていう場所はどこなの?

――前回の「23区23時」で行った北千住じゃないですかね。結構しっかり飲み屋街なので。

瀧：北千住かあ。北千住は知ってる。でもさすがに世田谷区から北千住までは飲みに行かないもんなあ。じゃあ、見沼代親水公園に沿って歩いてみよう。お、この公衆トイレの壁ってバンクシーじゃない?（笑）これは絶対バンクシーの仕業でしょう。

県境を目指して水辺を歩く

瀧：しかし23区内でこんなに駐輪場が充実してる駅はあんまり見たことないな。この感じから察するに、この辺の人の基本の移動手段はバイクとチャリっぽいね。

――日暮里舎人ライナーが2008年開業なんで、近所に突然駅ができた感じなんでしょうね。駅までのバスとか意外にないのかもしれません。

瀧：お、これが親水公園か。水がちゃんと流れてるじゃん。桜がいい感じで咲いてるけど、みんな花見とかやんないのかな。この景色だったらやってもいい気がするけどなあ。

――元々はこの辺、全部畑や田んぼだったんでしょう

ね。

瀧：そんな気がするね。多分ここから水を引いてたんでしょ。とは言え、そういう名残は親水公園には作ってくれてないみたいね。綺麗に整備はされてるけど、もうちょっと江戸風情を残してくれてもいいのになあって思うよね。勝手なイメージだけど、剣客商売とかに出てくる土地の感じなのかなと思ってた。

——でもちゃんとお金かけて作ってありますね。

瀧：そうだね。公園ていうよりも遊歩道だね。この辺は朝の自転車の交通量が多いんじゃないのかな。普段あんまり見ないもんね、この看板。朝、通勤の人たちがチャリでシャーッ!ってとばして駅までいくんだろうな。駅付近に自転車の駐輪場がいっぱいあったから、皆そこまでチャリで行って、預けてから電車に乗って通勤通学するんでしょ。おそらくだけど。

——このままっすぐ行くと、もう埼玉県との県境に到達ですね。

瀧：夜は凄い静かなんだね。夜中のウォーキングのルートとしても、あんまり機能してなさそうな感じ。

——舎人公園が近いので、運動するならそっちなのかもしれないですね。

瀧：そうかあ。あ、「足立アクションアカデミー」なるキャッチーな建物を発見。見てよ、凄い！ 足立アクションアカデミーの渡辺コーチはSASUKE

の第34大会に出場してる。SASUKEに出るってこのぐらい凄いことなの？（笑）アカデミーってことは、きっとアクションクラブのスクールとしてやってるんだよね。上のマークを見る限り、スタントとかそういう方面よりも拳法道場な感じだし。木人拳みたいなやつやってる感じだし。でも結構マジっぽくない？

――なんかインターナショナル感ありますね。

瀧：外国人の生徒さんがたくさんいそう。この感じとかに惹かれて、忍者スキルを教えてくれ！　って門を叩く感じ。でもこのイラストの忍者スキルって、ほぼ泥棒のスキルだけどね（笑）

県境っていろいろややこしい

瀧：なんかすごい水の音が聞こえてきた。

――そこの橋を越えるといよいよ埼玉県ですね。

瀧：砂小橋。これを渡るともう埼玉になっちゃうの？　それは是非行ってみよう。うわあ、頼むから子どもは近くで遊ばないで欲しいっていう川だな、これ。なんかさ、子どもが誘われるような変な魅力があるわ。砂小橋の上はまだ足立区だよね？

――渡ったところまでが足立区ですね。ここから向こうが埼玉。瀧さんの立っている角が、足立区の際です。

瀧：川の境界に管理終点って表示がある。市外局番が03じゃないってことは、川口市はここまでしか管理しませんよ宣言ってことか。ここから先で水害や水難問題があったとしても、それは足立区がやってください

よってことなんだろうか。道の奥はどうやら行き止まりになってるみたいだね。あ、電柱の表示が川口市になった。でもそっちの電柱は足立区になってる。面白い。

――右側の家は車も川口ナンバーになりますね。

瀧：ホントだ。

――道路のマンホールも左右に1つずつあったりしますしね。

瀧：ゴミ置き場みたいなのがあるけど、あっち側だから川口市の管轄か。それぞれの地区のゴミ回収の曜日が違ってたら、ダブルでゴミを捨てられるタイミングがあっていいなっていう利点を今思いついた。

――確かに。ゴミ袋を2種類用意しておけばいいんですもんね。

瀧：ここの近所の子ども達はさ、どんなに仲が良くても同じ学校には通えないっていうことだよね。小さい頃からずっと仲良く遊んでたのに。公立の小中学校に通い始めるタイミングで全然違うとこに行かなくちゃいけないって、なんか無情だなあ。舎人橋、なんか川がちょいちょい荒くれそうな雰囲気ありだな。「このたび、改修工事にあわせて架け替えられた舎人橋と砂小橋の橋名板の文字を、舎人第1小学校の児童の皆さん

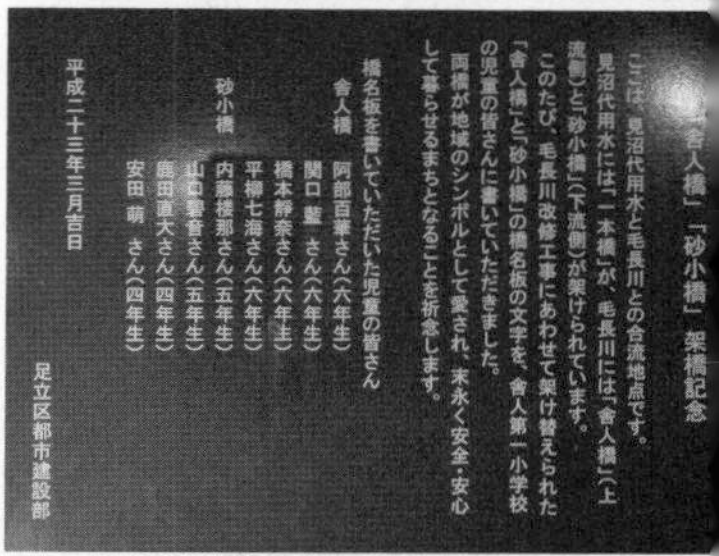

に書いていただきました。」だってさ。橋名板を書いた児童は、阿部さんとか関口さんとかか。習字が上手な子なんだろうね。6年生と5年生が書いてくれたんだって。どこにあるんだろう。橋名板ってこれのことかな？ もうちょっとわかりやすく見えるように置いてあげればいいのに。あそこの橋の名前は私が書いた文字なのよっていう嬉しさと誇りは、向こう50年以上は残るだろうね。舎人橋って名前が付いてるってことはさ、この橋は東京都がかけたってことだよね。

——それか、足立区ですね。

瀧：そっか。看板に足立区都市建設部って書いてあったから足立区なのかも。平成23年ってことは結構前の話なんだな。もう10年ぐらい経ってるわけか。じゃあこの人たちは今22～23歳ぐらいになってて、大学生ぐらいなんじゃないの？

——すでに社会人になって働いてるかもしれないですね。

瀧：そうなるか。橋の向こう側のは書式が違うのかな、見てみようか。あ、こっち側は違う、ひらがなバージョンだ。すげえ下手なやつとかも採用してくれれば味わい深いのに（笑）逆側もちゃんと見てあげよう。こっち側は多分ひらがなじゃないの？ 漢字とひらがなの組み合わせっぽいじゃん。ほら、やっぱりひらがなだった。こっちの子のやつは筆が細いな。

桃推しの公園へ

——じゃあそろそろ行きましょうか。しばらくこの川沿いを歩いて行くと公園があります。

瀧：了解。お、80円自販機に巡り合った。これ行ってみようかな、１００円のがぶ飲みエナジードリンク。普通がぶ飲みするものじゃないってのに惹かれる（笑）（ガシャン）すげえ、緑色の飲み物。「Xフリーダムエナジー」って書いてある。何がフリーダムなんだろ？

じゃあ、いただきます。ああ、強いメロンソーダ（笑）でもアルギニン的な感じの味はちょっとするな。

——僕も同じのいってみます。ああ、確かにこれはメロンソーダですね（笑）でも後味がちょっとだけエナジードリンク。

瀧：それがエナジーによる効果なのか、炭酸による刺激の効果なのかっていうのは、微妙なところだけどね。

——あ、着きました。ここは舎人町公園です。

瀧：あそこに置いてあるの桃かな？

——そうみたいですね。ちょうど23時なので写真を撮りましょうか。

瀧：この公園なんで桃推しなんだろう。日本昔話の舞台っていう表示がパネルにあるけど、桃太郎は明らかにここ発祥じゃないよね。美しいまちは安全なまちか。地域マップによると、これが今いる舎人町公園じゃんか。

注目はこれかも。入谷二丁目にある舎人七号公園。急にナンバリングのやつが出てきた。すげえ東京っぽい。そういえば舎人ってどういう意味なんだろう？「とねり」っていう読み仮名も普通パッと出てこないよね。（スマホで調べる）……舎人は、皇族に仕えていた警備をする人のことだってさ。なるほど、警備担当の宮内庁職員み

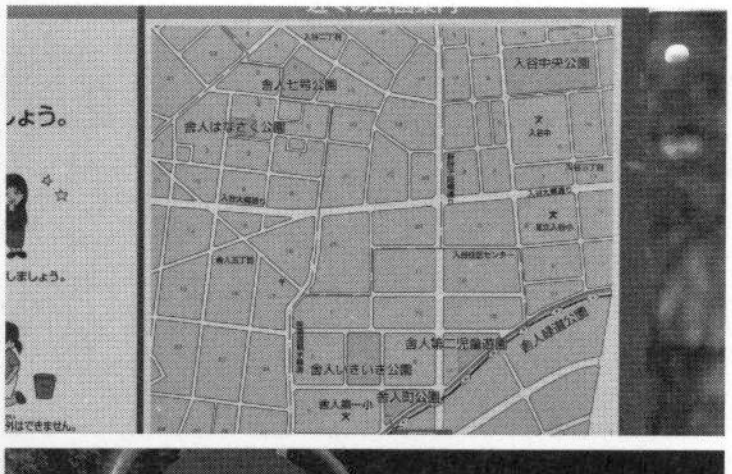

たいなことなんだな。

——公園に犬、猿、きじがいたので、桃太郎もどこかにいるかと思いましたけど、桃だけでしたね。

瀧：まだ桃に入ってるっていう設定なんじゃないの。実は桃太郎はキミなのだ！　的なさ。桃太郎として元気良く遊びたまえってていう。でもそうだとすると、犬、猿、きじにはまだ出会ってないから、ここに奴らたちのモチーフがあるのおかしいんだけどね。あ、でも桃太郎にとっての舎人は犬、猿、きじなのか。まあでも、それはちょっと考えすぎかもな。おじいちゃんおばあちゃん用のトレーニング器具あるね。これは前屈トレーニングのやつかな。こうやってて座って、ストレッチしてどこまでいけるかってやつでしょ。これは初めて見たな。ジワジワ前屈っていうトレーニング名がついてる。うーん、ちょっと何か微妙だわ……。

——多分これは瀧さんの身長を想定して作ってないですよね。

瀧：お年寄りの体格に合わせてあるからね。ここの公園に全身真っ赤のカズレーザーみたいな格好でチョイチョイ現れて、「赤鬼」っていうあだ名をママ軍団につけられたりしたい（笑）

毛長川沿いの遊歩道対決

——あ、この交差点五叉路ですね。

瀧：そうだね。普通の交差点に一本道がオマケでついてる感じ。ちゃんと写真を撮っておこう。この交差点の向こうの橋を渡れば川口だもんね、なんか川口側に入り口ゲートみたいなのない？「新郷工業団地ゆうゆう歩道」。道の奥が信じられないほど真っ暗で雰囲気が超怖いんだけど（笑）

——ゆうゆう歩道はもう川口市ですね。

瀧：「川口新郷工業団地協同組合創立とともに同時に造

成された。平成14年に遊歩道を整備完成し、ゆうゆう歩道と命名され近隣住民の散歩道として愛されています」か。でも夜だとめっちゃ怖いんだけど。これは怖いわ。同じ遊歩道にしても、川の逆の足立区側は桜が咲き誇ってるわけじゃんか。川口のことを悪く言う気は全然ないけど、工業団地の敷地内っていうのがちょっと足を踏み入れにくくしてるのかも。橋の欄干は何だろうこれ。何をモチーフにしてんだろ、新砂子路橋。工業関係なのかな。橋の上の歩道にタイル的なものが貼ってあるじゃんか。で、ここでパターンが途切れるじゃん。ここが県境っていうか行政の分かれ目ってことだよね、おそらく。そう考えると新砂子路橋は川口市の持ち物なのかもしれないな。

――ここは桜ありますもんね。

瀧：橋の上からこう見比べてみると、実は街灯の数も違うよね。

――種類も違いますし、数もなんか少ないですよね。

瀧：川口側はなんとなく少ないよね。東京都と埼玉県の県境だけど、こっち側は言っても23区内じゃん。23区とそれ以外は東京都内でもちょっと違うと思うんだよね。川口市側の看板には埼玉県って表示がないね。あれは行政が建ててる看板だろうから、自分の領地側に建てるのが決まりなんだろうな。ということは川口市が設置し

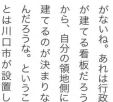

たのかも。

――川沿いの遊歩道、23区側のこっち側は凄い綺麗に整備されてますね。

瀧：うん。しかも季節的に今この歩道が一番いいときでしょ。左側は団地か。この団地味わい深いね。舎人団地っていうのか。ここって最も東京都の端っこにある団地ってことになるよね。なんか、絶妙に連れて行かれる感じがある。この団地のデザイン、俺が小学生ぐらいの頃の感じ。なんか甘酸っぱい感じがする。

――各棟微妙にデザインが違いますね。

瀧：世帯構成によって変えてるんじゃない？　この取材って団地ばっかり来てる気がする。でも夜の団地ってさ、勝手に自分で物語とかを組み立てちゃう魔力みたいなもののない？

――人がたくさん住んでるのが感じられるからドラマを想像しやすいのかもしれないですよね。しかしここ遊歩道なのにすれ違いづらい作りですね。

瀧：そうなんだよ。でも下に降りたらすぐに車道だからさ、柵を設置してあんまり自由に降りないでってことなのかもしれない。子どもがハイテンションで駆け降りたりして危なそうじゃん。ここから見える団地の給水塔もいい感じ。とは言いつつ、この歩道っていつ降りられるんだろ？（笑）ああ、やっと降りるところがそこあった。そしてここまで整備したのなら降りるところはバリアフリーにしてあげたらいいのに。そういうとこだぞ、足立区って感じ（笑）

一目瞭然県境!

瀧：さて、広い道にやってきた。この上は首都高速川口線か。

——埼玉県の看板ありましたね。

瀧：本当だ。この辺りは川とかで、境界が割とわかりやすいじゃない。これがもうちょっと住宅の奥の方にいくと、きっとそれも曖昧でわからなくなるんだろうね。ぱっと見は一緒。でも税金も違う、補助金も変わる。市民として自分たちが享受するもの、福祉とかそういうシステムも全部違っちゃうってことだもんね。見てよ、めっちゃやべえわ、ゆうゆう歩道(笑)

——ゆうゆう歩道まだ続いてたんですね(笑)

瀧：東京都と埼玉県で歩道の植え込みの感じも変わってる気がする。

——確かに、ちょっと違う印象。ああ、違う種類のやつですね。

瀧：違うよね、それも変わるんだなと思って。東京の方はツツジっぽくなるのかな。あ、やっぱり。ほらツツジの植え込みになったわ!

——数メートルしか離れてないんですけどね。

瀧：管轄が変わると、樹木の種類も変わるんだな。住宅の土地の値段も結構違うんだろうね。

——逆に西川口の方がいい可能性もありそうですけどね。

瀧：ああ、それはあるかも。あとはさっき言った補助金だったりとか、システムの違いでやれる商売の業種が違ったりしてくるんじゃないのかな。

——あー、それはきっとありますね。

瀧：23区にあった方が

有利な商売と、川口市にあった方が良いっていう商売もあると思うんだよね。そういうのにもよって違う気がする。あ、あれもしかしたらラブホテルかな？　やっぱり、ラブホだ。ちょっと待って。この幟、「オウム（アレフ）断固反対」ってある。アレフの教団の施設とかが近くにあるのかも。ちょっと地域がピリついてるね。これは産廃用のトラックか。すげえ上手に停めてある。鉄のデカいスクラップが出るのは、東京の現場の方が多そうじゃない？　ビル解体とか地下トンネルを作りますとかでさ。東京の産廃は東京の業者に任せた方が行政的にスマートな気もするけど、捨てる場所とかを23区内で用意するのはかなり大変そうだなあ。ここ新しくて立派なホテルじゃない？　グリーンパレス。土曜日以外は18時から泊まれるってさ。

ところ変われば雰囲気も変わる

瀧：で、県境はどっちなの？

――実はすぐ向こう側がもう川口なんですよ。それですぐそこはもう東京都です。

瀧：確かめてみよう。一応、街路樹はツツジだ。あ、でも車が川口ナンバーになった。やっぱりそうなんだな。マンホールとかは？

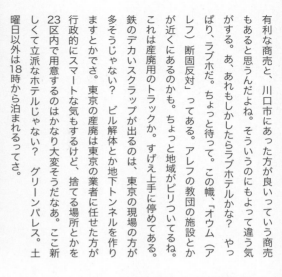

――鳩ヶ谷市（現川口市）になってますね。

瀧：だから茶色の柵までは足立なんでしょ？　手前の方は街灯の感じを見る限りだと東京都なんじゃないのかな？　違う？

――柵の切れ目から向こうは川口市、ここからはもう埼玉ですね。

瀧：じゃあ、ここが東京都の端っこってことか。ちょっと埼玉の入り口のとこだけ見てきていい？　……やっぱ川沿いに木を植えなくなったよ。埼玉に入ると樹木がなくなった。そしてこんな言い方をすると失礼かもわかんないけど、川口に入ったらいろんなモノが雑になった気がする。道路にドラム缶は置いてなかったよ、足立区には（笑）そう言えば、さっきのアレフの施設の話だけどさ、うがった見方かもしれないけど、アレフ絡みでもし何か問題が持ち上がったとしても、疑いをかけられた連中はとりあえず川口側に逃げちゃえばいいんだもんね。

――そういうことなんだと思いますよ、管轄が変わっちゃいますからね。

瀧：実は横の繋がりがないからね、警察って。埼玉側に行っちゃえば、警視庁は捕まえられないじゃん。向こうに行かれたら埼玉県警と協力しないと駄目なんだもん。まあきっとそういう理由もあるんだろうね、アレフがここに支部を構えた理由の一つは。

――板橋にもありますよね、アレフ。

瀧：昔は都心、世田谷にもオウム真理教の支部があったもんね。それにしても、川口の道路は雑なんだよな、いろんなモノが。日々仕事してるだろうからある程度散らかったりするのはわかるんだけど、片付けないねって感じがするなあ（笑）その辺は忙しいからなのかな、っていうことにしておこう。忙しいからつい後回しにしちゃうんだよねってこと

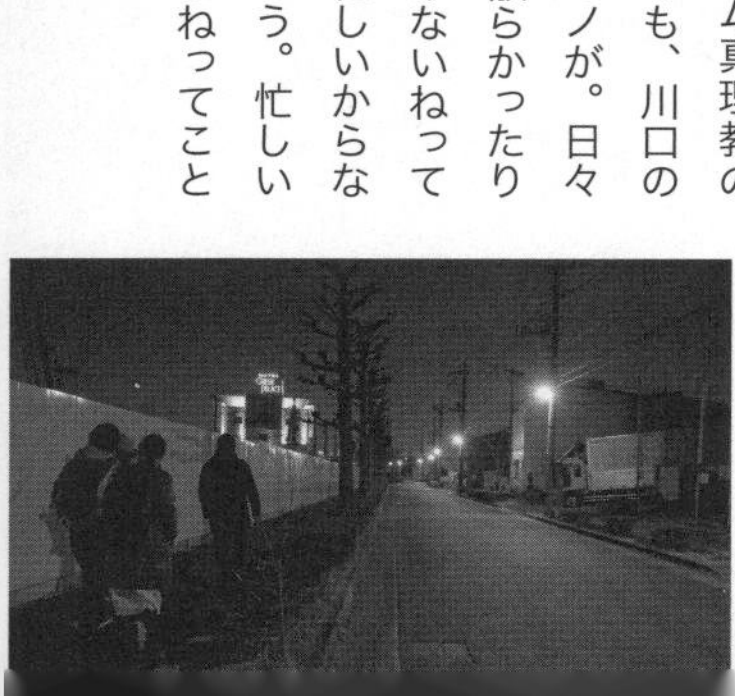

で。

——この「東京都こっち」っていう看板、いいですね。

瀧：珍しいな。東京都こっち、あまり見たことない文言。シンプルで最高。あ、ラーメン屋、そして釣堀だ。「つり堀八光園」って書いてある。すげえな、釣堀、ラーメン、ラブホテル。「ラーメン、釣り堀、僕イケメン」みたいな畳み掛け感あるわ。釣り堀の奥がラブホテルだもんね。レジャーな一角だわ。釣堀をちらっと見てみようかな。ほほー、この釣り堀テニスコート二つ分ぐらいの広さよ。でもここでのんびりはできそう。

——この八光園の前の道路だけは東京都が管理みたいですね。

瀧：なるほど、道の両サイドは川口市だけど、道路だけは東京都が管理してるのか。まあ道路は途切れないんだもんね、難しいところだ。あ、釣り堀にサギがいた！

——魚、全部食べられちゃうんじゃないですか？

瀧：サギにしてみたらフードコートとして最高だけどね。

足立と川口入り乱れゾーン！

瀧：八光園の向かいの路地を入ってきたけど、ここはもう川口？

——道路の向こう側は川口なんですけど、道路までは東京都ですね。

瀧：うーん、なるほど。街灯は東京側にしかないんだな（笑）埼玉側にはないよね、街灯ね。

——右手のこのでっかい工場は県境ギリギリにあるみたいです。工場があるところは川口なんですけど、その先のバスが停まってるところは足立区みたいです。

瀧：うわ、鉄塔すげえな。電柱とか電線の境界もあるよね、きっと。

——ああ、そうですね。きっと違いますよね。

瀧：電源をさ、どっちから取ってるんだろうっていう

話だよ。このでっかい鉄塔は東京側だよね。でも、埼玉側の土地には電線が見当たらないのよ。あと電柱も全然立ってない。ここのブロックってぐるっと電柱ないんだよ。どういうことなんだろ？

――東京側には電柱立ってますけどね。

瀧：これは多分NTTの電話用の電柱じゃないかな。だから引いてるのは電話線だと思うんだよね。埼玉は、電気をどこから引いてるの？　いや、電柱ないよね本当に。謎だわ。今いるここはもう埼玉？

――そうです。かなり埼玉側に入り込んでます。

瀧：混乱してきた。都内に戻ろう。うわ、この地面見てよ。これ多分「ここが県境です！」っていう目印じゃない？この矢印の向きってことは、東京都の人が書いたんだよね。おそらくここが境界ですよっていう目印で。ここで事故ったら大変だよね。ここでこうやって死んでた場合だとさ、どっちの警察が捜査を主導するんだっていう悩ましい話になっちゃう。

――実は今いる道路はギリ東京なんですけど、トラックが停まっている駐車場は埼玉です。で、この建物を通り過ぎたあたりからまた東京になります。今はここにいますけど、向こうの自販機のあたりのお宅ぐらいからまた東京なんですよ。

瀧：じゃあ、その東京の方に行ってみようか。

――でもそっちに行くと、埼玉の上新田公園ってのがありますね。

瀧：もう訳わかんないわ（笑）全然こっち行っていいんじゃないの。

――そっちでも、道の途中までが東京です。

瀧：ムキーッ！　もう完全に訳わかんないわ！（笑）

東京の最も端にある100円自販機

瀧：すげえ細い道だけど、この道自体が県境

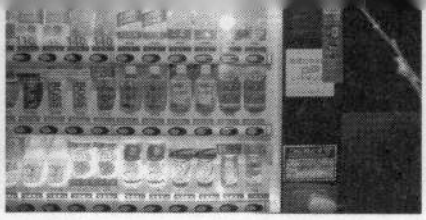

の役目をしてるんだな。なんか不思議な抜け道。向こうに見えるあれがさっき言ってた埼玉の公園か。

——ここが、ちょうど県境の角ですね。

瀧：県境すごいことになってる。こっちのお宅は東京都足立区、でも向かいのお宅は車が大宮ナンバーだ。その隣のバス会社は埼玉の営業所なのか。ここの家は？……ここは東京だ。じゃあさ、これ東京の一番端にある自販機ってことになるんじゃない？　東京の一番端にある自販機はいくらの設定？

——100円です！

瀧：ナイス！　これは買っておきましょう。せっかく東京の一番端にある100円自販機にたどり着いたんだもの。これが東京の一番端にある100円自販機で買える飲み物のラインナップなんだな。ちなみにここの住所は足立区入谷ね。

チャリン　ガシャン

瀧：東京の一番端にある100円の飲み物はこちらになりました。アルプスの天然水！　記念に東京の側を向いて飲もう。

——いかがですか？　お味は？

瀧：……水だよね、そこはやっぱりね（笑）よし、でも何かは極めた気がして満足。せっかくだからちょっと川口サイドも堪能していこうか、プチ旅行気分で。マンホールとか見てみよう。おー、やっぱり変わったね、マークが。

——あ、また100円自販機がありましたね。埼玉の一番端にある自販機ということになりますね。

瀧：埼玉の東京側にあるのはなんだ？……マックスコーヒーだ。でもマックスコーヒーって千葉のやつじゃなかったっけ？（笑）

川口市側からも境界を堪能！

瀧：あ、さっき言ってた埼玉の公園って野球のグランドなんだな。しかもすげえラフに中に入れるなあ。

——借りるやつじゃなくて、本当に普通のなんでもないグランドなんじゃないですかね？

瀧：夜にスッと入れる球場。川口フィールドオブドリームス（笑）でもここクラシックでいい球場よ。ちゃん

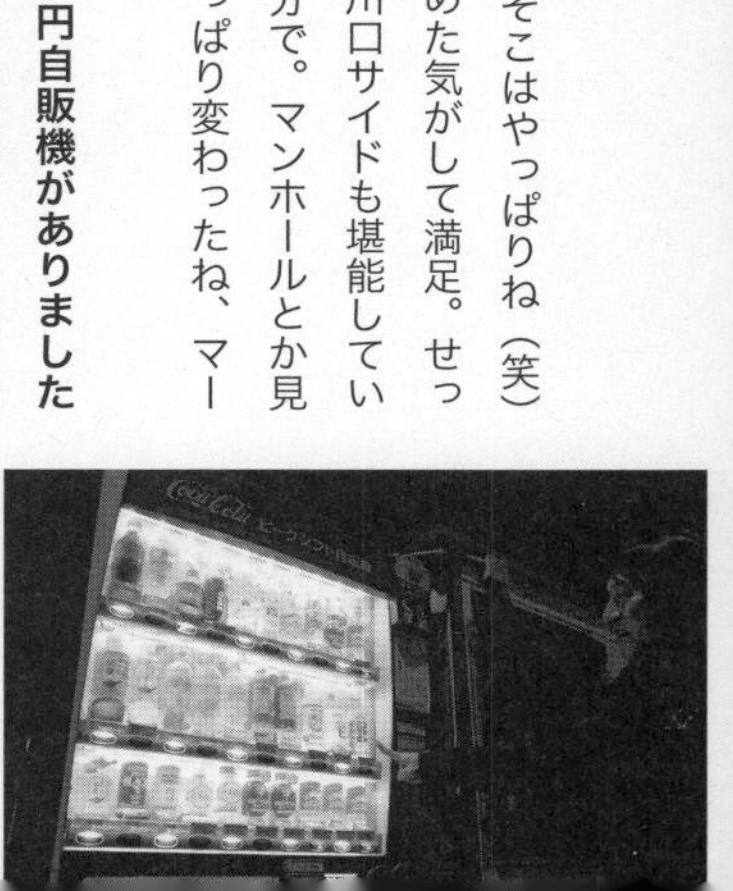

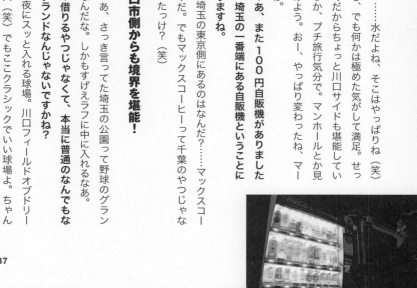

とバックネットもあるし。球場としてはそんなに悪くないと思うな。ベンチもシンプルだけどあるし。

――「フルスイング禁止」って書いてますね。

瀧：そうなの？（笑）フルスイングするとネットを越えちゃうからかな。

――ノックとかやってもらう分には問題なさそうですけどね。

瀧：東京都の管理体制だったら夜中にこんなに気軽に入れないと思うんだけど、そう思わない？

――東京都の公園、コロナがひどい時は入っちゃいけないことになってましたからね。

瀧：埼玉はそのへんちょっとおおらかなんだな。でも借りるときは一応申請はする仕組みだわ。

――でもこれ勝手に使えちゃいますよね（笑）

瀧：うん。普通にね。じゃあ、そろそろ帰京しよう。

――はい。これ今は埼玉県ですけど、あの桜のあたりから……。

瀧：東京になるんでしょ？

――はい（笑）

瀧：絶対にそうだと思ったもん。もうつかんだな。球場のところから向こうをちらっと見て、あそこに桜の木があるから、あそこからもう東京なんじゃねえの？と思ったらやっぱ正解だった。川口市のことはよくわかんないけど、埼玉側の東京との境界ゾーンはあんまりケアしてない様子だね。でも、そりゃそうかって感じもする。埼玉にしてみたら、そこをケアすることに意味がねえっていうか。あの施設は東京なんじゃないの？　あ、でも住所はここまでは鳩ヶ谷（埼玉県）か。

――ここが川口市鳩ヶ谷衛生センターです。ここは敷地内が東京都と埼玉県で分かれていて、あの桜の木のあたり、

あそこまでが東京です。

瀧：なるほど。東京都の花って桜だっけ？あ、それはツツジか。

——足立区の花が桜みたいです。

瀧：ああ、そうなのか。この衛生センター、鳩ヶ谷って名がついてるってことは埼玉県のゴミを受け付けてるんだよね、きっと。埼玉のゴミを担当してる衛生センターなんだけど、一部土地に東京都が入っちゃってるってことなのか。でも運営は埼玉がやってるよね。う～む、あそこの二つのマンホール、実は中でつながっていないか？　って疑惑があるな。

——もうちょっと先にも県境ポイントあるので行ってみましょう。ここです。この廃棄のされ具合、このポスターの再現Vみたいになってますね（笑）

瀧：東京側は綺麗なのにね。区の行政が定期的に片付けるのかな。この壁の向こう側は何なんだろ？

——ここを登ると、新芝川の土手があるんですけど、道の途中で足立区に入ります。登ってみます？

瀧：行ってみよう。そこのはしごから登るのね。はい、堤に上がりましたよ。ああなるほど、向こうに何かあるな。わかった、あそこのフェンスからが東京でしょ。

——そうですね。

瀧：超わかりやすいなあ（笑）川口側には「川に入らないで！」っていう立て看板が一枚ぶっ刺さってるだけ

だけど、東京側はフェンスを設置して、そもそも川に近づけないようにしてあるんだな。注目すべきは、川口側の注意のみっていう潔さ（笑）ちゃんと注意したからな！ っていうね。でもこうしてちょっと高いところから見ると、東京側って桜がたくさん見られるんだね。埼玉の方ってなんか桜少なくない？ 今日見てきた中だけで言うと。

——それはちょっと感じますね。この先の入谷大橋を渡った先に川口高校っていう学校があるんですけど、またもやグラウンドの一部が東京都です。

瀧：なるほど、行ってみよう。

県境を辿って歩くと気づくこと

——着きました、川口市立川口高校です。歩道橋の上でGoogleマップを見ながら説明しますね。右手の道の埼玉県の看板から、左手の東京都の看板の辺りまでを結んだ直線の、こっち側が東京で、向こう側が埼玉なんです。

瀧：これは高いところから見ないとわからないな。これ行政がよく許したよね。色々と面倒だからそんなの駄目！ とかって言いそうじゃん。東京側の看板ってあれか。ホントにグランドの一角だけが東京なんだね。さてここからどうする？

——ここから南平交通公園通りを渡って入った先の道は、全部県境なんですよ。そこを歩きましょう。

瀧：なるほど。その道の入り口に「万年」さんって会社がある。

——「万年」さんは、オフィスは埼玉にあるんですけど、倉庫は東京みたいです。

瀧：あ、本当だ。倉庫側のマンホールが足立区だ。万年さん、県をまたいでダイナミックにやってるね。埼玉本社と東京支社（笑）

来年度は東京支社に異動になるから送別会やらなきゃな！　とかギャグで言ってそう（笑）でも万年さんの本社の場所って、あえて埼玉側にしたのかもしれないよね。こっちの方が法律とか申請が通りやすいみたいな理由とかあったりして。可能性はきっとあるよね。

——この先、ずっと左が東京都、右が埼玉県っていうのが続きます。

瀧：こうして見比べながら歩いてみるとわかるね。なんかさっきの堤のフェンスのときもそうだったけどさ、東京都って歩道とかをちゃんと作ってくれるのね。さっきの桜並木の遊歩道とかもそうだったじゃん。

——やっぱ東京都はお金があるんですね。

瀧：行政が住民サービスのために使えるお金が違うんだろうね。だってほら、川口側だと道からもう直で玄関じゃん。

——あそこのお宅、開ける前からちょっと外の様子に気をつけて開けないと危ないですもんね。

瀧：そうでしょ。あと、今夜ずっと歩いてて思ったんだけど足立区とかこの辺りってコンビニが全然ないよね。駅前に吉野家があったけど、それ以降さっぱりない。深夜でもお金が使えるとこってこれだけ歩いてるのに1回も通ってない、自販機以外に。

——自販機の数はちょっと多いかなってくらいですよね。

瀧：あと川口側はさ、電柱に街灯をくっつけてるけど、東京側は街灯をわざわざ立ててるんだよね。独立した街灯を1本1本立ててる。

——東京ってお金あるんですね。

瀧：そう。東京ってやっぱり金があるんだよ。でも足立区ってさ、23区の中で比較したらそんなにリッチなイメージじゃないじゃん。でも、こうして比べてみると23区とそれ以外って全然違うんだよね。この道の左側に住んでるだけでさ、選べる高校の数が段違いに違うだろうしね。

——確かにそうですね。

瀧：都立高校、選び放題じゃない。

——ここまでが東京都です。で、この先の

土手の方は全て埼玉です。

瀧：やっぱり急にラフなモードになった（笑）なんか道の色も違うじゃん。歩道もなくなっちゃったもん、直前まであったのに。わかりやすいなあ。これ、ここからはどう歩くべき？

――土手の先に見える橋の方に行くと、また東京都になります。

瀧：オッケー。こんなとこに植木鉢置くかね（笑）すげえ工夫したなあ。斜面の排水の穴に材木を刺してある。土手の上を通って行った方が橋まで楽に行けるかな？いやどうだ、そうとも限らないかもな。でも一瞬ちょっと様子を見てみよう。（土手を登る）ああ、さっぱりはしてるな。対比で何かわかるかもなと思って登ってみたけど、こうやって見たら東京側の方が明るいんだな。埼玉側には専用の街灯がそんなに立ってないもんね。さっきみたいに電柱と共用じゃない。それは新たに配線しなくていい、柱を立てなくていいっていうリーズナブルさの利点でもあるんだけど。あの向こうに見える橋って東京の橋なの？

――なんですけど、手前の水門は埼玉のものかなと思います。水門のところはヨットの係留所で、名前は芝川マリーナと言います。埼玉のマリーナですね。

瀧：あれマリーナなんだ、意外。橋に向かって歩いて行けば、途中からまた東京になるんだよね？もう次はどこが境界線か当ててみようかな。矢吹くん、次は「今東京に入りました」って言わないでくれる？なんか今夜歩いてきた感覚でわかるような気がしてきた（笑）

――わかりました（笑）

海はないけど、マリーナはある！

瀧：あー、置いてあるね、数々のでっかい船が。ちゃんとマリーナだわ。へえ～、川から出ていくシステムなのか。川を辿って海まで行くんだよね。荒川経由で東京湾に出る感じなのかな。

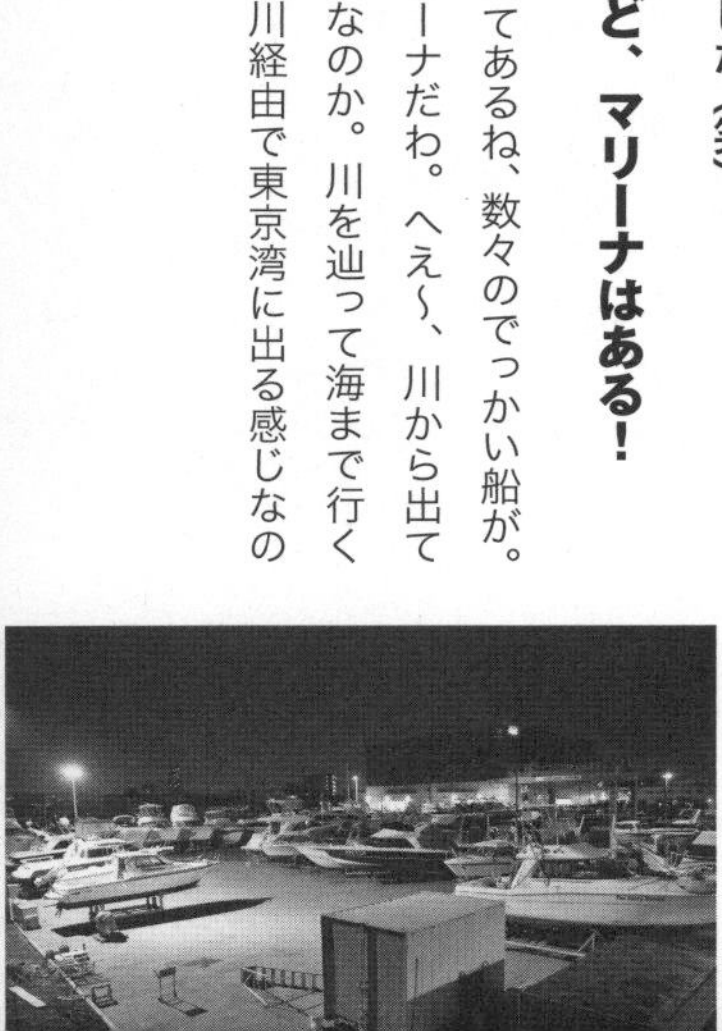

――それしかないでしょうね。でも海に出るまですっげえ時間かかりそうですね。

瀧：絶対そうだよね。おお、マリーナの水門すごいじゃん！しかし埼玉にマリーナがあるとは知らなかったなあ。海なし県で有名なのに超意外だわ。う〜む、下手したらここから東京なんじゃねえかなって気もするな。この水門の雰囲気だともう東京の気がしなくもないけれども……。でもなあ。あ、土手に大きい木が植えられ始めた。なんか怪しいぞ、ここだ！　水門をちょっと超えた側の、この木のところからが東京なんじゃないでしょうか!?

――……正解です！

瀧：やったぁ！　やっぱそうだよね！　ここからが東京でしょ！

――水門までが埼玉でした！

瀧：なんか超嬉しい（笑）この木からじゃないの？　違う？

――マップ上だと、こんな感じで斜めに。

瀧：すごいぞ俺！　すごいわかるようになった。東京へおかえり、俺！　だって急に木が立派になったんだもん。やっぱそうだった。あの豪華な水門は多分三井造船から景観に対するプレゼントだもんね、マリーナの施設だからさ。

――もっとグラデーションあるかと思いましたけど、結構パキッと別れましたね。とりあえずこの辺で今夜の県境探訪は終了です。駅の方に戻りましょうか。

瀧：そうしよう。そしてまた川沿いにホテルだ。「ホテルはリバーサイド、川沿いリバーサイド」ね（笑）

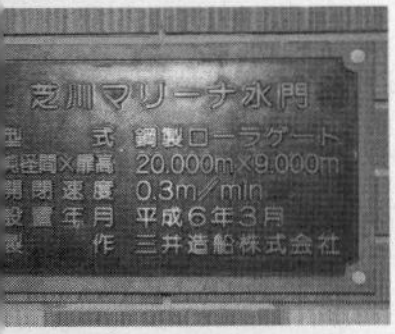

足立区エンディング

瀧：あれ、この上はもう首都高？

——舎人ライナーですね。

瀧：舎人ライナーができるまではこの辺りの人たちはどうしてたんだろうな。バスとか自家用車が主流だったのかな。舎人ライナーってのは第3セクターとかそういう発想でできた感じ？　住民にしてみたら待望の交通システムっぽいね。運転手はいるシステム？

——自動運転ですね。

瀧：なるほど。やっぱその感じなんだ。

——でも、凄い混んでました。来るとき乗ってきたんですけど。

瀧：しかし長いよね、駅名が（笑）

——お、神社がありますね。

瀧：氷川神社。今夜神社を初めて見た気がする。

——せっかくだから行きましょうか、確かに今日は全然見なかったですもんね。

瀧：1200年創建。鎌倉幕府ができたちょっとあとぐらいにできたんだな。歴史あるなあ。

舎人氷川神社

瀧：やっぱり夜でもちゃんと開けておいてくれるよね、神社は。ここ結構大きいんだな。せっかくだからお参りして行こう。

パン　パン

——もう駅もすぐ近くですし、ボチボチ終点なんでここをゴールとしましょう。では瀧さん最後に足立区とは。

瀧：川口との比較になっちゃうけどさ、やっぱり23区のブランドは生きていた、って感じかな。結局予算があるんだよね、東京23区は。足立区は荒れてるとかそういうイメージで語られることが多いけど、そんなことなくて実はちゃんとケアされてる。しかも隅々までちゃんと。端までちゃんと丁寧にアンコが入ってるっていうか（笑）足立区は東京ブランドをあらためて思い知らされる区だったね！

目黒区《めぐろく》

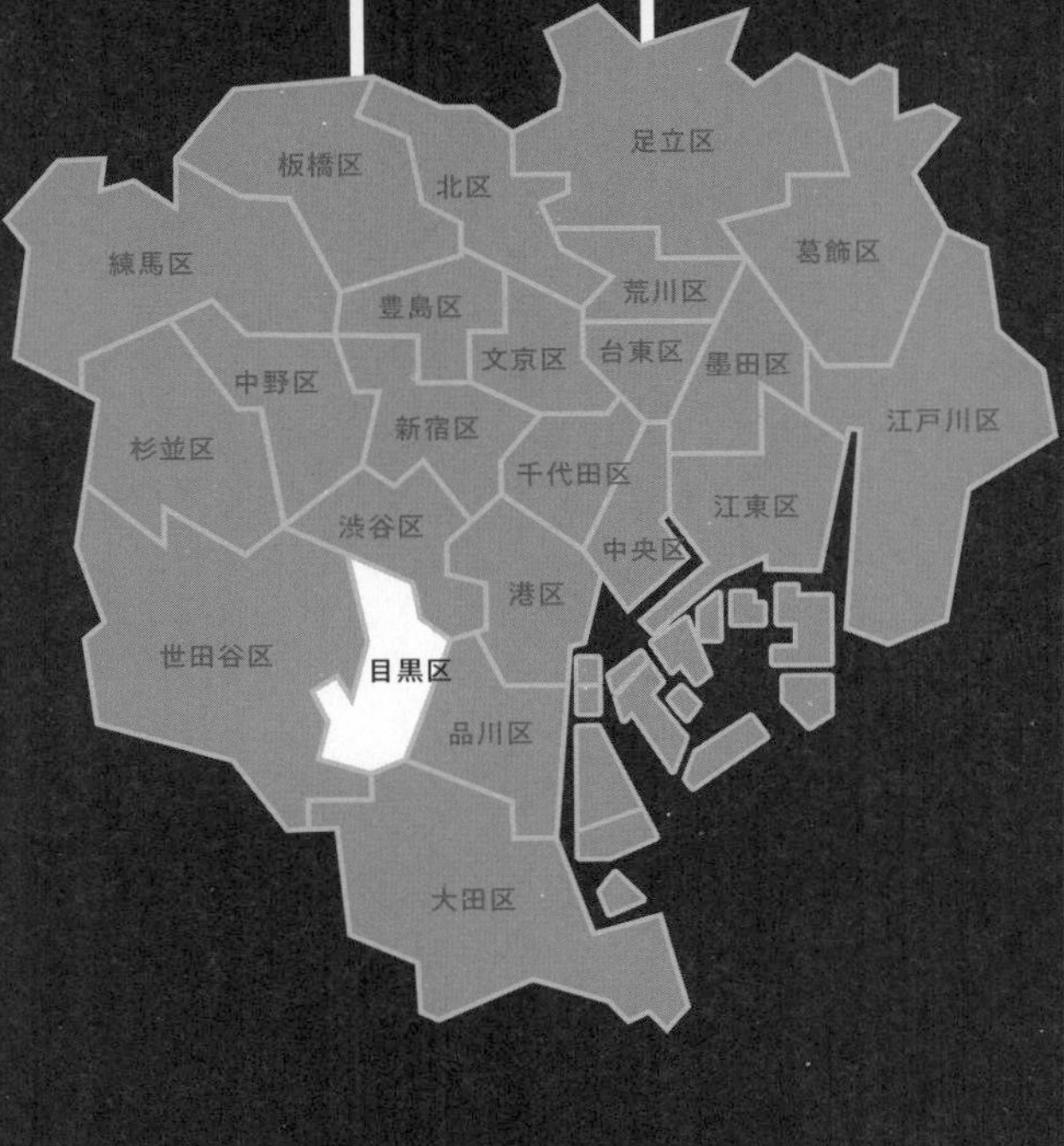

足立区
板橋区
北区
練馬区
葛飾区
荒川区
豊島区
文京区
台東区
墨田区
中野区
江戸川区
新宿区
杉並区
千代田区
江東区
渋谷区
中央区
港区
世田谷区
目黒区
品川区
大田区

東急東横線「祐天寺」駅スタート

——目黒区内には様々な国の大使館がありますが、各国建物に特色が出ていると思うので、夜にプチ世界旅行気分で歩いて見てみるのもいいかと。

瀧：見るだけね。入った瞬間に亡命っていうことになるとヤバいから（笑）最初はどこ？

——祐天寺の近くにモーリタニア大使館があるので、まずはそこから行きましょう。

瀧：モーリタニア大使館!?

——実際には大使館が一番多いのは港区なんですけど、目黒区にもそこそこあるんです。

瀧：港区、それはなんかわかるなあ。他はどの国を周っていく感じ？

——モーリタニアから始まって、セネガル、エジプト、ポーランド、アルジェリア、パプアニューギニア、最後がネパールですね。

瀧：なるほど結構あるんだなあ。じゃあ歩き始めよう。なんでもいいからさ、モーリタニア情報をくれないかな？　なるべく思いを馳せながら向かいたいんだけど。

——場所はアフリカ大陸のセネガルの上。もうゴリゴリのサハラ砂漠ですね。国土のほとんどが砂漠です。

瀧：はあ。他には何があるの？

——タコがたくさん取れる。

瀧：なるほど。アフリカの明石的なとこか。

——人口は世界125位で、500万人弱。アラビア語を喋る。タコはめっちゃ有名だけど、モーリタニアの人はタコを食べないそうです。

瀧：輸出産業なのか。まあ見に行ってみようか。今歩いてるのは祐天寺商店街。あれ？ これスタジオの近くだ。よく電気のレコーディングで使う録音スタジオSomewhere。スタジオの近くにモーリタニア大使館があるなんて、知らなかったわ。

意外な立地！ モーリタニア大使館！

——目黒区は仕事以外でいらっしゃることありますか？

瀧：結構来るよ。中目黒で飲んだり、学芸大学にご飯食べに行ったり。あ、目黒不動尊のとこにウナギ食べに行ったりもしたな。家族で「東京旅行だ！」って言って、雅叙園に泊まったりすることもある。雅叙園の部屋って浴室にミストサウナがついてんのよ。

——へえ〜。

瀧：それがいいってことになって、家族で泊まってサウナ入ったり、ゲームやってダラダラして過ごすことはあるね。

——この角を右折するとモーリタニア・イスラム共和国大使館です。

瀧：完全に住宅街じゃん。しかも割と高級そうな街角だね。あったあった。ぱっと見は家っぽいけど、国旗

もちゃんとそこに掲げてあるもんね。どういう生活をしてるのか全然想像つかないな、モーリタニアの人って。

――（ネットで検索）首都はヌアクショット。サハラ交易の要所。9割砂漠。タクシー代わりにロバとか使ってるらしいです。

瀧：タクシー代わりにロバ？　荷物を運んだりとかもするよね。人も荷物も運ぶんじゃ、もうロバが主要な移動手段と言っていいんじゃん。

――日本人は16名いるみたいですが、日本に一番タコを輸出してるみたいなんで、ほとんどが商社とかの人でしょうね。

瀧：そうかもね。もしかしたらモーリタニアなくしては、たこ焼き産業が成立しないのかもしれないな。1カ国目モーリタニア、クリアです。

歩いてみないとわからないもの

瀧：次はどこの国？

――セネガル大使館ですね。

瀧：セネガルか。セネガルはサッカーのワールドカップで馴染みがあるねえ。

――セネガル大使館まではちょっと距離があります。

瀧：OK。のたのた歩こう。なんかセネガル情報ない？場所はアフリカ大陸だよね。

――モーリタニアのすぐ南。首都はダカールです。

瀧：なるほど。実際の国同士も近いし、大使館もまあまあ近くに設定されてるのか。パリ・ダカール・ラリーが真っ先に思いつくな。セネガルは、砂漠だけということはない？

――地図で見るとちゃんと緑の部分もあるん

ですけど、セネガルの国土の中央にガンビアっていう別の国があります。細い口みたいな形で。そのガンビアの上部分が砂漠で、下部分が緑っていう感じですね。

瀧：なるほど。セネガルの主要産業は？

――粟、落花生、鉱物燃料が代表的な産業みたいですね。

瀧：落花生、ピーナッツだよね。千葉と同じだ。割と一次産業に従事している人が多い感じするね。お、ここアクセサリーミュージアムだって。お店かな？ 違った、本当にミュージアムだ。「1830年代から2000年代のコスチュームジュエリーの美術館。5万点以上のコレクションを誇り、ビートルズグッズやスマイルバッチ、バブル期スタイルなど」ネックレスとか、バッチとかか。へえ。入場料1000円。

――目黒区のお宅、大きい一軒家が多いですね。

瀧：そうだね。小綺麗な印象。ちゃんと時期が来たら建て直してますよ、っていう感じのお宅が多いような気がする。あれ、これ暗渠シリーズじゃない？ この先抜けられんのかな？ 抜けてみようか。川の時代はここが蛇崩下橋っていう橋だったんだもんね。この暗渠に遊歩道をつくるときはまだ下に水は流れてたわけじゃんか。だからなんとなくひんやりするよね。

――確かにこの道を歩き始めて空気が冷たくなりましたね。

瀧：目黒区ってやっぱり目黒駅前の印象が強いからか、飲食店がたくさんある印象かな。

――意外と数千円で、飲み食いできるお手ごろなお店も多いですしね。この後はセネガル大使館、エジプト大使館とアフリカの国が続きます。アフリカ大陸で行ったことある国ってあります？

瀧：モロッコと南アフリカ。北と南の端っこだね。南アフリカは、ワールドカップの日本対オランダ戦を見

アクセサリーミュージアムってどんなところ？

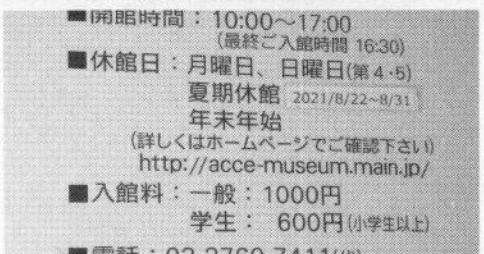
■開館時間：10:00～17:00
(最終ご入館時間 16:30)
■休館日：月曜日、日曜日(第4・5)
夏期休館 2021/8/22～8/31
年末年始
(詳しくはホームページでご確認下さい)
http://acce-museum.main.jp/
■入館料：一般：1000円
学生： 600円(小学生以上)
■電話：03-3760-7411(代)

にダーバンへ。モロッコは、マラケシュに遊びに行った。砂漠ツアーに行こうってなって、車で5時間ぐらいかけて山をいくつも越えてサハラ砂漠も行ってみた。ワルザートっていう砂漠の入り口からラクダに乗せられて2時間ぐらい行った先のテントに一泊して帰ってくるっていうツアーだったんだけど、テントが麻袋みたいな布でできた雑なテントでさ。別に雨降らないからそれでいいんだけど、そこで一晩寝たらヤバいことになってた。布の繊維の隙間から、一晩かけて細かいパウダー状の砂が降り積もるのよ。朝起きたら、ビデオカメラ、カバン、全てがパウダーで真っ白。それが思い出かな。あとマラケシュは、ミントティーが甘くて美味しかったっていう印象。このまま真っ直ぐ？　野沢通り沿いに歩くんだね。

――はい、目黒川越えます。

瀧：野沢通りに、目黒川を越える瞬間なんてあったっけ？　うわ！　これお墓？　何十回、いや何百回もこの道を通ってるけど全然知らなかった。野沢通りにお墓があったなんて、へえ～。

――とりあえずこのまま山手通り方面に真っ直ぐですね。そういえば、僕もピクミンブルームを始めました。

瀧：お、始めた？

――それでわかったのが、なんてこの企画向きのアプりなんだろう、と（笑）

瀧：そうでしょ？　だから言ったじゃん！　この前、なんでやんないの？　って。この2度と曲がらないだろう角をさ、キャッキャ言って曲がれるわけだからさ。ピクミンブルームを立ち上げて、『23区23時』をやるのはいいよね。正解だよ。

——本当に、なぜ前回の時にやんなかったのか。

瀧：っていうことを悔やむよね。最近、仕事のロケで地方行ったりすると、ちょっとウキウキするもんね。知らないところの地図を歩いて緑にできるっていう嬉しさで（笑）お、お地蔵さんだ。目黒ゴルフ練習場の向かいにある。西照寺ってのがあるんだな。野沢通りはいつもだと車で走って抜けることが多いんだけど、こうやって歩きながら見ると小さいお店とか結構あるんだな。今まで全然気づいてなかった。ここはエリア的には蛇崩だよね。なんか道に看板が出てる。「季節の和食と和牛料理鯛ご飯」だって。へえ、今度来てみようかな。ちゃんとしてそう。予約だけって感じもするな。なんかよさげじゃない？

——目印のために置いてる感じですね、この看板。

瀧：絶対そうじゃない？　だって、来てみたはいいけ

どお店どこなんですか？　みたいになりそうな佇まいだもんね。角曲がったところにあるし。そしてここに交番なんてあったんだなあ。今までまったく気づいてなかった自分に衝撃。

野沢通りで定食を食らう

瀧：いや本当に素朴な感想だけど、歩いてる時間軸じゃないと気づかないものってたくさんあるわ。そして目黒区は意外に坂のアップダウンがあるね。

——そうですね。まもなく、中目黒エリアです。

瀧：この先行くと中目のドンキでしょ。

——目黒区、ゴミが落ちてないですね。

瀧：そうだね。あとはこういう歩道脇の雑草の処理とかちゃんとやってある。後、タギングもないね。秒で消されるのかな、たまにちょっとあるけど、控えめだよね。セネガル大使館と、エジプト大使館も近くにあるんだっけ？　矢吹くんはエジプトって行ったことある？

——僕、新婚旅行でエジプトに行ったんですよ。

瀧：へえ。どんな感じだった？

——ピラミッドって生で見るべきだなと思いました。

瀧：そう？　凄い？　やっぱり。

——みんな知ってるじゃないですか、ピラミッド。でも実際に見ないとスケール感ってわかんないと思うんです。もう本当に馬鹿デカいす。石の1個が本当にむちゃくちゃデカいんですよ。

瀧：へえ、思ってるのよりスゴいんだな。スフィンクスも？

——スフィンクスは思ってた通りって感じですけど。やっぱピラミッドですね、クフ王の。

呉工業本社ビル

瀧：おや？　これ、ＫＵＲＥ？　本社？　……呉工業東京本社じゃん！　広島県の呉にあると思ってた。世話になってるよね、クレ５５６。

——呉っていうのは、創業者の名前みたいですね。

瀧：そうなんだ。「呉さん」由来なんだね。ここ本社なんだなー。一家に1本あるといいけど、2本目を買った記憶がないっていうクレ５５６（笑）うちの場合、1本をもう20年ぐらい使ってる気がする。いつもお世話になってます。そしていよいよ山手通りが見えてきた。そこの角を左に曲がった先が、前のｍａｃｈｔ（電

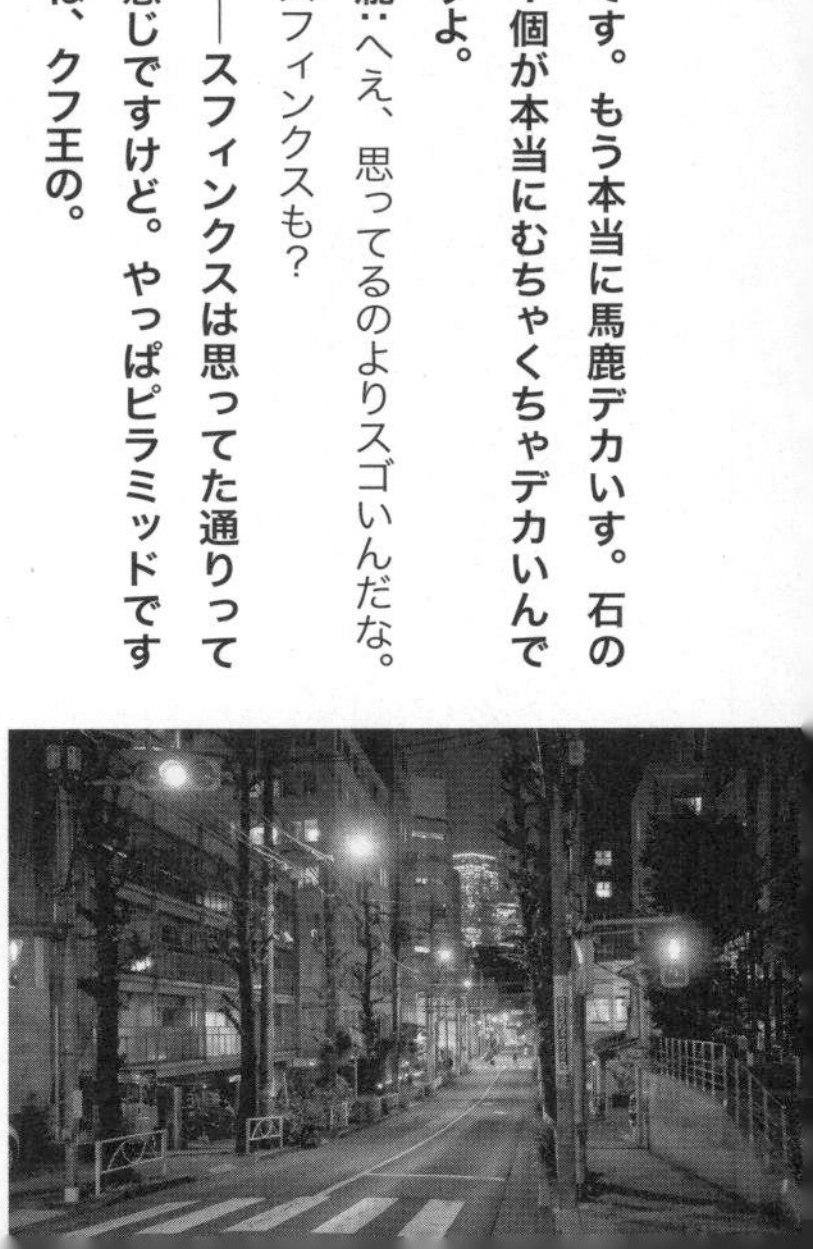

気グルーヴの事務所）だったんだよ。だから車で何度もここを通るじゃんか、行きも帰りも。その度にこの「どさん子ラーメン」を見て、いつか入りたいなって思ってたんだけど、まだ実現してない。今やってたら、いい機会だから入ろうかと思ったけど、残念ながら閉まってるな。どさん子と言えばバターコーンだよね。最初に食べた時は衝撃だったな。どさん子ラーメンのマークってペリカンモチーフだったんだ。これまでじっくり見ることなかったわ。クチバシの下んとこがどんぶりになってるっていう。筆記体のフォントも味がある。Tシャツにしたいわ。

——欲しいですね。

瀧：ね。そしてちょっと先のここは定食みゆきさんだって。まだやってるよ。食べちゃう？

——惹かれますね。

瀧：入っちゃおうか？　俺も行ったことないんだよね。こんばんはー。お邪魔します。まだ大丈夫ですか？

女将：はい、どうぞ〜。

瀧：ありがとうございます。どうしようかな。もつ焼き定食にしてみようかな。あとビール。いかのしょう

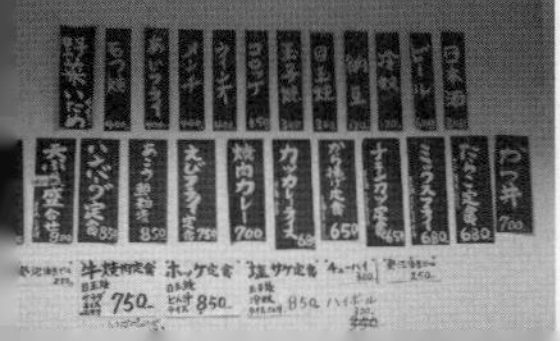

が焼きってのも惹かれるね。

――僕も気になってたんで、いかのしょうが焼きにします。

瀧：お母さん、じゃあそんな感じでお願いします。

女将：はい、ありがとうございます。こちら瓶ビールです。

瀧：(15分後) お、来たね!

女将：もつ焼き定食といかのしょうが焼き定食です。

瀧：ご飯と、お皿になんかいっぱいのってる。……うん、美味い。昔家で食ったことある味だわ。なんかこの盛り付け、どっかで見たことあるなと思ったんだけど、ロケ弁でこういうのあるよね。

――ああ、確かに（笑）演者さんからすると、嬉しいロケ弁ってどういう感じですか？

瀧：やっぱね、金兵衛は単純に嬉しい。総合力高いし。崎陽軒のシウマイ弁当も嬉しい。名前ど忘れしたけど、中華の四つぐらい入ってるやつとか。後、オーベルジーヌの欧風カレー。たまに今半のすき焼き弁当とかもあるんだけど、今半だと「今半!?」みたいな感じになるから、嬉しいというよりも「今日は気合入ってんなあ」って感じ。あとは何だろう、地方に行った時にその土地の弁当屋さんのやつが出てきたりとかは、普段見慣れないから面白いけど、嬉しいとはちょっと違うかな。

――電気でライブやるときも弁当ですか？

瀧：弁当の時もあるし、ケータリングの時もある。ケータリングが多いかな。じゃあそろそろ行こうか。ごちそうさまでした!

目黒の一等地にある大使館

瀧：さて、飯も食い終わって山手通りに到着と。左側はドンキ、右は中目黒駅。中目黒駅周辺は店の密集度が違うよね。渋谷の繁華街、新宿の歌舞伎町とまでは言わないけど、店の種類と密集度が高い。

――このまま進むと、セネガル大使館付近に行き着き

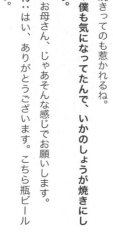

ます。

瀧：オーケー。新宿区編で見た神田川もすげえなと思ったけど、やっぱり目黒川もなかなかだよね。水面に何か鳥がいる。鷺じゃない？　道が緩やかに上り坂になってきた。この辺はデカいお宅が多いねぇ。

——あと何か純和風の日本家屋みたいな装いなんだけど、ひと手間加えて設計されているようなところが多いですよね。

瀧：そうだね。ちょっとモダンデザイン入ってる感じね。そして、ぐんぐん坂を上がりますよと。この辺りの街並みは高級感あるね。さっきのモーリタニア大使館の住宅街もさ、「どうだ高級だろう⁉」じゃなくて、さりげなく高級だったよね。

——そして着きました、ここがセネガル共和国大使館です。

瀧：これ？　ここなんだ⁈　これがセネガル大使館。なんかイメージと違った。失礼します。亡命じゃないですよ。すごく落ち着いて品がある一角にあるのね。ようやく着いたセネガル大使館ですけれども、何かセネガル情報をもらえますか？

——検索します。えー、日本と同じおもてなしの国で、あと炊き込みご飯が美味しい。

瀧：炊き込みご飯って名前じゃないでしょ、きっと（笑）なんか日本でも馴染みの調理法の有名料理があるって

いうことね。よし、セネガルもクリア。じゃあ、次のエジプトに向かいますか。

——エジプト大使館はこっからもうすぐ近くです。

瀧：うわ、こことかすごいお宅だな。こりゃすげぇわ。君たちあんまジロジロ見ると、監視カメラで見られるよ（笑）この辺の邸宅はちょっとレベルが違うね。

——いかに我々が目黒に飯だけ食いに来てたかっていうことですよね（笑）

瀧：本当、そういうことだ。庶民だわ〜。いかに繁華街しか見てないかっていうね。はい、坂を上がりきりました。道の向こう側はもう渋谷なんだもんね。

——はい、この旧山手通りを右に曲がります。

瀧：なんかやっぱ品があるよね、目黒区は。みんなちゃんとスリッパ履いて暮らしてると思うわ。何だろう、目黒区が一番裕福な気がしてきた。お金の面でも精神の面でも。ここはデトックススパ。完全個室のスパだって。

——そして到着しました、こちらエジプト・アラブ共和国大使館です！　首都はカイロです。

瀧：おお！　こりゃすごい！　裏切らないねぇ、エジプト大使館は!!　ツタンカーメンもちゃんとある。ここまで主張がちゃんとある大使館は珍しいわ。これなら夜中に見てても怒られないでしょ（笑）だって見てくださいっていう感じだもんね。

——でも、入り口はここじゃないらしいです。

瀧：ここじゃないの!?　正規の入口は裏側ってこと？　あー、確かに国旗はそっちにもあるもんね。

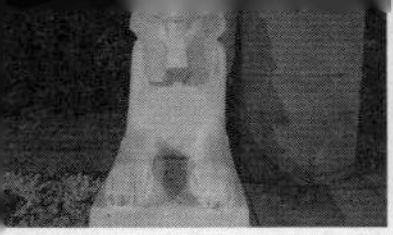

——旧山手通りを渡ると渋谷区になっちゃうんで、エジプト大使館の裏側を見ながら、次の大使館に向かいましょう。

瀧：向かいには蔦屋代官山ですよ。エジプト大使館の期待を裏切らないっぷりは天晴れだなあ。他の大使館もできれば万博のテーマ館っぽい感じのウェルカム感を出してほしいよね。

——確かにパビリオン感はありましたね（笑）

瀧：遊びに来ていいですよ、っていう感じがちょっとするというかさ。招かれたら嬉しいもんね、ここは。「俺エジプト大使館ちょっと入ったことあんだよね！」なんつってさ。なんかすげえなあ、この坂の感じも含めて。結局、坂の上にあるところの方が偉いって言ったらあれだけど、いい所というかね。

——こっちが通用口とか入り口みたいですね。

瀧：こっちはちょっと地味だね。でも中を見ると、ちゃんと考えてくれている。ほら、なんかいるよ。サービス精神なのか、そういう文化なのか。

——完全に観光が中心の国ですしね。

瀧：そうね。国自体を好きになってもらう方針なんだな。向かいは「美空ひばり記念館」？　もうなんか、コマーシャルで見るような建物が多いっすね。

目黒川沿いを夜歩き

瀧：さて、坂を下っていこう。で、次はどこの国に向かってるの？

——次の大使館はポーランド大使館です。瀧さんポー

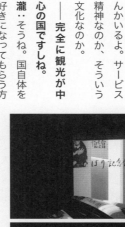

ランドは行かれたことありますか？

瀧：行ったことあるよ。ポーランドは電気グルーヴでライブやったことある。お客さん1万人以上いたんじゃないかな。元共産圏って感じのでっかい体育館でライブやったんだけど、めっちゃ盛り上がったよ。……坂の下の方に降りてきたらさ、急に建物の壁の素材がいつもの慣れ親しんだやつになったっていうか。ほら、タギングもちょっとある。上から塗りつぶされてるけど。

――目黒川沿いにずっと歩くとポーランド大使館方面です。

瀧：あ、この辺は前回の『23区23時』でも歩いたな。カステラの福砂屋の工場とかがあった気がする。

――ここを桜満開の時とかに散歩したりします？

瀧：普段の夜中とかだったらありえるけど、人がいっぱい花見に出てるときには来ないかな。ところで大使館ってさ、東京以外の地方にもあるのかな？

――調べてみますね。……えっと、大使館は基本は首都に置くもので、地方に置くのが領事館だそうです。

瀧：大使館は首都に置く。地方にあるのは領事館。なるほど。勉強になった。大使館の中はもう日本の法が及ばないんだよね。治外法権なんで、事件に巻き込まれたりして警察に捕まりそうだ！　となったときに逃げ込んで、向こうが受け入れてくれたら日本の警察に逮捕されないんだよね？

――そうですね。大使館勤務の友人1人抑えておきたいですよね。

瀧：大使館の友達持っておきたいよね。いや

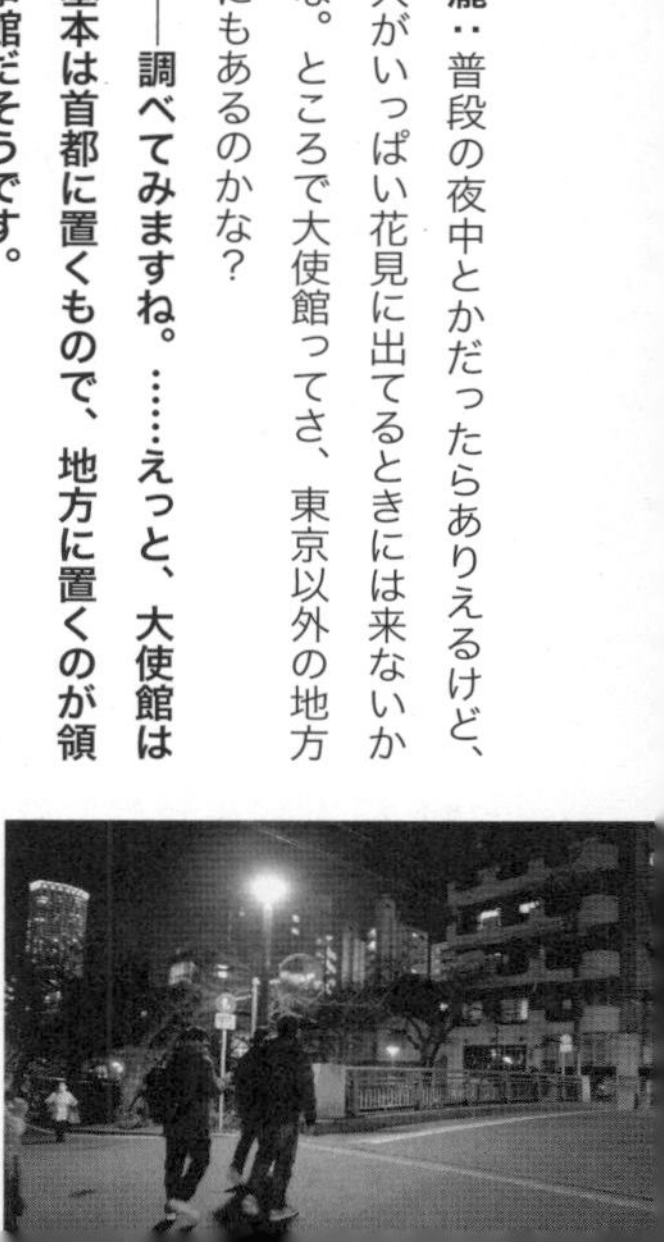

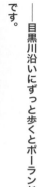

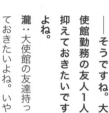

どこのっていうのもあるけどさ（笑）逃げ込んだはいいけど、その後人権的に自由はないってなるとキツいでしょ。そうなると、ドイツじゃないやっぱ？　ドイツだったらなんとかしてくれそうだよね。

――このまま真っ直ぐ目黒川沿いを歩きましょう。

瀧：なんか中目黒はさ、すっかりタワマンが似合う街になってきたね。でも駒沢通りを渡るとお店がなくなる。これはこれで雰囲気いいよ、静かでね。川沿いに東家があって、ベンチがあってっていう空間もあるしね。「田楽橋」とな。船の錨を欄干にあしらってある。昔は目黒川を船で行き来してたのかな？　さっき「舟入橋」って書いてある橋もあった。そこはちょっと広くなってて、船が溜まれそうなところもあったもの。

――確かにあそこなんて思いっきりそんな感じでしたね。

瀧：川は重たいもんを運ぶための輸送路。材木とかそういう物を運んでたりしたんだろうな。

――戦前くらいの頃は、この辺りは全部原っぱだったらしいですからね。馬も走らせてたみたいで。

瀧：だいぶパブリックエリアっぽくなってきたね。この辺は目黒警察の裏側あたりか。川幅もだんだん広くなってきてない？

ポーランドとアルジェリアと100円自販機

瀧：大使館って落ち着いたところにあるよね。まあでも繁華街に作る意味はないか。その国における外交の拠点だもんね。モーリタニアはなぜあそこなんだっていうのは、ちょっとあるけれど（笑）

——でも祐天寺に大使館があるっていうのはなんかかいいですよね（笑）

瀧：うん、それは言える。港区になるとやっぱり大きい大使館が多いじゃん、アメリカだの中国だのさ。日本政府に呼びつけられたら、すぐに行けるとこの方がいいわけだよね。ハイジャックだの、国際的な紛争だのでさ。そういう事案が発生して、「すぐ大使館員を呼べ！」ってなったときに、速攻で首相官邸とかに行けたりする方がいいわけじゃん。そうなると必然的にその辺の立地になるよね。モーリタニアはタクシー使っても結構あるぞって場所だけど、あんまりなさそうだからね、そういうことは。

——もうすぐポーランド大使館です。で、そのすぐ近くにアルジェリア大使館もあります。

瀧：アルジェリアってどの辺りにある国なの？

——北アフリカですね。ジダンのルーツ。モロッコとチュニジアの間って感じです。この道を真っ直ぐ行って、左折するとあります。

瀧：割と区の所有の建物が増えてきた。中目黒二丁目。お、この煙突はゴミ処理場のやつかな。

——23時です。撮りましょう。

瀧：それにしてもあのクレーンすごいわ。オペレーターはどうやってあのクレーンに乗りこむの？　何かリフトみたいなやつがあるのかな。で、向かい側のこっちの物騒めな施設はなんだろう？「防衛省の施設につき許可なく立ちることはできません。防衛省艦艇装備研究所」か。ということは、船の大砲とかスク

リューとかを開発してるんだろうな。……この窓口ってUberEats的なことかな？

——でしょうね（笑）

瀧：ドローン飛行禁止の注意書きもあるし、この雰囲気だと写真撮影するのもちょっとはばかられるね、やめておこう。そして向かいのあの煙突はやっぱ目黒清掃工場か。建替工事をやってるんだな。最新焼却炉だってさ。でっかいなあ。

——そういや、100円自販機を全然見ないですね。

瀧：そうだね、全然考えてなかった。でも、ネパールも行くでしょ？　あと、パプアニューギニアの近くにもある気がする（笑）

——そうですね、ここを入ったらそこ左です。あの辺公園もいっぱいありますし。

瀧：ここまたスゲー住宅地だね！　そしてまた向こうが坂になってる。

——はい、こちらがポーランド共和国大使館です。首都はワルシャワです。

瀧：ちゃんとEUの旗も掲げてる。左がEU、右がポーランドの赤白だ。すごい近代的でちゃんとしてない？なんか説得力ある。ほら、超高性能カメラがこっちを監視中。そこの柵の感じだとちょっと企業っぽくもあるけど、概ね国のイメージ通りかも。ポーランド国内にこの建物があっても違和感ない感じするよね。レンガ造りベースにちょっと近代デザインが入っててさ。奥の建物の窓枠の感じとか。俺がポーランドで行ったのはウッジ（Lodz）って街だったけど、元共産圏だからか、街中に全然派手な広告見かけないなって思った。街全体に色味が少ないっていうか。アースカラーの建物と路面電車のイメージ。なんとなくロシアとドイツの中間みたいな感じだった。きっと今はもうちょっと違うんだろうけどね。

——**結構大きいですね、ポーランド大使館。**

瀧：うん、立派だわ。そういえばポーランドでディナーに豚足を食べた気がする。今思い出した（笑）メニューにいろいろある中で、「オススメは何？」って聞いたら、茹でた豚足を勧められたんだよね。ホースラディッシュをつけてバクバク食べた気がする。

——**うわあ美味そう……。**

瀧：結構おいしかったよ。ポーランド大使館が目黒にあるのはなんとなくわかる気がするなあ。で、次は？

——**次はそこの角を曲がったらアルジェリア民主人民共和国大使館です。首都はアルジェです。**

瀧：もうすぐそこなんだ！　まず坂をのぼる。んで右。ここか！　アルジェリア大使館！　いやぁ、想像と違った。すげー立派な建物だわ。アルジェリアは何があるの？

——**調べます。（スマホで検索）**

瀧：アルジェリアは世界全体でも第10位の領土面積！　人口も結構いるね（約４４００万人）。思ってたよりも迫力のあるすごい建物だった。この建物ってさ、絶対大使館用に建てたよね。なんか借りてる感じじゃない？

——**そうですね、モーリタニアより……。**

瀧：もうモーリタニアには触れないであげて（笑）あそこの玄関のゲートの感じとかさ、ちょっとアラビア

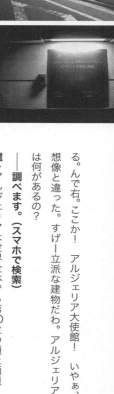

入ってない？　大使館って特色出るなあ。次はパプアニューギニアか。楽しみだわ。いやあ、アルジェリアはすごかった。ちゃんとお金持ちの国だったわ。

——アルジェリアは日本企業と関わりが多いらしいです。名産は石油や天然ガスで。

瀧：そりゃお金ある訳だわ。目黒もさ、坂を登れば高級ゾーンだよね。素敵なお宅をたくさん見られて楽しいよ。ちゃんとデザインされてる家が次々に現れる。なんかシンプルに、「こういう家に住んでみたいな」っていうふうに思わせてくれるっていうね。

——あ、ポーランド大使館もアルジェリア大使館もちゃんとピクミンのスポットになってますね。

瀧：本当に？　すぐ取りに行ってもらおう。ポーランドとアルジェリア、……本当だ。今ここでピクミンを向かわせた方がいいよね。すぐアイテム取って帰ってきてくれるだろうし。本当だ、リンゴだ。よし行け！

——『23区23時』やると、一気に育ちますね。

瀧：うん。あ、100円自販機があったー！　メジャー系のやつだけど、ちゃんと100円だね。ここはドクターペッパーかな。ちゃんとキャッシュレスで買える自販機だ。行くぜ！　（ガシャン）　あれ、ドクターペッパーってこんなカラーリングだっけ、昔とちょっと変わってない？　こんな色じゃなかった気がする。前と比べてすごいポップなデザインになったんだな。いただきまーす。（ゴクゴク）　……へあ〜〜っ！

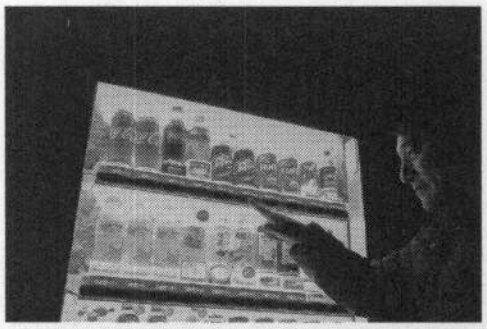

——（笑）子供の頃飲んでました？

瀧：一応ね。でもドクターペッパーって子供は積極的に飲まないじゃん。小学生のときは風邪薬みたいな味するって思ってたから。

イメージと違うパプアニューギニア大使館！

瀧：目黒区は裏路地に来ても雑になっていかないね。ムードがなし崩しになんないっていうか。まあでも

ちょっと緩やかになってきたか。植木鉢が気持ち多くない？ このへんとかさ。

——徐々に見かけるようにはなってきましたね。まだ道に出てはいないですけど。

瀧：ちゃんと自分の敷地内に収まってるもんね。この出さないぞって感じの市民感覚。荒川区だったらもう絶対出てるじゃんか（笑）ここ結構裏の方の路地だけどさ、そこでも崩さないっていう。この細い道なんだろう。ここ抜けられると思う？ これはさ、泥棒小路と名づけよう（笑）今日から発足ね。ちゃんと抜けられたわ。うわ、ここ何のお店だろ？ 美味そう。

——ふぐ料理みたいですね。

瀧：こういうとこで忘年会したいね。さっきの泥棒小路に持っていかれて、今どこにいるのかさっぱりわかんなくなっちゃった。

——もうここは目黒美術館とか目黒寄生虫博物館とかそっちの方にでますね。

瀧：これこのまま行くと山手通りの方にで出るよね。ああ、ラーメン二郎の向かい側に出てきた。左手側は目黒通りだ。目黒通りを右折したらどっち行くの？

——寄生虫博物館を左折します。

瀧：寄生虫博物館って実はまだ行ったことないんだよね。おもしろそうだとはずっと思ってるんだけど、なぜか行けてない。こうして歩いてみると、山手通り沿いが一番とっ散らかってる気がする。

——道渡ったとこにあるあの像はなんなんでしょうね。よく見ると女の子がビックリしてるような顔してるんですよね。

瀧：これね。女の子が「え、離婚するの!?」みたいな表情ね。ここの前を通る度に、俺も「何でこれあるんだろう」って思うんだよね。しかも「すき家」の前にっていう不思議さ。ピクミンが持ってきそうだよね、これの写真を。しかし、歩いてみると目黒区は良い住宅が多いね、本当に。

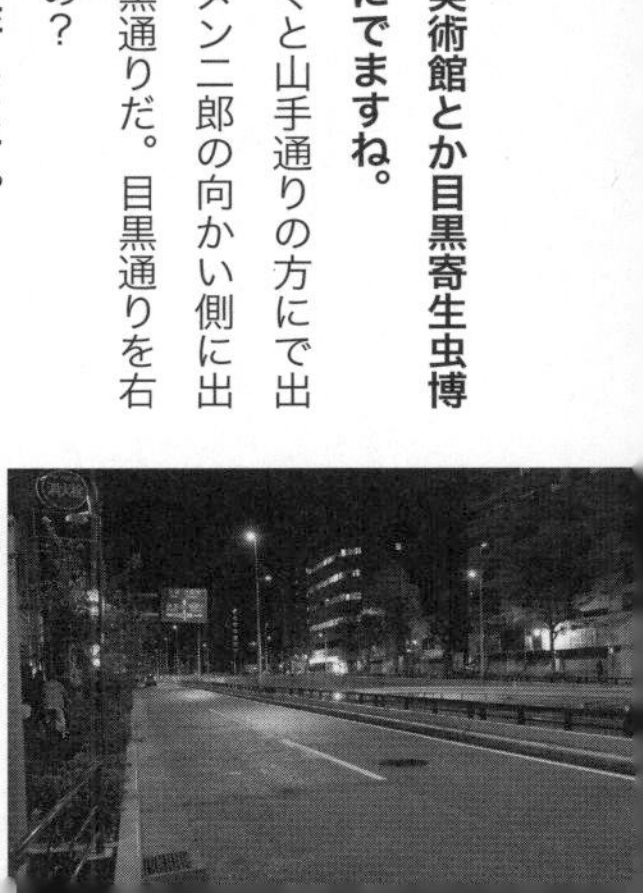

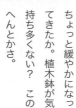

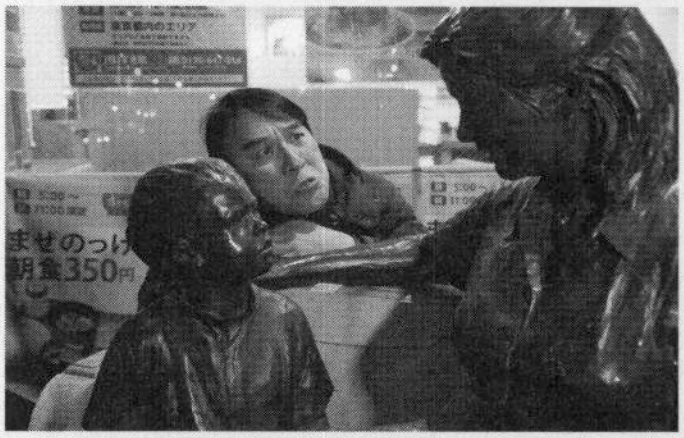

—介護付有料老人ホームも、結構見かけますよね。

瀧：ああ、さっきもあったよね。そしてまた坂だよ。今夜はなんか坂を登ると大使館が現れる感じがある。

—モーリタニア以外はそうですね。

瀧：そうね（笑）やっぱ坂の上の方がいいとかあんのかな。世界共通の感覚というかさ。何なんだろうね。下よりは上の方がいいっていう本能。城の築城とか陣地と同じ考え方なのかな。やっぱすり鉢の底だと攻められちゃいそうじゃんか。

—大使館って、いざとなったら自国民を守らなきゃいけないじゃないですか。それもあるかもしれませんね。

瀧：そうなると、やっぱりなるべく高いところとか、どん詰まってない立地の方がいいよね。また言っちゃうけど、それだとモーリタニアの場合はどうなんだって話になっちゃうんだけどさ。

—目黒区、感じがいいですよね。

瀧：うん、なんか「気」がいいんだよね。あ、みかんだ。庭に果樹がなってるのを久々に見た気がする。他の区では結構見たのに。ここら辺りはなんか家のサイズも馴染みのあるサイズになってきたね。でも、たまに見かけるようなボロッボロでほったらかしみたいな場所はあんまりない。

—あとはもうクリスマスシーズン近いのに、LEDライトをぐるぐる巻きにしてるお宅とか全然ないんですよね。

瀧：確かにそうね。とか言ってたら早速あった（笑）でもこれちょっと珍しいパターンだな。緑で揃

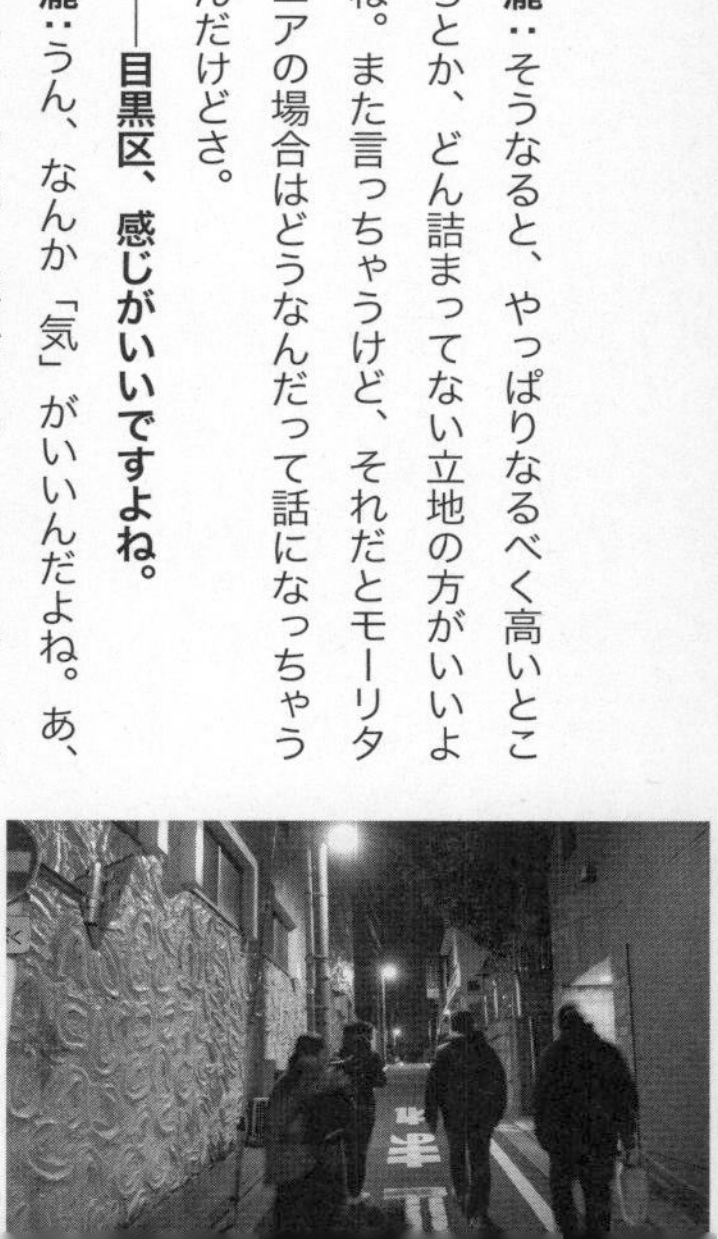

える感じ。すごいトロピカル感あるわ。これがパプアニューギニア大使館であって欲しくない？

——このイメージですよね（笑）

瀧：ね、こうあって欲しいわ。区のルールが厳しいのかわかんないけど、チャリを道端にはみ出して置きっぱなしみたいなやつとかない。ちゃんと敷地の中におさまってる。

——ここをまっすぐ行くと、パプアニューギニア独立国大使館があります。

瀧：パプアニューギニアの特徴は何？　特産品とかは？

——場所はインドネシアの横ですよね。地理的にはオセアニアですけど、アジアといえばアジア。首都はポート・モレスビーです。

瀧：あ、もしかしてここ!?　ごめんパプアニューギニア！　めっちゃ近代建築じゃん！

——いやあ、驚きですね。大使館建築って面白いですね。

瀧：イメージと全然違ったわ、短絡的にＴｉｋｉっぽいものを想像してた。本当ごめんなさいって感じ。失礼しました。なかなかに建物がデカいね。あそこのあのマーク、ハートっぽいやつはなんだろう。ちょっと民族的な雰囲気。槍と太鼓の上に鳥が羽を広げているのか。その辺はイメージ通りだな。

——（ネットで調べる）パプアニューギニアは特産品が天然ガスと原油、それから金と銅だそうです。

瀧：そうなの？　高そうな物ばっかりじゃん。やっぱさ、特産品に鉱物が入ってくると建物がどっしりするっていう感じあるよね。さっきのアルジェリアの場合もそうだしさ。あとは原油は鉄板。モーリタニアばっかり引き合いに出して申し訳ないけど、タコだもんあっちは。

——公用語は英語。ドイツ領だったこともある、と。

瀧：へえ。俺らの勝手なイメージよりも、近代にマッチして伸びてる国っていう感じするね。いやあ、ホントごめんなさい。なめた発言をしてしまって（笑）じゃあ最後はネパール？

――はい、もうこのすぐ先です。

瀧：オッケー。いやあ、アジア太平洋地域は広いや。あの建物の船の帆みたいなデザインとか国の特徴をアピールしてるんじゃないのかな、面白いよね。

ご近所大使館ネパール！

――では最後はネパールです。ここの坂を上がっていきます。

瀧：ネパールは俺一人で行ったことあるんだよね。カトマンズで一泊して、その後ポカラに行ったのよ。フェワ湖っていう湖の真ん中に小さな島があって、そこにホテルがあんの。湖の端からいかだに乗ってそのホテルに行くんだけど、そのホテルに3日間ぐらいいたのかな。ヒマラヤを仰いだ景色もいいし、本当にのんびりしてる。地元のレストランとかバーとか行って、現地の人と喋ってみると、すげえ顔が俺に似てるのよ。早朝にホテルスタッフにたたき起こされてさ。何事かと思ったら「ヒマラヤの夜明けは絶対見た方がいい」と。眠い目をこすりながら朝日見たけど、それはやっぱすげえ荘厳で綺麗だったよ。いい思い出。

――はあ、もうこのコロナのご時世だと夢みたいな話ですね……。あ、そこを右折ですね。もうちょっと歩いたら到着します。

瀧：オーケー。その前に滞在してたのがインドだったからか、カトマンズ着いたらなんか落ち着くっていうかさ、やさしい国ですねぇ〜ってなった（笑）ポカラに向かう飛行機が当日飛ばないって言われちゃったからさ、ホテルで運転手付の車をチャーターして行くこ

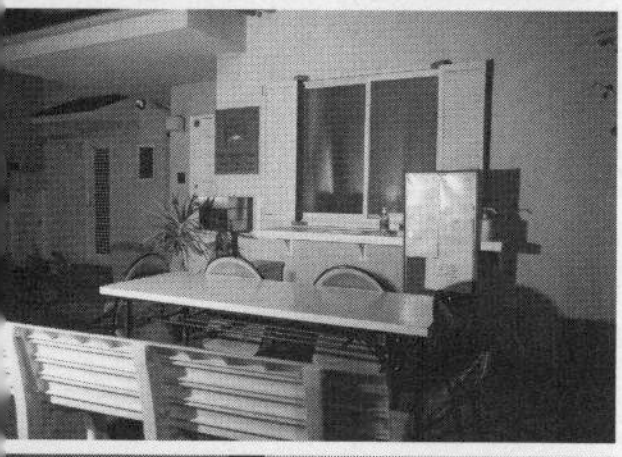

とにしたんだけど、ドライバーが年配のおじさんだったんだよ。俺の父親ぐらいのおじさんが四駆で現れて、ポカラまで送ってくれて。5時間ぐらいかかったのかな。道中二人きり（笑）ずっと山道を走ってくんだけど、羊の群れがいると車がしばらく停まったり、牛が道を横切ると停まって待ったりとかで、なかなかの牧歌ルートなのよ。ある時、カーブしてる山道でおじいさんが道を横切ろうとしてばあっと飛び出してきて、急ブレーキで止まって危なかった瞬間があってさ。運転手のお父さんが、飛び出してきたおじいさんを怒鳴りつけるのかなと思ってたら、運転席の窓から顔出して、おじいさんの近くでたむろってた若者たちに向かって「何やってんだお前ら!」って怒鳴ってさ。「じいちゃんが飛び出そうとしてんだぞ! お前らがちゃんと見ててやらないと駄目だろう! 馬鹿野郎!」って。お年寄りなんだから注意力散漫なのはしょうがない、それを気にしてケアしておかなかったお前らが悪い! っていうやつ。そういう国なんだなと思って。いい国民性だなあと思った。

——いい話ですねえ。これです! ネパール連邦民主共和国大使館。首都はカトマンズ。なんかいいすね。

瀧：門とか完全に開いちゃってるんだけど（笑）なんかほっこりする大使館だね。ネパール大使館主催のバザーみたいなやつとかやってくれてそう。いくつか売りに出てた建売りの家の一つを大使館にしましたっていう感じじゃね。だって隣の同じ建物は空き家だもん。お隣がネパール大使館ってなんかいいな。

——なんか仲良くなれそうですよね。

瀧：うん。なんか、最後に良いお宅を見ることができた。

——そうですね。では瀧さん、最後に目黒区とは。

瀧：街並みが整理整頓されてるし、感じもいい。とにかく流れる気がいいねって感じだった。だから、シンプルに良い区。こんな回があってもいいんじゃんね!

総歩数
13955歩
MEGURO-KU

墨田区《すみだく》

足立区
板橋区
北区
葛飾区
練馬区
荒川区
豊島区
墨田区
台東区
文京区
中野区
江戸川区
杉並区
新宿区
千代田区
江東区
渋谷区
中央区
港区
世田谷区
目黒区
品川区
大田区

ＪＲ総武線「両国」駅スタート

——墨田区は江戸時代以降に開発が進んだ地区なので、未だに江戸の風情が残っています。というわけで、どじょう鍋を食べてから両国を散歩してみたいと思います。

瀧：両国すごいな。芥川龍之介文学碑、勝海舟生誕の地、芥川龍之介生育の地、吉良邸跡。錚々たるレジェンドクラスの名前が並んでる。この寺尾って元力士の寺尾のことかな？　端正な顔立ちで、力士の中でモテてた人って印象あるな。で、左側が隅田川か。ま、とりあえずスタートしてみよう。こういう銅像ってやっぱりみんなに触られちゃう運命なんだな。お腹テカってるもんね。何か乗っけたくなるな、こういうの見ると。やっぱ両国の駅前はさ、当然のことながら相撲感出てるね。名前が国技館通りだもんね。「ちゃんこ霧島」に「ちゃんこ川崎」。実は今年初場所を観に行ったんだよ。今撮影してるＮｅｔｆｌｉｘのドラマで相撲の親方役をやってるから。制作の人に「一応見ておいてください」と言われて。その時は国技館近くの往来で結構力士

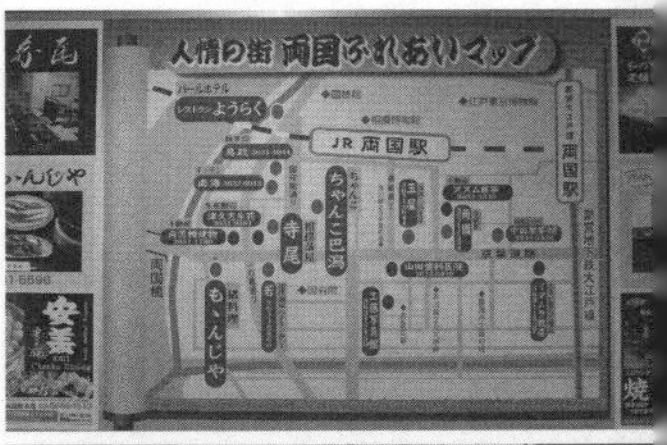

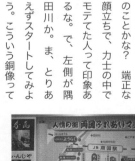

を見かけたんだよね。あれは雰囲気いいよ。

——国技館は楽屋が限られてるんで、自分の取り組みが終わったらすぐに出なきゃいけないんですよ。お相撲やってる時は両国の近辺に弟子とかがいっぱいいますよね。

瀧：お、ここに手形あるじゃん！　いろんな力士の。これは誰のだろ？

——栃木山。

瀧：栃木山、大正時代の人だ。流石に大正の力士はわかんないなあ。手がデカいわ。ちょっと合わせてみよう。

——瀧さんもデカいじゃないですか（笑）

瀧：そうみたい。今合わせてみて、俺と変わんねえなって思った（笑）これマンホールの図柄が北斎の赤富士だけど、ここから赤富士見えないと思うんだよね。それとも昔は見えたのかな。

両国でどじょう鍋を食らう

——到着しました。どじょう料理「桔梗屋」さんです。

大将：いらっしゃいませー！

瀧：ピエール瀧です、よろしくお願いします。お店、21時までですよね。じゃあとりあえず先に注文しちゃいましょうか。え〜っと、まる鍋ってのはねぎ載ってるやつですよね？

女将：はい、そうです。

瀧：じゃあビールと、まる鍋2人前。それと鯉のあらい、さらしくじらもお願いします。

——瀧さん、どじょう鍋は召し上がったことあるんですか？

瀧：あるよ。卵でとじる柳川鍋よりも、丸鍋

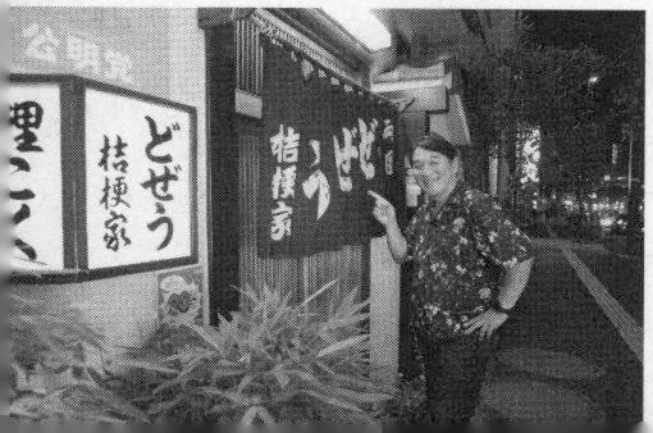

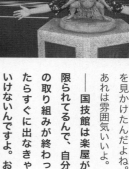

スタイルで食べるのが割とオーセンティック。丸鍋スタイルを食べて余裕があったら、柳川スタイルも行ってみよう。じゃあかんぱーい！（ビール飲む）いやあ、夕方ぐらいからここでじっくり飲みたい感じだなあ。落ち着く佇まいだよね。こちら、いつからやってるのかなと思ったら、昭和8年創業だって。で、2代目、3代目、4代目、5代目はなんと赤ちゃん。あのちっちゃい、「どじょう大好き！」ってなってるのが5代目ですか？

女将：そうです。孫なんですけど、もう小学校3年生になりました。その下に妹もいて。こちら、さらしくじらです。酢味噌をつけてお召し上がりください。

瀧：すげえクジラが好きかっつったら甚だ疑問ではあるけど、やっぱこういうお店でこういうのあるとなんか頼んじゃうよね。あとクジラベーコンとかも。今ここでしか食べられない的な感じがするっていうか。うん、さっぱりしてて美味い！

女将：こちら丸鍋です。柔らかくなるまで煮込んでください。

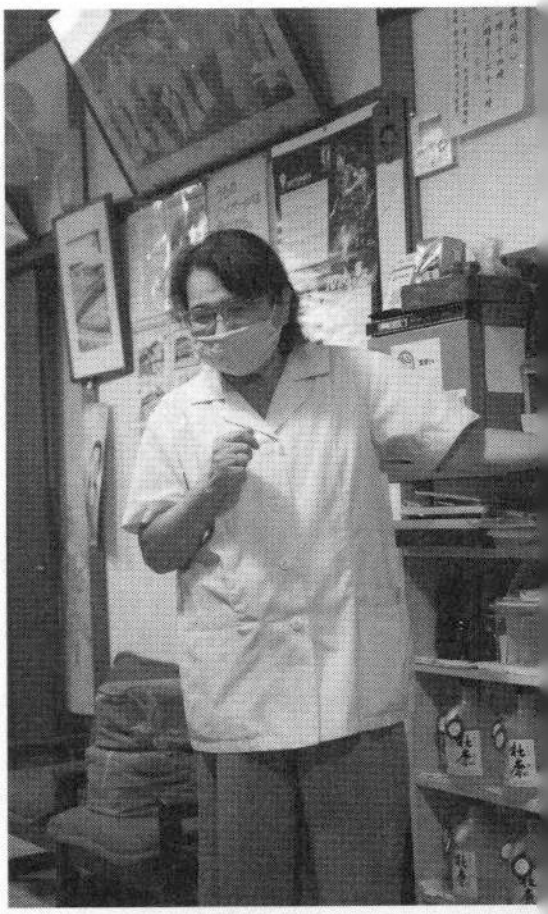

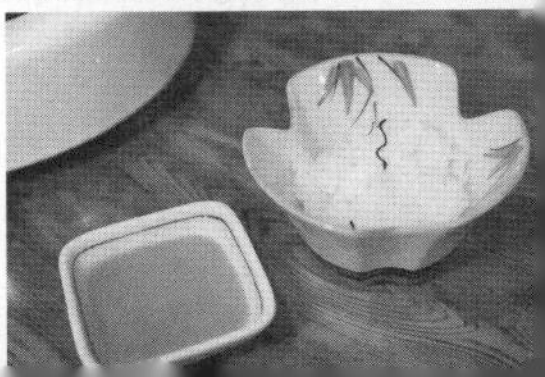

瀧：これ、もうネギをのせちゃっていいんですよね？で、クツクツしたらＯＫですよね？これでもかっていうぐらいネギのせると美味いのよ。みんなは食べたことないのか、どじょうを。

――はい、初めてですね。

瀧：そっか。東京以外ではあんまり食べない食材なのかもしれないね。お母さん、東京以外で食べる地方とかあります？

女将：この食べ方っていうのは東京だけですね。佃煮っぽくしちゃうとか、蒲焼なんかだとありますけどね。こちら、七色（ナナイロ）です。お好みで。

瀧：いいですねお母さん、ナナイロって言い方が。

女将：普通はね、七味ですよね。

瀧：素敵な表現をされますね。

――瀧さん、初めてどじょう食べたのは、東京に来てからですか？

瀧：うん。渋谷にお店があったんだよね、パルコの裏に。そこで初めて食べた。駒形どぜうさんだったかな。そこに興味本位で行ってみたら結構美味かったのよ。やっぱ大人になったらどじょう鍋をつつけるような人間になりたくない？（笑）どじょうをつつける人間と、つつけない人間だったら、つつける人間の方が楽しみが多くない？（笑）なんか江戸文化のマナーっていうかさ。あ、もう鍋の具がクタクタになってきたね。

女将：もういいと思いますよー。

瀧：ですよねぇ。ささっと取って、お好みでネギのっけて。それに山椒をパッと振って。いいねぇ、この感じ。うん、美味い！　柔らかくなった小骨と一緒にモリモリ食えて、カルシウム半端なくある感じ。タレの染みたネギが酒を誘うね。

女将：鯉のあらいです。

瀧：綺麗な色だね〜。鯉は、食糧難の時代にみんな食ってたんだよね。江戸時代とかにも。では酢味噌でいただきます。うん。さっぱり食べられて、身に歯ごたえがあって美味しい、いいね。どじょうをつつきながらの熱燗は沁みるなあ。午後イチぐらいにこれをつついてから相撲を見に行きたいわ。あ、相撲の後でもいいよね。

——相撲って中継の都合で18時に終わるの決まってるんで、その後に食べに来るのもいいですよね。

瀧：それ正解かも。18時に終わってここで飲んでからもう1軒行けるもんね。というか、普段だったら国技館から出た時点ですでに酔っ払ってるか（笑）

——ここ来る前に、レッドブル飲んだんですけど、落差凄いなあと。

瀧：なんでレッドブル飲んだの？（笑）ああ、これから歩くからか。でももうこれレッドブルみたいなもんだって、どじょう自体が。生命力強そうじゃん。滋養強壮あるんじゃないの？ 柳川だとご飯食べたくなる人いると思うなあ。卵とじだから。ご飯食べたい人います？

——食べたいっす！

瀧：じゃあすいません、ご飯も2つ。お品書きにあるまいこ丼（柳川丼）っていうのは、なんでその名前になったんですか？

女将：ゆでられてる様子が、踊ってる様だなということで。

瀧：はあ。いちいち良いですね（笑）粋ですわ。やっぱ一生に1回はさ、デートで女の子をこういうとこに連れてきてみたくない？

——あ、この壁のやつ昭和13年の番付表で

すね。双葉山時代ですって。瀧さんが物心ついて、一番最初に活躍した横綱って誰ですか？

瀧：北の湖と輪島かな。その後千代の富士が現れて、双羽黒が一瞬君臨してた感じ。

――僕が小学校のときだと、相撲ごっことか皆やってましたね。若貴時代で。

瀧：その時代感か。俺は先代の貴乃花で止まってる。相撲をずーっと観続けていたことはないんだよね。そりゃ国技館に行けばね、名前を知ってる力士はもちろんいるけど。年間通してとか、次の場所も楽しみにしてとかはないかな。とか言ってたら、うわーやばーい！　めっちゃいい匂いがする。これは米を誘う匂いだわ。

女将：はい、柳川鍋とおしんこです！

瀧：これはご飯にのっけて、こうして、こうじゃんか。……たまんねー！　わ、このどじょう開いてある。お母さん、これ開くの大変ですよね。

女将：はい。三枚おろしみたいにはできないですね。ペラペラになっちゃうので。こうアーチ状に、包丁も小さいものを使って開いていきます。

地元で歴史をつなぐ店

瀧：お母さん、僕ら食べ終わった後、ここらを散歩しようかなと思ってるんですけど、夕涼みがてらのおすすめあります？

若大将：この時間なら旧吉良邸。後はねずみ小僧のお墓ですかね。

瀧：ねずみ小僧のお墓!?　ねずみ小僧って本当にいたんですか？

大将：はい。墓の前にある石が削れるようになっていて、削ったやつを持って帰ったりとかできます。それでお金が貯まるって。

瀧：削っていいもんなん

ですかそれって？

大将：みんなが墓を削ろうとするので、削ってもいい石を墓の前に置いたんですよ。

瀧：なるほど。じゃあ遠慮なく削っていいんですね。そういうのを地元の人にちゃんと聞いとかないと。ありがとうございます。もっと長く飲みたかったな。

大将：この辺はどこも閉まるのが早いですね。うちの親父もね、酔っ払い大嫌いだったんで。

瀧：なるほど、パッと来てパッと帰る感じがベターなんですね。江戸の人っぽいなあ。ずっとご家族でやられてるんですもんね。そこはいろいろあるんでしょうな。そちらは4代目ですか？　何でお店を継ぐ事にしたんすか？

4代目：僕は婿なんですよ。

瀧：なるほど。じゃあ半分は条件付の結婚じゃないですか（笑）迷いはなかったんですか？

4代目：いや、なんか普通に面白そうだな。いいかなって。

瀧：この人すごくいい人だ（笑）娘さんに、私と結婚するんだったらウチを継がないとって言われて？

4代目：あんまり気にしてはいなかったんですが、いざ結婚するってなった時、店を継ぐっていうのも選択肢としてありかなって思うようになって。結婚するって決まってから、和食のお店でさばきのこととか勉強して。それまでは法科大学院に行ってたんですよ。

瀧：めっちゃ頭いいじゃん！

4代目：でも、あんま向いてないなと思って（笑）それよりも何かこっちの方が面白そうだなと思って。

瀧：いやあ大将、いいお婿さんが来てくれましたねぇ。息子ちゃんも生まれてるし、最高じゃないですか。また来ますね。

大将：こちらこそ、

喜んで。お願いします。

両国散歩スタート

瀧：涼しいし、最高だわ。お店で地図をいただいたからこれを頼りに行こう。それにしても、いい感じのお店だったねぇ。お母さんが柔らかいとさ、厨房に話しかけてもいいかなって気にさせてくれるもんね。

——この先安泰ってなったときは、本当に嬉しかったでしょうね。「100周年まではやろうかな」って言った後に、僕の位置から5代目の「どじょう大好き」っていう写真が見えていて、すげえよかったです。

瀧：なんかこっちまで安心しちゃってね。

ねずみ小僧と猫

——あ、これですかね、ねずみ小僧のお墓。

瀧：ここなのかな、どうなんだろ？ ちょうど地元の人がいるから聞いてみよう。夜分にすいません。地元の方ですか？

地元の方：はい！ あの、大ファンなんです……。

瀧：えっ?! うわわ、ありがとうございます。ここってねずみ小僧の墓なんですか？ 今『23区23時』っていう夜散歩の取材中なんですけど。

地元の方：『23区23時』知ってます！ そうです、ここです。

瀧：元々この辺りにお住まいなんですか？

地元の方：秋田出身なんですけど、住み始めて4年くらいですかね。それこそ電気好きな仲の良い友達がこの辺に住んでいたんで、それで住むことにしたんです。

瀧：住みやすいですか？

地元の方：はい。何がいいかって、みんな結構知り合い同士なんですね。マンションのおばあちゃんとかも仲良くしてくれるし、地元の人が温かい。

瀧：コミュニティが受け入れてく

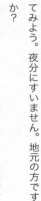

れて機嫌良く暮らせるんですね。あの、せっかくなんでちょっと一緒についてきてもらっていいですか？ どれがねずみ小僧のお墓なのか分からなくて。

地元の方：はい、いいですよ～。これです。

奥の黒っぽいのがお墓

瀧：どこどこ？ これ！？ その、白っぽいやつのとこ？ 石がものすっげえ滑らかになってる。みんなが削ってるから表面が超滑らかなんだ。

――ここに書いてますね、「こちらのお前立ちをお削りください」。

瀧：本当だ。持ち帰ることができる名所って珍しいわ。俺もやってみよう。これを削ってどうするの？

地元の方：財布とかに入れたり、なんかみんな自由にやってますね。

瀧：ご利益を期待して財布に入れたりするんすね。あ、しまった。今日は財布を家に忘れてきてたんだわ（笑）あ、暗がりから猫が登場。首輪があるから

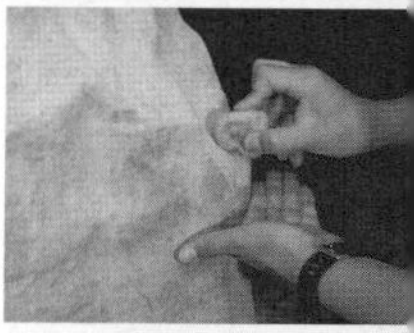

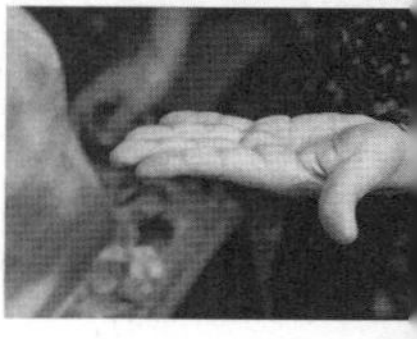

飼い猫だな。めっちゃかわいい。チッチッチ、おいで。ああ、行っちゃった。

地元の方：ここは猫塚ですね。

瀧：猫塚!? 本当だ。

――ねずみ小僧の墓の横に（笑）

瀧：本当だね、面白いわ～（笑）説明がある。「猫をたいへん可愛がっていた魚屋が、病気で商売ができなくなり、生活が困窮してしまいます。すると猫が、どこ

からともなく二両のお金を咥えてきて魚屋を助けます。ある日、猫が姿を消し戻ってきません。ある商家で、二両をくわえて逃げようとしたところを見つかり、奉公人に殴り殺されたのです。それを知った魚屋は、その商家の主人に事情を話したところ、主人も猫の恩に感銘を受け、魚屋とともにその遺体を回向院に葬りました。江戸時代のいくつかの本に紹介されている話です。本によって人名や地名の設定が違っています。江戸っ子の間に広まった昔話ですが、実在した猫の墓として貴重な文化財の一つに挙げられます」だって。実在したのか！　じゃあさっきいたのも二両をくわえてきてくれる猫じゃないの？　へえ〜、不思議な場所だなあ。いやあ、本当にありがとうございました。

地元の方：こちらこそありがとうございました！

奥が深いぞ回向院！

瀧：鼠小僧の墓がある回向院の解説がある。どれ。明暦3年（1657年）に「振袖火事」の名で知られる明暦の大火が起こり、10万人以上の尊い人命が奪わた。当時の将軍家綱が、無縁の人々の亡骸を手厚く葬るようにと墳墓を設け、大法要を執り行ったのが回向院の歴史の始まり、か。縁があろうとなかろうと、生を終えたものはここに運んでくれれば責任を持って弔いますよって。素晴らしいな。え!?　そして衝撃の記

載が！「旧国技館は、江戸時代以来の相撲興行の歴史を刻む回向院の境内に、明治42年（1909年）に竣工・開館しました」だって。マジかよ?! じゃあ国技館の歴史って蔵前の前があったってこと？

——それがここみたいですね。

瀧：そうなんだ。じゃあさ、今の両国国技館って、実は「戻ってきた」感覚なんだね。この説明書きを読むと、元々ここにあった国技館が蔵前に行ったのを、「いやもう1回両国に戻してくんねえかな」ってみんなではたらきかけたみたいだね。全然知らなかったわ～。しかも何度も修理されて蘇った不屈の国技館だったんじゃん。「旧国技館の跡地は、現在複合商業施設となり、その中庭にはタイル張りでかつての土俵の位置が示されています」。これは行ってみようよ。俺、物心ついたときから蔵前国技館だったから、蔵前国技館がオリジナルで、それが両国に移ったって勝手に思ってたけど、全然違ったんだな。

——説明で言ってた複合商業施設って両国シティコアですよね。ここ丸になってるから違いますかね？

瀧：これ？ 土俵ってこんなに広くなくない？ あ、でもやっぱここっぽいな。この丸の直径って、土俵の2倍ぐらいか。この施設全体がその初代国技館だったってことなんだろうな。う～ん、今この土俵から上を見上げてみると完全に今っぽさ全開。当時の戦いの熱気を伝えるものはすっかり無くなっちゃってる。

——めっちゃ普通に駐輪場になっちゃってますね。

瀧：今の俺のエモい感情とは裏腹に（笑）普通に駐輪場、しかもラフめの。でも回向院といい、初代国技館の話といい、両国は胸を打つ話に出会えるなあ。

子どもの龍之介がいた街

——じゃあ次の吉良邸いきましょうか。

瀧：吉良上野介屋敷跡ね。後は何があんだっけ、芥川龍之介生育の地か。芥川の代表作ってなんだっけ？

——「羅生門」とか「河童」とかですかね。

瀧：「羅生門」の映画はマンチェスターで観たな、黒澤明の。電気のファーストアルバムのレコーディングでマンチェスターに行ったんだよね。レコーディング中は、ベッド&ブレックファストのホテルに5週間ぐらい泊まっていたんだけど、部屋のテレビがBBCとかしか映らなくて。まあ当然だけど。で、ある日、夜中に突然「羅生門」を放送したんだよね。こっちにしてみたら、日本語だ！って思うじゃんね。

——あ、これだ！

瀧：ここ？ へえ。作家になる前までこの辺りで育ったんだな。生育の地は無理に碑にしなくてもいいような気がするけどね（笑）味わい深いのが、跡地に今は進学塾があるってとこだよね。

——あとは、まいばすけっと。

瀧：そうね（笑）じゃあさ、龍之介はさっきのねずみ小僧のところで遊んでた可能性あるよね。こっそり石を削ってたりして。お、RAIDENビルってのがある、やっぱり力士の雷電に因んでるのかな。

——このモンゴル料理屋も、今となってはお相撲に因

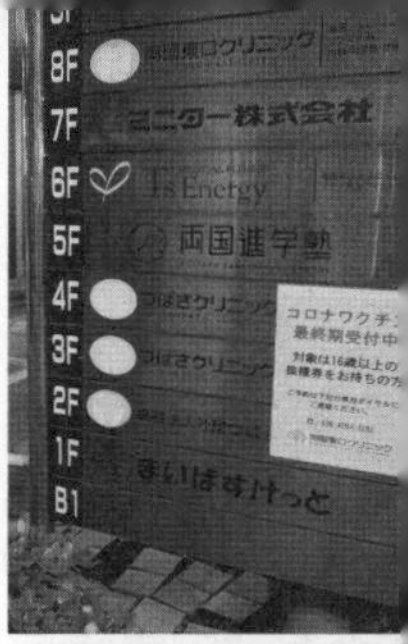

んでますよね。

瀧：本当だ。ウランバートル。なんか土地の特徴がすごい顕著だよね。こんなにはっきりある地区って珍しくない？　浅草って言ってもさ、噺家さんや芸人由来の店ってそんなにないじゃない。そう考えると、両国ってものすごい地域性出てるんだなって改めて思うなぁ。

——街の雰囲気が首尾一貫してるというか、わかりやすいですよね。じゃあ歩道橋を渡って吉良邸跡の方向に向かいましょう。

瀧：赤穂浪士の討ち入りって冬だったよね。吉良上野介の屋敷に行くっていうと、何となく悪役の家に行く

イメージになっちゃうけど、吉良上野介がやったいいこともいくつかはあるわけでしょ、きっと。そっちを知ることってないよねえ。

——最初に話を知った時から「悪役」としてインプットされちゃってますもんね。あ、日本ボクシングコミッションの忘年会、ここのちゃんこ屋でやってます。

瀧：ここ？　なるほど（笑）定番感あるわ。あ、80円で売ってる自販機がある！　黒ウーロン茶、ナタデココ、ポングレープ。ポングレープは初めて見たな。じゃあ今日はポングレで行かせてもらいます！（ガシャン）いただきまーす。うん、うまい。鼻から抜けてくる果汁っぷりが濃くてすごくいい。これで果汁30％。

——僕は「伊賀の天然水　白桃スパークリング」いろんな人に怒られそうなネーミング（笑）

瀧：そうね（笑）でも、セーフだよ。一応全てセーフ。

——ではいただきます。……うん、薄い桃の天然水ですね。

瀧：そりゃそう

だろうなあ（笑）じゃあ行こうか。あ、もう吉良邸跡って書いてあるよ！「90m先」と。

――本所松坂町公園の中にあるみたいです。

吉良上野介に思いを馳せる

瀧：これだ、吉良邸跡。ちゃんとしてるね。夜でも開けておいてくれてるのいいね。失礼します。お、吉良上野介像だ。丁寧に扱われてるなあ。……でも荒川良々くんにしか見えないっていう（笑）ほら、見てみ。本当に失礼かもしれないですけど、見れば見るほど荒川良々にしか見えないわ、吉良上野介。

――似てますね（笑）

瀧：もうついに年末に、良々くんが吉良上野介をやる時代がきてるのかもしれない。こっちからの角度すごい似てんだよね。こっちの壁に掲げてあるのは大石内蔵助以下36名の署名か。やっぱさ、吉良邸跡でもさ、こっち（赤穂浪士側）主体で書かれてるっていうね。

――そっち側言っても殺した方ですからね。

瀧：これ、吉良邸の間取り？ デカっ！ すごいデカいじゃんか。おそらく各座敷は襖で区切られてんだろうけど、屋敷の規模がハンパないね。超偉い人感でてる。

――長屋69軒分と書いてますもんね。

瀧：横幅130メーターぐらいあったのか。すごいね吉良上野介。面積8400平米。はあ、こうして現地に来てみると、吉良側に立って当時を考え始めている自分がいるわ。え～っと、あとは近くに勝海舟生誕の地があるんだっけ？ そこ行ったら、最後に隅田川の方に行ってみてもいい？ ん？ ……でもさ、吉良の肩を持つわけじゃないけど、クーデターじゃないもんね。体制を転覆させたわけじゃないからさ。

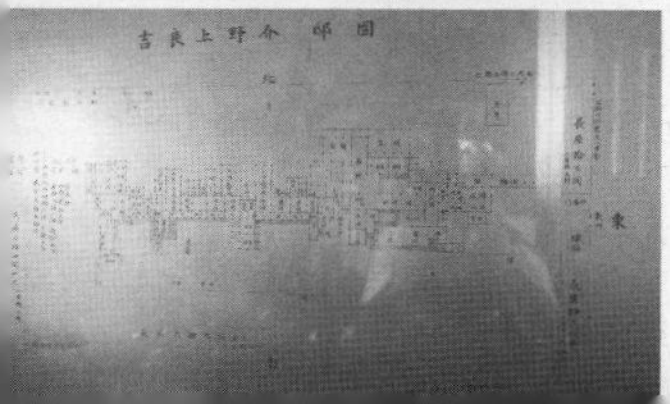

——上司に恥かかせた奴を～。

瀧：ってことでしょ。プライドと感情の出来事じゃん。なんだろう？ 例えるとしたら。

——落合が反旗を翻してロッテを出たみたいな？ 稲尾さんをクビにされて。

瀧：落合、ロッテの幹部を殺してはいないじゃん（笑）何かないかな？ ちょうどいい例え。当時の武家のボスとの繋がりだったりとかを勝手に鑑みるとさ、浅野さんあんなにいい人なのにそんな仕打ちをしたっていうのが許せない、っていう感情だよね。武士はプライド大事だもんなあ。では吉良さん、失礼＆お邪魔いたしました。

偉人のフェス墨田区

瀧：両国ってさ、普通の車道も広いし、歩道もちゃんと広いね。歴史がたくさんあって、相撲があって、昔ながらの文化が脈々と息づいてる感じだからなのか、今住んでる人たちもだらしなく暮らしていない感じがするよね。

——はい。どこも綺麗にされてますよね。

瀧：両国駅からまだそんなに遠くまで来たわけじゃないけど、小綺麗にこざっぱりと暮らしてる感じがするなあ。

——あ、あそこの両国公園ですね、勝海舟生誕の地。

瀧：あの公園の中ね。この企画で度々持ち上がる、例の植木鉢が道に出てる問題あるじゃない。両国は全然出てないよね。自分の中ではもっと植木鉢が並んでる下町のイメージだった。さっきの話聞いてると、別に排他的じゃないみたいだしね。地元の人は後から来た人にも優しいって言ってたよね。スウェット片っぽだけ膝まで上げて歩いてる女の子とかも見ないもんね。ゴ

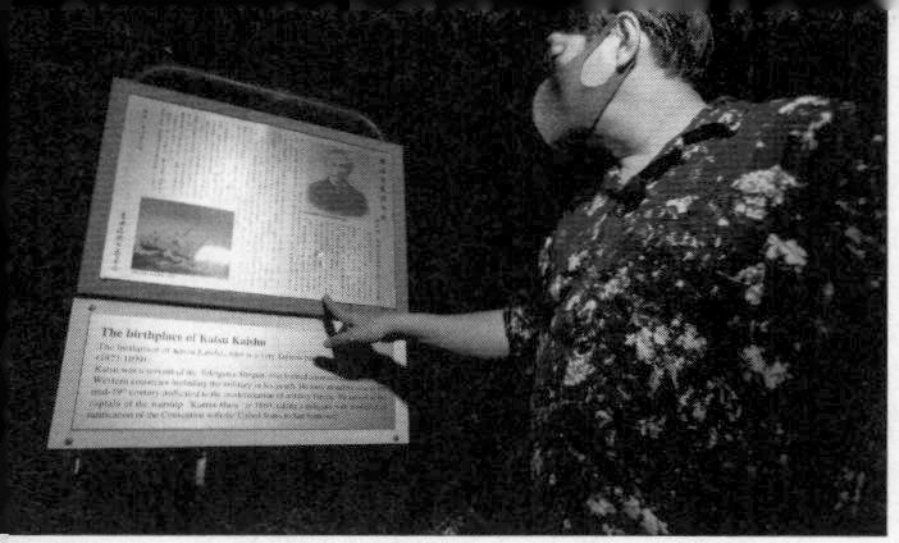

ミもあんまり落ちてない。綺麗な街だなと思って。タギングもみあたらないね。

――そうですね。お相撲さんのシールはありますけど。

瀧：そうね。今思ったけど、千社札ってタギングの始まりなのかも（笑）隙あらばステッカー貼るとか若いやんちゃ系の子たちやってるもんね。

――ここですね、勝海舟生誕の地。

瀧：遊具がちゃんと船の形してるじゃん（笑）いいとこの子なんだよね、勝海舟は。

――この辺は、昔の高級住宅地だったんでしょうね。

瀧：いやそういうことでしょ。武家屋敷が多かったんだろうね。あそこなんかそれっぽいやつあるよ。あ、ちょっと歴史っぽいやつあるなと思って近づいてみたら、ラジオ体操って書いてあった（笑）これ多分ラジオ体操のステージだ。皆さん今日もおはようございます〜ってこの上にリーダーが出てきて、♪あ〜た〜らし〜いあさが来た〜って始まる感じ。で、体操終わったら最後にベンチ辺りでスタンプ押してくれるんじゃね？ 違うかしら。あ、公園の入り口の方にでっかい石碑があるじゃん、一応。

――勝海舟っぽく座れますね。

瀧：本当だ。日本刀が添えてある。じゃあ、あの遊具は咸臨丸イメージなんだね。ちゃんとアメリカの方をむいてるかな？

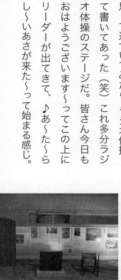

—調べてみます。んー、向いてないですね（笑）

瀧：そうか（笑）じゃあ23時だし、ここに座って写真撮ろう。モダンな顔してるよね、勝海舟。今の時代に生きているよって言ったら通用しそうな雰囲気ある。かっこいいわ。（地図を見る）じゃあここから、国技館の裏側を通って川の方へ行こう。勝海舟の碑のすぐ隣でラジオ体操やるってのは、アメリカを見据えてみたいな感じで、海軍の訓練ぽい感じがするよね。

—なんか、来るべき日に備えてる感じはしますね（笑）

瀧：そうそう。日本のために体鍛えてるって感じ。これが地方とかだったら箱モノで勝海舟ミュージアムが普通にできちゃってるはずじゃん。でもそうじゃなくて公園ってのがなあ。まあでも周りにいっぱいいるんだもんね、錚々たるメンツが。歴史上でもかなり有名な人物が両国2丁目に固まってるよね。偉人でフェスやったらすげえラインナップになるよ。そんなレベル。じゃあこの道を渡って、清澄通りから江戸東京博物館と中学校の間を向けて、川の方に抜けてみよう。

メガ建造物・江戸東京博物館！

—そういえば、さっきマンチェスターで「羅生門」観た話、途中になっちゃいましたけど。

瀧：ああ、それね。多分BBCがオンエアしてたんだろうね。英語字幕付きなんだけど、こっちは日本人じゃんか。羅生門の映画は俺も卓球くんもCMJKも初め

て見たんだよね。マンチェスターで初めて見て、結構面白いなって引き込まれて見てた。久しぶりの日本語のコンテンツってのもあるけどね。それまでは持っていった雑誌を隅々まで何回も繰り返し読んだり、当時出たばかりのゲームボーイでテトリスの対戦やってるような日々だったから。とにかく日本語コンテンツ不足だったんだよね。全部で5週間くらい行ってたから。

——そんなに行ってたんですね。

瀧：そうそう。もう5週間ずっと同じB&Bでおなじみの朝食食べて、食べ終わったらSAFEWAYっていうスーパーマーケットの隣から2階建てバスに乗って街に向かう。バスをピカデリーで降りて、そこから歩いてスタジオに通う毎日。当然洗濯とかも自分たちでやんなくちゃいけないから、近所のコインランドリーでやるんだけどさ。CMJKが向こうで買ったのか持ってきてたのかわかんないけど、赤いTシャツを他の洗濯物と一緒に洗っちゃって。あいつが持ってた白いもの、Tシャツとかホワイトジーンズとかが全部ピンク色に染まるっていうおもしろ事件があった。当時23歳だったかな。11月ぐらいだった気がする。楽しかったよ。レコーディングが終わった後に、「ちょっとハシエンダ遊びにいってみる?」とかさ。

——あー、まだあったんですね。

瀧：当時はまだあったんだよ。90年くらいだから。このウォールアート、何でこんな寂しい感じの絵なんだろう? こういうやつってなるべく明るい楽しい雰囲気のやつにしてほしいな。それかトリックアートとか。うわあ、江戸東京博物館やっぱデカいねえ。何このサイズって感じするな。スタートレックのエンタープライズ号ってこのぐらいの感じかな? サイズ感でいったら。

——こうして間近で見ると超デカいっすね。

瀧：超デカいよね。エ

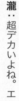

ンタープライズ号とか、何だろう、マジンガーＺの光子力研究所とかこのぐらいのイメージだなあ。博物館でこのサイズってあんまりなくない？　国内でこれよりデカイのとかあるのかな？

——ガンダムのホワイトベースとかコレぐらいじゃないですかね？

瀧：ああ、ホワイトベースこんぐらいかもね。これ誰の銅像？　何か持ってるし亀に乗ってる。おぼっちゃま君じゃんか。

——徳川家康像ですね。長生きしたからですかね？

瀧：亀の理由？　いやいや、そうじゃないでしょう。

——これを寄贈した会社が、シンボルマークとして亀を使ってるとか？

瀧：亀屋万年堂が贈ってたり？　仮にそれだったとしたら、亀の上に家康が直で立ってるのはわかる。でも亀の上にまず台があって、その上に家康っていう構造は解せないな。台の理由はなんだろう。でも家康なんだねやっぱ。関東地方を豊かにしたのは家康だったもんね。ただの湿地帯だった関東を家康が尽力して発展させて、後に都を移す感じになるんでしょ。

——今調べてみたんですけど、重い荷を運ぶのを好む幻獣らしいです。亀じゃなくて、幻獣。

瀧：そうなの!?　だから台もあるんだ。重い荷を背負うのを好む、……シェルパじゃんか。剛力さんとか。静岡市内にも家康像いくつかあんのよ。元々は三河（岡崎市）生まれの人だけど、駿府（静岡市）で幼少期育って、後に江戸で幕府開いてるからさ。老後も静岡にいたしね。横のこっちもすげえ建物だな。これ両国中学校の校舎？　こんな高さいらなくない？

——これはＮＴＴドコモ墨田ビルです。

瀧：ＮＴＴドコモか。塀に説明文がある。本所御蔵跡だって。「打ちこわしの直後に建設された江戸幕府の米蔵です。享保19年（１７３４年）竣工の12棟から規模を拡大して、安政5年（１８５８年）までに37棟を建てた」へえ。２００１年に発掘調査が実施されて「明

治5年以降に設置された陸軍被服廠に関する物も見つかりました」。ああ、ここなのか！　関東大震災のとき、地震直後の避難で人々がこの被服廠跡に集まって来たんだけど、布団とか家財道具を持ってきちゃってたのよ。人々と荷物が集まりすぎてギュウギュウの状態。そしたら、地震で起きた火災がそれらに燃え移っちゃって、火と熱風で竜巻になっちゃう火炎旋風が発生。それに避難してきてた人たちが巻き込まれちゃったんだけど、逃げ場すらなくて多くの人（3万8000人）が亡くなったんだよね。関東大震災の死者の半分以上がそのエリアなんだよ。

――地震自体では人は死なないですもんね。ものが少なければ少ないほど。

瀧：そうそうそう。だから今も関東大震災が起きた日（9月1日）に避難訓練やるじゃん。「手ぶらで逃げなさい！」っていうのは関東大震災の教訓なんだと思うな。吉村昭の関東大震災の本を読むと、それが全部書いてあるよ。そんなことを話しながら歩いてたら、だいぶ隅田川に近づいてきた。

雰囲気最高！　隅田川！

瀧：隅田川に到達。あ、なんか想像してた川と違う感じだわ。堤防感。最後に川沿いを歩いて終わろうよ。「すみだが誇る世界の絵師、葛飾北斎が描いた風景をたどろう」だって。やっぱり北斎と墨田区は関係深いんだね。「隅田川の1年を描いた浮世絵巻」。隅田川の四季折々を描いたシリーズの作品なんてやつがあんだね。「釣りの名所でした」だって。

――（スマホで調べながら）さっきの吉良邸跡なんですけど、分割して町人に払い下げられたらしいんです。その家の一つの養子が葛飾北斎だったらしいですね。

瀧：じゃあ、北斎って吉良邸跡に住んでたってことなんだね。あ、ここの階段からから隅田川に下りられる。隅田川テラス入口だって。

——川沿いは雰囲気がまたちょっと違いますね。

瀧：独特な風景だわ。人もちらほらいるね。あの橋の下のライトのところまでルアーを投げたらシーバスとかいると思うけどなあ。釣りはやっちゃ駄目なのかな？　釣り禁止とは書いてなくない？　だって釣りの名所だったんでしょ？(笑)　夏とかすごい良さそうじゃない？　隅田川テラス。

——向こうのステップをあがったら国技館前に戻れるんで、そこまで歩きましょうか。

瀧：そうしよう。あと、ここって雨の日でも大丈夫ね。上が高速だから屋根がわり。いいね。なんで釣りしてる人が全然いないんだろう。いそうな雰囲気なのに。お、これもなんか作品だ。これ何？　なんでこんな怖いのにするの？(笑)

——柳島小学校卒業制作なんで、6年生が描いたんでしょうけど。確かになんで仮面作ったんでしょうね。

瀧：ね。仮面って覆面レスラーがまず考えるようなジャンルじゃんか。あと貴族とか。それを立体のやつにペイントしてるってことでしょ。みんなですごく丁寧に丁寧に作ったけど、丁寧にやったわりには仕上がりが怖いっていう(笑)コレとかおそらく女の子だろうなあ。こういう「夢中でやってるうちにもう収拾つかなくなっちゃった」ってのも好きだけどな。こういうとこはもう地元感覚満載だね。黒ベースに花火っていうさ。隅田川の花火大会を表現しましたっていうやつでしょ。先生も採点しやすそう。

——なんかみんなちゃんと作ってますね。

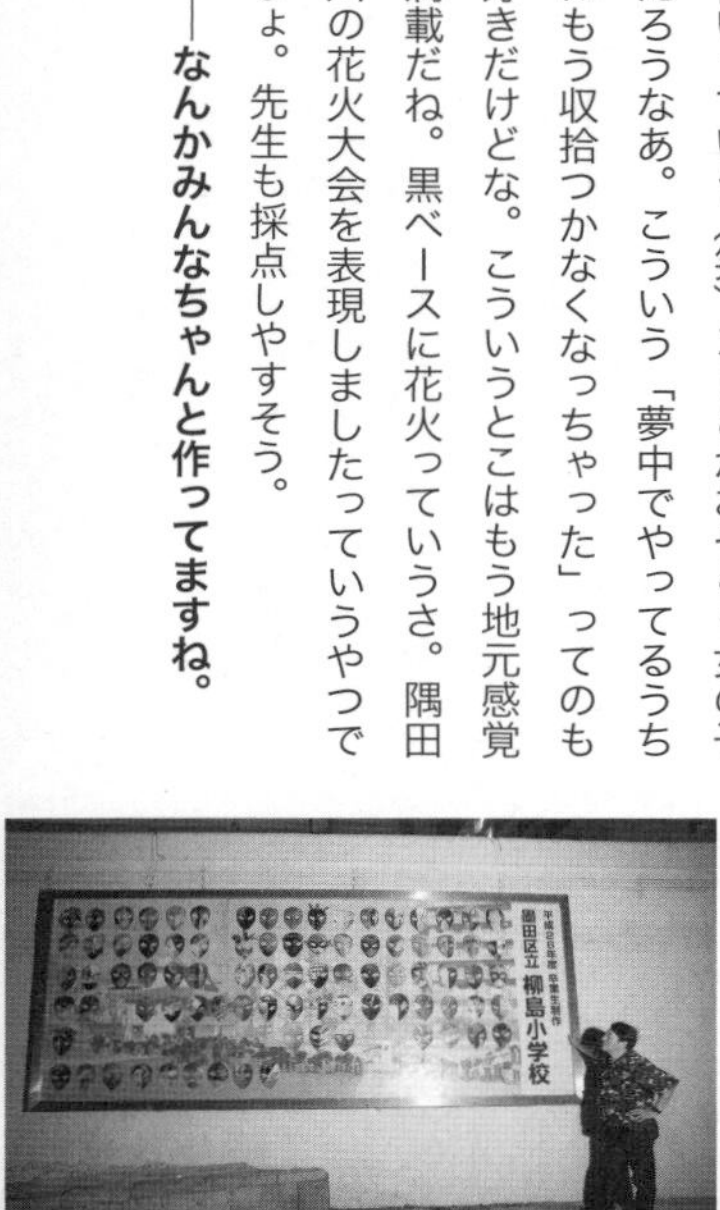

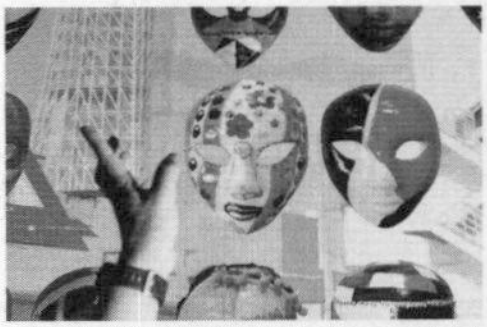

瀧：そうだね。一般の人に見られること前提でやってる感あるもんね。多分3クラスあるんだね、100近くある。多いもんね。これとかすげえ、追加で羽つけて。わあ、こっちの本所中学校は手が掛かってて真面目だなあ。これって立体物をまず作って、その写真をコラージュして泳がしてる？ みんなシャチとかイルカ系を好んで選ぶんだな。

——何作ります？ 瀧さんだったら。

瀧：やっぱシャチとかって楽そうじゃない？ ウロコとかやらなくていいから。造形を作るのが楽そうだからっていう意味でそっち選ぶかも。あとはエイとか？ こうやって全部合わせて作品にするから下手なやつでもそれなりに味が出て楽しいよね。お、オウムガイだ。すごいのに挑戦するなあ。いやあすごい良いね、隅田川テラス。東京にしては広々としてるしさ。水辺の開放感がある。あと夜だけど何か安全な感じがする。

——照明とかそこまで明るくないんですけどね。

瀧：穏やかさが満ちてる感じ。あ、川の手すりが相撲の決まり手シリーズになった。「うわてすかし」、こっちは「うちむそう」だ。この「ぎゃくなげ」ってのはどっちが勝つってこと？ 白い方が勝つパターンなんだろ？ あ、これならわかるわ、「はりまなげ」。白の方が勝つっていう設定なんだな。うお、すごい技出てきた！ どういうこと？ この後の展開としては、黄色の人が着地するときは背中からモロに土俵にビターンってなるってこと？ 白い方の人が持ち上げて後ろにポイって投げたってことになるのかな。えぐい勝

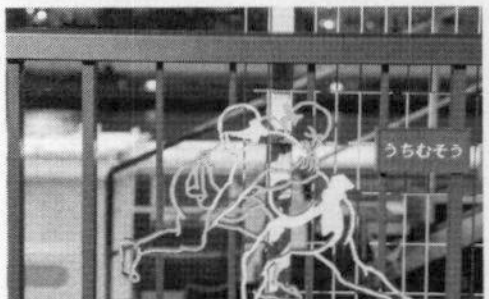

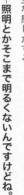

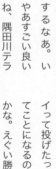

ち方だわ。いやあ～、みどころ多くて楽しいね、ここの川沿い。全然飽きないわ。

階段目の前が東京水上バス乗り場

——水上バスの船も停泊してるし、両国のダイジェストみたいな場所ですよね。

瀧：隅田川花火大会はここで見られるの？　向こうに何かテラス席みたいなのがあるからさ。これは花火見る用のスタンド席かな？　もう地元の超VIPが見るいい場所なのかもね。隣はゲートホテルだって、きれいなホテルだわ。ホテルの人用かな。でもこれなら花火当日に雨が降っても大丈夫そう。それともこれ、目の前が水上バスの乗り場だから、待ってるときに座る用なのかな。夜だとわかんないね。わかんないことを考えていてもしょうがない、向こう側に出よう。そして道の方に戻ったら目の前が両国国技館！　ちょうどいいところに戻ってきたねえ。ナイスライン。このホテル、近代的でめっちゃ綺麗だし、この立地条件なら相撲観戦に便利そう。いや、ゲートホテルはマジでいいんじゃないの。そんなべらぼうには高くなさそうじゃない。ここに連泊して相撲を何日か観戦しまくるってのもいいかも。

——じゃあ両国をひと通り一周したということでボチボチ墨田区とは。

瀧：墨田区とはか。まあ両国とは？　という感想にはなるけど、まず綺麗。あとなんか、ツンツンした感じがしない。今夜回ってきた場所もさ、歴史は十分に感じられたんだけど、なんか全然緊張しなかったもの。だから、みんな大好きやわらか江戸ゾーンかな！

総歩数
7107歩
SUMIDA-KU

文京区《ぶんきょうく》

足立区
板橋区
北区
練馬区
葛飾区
荒川区
豊島区
文京区
台東区
墨田区
中野区
江戸川区
杉並区
新宿区
千代田区
江東区
渋谷区
中央区
港区
世田谷区
目黒区
品川区
大田区

都営三田線「千石」駅スタート

矢吹：文京区は、編集担当の松本さんがお勤めで『23区23時』の発行元でもある産業編集センターの所在地。加えて、聞き手の矢吹も現事務所が文京区。そんなわけで、今回は我々2人が案内をしていきたいと思います。まずは松本さん、案内をお願いします。

松本：瀧さん、今日はよろしくお願いしまーす！

瀧：はい、よろしくー。あのね、告白すると、文京区にさっきタクシーで降り立ったんだけど、今どこにいるのか全然分かってない（笑）

矢吹：文京区って、東京ドーム以外遊びに来るところが……

矢吹&松本：ないんですよ！

瀧：声揃ったね（笑）文京区一の繁華街はどこなの？　港区の六本木、新宿区の歌舞伎町みたいな感じのところって。

矢吹&松本：……春日？

瀧：また揃った（笑）ちなみに谷根千とかは？

矢吹：あそこは、文京区も交じってはいるんですけど、どちらかというと台東区という印象ですね。

松本：有名なところでは近くに巣鴨もありますけど、そこも豊島区だし。

瀧：俺、文京区に来るときは、ほぼ行き先が決まってるのよ。東京ドームで野球観戦とか、あとは後楽園ホールでボクシング観戦とか、子どもを連れて後楽園遊園地とかね。焼肉ジャンボは文京区だっけ？　そうだよね。そうなると最近文京区を訪れた理由は、野球と焼肉のみ（笑）

松本：瀧さん、あれがウチの会社ですね。

瀧：お〜、初めて来た。せっかくなんで前まで行ってみる？俺も一応書籍出してるからさ、先生と言えば先生でしょう（笑）
へえ、ここにあんだ。

松本：私が入社した25年前から、多分六、七回は引っ越しをしてるんですけど。

瀧：今はここなんすね。産業編集センター、旅と暮らしの出版社。料理書とかをウインドウに飾ってる。このあたりは海外の本か。

松本：この辺りが旅の本。こっちの方が今月の新刊です。ちなみにこっちの本は、この取材で撮影をしてくれているカメラマンの横ちゃんが写真を撮ってくれました。

瀧：あー、なんか撮るって言ってたね（笑）なるほど、

『23区23時』が取り持った仲だ。で、松本さん、どうして『23区23時』を飾ってないんですか（笑）嘘でもさ、俺が今日会社の近くに来るってわかってるんだから（笑）

松本：すいません（笑）

瀧：しかし、いろいろ繋げますね仕事に。松本さんは（笑）

松本：やめてください、悪代官みたいに。

一歩入れば穏やかな住宅地

瀧：で、このあとはどうしましょう？

松本：この辺は会社があるエリアなんですけど、住宅街まで行くと結構下町情緒溢れる場所が多いので、その辺を歩いてみましょう。

瀧：本当に今東京のどの辺りにいるのか全くわかってないので、連れてってください。

矢吹：文京区ってＪＲが通ってないんで、山手線の内側を歩いてる感じだと思ってくれれば。

瀧：俺にとって謎のエリアだわ、文京区。

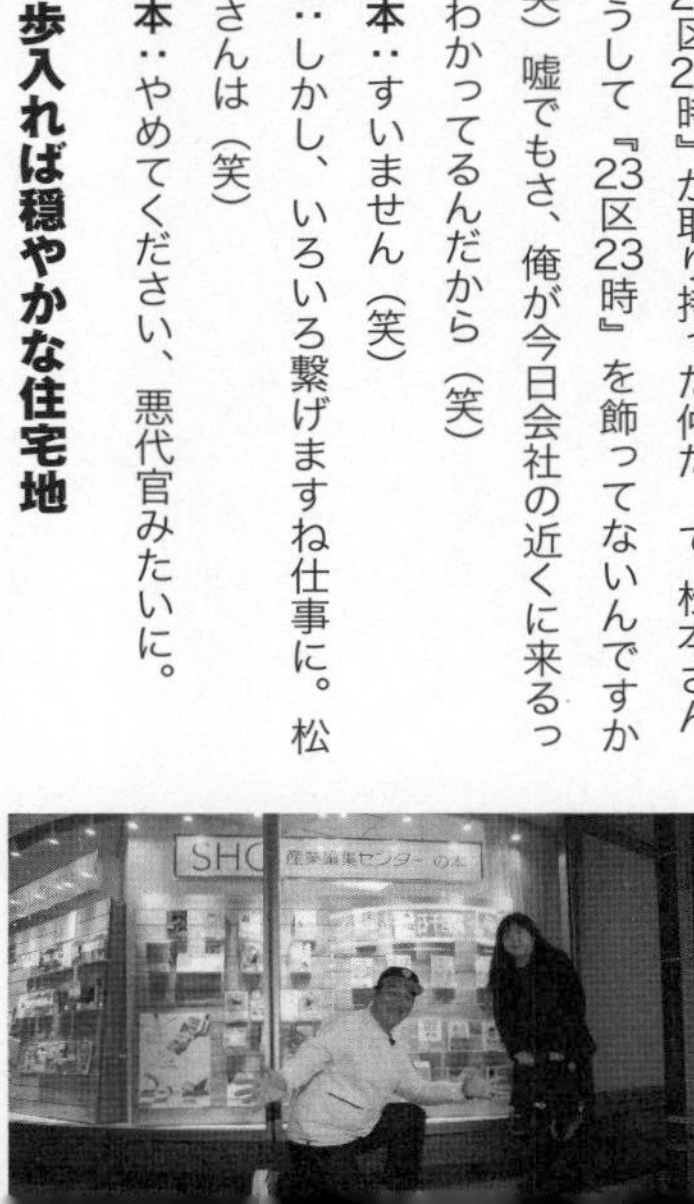

千石本町通り商店街

松本：そこにケーキ屋さんがあるんですけど、昔はそのあたりに寄席があったみたいで。

瀧：この辺は江戸ゾーン？

松本：さっき瀧さんが降り立った場所の近くに駕籠町小学校っていうのがあるんですが、そのあたりに将軍専用の駕籠かきが住んでいたと聞いたことがあります。もう少し東に前の『23区23時』で歩いた本郷があるんですが、「本郷もかねやすまでが江戸の内」という川柳がある通り、かねやすという場所から南側が江戸の町と言われてたみたいですよ。

瀧：そうか、じゃあなんとなく落語ゾーンだね、

松本：いつもここのお店で野菜買ってます。

青果店さん：こんばんは～。

瀧：そうか、もう店じまいの時間ですね、お疲れ様です。なんかちょっと変わった道だね。広くて車も通るけど、歩道のゾーンもちゃんとキープしてあるっていう。前回、文京区はお勉強の町って言ったけど、この辺りもその感じすか？

松本：最近はマンションがどんどんできていて、ファミリーが結構引っ越してくるんです。すぐ近くに筑波大とかお茶の水大付属の小学校があるので、「小学校受験に備えて」とかよく聞きますね。

瀧：なるほど。とりあえず「家も近くなんですよ」ってしておいてからお受験に臨むのか。

お、これすごい画だ、目を惹かれるわ。だけど、サボテンだから、育ったね～って感慨があんまりないかもね（笑）この通り側のシャッターのランプも味わい深いねえ。ここお店でしょう。これを下げるのって何屋だろうね？表のサボテンからは読み解けないよね（笑）このクリーニング屋さんも、窓全開でバリバリ仕事やってんね。何かすげえ活気あるなあ。

松本：地元の人がよく行ってます。

瀧：仕事場を覗かれても恥ずかしくないってことだもんね。どうぞどうぞ我々の仕事ぶりをご覧になってくださいっていうわけじゃない。かっこいいよね。

矢吹：ビールのブリュワリーみたいな感じですよね。

瀧：東京のこんな真ん中にあるのに、実は住むゾーンなんだね。割とみんな静かに暮らしてるんだ。

松本：ですねえ。そうだ、この先に徳川マンションという名前のマンションがあるのでそこに行ってみましょう。

静かに歴史を刻む街

瀧：なんだろう。街並みが落ち着きすぎてて、文京区に馴染める気が全然しないんだけど（笑）「俺みたいなやつ、いていいのかな？」っていう感じがしてくる。なんか理性的でおとなしい人が多そう。

松本：確かに街並みは派手ではないですね。

瀧：ここになんかあるね、旧町名案内か。これがあるのが町に歴史があ

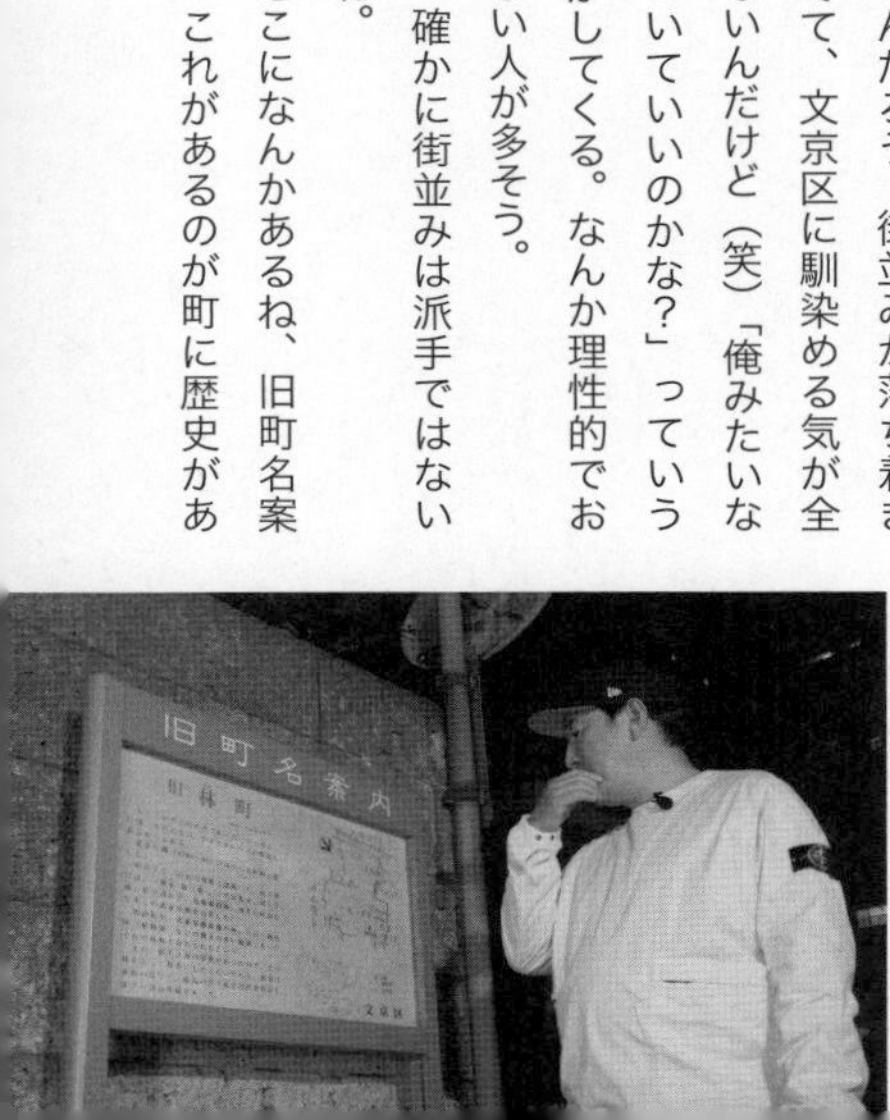

る証拠だよね。世田谷とかだったら「ここは昔は広々とした野原でした」ってだけだからね（笑）

松本：ここが徳川マンションです。

瀧：激シブい。

松本：いわゆるデザイナーズマンションの走りって言われていて。

瀧：当時の銀行の部長クラスが住んでたりとか？　徳川って言われると、若干びびって気後れするね（笑）

松本：元々この一帯が徳川慶喜の一橋家の持ち物だったんですけど、後に行政に受け渡す代わりに「ちゃんと自然保護してくださいね」って約束をして　緑地が造られたみたいです。

瀧：しかし、どこまで行っても家だね。松本さんはこの辺に住んでるんだよね？

松本：はい。入社当時は会社が本郷にあったんですけど、会社が引っ越す度に電車で一本の場所にウチも引っ越して。子どもが産まれるまでは近すぎない場所を選んでたんですが、産まれてからはもうアップアップで仕事と家庭の両立が難しくなってきて。まあ、両立なんて今もできてないけど、とにかく会社のすぐ近くに引っ越さないと仕事続けられないなあ、と。

瀧：なるほど、お母さんをやっていくにはそれがベターだっていう選択をしたのね。通勤の時間とかを極力なくして子どもに時間を費やさないとやっていけないぞ、と。職場が理由で住むところが決まったパターンすね。この辺りは団地や公園もあんまり新しい感じじゃないね。

松本：そうですね。当時はきっとハイカラだったんでしょうけど。

瀧：世田谷とか目黒とかの城南地区は割と新陳代謝が

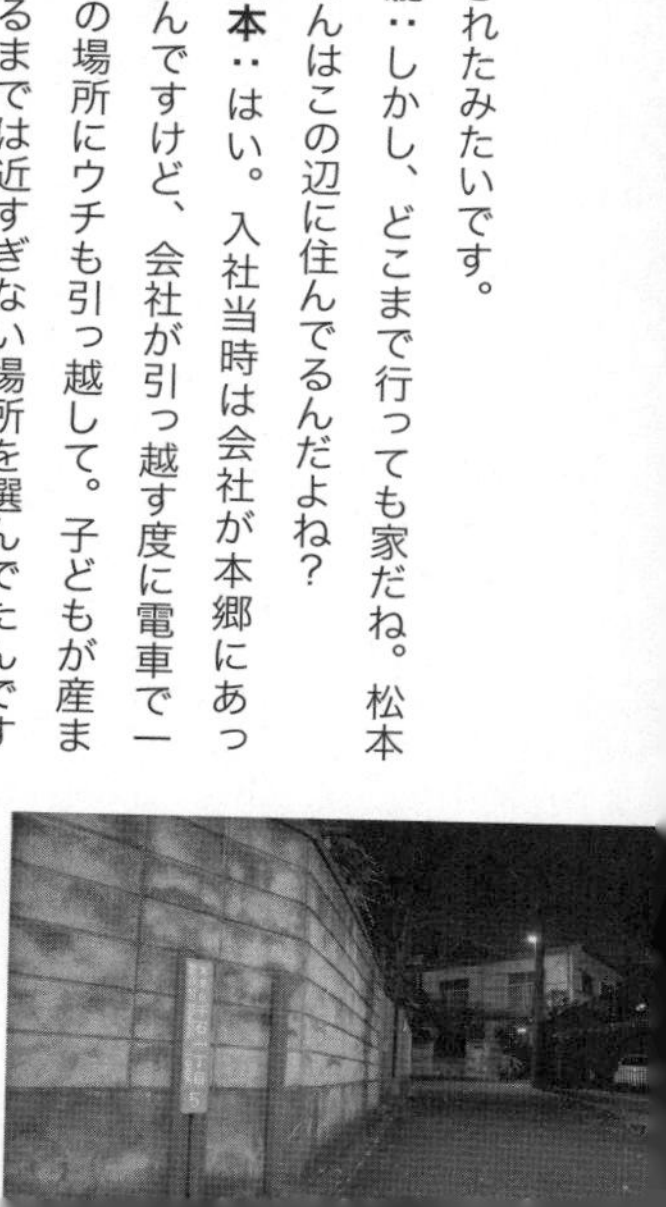

早いんですよ。どんどん古い家を壊して街角が生まれ変わっていくんですけど、この辺は割と古いお家が古いまま残ってる感じ。その塀の感じとか今ないっすよ（笑）俺の子どもの頃はこの塀多かったけど、久しぶりに見ましたよ（笑）一枝だけ飛び出してる感じ、いいね、味があって。そのうちここから花が咲いちゃったりするんだろうな。素敵。

松本：瀧さんと歩いていると、いつもの街が違って見えてきますね。

瀧：なんかさ、まだ歩き始めてそんなに経ってないけど、この辺に住んでる人は状況をあんまり変えたくないってのを感じる。そんなことない？

松本：コンサバなところはありますね。歩いてるだけでもやっぱ感じますか？

瀧：このぐらいの距離を歩いてきたら、例えばLEDライトを飾りでつけてる家が一つぐらいあってもいいんですけどね。庭の木とかにブルーのLEDライトを巻いて、夜光らせたりしてる感じとか、ないもんね。

千石の地元密着スーパー

松本：あそこにあるスーパーは、この辺のママたちが、「千石のドン・キホーテ」って呼んでます。ほとんど食料品なんですが、絶妙な品揃えで。

瀧：「フードストアかみもと」さん。

松本：多分、昔魚屋さんだったんだと思うんですよね。

刺身が美味しくて。静岡の黒はんぺんを売ってたこともありました。

瀧：なるほど。「ドン・キホーテ」っていうよりもちょっと「ハナマサ」っぽいっていうか、ミニ「オオゼキ」っていうかさ。ちっちゃいジュースセット売ってる感じとかね。商業流通主義じゃない感じで落ち着くね。

創業１００年近い老舗の万年筆屋

松本：ここをご紹介したくて。川窪万年筆屋さん。

瀧：万年筆屋さん。ほほう。

川窪：こんばんは。川窪です。

川窪妹：妹ですー。瀧さんファンですー、人生時代からの。

瀧：ありがとうございます、そんな古くから（笑）瀧です、はじめまして。ここは万年筆屋さんなんですか。

川窪：そうなんですよ。創業が１９２６年だから、あと５年頑張れば１００年になるんです。

瀧：ご主人で何代目ですか？

川窪：私は３代目なんです。

瀧：ここで万年筆を売ってらっしゃるんですよね。

川窪：はい。でも、今は修理が多いかな。長く使えるものだから、直したり調整したり。19世紀の物もありますよ。これは１９１０年とか、それぐらい古い。こっちはもうちょっと古い、１９０５年とか。

瀧：何でこれが１９０５年だとかわかるんですか？

川窪：キャップの型式がちょっと古いんです。これで時代がわかるんですよね。ただ単純にはめ込んであるだけ、ネジでも何でもないんだけどね。こういうところがすっと入るとか、外れないとか、そういうところは当時の職人の腕

の見せ所で。

瀧：これは何で出来てるんですか？

川窪：エボナイトっていう素材。ゴムなんですよ。普通のゴムっていうとこんな風にフニャフニャじゃないですか。でも硫黄を混ぜると硬くなるんですよ。

瀧：まだ全然使えそうですもんね。

川窪：今、試行錯誤していろいろ作ったりしてるんだけどね。木を削って作ったりとかかね。

松本：川窪さんの万年筆は、映画でも使われているん

ですよ。『ALWAYS 三丁目の夕日』、瀧さん出てましたよね。

川窪：ああ、出られてたんですか？

瀧：一瞬ですけどね、氷屋さんの役で。そうか、じゃあ川窪さんの万年筆と共演してたんだな（笑）そうだ、俺「凶悪」の役でブルーリボン賞をもらったときに、副賞で万年筆をもらいましたよ。ブルーリボン賞って記者の人が選ぶんですよね。だから万年筆をくれたんだと思うんですけど、使ってない、というか使うときがないんですよ。手紙もなかなか書かないから。最初ちょっとインク入れて書くじゃないですか、でもその後はそのまま仕舞い込んじゃってるんですよね。

川窪：駄目になっちゃってて、使いたくなったら持ってきてください。

瀧：そうします。そういえば、リリーフランキーさんがいまだに原稿を万年筆で書いてますね。

川窪妹：あと、エレカシの宮本さんが万年筆使ってますよ。万年筆で書いたものを写真に撮って、それをブログに上げてるんです。

瀧：ミヤジが？　へえ、でもそれはなんか似合いますね。いやあ、すいません夜分遅くに。ぼちぼちこの辺でお暇します。

川窪妹：最後、写真撮ってもらって良いですか？

瀧：はい、もちろんです！

昭和な商店街をのらりくらり歩く

（店を出て歩きながら）

瀧：うわ、ここおいしそう。このお店いい佇まいだね。何ここ。自転車も即配達するぜって感じ出てる。

松本：戦火を逃れた建物のお蕎麦屋さんです。

瀧：この雰囲気見たら食べたくなるね。もりそばにプラスして、親子丼と天丼どっちにしようかな～って感じ。登録有形文化財か、いやまあそうなるよね。

瀧：ここは駄菓子屋さん？

松本：お菓子と言いつつ、パンとかも売ってる店ですね。

矢吹：文京区って、この感じの店まだまだ多いと思います。僕の事務所の周りも結構ありますよ。

瀧：やっぱり変えないんだね、昔からのスタイルを。勝手な憶測だけど、カフェ

が少なそう。お、100円自販機きた！ とろけるピーチネクター、ゆずレモン……。これかな、ほうじ茶。珍しくない？ ほうじ茶の温かいやつ。これ実は珍しい。（ガシャン）超あっちー。持つのに熱くない缶を発明したらさ、大金持ちになれると思うけどな。熱いほうじ茶美味しいわ。

矢吹：じゃあ僕はこの、バタースコッチミルクで。

瀧：甘いぜ、喉乾くだろ。

矢吹：（飲む）うわ、甘ぇ!!

瀧：だから言ったじゃん！（笑）それもうさ、流しケーキでしょ。

矢吹：流しクッキーですかね。

瀧：クッキーね。そりゃそうさ、バタースコッチって飴あるじゃん。なんかあの感じの飲みものでしょう。何でいくの、それ？（笑）

ご近所さんが集う角打ち

瀧：あ、ここ角打ち？

松本：はい、「十一屋酒店」さんです。ちょっとお邪魔してみましょう。

瀧：こんばんは。すいません、営業中に。

店主：いえいえ、いらっしゃいませ。

瀧：松本さん、よく来るんですか？

松本：はい、洋酒も美味しくて。

瀧：いやいや、すごいですね。角打ちでこんだけ洋酒瓶が並んでるの珍しいっすね。

店主：個人的に好きなんですよね。瀧さん、これいかがですか？ ブランデー。

瀧：うわ、えぐいの出てきた。これめっちゃ高いやつじゃないですか？

店主：常連さんが置いてってたんですよ、あげるって言

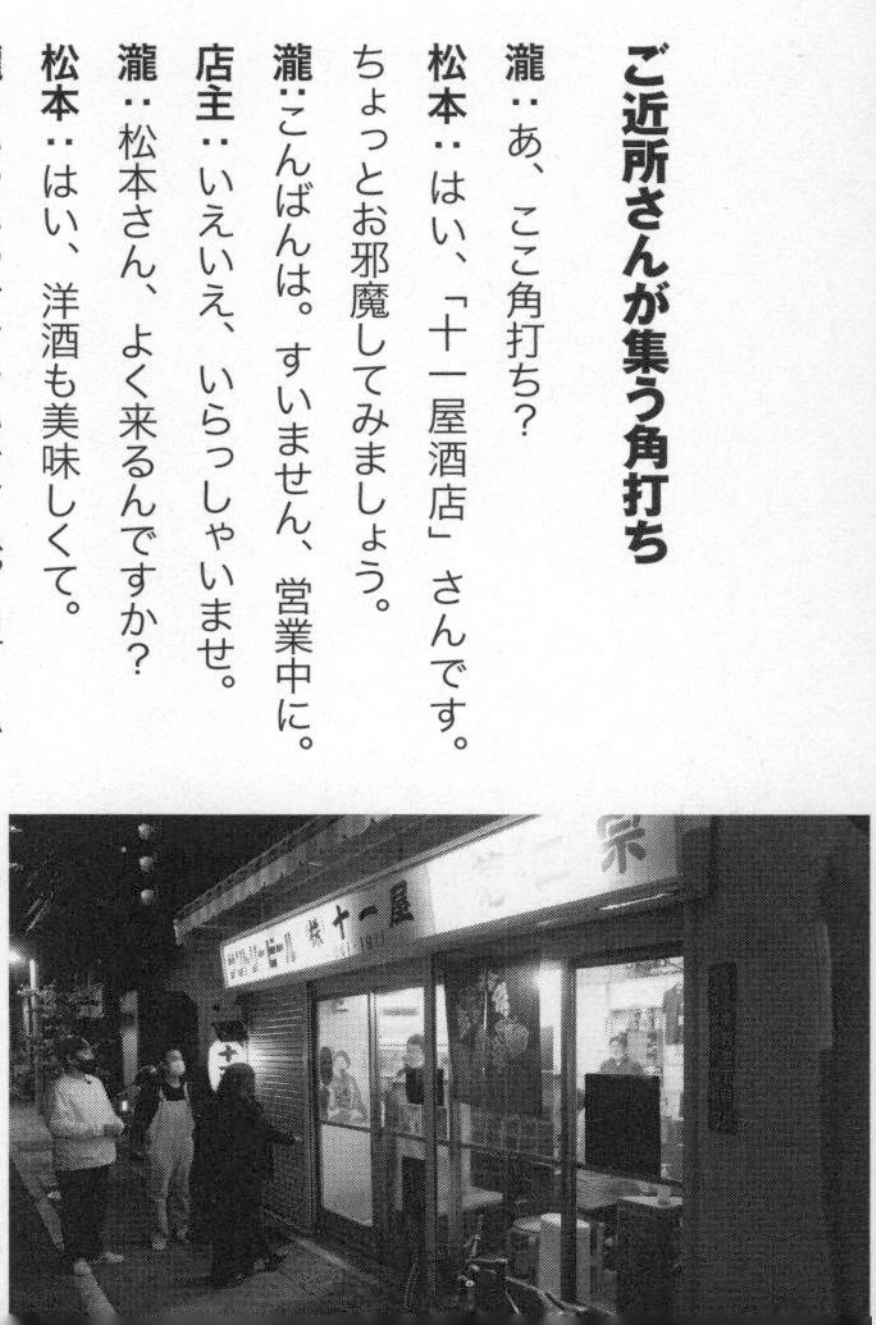

われて。

瀧：マジっすか？　もらったんすね。逆じゃないですか。もう酒屋というよりも飲み屋ですね（笑）

店主：そうですね（笑）仕入れもお客さん経由で（笑）

瀧：いただきます。……うわー、濃いなこれ。

店主：1980年ぐらいですかね、これは。

瀧：こういう洋酒って、各家に眠ってたりするじゃないすか。で、それをメルカリに出してる人がいて、ちょっと前にそれを買いあさって飲んでたんすよ。おじいちゃんが買ってきてもう30年ぐらい経ってますけど、何だかわかんないんで3000円でいいですみたいなやつとかをね。でもこれは味がめっちゃ色っぽい感じ。こんだけのおっさんに見つめられながら飲んでるけど（笑）

店主：年代ものってことで。年代が古けりゃいいってもんでもないですけどね。これは美味しいと思います。

瀧：そちらのお兄さん、ちょっとお話を伺っても良いですか？

お客さん：はい、どうぞ！　この辺住んでるんで。

瀧：皆さん毎日来てるんですか？

お客さん：僕はもう毎日来たいけど、ここ毎日は開いてないんですよ。

瀧：そうなんですね。文京区在住の人が主なお客さんでしょうけど、この辺りのご近所ってどんなムードなんですか？

お客さん：何か文教の町っていうか、お勉強の町。でも実はそれは外から来た人が作ったイメージで、ずっ

と住んでる人からしたら下町、普通の町ですね。玄関鍵閉めたことないとか、そんな感じのところもありますよ。ちゃんと近所の目が光ってるから。ちょっと保守だと思います。

瀧：困ってることも別にないんで、変える必要もない感じっていうか。引っ越していく人っていいます？ 地元から港区とか目黒区とか世田谷区とかに。

お客さん：そっちに行く人はあまりいないですねえ。自然が多いところに引っ越す人はいます。千葉の方に引っ越したりとか。

瀧：ギロッポンのズービルとか目黒とか湾岸のタワマンていう方には行かないですか、なるほど。

お客さん：大手町まで10分だし、犬の散歩がしやすいし。

瀧：道幅も結構広いですよね。どうもすいません遅くに。皆さんこの後も楽しんで！

日々の暮らしの問題点

矢吹：「十一屋酒店」て、いい名前ですね。

瀧：ね。みんな気楽そうで良かったな。で、松本さんゾーンはこの後は？

松本：ここの坂を下ると千川通りっていうところに出るので、その辺で矢吹さんとバトンタッチで。

瀧：了解です。でも歩きながら思った印象を地元の皆さんに聞いてみたら、その通りだったってのが印象深かったなあ。やっぱ超保守っていう感じは滲み出てるよね。別に悪い意味じゃなくてさ。無理に変えなくても機嫌よくやっていけるっていう感じ。今夜松本さんが紹介してくれた文京区は下町のほほんゾーンですな。

松本：ほんとそう。この辺全然知らなくて住み始めたけど、おじいちゃんおばあちゃんが子どもたちを遊ばせてるといつも見守ってくれてる感じ。

瀧：この現代日本において珍しい例ですよね。実はすごく住みやすいのかもな。まあでも、家とかはいいんだけどさ、買い物の便利さっていうところも住みやすさに入るじゃんか。そこはどうなの？

松本：買い物はね……、そこは正直……。食料品はいいんですが、学校で「プールバッグ

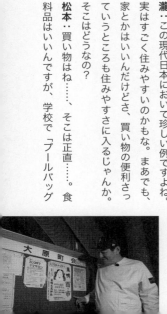

持ってきてください」とか言われると、どこで買えばいいんだ？　みたいなことに。巣鴨のSEIYUの2階まで行くしか。

瀧：渋いっすねぇ。SEIYUの2階だとシナモンロールのやつしかねえんだけどって感じかも。確かに近所の人も優しいし、のほほんとしてていいけど、日々の生活の部分でちょっと困る時があると。家に「御用聞き」が来てくれるんだったらいいんだけどね。

松本：あ、昔は御用聞きが来てたエリアもあるみたいなんですけどね。千石以外の文京区には（笑）

瀧：じゃあ、何だろうな、サーティーワン食いたい時ってのはどうですか？

矢吹：東京ドームにありますね。

瀧：ドームまで行かなきゃいけないのか（笑）スタバは？

矢吹：それも東京ドーム周り。

瀧：マックは？

松本：マック、なくなったんですよ〜。千石駅前にあったんですけど。

瀧：マックってなくなることあるんだ（笑）あと何だろうな、旬の店舗ができては消えていったりとかの現象はない？

松本：ないですね。

瀧：じゃあさ、ひょっとしたら文京区って実は超田舎なのかもね（笑）東京のど真ん中にあるけど、モードが超田舎っていう。

松本：あ、だから私にとって住みやすい町なのかも（笑）

猫又妖怪伝説

松本：これが不忍通り、それでここが猫又坂っていう坂です。瀧さんがさっき落語っぽい町って言ってたけど、酔っ払った猫又が、赤い手ぬぐいを巻いて夜な夜な踊ってたっていう逸話がある坂です。

瀧：ほほう、それは興味深い。なんで踊ってたのかな？　楽しいから？　だとしたら好きだわ（笑）

松本：これにて、松本ゾーンは終了です。

瀧：はい。松本さんありがとうございました！面白かったです。

小石川植物園から再スタート！

矢吹：小石川植物園からは、僕がトコトコ案内いたします。

瀧：植物園、突然あるんだな。なるほど東大の研究機関の植物園だ。

矢吹：ここめっちゃでかいですよ。瀧さん、来たことあります？

瀧：ないねえ。また行かなきゃいけないところが増えたなあ。ここ植物園の近くだから、めっちゃ空気がひんやりしてんね。急に冷え冷えになったんだけど。

矢吹：この通りは製本会社が多くて、それでああいうフォークリフトが多くて。植物園はそこで終わりです。大通りからちょっと入ると、熊川哲也さんのバレエスクールがあるんですよ。そこに通ってくる女の子がスッゴイ多くて、春日駅は大体夕方になると、頭をお団子にしたシュッとした子たちが続々と。

瀧：へえ、いい風景じゃんか。お、しゃれっ気のあるギャラリーがついに登場です。あ、すぐそこに雀荘だ。世俗的なお店を久しぶりに見たわ。隣はおにぎりとパンの店。ここは植物園の人が買いに来るんだろうね。お昼の光景が目に浮かぶわ。

矢吹：雀荘も、お客さんは東大の関係が多いみたいで。

瀧：そんなの勝てる気しないわ。ものすごい理詰めで来られそう（笑）

本を作り出す町

矢吹：ここ、教科書とか印刷してるところですね。共同印刷。

松本：子どもたちが社会科見学で印刷機を見に来てま

した。
瀧：ほえ～、なるほど。未だに全然わかってないんだけど、地図で言うとどっちに向かって歩いてるの？
矢吹：春日駅の方、一応東京ドーム最寄の駅です。
瀧：なるほど。徐々にデカいマンションが出始めてきた。
矢吹：矢吹ゾーンは、仕事柄どうしても夜の作業が増えちゃうんで。夜に作業を中断して、ちょっとチルしに行くところを案内したいと思います。
瀧：ああ、ちょっとデスク1回離れて息抜きみたいなね。だんだん街が流動的になってきてる感じがする。入れ替わりの新陳代謝を受け入れている町になってきたというか。本当、歩いてみると紙関係の会社多く見かけるね。神田神保町も含めてこの近辺の地域で本の流通が回ってるよ。書籍を作って印刷して売る、そして売ったやつをまた中古で売るみたいな。いわゆる地場産業だよね。古本の再流通までカバーできるシステムなんだもんね。強いよ。文京区の文教イメージの下支えを担ってる。
矢吹：ここ僕がよくピザを食べる青いナポリって店なんですけど、ここも元々印刷所とか紙関連の工場だったところをリノベしてるんです。1階がカフェで、そっちもいいんですけど。2階の青いナポリがオープンエアで気持ちいいです。
瀧：これ、春先とか良さそうじゃん。なんかこういう店があると町が柔らかくなる感じがするじゃんか。でも、矢吹君がここにちょっとブレイクしに来てんの、なんかいやらしいわ（笑）

新しい本屋と謎の石

矢吹：それで、ここも僕がよく行く本屋「Ｐｅｂｂｌｅｓ Ｂｏｏｋｓ」です。

文京区

瀧：古本じゃなくて本屋なんだね。
矢吹：今、ちょうど23時ですね。
瀧：じゃあここで撮ろうよ。本の街だし、売ってるとこだからいいんじゃないの。
矢吹：実は一個ミステリーがありまして。店長さんが開店に向けて片付けているときに、この石を発見したんです。以降お店の前に飾られてるんですよ。
瀧：なになに？「加藤米蔵」、これは一体何なの？
矢吹：わからないんですよ。上を見ると「東」って書いてあって。これ一体何なんだろうね？　って店長さんともよく話してて。作業のブレイク中にここで缶コーヒー飲みながらこの石をぼーっと眺めてる時もあります。

瀧：うーん、なんだろうな。「ヨネゾウ」さんか……。
矢吹：「カトウコメグラ」の可能性もあるかなと思うんですよね。
瀧：お米の蔵ってこと？　じゃあこの「東」の意味は？　ってならない？　東は何を意味してるのかっていうと、これには西と北と南もあって、東西南北の四つを結んだエリアが加藤米蔵さんの土地なんですよの目印っていうのが俺の勝手な想像。あとは、可能性何がある？
矢吹：歌碑とか句碑の可能性もあるかなって。「加藤米蔵」で検索すると、その名前の方が松尾芭蕉の句碑を建ててるんですよ。大正時代に。
瀧：わあ、石の古さとちょうどいい感じ。松尾芭蕉とちょっと絡みがある感じ？　へぇ〜。
矢吹：ちなみにこの加藤米蔵さんは、昭和2年に亡くなってます。

瀧：う〜む、歌碑説がありえる古さじゃない？　つい最近までは米って国が管理してたと思うんだよね。幕府とかも。だからその時代に個人で、「加藤」って名前で米を商売にしてたっていうと、ちょっと疑問が残る。そういう点では米屋説ってのはちょっとどうなんだろうとは思うけどね。

矢吹：あとは歌碑だと、これだけじゃなかった可能性もありますね。パーツが東西別れてたりとか……。まあそんな風に、ここの店長とはいろいろ説を出し合って楽しんでます。

瀧：俺はやっぱ縄張り説かな。あとはさ、ものすごく大きな屋敷があって、もうそれこそさっきのあの植物園くらいのやつね。そんなどこまでもあるっていう土地の東の端にこれを置いて、この石のところからが加藤米蔵のとこだよっていうことを世間に知らしめたっていう説。

プチカオス小石川一丁目

矢吹：ここが旧ダイエーだったところです。イオンに買収されはしたんですけど、まだダイエーっぽさが残ってまして。24時間営業でめっちゃ助かるんですよ。

瀧：本当だ、ダイエーのマーク残ってるね。イオンとダイエーのコラボだ。うわっ、こっち側から見たら本当にダイエーのままじゃんか。屋号はまだダイエーでやってるってことだ。しかしこの柳町仲通りの街灯の数はすごいなあ。こんなに要る？　っていうさ（笑）

矢吹：この奥に面白スポットがあるんで仲通りを通っていきましょう。

瀧：オーケー。綺麗に整備されてる道ね。

矢吹：大きい道に出る手前のここです。この乗り物群。実は1個も動かないんですよ。だけど、まだ置いてあって。文京区屈指の映えスポットかと。

瀧：本当だ、何これ（笑）こういうのって何て言うんだっけ。10円で乗るやつ。屋上遊具か。薬屋さんの前とかによく置いてあったよね。

矢吹：全部に故障中って書かれてるんですよ。

瀧：いいね。おもしろ墓場だわ。何だろう、なんとなく安心すんね。千石から白山の地域には、こういう感じの俺らみたいなもんが付け入る隙がなかったんだよな。やっぱこういう隙というかバグが欲しいのよ。これは商店街のものなのか。屋根あるから一応駐輪場なんだろうけどな。

矢吹：僕が生まれる直前の「おかあさんといっしょ」のやつなんで。多分もう40年ぐらい前のものですね。白山通りを歩いてだいぶ春日駅に近づいてきました。ここも美味しいんですよ、四川料理川国志。隣はパチンコ屋なんすよ。

瀧：おお、やっと出てきたパチンコ屋。カラオケもある。なんか急に身近な感じになったわ。町の強弱がすげえんだけど。中間が無い。マンションも急にこの感じになったし。そしてそのふもとに急に渋い日本家屋が出現。表札に根木さんって書いてあるけど。

矢吹：ここね、そういう風に書いてますけど、実はスタジオなんですよ。「小石川大正古民家」っていう。

瀧：根木さんちじゃないんだ。これスタジオなんだ。

矢吹：大正時代からの日本家屋を、撮影用にほぼそのまま残してあるんです

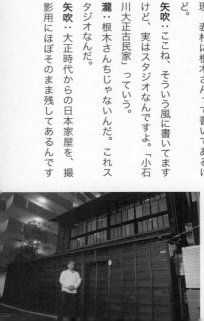

よ。
瀧：へー。こういう日本家屋、泊まらせてくんないかな（笑）
矢吹：もし撮影などでご入用でしたら、是非。
瀧：ハウススタジオか。でも周りとの対比で、スタジオに作ったセットみたいに見える。でも動画撮影は難しいだろうなあ。なぜなら白山通りの車の騒音がものすごいするもん。レンタル宴会場として貸してくんないかな（笑）

閻魔様とタワマン

矢吹：ここがえんま通り商店街です。「こんにゃくえんま」ってのがありまして。
瀧：こんにゃくえんま⁉
矢吹：閻魔様って10人いるらしいんすけど、その10人の中の1人。
瀧：閻魔様って10人もいるの⁉　1人しか知らねえわ（笑）舌引っこ抜く人？
矢吹：こんにゃくえんまは目が見えない老婆に自らの眼を与えた、良い閻魔様ですね。
瀧：良い閻魔様！　何そのエピソード⁉　全然知らないわ。あ、ここがこんにゃくえんま？やっぱこの時間は空いてないかあ、残念。
矢吹：で、あそこが僕の事務所で。あそこに見えてるのが東京ドームです。皆さんがイメージする東京ドームの裏っかわですね。
瀧：こっち側はなかなか来ないわ〜。ここの道路から見えるドームやっぱすごいね。超SF感ある。
矢吹：ここのタワマン、中庭っぽいのがあって、ベンチもあって結構良いんですよ。
瀧：ビル風すごそうね。「文京ガーデン」だって、急に渋谷みたいになった。
矢吹：神社があって、神社だけは残してたりするんですよね。
瀧：ふうん。ここはショッピング系ではない？
矢吹：飯食うぐらいですかね、後はオフィス

ビルと住居。

瀧：ビレバンは入ってない感じか。ここって元は何だったの？

矢吹：肉屋さんとかお蕎麦屋さんとかがあったんですけど、そこを1回全部更地にして……。立ち退きは結構大変だったと思うんですけど。

瀧：なるほど。新宿のガード下横丁とかもさ、いつかはこうなっちゃうのかもしれないね、悲しいけど。あ、春日駅だ！　矢吹くんの口から今日何度も出た春日駅。「瀧さん当然知ってますよね春日駅」みたいな感じだったけど、実は全然わからなかった春日駅（笑）そして一気にチェーン店が現れた。日高屋、ANYTIME FITNESS、ドーミーインもある。さらにはローソン、ココイチ、マイカリー食堂。

矢吹：ここから少し寄り道して、最後はドームへ行こうかな、と。

瀧：このローソンで今日いくつめのコンビニだろ？　これだけ歩いても実はまだ三つ目ぐらいだよね。マジで文京区って全体的にコンビニ少ないよね。

矢吹：少ない方だと思います。本郷の方もそんな多くないと思います。

瀧：でもこの店舗の並びでもさ、ちゃんと書店があるんだな。あおい書店。さすが文京区と言えよう。

矢吹チルアウトゾーン

矢吹：この辺が自分が一番歩くチルエリアです。他人とこの辺りを歩くのはなんか不思議な感じします。いつも1人で来てるんで。

瀧：何かすごく入り組んでる、建物が密集してて情報量が多いな。怖っ！　人のシミかと思った。あとロボット軍団がやってきたみたいにも見える。これわざわざ書いたわけじゃないよね？　偶然の産物だよね。あ、井戸が普通にある！　すげえ。

矢吹：この辺は消防車が入れないんで、ちゃんと現役です。

瀧：そうなのか。確かに消防設備がないと、いざとい

う時に困る道の幅かも。菊坂町っていうのか。

矢吹：ここがよく行くお菓子屋さんの「あさひ菓子店」です。パンとか缶コーヒーとかをよく買うんですけど、ジャンプも売ってるんで、それを買ってから朝の公園に行くのがこの10年ぐらいのルーティンです。で、すぐ隣のこちら、「えちごや」さん。基本は和菓子屋さんなんですけど、食事も出していて、どれも結構美味しいんですよ。僕はタンメンが一番好きで。

瀧：おわ、おいしそう！　この雑なショーケースが食欲をそそるわ。この中だったらもやしそば食いたいなあ。あんかけのバージョンじゃないといいけどな。これで基本はお菓子屋さんなんだ？

矢吹：ここの入り口で和菓子を売ってて、中で食事出してて。

瀧：いやあ、ここは良いね。気楽にくる感じだ。なるほど。

矢吹：じゃあ、ボチボチ東京ドームに行きましょうか。この通りの雰囲気が割と文京区っぽいですかね。

瀧：ちょっと町屋っぽいね。でもやっぱさ、文京区の人は植木鉢はあるけど道には出さないね。さっき井戸があったように防火の観点とかもあるのかもしれないけど。

矢吹：ちょっと広い道に出ましょうか。あそこ、結構良いビアパブです。

瀧：なんか雰囲気いいね。最初にいた千石からここまでは、歩いて来られる距離なの？

矢吹：大丈夫ですね。

瀧：じゃあ池袋まで行かなくてもここに飲みにくれば、なんとかなりそうじゃない？　でも、確かにこの辺しか食事とか飲みにくるとこないのかもね。

矢吹：今こういうご時世（コロナ禍）なんで、東京ドームの公演がないからあれですけど、ＬＤＨとかジャニーズとかのコンサートがあるともうホテルはマジでびっしり埋まるんすよ。そのタイミングでコンビニ行くと、比喩じゃなく、食料品が全部なくなるんですよ。だからコンビニ行って食料品が空っぽになってると、ああ今日ドームでなんかあるなって。

瀧：東京ドームあるあるね。万単位の人が来るんだもんね。総数5万人来るのか。5人に1人が泊まったとしても1万人だもんね。そうなっちゃうか。昔の後楽園球場の頃はさ、もっとのほほんと「球場に野球でも見に行くかあ」なんて言ってたんだよね、きっと。

矢吹：瀧さんは後楽園球場って行ったことあります？

瀧：ない。初めて行ったときはもうドームだった。文京シビックセンターってのはどれのこと？

矢吹：それは区役所ですね。もうちょっとしたら見えてきます。これがシビックセンターですね。

瀧：大きい交差点なのに馬鹿でかいアド看板とかもあんまりないのね。カーセンサーみたいなやつとか。きっと高速道路が通ってないからだろうけれども。もしかしたら、区の条例とかで何か景観について決められてんのかな。

松本：昔はあったみたいです。でも、後楽園ゆうえんちを作るときに、色々規制緩和したみたいですね。

瀧：なるほどね、後楽園が特別だったんだね。

矢吹：でもここら辺の規制は確かに厳しくて、後楽園の横に野球やサッカーができる人工芝のグラウンドがあるんですけど、“うるさいから”という理由で声を出しちゃいけないんですよ。

瀧：ええ!? そうなの？ そんなの無理じゃない？

矢吹：だからもうただ黙々とみんなプレイしてる感じで、変な感じになってます。ここが講道館本部です。嘉納治五郎の銅像があるんで、よく観光客が来てますね。

瀧：そりゃあ治五郎先生のところには来ちゃうよね。講道館って用賀がメインだと思ってた。こっちなんだね。おお、コーナンがあるじゃん！ 超便利だ。

矢吹：最初は抑えめの品揃えだったんですけど、ドンキがで

きたことで品揃えを一新して工具に振り切って、より良い店になりましたね。

瀧：ドンキは手強いもんなあ。これ、何線だろ？　丸ノ内線か。この鉄橋いいねえ。鉄骨が細かくて味わい深いな。

ゴールは東京ドーム！

矢吹：こっから東京ドームに上がれますね。

瀧：こっちから？　俺、ドームにこっちからアプローチしたことがないわ。うわ、すげえな。やっぱ後楽園周辺ってさ、文京区中の全浮かれエナジーを集約って感じだわ。本来はこの浮かれエナジーがさ、ちょっとずつ町中に散らばってるはずなんだけどね。文京区の場合は全部ここに集めてみましたって感じだよね。ドラゴンボールの元気玉みたいに。

矢吹：いい季節になると広場のベンチに座ってぼんやりビール飲んだりしてますね、この辺の人ら。それを東京ドーム側もなんとなく黙認してくれてる感じです。水道橋駅で電車を降りてから、ここを普通に通ってみんな春日の家に帰るんで、東京ドームの敷地って夜も閉じないんですよね。どうぞ！　っていう準公共財みたいに。住民の人の理解がないと、コンサート施設としてもやっていけないので、ある程度そこは持ちつ持たれつで。だからあそこの彼らもそうですけど、座って飲んでるぐらいだったら何も言われないですね。

瀧：なるほど。現実重視のスタイルで好感が持てるな。ここでゴールだ!!　お疲れ様、矢吹君もありがとう！

矢吹：ありがとうございました。では瀧さん最後に、文京区とは？

瀧：超保守の町。でも、文京区にとっては保守って悪いことじゃないのもわかった。あとは本に関わってる施設や企業にいっぱい遭遇したのが印象的だったな。ホント文教イメージに偽りなしだよ。ということで結論、文京区は東京屈指のコンサバ&本の街だね！

総歩数
11729歩
BUNKYO-KU

品川区《しながわく》

板橋区
北区
足立区
練馬区
葛飾区
荒川区
豊島区
文京区
台東区
墨田区
中野区
新宿区
江戸川区
杉並区
千代田区
江東区
渋谷区
中央区
港区
世田谷区
目黒区
品川区
大田区

東急池上線「大崎広小路」駅スタート

——品川区は、意外にも、瀧さんが五反田にあまり来たことがないということで、五反田のお店を3軒はしごしたいと思います。

瀧：大崎広小路駅は何線？　東急池上線か。地図があるね。ＪＲ五反田駅がここ、山手通りがこれで、今俺たちここか。やっと位置関係がわかりました。

——瀧さんって品川区はほとんど遊びに来たことないんですか？　意外でした。

瀧：風俗とかのこと？

——いや、飲みです（笑）

瀧：それがどっちもないのよ、残念なことに（笑）五反田は夜中にオイスターバーに1回来たことあるぐらいかな。

——品川区一の繁華街はここなので、僕はよく飲みに来てるんです。今回は、僕がよく行く「エチェガライ」というシェリーバーのオーナーさんに五反田の良いお店をご紹介いただきました。「エチェガライ」も最後にご案内しますね。というわけで、まずは1軒目に移動したいんですが、その前に少しプラッと散歩しますか？

瀧：いいよ、そうしようか。雨が少し降ってきた。五反田と雨、なんか相性いいよね。五反田って雨が降ってもおかしくないっていう感じがするのは何でだろ

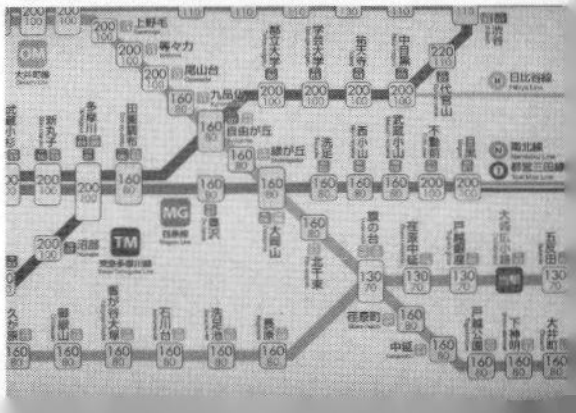

う。池上線の線路の下にもやっぱりいくつか飲み屋さんがあるんだね。

——あそこ最近ですね、出来たの。

瀧：線路下再開発プロジェクトの一環か。この交差点を曲がればＪＲの五反田駅だ。

——車では通るんですね。

瀧：うん、品川駅まで行くからさ。中目黒の方から山手通りをやってきて、この大崎広小路交差点を左に曲がるわけ。そうすると、品川駅の方に抜けられるのよ。タクシーで通ることもあるし、自分の車で来て品川駅の駐車場に停めることもある。一応五反田駅のとこは毎回通るんだけど、地面に足をつけることはあんまない。五反田のメインの飲み屋街は駅の向こう側？

——いや、飲み屋はこちら側がメインだと思います。

瀧：こっち側に友達がいないとなかなか飲みに来ないよね。知り合いとか仕事関係の人たちとかと飲みに行くときでもさ、この辺をセッティングされることってあんまないのよ、俺の場合。あれって池上線の電車？ あんなとこに電車が走ってるの今初めて気づいたわ、何回もここ通ってるけど。へえ、モノレールぐらいの高さのとこに駅があるのね。

——あっち側に行くとちょっとホテル街なんですよね。

瀧：なるほど、いかがわしい方のやつね。性風俗のお店いっぱいあるんでしょ、経済回ってるね。あ、あそこ「おにやんま」？ 勝手に閉店したと思ってた。一回食べて美味いなあと思ってさ、この間もう一回行こうと思ったんだけど、中華そば屋になっちゃってるって思ってしょんぼりしながら引き返した（笑）あと10ｍ歩けばよかったんだな。この辺のガード下は結構いろいろお店あんのね、渋いわ。

——ここの東急ストアの4階がさっきの池上

線五反田駅のホームになってるんです。

瀧：これ駅だったんだ！　知らなかった。地面から10メーター以上上に目線を上げたのが初めてだから、新鮮だわ。今池上線の東急五反田駅とＪＲ五反田駅の分岐にいるけど、ここから右手の品川駅の方に向かっていくじゃない。そうすると右に入ったところにイマジカのスタジオがあるんだよね。編集とかでよく来てた。でも編集って長い作業だからさ、街にはほとんどいかないんだよね。スタジオに入ったらもう15時間とかそこにいるから、食事は出前でとっちゃうし。だから街のことは全然知らないんだよ。

――ちょっとわかりにくいですけど、吉牛のところあるじゃないですか。あそこ入ってちょっと行った左側、結構いい感じの飲食店が並んでます。

瀧：何かさ、昼間に若い人が時間潰して居られそうな店があんまりないよね。例えばカフェとかゲーセンとかさ。

――あったんですけど、潰れちゃったんですよ。さっき通った西口側のビッグエコーなんかまさにゲーセンだったんすよ。でも、コロナの影響で無くなっちゃって。

瀧：そうか、コロナでいろんなものが様変わりしたんだな。五反田ならではの超有名店というか、五反田と言えばやっぱそこっすよね！　みたいなお店はないの？

――多分ここ5年ぐらいだと思うんすけど、芸能人がやってる店みたいなのがすごい多いんですよ。宮迫さんのたこ焼き屋とか、ペナルティのヒデさんの店とか。あと、多分五反田で一番有名なのは、さっきのうどん屋「おにやんま」だと思います。

瀧：なるほどね。そうか、五反田は乗り換えもあるって駅なのか。五反田まで山手線で

やってきて、ここで乗り換えて池上線で家まで帰っていくとか。

——あとですね、都営浅草線っていう地下鉄も通ってるんですけど、それが三浦の方まで繋がってるんです。

瀧：そうなんだ！　全然知らなかった。意外にターミナルの役割なんだね。

——だから多分ユニクロとかCan Doとか無印良品とかが、駅を使う人にとっては非常にありがたい存在なんだと思います。

瀧：やっと五反田駅を理解しました。……グリルエフ、美味しそう。なんか佇まいがいいもんね。こっちは焼肉？　宮崎料理屋なのか。ちょっと入れば美味しそうな店たくさんあるね。

——グルリエフはめっちゃ美味しいですよ！

瀧：ん？　このチラシは何だ？　「お金持ちの美熟女の簡単なサポート・お手伝い」、女の人用の風俗ってこと？

——ここは男が電話すると、女性を斡旋する代わりに登録料をまず払えみたいなこと言われますね。

瀧：矢吹くんそんなことまで知ってるのか（笑）うん、じゃあ駅前は大体見れたし、そろそろ1軒めのお店に行こうか。

——はい、じゃあ来た道を戻りましょう。

本日の1軒目「とりさく」

瀧：五反田って飲み屋とお店でガチャっとしてる印象だけどでっかい店舗とかはあんまりないじゃん。中小サイズのお店がみっちりある感じだからさ。なんだろう、その街を堪能するスタート地点がわかりにくいとね。

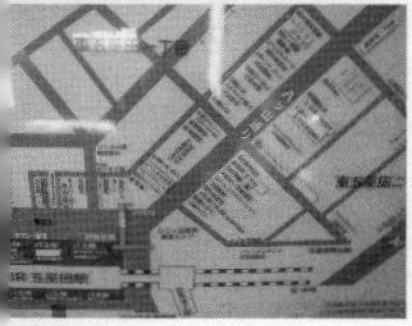

いうか。待ち合わせ場所に困るっていうかさ。

――お店に直接集合っていう場合が多い気がしますね。

瀧：五反田の地名の由来はそもそも何なの？

――調べてみますね。「江戸時代に「五たんだ」として出現した地名。目黒川の谷がほぼ東西に流れ、その谷周辺の水田の一区画が5反（約5000㎡）あったために名づけられたと思われる」だそうです。ちなみに1反は300坪ですね。

瀧：想像してた通りの由来だわ（笑）それはどのくらいの大きさなの？

――テニスコート6面分くらいですかね。

瀧：そんな広くないじゃんか。当時は割と小規模な集落だったのが、ここまで発展したんだね。

――あと五反田で有名なのだと、TOCビルっていうビルがあるんですけど。結構古くて、いろんなオフィスや店舗がバーッといっぱい入ってるようなところで、そこなんかはビル自体が観光地化し始めていますね。

瀧：五反田のグルーヴとしては新宿と池袋の仲間みたいな感じかな？

――ああ、確かに池袋は近いですね。

瀧：南の池袋？　南の池袋っていう言い方もあれだけど（笑）100円自販機も軽々ある街だけど、新宿ほどの物騒感はないじゃん。そこがなんか不思議。これは目黒川？　下流にくるとちゃんと川幅が広がるんだね。ところで、今から行くお店はどんなとこなの？

――1軒目は「とりさく」さんです。昭和42年創業の老舗居酒屋です。

瀧：俺と同い年のお店だ。駅前よりも雰囲気がちょっと落ち着いてきたね。

――着きました、こちらが1軒目の「とりさく」さんです。

瀧：フグもあるって書いてあるね。うまい魚と地酒「とりさく」。俺さ、口が完全に焼き鳥状態になってここま

で来たんだけど、魚のお店なんだね（笑）一応地鶏もあるのか。なんかいい店構えだね、とりさくさん。島耕作が何の構えもないときに来る店っぽくない？

――大学時代の同期とかと飲み来る感じですね（笑）

瀧：そうそう（笑）では、お邪魔しましょう。こんばんは！どうも、ピエール瀧です。

今田：どうぞ～、中に入ってお座りください！　店長の今田です。本当に電気グルーヴ大好きなんですよ。今日はもう本当嬉しくて。

瀧：本当ですか、ありがとうございます（笑）

――じゃあ、まず飲み物注文しちゃいましょうか。

瀧：そうね。じゃあ生をお願いします。やっぱお客さんってサラリーマンの方が多いですか？

店員さん：そうですね。この辺はオフィス街ですので、五反田で働いてる人が割と飲みに来ます。よそから来るっていうことは、あんまりね。

瀧：この辺だとどちらの会社の方達なんですかね？

店員さん：ＮＥＣとか大日本印刷とか。後はコロナ前はＩＴ系の会社の方々が多くて、五反田バレーとか言われていたそうですけれども、コロナ禍でそういう企業さんも撤退されてしまって……。まあでも私はまだ浅いんで、板長とかに聞いてもらった方がいいかと思います。

瀧：なるほど。じゃあみんな、品川区に乾杯～！（ゴクゴク）はあ～、美味い。五反田で飲むの新鮮だわ。オススメを聞こうか。すいません、アラカルトおまかせいいですか？

店員さん：おすすめは、お刺身、天ぷら、サラダ、後はとりさく豆腐、一番人気が鶏のパリパリ焼きですね。

瀧：名前が最高なんで、とりさく豆腐と、パリ

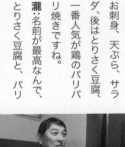

パリ焼きで！

店員さん：はい。どちらも創業以来のメニューになっております。こちら、店からサービス、桜豆腐です。

瀧：わわ、ありがとうございます！

店員さん：日本酒とか飲みますか？

瀧：ちょっと飲んでみますか。

店員さん：でしたら塩辛も自家製で美味しいので。

瀧：いいですね、ではそちらもお願いします！

美味い料理と五反田プロファイリング

瀧：あそこに地場産品応援の店、って提灯が下がってるじゃないすか。何か地場のものはあるんすか？

店員さん：板前さーん！　お願いします。

板前さん：はいはい。

瀧：すいません、お忙しいところ。東京の地場のやつって、今だったら何が美味しいですか？

板前さん：そうですね。今だったらカツオですか。

瀧：カツオのお刺身ですか？　では、それもお願いします。そっか、もう初鰹の時期か。てかいうか、この桜豆腐めっちゃうまいね。豆乳にちょっと甘みがあって、デザートでもいけるっていうか。今は出汁がかかってるから料理だけど。

――これ甘いのかけたら完全にデザートですよね。

瀧：黒蜜とかいいかも。なんかさ、まちの有名店ってあるじゃん。浅草だったら今半とか、池袋大勝軒とか、神保町のカレーとか。五反田はそういうのないよね。やっぱもう風俗街っていうのが一番最初に出てきちゃう。

――風俗は、やっぱそうですね。

瀧：でも店員さんがおっしゃってたような、割と硬い企業の人がお酒飲んで、その後に風俗で発散して帰るっていうのは健康的っちゃ健康的なのかもしれないね。

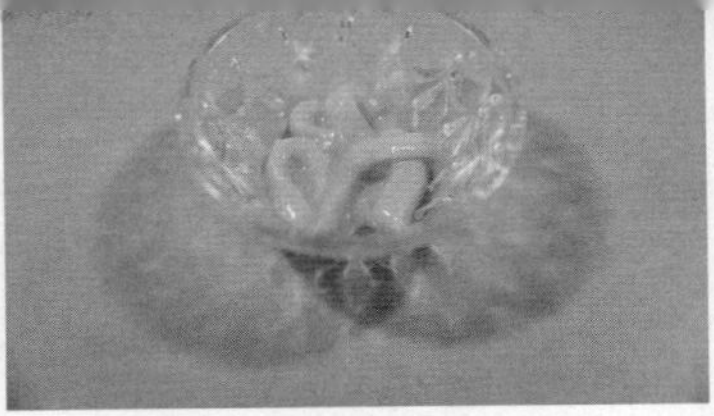

街の成り立ちとして。まあ、ある意味正気っていうか。そう、割と正気な街なのかもしれないな。ちょっと大阪風味を感じる部分もある、川も流れてるし。ちょっと一歩裏入った感じのミナミっていうか、十三とかあの辺の感じ。

店員さん：はい、こちら塩辛です。

瀧：塩辛、いただきます。う〜ん、マイルド！　美味い！　五反田は南の池袋、東の十三っていうのが今のところの俺の印象。五反田の人に気を悪くされなきゃいいけどっていう条件付きだけど（笑）じゃあ、塩辛きちゃったから日本酒いきましょうか。すいません、日本酒をおすすめで！

店員さん：はい、おすすめわかりました！

瀧：あ、今田さん、ちょっといいですか？　今田さんから見て、五反田の街って一言で言うとどんな街ですか？

今田：そうですねぇ、ダークであり、正統であり、ですかね。

瀧：ダークってのはなんとなくわかります。正統っていうのは？

今田：五反田って銀行が全部揃ってるんですよ。

瀧：なるほど！

今田：銀行が全部揃ってる街って、全ての会社が取引先なんですよ。どの会社も全ての銀行と取引はありますから。全部の銀行があるとやっぱり便利じゃないですか。ネットバンキングとかも今ありますけれども、やっぱり窓口があると。

瀧：そうかぁ。五反田って意外に金融タウンなんですね。でも金融の会社だったら丸の内とかも揃ってるじゃないすか。そっちエリアのビシッとしたお店もあるけれども、五反田の場合は何すかね……、接待な感じだけれどもみんな本音で語り合いそうだなと思って。

今田：あとね、やっぱりこっちは安いです。接待で他の町に行くと、全然高くなっちゃうんですよね。僕ら仕入れもするんでわかるんですけども、同じ材料を使ってるけどウチの6倍取ってしまうところとかっていうのもありますから。五反田でその値段だともうやっていけない。……まああちらは家賃が高いですからね。そういう値段になっちゃうとは思うんですけど。でも

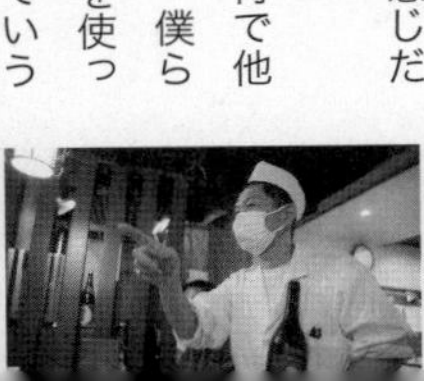
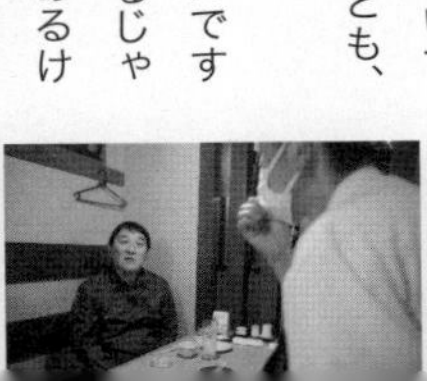

ウチはこのままでやりたいなという気持ちはずっとありますね。

瀧：なるほど～。すいませんお仕事中に、ありがとうございました。

今田さん：あ、こちら日本酒です。

——どうぞ～。

瀧：うわ、グラスになみなみと（笑）ありがとう、ではいただきます。うん、飲みやすいけど複雑な味がする。しかし、街に全銀行が揃ってるっていう利点を考えたことがなかった。あんまりその観点で街を見たことないもんな。でも確かに街によってはこの銀行がないとかあるもんね。りそなはあるけど、みずほはないとかさ。さて、板前さんが今はこれだよって勧めてくれたカツオいってみよう。うん、うま～い！　もう断面の色が違うもん、鮮やか。近海モノ感ある。

店員さん：お待たせしました。こちら、とりさく豆腐とパリパリ焼きです。とりさく豆腐は、創業当時よりのメニューです。

瀧：えー！　とりさく豆腐、思ってたのと違う～。餡掛け的なやつを想像してたわ。なんかお餅を入れたくなるね（笑）はあ～、ほっとする味。なんだろう、家っぽい。すげぇ落ち着く～。ではパリパリ焼きもいただきます。……うん、本当にパリパリ！

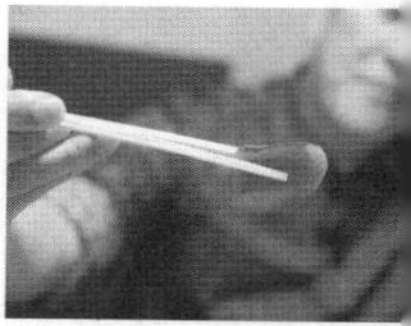

店員さん：そしてこちら熊本のタケノコです。

瀧：これも超美味そう～！　熊本のやつなんですか。うわ、アオサの香りがすごい！

今田：下のやつがね、三つ葉の根なんですよね。この時期はセリとかもそうですけど、寒い時期にじっとしてたのが活発になってきて美味いんですよ。

瀧：へえ、珍しいすね。じっとしてたやつが、さあていくか！　っていうときのイケイケ状態がありますよね。

今田：そうですそうです。我々ディスコ世代ですから、クラブじゃなくてディスコ世代ね（笑）私、瀧さんと世代変わらないと思うんです。多分二つ上。

瀧：僕、67年の4月生まれです。

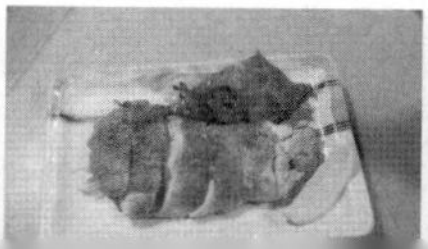
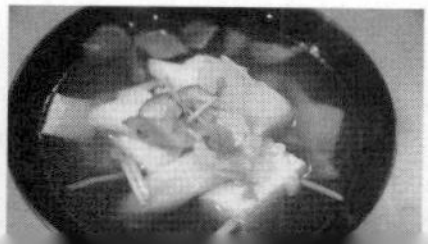

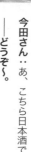

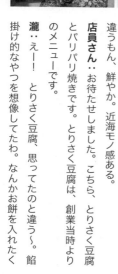

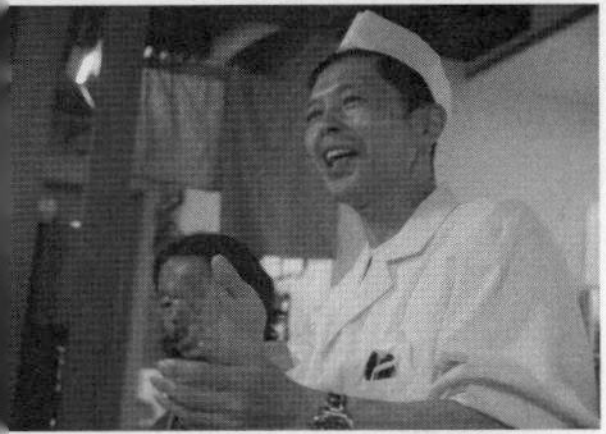

今田：じゃあ私が二つ上ですね。同じ世代です。

――今田さんはなんで料理人になろうと思ったんですか？

今田：僕は2代目なんですけど、元々は父がやってて。いやもうサラリーマンになろうかなと思ったんですけど、でもやっぱり食べるものが好きだったからね。

瀧：いい理由ですね。この近くにお住まいなんですか？

今田：大井町です。品川区で。

瀧：品川区にずっと住んでてどうですか？　子どもの頃から比べたらだいぶ変わったでしょう？

今田：変わりましたね。

瀧：何が一番変わった感じします？

今田：僕、修行していろんなとこを回ってて、2回結婚してるんですけど。

瀧：いいですね、もう1回行きましょう（笑）

今田：（笑）1回目の結婚のとき、大井町の値段が下がった時にマンションを買ったんですよ。ちょうどちょっと下がったときに買ったんです。それが今や倍になって。アクセスが良いってのもあるんでしょうけど、まずはそれですよね。

瀧：なるほどね。

今田：大井町にはしょんべん横丁みたいなところがあって、そこに良いバーがいっぱいあったんですよね。まあどこも大体変わってしまうんだなっていうのはありますけど。

瀧：今田さんは品川区の人じゃないすか。で、しかも料理人。東京湾も以前よりは綺麗になって、昔で言うと江戸前のものが出る。今、江戸前でこれ美味いよってのはなんですか？

今田：コハダだったり、アナゴだったり、いろんなものは本当美味しくなってきましたね。後、タコもいいですね。最近、フグとかも釣れるようになっちゃって。

瀧：江戸前の海の名刺みたいなやつがもしあったら、

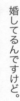

ぜひ読者に教えたいなっていうのがあるんですけど、何かありますか?

今田：東京は昔からハゼが釣れて、後はコハダ。

瀧：やっぱりコハダなんですね。板前さん、ずっと板場に立たれていて、最近これが美味しくなったなって食材ってあります?

板前さん：そうですね。海が綺麗になって川に鮎がだいぶ戻ってきましたね。お台場辺りの砂浜とかありますよね、あそこで稚魚が育つんですよ。それがまた多摩川を上がっていって。だからそういう孵化したものが育ってくるぐらいの綺麗な海になってきたってことですよね。ただ海苔なんかはもうやっぱりね……。

瀧：そうかあ。でもそれは海水温の話でしょ? 海は綺麗になってるんだけど、海水温が上がっちゃってえらいことになってるっていうことですよね。

板前さん：そのせいか、やっぱり河岸に行っても、同じ季節なのに昔と並んでるものが違うようになったりしてますね。

瀧：そうなんですね。今はお住まいこの近くですか?

板前さん：生まれは宮城ですけど、今住んでいるのは大井町です。

瀧：品川は今どんな街ですか。

板前さん：そうですね。昭和40年代、昔は町工場っていっぱいあったじゃないですか。その頃の職工っていうか、そういう人らがいなくなりましたね。工場がどんどん海外にいってしまったのがここ50年の一番大きい変化ですかね。寂しくなっちゃった感じですよね。私はずっと飲食店だったから、小さな工場の社長さんたちが従業員をかわいがってくれたんですよ。それがなくなってきちゃって寂しいですね、

瀧：いやいや、勉強になりました。とても沁みる話をありがとうございました。今田さん、また改めて散らかしに上がらせていただきます（笑）今日は本当にありがとうございました。

今田：こちらこそ、ありがとうございました。

松浦佐用彦物語、衝撃の結末!

——地元ネタ、いっぱい聞けましたね。

瀧：うん、面白い先輩からいい話が聞けたと思うな。

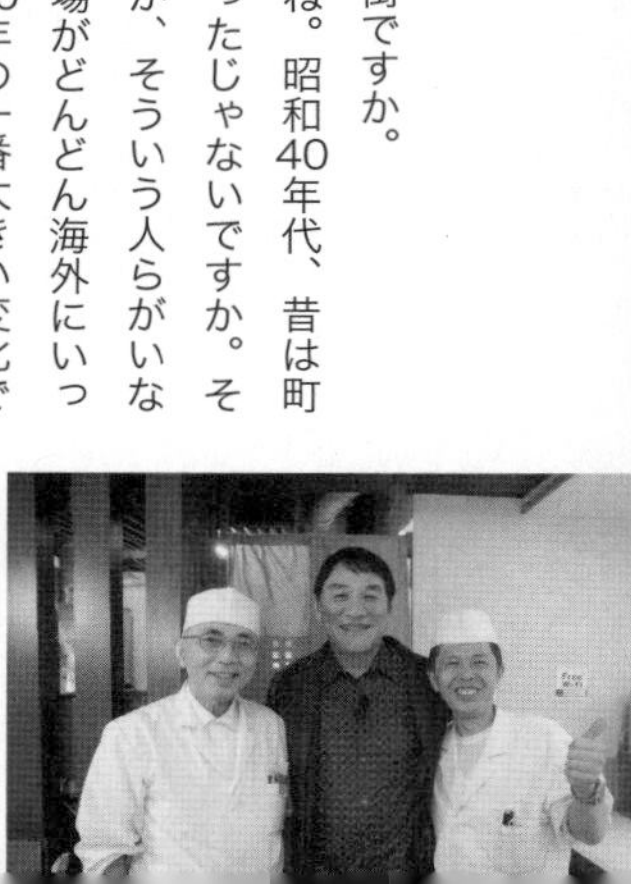

東京湾の今の旬の話と、あと大井町の変遷。

——では、次のお店に向かいましょう。TSUTAYAの裏ぐらいに向かいます。

瀧：えーっと、1号線を渡るのね。こっちに飲み屋がある感じあんまりしないけどなあ。街角としては、特徴ゼロじゃない？　別になんのことのない街角だし。

——着きました。2軒目はこちら、ビアパブ「THE GRAFTON」です。

瀧：結構クラシックなパブじゃんか。フィッシュアンドチップスだって。なるほど、その感じか。

——マンチェスターでレコーディングしてたとき、パブ行ったりしてました？

瀧：マンチェスターの時は、もちろん何回か行ったよ。どうも、お邪魔しますー！

店員さん：いらっしゃいませ！　そちらのテーブル席にお座りください！

瀧：じゃあとりあえずビール頼もうか。品川区で作られてるビールもあるね、イカリ醸造アイリッシュレッド。これでいいんじゃないの？　すいません、アイリッシュレッドをパイントで。このイカリ醸造所ってのは品川区のどこにあるんですか？

店員さん：はい、荏原中延にあるんですよね。

瀧：今はもうクラフトビール作るのってバンド活動みたいなもんだから、大小含めどこにでも醸造場あるよね。

——品川区だと、他にTYハーバーっていうビールもありますもんね。

店員さん：TYも品川区ですね。後は、品川区限定だとデビルクラフトさんとか。

——イカリ醸造の黒ビールもあるんですね。

瀧：じゃあさ、横ちゃん（カメラマン）黒ビールにし

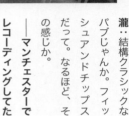

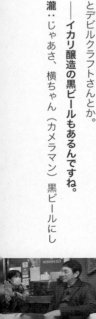

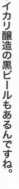

てみなよ。

横ちゃん：じゃあ僕黒ビールで。

店員さん：はい、アイリッシュレッドと黒ビールですね。すぐお持ちします。

——さっき、話途中になっちゃいましたけど、マンチェスターにいた時は何飲んでたんですか？

瀧：ビールしか飲んでなかった気がする。ていうかさ、そもそも自分らで使える金はほとんどねえっていうか。マンチェスターでレコーディングしてたときは、本当に給料月10万円とかだもん。まだデビューしてないから。

店員さん：お待たせしました。こちらイカリ醸造のアイリッシュレッドと黒です！

瀧：う～ん、ぱっと見わかんないね（笑）

——今、23時です。

瀧：じゃあ、ここでの写真を23時にしようか。みんなでかんぱ～い！　じゃあまずアイリッシュレッドを、いただきます。うん、見かけによらず意外とあっさりしてる。横ちゃん、黒を少しもらってもいい？　あー、こっちは少しコーヒー寄りだわ。

——そういえばね、まさかの松浦佐用彦さん話、続編があるんです。松浦さんは台東区の谷中霊園でお墓を参って、大田区でその足跡を辿ろうとした方ですね。大森貝塚跡がある品川区で話そうと思ってずっと取っといたんですけど、いいですか？　今その話をして。

瀧：うん、もちろん。

——台東区編と大田区編の後、谷中霊園にある松浦さんのお墓にもう1回お花を供えに行ったんですよ。

瀧：そんなことしたんだ（笑）書かせてもらいました、っていう挨拶でね。うんうんそれで？

——松浦さんのお墓って特徴あるお墓だったじゃないですか。でも、行ってみたら無くなってたんですよ、お墓。

全員：え!?

――無かったんですよ、松浦さんのお墓が。

瀧：え？　どういうこと？　あれがなくなったって、怖いんだけど。よくその話、ここまで溜めておけたね。いや、絶対すぐしなきゃいけない話じゃん（笑）

――（笑）いろんな著名人のお墓のマップがあって、その中から瀧さんが松浦さんのお墓を選んだじゃないですか。谷中霊園の事務所がそのマップを発行してるんで確認してみたんです。事務員の方がおっしゃってたのがですね、「あのお墓は、松浦さんが亡くなって、師のモース博士と当時の学生仲間たちがお金を出し合って建てたもの。そしたら、その学生仲間の子孫の誰かが、ウチで使っていいですか？　って言って、前の特徴的な墓石を撤去して、今はその人の家のお墓になっています。ただし、松浦さんのお骨もそこにはまだあるので、マップからはまだ削除していないんです」っていうことだったんですよね。

瀧：なるほど……。

――それでもう一回行ってみたら、確かに教えてもらったところにピカピカの綺麗なお墓があったんですけど、裏にモース博士の言葉が刻まれたあの墓石は本当に無くなってしまっていて、松浦さんのお名前もどこにもないんですよ。だから僕らが台東区編で行ってお墓の写真を撮ったのが、あれが下手したら歴史に残る最後の姿。この企画自体が松浦さんの墓標になっちゃったんですよね。

瀧：あの墓石はどうなっちゃったんだろう？　言っても、モース博士は割とその道の人にしてみたら有名な人だったわけでしょ？　でももうないんだ、松浦さんのお墓……。100年ぐらいはあったの？

――亡くなったのは明治時代なんで、もうちょっとあったんじゃないですかね。

瀧：そうか……。

――新しいお墓はまだどなたの名前も刻まれていなかったので、多分お墓の持ち主になった人が、自分が亡くなる時に備えて用意したんだと思うんですけど。

瀧：今は松浦さんのお骨だけがそこにあるわけか。も

しかしたら、将来松浦さんのお骨出されちゃうんじゃない？

——そう、だからどうすんだろうな？　ってのは思うんですけどね。墓石はともかく、お骨を捨てるのは流石にナシじゃないですか。だから新しいお墓の人も、もう覚悟を決めて一緒に眠るんじゃないか、ルームシェアするしかないんじゃないかと思いますけどね。

瀧：うーん……。松浦さんが何をやった人なのか？　っていうことをご存知なかったのかな？

——「なんかひいじいちゃんが買った友達の墓があるらしい」くらいにしか知識がなかったんじゃないかと思うんですよね。まあなんせ、この企画では2区に跨って松浦さんを追いかけたので、これは流石にしっかり話しておこうと思いまして。

瀧：多分さ、俺らが行ってすぐくらいだよね、お墓が無くなったの。だからちょっともうこれさ、導かれたんじゃない？　俺たちが松浦さんに。

——僕もそう思うんです。

瀧：最後に何か残してくれ、みたいな。いや本当にね、変な話だけど……。だって百数十年前の話でしょ？　日本の考古学の人たちがモース博士や松浦さんを偲んで、年に1回集まるっていうくらいの場所だったわけじゃない。しかも１００年以上存在してたお墓だし。それが俺たちが行った半年後ぐらいになくなっちゃったわけでしょ？

——だからもう、絶対に大森貝塚がある品川区の回で話そうと思って。

瀧：この本を読むか俺のnoteの連載を見てくれた人が、ちょっと興味を抱いてお墓を訪ねてくれて、花を手向けてくれたりとか、少しでもそういうふうなことがあったらいいなと思ったけどさ。うーん……。なんかさ、知らなかった人に思いを馳せるの面白かったじゃん。面白かったっていうのもちょっと言い方悪いけど。俺は大河のときに溝渕広之丞さんでもそれやってるからさ。なるほど、そうなのか……。ちょっとタバコ吸ってくるわ（笑）

安心安全に酔える街

――瀧さん、こちらグラフトンのオーナー、大森さんです。

大森：はじめまして。今日はありがとうございます。僕も静岡出身なんですよ。

瀧：そうなの？　静岡のどこ？

大森：浜岡ってわかります？

瀧：浜岡、原発のところだ！

大森：そうですそうです（笑）あの辺のところで。

瀧：何でこっちでお店やってんの？

大森：東京出てきて、バンドやってたんですけど。

瀧：確かにやってそうだよね。

大森：いろいろ料理もやってたんですけど、ここで働くようになって。それで前のオーナーから店を受け継いだ形です。98年オープンなので、開店してからは23年経ってますね。

瀧：どうですか？　五反田は？

大森：西口と東口で全然違いますね。こっち西口なんですけど、落ち着いていて。あっちは風俗、こっ

ちはノー風俗です。僕、上京してからずっと目黒に住んでるんですけど、働く前まではほとんど遊びに来ること無かったんですよね。すごい近いんですけど。

瀧：同感。

大森：ライブハウスとかないじゃないですか、昔は大きいのが一個あったんですけど。

瀧：そうね、文化的な施設と言ったら変だけど、音楽のイメージはあんまりないもんね。どう？　目黒と比べると。

大森：ディープですね。

瀧：なんか面白いエピソードない？　店長になってから、もうこんな笑えちゃったんすよ、みたいなぶっ飛んだ話。もちろん言える範囲で（笑）ヤクザが暴れたとかじゃない方のやつ。アイルランドから来たバカが発煙筒焚いたぐらいの。

大森：いやあ、それが皆さんちゃんとしてらっしゃるんですよね。

瀧：やっぱそういう印象か。この前に一軒別のお店行ってきたんだけどさ、ちゃんとした会社のちゃ

んとしたサラリーマンの人が息抜きだったり食事に来たりすることが多いって言うから。大森さんが言う通り、ちょっとディープな街だけれども、池袋とか新宿みたいにやんちゃな子たちが街を散らかすことがない。五反田の街って地面が綺麗だもんね。さっき俺たちが言ってたのは、南の池袋って感じだったんだけどね。

大森：そうですね。ただ、池袋はまだ北があるから、埼玉とか北関東から人が来るアクセスがあると思うんですけど、こっちはもう南が海なんであんまエリア外から来る人はいないのかなっていう気がしてます。

瀧：はあ、なるほど〜。品川区ってさ、ちょっととらえどころがないじゃん。なんかね、新宿とか池袋とか恵比寿とか渋谷とか下北沢とかもそうだけど、東京の街って連動してる感じがするんだよね。なんか横の繋がりがあるっていうか。五反田はなんか独立してない？

大森：はい、それはそうですね。そう思います。

瀧：独立してるよね、この街だけ。俺も静岡出身だから外から東京にやってきた人間だけど、五反田に行こうっていう動機があんま見つからないんだよね。行く意味があんまわかんないっていうか、用事が思いつかないじゃない。

大森：いや、本当です。街の人には怒られそうですけど。

瀧：俺みたいな外部の人からしてみたら、なんで五反田に行くんだろう？　っていうのがちょっとあったりするんだよね。でも今の話だと、荒れる人だったりとか、「うわーなんかちょっとタチが悪いな」ってお客さんはどうやらいなさそうなイメージだね。みんな行儀よく飲んで、行儀よくやんちゃして、帰っていく。

大森：本当そうです、お店としてはやりやすいです。警察に電話しなきゃとかって、1回もないんですよ。

瀧：すごい。パブやってて、警察に連絡したことがないなんて異例中の異例だよ！　独特の街だけれども、安心して遊べる街。

大森：あー、そうですね！　その感じはあります。

瀧：芸人さんとかの武勇伝もあるから、風俗っていうのも有名だったりはするけど、でも道は踏み外さないんだなっていう安心感。警察沙汰まで行かない街、っていうイメージ。

大森：はい、はい。そうなんです。

瀧：それが聞けただけでばっちりです。どうもお仕事中にありがとうございました。

夜風にあたりながら

瀧：いやあ、もう1軒行くんだっけ？

——フラッと散歩してから向かいましょうか。

瀧：そうね、酔い覚ましがてらちょっと歩こうか。雨止まないね。ここの住所は西五反田か。大森くん曰く、こっちはエロゾーンじゃないんだよね。でも女の子の待機場所くらいはありそうな感じがするな。静かだけど安全そうだもの。川の逆側に、ミート矢澤の店なかったっけ？

——五反田、確かにミート矢澤のイメージありますね。

瀧：目黒川のこういう橋、全部1個1個にちゃんと名前がついてるのすごいよね。谷山橋は、「ややまはし」って読むの!? 目黒川も品川区まで来ると、一気に川幅が広がってちょっと風情が変わるね。なんとなく城の堀っぽくなった。咲いてる桜も八重桜。駅方面に戻ろう。この歩道のポール、こんな狭い間隔で設置する必要ある？ この半分でいいと思うんだけど。

——あ、100円自販機がありました！

瀧：これまだいってないかも！ レモネード。ダイドーだしな。このちょっとクラシックなイメージは2022年ならではかも。ちょっとレト

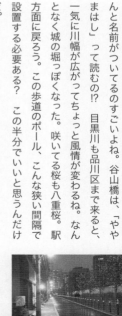

口っぽい方が新しいというね。（ガシャン）復刻堂だもんね。懐かしいけど、どこか新しい。じゃあいただきます。うん、美味しい！　このレモネード、温めても美味しいかも。

シェリーで乾杯！　エチェガライ

——では、最後のお店に伺いましょうか。シェリーバー「エチェガライ」です。こちらの店のオーナーさんが僕の友人で、今回他のお店も紹介してくださいました。

瀧：じゃあ行きましょう。こんばんは、お邪魔します！

——こちら、オーナーの大森さんです。

大森：はじめまして、大森です。

瀧：はじめまして。こちらも大森さんか。

大森：ああ、「グラフトン」行かれたんですもんね（笑）

瀧：はい、色々ご紹介いただきありがとうございました（笑）

——こちら、上地さんです。

上地：はじめまして、凄いお会いできて嬉しいです！　あちら、お席とっておりますので、お座りください。

——シェリー酒を5種飲めるコースってのがあるので、それをいただこうかなと思うんですけど、大丈夫ですか？

瀧：全然大丈夫。シェリー酒って、スペインのもんなの？

大森：そうですね、ワインの1種ではあるんですけど。キリッとしてるヤツから、徐々に甘い方に行くので大丈夫ですか？

瀧：はい、それでお願いします。

——後、ハモンイベリコもお願いします。

大森：かしこまりました。まずはこちら、ラ・イーナです。

瀧：めちゃくちゃ量が多いですね（笑）ラ・イーナってどういう意味ですか？

大森：その樽の名前なんですよね。

瀧：樽の名前なのか。ザ・いいね！　ってことですね（笑）ちっちゃいチューリップみたいなグラスで来ると思ってた。でもとりあえず、乾杯！　う〜ん、なるほど！

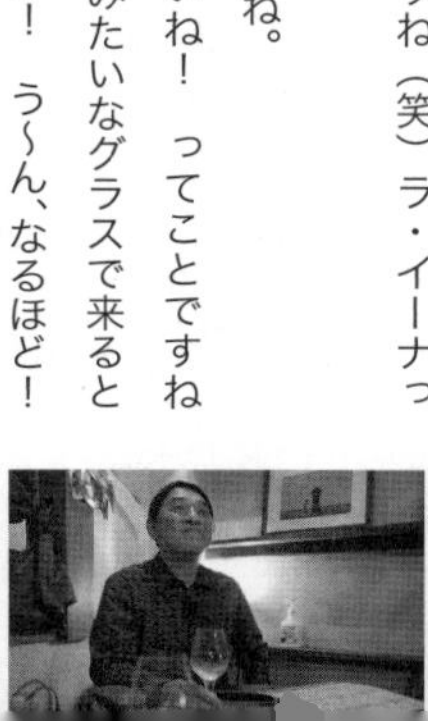

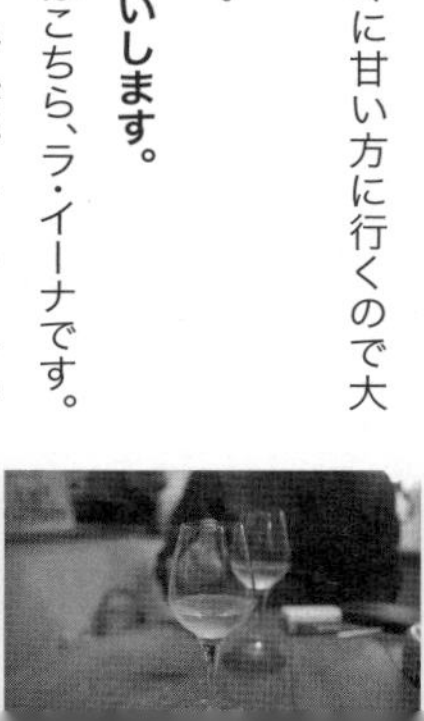

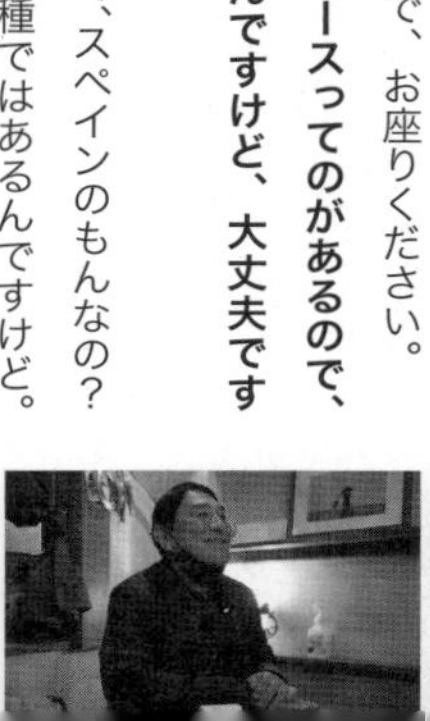

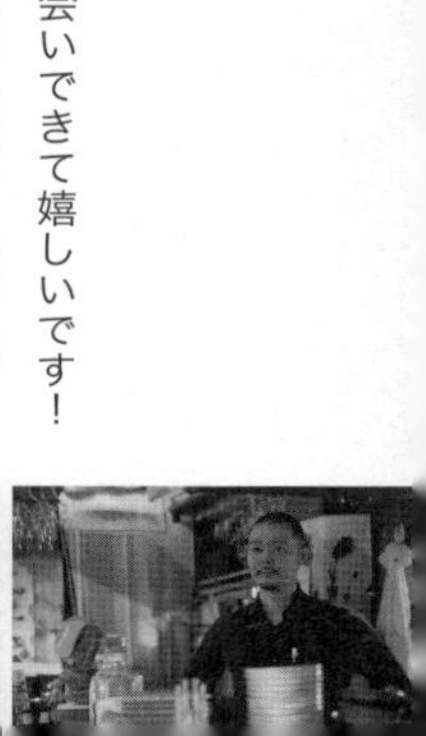

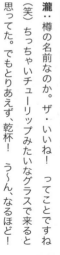

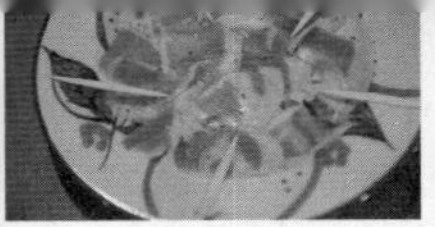   

美味いわ。辛口、そうね。こっから更に4種類来るわけですよね。

大森：はい！　選別は僕に任せてください。

瀧：ではよろしくお願いします！　矢吹くんはこの店をなんで知ったの？

——オーナーの大森さんが、ここ開ける前に修行してたところが中目黒にあるシェリーバーなんですけど。そこに学生のときから行ってたんですよ。で、独立されて、それからずっと来させてもらっていて。

大森：まだ彼が学生の時でしたからね。

——クソ生意気なガキでしたね（笑）

大森：まあ二十歳だったからね（笑）

——上地さんは、大学の学部の直の後輩なんですよ。上地さんがこちらで働きはじめてから知り合ったんですけど。

瀧：へー、そうなんだ。何を勉強してたんすか？

上地：国際系の学部で、スペイン語専攻していて。それでスペインに行って、向こうの文化に興味を持ってこの仕事を始めた感じですね。

瀧：自然な流れっすね。シェリー酒は、何と合わせて飲むのがいいですか？

大森：生チョリソー、それと焼きアーモンドなんかは合うと思います。後はこのモツ煮なんかも合うと思います。

瀧：じゃあ、それで！

上地：こちら2杯目です。アモンティリャード ビーニャABというお酒です。空気と触れて熟成が進んできています。

瀧：いただきます。なるほど！　甘くなった。もう2杯目でこのテイストなんだ！

上地：やっぱり空気と触れると紹興酒っぽくなるんですよね。

瀧：ああ、そうだ！　その感じ！　確かに紹興酒っぽい。でも、まだあっさり感はあるよね。

上地：こちら、焼きアーモンドです。スペインのアーモンドなんですけど、平べったいんですよね。炒って香ばしくなっております、フォークでお召し上がりください。

瀧：うわ、これめっちゃうまいっすね。マジでずっと食えるやつです。

上地：ありがとうございます（笑）３杯目は、こちらもアモンティリャードで、同じカテゴリーなんですけども、ちょっと熟成が進んできています。

瀧：うわ、もう色がこんな濃くなるんですね！

上地：これは中の上くらいですね。熟成が進んでいるだけで、そんなに強くはないんですけど。

瀧：午後ティーと同じ色してますね（笑）

上地：そうですね（笑）そしてこちら、モツ煮です。ちょっとだけピリッとしてます。

瀧：モツ煮。あー、美味しい！　確かにちょっとピリッとしてますね！

上地：スペイン人辛いの苦手なんですけどね。カレー屋とかもスペインにはあんまり無いので。

瀧：確かに、あんまり見かけなかった気がしますね。いやあ美味い、モツ煮美味いわ～。シェリーと合う。これ何の辛さなんですか？

大森：これは唐辛子ですね。少し入れてます。

五反田でスペイン気分！

――瀧さんスペインに行ったことあります？

瀧：あるある。バルセロナにしか行ったことないけど。一番最初は1人で行ったんだよね。で、その数年後に今度は嫁と一緒に行ったんだけど、その時嫁がつわりでさ。部屋で寛いでたら突然ブワーって噴水みたいにゲロを吐いたのが思い出（笑）で、３度目は家族３人で行った。うちの娘が小学校5年生のときに。計3回、1人、嫁と2人、家族３人でっていう組み合わせ。

大森：これから、４杯目をお持ちします。瀧さん酒強いですね、ずっと同じペースで飲んでて。

瀧：そうなんすよ。

大森：五反田はいらっしゃることありますか？

瀧：これまであんま立ち寄る機会がなくて。どうですか？　五反田は。

大森：ほんといいと思いますね。

瀧：そちらのカウンターのお姉さんは、この近くの人なんですか？

お姉さん：友達のお店がこの辺にあって、その帰りに。

普段は江東区の新木場の方から来てます。

瀧：じゃあこれから東に帰るんですね。他の区の人から見て五反田の街はどうですか？

お姉さん：まあ猥雑な感じは（笑）

瀧：そうでしょう。でもやばくはないっていう絶妙なコントラスト。みかじめ料とか無さそうっていうかさ。

大森：そうそう。うん、安全な町ですよ。

瀧：前のグラフトンの大森さんもディープな街っておっしゃってたんですけど、確かにそれはその通り。風俗もあるし、飲み屋さんもいっぱいある。そういうところなのに、危ない感じがあんまりない。道端で大声出したりっていう人もあんまりいないし。ディープなのに安全って稀有ですよね。それは何でなんだろうなと思って。大体ディープって言うと、やばい感じがつきものじゃないですか。ちなみに、警察に通報したことってあります？

大森：入口でションベンされて、警察を呼んだことはありますね。でもそれくらいで、みんな大人な感じがありますね。

瀧：（笑）それってなんでだと思います？

大森：五反田って、買い物に来る街じゃないんですよ。大人がご飯を食べる目的で来る街っていうか。

瀧：ああ。確かに買い物のイメージはないですね。お金が落ちる町ではあるけど、買い物じゃないですもんね。なるほど。

上地：失礼します。次はですね、このオロロソというカテゴリーの……。

瀧：あ、そうか、まだあったんだ（笑）

上地：はい。４杯目は、このオロロソというカテゴリーの、レオノールというお酒です。

瀧：あー、これも美味しい！ 俺、シェリー酒のイメージって白いお酒のイメージしかなかったんだよね。最初の1杯目のイメージ。色々種類があるんだね、しかもどれも美味しい。俺もう1セットいけるな（笑）あの、今更ですけど、シェリーとワインの違いってなんなんですか？

大森：基本は一緒なんですけど、アンダルシア州とその周りで取れたものをシェリーって呼んでるんですよね。それでシェリーは英語で、スペイン語ではヘレス

と言います。

瀧：なるほど、シャンパーニュ地方のものをシャンパンて呼ぶのと一緒だ。

大森：そうです。それではこちらが最後5杯目、同じオロロソのクコですね。

瀧：うわー、かっこいい色のやつが来た！　全然違う、かなり濃厚なやつだ。さっきより甘いですよね。これって樽が違うんですか？

大森：酸化の度合いなんですよね。シェリーの場合は樽はそんなに。

瀧：はあ。今更根本的なこと聞いていいですか？　原料は結局ブドウじゃないですか。コニャックとかシャンパーニュ地方と同じ。ワインの製法ってそんなに違わないと思うんですよね。あとは寝かすとかの違いはあると思うんですけど、何が違うんですか？

大森：何かそういうお酒って、いろんな法律みたいなものがあって。シェリーだったら2年間は樽で熟成しなきゃいけないとか、ここのブドウしか使ったらいけないとか。逆にいうと、同じもので同じ作り方してもシェリーって名乗れないものもあるんです。ただ、やっぱりその街で作られた果物で作らないと、こういう味にはならないです。

瀧：なるほど。土地のこだわりというかルールがあるんですね。

大森：オーストラリアにも似てるのがあるんですけど、そっちはシェリーって名乗れないんですよ。

瀧：なるほど。和牛みたいな感じなんですね。

大森：まさにそうです。アンダルシア州って本当に小さい街なんで、そこはプライドもあるでしょうし。基本辛口なんですよね、それがシェリーの1番の特徴かもしれないですね。甘口に行かない。

瀧：確かにベタベタしないもんね。いや、ごちそうさまでした。今日はお店も紹介してもらって、本当にありがとうございました！

大森&上地：こちらこそ、ありがとうございました！

——では最後に、品川区とは。

瀧：五反田のことになっちゃうけど。さっき結論が出た。ディープだけど安全な街だね！

総歩数
5278歩
SHINAGAWA-KU

江戸川区《えどがわく》

足立区
板橋区
北区
葛飾区
練馬区
荒川区
豊島区
文京区
台東区
墨田区
中野区
江戸川区
新宿区
杉並区
千代田区
江東区
渋谷区
中央区
港区
世田谷区
目黒区
品川区
大田区

ＪＲ総武線「小岩」駅スタート

——今日は江戸川区を歩きます。今回も案内人がいらっしゃるのですが、瀧さんからご紹介いただいてもよろしいですか？

瀧：はい。今日、江戸川区を案内してくれるのは松坂俊介、通称サンちゃんです。サンちゃんは、現在電気グルーヴが所属している事務所Ｍａｃｈｔ（マフト）の社長。今は社長ですけど、マニアックなテクノファンなら一度くらいは名前を聞いたことがあるかも。サンシーカーというアーティスト名で、トラックを出してたこともあります。今日は江戸川区生まれのサンちゃんと、サンちゃんの子ども時代の思い出の地を一緒に周ってみようということで、来てもらいました。

サンちゃん（以下：サン）：はい、よろしくお願いします！

——松坂さん、今日はよろしくお願いします！　おふたりはどのくらいの付き合いになるんですか？

瀧：えーっとね、ドイツに3年住んでたサンちゃんと最初に会ったのはドルトムント。卓球くんがパーティでＤＪやるっていうんで、日本からドルトムントまで遊びに行ったのよ。で、ギグが終わった後に「泊めて」って卓球くんのホテルの部屋に行ったら、こいつもやってきて。あの時って初対面で3人で部屋泊まって、12時間ぐらい一緒にいたよね？

サン：いました、いました。

瀧：そうやって最初に知り合って、現在はウチの社長です。サンちゃんが小岩に住んでたのはいつまで？

サン：幼稚園の途中から大学卒業するぐらいまでですかね。昭和53年生まれなんで、昭和56年ぐらいからここで育ちました。

瀧：物心ついてから大人になるまではここにいたってことか。今俺たちがいるここは小岩駅の北口。駅はどっち側が栄えてるの？

サン：でかいショッピングっていうか、一番買い物に行

くのは北口なんですよ。ここのイトーヨーカドーにみんな行きます。あとはいろいろ食べ物とかを売ってるのはシャポーですね。シャポーも昔からあります。駅ビルみたいな感じですね。昔は中にゲーセンとかおもちゃ屋さんとか、CD屋さんが入ってました。

瀧：なるほど。小岩ってJR総武線だよね？　あのさ、小岩の人は新小岩に対してどう思ってんの？

サン：スッゴイ正直に言いますよ。……もう勝ち目はないです。

瀧：もう勝ち目ないんだ（笑）

サン：一駅隣なんですけど川も挟んだりしているので、あんまり意識をしたことがないです。もう全く別物だと思ってました、新小岩駅は。

瀧：新小岩も同じ総武線だよね。

サン：新小岩駅は後からできたんですけど、快速も停まる駅になって。僕が子どもの頃にはもうありましたね。

瀧：もうハナから別物として見てるわけね。じゃあ今夜はサンちゃんの案内で小岩界隈を歩きましょうか。さっき聞いたら、小岩に来るの20年ぶりなんだって。

――もうご実家もどこかに移られたんですか？

サン：はい。俺がドイツに行ってる間に、千葉の方に引っ越しました。ここに来たのホントに20年ぶりぐらいで、今ものすごいアガってます（笑）

小岩駅北口通り

瀧：20年ぶりに来てみて、何が違う？

サン：いや～、基本変わってないのが逆に怖いです……。そこちょっと入ったところにCD屋さんとか、ブティックみたいのあるんですけど、昔からあの感じです。

瀧：飲み屋街とかは逆の出口？　南口？

サン：そうです。あ、このコーヒー専門店は前からあったと思います。

瀧：イトーヨーカドーの駐車場平置きなんだ

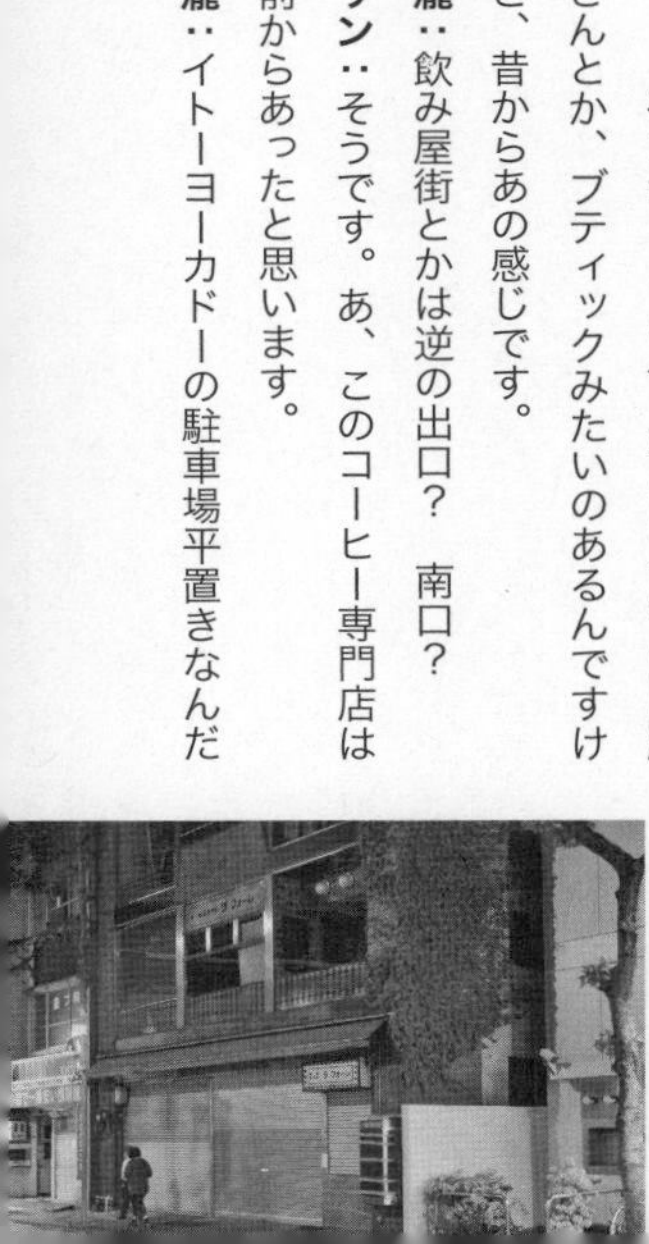

な。CD屋ってそれ?

サン:ここは、前はCD屋ではなかったです。ここもブティックなんですけど、こんな名前だったかな?

瀧:ファッションマーケット、モンロー・ウォーク小岩店。

サン:年配の女性の方が買う店だったような気がします。

瀧:モンロー・ウォークだもんね。

サン:とっくになくなってると思ってました……。じゃあ駅の向こう側(南口)に行きましょうか。

小岩が生んだ大横綱

——松坂さんは、小岩のどの辺にお住まいだったんですか?

サン:俺の家はもっと千葉寄り。江戸川の土手の近くなんで、ここからは全然離れてます。

瀧:地図で言うとさ、こう江戸川があるじゃんか。その東側はもう千葉じゃんね。ということは、東京の最東端の駅が小岩?

サン:多分。総武線で言うと、小岩の次がもう市川で千葉県なんで。

——一番野菜が採れる区が江戸川区。小松菜の発祥の地だそうです。

瀧:あ、それ聞いたことあるわ。

サン:俺もありますけど、でも小松菜を食べたことはあんまり記憶にないですね。

瀧:それはお前んちの食生活の問題だろ(笑)

——そういえば松坂さん、あの駅改札前のお相撲さんの像……。

サン:はい、栃錦!

瀧:即答じゃんか(笑)

サン:小岩が生んだ大横綱。小学生の時にこの像ができたんですよ。これができてからは、みんなここで待ち合わせです。

瀧:「10時、栃錦集合!」でみんな通じるようになったってわけね(笑)いつの時代の横綱なの? 名人横綱って書いてある。

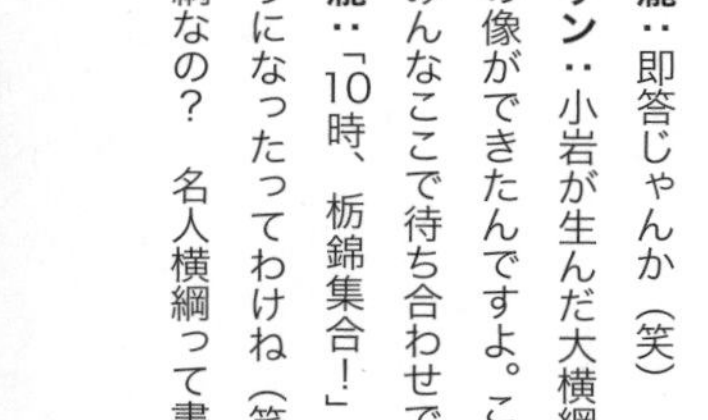

サン：ウチらは待ち合わせで使ってますけど、実は栃錦のことに関しては何一つ知らないです。

瀧：（説明を読む）江戸川区南小岩に大正14年2月20日に生まれている。第44代横綱、昭和35年に引退。へえ。終生この地「小岩」を愛しつづけた、って書いてある。ところでサンちゃんって小岩の公立小学校出身？

サン：そうです。中学校も公立で。高校は中野区の高校でした。

瀧：小岩ってヤンキーが多そうなイメージが勝手にあるんだけど、実際はどんな？

サン：ヤンキーは確かにいましたけれども、それも多分俺の1個2個ぐらい上の世代までですかね。

瀧：そうか、サンちゃんはその時代じゃないんだな。残念ながらシャポーはもう閉まってる。シャポーでなんか買った物の思い出ある？

サン：やっぱりCDですね。その頃は多分X JAPANとか買ってましたね。

瀧：まだテクノに目覚める前か（笑）さて駅構内を抜けて南口へ出た。

サン：南口から伸びてる大きい通りが3つあります。右手がフラワーロード。真ん中が昭和通り。左手がサンロードです。

瀧：それぞれになんか特徴あんの？

サン：右手のフラワーロードが、ちょっと新しめの洒落たチェーン店が多い。ドトールとか、TSUTAYAとか、その手のお店はこの通りにできますね。フラワーロードに音曲堂っていうCD屋があって、俺はそこで

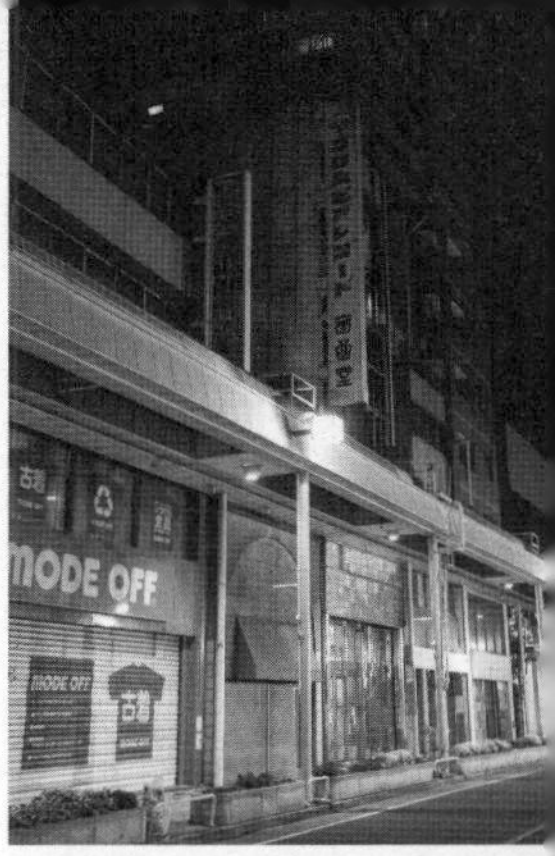

一番買ってたんですよ。その上にホールがあって、そこで中学生とかがライブやったりとかしますね。ホールというか、貸しスペースですけどね。

瀧：ああ、なるほど。

サン：真ん中の昭和通りは、昔からある通り。立ち食い焼鳥屋とかがある。ここが一番小岩っぽいと思いますね。

サン：サンロードはどちらかというと普通の商店街です。

瀧：なるほど。サンロードの隣の細い道は何？

サン：地蔵通りです。飲み屋とか風俗とかがある、ちょっとヤバめの路地です。写真撮るときは気をつけてくださいね。変な人がよくいるので。短いんですけど、小岩のヤバい香りが集約する通りです。

瀧：なるほど、小岩の正直ゾーンだ（笑）そして当然のように、我々は地蔵通りに向かってるけど。

飲み屋が連なる地蔵通り

サン：あれ？　地蔵通り前より活気があります……！

瀧：いいね、めちゃめちゃ雰囲気がいい。

サン：でも、小さいときは通りたくない道でしたね。ちょっと小便臭いときもあるな、と。

瀧：それはしょうがないな。飲んべえという生き物の記録だから。あ、業務スーパーがある。こっちの店は立ち飲みだ、いいねぇ。こんばんは、飲んでます？

お客さん：はい、飲んでます！

瀧：小岩はどんな町ですか？

お客さん：もう住めば都ですね。

瀧：住めば都ってことは、最初のうちはちょっとどうかと思うところもあるってこと？（笑）

お客さん：ですね。何か周りからはちょっとそう思われますね。治安が悪いっていうか。

瀧：うん。でも俺もそんなイメージある（笑）でも来てみたらなんか全然悪くないよ。

お客さん：そうなんです、全然悪くないんですよ。

瀧：じゃあ何でそう思われるんだろう？

お客さん：なんか周りの人に、そういう人たちが多いっていうか。

瀧：コワモテなのは別にいいじゃん。別に急に飛びかかってきたりはしないでしょう。

お客さん：そうなんですけど、何かそういう雰囲気で結構びびっちゃう人とかもいるっていうか。

瀧：住めば都な小岩の最近の面白トピックは何かないですか？

お客さん：金玉おじさんっていう、小岩では有名なおじさんはまだいますね。

瀧：金玉おじさん？

——さっきロータリーでお巡りさんに怒られてた人だと思います。僕もテレビで見たことあります。

お客さん：あの人はもう小岩の有名人で。あの人見れば、小岩に帰ってきたなって思います。

瀧：新宿タイガーマスクみたいなもんだな、ノリとしては。あの～、ついでと言ったら何ですけど、お店の人もちょっと一瞬いいですか？

店員さん：はい！　瀧さん、奄美大島お疲れ様でした。私、奄美大島出身なんですよ。

（注：瀧のＹｏｕＴｕｂｅチャンネル「ユアレコ」で訪れた奄美大島回がちょうど公開されていた時期だった）

瀧：東京に来て何年目ですか？

店員さん：13年目になります。

瀧：小岩の酒場のお客さん、どんな感じですか？

店員さん：パンチ効いてます。最初はカルチャーショックを受けたんですけど。もう今は一員としてやらせていただいてます。

瀧：パンチが効いてるって、どういう意味？　いや別にさ、アイルランドのパブの客みたいにグラスを地面で割って大暴れとかじゃないでしょ？

店員さん：ありますね、それも。

瀧：あるのかよ（笑）

店員さん：グラスが割れるとかっていうのはうん、はい。でもそれぐらいでいちいち驚いたら駄目ですね、はい。

瀧：まあでも最初は驚くだろうね（笑）でも、人情味がありそうじゃないですか。

店員さん：それはもう。僕みたいなもんが東京に出てきたときにも優しく受け入れてくれて。先輩後輩とか、縦社会な街場で。

瀧：その先輩たちに筋通しておけば、困ったときには助けてくれたりするような？

店員さん：はい、人情に厚い街ですね。

瀧：なるほど。ここでちゃんと足りてるんですね。ありがとうございました。

店員さん：はい、またいらしてください！

瀧：（他のお客さんに）じゃあどうも失礼しました〜！いい感じのお店だったね。

——江戸川区一番の繁華街って、小岩になるんですか？

サン：いやあ、そんなつもりはないですけどね、自分たちは。

瀧：さっきの店員さんが、もう小岩に住んじゃったら、小岩だけでよくなるって言ってたよ。

サン：いや確かに普段生活してる分にはもう、小岩だけでどうにかなっちゃいますね。

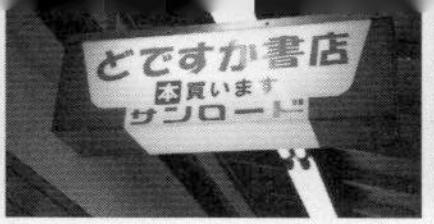

瀧、古書店に吸い込まれる

サン：そこの角からはさっきのサンロードです。この通りも、小学生のときの店がまだあるんだっていう驚きですね。ここの本屋とかも行ってましたもん。

瀧：俺も今さ、凄い本屋だなと思って惹きつけられてた。「どですか書店」。古本屋さんだと思うけどさ、プロレス・格闘技・コミックビーム。ここの入り口のこの並びの感じとかあんま見たことなくない？　ちゃんとパッケージして、バックナンバーセットって感じで売ってる。

サン：ここ昔から、このスタイルだと思います。

瀧：中に入ってみようか。いい雰囲気の店内だ。ここ とか『世界の艦船』のバックナンバーがずらり。独特だな～。すげえ。棚の上の方とかも何かこだわりが感じられる。ジャンルも、レディスコミック、鉄道雑誌、車雑誌、スポーツ系、へえ。ご主人すいません、あの僕、ピエール瀧というものなんですけれども。

店員さん：ああ！　はい、こんばんは！

瀧：こんばんは。表に並んでる棚の迫力で引き込まれてしまいまして。

店員さん：うちは20年30年ぐらい雑誌を中心にやってるんですけど。うん、なかなか大変ですね。

瀧：雑誌を全部ジャンルごとに分けてるから、天晴れだなと思って。それから、こいつ（サンちゃん）が20年ぶりに地元の小岩に帰ってきてるんですけど、このお店に来たことあるって思い出したんですよ。置いてある雑誌の状態がどれも綺麗ですよね。雑誌に特化しようと思った理由は何なんですか？

店員さん：最初の初期メンバーが、こういう雑誌専門の店はあまりないから、しっかり揃えてみようみたいなことを言い始めて。それからですね。

瀧：雑誌っていう、基本消えてなくなって然るべきなものがしっかり残ってるからすごいなと思って。

店員さん：そうですね。でもネットの方でも売りながらやっているので、どうしても店には古い希少価値の高いやつをあんまり置けないというか。どっちかっていうとお店の方は比較的新しいもの、でもお客さんが反応してくれるぐらいの古さの感じでやってます。

瀧：なるほど～。鉄道本もこれだけ揃ってるし、音楽

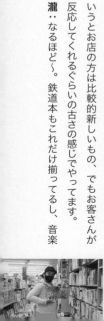

本の種類だけでもこんなに。

――電気グルーヴが表紙の雑誌なんかあるかもしれないんで探してみます。

瀧：そうね（笑）あるかもね。

サン：今お店の人に聞いたら、「ここのお店ができる前も古本屋やってた」ってことだったんで、俺その記憶と混ざっちゃってるかもしれないです。

――電気グルーヴが表紙のやつは見当たらなかったですね。

店員さん：電気グルーヴが表紙のやつは、多分人気あります。

瀧：そうなんですね（笑）じゃあお仕事の邪魔してもいけないし、そろそろ行きます。夜分にありがとうございました。

小岩の100円自販機

瀧：いやあすごかったな、「どですか書店」。サンちゃんの記憶はちょっとずれてたけど。駅前から地蔵通りを行って、ちょっと右に曲がってヤバ地帯を抜けて、ぶつかったサンロードをまた右に折れると駅のバスターミナルに戻ってくるのか。ピザのピースみたいな感じで歩いてたんだね。そうだ！ 俺この前調べてみたら、小岩って万葉集とか、そのぐらいの時代からある古い地名だって書いてあったよ。なんだっけな……、とか話してたら自販機が登場！ このさらさらトマトってあるじゃんか。ウォッカをこれで割って飲むと超うまいんだよね。うちの近所の自販機でずっと売ってたんだけど、最近なくなっちゃって残念でさ。……ここはやっぱ、初めて見る特濃ライムじゃない？（ガシャン）「ライム！濃くておいしい」、「ライム×レモン×グレープフルーツ」って表記がある。柑橘類のトリプルミックスフレーバーなのか、へえ。ではいただきます。（ゴクゴク）……あ、レモネード！ うん、味が濃いめのレモネードだ。

――アメリカのお母さんが作ってくれる

感じの、お砂糖いっぱい入った。

瀧：ああ、そんな感じするね。アメリカのお母さんが作ったレモネード飲んだことないけど（笑）でもうまいよ。なんだろう、初夏の青々とした田んぼの脇で飲みたい。

小岩グルーヴ昭和通り商店街

——小岩の地名ですが、大和時代、721年（養老5年）の古文書「下総国葛飾郡大島郷戸籍」に「甲和里（こわり）」という集落があったという記録があり、この「甲和」の部分が「小岩」に変化したといわれている。とのことです。

瀧：大和時代。1300年以上前だ。

サン：そんな歴史あるんですね。

——ここから昭和通り商店街に入ります。

瀧：この佃煮屋さんと文具店良いね。

サン：ここの文具屋で何か買った記憶がありますね。

高校時代は駅まで行って電車で学校に通っていたので。

瀧：文具屋の隣、これよく見たらなんかすごい複雑な絵だね（笑）壁をレンガっぽくしたんだけれども金属感が嫌で、それをこの子がぺりぺりとめくると、向こうが空になってて、別の子供が顔出して昭和通り商店街を指差してるわけでしょ。この坊主頭の子、スタンド能力を持ってるに近いな。レンガのペリペリになんかすごい皮肉がこもってる感じ……、あ！　もしかしたらポッキーとかお菓子の箱を開ける時の紙のペリペリなのかも。それだとペリペリやる楽しみはあるもんな。まあいいや、行こう（笑）

サン：あの路地を曲がった左側にアングラ劇場っていう、ロマンポルノとかを流してる映画館があって。いつもそこをなんとも言えない気持ちで通ってました。

瀧：このシルバーの建物のとこ？　アングラ劇場改めこどもクリニックになってるよ

（笑）このウエノ駐輪場さん良いね。下は駐輪場で上が24時間営業の卓球場。

サン：この辺りも変わってなくて、ちょっと引いてます。もうちょっと開発が進んでて、ここはもう半分ぐらい変わっちゃってますねぇみたいな感じかと思ってたのに。もちろん店は変わってるんすけど、意外と建物が変わってないから風景の印象が一緒なんですよ。マジでちょっと引いてます。

——ベルリンと一緒ですね。

サン：そうそう。その辺の看板も記憶と一緒なんですもん。

瀧：やっぱ連れてかれるモノある？

サン：ありますねー。

瀧：脳の奥の忘れてた記憶にスイッチ入っちゃう感じってあるじゃん。

サン：20年間全く思い出したこともなかったんで、一気にこうバーっと蘇ってますね。つい声出ちゃう（笑）

瀧：なるほど。お前今、ここ最近で一番アガってるもんな（笑）

サン：はい。さっき言ったように、ロマンポルノのポスターがバーって貼ってあったんですよ、この通りに。

瀧：何回言うんだよ（笑）でもさっきの地蔵通りと、昭和通りから曲がってきたこの辺りは落ちてるたばこの吸殻が多い（笑）口うるさくない感じは好きだなあ。ウエノ駐輪場さんは月極３３００円か。１日１００円換算だ。１日１００円で人がちゃんと見張って預かってくれるんだったら、いいよね。雨にも濡れないだろうし、なんか行ってらっしゃーい！　とかはい、お帰り！　とか言ってくれそうじゃんか。

——昭和通りに戻りましょう。

サン：ここが焼き鳥屋さんです。いつも結構いろんな人がたむろして、ザワついてる感じのところでしたね。

瀧：みんな外で飲んでるみたいなとこね。あ、蘭州ラー

メンがある。ここ美味しいよね。

——俺も好きですね。

瀧：こないださ、神保町の蘭州ラーメンに入ってちょっと辛いやつを頼んだのよ。パクチー入りのやつ。それをズルル～って思いっきり啜ったらむせちゃってさ。それでヤバいと思って一回強めの咳をしたら、それでぎっくり腰になったのよ（笑）だから今はちょっと蘭州ラーメン怖いっていう状態。この通りは割とちっちゃい商店が並んでるね。ここは中国物産店か、へえ。ちょっと見ていい？　何だ？　お湯や電気がなくても、お水だけでOK。なんかすげえ便利そうな食い物を発見。後で試しに食べてみる？　マーラービーフだってさ。

——良いですね、公園で食べましょうか。

瀧：よしじゃあこれ買ってみよう。さて、後の楽しみが一個できた。……あれ、サンちゃんは？

——あっちの方に行ってしまいました（笑）

瀧：どんどん一人で先行っちゃってるじゃん（笑）サンちゃ～ん！　なんだよ、どうした？

サン：（走って戻りながら）すいません、店が閉まりそうだったんで。あそこの焼き鳥屋さん、路面で売ってるんですけど、学校の帰りに買って普通に歩きながら食って帰ったりとかしてた店なんで懐かしくて。今はもう閉店作業してたんで買えなかったんですけど。

瀧：これがその焼き鳥屋さん？

サン：そうです、鳥喜さん。ここで焼いてくれるんですよ。

瀧：ねぎ焼きとかか。確かに美味そうだわ。でももう片付けしてるもんな。お前がひとり駆け出してみっちりと思い出に浸ってる間、俺は中国食材の店で水だけでできる鍋を買ったよ（笑）

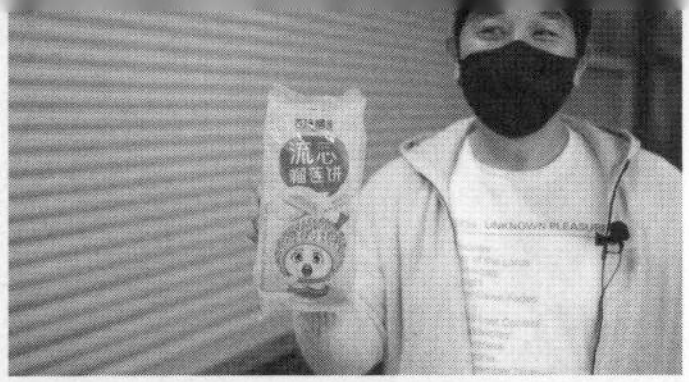

サン：交差点にあるこの外カウンターも焼き鳥屋です。

瀧：ここで飲むんだ⁉　めっちゃいいじゃん。

サン：注文してぱっと食って飲んでって感じです。めちゃくちゃ懐かしい……。

瀧：瓶ビール1本飲んで、チャッと行く感じだろうね。「一力」さん、いいわー。ここで飲んでみたいなあ。

——ここから川の方に向かってますね。江戸川沿いでさっきの鍋できたら良いですね。

強制ドリアン味覚調査！

瀧：実はさ、さっきの中国物産の店で興味本位で買ったわけよ。ドリアンのお菓子。これをみんなで食って、何人がうまいっていうかっていう味覚リサーチをやりたくて。1人ぐらいは「これ好きっす！」って言う人いると思うけどね、っていうやつ。大抵のドリアンのお菓子ってさ、ガスみたいなニオイがするじゃない（笑）その公衆トイレのある公園で食べようよ、休憩がてら。じゃあ俺からいただきます。うわ、もう開けた段階でガスの匂いする。でもなんか、匂いはそんなに甘くなさそうな感じだな。いただきます。……いや、あのね、トロピカル風味の白あん饅頭です。ドリアン感はないかも。うん。

——あー、確かに！　僕は食べられますね。

瀧：最初にちょっとガス漏れ感あるじゃんか。でもその後、味は完全に白あん饅頭トロピカル風味。

——だいぶ遅れて、ドリアン感がちょっと来るかな。

瀧：でもちょっとじゃない？　全然うまいぜ。

——お茶とかコーヒーとかと一緒に食べたら、全く気にならない。

サン：……俺、駄目です。最初の匂いで全く味を想像できないっていうか。後味も嫌いです（笑）

瀧：まあそりゃそうだろう、そういうやつがいてくん

ないとな。そう思ってドリアン味を買ったわけだから。

藤森：俺も、嫌な味ですね。腐ったフルーツの塊みたいな……。

瀧：なるほど（笑）横ちゃんは？

横ちゃん：……ちょっと嫌ですね。ゴミっぽい。

瀧：嫌なんだ（笑）もう次の一口いかないもんな。でも、今のこの後味から察するに、ものすげえ砂糖入ってると思うんだよね、全然甘味が口から引いていかないんだもん。俺はこれに合わせるのは紅茶かな、ローズヒップのお茶と一緒とかだったら良いかも。サンちゃん、藤森、横ちゃん、駄目。

松本：私も、美味しくはないです……。

瀧：なるほど。じゃあ2対4で美味しくないという結論に（笑）俺らの舌が馬鹿なんじゃないかっていう風にも言えるし、いやいや舌のストライクゾーンが広いんだぜとも言える。100円自販機ないかな。あ、ここ全部100円だった。今の口で、力水はないな(笑)ほうじ茶が妥当だわ。（ガシャン）みんな口をゆすいだな（笑）よし行こう。

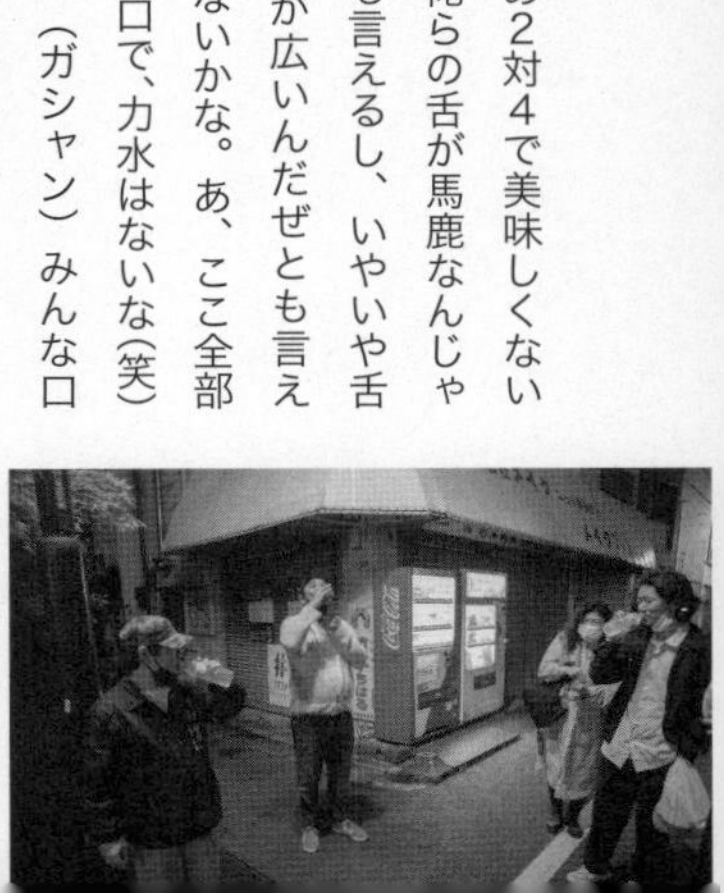

小岩の国民的アスリート

瀧：まだ昭和通り商店街の続きなんだね。激渋い不動産屋さん発見。家賃が書いてないな。あ、下に小さく書いてある。3万3000円、これ5万だ。4万2万5000円でアパート4.5畳。本当かな？

——とても宅建を持ってるとは思えない不動産屋ですね。

瀧：（笑）でもさ矢吹

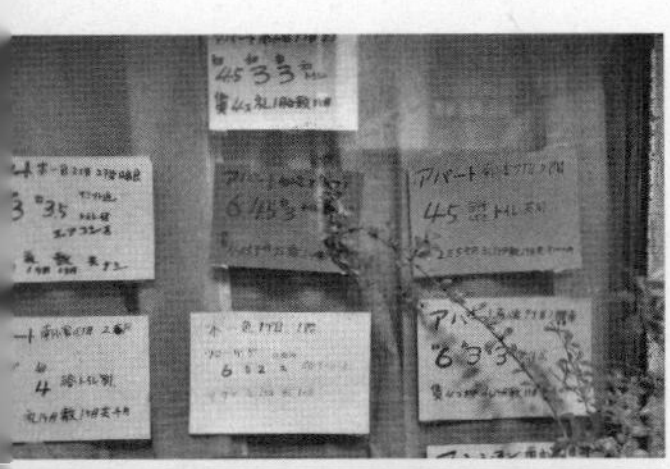

くん、ほら向かいに。

――あ、明らかに宅建持ってる不動産屋が（笑）

瀧：こっちは売り物件が中心だな。マンション7000万が1番高い。こっちは4000～5000万くらいか。なるほどその辺りが相場なんだな。あ、酒の自販機ってなんか久しぶりに見たな！　暗証番号入力ってあるけど、ちょっと試しにお金入れてみようか。チャリンガシャン。……ゴトン！　普通に買えたわ～（笑）じゃあいただきます。いやあ、3度目ワクチンの副反応で寝込んでたから、3日ぶりの酒だわ（笑）なんかさ、コンビニよりも自販機で買った酒の方が美味い気がするよね。外で飲む酒を外で買うっていう道理の通りの良さね。外で飲む酒をコンビニで買うとさ、それを外で開けるときに、ちょっと引け目と言うか、悪いことをしてる感じがするるっていうかさ。

――僕もこんな機会なかなかないんで買っておきます。

瀧：江戸川区に乾杯！

サン：このお店の提灯もなんとなく昔からあった気がしますね。

瀧：ていうかさ、小岩の飲み屋って基本焼き鳥なんだな。

サン：高校生のとき、焼き鳥よく買ってましたね。

瀧：他の地区の高校生、学校帰りにそんなに焼き鳥買わないよ（笑）普通は焼きそばとかでしょ。お、カルチャー倶楽部にも乾杯！

瀧：ほら、ここもやきとり専門店だよ。街の規模に対して焼き鳥屋多過ぎだと思うんだけどな。うわ、隣は

何だ？　わたでん？
サン：ここは前からあります。でも、この壁の色塗り替えたんですよね。昔は壁にガラケーがびっしり、アートじゃないすけど。壁一面ガラケーで埋め尽くされていて。
瀧：あー、豊島区にあった眼鏡屋さんと一緒の感じだ。

なるほど。
サン：俺が小さいときは、普通の電気屋さんだったんですけどね。
瀧：そしてここでついに昭和通り商店街も終わりか。長い商店街だったなあ。あ、さっきの電気屋さん、こっちが表側だ。シャッターこの感じなんだな。完全にキテるねぇ。でもこっちの方がいい、なんか妥協しないパワーあるもんね。あと、この醤油の看板初めて見た。キノエネ醤油だって。聞いたことのないブランドだな。でもちゃんと街角に超馴染んでる。今俺たちは江戸川の方、つまりサンちゃんの実家ゾーンに近づいて行ってるんだよね。サンちゃんは引っ越してから前の実家って行ったことあるの？
サン：ないっすね。
瀧：そうか、じゃあ今どうなってるのかわかんないよね。下手したら無くなってるのかも。ちょっとドキドキするな。
サン：あ、俺ここに通ってたんですよ。スイミングスクールです。東京ドルフィンクラブ。
瀧：小ドルフィンだったってこと？

サン：池江璃花子、ここの出身です。

瀧：あ、サンちゃん一応池江さんの先輩なんだ!?

サン：ここもほとんど変わってないすね。

瀧：お前じゃあ、結構泳げるんだな。

サン：バタフライもできます。専門は平泳ぎでした。

瀧：そうなんだ。大会の選手とかにも選ばれてたの?

サン：いやいや、そこまでは。そこはもうやっぱガチな人もいっぱい通ってたので。

瀧：そんな雰囲気出てるな。なんか中の壁に1級合格おめでとう!　とか賞状とかズラッと並んでるもんな。

サン：うわ〜、懐かしいです……。全然変わってない……。

瀧：よし写真撮ろう、ちゃんと図々しくOBヅラして。「池江見てるか?」って感じのやつで。

サン：ここの施設の上が食堂みたいになってるんですよ。そこにハンバーガーの自販機があって、それが大好きで。

瀧：あー、アツアツで出てくるやつね。ここも持ってかれる場所?

サン：持ってかれますね、本当に30年ぶりぐらい……。

瀧：ところでさ、上級生の女の子のことをちょっと好きになっちゃうとかさ、そういうのはなかったの?　ドルフィンクラブで。

サン：ああ、そういう感じじゃなかったっすね。結構

野郎ばっかりで。それにそんなに真面目に通ってなかったんすよ。一発目に思い出したのがそのハンバーガーですもん。

瀧：でもこういうとこに通うようになるとさ、学校とか地域を超えたところでちょっと友達になったりするやつらとかできるじゃん。

サン：あー、そうそう！　中学に上がる時に、同じ中学になってワーッ！ってなるようなこと、確かにありました。

瀧：そうだろう。俺、静岡で小学生のとき剣道を習ってたけど、やっぱいろんな学校のやつがその道場に来てたもんね。何でお前に好きになった子がいなかったかって聞いたかというとさ、剣道の稽古って最後にその時組んだ相手と試合形式みたいな練習があるんだよ。で、毎回じゃないんだけど、たまに先生が試合形式が終わった瞬間に「面取り～！」って言う時があって。サプライズで。面取りっていうのは何かっていうと、掛け声を聞いた瞬間に持ってる竹刀と小手を放り投げて、そのまま相手に襲いかかって相手の面を剥ぐっていうゲームなんだよ。プロレスのマスク剥ぐようなもんだからさ、相手の顔があらわになったときにヤッター！　ってなるやつね。で、あるとき道場でも数少ない女の子が俺の面取りの相手になったことがあってさ。その子はひとつ上の学年でよその学校の子なんだけど、結構綺麗な顔してて俺ちょっと好きだったんだよね。で、面取り！ってなったから反射的に小学生だから行くじゃんか。取っ組み合いを制して、その女の子を最後ねじ伏せて、馬乗りになって面を剥いだら、汗でほてった女の子の顔が「負けたー！」みたいな顔で目の前にあらわになったのよ。その瞬間にちょっとゾクッとした自分がいてさ。あの感情がその後変に増幅されなくてよかったという、子どもの習い事におけるプチフェティッシュ思い出話（笑）

サン：俺、剣道もやってましたけど、そんなのなかったですよ。ちょっとバイオレンスですね。

瀧：そうなのよ、それ女の子にやっちゃ駄目じゃん。今だったら多分ちょっとはばかられるのかもしれないけどさ、昭和50年代前半ぐらいの話だから。でもサンちゃん、水泳も剣道もやってたってことか。小岩にいた頃はなかなかのスポーツ小学生だったんだな。

サンちゃん母校に凱旋す！

瀧：サンちゃんの元実家までのルートとしてはどんな感じなの？

サン：実家まではあと10分ちょいですかね。

瀧：なるほど。これ、ライオンズマンションだよね。珍しくない？　小ライオンがいる。ファミリー向け物件ってことなのかな。親子でどうぞって意味で。へえ、小ライオン初めて見た。

サン：あ！　うわー！　巴屋だー！

瀧：うわーとか言っっちゃってるじゃん（笑）なんだよ巴屋って（笑）ええと、……建築金物大工道具の巴屋か。

サン：ここ、よく通ってたんですよー！

瀧：巴屋がまだあってくれて嬉しいみたいな？

サン：今夜は全部そうなんですけど、記憶にないんですよ、それを見るまでは。突然閉ざされたアーカイブがぱっと開く感じ。あの酒屋とかも、……うわあアレはヤバイ。もう本当に涙出そう……。ここは家から駅に行くまでのルートなんで、毎日通ってました。

瀧：いい意味のパニックってあんだな（笑）記憶喪失から戻る時とかその感じなんだろうな（笑）うわ、このアパートもパンチ効いた建物だね。

サン：ここずっとこれ、……ずっとこれです！

瀧：衝撃通り越して、もう慌てちゃってるじゃんか（笑）

サン：うわあ、引くなあ……。ここ人住めるんだ、と思いながら毎日通ってた記憶があります。そこが同級生の家だったんですけど、ちっちゃいスーパーをやっ

てて。もうなくなっちゃってますけどよく来てました。『ジャンプ』を買いに来てた。

瀧：どんどん思い出の濃度が濃くなってきてるな。俺、実家が移動した経験がないからさ。それってどんな気持ちになるんだろうな？　と思って。

サン：たまに夢に出てくるんですよ、通ってた場所とか。その時はやっぱりどうなってんのかな？　とは思いますけど。

瀧：じゃあ今日は夢と現実の答え合わせだ。

サン：ここ、通ってた学校です。小岩第1中学校、小岩1中です。

瀧：何クラスまであったの？

サン：クラス4組とかですね。

瀧：割とこじんまりなんだな。

サン：全然変わってないっす……。こっちが小体育館で、ここで剣道やってました。あの2階が剣道場でしたね。

瀧：剣道はいつまでやってたの？

サン：中学校までやって。初段を取りました。

瀧：俺より上じゃん。俺、1級止まりだからさ。

サン：あとバレー部も兼任でした。昔はリベロがなかったんで、自分が前衛に回っちゃった時は、変則で後衛に参加してレシーバーになるんです。

瀧：お前何種類スポーツやってたんだよ！（笑）すげえな。でも、やっぱ都会の学校だね。校舎と体育館の間に道を挟むんだな、公立だ

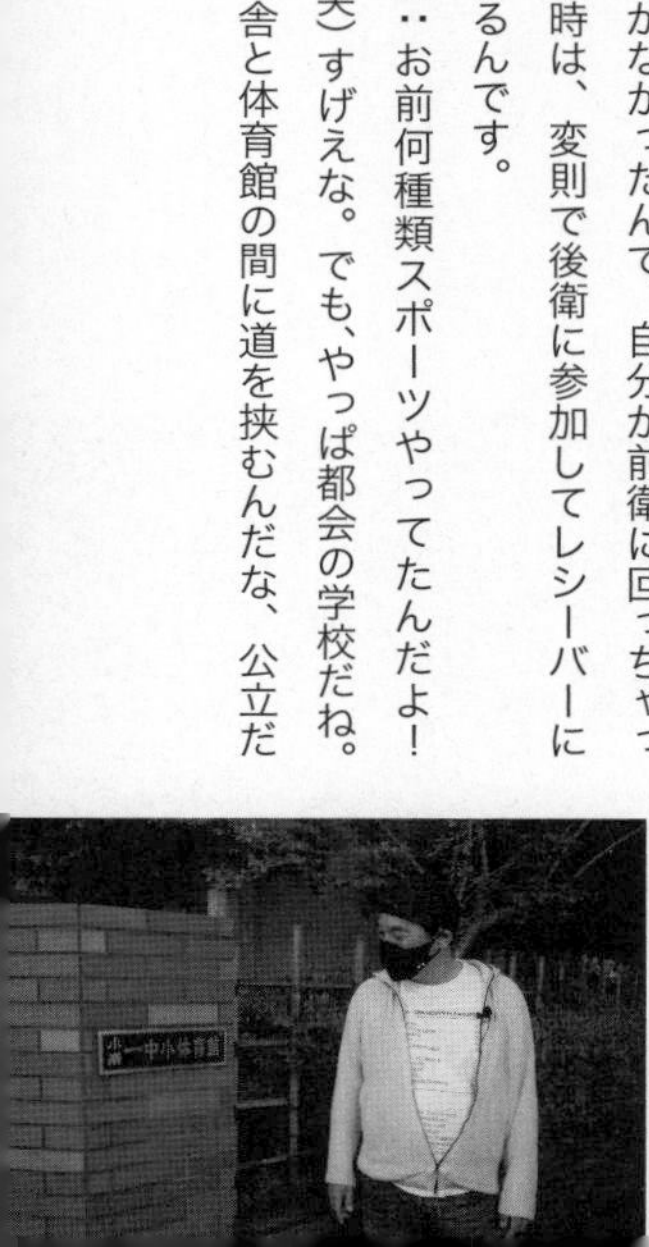

けど。地方なんて一つの敷地の中に全部あるよ。

瀧：あ、もうそこはすぐ江戸川なのか。サンちゃん家は川の側？　なんだよ、学校まで1分じゃん。

サン：昼休みは家に帰ってましたね。

瀧：下手すりゃ、チャイム鳴ってから行ってもギリ間に合う感じじゃん。

——瀧さん、今、23時です。

瀧：じゃあ、ここで撮ろうか。サンちゃんの母校で。じゃあ学校をぐるっと回って、サンちゃんの実家を一応確認してから土手に行くとしますか。サンちゃん、またしても、うわーって気分になってる？

サン：やっぱなります……。ここが給食室ですね、うわー。

瀧：あのシルバーのやつ、パンとか入ってるヤツじゃないの？

サン：そうだと思います。だから多分、上のあそこが理科室と図工室です!!

瀧：これ、読んでる人からしたら、「どうでもいいわ!!」って思うんだろうけど（笑）でもお前にとっては大事な記憶なんだもんな。どうぞ全開で思い出を語ってくれたまえ。でもなんか、さっきから他人の思い出に寄り添うのって悪くないなって思ってる。あ！　どうやら校舎を改築するみたいだぞ、サンちゃん。

サン：うわ、ホントだ！　よかった！　うわ〜よかった〜！

瀧：このたび校舎の老朽化に伴い、小岩第1中学校の校舎を改築することとなりました、だって。え、5年間にわたって改築しちゃうんだって。オリジナルの校舎を見られるのは今が最後だったよ。よかったな。

サン：いや、本当に。

瀧：さっきも言ったけど、人の思い出に寄り添うの悪

くないなっていうのと、不思議とすごくいいことをした気分になれる（笑）最後に校舎を一目見られたんだし。よかったな、サンちゃん（笑）

サン：はい、ありがとうございます。何かこういう感じじゃないと来ることはなかったと思うんで。

――瀧さんの言う通り、何かちょっといいことしてる気分（笑）

瀧：ね、不思議となるよね。ほっこりしたよ。

サンちゃん、故郷に戻る

サン：瀧さん、ちょっといいですか？　家寄っても。

瀧：いいよ、もちろん（笑）

サン：ここまだ段差だー!!　チャリで通るときとか、いつもいちいち自転車降りてたんですよ……。部活とかで疲れてるから、ものすごい面倒で。……まだ段差なんだぁー。

瀧：そりゃそうだろう（笑）

サン：そうですけど、いやでも、ならしちゃうとことかもあるから。うわ、ここです、ウチ……。

瀧：ここ？　当然だけど誰か住んでるね。

サン：3階が、自分の部屋でした……。あの2階がリビングで。うわー、写真撮っとこう。俺、あそこの部屋で初めて貼ったポスター、電気グルーヴです。雑誌の切り抜きを。

瀧：そうなんだ（笑）でも、結局そのポスターのやつと一緒にここに来てるんだもんな。不思議なもんだよな。

サン：本当ですよ。まさかここに瀧さんと一緒に来るなんて……。

瀧：じゃあ騒がしくしても迷惑かけちゃうから、土手に行って鍋食べようか。今夜の感じだと土手は強風吹きすさぶだろうな。マジ

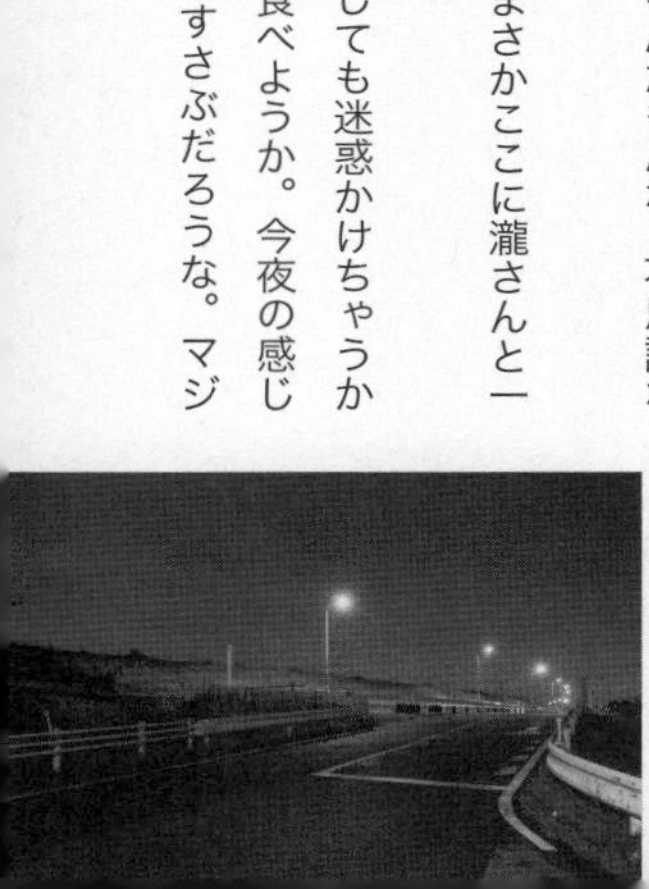

で強風がもの凄い……。どう？　サンちゃん。景色変わってる？　向こう側に見えるマンションとかはあったの？

サン：なかったですね。でも、土手のこの感じは変わってないです。江戸川の花火大会はいつもここで見てました。

瀧：子どもの頃「お母さんつくしとってきたよー」とかやってなかった？

サン：やってました！

瀧：だよね（笑）ここで野球やってたの？

サン：そうです。

瀧：その左の橋は何橋だろ？　どうやら鉄道の橋か。

サン：そうです、総武線かな。土手の道幅ってこんなに広くなかったんですよね。ここの河川敷、もっと狭い幅の道だったはずなんですけど。

瀧：うちの実家の土手もこんなもんなんだけど、土手の下の河川側にこのぐらいの幅の舗装道路を近年新たに作ったんだよ、多分災害対策用。こうやって道を広げておいて、災害とかのやばいときに緊急車両が通るんだよ。うちの実家は、この堤の幅を広げられなかったんで、下に舗装道路を作ってたもん。ここ、前は車が全然通れなかったでしょ。

サン：はい。そういえば。

瀧：多分東北の震災の後とかに、行政が腰を上げたんじゃないかな。

サン：いやー、でもいろんなことが当然変わってるんだろうなと思ってたんで、ぐっとくることないのかと思ったんですけど。ここまで風景が変わってないと……、ありがとうございました！

瀧：いやいや。お前の「変わってない」の感動ぶりが、小岩の一面を何か象徴してる感じがする。小岩は変わ

らないんだな。とにかく今夜は強風がやべえわ。これじゃあとてもじゃねえが鍋なんか出来ねえ。でも、俺とお前にこんな共通点があったんだな。実家が川沿いの土手近くっていうさ。お前うちの実家って来たことあったっけ？

サン：ありますね。でも土手の方は行ったことないですけど。

瀧：そうかそうか。

——僕、学校が近い人羨ましかったですね。ギリギリまで寝たり、テレビ観ていられるし。

サン：ああ。でも僕は、みんなと一緒に帰れるのが羨ましかったですね。本当は駄目な買い食いをしちゃう感じとか。

瀧：なるほど。それは確かにそうかもな。俺の通学路は、うちがもうちょっと学校から離れてたらチャリ通学のエリアだったんだよ。後100m足りなかったから、歩いて通わなくちゃいけなくて。徒歩通学の一番遠いエリアだったんだよ。それにすごい理不尽さを感じてた。

サン：ありますよね（笑）

瀧：中2になったらさ、ヤンキーの友達と一緒のクラスになったんだけど、そいつがあんま学校来ないわけよ。やんちゃだから。そしたら担任から「瀧ってあいつと仲いいんだろ？　悪いんだけど、朝あいつんちに寄って、あいつを誘って学校に来てくれ」って頼まれて。そんなのハイって言うしかないじゃん。それはあんた

の仕事じゃないの？　とは思ったけど。でも俺が学校行こうぜって言えば、「しょーがねーなあ。じゃあ行くよ」って言ってくれる仲だったから。でもそこはさすがヤンキーだから「学校行くのはいいけど、俺はチャリで行くぜ」って。結果、そいつを学校に連れて行く報酬として俺もチャリで行けるっていう免罪符を入手した（笑）それで毎朝2人でチャリで学校行って、学校の駐輪場に堂々と停めてた。文句言われる筋合いはねえって感じで。そいつと一緒にずっと中学通ってたんだけど、そいつ結局バイク事故で死んじゃうの。

サン：そうなんですか。

瀧：夜中に無免でバイク乗ってて、ノーヘルでブロック塀にぶつかって死んじゃった。クラスが変わった中3のときね。お前の記憶の開きっぷりに影響されて、俺も記憶が開いたみたいだな（笑）

藤棚で鍋を食う！

サン：このあたりに鍋食うのにちょうどいい公園あると思うんですけど。

瀧：居心地良さそうなところじゃんか。藤棚も良い感じ！　水道もテーブルもあるし、いいよここ。藤の花っていい匂いがするんだなあ。すげえいい時期にこの公園に来たんじゃない？　この季節のためにこの藤棚があるんだもんね。では、四川風即席火鍋マーラービーフンを作ってみよう。……15分間加熱、そんなに？　火や電気がなくてもお水だけでオッケーか。これは災害のときとかありがたいよね。「お箸セット付き、順番で具材を白のトレーに入れてお水を内側の線まで注

ぎます。必ず先に常温の水を注いでください」か。常温の水は、シートパック用だから、温める側なんだな。スープ用の水と、加熱用の水がいるわけね。水道そこにあるもんな。おおっと、結構な量の袋が入ってますわ。順番に具材を白のトレーに入れて、１２３４って書いてある。４までもあるのか。でも全部入ればいいんだよね。

——1が春雨、2が野菜、3がビーフンパックですね。

瀧：おおおお、しっかりした野菜が出てきた。ビーフンパックも大ボリュームだ。最後はマーラー、鍋の素か。うわ、辛そうだなあ、これ！　水を内側の線まで入れたら透明トレイを黒い容器にセットして、蓋をしっかり締めると。……うわ、なにこれ、すげえ湯気が出てきた（笑）炊飯器みたいだわ。

ピュー（15分待つ）

瀧：出来たかな。うわ！　ちゃんと美味そう！

ズズーッ

瀧：ムフムフっ！　辛いっ！　でも美味い！　……とりあえずぎっくり腰にはなってない（笑）野菜パックの内容がすごいちゃんとしてるわ。キクラゲと、これは芋かな？　結構本格的だよ！　一人暮らしだったら、これとご飯とビールでいいと思う。すする時だけ気をつけよう。むせる要素満載だから（笑）

——凄い！　間近で見ると具沢山ですね！

ズズーッ

——美味い！　これ美味いですけど、白飯欲しいですね〜。

瀧：欲しい欲しい。これ中華麺でもいいよね。春雨じゃなくて。これなら1人でも食い切れるなあ。ちゃんと

麻辣感もあり。いやあ美味しかった。意外に楽しめたわ。

——では最後に瀧さん、江戸川区とは？

瀧：サンちゃんはさ、今日歩いてどうだった？

サン：何か開発はされてるだろうと覚悟してきたんですけど。30年以上経ってるのに街の焼き鳥屋もそのままだし。普通駅ビルとか出来て雰囲気変わったりするじゃないすか、駅自体もちょっと綺麗になったり。フォーマットが昔から全然変わってないんだなって思いましたね。

瀧：もう下手したら、小岩って1300年前から完成してたのかもしれないね（笑）でもマジでそういう言い方もできるよね。地元の人たちが声を揃えて「住めば都」って言ってたじゃん。

サン：小岩の人って、新小岩も含めて、他のエリアへの対抗意識とかって特にないんですよ。千葉にもないし、なんなら東京って意識もあんまりなくて。エリアの悪口言われようが別に、そんなにカーッとなったりもしないですし。

瀧：うんうん。大田区みたいに空港とかもない、港区みたいに湾岸感もない、江東区ほど埋立てエリアの取り合いとかしてないけど、住んでる人はそんなの全く気にしないし、むしろマイペースで楽しくやってるって言うね。だから江戸川区は飄々とした区にしておこう！特に小岩だけどね（笑）

総歩数
7685歩
EDOGAWA-KU

カ

葛飾区

かつしかく

足立区
板橋区
北区
練馬区
葛飾区
荒川区
豊島区
文京区
台東区
墨田区
中野区
江戸川区
杉並区
新宿区
千代田区
江東区
渋谷区
中央区
港区
世田谷区
目黒区
品川区
大田区

JR総武線「新小岩」駅スタート

——葛飾区は、瀧さんが見つけた「子ども葛飾区史」が面白いということで、その本に沿って歩こうと思います。これ、全部で220ページあるんですね。

瀧：その「子ども葛飾区史」で見つけたのよ、モンチッチ公園ってのがあるらしいぜって。それで今日新小岩駅に来て、駅の構内を歩いてきたらめっちゃモンチッチ推してて驚いたよ。モンチッチに会えるまちって知らなかった。

——四ツ木の方に行くと、キャプテン翼推しになるんですよ。

瀧：なるほど。翼くん南葛小だから葛飾だもんね。あとはもちろん「こち亀」とかもね。今、我々は葛飾区のどの辺りにいる感じ?

——今は区の南にいるので、モンチッチ公園を目指して北上しましょう。四ツ木方面に歩いて行くっていう感じかな。その間に、「子ども葛飾区史」に書いてあるところに随時寄って行こうかと。

瀧：うん、そうしよう。葛飾の皆さんは駅前のモンチッチで待ち合わせの感じだね。そしてなんとモンチッチ公園行きのバスが出てる。我々はとりあえず歩いてモンチッチ公園を目指そうか。モンチッチって作者いるんだっけ?

——調べますね。「モンチッチ」は1974年にセキグチより発売されました。体はぬいぐるみ、顔と手足

はソフビの人形で、当時は全く新しい人形と言われ、発売当初に爆発的ブームを起こしました」と、販売元のセキグチのＨＰに書いてあります。このセキグチが葛飾区の会社で、デザイナーはワシの良春さん。この方は「世界ふしぎ発見！」のひとしくん人形もデザインされた方だそうです。

瀧：へー、そうなんだ。そうだ思い出した。宇川くん（現代美術家、映像作家の宇川直宏さん）の奥さんのＪＥＮＮＡちゃんがモンチッチマニアなのね。何年か前に、ＪＥＮＮＡちゃんが「いろんな人がプロデュースするモンチッチを集めて展示をしたい。瀧さんも何かアイデアあったら」って言うから、いいよって引き受けて、俺がプロデュースしたモンチッチがあるのよ。首から下が全部天ぷらの衣で出来てる、「天ぷらモンチッチ」っていうやつ。食品サンプルを作る会社で天ぷらの衣をつけてもらって、展示する時にお箸を添えてもらった（笑）モンチッチってさ、どれもすげぇかわいいじゃん、猿なのに。なんでかわいいのかなと思って分析したことがあってさ。赤ちゃんって、まだ歯が生えてない時ってモンチッチみたいにほっぺたがプクーって丸くなってるでしょ？　だから、きっとこのほっぺたが魅力のポイントになってるんじゃないのかな、って。赤ちゃんってもれなくかわいいじゃん。

愛らしさを突き詰めたら、赤ちゃんのほっぺたにたどり着いたということなんだろうなっていうのが俺の読み。

――そうかもしれないですね、それはデザイナーさんも意識してやったんでしょうね。

瀧：そう、だから何かしら母性にうったえる魅力があるんだろうと思って。これアンパン屋さん？　うわー食ってみたいなぁ。アンパンの専門店ってあんま見たことないもん。でももう閉まってる。夜散歩の残念なとこ（笑）

――一応ここが一番大きい平和橋通りで、ほぼまっすぐ行けばモンチッチ公園までいけます。途中に平和橋っていう橋がありますね。

瀧：なるほど。葛飾区は前回どこに行ったんだっけ？

――立石ですね。その辺が葛飾の真ん中ぐらいなんで、今回南から攻めるのはありですね。

瀧：新小岩は、葛飾で一番大きい街？

――いや、多分ですけど、もうちょっと北の方の街が大きいんじゃないすかね。

瀧：駅の周辺は大きくて新しいマンションもあるね。この間テレビの情報番組みたいなの見てたら、今この辺が割とニューファミリーには人気みたいなんだよ。

――うんうん。生活にかかる金額が都内にしては安く済むのと、交通の便がいいのかなと思います。

夜散歩名物！　多叉路のたつみ橋交差点！

瀧：大きい交差点までやってきた。あ、この道って暗渠かな？　板橋区の高橋さんが大好きな（笑）　そして、橋のたもとには100円自販機もある。さらに80円のも！　そして1000円ガチャまで！

――しかもこれ、五叉路ですよね？

瀧：本当だ。そうだわ！　交差点の向こうの暗渠の道も入れれば六叉路だよ。俺らのためにセッティングし

ましたよっていうような。ええと、ここにあった元々の橋の名前は、……巽橋か。なんかちょっとロマンを感じるデザインだなあ。よし、じゃあなんか飲み物買おうか。見てよ、すごくない？　全電子マネー対応。100円自販機で。

――本当だ！　でも、IDだけないですね

瀧：ん～、惜しい。とはいえ、この価格設定で電子マネー対応って最新じゃない？

瀧：え～っと、今日はこれ行こうかな。角切りりんごと日向夏。じゃあ行くぜ。（ガシャン）ではいただきます。あー、柑橘類のジュースにリンゴの角切りがちっちゃいな。でも、思ってたよりもリンゴの果肉が入ってる。

――これサンAが作ってるんですね！　宮崎では知らない人がいない、間違いのない飲料メーカーです！

瀧：間違いがないんだ（笑）全幅の信頼感じゃん。リンゴの歯応えがサクサクしてるじゃん。でもベースのジュースはどっちかっていうと日向夏。これにワインとか混ぜたら、簡単サングリアの出来上がりかも。でも、これで80円だったら贅沢な感じじゃない？　せっかくだから1000円ガチャもしとく？

――行っちゃいますか。荒川区で時計、世田谷区で望遠鏡、これで3回目ですね。

瀧：このラインナップで重たいものだと、Bluetoothスピーカーくらいはあるんじゃねえの？　って今思ってる。

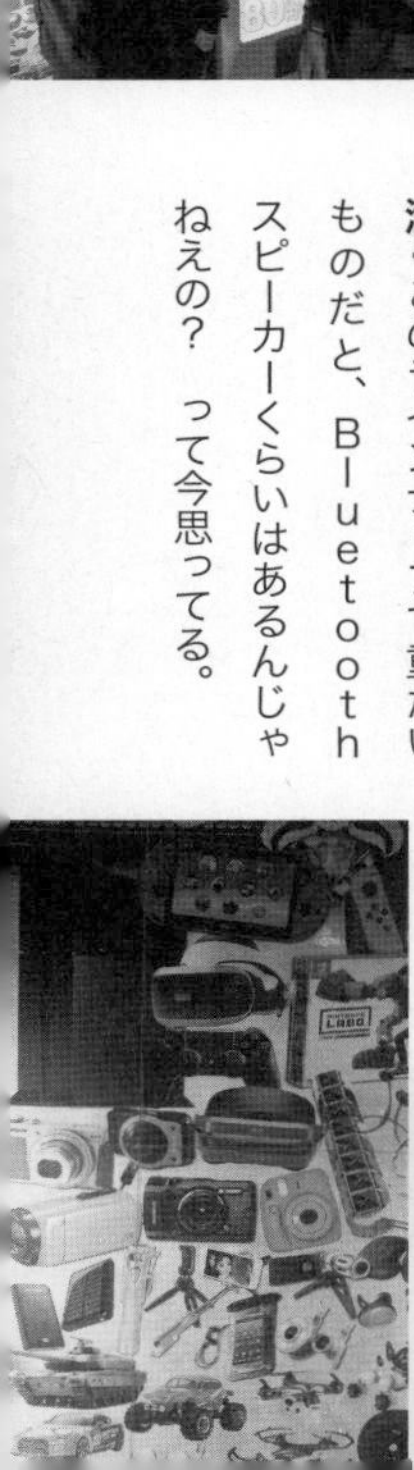

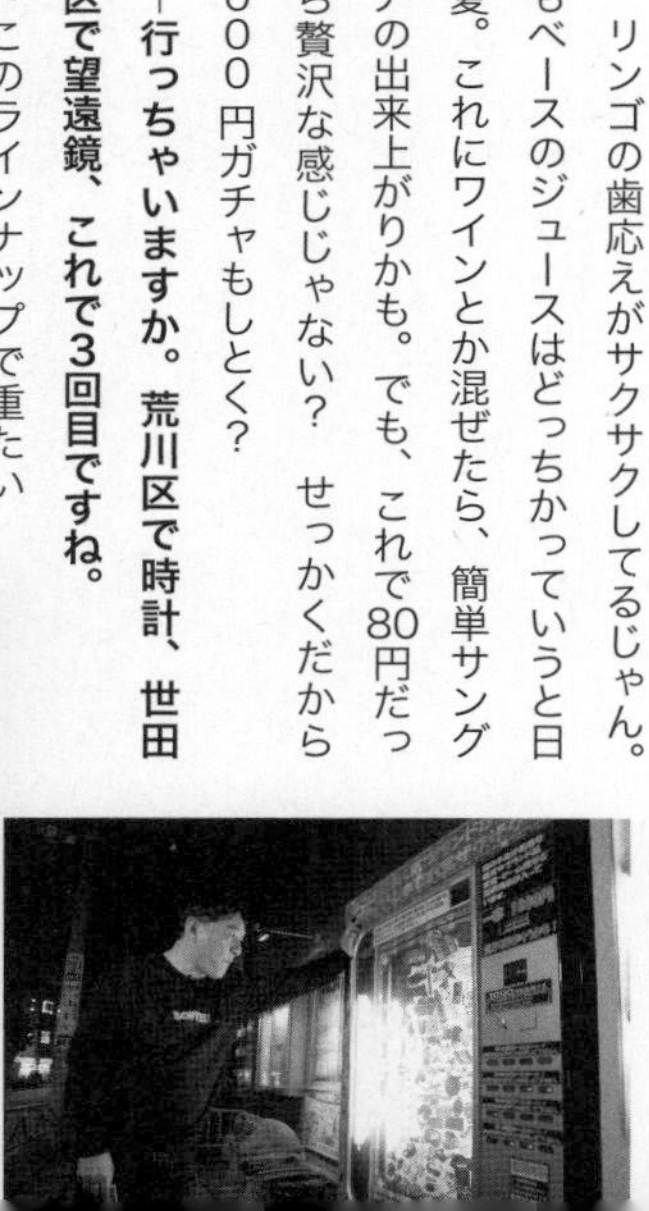

——確かにそうですね

（ガシャン、ゴトンッ！）

瀧：重い音！　ちょっと重ための音じゃない？　なんだろう。……うわ〜、アッハッハ！　鼻毛カッター！

——おー！　でもこれ今までで一番いいんじゃないですか!?

瀧：確かに今までで一番良さそうな気がする。単三電池で動くのか。誰か持ってない？

横ちゃん：機材で使うのがあるんで、こちらどうぞ。

瀧：ありがと。ちょっと借ります。（ウイーン）うわ〜、すごい切れる。ちゃんと使えるわ。でも最初に俺が使っちゃったから、もう俺しか使えないけど。水洗いもできるんだ。

——（スマホで調べる）ちなみにアマゾンの評価4・17ですね。

瀧：初めてみんなが納得するものが当たった（笑）

独特な戸建てが並ぶ西新小岩

瀧：とりあえず、モンチッチ公園に向かおう。でもさ、想像してたよりも全然街が開けてる。何となく若い人たちが住んでるような感じがするよね。行き交う人を眺めてると。

——マンションとか新しいですよね。

瀧：そうそう、マンションは全部最近建ちましたみたいな感じだもんね。この交差点の角にも新しい建設計画がある。学生マンション、ワンルーム146戸の14階建てのマンションができるみたいよ。新小岩って学生さんがいっぱいいるの？

——多分ですけど、総武線沿いだからですよね。上智、法政、東京理科大、学部によっては日大とかその辺が揃ってるんで。

瀧：なるほど。学校の近くじゃなくても、電車1本で行けるところの便利さか。大学生のリーズナブルな下

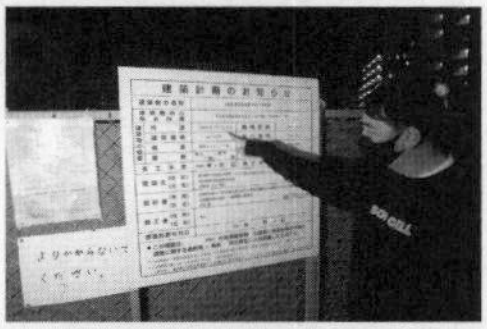

宿先としての新小岩なのね。

――僕も大学が飯田橋だったんで、気持ちはよくわかります。

瀧：飯田橋に住んじゃったら学校には近いけど家賃は高いもんね。なるほど。そういう意味でも葛飾区はちょっと見直されつつあるのかしら。俺たちが全く知らないだけでさ。ところでさ、今日は日曜日だからモンチッチ公園に行ってみようって、外部の人が新小岩駅にやってきたとするじゃない。そしたら多分川沿いを歩くか、駅から出てた公園行きのバスに乗るんだよね。

――地元の人も乗るんですかね、あのバスに。

瀧：モンチッチ公園の近くに住んでる人は乗るんじゃない？　俺も同じこと考えたことあってさ。ＩＫＥＡに行くバスとか、アウトレット御殿場に行くシャトルバスとか、目的地の近くに住んでる人は使うのかな？って。

――はいはいはい。多分、瀧さん使ったことないと思いますけど、渋谷駅からＮＨＫまでのバスが出てるんですよ。松濤の方に住んでる人たちは、意外とあれ使ってるんじゃないかなって思いますね。

瀧：なるほどね。設置してるコミュニティ側は、それＯＫなのかな？

――使ってくれれば別にＯＫなんじゃないですかね？　ガラガラで走るよりは。

瀧：まあそうだよね。おお、スカイツリーがドンと見える！

――何かここの空き地もマンション建ちそうな感じですね。

瀧：そうね。新小岩の人ってさ、結構歩くんだなと思って。家が駅近じゃなくても歩いて通ってる感じがする。街に暗い感じがあんまりないからかな。バスも遅くまで走ってるし、ダークカラーが少ないなっていう感想。

判断早い？

——いやなんか僕が思ったのは、さすが小岩に新をつけるだけあるなっていう。

瀧：ああ、なるほどね。そうだよね、新しい方の感じね。オリジナルの小岩があったんだもんね。ということはさ、実は「新新宿」とかも作っていいってことでしょ。なんかこの辺りの各家のサイズ、割とでかいよね？

——無理やりぎゅうぎゅうにして住んでる感じがしないですよね。

瀧：住宅街の感じ、悪くないよ。葛飾区は、街灯が電柱設置スタイルなんだな。住宅街の道がどこもちゃんと明るいよね。今俺たちがそういう地区を歩いてるだけのかな。

——葛飾区の南側はどこもこんな感じなんじゃないですかね。もうちょっと北上して立石の方とかだともうキツキツなんで。

瀧：住宅地に綺麗な公園出現。居心地良さそうだし、結構広いわ。上平井公園っていうのか。これ何だろ？「干潮時水位はポール根元から65cm下にあります。」「過去最高水位は3メーター56cm」?! 水害で超ヤバい時は上の赤いラインまで水位がくるんだ！ マジですか!? この下の青いラインでさえ普段の満潮時の水位1メーター45cmってことは、もうここ海抜0m地帯ってことだ！ 「子ども葛飾区史」で葛飾の名前の由来を調べると、「崖と低い土地」っていう意味もあるらしいんだよね。6000年前は海の底だったらし

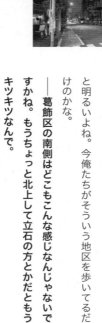

いし。ここまで水が来たらそりゃ水没しちゃうよね。

——それがあるからでしょうね、どこも戸建てを建てるときに、ちょっと入り口の高さをあげてる感じですよね。あと1階が居住スペースじゃないお宅も結構見かけます。

瀧：っていうことだよね。本当にさ、まあまあな割合で3階建てだもんね。あと屋上とかもちゃんとあるし。

——大田区もでしたけど、まっすぐになってる道が多いところって、元は農地だったんでしょうね。

瀧：ああそうね、それもあるかもね。ここってもう川の近くなんでしょ？

——あの辺からですね。

瀧：ここも1階がガレージとか工場にされてる。3階建てで、1階が居住用じゃない建物とか多いよね。そもそも建てるときに、行政がそういう指導をしてるとかじゃないと街ぐるみでこういうふうにはならない気もする。それとも地域の長年の経験がそうさせるのかな？

川を見張る上平井水門

——ここをまっすぐ行けばもう川ですね。

瀧：さっきの公園で、ああいう表示というか注意喚起があったから、川はもうすぐかなと思ったら、やっぱりすぐ近くなんだな。

——川沿いを歩けたらいいんですけどね。

瀧：あ、堤防的なもんが目の前に見えてきた。階段登れるとこあるから、上がって見に行ってみよう。ほわ〜、なるほど！　っていう感じだわ！

——超立派な堤防です。でも川の水面の高さと、あっちの住宅地の地面を見比べると、……これおそらく溢れるのあっという間ですよね。

瀧：いや〜、これはきっとそうだよね。何かあったら、普通に水没しちゃう地形だよ。あそこ、首都高の下に水門がある。この川は中川っていうんだよね？　向こう側にもさらに大きいメインらしき川が見えるな。

——あれが荒川ですね。

瀧：向こうに並々とした水量の荒川が流れてて、さらに並行して流れてる中川がある。そして中川に造られてるあの水門はなんかすげえ物騒な感じ。スーパーゼネコン感がある、軍事施設っぽいっていうか。豪雨とかで水量上がってきちゃって、もうちょっとこれ以上はヤバいってなったときにはあれでどうにかするんだろうな。かなり物々しい雰囲気だわ。ここの堤防は金八先生は歩かない感じ。なぜならほのぼの感がゼロだから。あの水門の横まで行ってみようか。

——なんか、あの首都高の向こう側に行けば、野球場がいくつかあるっぽいですね、川に挟まれた真ん中の土地に。もうちょっと四ツ木寄りに上った方ですけど。

瀧：川の中洲にある草野球場ってこと？　ちょっとこっちからだと中洲の様子はよくわからないなあ。でも今のこの風景でさ、またいつもとは違った角度で強く東京を感じてる。このでかい水門のおかげで、俺ちょっと興奮してるもんね。

——江東区にもこういう感じのとこありましたけど、周囲に人は住んでなかったじゃないすか。

瀧：確かに、そうだね。海があって、コンクリゾーンがあったけど、でかい公園が住居ゾーンとコンクリゾーンの緩衝スペースになってたもんね。ここの場合は人が住んでる所まで直だも

んね。

——あと、川の流れが速いですよね。これちっちゃい子どもとかいたら、ちょっとこの辺は行かないで、遊んじゃダメってなりますよね。

瀧：なるなる。なんか雰囲気もめっちゃ怖いもん。今は何もないから、あそこのランプが青じゃない。あれが赤になったとき超怖いだろうね。多分ウウーーッ！ってサイレンが長く響いて、下にゴゴゴゴゴッ！って降ろすんだろうけど。

——小学生の頃、諫早湾か何かの埋め立てのときに、すごい勢いでコンクリートの塊が落ちていく様をニュースで見て、めっちゃ怖かったの思い出しました。

瀧：ゆっくりじゃなくて、ガゴンッ!ガゴンッ!ってすごいスピードで次々閉まっていくやつね。わかるわかる。上が4・9m、横27・6mって数字が無機質に書いてある。水門の上の高さが4・9m、幅が27・6mってことかな。上平井水門、なんかすげえ怖えわ。圧倒される。もちろん夜だからってのもあるけど。

——（調べる）瀧さん、東日本大震災の時はここが閉まったみたいです。そのときは、津波からの洪水を堰き止めるために。

瀧：ああそうか、水が海から来ることもある地域なんだもんね。そうなのか。

——そのときは、この辺にお住まいの方はみんな一時避難されたってことですよね、多分。

瀧：そういうことだろうね。住民の命に直結だもんな。いやもうこれはちょっと、何だろう。……うん、「あるところ」にたどり着いた感じがする。言い過ぎかもしれないけど、ちょっとディストピア感あるもんね。

——わかります。もうこの階段も歩行者に優しくないですもんね。

瀧：そういうつもりで作ってないからっていうことだろうね。マジで急だな。

——いやでもこの環境見たら、さっきみた

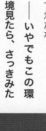

いなお宅の作りになりますよね。

瀧：うん。すげぇ納得したよ。

モンチッチと焼き鳥

瀧：さて、この川沿いを行けばいいのかな？　モンチッチ公園は。

──はい、そっちですね。モンチッチ公園意外と広そうです。

瀧：元々あった公園を新しくアップグレードしたのかな？

──いや、ゼロから作ったっぽいですね。

瀧：ごめん、もう1回最初に立ち返っていい？　そもそもなんで葛飾区にモンチッチの公園があるの？

──モンチッチ公園、セキグチの工場跡地みたいです。しかも2016年オープンで、モンチッチは葛飾区観光協会の広報課長なんですって。

瀧：広報課長になってんのか。それはバリバリ働いてもらわないといけないってなるよね（笑）

──すごいモンチッチには申し訳ない言い方ですけど、両さんや翼くんよりは安そうじゃないですか。集英社よりは面倒くさくなさそうっていうか。

瀧：（笑）どうなんだろうね。でも多分同い年くらいじゃないの？　両さんとモンチッチって。

──1974年にモンチッチ誕生で、こち亀は1976年に連載開始だから、モンチッチが2年先輩ですね。

瀧：モンチッチって両さんよりも先輩なのか（笑）翼くんは、南葛小の選手だからって理由だよね。スペイン人とかイタリア人のサッカー選手ってさ、すげぇ翼くんのこと好きだよね。翼くんって今はバルセロナにいるんだっけ？

──そうです。あと、今は南葛SCというのが実際にあって、高橋陽一先生（キャプテン翼の作者）が関わっていらっしゃいます。南葛SCには稲本や今野が在籍しています。

瀧：マジで⁉ 元日本代表の稲本と今野いるんだ⁉ すげぇちゃんとしてるじゃん。こっちの住宅地の方から行こう。住宅地静かだね。あ、猫発見！ ここから中に入っていったよ。ここは外谷汐入庭園っていうのか。意外。庭園があるんだね。猫はやっぱりマンションとかだと飼えるところ限られるから、住宅地だと暮らしやすいだろうね。遊ぶところいっぱいあるだろうし。

——モンチッチ公園、こっちの方ですね。そこの信号を右折してちょっと行ったところに。あ、あれじゃないですかね！

瀧：え、あれ⁉ 思ってたのとなんかちがーう（笑）あの様子だと多分中には入れないな。でも、いたいた〜！ モンチッチ！

——ちょうど23時です、モンチッチ公園で写真を撮りましょう。

瀧：奴ら言っても獣じゃんか。格子を隔てて会うってさ、正しいやり方かもしれないな（笑）ちょっと動物園っぽい感じ。夜でもちゃんとかわいいな〜（笑）

——隣の方にちゃんと広い公園もありますね、そこにもちゃんとモンチッチいました。

瀧：じゃあ、そっちの野良モンチッチにも会いに行こう。モンチッチゾーンは、パクられたり、イタズラされちゃったりするのを防いでるのかな。

——あ、トイレとか遊具にもモンチッチがいますね。

瀧：超かわいいい（笑）これはかわいいわ〜。ただ、おっ

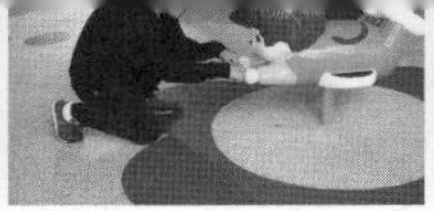

さんは入りづらい（笑）

——こっちのちびっこひろば、モンチッチが遊具になってる！

瀧：すげ～、造形がちゃんとかわいい。これはちょっと乗るのはやめとこう、ちびっこ広場って書いてあるから。壊したら悪いし、俺ちびっこじゃねえもんな、もう（笑）ここで遊ぶちっちゃい子達を眺めるのいいだろうなあ。どう写真撮ってもかわいいの取れると思うわ。よし、とりあえずモンチッチパークは、クリアでございます。

——次は四ツ木の方に行ってみます？　セルロイド発祥の地がそっちです。メッキの工場もあったみたいで。あとは、翼くんの銅像とかがいろんな公園にあります。

瀧：OK、そうしよう。

——では、移動先が決まったところで、公園で座って焼き鳥を食べませんか？　今日、小岩経由でここに来たので、前回の江戸川区編で松坂さんが一番通っていたという小岩の「鳥喜」さんでいくつか焼き鳥を買っておきました。

瀧：ああ！　サンちゃんがいつも買ってたって言ってた店？　食べたい、食べたい！　俺レバーもらうね。これはアイツに写真を送ってあげよう。いただきまーす！　うん、こりゃ美味い！　冷めてても全然美味しいわ！

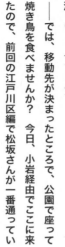

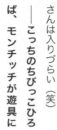

四ツ木の由来とハープ橋

瀧：じゃあ焼き鳥エネルギーも補充したし、四ツ木の方に歩いて行こうか。とりあえずそこの橋で中川を渡って、セルロイド発祥の地を目標に。さっきの情報でも思ったけど、本当に葛飾区っておもちゃと漫画なんだな。

——だから、両さんの町になったんでしょうね。瀧さん「こち亀」はみてました？

瀧：ジャンプを買ってたときには一応毎週読んでたよ。コミックスを買うほどではなかったけど。もちろん「キャプテン翼」も読んでた。タイガーショットとか知ってる。早田のカミソリシュートとか。一応ファミコンのソフトも当時やってる。

——ファミコンのキャプテン翼は名作でしたね！

瀧：サッカーゲームの新境地というか、独特のゲームシステムだったよね。翼くんがバルセロナに行ってからの連載も、ちょっと読んでた。グランドジャンプに連載されてたからさ、クロマテ（注：漫画家のクロマツテツロウ先生のこと）が本誌をくれるのよ。草野球の時とかに「瀧さんこれ！」ってまとめて。翼くんがバルセロナへ入団して、日向くんがＡＣミランだっけ？

——日向くん、ユーベですね。

瀧：ユベントスか。橋の向こう側に渡ろう。

——静岡市で生まれて、サッカーやろう！　とかなった時期ありました？

瀧：ならなかったなあ。静岡市って、静岡学園とか全国レベルの学校はあるけど、市としてのサッカー人気はそんなでもないのよ。隣の清水市（現静岡市清水区）とかは、サッカー強いし、すごい盛んなんだけどね。静岡市自体は静岡学園が強いぐらいで、市内のサッカーチームとしてはそうでもなかったんだよ、俺の子供の頃はね。今渡ってるのはさっきの中川だよね、これは何橋？

——これが上平井橋ですね。水門がなくてもやっぱ水面は怖

いですね。

瀧：さて、橋を渡って首都高の橋脚ゾーンに来たぞ。ここは中川と綾瀬川ってのが合流してるポイントなんだな。首都高の下すげえなあ。あんまないロケーションだ。あ、田中賞を取ってる！　確か土木学会が優れた建造物に贈るやつだよね。「この橋をかつしかハープ橋といいます。主塔から張りわたしたケーブルで橋げたを直接つり上げる斜張橋であり、世界で初めての曲がった橋げたを吊る斜張橋です」だって。ハープ橋って、首都高のあそこの橋のことだよね。

――残念。ここからだと絶妙に見えないですね（笑）

瀧：はっきりとはわからないよね。でも水門を避けて曲がってるってのはわかるわ。当時としては革新的な橋だったんだろうね。世界初だもんね。

――ですね。そしてエリア的にはもう四ツ木エリアです。多分この辺の人たちも、最寄りの駅っていうと四ツ木駅を使ってる感じです。今いる場所の住所は東四ツ木になりますね。

瀧：四ツ木って地名の意味はなんだろうね。

――さあ、そんなときのための「こども葛飾区史」ですよ！

瀧：そうか、なるほど（笑）

――（ページを捲る）ええと、地名の由来。「西光寺（四つ木1丁目）にある木造聖徳太子立像の頭に「暦応四年」（1341年）と「四木善祐」という人物の名前が書かれていることから、現在の四つ木につながる地名は、680年ほど前からあったと考えられています。地名の由来には、この地に4本の大きな木があったためという説、西光寺にある木造聖徳太子立像の頭が4つの木を組み合わせてつくられているためという説、鎌倉幕府の初代将軍となった源頼朝がこの地を通過した時刻が四つ（現在の午前10時か午後10時）であったためという説などがあり、はっきりとわかっていません」

瀧：木が4本あったってのが一番ありそうじゃない？　シンプルだしさ。頼朝説はちょっと弱いよね（笑）

――ですよね（笑）四木善祐説もなかなかいいですけ

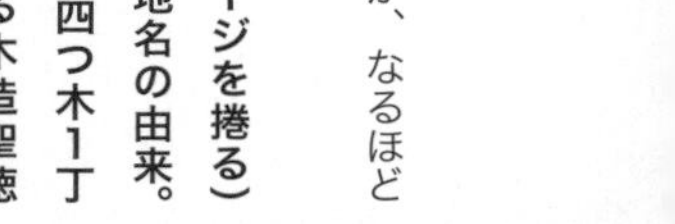

どね。ただ、昔はどういう地形と風景になってたかとかは、今では確認のしようがないですもんね。

瀧：そうだよね、絶対今のこの感じじゃなかっただろうしね。ゼネコンが入ってからこの形になっただけで。

――あ、ここからだったら、さっきのハープ橋もちゃんとＳ字になって見えますね。

瀧：ホントだ。元々は水門が先にあっただろうからね。水門避けて吊り橋作ったのすごいなあ。

――さっき、メッキ工場で大きいのがあるっていう話をしたじゃないすか。こども葛飾区史を見ると、メッキ工場が昔は乱立してたらしいんですよね。でも一つ一つの町工場では汚水を管理しきれないっていう理由で、ひとつにまとまろうということで合同の大きい会社になったらしいです。それでメッキアパートっていう会社名になったと。

瀧：メッキアパート!?

――はい。メッキを扱ってる会社がみんな集まったから、メッキアパートっていう。みんなで汚水を管理しましょうという対応策でしょうね。

瀧：なるほど、環境問題対策なんだな。卓球くんの静岡の実家の隣がメッキ工場だったのよ。メッキ工場から出る煙とか臭いってさ、毒性が強いじゃない。何か金属を使うからさ。だからあいつの家で一緒に遊んでるとさ、あいつちょいちょい痰を吐くんだよね。で、それをいちいちティッシュとかで処理するのが面倒くさかったらしくて、ずっと1Lのコーラのビンに痰を溜めてたの。キャップ付きのビンに。そしたらどんどん溜まっていくじゃん、でもちょうどいいやってみんなそこにタバコの吸い殻も捨てたりしててさ、超エグい「悪魔の汁」って呼ばれるものが出来上がってたのね。そしたらある日、誰かがそれをうっかり倒しちゃって、卓球くんの部屋の畳にドバドバ〜ってこぼれて大変なことになったっていう出来事を今思い出した（笑）

――（笑）いやでもそれ、笑い話にできてるからいいですけど普通に公害ですよね。

瀧：確かにそうだよね、当時は全く気にしてなかったけどね。ここのずっと続く壁はなんだろう……お寺か。木下川薬師（きねがわやくし）浄光寺、大きいお寺だ。ちょっと正面に回って見てみようか。川と川に挟まれ

た突端にあるお寺ってことでしょ。水害とかに関係してるのかもなあ。この『23区23時』をやってるとさ、いろんな場所で川が氾濫しましたとか、洪水対策してるとか結構見聞きするよね。

―はい。川の氾濫がどうこうは、北区や世田谷区の時も見ましたもんね。あ、この道をまっすぐ行けば、セルロイド記念碑というのがあるはずです。徐々に普通の日本家屋も増えてきましたね。

瀧：そうそう。このお寺もあるぐらいだからさ。さっきの、新小岩の辺りよりは昔馴染みの下町の街並みになってきた気がする。

―なんかまだ頑張って動いてる工場も多いですね。明かりが結構点いてますもんね。

瀧：ホントだよねえ。もう24時5分か。

町工場に出くわす

―そうですね、中川沿いから、左折します。

瀧：わ、なんだこれ!?　……バイク用の駐車場か。でも鍵は南京錠システム。手練れの泥棒ならなんとかなっちゃうんじゃないの、とも考えられるけどね（笑）さっきの新小岩の川に近いところとさ、家の高さが違うよね。膝下ぐらいはたまにくることあるんだよね、みたいな感じはちょっとあるけど。1階部分はまるまる全部使えない、みたいなお宅は見かけないよね。

―うわ！　珍しい形ですねこの銭湯。

瀧：これ上はマンションだよね？　……う～ん、どういう構造の銭湯なんだろう、これ。

―煙突もあっちにありますね。

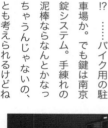

瀧：俺の読みは、このハイツには各部屋にお風呂がなくて、みんなここに入りにくる、というシステム（笑）もしくは地下にお風呂がある感じかな。海底温泉的な。ここからは、どっちに向かうの？

——この住宅街の道をもうひたすらに真っ直ぐです。

瀧：ＯＫ。あ、ここ古いけど玩具製作所だ。株式会社早水金属玩具製作所。すごいところにたどり着いた。

——何を作ってたんでしょうね？

瀧：金属玩具か〜、ブリキのぜんまいおもちゃとか？

——（ネット見る）調べてみたら、住所は出てきますけど、もうそれ以外何も出てこないですね。この様子だともうやってないのかもしれませんね。

瀧：そんな感じちょっとするね。川の向こう側にはセキグチ・ドールがあって、こっちには速水金属玩具製作所。このエリアにはそういう会社がいっぱいあったんだろうね。そしてここは町中華だったっぽいな。寂しい〜、なくなっちゃってる。

——でも賑わっていた雰囲気はありますよね、ここ。

瀧：そんな感じある、工場の人が足繁く通ってた感じ。閉まってからもうずいぶん経ってるよね。（中を覗く）黒板にさ、サワー、ビール、串カツって書いてあるんだよね。もしかしたら、一回誰かの手に渡っちゃったのかもね。元々のご主人が亡くなったから少し間借りして、って感じで。この辺りの街並みは、昔からこの感じで変わらずにありますよって感じだね。四ツ木は、何線の駅なの？

——京成線ですね、成田空港に繋がるような路線です。

瀧：ん？　うわ！　粉砕機、破砕機だって。町工場だ。「当社は大正15年創業の粉砕機・破砕機メーカー。創業者が開発したマキノ式粉砕機は戦後、政府から指名され、食糧難解決に多大な貢献をした。３代目の現社長は「粉体業界のコンビニエンスストア」を自称し、コンサルティングを含めた営業販売を展開。その一例が奈良の寺院からの依頼で開発した象形粉骨機。厳しい条件下で様々な課題を解決、開発を成功させた」

——これのことですかね？

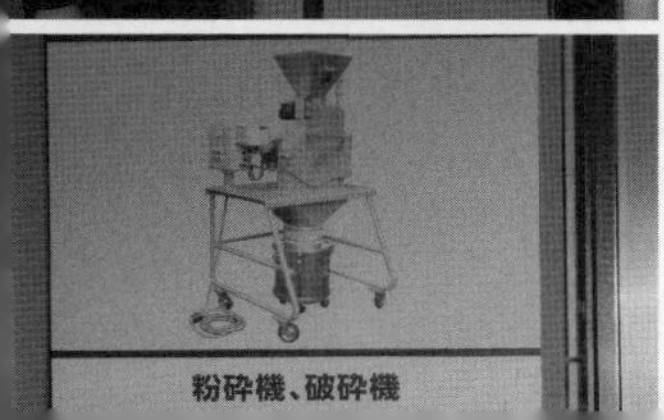

瀧：そうかもね。槇野産業さんに「こういう役割の機械が欲しいんだけど」って相談したら、開発して作ってくれるってことじゃない？

――QRコードがあるんで、YouTubeをちょっと見てみましょうか？「粉砕機で原料粉砕やってみた、カンナくず編」「25分でわかる粉砕機の選び方」。

瀧：（笑）最高だね槇野産業。この動画をガチで見る人は、本気で買おうと思って粉砕機を吟味してる真っ最中だろうな。25分の尺は長いから、カンナくず編をちょっと見てみようか。（YouTubeを見る）……こうやって粉砕するのか。槇野産業さんの会社の前で、槇野産業の動画を深夜に見るという不思議な体験。しかもわざわざネットを介して（笑）食糧難解決っていうことは、この機械で小麦を粉砕して小麦粉とかを作ってたのかな。とにかく槇野産業株式会社がファンキーで面白い会社だってことはわかったな。俺が機械を発注することは中々ないかもしれないけれど（笑）なんかさっきすれ違ったカップルもそうだったけどさ、ちょっとヤンキー文化健在な感じするね。夜中に結構ジャージ姿の人とかうろついてるし。

――そしてやっぱり工場多いですね。

瀧：本当だよね、大田区に負けず劣らず。でも大田区と違うのはさ、何をやってる工場なのかちゃんと書いてあることだよね（笑）大田区はそこが何の工場か説明書きがなかったもんね。葛飾区の場合は、槇野産業みたいに「こんなのやってますよ！」って教えてくれる。ここなんかもほら、陳列ケース、商品表示板、各種ボックスだって。この感じの業務内容だったら、頼めばオリジナルのやつでも作ってくれそうじゃない？

――工場向けの営業マンにとっては、こうして業種を表示してくれると仕事しやすいのかもしれませんね。

いつでも歓迎！激安スーパービッグA

――あ、あそこ24時間スーパー「ビッグA」って書いてあります。行くだけ行ってみます？

瀧：行ってみようか。歩いてると、夜中でも仕事して

る工場結構あるね。

——コンビニが近所にないから、代わりにここが24時間営業でライフラインになってるんですかね。

瀧：ああ、なるほど。確かにコンビニ全然見かけないもんね。しかしビッグAって全然知らないわ、初めて聞いた。しかも24時間営業。ちょっと入ってみよう。「夜11時にビッグA駐車場に集合～！」とか言ってんのかな、この辺のやんちゃな子は（笑）店の佇まいに地方感がある。ここは沖縄だよって言われたら、信じちゃいそう。（店に入る）

——いや～、なんだかローカルスーパーっぽいですけど、でもこれ全部めちゃくちゃ安いですよ…！！

瀧：ホントだわ！　肉も魚介も。そして見た事がない、めっちゃ安いビール、発泡酒かな？　この店、見た事がないものが多いけど、とにかく全部めっちゃ安い（笑）なんと83円だって。これ買ってみよう。お惣菜コーナーもあるかな？

——こっちにありますね、そしてやはりめっちゃ安い。

瀧：おむすびセット100円、焼き餃子97円、のり弁197円。小学生だったら200円あればお腹いっぱいだよね。「お父さん今から工場行ってくるから、とりあえずこれ食っとけ」って。

——うわ、瀧さんこれ！　懐かしい！

瀧：うわ！　アップルリングだ、懐かしいな～。これも買おう。だって次にいつ出会えるかわかんないもんね。

——このデカいヤツもありましたね、アップルリング。ちっちゃいやつもありましたけど。

瀧：そうそう。これを調子こいて半分ぐらい食っちゃってさ、夕飯前にもう腹パンパンで何も入んねえっていう瞬間とか中坊のときにあったわ。じゃあちょっと買ってくる。

——（店を出て）いやあ、ビッグA全部安かったですね。

瀧：ね、すごかった。俺、

明日の朝から船乗って釣りに行くのよ。このアップルリングを船の上で食おうと思って。アップルリングをおやつ代わりに3人ぐらいで分けて食べるイメージ。

——でも本当、今日歩いてきたエリアって東京じゃないみたいですよね。

瀧：いや、本当。特にビッグAは奄美大島のスーパーだって言われても信じるよ。じゃあこの買ったお酒飲もうかな、プライムドラフト。（プシュッ）いただきます。……うーん、ホッピーだ。濃いホッピーだね。

——僕もいただきます。うーん、ビールというか、ビールの味を目指した別の何かですね。でもさっぱりしてますね、うん。じゃあ、本来のルートに戻りましょうか。

瀧：うん。いやあ、興味深かったよビッグA。ちょっと独特の商品ラインナップじゃなかった？　大手のやつはあんまり仕入れないみたいな。

——何らかの理由で大手には並ばなかったものを、安く仕入れて並べてるってことですかね。

瀧：ああ、仕入れを工夫してるってことでしょ。わかるよ、何かね。四ツ木はなんだかちょっと地方感あるな。以前行った小岩も下町だったけど、あっちにはまだ東京感はあったよね。

——東京の下町、って感じがまだありましたね。

瀧：そうだよね。こっちは本当に何か地方都市感がある。そして四ツ木エリアはホントに夜中に出歩いてる人が多い。なんか歩いてる人の、「家にいたくない感」が透けて見えるな。

セルロイド工業発祥の地

——なんかこの先に七叉路があるっぽいですね。

瀧：七叉路!?　どういう構造になってんの？　これはスーパーグリーンマートか。こっちはやってないね、20時には閉まる。

——でも、グリーンマートも全然見た事ないですよね。

瀧：俺も知らないなあ。

——亀有や立石に引っ張られて、僕らは葛飾区サウスサイドを侮ってたのかもしれないですね。知らないことばっかりです。

瀧：本当だよね。今夜は驚かされることが多いよ。

——そしてこの先が七叉路ですね。ミニストップの前のところ。

瀧：ここか。え～っと、1、2、3、4、5、6、7。本当に7つあった。すごいわ！　そうかでも、どうやって写真を撮ろう（笑）

——どこか高いところから撮りたい気分ですよね。

瀧：そうだよね。でも勝手に人の家のマンションの階段上がるわけにいかないしなあ。

——今までで最多じゃないですか？

瀧：そうだね。交差点として複雑過ぎだよ（笑）

——そして到着しました、渋江公園。この公園の中にセルロイド工業発祥記念碑があります。あと、岬太郎くんの像もあるはずです。あ、岬くんいましたね。

瀧：岬くん、確かフランス行きかけたんだよね。

——怪我で断念して、ジュビロ磐田に入りました。

瀧：そうなんだ（笑）よし、いつも頼りにしてた岬くんと一緒に写真撮ろう。この感じなら、葛飾区のどこかに翼くんや若林くんもいるんだな。しかし葛飾って、本当に夜出歩いてる人が多いね（笑）この公園にも人がいる、結構深夜なのに。これまで『23区23時』でいろんな夜の公園に行ったけど、ここまで夜出歩いてる人が多い場所ってあんまなかったよね。駒沢公園とか代々木公園とかの大きい公園ではたまにあったけど。理由が違う気がする。

——あそこが、セルロイド工業発祥記念碑ですね。

瀧：あそこか。「葛飾区セルロイド工業発祥記念碑。

わが国におけるセルロイド工業の歴史は、明治10年（1877年）に神戸の外国人居留地に2インチ（約5cm）四方の赤いセルロイド板がもたらされたことに始まります。明治41年（1908年）に堺セルロイド及び日本セルロイド人造絹糸が設立され、本格的な製造が始まりました。葛飾区のセルロイド工業はこれらを追って大正3年（1914年）に創業されました。その中心となったのは、故千種稔氏がこの地に設立した「千種セルロイド四ツ木工場」です。のちにセルロイド工業は葛飾区の主要産業のひとつになりました。このモニュメントは渋江公園の開発に伴い、昭和27年（1952年）に建てられました」と、なるほど。例えると、パンが外国から入ってきたのは横浜とか神戸かもしれないけど、葛飾区で初めてパンを作ったのはここなので、その記念碑を作りました、みたいなことだよね？ ♪アメリカ生まれのセ～ルロイド、これ何の歌だっけ？

——童謡の「青い眼の人形」ですね。

瀧：そうだ、「青い眼の人形」だ。セルロイドの人形の歌。セルロイドって聞くと自動的に口ずさんじゃう体にされちゃってるなあ（笑）いやあ、今日は結構歩いたね。何だかんだでもう4時間か。ここがゴールで良いんじゃないかな。

——では瀧さん、葛飾区とは。

瀧：まずはやはりおもちゃ産業が印象的だよね、モンチッチに代表される。それとマンガは外せないな。「キャプテン翼」に「こち亀」だもの。う～ん、だからもうストレートに、おもちゃとマンガの娯楽の区！

練馬区《ねりまく》

板橋区
北区
足立区
練馬区
葛飾区
豊島区
荒川区
文京区
台東区
墨田区
中野区
杉並区
新宿区
江戸川区
千代田区
江東区
渋谷区
中央区
港区
世田谷区
目黒区
品川区
大田区

西武池袋線「石神井公園」駅スタート

——本日は練馬区です。「石神井公園」駅からスタートします。

瀧：石神井公園駅ってさ、思っていたよりも全然開けていて衝撃なんだけど。

——学生時代、結構この辺は来てたんですけど、10年くらい前は石神井公園周りはこんな感じじゃなかったんですよね。

瀧：石神井公園駅は西武池袋線か。西武新宿線だったら昔乗ってたよ。若い頃人材派遣の会社に登録してたときに、上石神井駅によく行ってたから。今日はそのモードで来たわけ。あの時のサイズ感の駅があるんだろうなっていう感覚で来てみたら、全然立派ですげえじゃんっていう。俺は今、驚きと共に石神井公園駅に立ってるよ。

——石神井公園が、実はいろんな昆虫が集まるスポットということで、僕の友人の昆虫大好き芸人・カナブン坂本くんに案内してもらう予定です。坂本くんとは公園付近で合流します。

瀧：そうなの？　石神井公園って。

——練馬区主催で、石神井公園で昆虫を見ようみたいなイベントもやってるみたいです。坂本くんも、23区内では一番だろうと。石神井公園って二つの池を囲うようにできてるんですが、三宝寺池の周りの植物群が天然記念物に指定されていて。池ありきで公園を作っているから、植物が豊富。クヌギとか昆虫が好きなものが揃っているから寄ってくるんだそうです。

瀧：なるほど。昔ながらの自然の姿がここの一帯に残ってるってわけね。

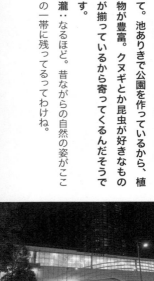

——はい。二つめの石神井池は人工の池なので、三宝寺池の周りが昆虫からしたらベストな環境らしいですね。坂本くんが、昆虫が寄って来るようにバナナやリンゴをお酒につけて、それをストッキングに入れて潰したやつを、事前に木に吊ってくれてます。

瀧：なるほど、なるほど。健気に準備してくれてるんだね（笑）今日さ、虫採りだって言うから、一応そういう格好してきたんだよね。長袖のジャージ。薮とかに踏み込んで行ってもいいような準備はしてきた。俺の勝手なイメージは、多摩川沿いみたいなところの茂みをガッサガサ突き進んでいく感じだったんだよ。そしたら場所が公園だって言うからさ、ちょっと拍子抜けしてる（笑）

——もしかしたらそういうところもあるかもしれないです。

瀧：行ってみないとわからないよね。

昭和の香りが残る駅界隈

——あ、いきなり100円自販機が。

瀧：いや、練馬は100円自販機には困らないんじゃないかなと思うんだよね。1回スルーしとこうよ。

——もしかしたらですけど、公園内にあるかもしれないですからね。

瀧：そうね。ていうか石神井公園駅すごい発展ぶりじゃない。これとか新しいマンションでしょ？　後ろのこれ。ちゃんと富士そばもあるしさ。ありがとう富士そば、ホント頼りになるぜ。この焼き鳥屋も美味そうね。

——失礼な意味じゃなくて、この焼き鳥屋が似合う感じだったんすよ、昔は。

瀧：俺もそんな感じのイメージだったわ。じゃあ公園

に向かうとしよう。てかさ、俺この取材の時に、毎回道端の植木鉢とタギングのことを言ってるじゃん。でもこの前気づいたんだけど、タギングとかスプレーアートって一時期より減った気がしない？

――間違いなく減りましたね。単純にステッカーとかも。やっぱ、オリンピック開催の影響じゃないかな、と。

瀧：ああ、そっか。そういう理由か。

――そう言いながらも、江東区にはいっぱいありましたけどね（笑）競技会場がいっぱいあるのに。

瀧：そうね（笑）今歩いてるこれが、富士街道？もうちょっと向こうで石神井公園通りか。

――そうですね、石神井公園通りをまっすぐ行くと石神井公園です。坂本くんは公園の入り口で待っててくれてます。

瀧：OK。かわいそうだから早く行ってあげよう（笑）うわ～、ゲームパークだって！すごい懐かしい佇まい！このゲーセンの匂いでもう連れていかれるね。

と言っても、どうやらもう俺らがやるようなゲーム筐体は置いてないんだな。せめて匂いだけも嗅いでいこう。いやあ、このタバコとクーラーのゲーセンの匂い胸アツだわ。俺、現段階、あくまでも現段階だけど、高円寺に住むならこっちに住むかも。

――はいはい、すごいわかります言いたいことは。

瀧：昭和のイメージが街角のそこかしこに残ってるしさ。なんか懐かしくていいんだよなあ。第2ふれあい広場だって、中見てみたいわ。どうふれ合うんだろう。第2ってのがいいよね。

――お、旅館もありますね。

瀧：本当だ、昭和館。ビジネス旅館か。矢吹くん、ボクシングジムがあったよ。石神井スポーツジムだって。

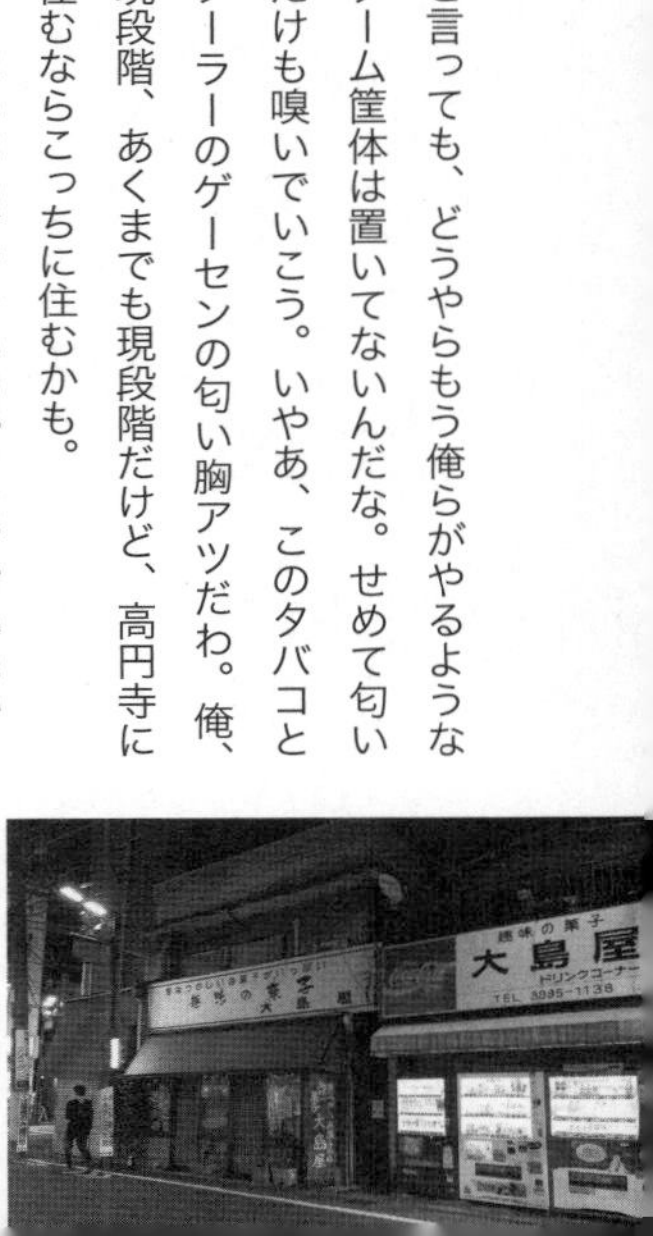

ゲーセンとボクシング。石神井公園駅周辺好きだわあ。

——今回の『23区23時』で色々な町を歩きましたけど、若い時と同じ条件で、今上京してきたら住みたいなって思うところありました？

瀧：もし今静岡から上京したとして、当時ぐらいの給料で？　俺、月15万だった気がするな、制作会社バイト時代。電気グルーヴはやってないとして、どこに住みたいかな。そこそこ難しい質問だな。何してるかにもよるじゃんか。……でも墨田区かな、両国のあたり。両国の近辺は雰囲気含めて良かったよね。

昆虫大好きカナブン坂本くん

——あ、あそこにいます、坂本くん。

瀧：あの恥ずかしい格好の子？（笑）こんばんは、坂本くん。ごめんね、待たせて。

坂本：いえいえ、よろしくお願いします！　吉本興業所属、昆虫大好き芸人、パプリカのカナブン坂本です！

瀧：こちらこそ、今日はよろしく！　すげえ格好ね（笑）まずそもそも、坂本くんがなんでそんな虫採りに夢中になっているのかっていう説明をお願いします。慌てて特技探した訳じゃないでしょ？　最近の芸人さんにありがちな、とりあえず肩書きほしい的な動機じゃないんでしょ？（笑）

坂本：はい（笑）僕、秋田県の大曲出身なんですけど、小さい頃から昆虫採集大好きで。家でも昆虫飼ったりしてますし、やっぱ昆虫の魅力を広めたいなと思いまして。本当に面白いんですよ、昆虫って。

瀧：はいはい、なるほど。

坂本：それでですね、もしよろしければ、これ瀧さんの分の網です。

瀧：ありがとう（笑）これはあった方がいいよね。虫かごも。でもすげえ安い入り口から入ってくるのね(笑)100円ショップの入り口付近で売ってるやつじゃん。

坂本：こういうのでいいんですよ。そんな高価なものはいらないんです。

瀧：なるほどね。それで、石神井公園にはどんな昆虫がいるの？

坂本：いわゆるカブトムシとかクワガタとかですね。そういうのを採るにはやっぱりクヌギの木とかがあった方がよくてですね。ここに、くぬぎ広場って書いてあるぐらいこの公園は本当にクヌギの木が多くて。今はまだ6月なんで樹液がまだそんなに出てないんですけど、今日朝から下見してみたら、桜の木の樹液なんかは出てたのでそこを重点的に見れたらなと思います。

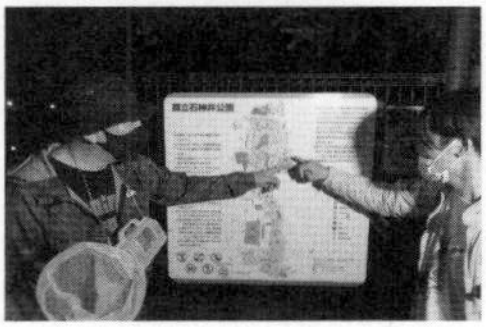

瀧：OK。この時期は何が採れるの？

坂本：クワガタなんかはもう動いてるはずです、冬眠から目覚めて。

瀧：え、クワガタって冬眠するの⁉

坂本：冬眠する種類もあるってことですね。ミヤマとかノコギリとかは冬越さないんですけど、冬越す種類もあるんです。

瀧：そうなんだね、知らなかったなあ。じゃあ、運が良ければクワガタいけると。OK、わかりました。

――地図で言うと僕ら今下の端っこにいるんですけど、クヌギ広場に向けて坂本くんが罠を仕掛けてくれました。

瀧：仕掛けてあるやつを巡って行く感じ？

坂本：そうですね。昨日から仕込んでまして。で、こ

の奥が野鳥誘致林なんですけど、ハチに注意の看板があって、実際に結構飛んでたのでそこだけ気をつけながらっていう感じです。

瀧：最悪、ハチだー!! の面白さもあるけどね（笑）よしじゃあ行ってみよう。よろしくお願いします。

坂本：はい！

虫を求めて公園内へ！

瀧：こんなちょっとボートに乗れるような池もあるんだな。水棲昆虫とかいっぱい採れそうじゃない？

坂本：今ね、絶滅危惧といいますか、水棲昆虫はすごい少なくなっちゃってて。タガメとかはもういないそうです。

瀧：ゲンゴロウは？　お尻に空気の球つけてるゲンゴロウ。

坂本：ゲンゴロウもやっぱ減ってきちゃってるみたいです。悲しいですね。

瀧：そうなのか。でもゲンゴロウは、俺が子どもの頃でさえ静岡の田んぼで見たか見ないかぐらいのレア度だったよ。そんなに頻繁に見られる虫じゃないでしょ、ゲンゴロウって？

坂本：そうですね。ちょっと稀な肉食昆虫なので。小魚がいるところじゃないと。

瀧：っていうか、もうこの歩いてる時点で虫の声結構してるじゃない。

坂本：はい。ただもう昨日の雨の影響で、結構昆虫が引っ込んじゃってる状態です。

瀧：昆虫は雨降ったらどこに行くの？

坂本：葉っぱの裏とか、土の中とか木の隙間とか、そういうところで雨宿りしてますかね。

瀧：そっか。まだ公園の入り口の方だけどさ、ちょっと他の公園と要素違うね。水辺に生えてるススキとかアシとか、背の高い草をそのままにしてる感じとかさ。きっと昆虫にしてみたら住みやすい環境なんだろうね。「道端は綺麗にしなきゃな」なんつって、ワーッて草を刈っちゃうとさ、昆虫にしてみたら住む場所を奪われた感じになるでしょ？

坂本：瀧さん、なんて素敵なコメントなんですか。そうなんですよ！

瀧：きっとそうだよね（笑）草ボーボーの方が虫も坂本くんも嬉しいんでしょ？

坂本：はいそうですね（笑）

——瀧さんは子どもの頃、昆虫採集やったりしてました？

瀧：一応網を持って友達と採りに行ったりはしてたけど。でも結局珍しい虫ってさ、どっか特別な場所に行かないとそうは採れないじゃない。実家からすぐの土手を越えた先がグランドとか河原だからさ、そこでトノサマバッタとかはもう無限に飛んでるのよ。そうなるとショウリョウバッタとかは、子どもからしたら無価値。トノサマバッタは一応捕まえてカゴには入れるけど、後でまとめてポイっと放す。一応河原に生えてる木にさ、子どもながらに蜂蜜を塗ったりしたこともあんの。でもクヌギの木に塗るってことがわかってなくて、テキトーに柳の木とかに塗ってた。そんなんで採れるわけないじゃんんね。

坂本：でも諸説あるんですけど、最近の研究結果で、樹液が出る木にエサを仕掛けると昆虫が集まってくるっていう結果は出たらしいです。

瀧：なるほどね。石神井公園がすごい昆虫パラダイスってことは結構知られている情報なの？

坂本：昆虫好きの中ではちょっと有名な場所で、やっぱ知られてはいるんですけども、それでもなかなか穴場と言いますか。

瀧：釣りで言うとさ、知る人ぞ知るすげえ釣れる場所みたいなことでしょ。

坂本：そうですそうです。

瀧：でもわかんないけどさ、都内だったら明治神宮とか代々木公園とかでも良さそうじゃんっていう風に思うんだけど。そうか、明治神宮は夜入れないから駄目か。

坂本：代々木公園なんて、もうそれこそバッタとかしかいないですね。

瀧：あそこなんとなくいっぱいいいそうな気もするけど、そうなんだね。23区内、特にこの辺で採れる一番珍し

いものって何？

坂本：やっぱりクワガタの種類なんですけど、ヒラタクワガタなんかが出てきたら、すげえテンションあがっちゃいますね。

瀧：ワオ！　当たりの日だ！っていう感じ？

坂本：そうですね。オオクワガタっていうのは本当に森の奥深いところ、高い位置じゃないといないんですよ。

瀧：そうなんだ。へえ。この辺の木は樹液出ないの？

坂本：こういうものは出にくいです。もうちょっとボコボコしてないと。あとはやっぱり、昆虫が隠れる場所がない。クヌギとかって、木の肌がボコボコして浮いてるじゃないすか。この木なんかはつんつるてんなので、クワガタなんかだと隠れる場所がないんですね。

瀧：納得。クワガタは天敵とかいるの？

坂本：スズメバチは、カブトムシやクワガタの天敵ですね。食べちゃいます。

瀧：あれを食べちゃうんだ。どっから食うの？

坂本：頭からまっぷたつにすることが多いんじゃないすかね。スズメバチ、アゴめちゃくちゃ強いですからね。

瀧：そうなんだ。

坂本：それすらも凌駕すると言われてるのがカマキリです。オオカマキリはもうめちゃんこ強いです。

瀧：カマキリなの⁉

坂本：はい。鎌って、別にあれでスパッと切れるわけじゃないんです。ギザギザしていて、捕まえちゃったらもう離さないんですよね。

瀧：俺の中での最強昆虫のイメージはトンボかな。オニヤンマ。怖いらしいじゃんあいつ、空中で捕まえてそのまま食べちゃうんでしょ。いわゆる肉食昆虫。ホバリングもできるっていう恐怖度。

坂本：ですね。オニヤンマも強いです。

本日最初の獲物をゲット！

瀧：うわ、虫がいた！（網を振り回す）……これもう、全然捕まらないんだけど（笑）

坂本：僕がやりましょう。

ササッ（簡単に捕まえる）

瀧：上手だねえ。

坂本：ありがとうございます！

瀧：一応さ、今夜最初の昆虫じゃんか。今夜はこれからスタートしたっていう記念にとっとこうよ。なんだろう？

坂本：蛾ですね。かわいい〜、見てください！ 細いタイプの蛾ですね。カゴに入れておきますね一応。

瀧：へえ、そうやって入れるんだ。ていうか、すでにもう1匹なんか入ってるじゃん！

坂本：昼間、捕まえたんです。コイチャコガネという虫で。

瀧：なるほど。ちょっと手ぶらじゃ来られねえってことで（笑）

坂本：そうですね（笑）いやあでも嬉しいな、蛾を気持ち悪がらないっていうのが。

瀧：ちょっと待ってね。今日ポケットタイプの老眼鏡を持ってきたのよ。折りたたみのやつで、見かけが気持ち悪くなるやつ。

――ウルトラアイみたいですね（笑）

瀧：そうだね（笑）どこだ？ この端っこのか。細いタイプだね確かに。羽が着物の合わせみたいに重なってるじゃんか。

坂本：そうですね。ちょっとなんていう種類かわかんないですけど。蝶や蛾はやっぱり種類が非常に多くて。日本でもベタなやつ以外だとすぐにはわかんないです、すいません。

瀧：オーケー。とりあえずさ、今夜は無駄じゃなかったっていうことにしておこう。

坂本：でも瀧さん、昆虫お詳しいですよね。トンボの話だったり。

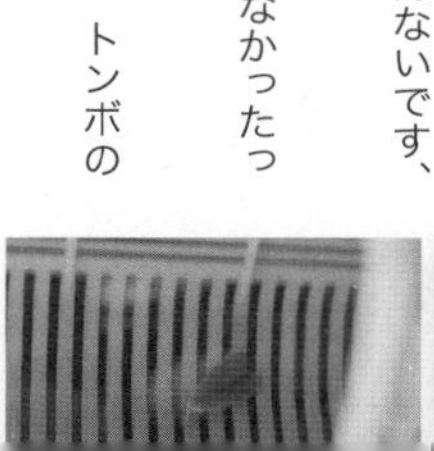

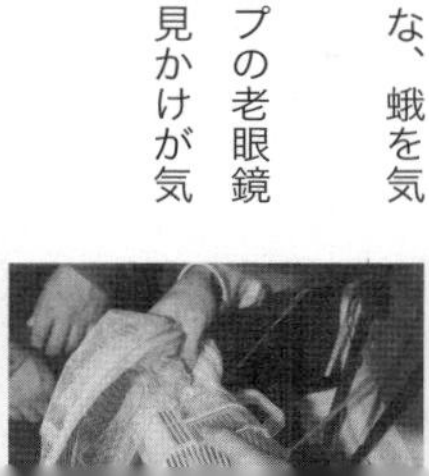

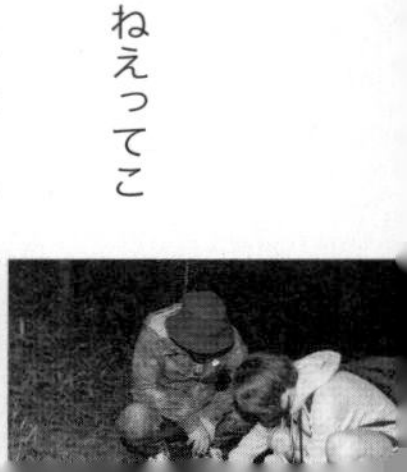

瀧：いや、なんかの科学番組でたまたま見てさ。オニヤンマ怖ぇなって思ったのよ。そんな凶暴な虫なんだっていう驚きね。もう他の昆虫たちにしてみたら、オニヤンマに襲われたら、はい俺終わったって思う感じでしょ。しかもホバリングできるって、そんな卑怯なやり方あるかよって（笑）

坂本：オニヤンマもそうなんですけど、やっぱり昆虫の素晴らしいところは、まだまだ未解決なことが多いっていう。それがやっぱりすごいなって思いますね。

瀧：そうだよね、人類の歴史より古いんだもんね。億年単位だからすごいよね。本当今夜はこういう街灯とかにもちっちゃい虫しか飛んでないね。最近街灯が結構LEDになっちゃったじゃない。LEDの光だと、なんか虫が集まってこないイメージがある。

坂本：それもあるかもしんないですね。

瀧：光の周波数の関係とかあるよね、多分だけど。うわ、なかなかのサイズの木があった。虫がささっと隠れることができそうな木じゃない？　しかもまさかのメタセコイヤ！　こういうとこに隠れたりするってことでしょ？

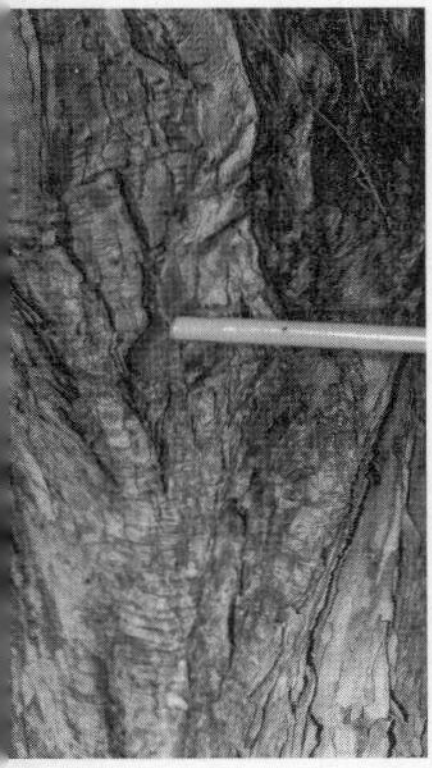

坂本：そうですね、この皮の裏っかわとか、こういうとこの隙間とか。

瀧：メタセコイアってなんか樹液出しそうじゃん。あっちの木とかもすごくない？　何か大木系が並んでる。

坂本：瀧さん、ほら見てくださいこれ。こっちの木にワラジムシがいっぱいいますよ。

瀧：本当だ！　めっちゃいる。こことかすごいよ。ワラジムシ、この木で快適に暮らしてるじゃん。

――坂本くんは、苦手な昆虫とかいるの？

坂本：やっぱゴキブリはそんな得意じゃないですよ。

瀧：下の方にもめっちゃいるじゃん。うわーすごい。光に反応するんだね、一斉に隠れちゃった。みんなパニクってる～（笑）うわあ、

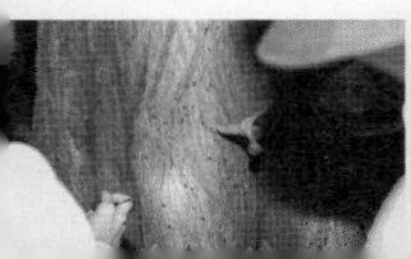

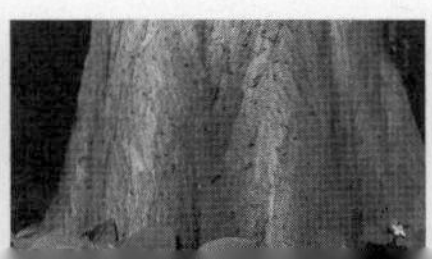

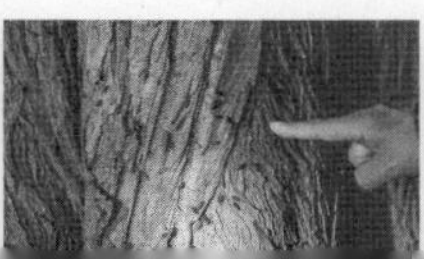

ぞろぞろぞろぞろ歩いてる〜。隣の赤い木もかっこいいね。でも赤い木の方にはワラジムシいないなあ。なんであっちの木なんだろう、好みがあるのかなやっぱり。

坂本：もうしばらくいったら、僕が仕掛けた第1ポイントがございますので行きましょう。

虫採りで子どもとコミュニケーション

瀧：さっき釣り禁止って書いてあったなあ、この池。

坂本：でもなんかザリガニがめちゃくちゃ多いみたいです。今日昼間来たとき、子どもたちがザリガニ釣りしてました。

瀧：なるほど。

——それぐらいは許してあげてほしいですよね。ザリガニ釣り。それを駄目って言っちゃうと、子どもが生物とかに興味持たなくなっちゃうと思うんですよね。

瀧：いや、本当そうだね。坂本くんさ、昆虫目当てでフジロックとか良いんじゃないの？ 虫採りとしてのフジロック最高だと思うよ。バンドを何一つ見ずに、ずっと3日間テントで虫だけ採るっていう（笑）

坂本：えー、失礼じゃないですかね？（笑）

——フジロック、本当は家族連れ増やしたいみたいな事も聞いたことあるんで、子ども向けにいいかもしれないですね。

瀧：キッズパークがあるじゃん。そことかで、お兄さんが昨日採った虫だよって見せたりとかさ。大事にしようねとか言えばいいんじゃないの？ うん、確かにフジロックいいかもしんない。昆虫の観点から見るフジロック（笑）これまだ石神井公園の本物じゃない方の池（石神井池）だよね。今が全体のルートの3分の1ぐらいか。クヌギってさ、木材としては何に使われてるんだろうね。

——ちょっと調べますね。えー、硬いので家具にはしづらいらしいんですけど、耐久性の高さから杭や神社の鳥居、それからシイタケ栽培の原木に使用される、と。

瀧：シイタケ育ててるやつってあれクヌギなんだ。

坂本：ドリルで穴掘って椎茸栽培してってやつですよね。 僕、 農業高校出身なのでクヌギはよく使ってました。 そこにカミキリムシとかクワガタの幼虫だったりとかもいて。 ちなみになんですが、 これが第1クヌギなんですよ。

瀧：これがそう？ 木の肌がボコボコしてて隠れるとこいっぱいあるね。

坂本：すいません。 嫌な人いるかもしれませんが、 こっちにゴキブリがいますね。

瀧：ちょっと小さめなゴキブリだ。 これは何を置いてあるの？

坂本：これは昆虫ゼリーです。 今日の朝に仕掛けておいたやつですね。

——朝方、 仕事終わりにやってくれたそうです。

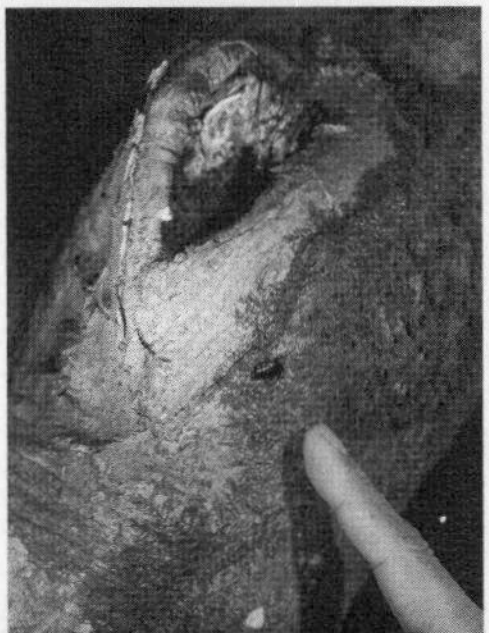

瀧：そうなんだね。 わざわざありがとうね。

坂本：いやいや、 いいんですよ。 アリはいっぱいいますね。

瀧：それと隣にナメクジもいる。 でもさ、 やっぱクヌギは木の肌違うね。 ほぼほぼゴジラだもんね。 虫って上にいるとか下にいるってのもあんの？

坂本：基本的には上です、 下にいることは基本ないですね。

瀧：上なんだ。 そうかそうか。 下側にいたら他の野生動物に狙われちゃうもんね。

坂本：樹液があると、 アリは集まるんですよ。 今は6月上旬ということもあってそんなに樹液が出てないかというのが不安だったんですけど、 出てる木は出てましたね。

——ちょっと質問。ナイフとかで木を刺して樹液を出したりすることはあるの？

坂本：可能ですけど、やっぱり木を傷つけるのはマナー違反ですね。

瀧：自然は傷つけないってのがマナーなんだね。またゴキブリがいた。

坂本：でも小さいですよね。普段の家庭とかお店が、ゴキブリにとっていかに生きやすい環境か、栄養価が高いものを食べてるかってことですよ。どこに行っても餌があるっていう。ゴキブリはいわゆる雑食なので、人間の髪の毛とかも食べて、食べ尽くしちゃうんですから。

瀧：ああ、髪の毛のたんぱく質も悪くないじゃん！って。綺麗にしてくれてるって意味では良い虫だね（笑）こっち側はどうだろ？　坂本くんのLEDライト借りていい？

坂本：どうぞどうぞ！

瀧：これめっちゃわかるよ、坂本くん！　いいね。葉っぱの裏っかわもよく見えるわ。でも確かに、第1クヌギはおとなしかったね。

坂本：そうですね。こっからまた間隔が空いてしまうんですが、次の木までまた歩きます。昼間に子どもに声をかけられまして、激アツスポットを教えてもらったんですよ。小3ぐらいの子に。今日はそこが最終目的地になるのかなと。

瀧：頼りになる子どもだわ（笑）

——でも坂本くんが「芸人だよ」って言ったら、シャキーン！　ってタブレット出して検索されたらしいです（笑）

瀧：（笑）そこは今の子だ。本当に芸人かどうか調べてみるっていう。もしかしたらヤバいやつかもしんねぇしっていう。

坂本：Ｔｗｉｔｔｅｒのフォロワーが1000ちょい

で「すげえ！」って言ってたんで。よかったです、そのくらいでそう言ってくれて（笑）

瀧：ところで坂本くん、そのナップザックからバナナの先っちょだけ出てるの、軽くヤバいやつになってるよ。野宿してる子みたい（笑）

坂本：すいません（笑）バナナは一応昆虫の罠にも使ったので。

公園内の100円自販機

——瀧さん、公園内自販機に100円ありましたね。

瀧：一応見ておく？　強炭酸水ミネラルストロング。うわ、これすごいよ注意書きが。「10秒以上待ってから開栓してください」だって。炭酸が相当強いってことだよね？　これいっとこうか。指示に従わないとな。（ガシャン）10、9、8、7、6、5、4、3、2、1、0。もういいかな。開けるぜ、どうだ？（プシュ　ゴクリ）へあ〜。う〜ん、強い強い強い。炭酸が強いし、このミネラルっていうのでなんかちょっと味ついてる気もする。

——僕、待たずにすぐ開けてみます。ブワーッと吹き出してくるかも。

瀧：お、チャレンジャー。

——すぐ開けます！　すぐ開けます！（プシュ　ゴクリ）うん、ブワーッと吹き出すまではいかなかったですけど、確かに強いです。

瀧：まあ100円だったらいいんじゃないかな、楽しめたし。信頼の伊藤園だよ、この100円自販機のラインナップの中では。（また飲む）へあ〜っ。

天然記念物エリア三宝池

瀧：よしじゃあ行こうか。道を渡ってと。こっちが三宝池？　ここから先は国の天然記念物なんだよね？　坂本くんとしては今夜の本丸でしょ。

坂本：ですね。ちょっと厚めに仕掛けてあるので。で、こっちに来ていただいたのでわかると思うんですけど、一気に増すこの湿気感といいますか、自然感。

瀧：はいはい、わかる。すげえもん、この下が砂利の感じとか。東京で小石が拾えるんだもん。

坂本：ここの橋お気をつけください。もう格段に昆虫の匂いがしますね。

瀧：昆虫の匂い？　異常嗅覚じゃんかそれもう（笑）

坂本：これはいるぞ感があるってことなんですよ（笑）

瀧：うわ！　急に地面が柔らかくなった！　でも、この辺に虫がいる気配全然ないね。

坂本：悲しいな。やっぱ昨日の夜中の1時2時ぐらいに雨がしっかり降っちゃったから。この木なんかも非常に魅力的だったんですけども……。

瀧：なるほどね。でも、さっきの説明を受けてたからわかるよ。確かに坂本くんのテンションが上がる木だな、ここは。これキノコか。キクラゲっぽいやつ。この奥とかも穴開いてるけど、アリしかいないな。他はクモの巣、ナメクジ。

坂本：でもまだまだです。これはメインディッシュじゃないので。あ、池にアメンボいた！

瀧：アメンボ昆虫じゃんか！　おーホントだ。アメンボ久しぶりに見たなー。

坂本：田んぼとかがないと、なかなか見る機会がね。

瀧：うち、実家の近所に土手があってさ。土手の向こう側が河川敷のグラウンドとかだから、ものすごい雨降ると10メータークラスのでっかい水溜りができるんだよ。ちょうど道がへこんでるとことかに。もちろん茶色い濁り水なんだけどさ、何日か経つとアメンボがどこからともなく現れて、ツインツイーンって水面を走ってたよ。で、小学生の自分はそれを死んだ目で眺めたりしてた。なぜならアメンボも無価値だっ

たから（笑）
坂本：まあ、あんまりアメンボ見てテンション上がる子どもはいないですよね。そして、こちらです。僕が今日1日見て、一番蜜が出ていた桜の木なんですけど。
瀧：これ？　この木にこの罠を仕掛けてくれてたんだ。
坂本：はい。ストッキングの中に、焼酎につけたバナナを潰して入れて、それをくくりつけました。こういうのを仕掛けた後はしっかり回収して帰りましょう、と。こっちの誰かが仕掛けた靴下のやつが悪い例ですね、やるだけやって回収して帰らないという。これはもう絶対にやっちゃ駄目なやつです。
——そうか、ゴミを遺棄してくようなもんだもんね。
坂本：はい。……いやあ、でもアリしかいないなあ。
瀧：虫はさ、夜行性とか昼活動するとか行動パターンあんの？
坂本：例えばクワガタ、これも種類によるんですが、ミヤマクワガタは昼間に活動する昆虫です。それと先ほど僕が採っておいたこのコイチャコガネ、これも昼です。ただ、コイチャコガネは害虫なんですよね。農作物を食べちゃうってことで。で、この斜面の上の方に上がりたいなと思ってるんですけども。そこにちょっとちっちゃい道があるので、そっちの方に。……ああ、いないかあ。一か八かでここの街灯の下にも仕掛けたんですよ。
瀧：そうか、理論があって罠を置いてるんだね。坂本理論。あっちに夜を楽しんでる若い子ちゃん達が暗がりのベンチにいるね。恋の話でもしてるのかな。そういう話をしてる子たちを尻目に、網を持ったおっさんたちが丘を登っていく（笑）
坂本：この上が先ほど言った、子どもに教えてもらったクヌギのオンパレード、激アツスポットです。
瀧：いよいよ確変入りますよと。

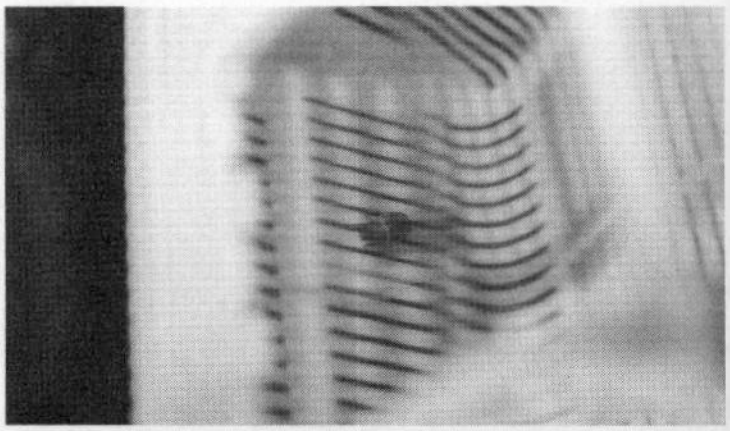

坂本：そうなんですよ。あ、これはちょっと待ってください！　瀧さんこれ何かご存知ですか？

瀧：オトシブミ？

坂本：正解！　嬉しい、そうです！　オトシブミが卵を産みつけて、葉っぱを丸めるんですね。そっから孵化して出てくるという。うわ〜、かわいい！

瀧：こんなのどうやって丸めるんだろう？

坂本：器用なんですよ、手足を上手に使って。

瀧：こうして改めて注目すると、ゴキブリってどこにでもいんね。こんなにいるんだな。

坂本：そこで交尾してますね。

瀧：本当だ。横ちゃん撮って！　プロのカメラマンになってゴキブリの交尾を撮ることになるなんて思わなかったでしょ(笑)ほら、葉っぱの上で。昆虫エロ写真だ。オトシブミの本体はどんな形してんの？

坂本：本体は甲虫ですね。

瀧：あ、でも中にアリが侵入してる！　すでにいただいた後の感じがある。弱肉強食感あるね、坂本くんほら。

坂本：うわ、本当だ！　辛っ！　でもアドバイスするとしたら、やっぱこんな低いところに作っちゃ駄目だよということで。

瀧：そうね。高いところじゃないと、ブミさんよ、と。

坂本：いやあでも、瀧さんの口からオトシブミが出てくるとは嬉しいです。すごく嬉しい。

瀧：いやでも、学研の図鑑を子どもの頃ひと通り見てたら出てくる名前じゃない？　他にも、ハンミョウとかさ。

坂本：ハンミョウは昆虫界のスピードスターですよ！　クヌギにはクワガタとかカブトムシの他にも、いわゆるカミキリムシとかがいたりするんですね。

瀧：カミキリムシ、懐い！　カミキリムシに噛まれると超痛いよね。ちゃんと血が出るもんね。

坂本：あれね。本当痛いですよね。

メインディッシュ！　くぬぎ広場！

坂本：　はい、そして皆さんお待たせいたしました！こちらほとんどクヌギの木のゾーンでございます！もう足下がふかふかしてるでしょ、落ち葉でね。

瀧：確かにしてる。ふかふかでさっきと全然違うね。

坂本：なので、やっぱ掘ったりすると幼虫とかは出てくると思いますね。

瀧：なんかあっちの東家で騒いでる連中がいるな。バーベキューしてるの？　ここで火を使っちゃ駄目だよね、していいのかな？　そんなことないと思うけどなあ。

坂本：もちろんダメですよ～。昆虫が逃げちゃうなあ。

瀧：そっちの観点かよ（笑）でもほら、これもゴキブリじゃん。しかも立派なゴキブリになってきた。いよいよ背中が黒くなったよ。

坂本：ですね。いわゆる皆さんが家庭でよく見るゴキブリですよね。

瀧：いやでも、この森にゴキブリが大量にいるっていう事がわかっただけでも、俺にとってはは収穫だけどね。本当に。

坂本：ありがとうございます（笑）あそこに、子どもたちが掘った跡があります。幼虫いるんじゃね？　って僕のために掘ってくれたんですよ。

瀧：いい光景だな（笑）こういうところから出てきたりするんだよって？　でも本当地面がふかふかだね。足で掘ってもすげえ簡単に掘れるわ。

坂本：こっちの木のとこにも仕掛けを置いたんですよ。でも、結果は大量のアリですね。

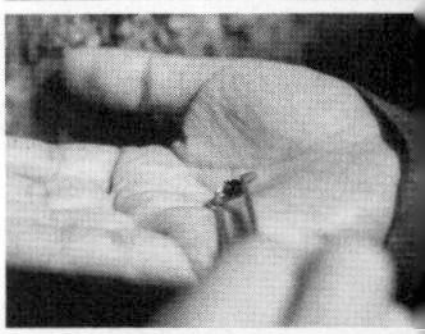

瀧：アリとゴキブリは本当にどこにでもいるんだね。アリの地球上の個体総数を考えるとクラクラするわ。あ、これ何だろうね？　ちょっとタマムシっぽい？背中がテカテカしてるやつがいる。

坂本：キマワリの仲間かもしれないですね。木の周りをぐるぐる回る昆虫がいるんですけど。綺麗〜、背中が。

瀧：すごい。ピンセット出してきた、当たり前のように（笑）

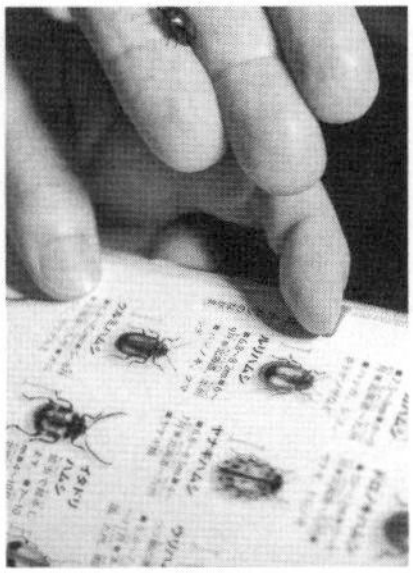

坂本：よいしょ。（じっくり見る）でも、タマムシとかそっち系かもしれないですね。キマワリはめちゃくちゃ足が長いんですよ。

瀧：次は昆虫図鑑を出したぞ（笑）

坂本：（パラパラ）これだこれ、ルリハムシです！　いやあ、かわいい。カゴに入れておきましょう。

瀧と坂本合体する！

坂本：瀧さん、こちらテントウムシの幼虫です。ちょっとしましま入ってるやつ。

瀧：（ちょっと触る）うわあ、まだ柔らかい。こんなちっちゃいのよく見つけたね。

坂本：これはナミテントウだと思います。漢字で書いたら「並」ですね。ノーマルなテントウムシなんですけど、背中の模様の種類もいっぱいあるんですよ。木の中に昆虫っていっぱい住み着いてるんですよね。

瀧：そうね。今夜がなかったら、ここまでガチで木の肌を見ることなんてなかった。よく見てみると一本の木にものすごい数の命がいるんだな。卵とかさっきの幼虫も含めてさ。そう考えると、木は気楽に切り倒せないよね。いつの間にか、俺すっかり虫側の思考で考えるようになってる（笑）あ、なんかいる。クモがゴキブリ食べてるわ。もう最低の食事シーンだね、クモ

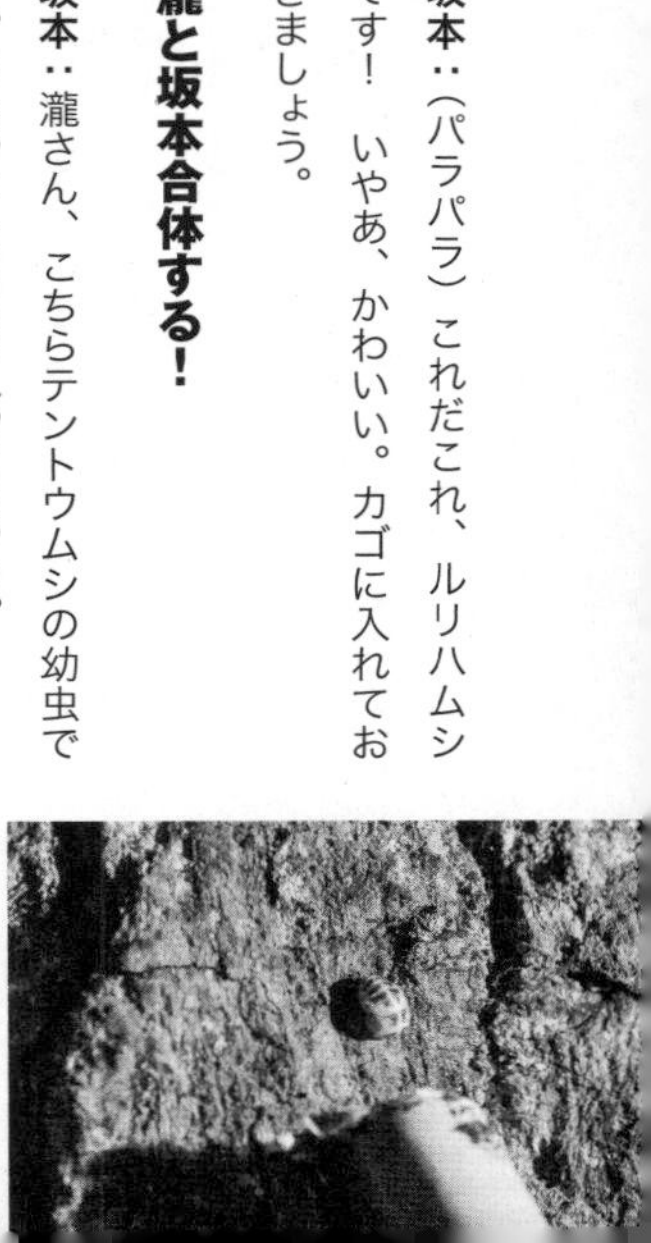

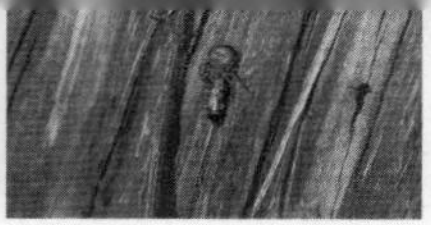
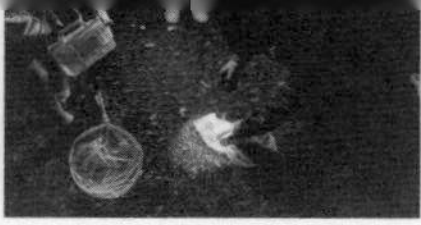

がゴキブリ食ってるって（笑）

坂本：いや、これ、ゴキブリじゃないな。多分コオロギの幼虫かなんかですね。この足、コオロギ系の足ですね。後ろ足が太いというか。

瀧：そうか。やっぱこんだけ集中してると、なんとか見つけられるようになってきてるな。あ、蛾が飛んでる！　俺も採りたい。（網を振り回す）遠近感がわからない。あれ、全然採れねえじゃん。……入ったかも。入ってない？　これ。

坂本：入ってますね！

瀧：入ってる？　やった！

坂本：でもほら、やっぱさっきのとは種類が違うんすよ。もう蝶や蛾は何千何万種類の世界なんで。採るには斜め45度ってよく言いますね。虫は斜め45度に飛ぶんですよ。だから先読みしてその角度で採るか、あとは後からとか。

――昆虫採集って、標本とかにはしないの？

坂本：基本的にはリリースですね。なかなか標本にはしないです。標本にするのは生きてるうちじゃないとできないんですよ。なので、色々大変なんで。ゴミムシがいました！　どうぞ。

パチン！

瀧：うわ、手のひらで跳ねた！　これ跳ねるってことはさ、ゴミムシとは違うやつなんじゃないの？

坂本：ごめんなさい、じゃあコメツキですね多分。

瀧：そうだ、跳ねるのはコメツキだ。坂本くん、今この木の上に黒いのが動いてったよ。上の方の窪みに入ってった、しかも結構デカかった。5センチくらいのサイズ感。

坂本：本当ですか？　この上に？

瀧：でももうだいぶ奥に行っちゃったかな。なんか真っ黒だった。クワガタの可能性もゼロじゃないよね？　これ登る？　それか肩車とか。

坂本：本当ですか!?　いいんですか？

瀧：うん、大丈夫。せっかくだからいってみよう！

坂本：本当ですか？　うわー、失礼します。じゃあ見てみます

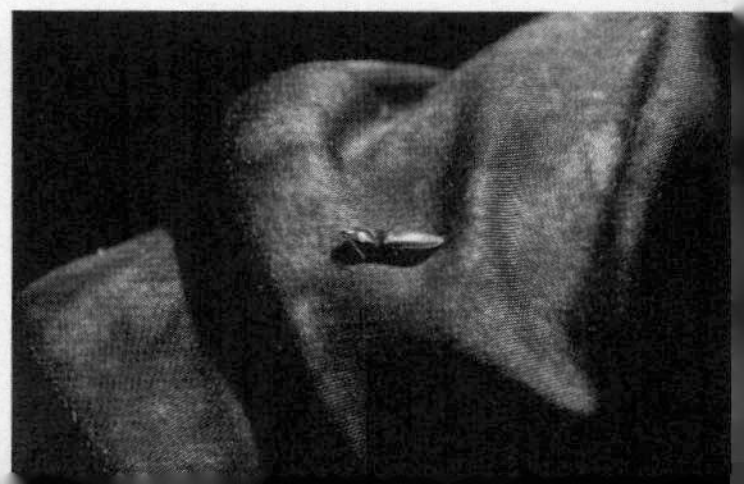

ね！……瀧さんすいません、めちゃくちゃゴキブリです（笑）

瀧：マジで？（笑）

坂本：めちゃくちゃでっかいゴキブリです。立派なめっちゃでかいやつです。

瀧：でっかいゴキブリか（笑）……そうか、ありがとう。（坂本くんを下ろす）

坂本：なんかすいません、ありがとうございます。

瀧：ゴキブリか。いや、かもなとは思ったんだよ。

坂本：あのスピード、確実にゴキブリです。

瀧：でも、ゴキブリだってわかっただけでもすっきりした（笑）すげえ家に出る感じのやつじゃなかった？

坂本：はい、完全体でした。

瀧：今日の流れで言うとさ、すごくいい物を食ってたやつってことでしょ。

坂本：そうですね。

瀧：お、発見！　人形の髪留めかな（笑）キーホルダーの一部かな。

坂本：かわいいっすねえ。子どもの仕業ですね。あら、また可愛いくまが挟まってますね！

瀧：新種だ（笑）子どもの宝探し遊びなのかな。

——以上で、石神井公園がぼちぼち終了ですね。

坂本：そうですね、ここから先は蜂に注意なので。

瀧：ここら辺りはもう、夜中1人で歩いたらちょっと怖いね。そろそろ23時だね。じゃあ、蜂に注意の看板あったからそこで撮ろうか。じゃあ坂本くん、一緒に。

坂本：いやあでも、本当に申し訳ないです。小さいのしか採れなくて。

瀧：いや全然。ちっちゃいものに注目するっていうことが面白かったからさ。みんな最後には夢中になって

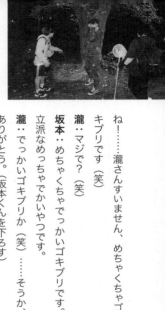

たじゃん。もうしばらくはゴキブリ見てもなんとも思わなくなったよ（笑）

街の残り香を味わう

瀧：この道端の木のキノコちょっと病的！　すごいルックス。南方熊楠が夢中になるわけだわ。（コンコン）見かけよりも硬いんだな。

――では、ぐるっと周って石神井公園駅前まで戻りましょうか。

瀧：うん。周りにどんな人が住んでるんだっていうのも見てみたいし。坂本くんに網返すね。ありがとね。

坂本：僕、最後までご一緒していいですか？

瀧：もちろんだよ。ここで帰れってのもなんか寂しいじゃんか。

――本当本当。だってさ、もしかしたら駅前にクワガタ飛んでる可能性もあるじゃん（笑）その時に落ち込んでる坂本君の写真が欲しいじゃん（笑）

瀧：そうそう。公園行く必要なかったじゃん、っていうね（笑）可能性はあるわけでしょ？

坂本：可能性は全然ありますね（笑）でも、それは悲しいなあ。

瀧：駅の改札の切符売り場のところにクワガタひっついてたりしてね。ここは、何通り？

――ここは富士街道ですね。

瀧：いい名前。石神井公園近隣のマンションの住民とかはさ、目の前にデカい庭あるようなもんだよね。しかも誰かが手入れしてくれる。このちっちゃいお店群は、パブスナックにスナックか。右の方の店、鉄道模型のお店みたいだよね。

――ちょっとわざと汚してあるような。しかしどうやら駅前だけですね、開けてたの。

瀧：駅前からちょっと離れると、この間口のお店多いね。２階に住んでる感じの。足立区もずっと住宅街だったけど、建物自体は比較的新しかったもんね。でも練馬区はなんか古いまま残ってる。子育て地蔵遊び場だって。なんか奥のお地蔵さんすごくない？「大山街道は

富士街道、道者街道ともよばれています。それは阿夫利山ともいわれた大山（伊勢原市）へ、また大山から富士山への道者達が通ったからです」だって。富士街道は富士山への道だったんだね。ちょいと失礼します。すごく高いところにいるんですけど、子育て地蔵様。

——確かに。高いところから見守ってますね。

瀧：さて、高層のマンションが近づいてきた。もう駅の近くまで戻ってきた？

——もう近くですね。あ、屋台っぽいラーメン屋がありますね。どうですか？　最後に一杯。

瀧：いいよ、テーブル席もあるし行ってみようか、タバコも吸える感じだ。ありがたい。すいません、いいですか～？

店主：はい、いいですよー。

瀧：じゃあ、ビールとラーメンで。坂本くん、今日はありがとね。乾杯～。

坂本：いやあ、本当にありがとうございました。

——では瀧さん、最後に練馬区とは？

瀧：今夜の虫採りをもって、練馬区とは？　って聞かれて、答えていいものか迷うところはあるけど(笑)天然記念物の石神井公園もそうだけど、なんか昔からのものが結構残ってるじゃんか。駅前はきらびやかになっちゃったけど、ちょっと歩けばスナックとか昭和風情の店とか、古い家屋だってまだまだいっぱいあるし。今はすごく古びた感じに思えるだろうけれど、このスタイルを変えずにちゃんと保存できれば、それらは後にすごく価値が上がるような気もする。江戸風情の残る街の昭和版というかね。だから「近い将来、近代遺産として花開く可能性がある区」にしておこうかな！

総歩数
7804歩
NERIMA-KU

杉並区《すぎなみく》

足立区
板橋区
北区
葛飾区
練馬区
荒川区
豊島区
文京区
台東区
墨田区
中野区
江戸川区
杉並区
新宿区
千代田区
江東区
渋谷区
中央区
港区
世田谷区
目黒区
品川区
大田区

京王井の頭線「永福町」駅スタート

——ラストの区は杉並区。瀧さんの発案で、杉並区にあるレンタルスペースをまわっていきます。

瀧：最近ネットで予約できるレンタルスペースってのがあるじゃんか。会議や打ち合わせに使ったりとか、仲間たちで集まってカードゲーム大会やったりとか。

——24時間営業のとこもありますしね。

瀧：そうそう。レンタル会議スペースみたいなのが結構あるんだよね、マンションの一室がそうなってたりするっていう。一時間単位とかで貸してくれて、俺も何回か借りたことあるんだけど、名古屋で使ったのが直近。映画の撮影で三重県の鳥羽に行った帰り、鳥羽から名古屋まで戻ってきてレンタカーを返した後、仕事の電話をしなくちゃいけなくなったのよ。それがちょっと面倒で時間かかりそうなやつだったから、路上でやるわけにもいかなくて。それで名古屋駅の駅前にあるレンタルスペースを探して借りたんだよね。あと、Airbnbみたいなものもレンタルスペースっちゃレンタルスペースだしね、広義では。おそらく東京の街中にはそういう場所がいっぱいあると思う

んだけど、居住エリアとされている杉並区にはどんなものがあるのか知りたいと思ってさ。しかも夜中でもアクセスできる場所を見に行きましょうということですよ。

——今回は編集の松本さんが４軒予約してくださっています。1軒目はもうすぐそこみたいです。

瀧：じゃあ行ってみよう。永福町の駅前とかにあるんじゃないんだね。えーっと、まずは永福町井の頭線の踏切があって、渡ると。そうすると井の頭通り沿いの大勝軒が角にある。めっちゃ食いてえなぁ、大勝軒（笑）今食べたら完全に汗だくになるだろうけど。

——僕さっき食べてきましたけども、まだ汗引いてないです（笑）

瀧：いいなあ。あー、今ならすんなり入れる状態なのになー。

——せっかく並ばずに入れるのに（笑）

瀧：さて、信号を渡ったら井の頭通りを渋谷方面に向かうのね。

——杉並区は飯食いに来たり、遊びに来たりすることはあります？

瀧：杉並区で飯かあ。まあ大勝軒。後はもう野球絡みかな。草野球やった後に、球場近くの不二家レストランでお昼ご飯食べるくらい。昔さ、井の頭通りを今俺たちが歩いてるのと逆方向、吉祥寺方面に向かっていくと左側にドン・キホーテがあったんだよ。今もあるのかな？俺が20代後半ぐらいの頃だったと思うけど、その頃は深夜までやってるホームセンターなんてなかったから、すげえ重宝してたんだよね。そしたらその後、あちこちに店舗ができ始めて、今のドン・キホーテグループになってる。

——僕も学生の頃、ドン・キホーテにフジロック行く直前に足りない装備を買いに行ったりとかしました。

瀧：カッパと長靴を、みたいな感じね。

空間をシェア、コワーキングスペース永福

瀧：ここかな？　生活クラブ館杉並、その2Fがコワーキングスペース永福。へえ、想像してたのよりもちゃんとしてる。ここは公民館みたいな感じのレンタルスペースなのかな。

――入り口は建物裏だそうです。

瀧：ああ、入り口があった。ここは何時までやってんのかな？　……21時までか。見学はお気軽に♪。フリーWi-Fiと電源もある。フリードリンクだって。出入り自由、食べ物の持ち込みもOK。じゃあ行ってみようか。なんかすげえ綺麗だなあ。すいませ～ん、こんばんは。はじめまして、ピエール瀧と申します。

加納：はじめまして、コワーキングスペース永福の加納と申します。

瀧：こういう感じなんですね。レンタルオフィスじゃないですけども、なんとなくそういう感じ。

加納：そうですね、月単位で借りて使ってる方もいらっしゃいますし、今日だけ1時間使いますっていう方もいらっしゃいますね。

瀧：広い共有スペースの一部をシェアするシステムなんですね。

加納：あっちにレンタルルームもあります。そちらも21時までご利用できます。

瀧：なるほど。レンタルスペースというよりもシェアオフィスの趣だね。まあこういうところも、そりゃあるでしょうな。

――名古屋で使ったのは、本当にマンションの一室みたいな感じだったんですか？

瀧：うん。古い昭和のマンションの一室で、そこはこんなに綺麗じゃなかった。部屋に入ったらテーブルと椅子だけが置いてあって、ちっちゃい事務所って感じだったのよ。玄関の鍵も暗証番号で開けるし、第三者を介在しない完全に誰とも会わないシステムだった。ネットで予約して、教えてもらった暗証番号で鍵を解除して。一応中にWi-Fiはちゃんとあったけどね。……今どきのコワーキ

ングスペースは、ちゃんと子どもと一緒に使うことも想定されてるんだな、まともだわ〜。OK、ここの感じはわかりました。次に行ってみよう。

——2軒目のレンタルスペースは21時からの予定なんですよね。

瀧：なるほど、……じゃあラーメン食べる時間あるじゃん！　大勝軒決定ですわ（笑）

——僕はもう食べたので外で待ってます（笑）

瀧：すまんね。お、自販機がある。しかも安い。

加納：はい。下が生協のお店なので、生協の飲み物を売ってます。安くてめちゃおいしいです。

瀧：そうなんですね。みかんスカッシュだって。ここにこれだけを買いに来ることも可能なんですか？

加納：はい、どうぞ！　生協の店で買うには組合員にならなきゃいけないんですけど、ここで買う分には登録とかいらないんで。これだけを買うためにいらしていただいても全然大丈夫です。

瀧：じゃあ、気になるみかんスカッシュを買わせていただこうかな。（ガシャン）生協系の自販機だもんね、これはめちゃくちゃレアですよ。しかも100円以下で買えるもんね。みかんスカッシュ80円だよ。ここに来て、新たな自販機にたどり着くとは意外だぜ。じゃあいただきまーす。あ〜、美味い！

——では僕は、隣のりんごスカッシュ行ってみます。（ガシャン）いただきまーす。あ、本当だ美味い！　意外と炭酸がきつくないし。

瀧：確かにね。これ素朴で美味しいな〜。小さい子どもとかに飲ませたい。刺激少ないですもんね。この取材をきっかけに、ここに飲み物だけ買いに来る人が続出するかもしんないすけど（笑）そうなったらすいません、先に謝っておきます。

加納：大丈夫ですよ（笑）

瀧：ところでここは昼間どのくらいの使用率なんですか？

加納：コロナが凄かったときは来られる方も凄く多かったんですけど、今は皆さん結構会社に戻っちゃってるんで。

瀧：なるほど、テレワーク全盛の時は結構埋

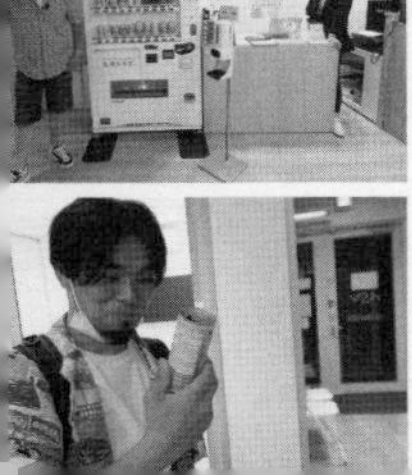

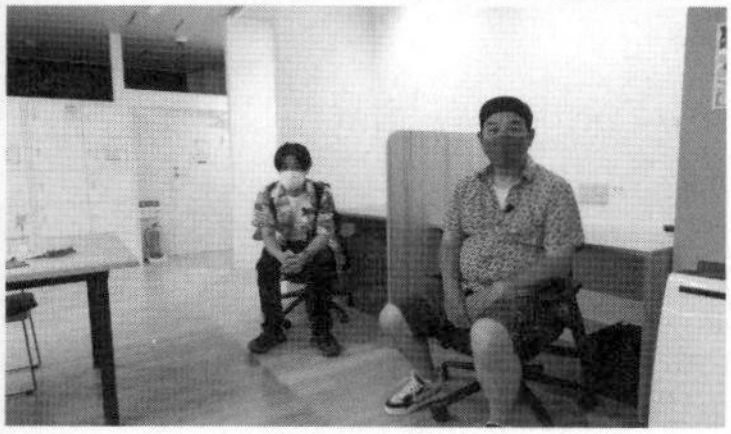

まってたんですね。確かに仕事に集中しやすそうな環境ですもんね。でも大声とかを出さなければ、みんなでスマホ持ってきてオンラインゲームとかやってもいいんですよね。

加納：はい、大丈夫です！　Ｗｉ－Ｆｉ環境あるし、飲み物もフリーなんで。カフェにずっといるよりは安いと思います。丸一日いていただいても２０００円くらいなので。

瀧：なるほどね。いやあ、夜分に本当にありがとうございました。

――瀧さん、僕みんながラーメン食べてる間に外で待ってるのも何なので、せっかくなのでここで作業しときます。加納さん、よろしいでしょうか？

加納：はい、大丈夫ですよ、どうぞ！

瀧：ああ、いいかもね。実際に使ってみて、後でレポート聞かせて！　では失礼します。すいません、なんか散らかしにきただけで（笑）

加納：いえいえ、ありがとうございました！

瀧、棚ぼたの大勝軒にありつく！

瀧：よし、じゃあとりあえず大勝軒行こうか。こんばんは〜。

店員さん：いらっしゃいませ！　どうぞあちらに！

瀧：ありがとうございます。僕は中華麺生卵付きで！　横ちゃんは何にしたの？

横ちゃん：中華麺メンマ付きにしました。

瀧：（店内見渡して）いいねぇ。相変わらずの大勝軒だ。

店員さん：お待たせしました！　こちら中華麺生卵付きです！　ごゆっくりどうぞー！

瀧：ありがとうございます！　さあ卵を溶いて、と。この溶き卵に熱々の麺を浸して食べるのが好きなのよ。

横ちゃん：へえ、そう

やって食べるんですね！

瀧：う〜ん、めっちゃうまい。超久しぶりに食ったけど、やはりめっちゃうまい。これ油でどんぶりの表面が蓋されてる状態だから、スープがいつまでも熱いのよ。だからこうやって卵で冷ましながら食べるの。あれ？ 横ちゃんスープ飲まないの？

横ちゃん：僕もう結構お腹いっぱいです……。

瀧：ああ、美味しかったー。よし、行きますか。どうもごちそうさまでしたー！

店員さん：はい、ありがとうございましたー！

瀧：いやあ、大満足！ いや本当にすげえ久しぶりに食ったなあ。横ちゃん、よくスープを途中でやめられるなと思って。

横ちゃん：そうですね、でももうお腹いっぱいでした。

瀧：いや、俺ももちろんお腹いっぱいだったよ。麺の量たっぷりだからさ。でもあのスープはそれでも飲んじゃうっていうか、止められないっていうか（笑）あれに白コショウをたっぷり入れるのが好きなのよ。瀧さんめっちゃコショウ入れるなと思ったでしょ？

横ちゃん：思いました（笑）

瀧：コショウをたっぷり入れて、最後の方とかちょっと辛いぐらいな感じでスープを飲み続けるっていうのが好きなんだよね。あ、矢吹くんいた。

――どうでした？

瀧：めっちゃうまかった。

――めっちゃ美味いですよね。

瀧：今、横ちゃんに、よくスープを途中で残せるなって話をしてたとこ。矢吹くんを待たせるのも悪いから最後ちょっとだけ残したんだけど、普段だったら全部飲んでるなっていう。

――瀧さん、大勝軒食べたのっていつ以

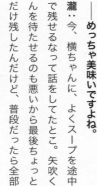

来ですか？

瀧：どんぐらいだろう、3年ぶりぐらい？　いやいや、もっと食ってないかも。もしかしたら10年ぐらい食べてないかもしんない。

——でも、多分10年間変わってないですよね。

瀧：そうそう。全然変わってなかったからありがたいと思って。下高井戸の木八、笹塚の福寿、俺の好きなラーメン屋が次々に姿を消しちゃったからさ、頼むから大勝軒だけはなくならないでくれと思って食べてた。

——その間に僕、あのコワーキングスペースで、フリードリンクエリアの飲み物を一通り飲んできました。

瀧：あー、スペースの隅っこにコーヒーとか紅茶とかあった気がする。どうだった？

——あれも生活クラブの飲み物で、一通り飲ませてもらったんですけど、ベストは麦茶でした。とても美味しかったです。

瀧：なるほど（笑）生協のやつって言ってたよね。生協と生活クラブは違うの？

——生協の中の一つが生活クラブ、って感じみたいです。

瀧：俺そこあんま認識してなかったわ。生活クラブってなんだろ？　って思ってたもん。でも杉並区に生活クラブがあるのって、なじみがいい感じがしない？

——そうそう、その話もさっき松本さんとしてたんですよね。杉並区っぽさはありますよね。

瀧：そうだよね。

——杉並区って、一般的には西荻とか、阿佐ヶ谷のイメージが強いと思いますけど、実は結構広い区じゃないですか。住宅地が大半ですよね。

瀧：そうそう、そのイメージなんだよね。高円寺とか荻窪とか阿佐ヶ谷。昭和グルーヴを受け継いでる街が多いような気がする。この井の頭通りもさ、渋谷から繋がってるじゃん。途中で下北をかすって、そのまま行けば吉祥寺まで行くじゃんか。下北と吉祥寺までの間の何にもないところが杉並区っていうイメージなんだよね、俺の中では。

——あー、はいはい。なるほどなるほど。

瀧：さて、次はどこに向かってるんだっけ？

——駅で言うと、代田橋の方ですね。古民家レンタルスペース「いせやほり」さんにお邪魔します。

瀧：そこは、24時間で借りられる場所なの？

——営業時間は21時までなんですけど、特別に夜見せてくれるということで取材申請しています。

瀧：古民家には泊まれはしないんだな。残念。いよいよ完全な住宅地になってきたね。普通のハイツ、戸建ての住宅が並ぶ。和泉と書いて「いずみ」か。やっぱり杉並は戸建てが多い印象かな。

遊び場96番

——あそこに良い看板が見えますね。

瀧：遊び場96番だってさ。何？　96番て？　杉並区南公園緑地事務所に連絡する用の電話番号が書いてある。96番って番号で言われると、すげえ行政に管理されてる感が出るね。そこのペットボトルは花壇にお水あげる用かな？　それとも猫追っ払う用？

——猫撃退用ではなさそうですね。猫にしてみたら、こっち側から入ってくればいいだけなんで。

瀧：でも花壇用だとしたら、近くに水道見当たらないからわざわざ家から運んでくるのかな？　あ、あそこに一応公衆トイレがあるか。水道水を溜めてここに置いてあるんだな。でもこの感じだったらそんなに寂しくならなくて済むよ。プランターじゃなくて、ちゃんと花壇ぽくなってるから。あそこに見える店良いね。あんだけわかりやすく書いてくれると、遠くからでも何屋かすぐわかるもんね。道を挟んだ向こう側もまだ96番だ。遊び場96番、結構長いんだね。

——96番に沿って歩いてみます？　そっちでもいけます。「96番は地主さんのご好意により設置させてもらっています」ってここに書いてますね。

瀧：じゃあご好意に甘えて96番を通っていこう。地主さん素晴らしいね。俺の土地だけど、子どもたちのために開放するわっていうその心意気。っていうかこの地主さんの土地、結構でかくない？

——これマンションにしたそれなりのが建てられますよね。

瀧：そうだよね。何だこれ、お神輿用の倉庫かな？　杉並区は夜ちゃんと寝静まる印象がある。すごいな96

番、3ブロック目が現れた。ブランコこれで三つ目ぐらいじゃない？ 多分砂場も三つ目だわ。子どもの頃、砂場で遊んでたら猫糞つかんじゃうことなかった？ 嗅がなきゃ良いのに、いちいち嗅いでオエ〜ってなったりしてたな（笑）バカだったわ。最近は夜中は砂場にネットかけるようになったよね。

沖縄タウン

瀧：ここから先は飲食店街だな。和泉明店街。沖縄タウンになってるんだ、良い街角。ここにちゃんと沖縄タウンって書いてある。今のこの蒸した夏の夜にぴったりじゃない？ 泡盛のシークワサー割りとか飲みたいわー。まだ10時前だけど、結構静かなんだなあ。

——その先を右に入ると、ミニアーケードみたいなのがあります。あんまりこの辺には来たことないですか？

瀧：ないんだよねえ。幡ヶ谷に住んでた時でも代田橋は来なかったなあ。笹塚までが行動範囲だった。環七の向こう側は別エリアって感覚だったし。

——そのマップに書いてある「しゃけ小島」は名店ですよ。

瀧：へえ、そうなんだ。そもそもさ、ここはなんで沖縄タウンになったの？

——謎なんですよね、それ。

瀧：謎なのかよ。自然発生なのかな？ でも、こぢんまりとして良さげな商店街じゃない？ 暑い夏の夜とかにふらっと来てみよう。

―商店街から路地を左に曲がった先が目的地です。

古民家レンタルスペース「いせやほり」

―着きました。こちらです、「いせやほり」さん。こんばんはー!

田中：こんばんは、はじめまして。「いせやほり」の田中と申します。

瀧：こんばんは、ピエール瀧です。今日はよろしくお願いします。ガラガラと。ほほう、元々「いせやほり」は質店だったんですね。あららららら。寝っ転がりたあい（笑）これはいいですね、しかも涼しい〜。涼しくしておいてくださったんですね、ありがとうございます。

田中：古民家では邪道なんですけど、冷暖房完備はしてあります（笑）

瀧：いやいや、そこは現代に即していきましょうよ。

田中：やっぱりドラマ撮影とかでロケハンに来られると、エアコンあるんで駄目ってなっちゃうんですよね。スチール撮影だとなんとかなるんですけど、ドラマだとね。ここは家内の祖父が、昭和2年に質屋を創業したんですよ。伊勢屋っていうのは創業者が三重県出身だから名付けたみたいなんですけど。それで昭和54年まで営業して、結構流行ったみたいなんですよ。玄関の広いところが店だったみたいです。その続きが帳場で、障子からこちら側が生活の場で。だから家内なんかは向こう辺りを「お店」って呼んでますね。

瀧：なるほど、この部屋から向こうはお店ゾーンだったってことですね。じゃあこれ当時の質流れ品とかなんですか?

田中：いえ。店を辞めた後、叔父と叔母が住んだんです。叔母がお茶をやってたので、一応これは茶器でして。

瀧：ここ、レンタルスペースということは撮影用途とかもあるでしょうけど、僕らが一般で借りたいですって言ったら貸していただけるんですか?

田中：宴会と

かでもありですよ。

瀧：ありなんすか!?

田中：レンタルスペースを始めた頃は、宴会半分、撮影半分かなと思ったんですけど、ほぼ撮影ですね。

瀧：そうですか。ここでの宴会最高っすね。営業時間でいうと9時から21時。9時から21時まで宴会やってもいいってことですよね？　へえ。ちなみに9時〜21時で借りてお幾らですか？

田中：こちらパンフレットです。

瀧：15名までで、1日料金3万８５００円。15人で1日借りて、1人３０００円ぐらいか。今なんでそんなことを聞いたかと言いますと、時折この近くで草野球をやってまして、11時に終わるんですよ。そこからここに来て、21時まで宴会やるのもありだなって閃いたんです（笑）その使い方をしてもいいんですよね？

田中：はい。ここは隣が駐車場と家ですけど、逆側はマンションの駐輪場なので、音はあんまり気にはならないです。レンタルスペースって音にうるさいところが割と多いんですけど。

瀧：なるほど。それはいいなあ。

——じゃあ球場はこっちでとりますよ！

瀧：羽根木公園、和田堀公園、どっちからも来られる距離ですよね。

田中：両方とも、ワンコの散歩で行きますよ。

瀧：パンフレットによると、テレビCM撮影、コスプレ撮影、リモートの遠隔オフィス、個展、教室、展示会、ランチ会、女子会などなど多様に、なるほど。

田中：そうですね。この間うちの父が亡くなって。ここで生まれて育ったので、ここで葬式やったんですよ。そしたら葬儀屋さんがここを気に入っちゃって。他の人でもやらしてくださいってお願いされて、まあここでいいならいいかもな？　とも思ったんですけど、やっぱり親戚の反対が。お葬式だけは勘弁してと。

瀧：ああ、やはりご遺体が来るとね。建物に悲しみが

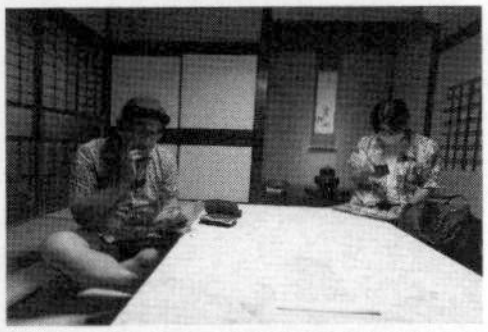

溜まっていっちゃう感じがしますよね。それはちょっとね。親戚の方がおっしゃってること、なんとなくわかります。

田中：そうなんです。あと、見ていただきたい空間があるんですよ。こちらです、蔵の間。

瀧：うわ、そうか。質屋さんだから蔵があるのか。

田中：あと廊下の先に、風呂とシャワーもあります。

瀧：うわあ、やっぱ泊まりたい（笑）ここから向こうが蔵か。しかも母家から繋がってるやつだ！

田中：叔父と叔母が継いだときにここをアトリエに直したんですよね。で、画材とか物がいっぱいあったんですけど。よかったら上もどうぞ。

瀧：ありがとうございます。昔の割にはちゃんと階段が緩やかですね。日本の古い家屋だと、はしごみたいな急な階段が多いんですけども、この階段の穏やかなこと。叔父さんがリフォームしたときに緩やかなやつに付け替えたんですかね？　わあ、さすがに上はむぅっとしてますね。サウナ状態ですわ。

田中：天井からこういうのが出てきたんですよ。上のあそこを見てください、昭和3年2月19日上棟って書いてあります。

瀧：うわ、綺麗な状態で残ってますねぇ。95年前のものとは思えないすわ。ギャラリーとしてのこの雰囲気はいいですね。

田中：でもなかなかこっちを使う方はいらっしゃらなくて。和室が使われることがやっぱり多いです。

瀧：でもここで、タロット占いとかをしてもらうの良い気がしますけど（笑）本日はあなたの何を占いましょうかって、中央に丸いテーブルを置いて。ここでだったら占いの説得力が増す気がしますけどね。

田中：撮影のときはここが楽屋になりますね。

瀧：ああ。女の方だったら着替えの時に人が来なくていいですもんね。なるほど。……僕は占い館にするの

がいいかと思います（笑）

——最初に編集の松本さんが取材を申し込んだときにお電話して、レンタルスペースで杉並を回るっていう企画をお伝えしたら、「いいとこに目をつけたね！」っておっしゃったらしくて、田中さんが。

田中：そうそうそう（笑）

瀧：最近レンタルスペースって増えてきたなって思って。きっと杉並にも結構あるんじゃないのっていう読みでこの企画になったんです。いや〜、本当に野球の後に来てもいいすか？　ああ、いい縁側。マジでビールを買ってくればよかった（笑）

——つまみはＵｂｅｒで頼めばいいですもんね。

瀧：そうね。Ｕｂｅｒでもいいけど、沖縄タウンにテイクアウトに行けばいいんじゃない？

——ああ、確かにそうですね！　オリオンビールですね。

田中：沖縄タウンは行かれました？

瀧：はい、さっき通ってきました。あそこはなんで沖縄タウンなんですか？

田中：昔、杉並区の区会議員の渡嘉敷さんっていう方がいらしたんです。沖縄の方で、この辺に住んでて。20年ぐらい前ですかね、沖縄っていうと人が集まるっていうので町おこしをしたんです。それで流行ったという感じですね。

瀧：ちょっと独特な発展の仕方ですよね。今日は夜分遅くにありがとうございました！　宴会していいってのが最高ですね。また必ず来ますので、こちらのパンフレットをいただきます。

田中：はい、どうぞ！　ああそうだ（外に出る）、この建物の外が駐車場になっているので、車4台ぐらいなら停めていいですよ。実はこっち側が蔵の方の入り口でして。

瀧：ここですか？　ここがさっきのキッチンの方に繋がってるのか。なるほど。

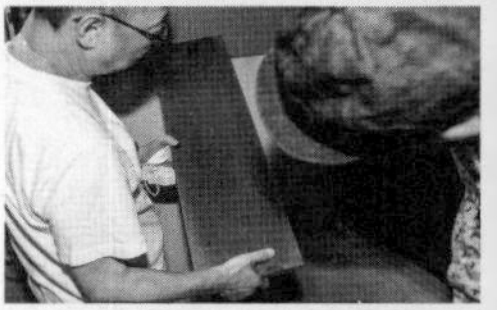

田中：こういうのがゴロゴロありまして。これには「東京府多摩郡和田堀和泉」とあります。

瀧：質屋の看板か、営業免許証みたいなもんですかね。いろいろ見せていただいてありがとうございました。

田中：はい！　お待ちしております！

環七沿いを歩く

瀧：いやあ、良いところだったね。味がある雰囲気だし、融通も効く。

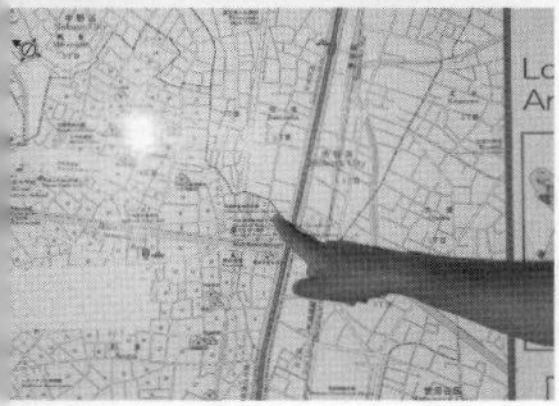

——ラーメン「福寿」閉店がなおさら無念ですね。

瀧：そうだね。ここからだったらすぐだったもんね。福寿でユニフォーム姿でラーメンすすってから「いせやほり」に向かうの最強パターンだっただろうな。ビール足りなくなっても、ちょっと方南町ドンキ行ってきてーってのもありなんだもんね。あそこ冷蔵庫もあったし。そうか、ここはもう杉並区になるんだな。環七と甲州街道の交差点（大原）より上側は渋谷区でしょ。方南町は杉並区？　そうか、こういう切り方をしてんだな。

——次はこのまま環七をまっすぐ行くんですけど、ドンキの向かいあたりに金魚を売ってる店ありますよね。

瀧：ああ、金魚屋ね。車で通るときに見るな。せっかくだから金魚屋見ていく？　それにしてもすげえ喉が乾いたなあ。

——我々さっきラーメン平らげてますからね。

瀧：そうだ、すっかり忘れてた（笑）これは「泉南歩道橋」ね。

環七を方南町ドンキ側に渡りますか。次はどんなレンタルスペースなの？

——次はですね、忍者屋敷風のレンタルスペースで、忍者もいます。

瀧：忍者がいるの？（笑）どういうこと？　まあ行けば分かるか。じゃあ環七沿いを真っ直ぐ高円寺方面ね。あ、これでしょ？　矢吹くんが言ってた金魚屋さん。

——そうです、「金魚一道」。

瀧：どんなスタイルなのかちょっと検索してみてくれる？　ああ、いるいる。水槽の中で何かがちょこちょこ動いてる感じ。

——（検索しながら）なんか思ってたのと違いました。これ全部ブランド金魚みたいです、しかも高級めの。

瀧：へえ、じゃあここ高級金魚ブリーダーってことなのか。

——売ってるのは金魚なんですけど、多分熱帯魚屋さんとかと同じ感じなんでしょうね。

瀧：そうかもね。ドンキの横にあるから、勝手に「縁日っぽいんじゃねえの?」ってバイアスがかかってたんだと思うな（笑）

——（スマホ片手に）これ見てるとちょっとワクワクしてきますね。「関東・東錦2歳16センチ前後ペア」。

瀧：そういう超ブランド品評会用の金魚扱ってるんだろうね。もしかしたら、上の階も全部水槽なのかもしんないね。

――そうですね。建物も古いですよね。

瀧：ツタがびっしりだもんね。

――環七沿いはタギングを結構見かけますね。杉並区だからっていうよりかは、環七だからタギングが多いんでしょうね。

瀧：そういうことだと思うよ。環七は車がビュンビュン走っていて、一見騒がしいように見えるけど、実は監視の目が弱くてノーマークに近い。車を運転してる人は別に歩道の方なんかいちいち見ちゃいないからさ。スピードが出る道だし。だから環七沿いの壁はタギングやるやつにとっちゃ好環境なのかもしれない。夜でも明るいし。そういえば、取材が終わった各区のまとめを、ｎｏｔｅ用に日々やってるんだけどさ。文章を吟味&写真を随所に差し込んだりして。その中で「何々区はゴミが落ちてないね」って俺が頻繁に言ってるのよ。確かに最近ゴミってあんまり落ちてないよね。前回やってた頃と比べると、随分と町に落ちてるゴミが減った気がすると思って。なんか東京のストリートって綺麗になったんだなって感じするな。

――東京五輪の影響は絶対ありますよね。街を綺麗にしようっていう行政の意識は絶対高くなってると思います。

瀧：きっとそうだよね。あとは市民の意識も変わってきたんじゃないかな。落ちてるタバコの吸い殻が劇的に減ったのも要因かも。しかしさ、環七ってたまに「この店興味あり！」っていう気になる町中華とかたまに見かけたりするんだけどさ、車を停めようがないんだよね。

――わかる、それめっちゃわかります。

瀧：せっかく美味そうなラーメン屋とか見つけても、結局3秒で通り過ぎていくだけっていうかさ。

――もうすぐ方南町です。目的地はこの信号を渡ったあたりですね。

瀧：こんなとこに忍者屋敷のレンタルスペースがあんの？　これって山手通りと方南通りとの交差点だよね。

――僕、今の今まで方南町って中野区だと思ってました。

瀧：本当？　俺は渋谷区か新宿区だと思ってた。この

辺の交差点の近くにあるお店、どれも味わい深いよね。山手通りをもうちょっと上った左側にホープ軒があったんだけど、そこもいつの間にか無くなっちゃったんだよね。下高井戸の「木八」にちょっと似てて、「木八」無きあとよく行ってたんだけど、遂に無くなっちゃった。寂しいわ。

——瀧さん、どうやらここのビルの中にあるみたいですね。

瀧：ここ！？ この中にあるの？ なんか怪しい建物感。うん、佇まいはレンタルスペース然としてる（笑）じゃあエレベーターで上がってみよう。

ビルにある忍者屋敷シュリケン

瀧：（チーン！）……着いた。どこだろう？

日比：どうも。（後ろから登場）

——うわー、びっくりした！

日比：忍者っぽく登場してみました（笑）はじめまして、忍者屋敷シュリケンの日比です。

瀧：こんばんは、ピエール瀧です。今日はよろしくお願いします。部屋はどちらなんですか？ 廊下の奥？

日比：どこだと思いますか？

瀧：あ、もうその感じなんだ（笑）

日比：いつもは、ミッションクリア型のエンタメ施設みたいなのをやってまして。

瀧：それがここのメインの目的なんですか？

日比：はい。ここは、わざと入り口がわかんないようになってるんです。

瀧：俺が今、手をついてるところかな？ 多分隠し扉でしょ。……ううん、違うな。こうじゃないんだな。

日比：そこに触ってもらうと。

瀧：あ、なるほど！ これ紹介しちゃいますけど、ネタバレ大丈夫ですか？

日比：どうぞ（笑）

瀧：では失礼しまーす。中は靴を脱ぐ感じなんすね。あ、なんかいっぱい壁に飾ってある。

日比：これはミッションをクリアした人たちの名前が、

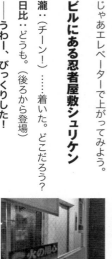

上忍、中忍、下忍ていう風に貼り出されてます。

瀧：この屋敷をクリアした人たちですね。

日比：そうですね。

パンパン！（日比さん手を叩く）

瀧：（ガタンッ！）うわ、忍者が来た！（笑）横ちゃん、ほらもう笑ってないで写真撮らないと！ こういうのボサボサしてると、どんどん進んじゃうんだから。すいません、もう1回やってもらっていいですか？（笑）

忍者：はい、大丈夫ですよ（笑）

横ちゃん：すいません、ちょっとそこで止まっててもらってもいいですか？ そう、そちらでお願いします！

瀧：そう何回もやるもんじゃないんだけどなと思いながらやってくれてるでしょうね（笑）はい、ありがとうございました。こんな感じでアトラクションが進んでいくんですね。あ、アトラクションってあんまり言ったらダメですね。普段はこちらで忍者として生活、修行をなさってるんですもんね。きっともう何人か殺してるでしょうね、その覆面の感じだと（笑）忍者はバレそうになったら、自分の顔を爆破しなくちゃいけない掟ですもんね。

忍者：そうなんです（笑）

日比：こういった隠し扉とか、床にも色々仕込みがあるんです。土日はアトラクションで使って、空いてる時はスタジオ貸しにしようかと思いまして。

瀧：スタジオ貸しのときはどんな人が借りてるんですか？

日比：いや、まだこれから始めるとこなんです。

瀧：これからですか！ なるほど、じゃあ上手に記事を書いてくれよっていう話ですね（笑）俺たちが初のフリーのお客さんだったんですね。ぶっちゃけどんな人に借りてほしいですか？

日比：最近は和物系のアニメーションとかが流行ってるので、「鬼滅の

刃」とかコスプレとかされる方とかに使っていただければ。

瀧：やっぱそうなるか。でもそれやっちゃうと、「鬼滅の刃」が下火になるとキツくないですか？　でもそうか、「呪術廻戦」もあるし、「忍たま乱太郎」なんかは息長いか（笑）

日比：はい。あとなんか最近ボードゲームとかを雰囲気ある場所でやられる方も増えてるみたいなので、そういった方とかにもここでやっていただけるといいなっていうふうには思ってますね。

瀧：あ、それいいっすよね。ここ、もしかして隠し扉ですか？　こうなってて。これは開くんでしょ、多分。

日比：はい（笑）そういうところに隠れて、敵がやって来たら手裏剣をスッと。それで、こっちの間は手裏剣や刀を練習するところです。ここは牢屋になってて、敵に見つかると捕まるんですけど、仲間が来たら助けてもらえます。

瀧：なるほど。ちょっと僕は今は入りたくないですけど。もうすぐ執行猶予が切れるんで（笑）

——ちなみに、今23時ですね（笑）

瀧：本当に？　しょうがないなぁ、じゃあ牢屋入ろうか（笑）せっかくだから忍者と一緒に撮ろう。他にはどんな人に来て欲しいですか？　貸しスペースとして。

日比：ワーキングスペースとしては、正直使いづらいかなと思うんですけど。

瀧：えー、でも頭巾をかぶってのｚｏｏｍ会議とか笑えていいと思うんですけどね、会社によりますけど（笑）あとは外国人が狙い目ですよね。衣装を貸し出してニンジャの雰囲気を楽しんでもらう。

日比：まだ始めたばっかりで、そういったところまではできてないんですけど。そうですね、ゆくゆくは。ちなみに、牢屋の上に登れます。梯子で行ってみますか？

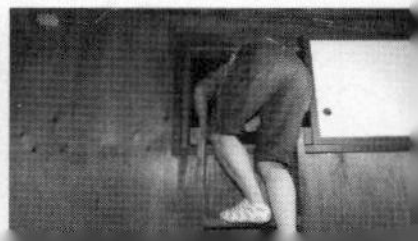

瀧：いいですか？　では。うわぁ、まああな空間じゃないですか！　これ先まで行ってみてもいいですか？

日比：それは通常みんな行くところです。左奥にまた違う部屋がありますよ。

瀧：ここノーマルルートなのか（笑）あ、なるほど！それでこっちの部屋に出るわけですね。あ、みんなそっち側から回ってきたのね。ここ通らなくても普通に回れるのかよ（笑）宝の棚がある。

日比：はい、宝探しをするミッションとかもあるので。

瀧：なるほど。カップルでいちゃいちゃしながらやったら楽しいかもしれない（笑）見たことあります？　カップルがチューしてるところとか？

日比：いやあ、今のところないです（笑）

瀧：そうですか、残念。で、こうやって最初の部屋に戻れるわけですね。

日比：そうです。ちょっと足元のここいいですか？　ここ実は開けられるんですよ。

瀧：おおー。こっそりスマホ隠しておいて、探してみよ！とかね。

——マルサの女みたいですね。

瀧：そうね。ここは音出したらいけない場所なんですか？

日比：そんなには出せないですね。住民の方がいらっしゃるんで。

瀧：泊まることもできるんですか？

日比：泊まりはやってないんですよね。

——子どもとか、ファミリーは喜びそうですけどね。

日比：そうなんですけどね。ウチ、1軒家のお化け屋敷とかも方南町でやってまして。そこもスタジオ貸しをしようかなと思ってるんですけど。

瀧：そんなのもあるんですか？　でもここも日本家屋と言えば日本家屋ですもんね。忍者フードしか出てこないとか、色塗った米とかそういう忍者の非常食みたいなやつ配られて、忍者の雰囲気だけ楽しむランチとかどうだろ？（笑）

日比：街全体で遊べるようなものを目指してやってはいるんですけど。ここはオリンピック前から作っていて、当初は外国の方向けに考えていたんですけど。今はこういう状況なんでちょっと難しくなってしまって。

瀧：おいくらくらいでレンタルスペースとして借りら

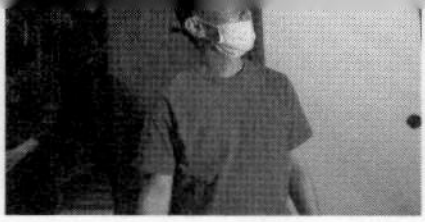

れるんですか?

日比：4時間貸し切りという形になってしまいますが、それで25000円というのが現状の設定ですね。

瀧：1時間6000円ぐらい。まあでもそれくらいだったらね。忍者っぽいインストラクター呼んで、忍者トレーニングとか、忍者ストレッチとか言ってやってみるのもいいじゃないすか。最初は印の結び方から教えたりして。これ本物だから気をつけて、本当は内緒なんだよって囁きながら（笑）

日比：新宿に、日本で唯一の忍者の血筋の系統者が1人いるんですよ。その人、忍者についてめちゃくちゃ詳しいんですけど、ニューハーフなんですよ。なので、多分血統はそこで終わっちゃうんですよね。

瀧：はあ、なるほど！　めっちゃ面白い人じゃないですか。

日比：そうなんですよ。オンラインイベントとかもやられていて、テレビとかも結構出られてる。その方のレクチャーをここでやったらめちゃくちゃウケると思うんですけど。

瀧：それは超面白そう！　くノ一の格好で現れてね。そうか、一般の人が借りてもいいんだから、コスプレ撮影じゃなくてサークルの忍者研究発表会でもいいんだもんね。コスプレも別に忍者ネタじゃなくてもいいし。あんみつ姫のコスプレとか（笑）

日比：あと、ウチではさっき言ったお化け屋敷ともう一軒、見た目は完全にお肉屋さんなんだけど、実は殺人鬼店主がウラで人肉を売っているっていう設定の脱出ゲームみたいなものも作っていて。そういう怖い場所に特化してるレンタルスペースって、まだあんまりないんですよね。

瀧：確かにそうですね。包帯巻いてとか、ゴスロリ眼帯とか、そっち系のデカダンコスプレでやりたい人もきっといますもんね。なんというか、杉並区はいろいろ町おこしがやりやすい町なんですね。

日比：はい、そう思います。沖縄タウンもそうだし、町おこしはやりやすいですね。中央線までいっちゃうと、ちょっと色がついちゃってると思うんですけど。高円寺とか。方南町はそういう活動がかなりやりやすいと思います。まだ知られていない感じもありますし。

瀧：まだプレーンな感じありますもんね。

日比：そうなんです。商店街と一緒に全員でお化け祭りとかもやってくれるので。

瀧：なるほど。いやあ、最後にいい話を聞けました。夜分にありがとうございました。忍者さんも。

日比&忍者：はい、ありがとうございました！

最後の目的地へ

瀧：「町おこしをしやすい」って、なんか前向きでいいフレーズだったね。

——ね。いいのをいただきましたね。

瀧：次で最後か、最後はどこ？

——南阿佐ヶ谷なんですけど。南阿佐ヶ谷はまたちょっと毛色が違ってきますよね。

瀧：歩いていける？

——いや、ここからだと結構遠いんですよね。歩くと40分ぐらいあるんで。

瀧：じゃあタクシーで行っちゃおうか。そういえば、高円寺の阿波踊りも杉並区だよね。あれも町おこしって言えば町おこしだよね。沖縄タウンと一緒で。

——そうですよね、徳島の文化を引っ張ってきてるわけですもんね。後、さっき見たんですけど、方南町のクラフトビールってのがあったんですよね。そういうのだって町おこしと言えば町おこしですもんね。

瀧：杉並区って、面白そうな町おこしを持ちかけたら乗ってくれそうな地域ではあるよね。それこそ永福町とか。大勝軒がある商店街を「ロボットタウンってことにします！」、「1年に1回ロボットのコスプレで町を盛り上げましょう！」とかどうだろ？（笑）杉並区ってネットでいろいろ調べてみたけど、杉並区といえばこれ！っていうものが無かったじゃん。だけど各所で小さいムーブメントはあるんだな。他にはどこだろう？　杉並区でまだ色がついてないところ。

——上高井戸とかもそうですよね。

瀧：そうかも、狙い目だ（笑）あ、タクシーが来た。すいません、南阿佐ヶ谷の方まで！

（タクシーで移動し、静まり返った住宅地へ）

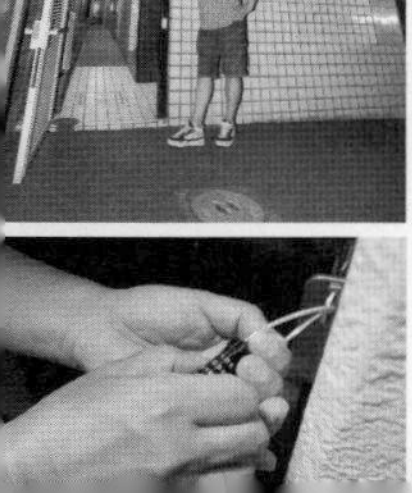

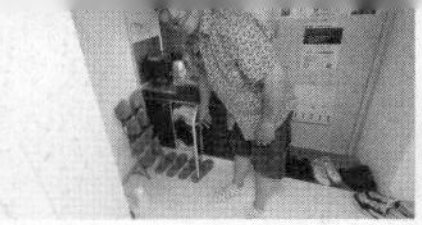

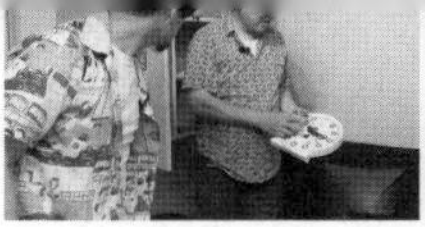

――住所だとここですね。このマンションです。

瀧：しかし、杉並区はどこも思った通りしっかり寝静まってるね。普通のハイツっぽいところだなあ。でもうん、いいんじゃない？　期待が持てる。

――この黒い南京錠を開けると、中に入れるはずです。……開きました！　入りましょうか。

瀧：よし、お邪魔します。いやあ、普通の部屋っぽくていいね！　非常にレンタルスペースらしい佇まいだわ。これだよね、レンタルスペースって。飾り気ゼロ。

――ワンルーム、……1Kですかね。これを「キッチン」として計上するならですけど。

瀧：このサイズは確実にKではないよね（笑）これは完全にワンルームじゃないの？　でも確かに、ホテルの代わりに使っちゃう人の気持ちはわかるな。この部屋でいくらくらいの金額設定なの？

――めっちゃ安いですよ。24時を回ってから入室して、朝まで借りて2500円弱です。

瀧：すげえ、激安。本来のここの家賃結構しそうな感じなのに。だって駅から徒歩数分でしょ？　一応監視カメラが設置してあるな。そして、なぜかキーボードはあるけど冷蔵庫がない（笑）装備としては冷蔵庫の方が先だと思うんだけどな（笑）ソファーの横の棚には何か入ってる？　……あー、はいはい。アルファベットのカードを発見しました。わかった！　いつもはここで昼間に英語の塾をやってるのかもしれない。キッズ向けの英語塾やるにはちょうどいいサイズだもんね。ほら、やっぱりそうだ。ファイルも発見。レンタルスペースの使い道って、レジャーだけじゃないんだな。

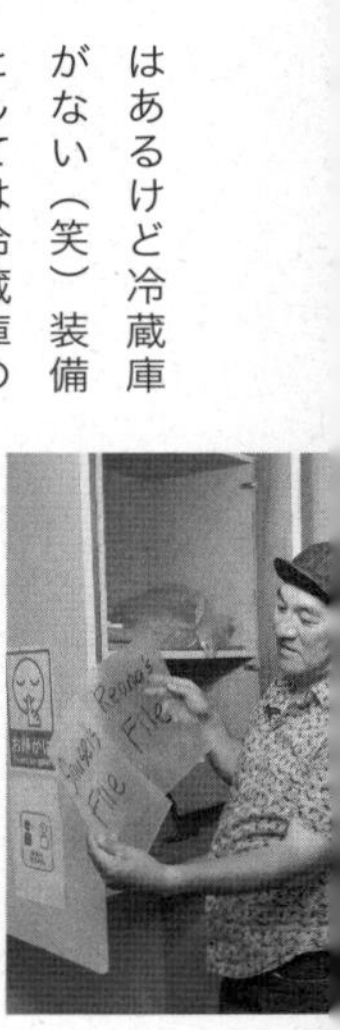

――ということで、今夜は杉並区のいろんなレンタルスペースを見てきました。では瀧さん最後に、杉並区とは。

瀧：やっぱり町おこしがしやすいっていうコメントが印象的だったなあ。町おこしをしやすい町の集合体が杉並区。令和の町おこしフロントラインってことにしておこう！

23区を振り返る

約2年にわたる散歩時間を共にした、ライターの矢吹くん、カメラマンの横ちゃん、マネージャーの藤森くん、編集の松本さんと振り返り、それぞれの感想を聞いてみた。

矢吹：23区の散歩がひと通り終わったので、参加者全員で総括をしてみようと思います。まずは皆さん本当にお疲れ様でした！

瀧：うんうん、みんな本当にありがとね。で、まずは横ちゃん。専属カメラマンを23区分やって、どうだったか。他の仕事とは違うわけじゃない。拘束時間も長いし。

横ちゃん：実際23区も回った感じはしてない。終わった感じもしてない。まだまだ行けますね。でももっと宴会したかった。北区でお花見したくらいですよね。モロにコロナ被っちゃってるからしょうがないですけど。

矢吹：そう考えると、コロナ禍の記録にもなりましたね。

瀧：前作が実は震災後の記録なんだよ。藤森くんはどう？

藤森：ウチ、途中出産があったんですよね。それで仕事とはいえ、夜に家を空けていいものかっていうのが途中から気になって。ただ、歩くのが苦じゃなくなりました。楽しむポイントを教えてもらった感じ。人のゴミの捨て方とか、そういうところを見てたら意外と楽しめるんだっていうのを知りました。

瀧：夜わざわざ無駄な道歩いて、無駄だって思うか、何もないならないで面白いって思うかは考え方次第だよね。松本さんどうですか？ 松本さんだけ2回目だもんね、まさかの。

松本：前回23区歩き終わった後、瀧さんが「また2周目とかやってもいいかもね」って言ったんですけど、それが本当になるとは（笑）

瀧：俺がちょうど暇になってたから、「2周目やりません？」っつって、松本さんが「じゃあ、やりましょう」って感じで始まりましたもんね。

松本：瀧さんの視点で街をみるの、面白かった。あと、瀧さんの子どもの頃の話とか、ご家族の話とか聞くのが好きでしたね。

瀧：エモい話とか子育ての話とかって、目を見て話すもんじゃないから横並びって意外に話しやすい。歩く速度もちょうどそのモードになるよね。矢吹くんは？

矢吹：1個強烈な思い出としてあるのは……僕、毎回声を録音してるじゃないすか。だから多分世の中で一番瀧さんのオシッコの音を聞いてるかなと。

瀧：なるほどね（笑）

矢吹：書き起こしと構成やって気づいたのが、「ロケはあんまり盛り上がらなかったけど、書き起こしてみたら面白くなってる」みたいな回が間違いなくあること。で、その逆「ロケはすごい盛り上がったけど、文章に起こしてみるとあの勢いがそこまで再現出来ない」みたいなことも。それはもちろん自分の実力不足によるところも大きいんですけど、物書きとして勉強になりましたね。

瀧：俺はね。シンプルに思ったのは、10年で東京ってすげえ変わるんだなって。落ちてるゴミが減った、タギングが減った、とか。オリンピック経たし、コロナ禍ってのもあるのかもしんないけど、10年で町の基準だったりがすごく変わってるのが興味深かった。再開発とか、道路通すための工事とか。前回「これいずれ道が通るんじゃね？」って言ってたやつが通ってたりとか。前回45歳で歩いてて今回は55歳。45で歩くのと55で歩くのって違うんだなって。矢吹くんは今何歳？

矢吹：36歳ですね。

瀧：36歳で歩く東京と55歳の感覚で歩く東京では、同じこの2020年の東京でもやっぱりまた違うんだよね。10年前歩くのと今歩くのでも違う。この組み合わせが、本当無限にあるんだな、って。

藤森：それで言うと、子どもが生まれた北区以降は、子育て環境としてどうかみたいな目線で見るようになりました。引越しも検討していたんで。

瀧：23区もどんどんリニューアルするしこっちも変わるし。これ、ロマンチックに言っちゃうと、天文学的な組み合わせで成立してる「角曲がる」なんすよ。何でもない1個の「角曲がる」なんだけど、実は奇跡的な「角曲がる」。23区の方も動いてるしこっちも動きながら角を曲がるんで。一見無意味なんだけど、ものすごく奇跡的。風景のパターンとこっちの思考のパターンとの組み合わせ、それとこの5人じゃなかったらまたちょっと違うしっていうのを考えると、天文学的な奇跡のパターン。もう2度と来ないものの組み合わせなんだよね。だから松本さんが「またやりましょうよ」って言ってくれたのは本当にありがたかったし、だからこそ、この今日のこの瞬間がある。しんどいときもあったし、もういいんじゃないのってときもあったけど、僕は僕なりに、全部の瞬間を、感動的にやってましたから、本当に。公園の蛇の頭の上に乗る瞬間も。このメンツでこの時期に、ここを曲がるって2度とないことなんで。僕、前はもっと斜に構えたものの見方をしてたと思うんです。突っ込みどころを探すっていうか。10年経ってるから年齢も多分あると思うんだけど、今はもっと素直に、「なんでもないものの方が実は何か価値がある」そういう風にものを見るようになったかな。全部自覚的にそれをやったら、もうヘトヘトになっちゃうんだけどね。それにみんなで夜中、徘徊するって楽しいじゃないですか。僕、もともと個人的にも夜徘徊したりするんで、1人もいいけど、それを人と共有するのもいいなと思ったな。人のそういうのを跳ね除けるんじゃなくて、意外とこのメンバーはちゃんと付き合うというかそういう感じがあって、うん。今回はそういう特徴があるなと思いますし。だからそう、2周目をやってみて思ったのは、「東京も動いてるし、俺も動いてんだな」っていうこと。これが10年経って歩いた感想です。

振り返る

矢吹：しかし今回、よく雨が降りましたよね。板橋区のロケ終わりにもすごい降って、案内してくださった高橋さんのお子さんが傘持ってきてくれたじゃないですか。

瀧：覚えてる覚えてる。でもそれはそれで、いい瞬間だった。だって雨降らないと、高橋さんの親子の繋がりにはたどり着かないんだから。何だろう。物事は何でもいい方に考えられるんだったら考えた方がよくない？ 骨折したけど救急車に乗れると思った方がいいっていうかさ。だから何でも考え方次第。でなかったら23区を夜歩こうなんて思わないっしょ。大体5時間ぐらい平均で時間使ってる。だから120時間ぐらいは歩いたワケだよね。

矢吹：延べ5日ですね。

瀧：そっか、ここ2年ぐらいの約1週間を、夜中ウロウロすることに全部使ったってことだ。

矢吹：板橋区の話になったので続けて話をすると、ゲストや道で会った人たちがいっぱいいた中で僕、もう1回高橋さんに会いたくて。高橋さんが暗渠の魅力を熱弁して以降、歩いていて何度も「これ暗渠だよね？高橋さんが好きな」って話になったじゃないですか。高橋さん、まさか自分がこんなに話題に上がっているとは思っていないと思うんですよね（笑）

瀧：確かにそうね（笑）。いい角度を掘るなこの人と思ったんだよね。

藤森：櫻間心星くんという友達ができたのも良かった。渋谷区のロケ終わりで飲んで、いまだに連絡取って飲みに行ったりしてます。

瀧：そうなんだ（笑）。いい子だよねあの子。

矢吹：それで言うと、僕も中央区で行った「るぷりん」は常連になりました（笑）

瀧：なるほど。松本さん、思い出に残ってる出会いとかあります？

23区を

松本：新宿区の本橋さんは面白かったですねえ。

瀧：ああ、高田馬場といえば、バンドやってる子に話かけられてましたよね。

矢吹：高田馬場案内してくれた。

瀧：あったあった（笑）。調べたよ俺、あの子の名前。

藤森：大田区の足湯に浸かってた高校生もいい子たちでしたよね。

瀧：あの子たちいい子だったね！　横ちゃんは？

横ちゃん：あの劇団は面白かったですね、荒川区の。その後劇場がなくなったって話を聞きましたけど、あのタイミングで行けたっていうのも良かったし。

瀧：俺はね、この本にも紹介されないし、noteにも出てこない人なんだけど、江戸川区の酒屋のお母さん。サンちゃん思い出の酒屋さんに行って、そこで取材させてくれませんか?って言ったら、「いやいやもううちはこんな古いところなんで、お断りさせていただきます」って言った理由がすごく正当でよかった。何か素敵な人だったね、うん。あと、文京区の「川久保万年筆店」の妹さん。お兄さんがあそこでやってて、お話自体はお兄さんがしてくれてたんだけど、noteを作りながらずっと妹さんが楽しそうに話聞いてる表情を思い出してた。はしゃぐわけでもなくお兄ちゃん立てながら後で話聞いてて。

藤森：僕は北区の土手沿いですね、テクノみたいなとこ。

瀧：ああ、あそこからの見た団地の光の感じ！　あれよかったよね。

横ちゃん：僕、スーパーのBig-Aなんですよね（笑）。ちょっと違和感あって。東京じゃない違うところに来たみたいな。

瀧：俺、あそこで買ったパン、翌日釣り船に持っていって、1人で一個丸々食ったよ（笑）。矢吹くんは？

矢吹：僕はやっぱり松浦佐用彦さんにまつわる全てですね。3区に跨って話題に上がりましたし、結構時間かけて調べましたし。台東区のお墓、大田区の大森貝塚碑、品川区の品川歴史館まで、全部鮮明に覚えてますね。お墓が無くなったところも含めて。

瀧：俺はね、風景だと、高島平団地の廊下から見た景

振り返る

色かな。東京だなっていう感じと、高島平団地だからこそ成立してる景色のドーンと抜けてる感じ。か、国会議事堂周辺でこっちを見てる警察官。あとは上野公園の倉庫。エレベーターみたいなやつがあったりとか、ダンボールが整然と並んである感じだったりとか。荒川区の貨物操車場のずらーっと並んでる感じとか。あとさ、処刑場話も結構出てきたよね。すごく感動したのは墨田区かな。誰でも弔いますっていうお寺があった。

矢吹：100円自販機で一番印象に残ってるのって瀧さんどれですか？

瀧：渋谷区の50円の柑橘ソーダみたいなやつ。あれは味もナンバーワン。でもあの後藤森くんと前を通りがかったときに、「あれもう1回行こうぜ」っつって探したんだけど見つからなかったんだよね、あの自販機。

藤森：矢吹さんも、結構グループLINEで事後報告してくれましたよね。

矢吹：夜に行ったところを後日一人で昼間行くのが趣味になって。豊島区の眼鏡屋とかは、もう一度時間を

置いて楽しみたいというか。

瀧：今回訪れた場所で、できた姿を見たいのがトンネルね、大泉まで開通する。相当便利になると思う。あと葛飾区の田中賞を取ったS字の吊り橋。この間、ご近所のお父さんに「こんなもの見たんですよ、田中賞取った」って話したら、そのお父さんが何度も田中賞を取ってる人だったことがわかって、そうなんすね！　かっこいいっすね!っていう話をした（笑）

矢吹：横井さん、写真撮ってて、これはいいの撮れた!っていう写真ベストを選ぶとしたらどれですか?

横井：23時の写真で言うと、中野区の23時の時計の下で撮った写真。他はそれぞれ印象的なとこで撮ってるんで選べないですねえ。

瀧：ベストショットか、何万何千枚と撮ってるもんね。あとがきのところにそれ載せるから、全体で一枚選んでよ。シャッターを押してきた横ちゃんのベストショット。

横ちゃん：ちょっと考えときます!

矢吹：しんどかったロケってありました？「この企画の1番の敵は寒さ」みたいな話はよく出ましたけど。

瀧：これもうさ、俺が言う話じゃないかもしれないんだけど、ベース遊びなんだよね。遊びに付き合ってくれる人たちと一緒に歩いて、遊びが何か形になったら良いなぐらいな感じでやってるんで、あんまし仕事の概念じゃないんだよ。でも半分遊びぐらいでちょうどいいというか。例えば草野球もさ、わざわざ朝早くからみんなで集まってやってるけど、遊びじゃんか。でも、遊びがなんかちょっと本気になった瞬間って面白い。ライフワークに近い感じ。元々好きなんだよねこれが。それに付き合ってくる人たちがいたから、形になったんだよね。皆さん長い長い23区の旅に付き合ってくれて、ありがとうございました！

epilogue

ピエール瀧さんに初めて会ったのは、もう7年も前になります。ラジオでの共演がキッカケでしたが、それ以来草野球をやったり、食事に誘ってもらったり。気がつけばたくさん一緒に遊ばせてもらうようになりました。なので、この本も「仕事」というより、「いつもの様に瀧さんと楽しく遊ぼう」という感覚でロケに臨んでいました。その雰囲気は上手く再現出来ていたでしょうか？　実際に瀧さんとの散歩はとても楽しかったので、成功していたら書き手としてこれ以上の喜びはありません。

そして個人的に、ロケで夜に一度歩いた場所へ、昼に行ってみることがライフワークにもなりました。読者の皆さんも、よろしければこの分厚い本を読んで気になった場所があれば、一度足を運んで我々の散歩を追体験してみてください。もしかしたら新しい道楽が見つかるかも。少なくとも自分にとっては、新しい発見に満ちていました。

新型コロナウイルスの流行に伴う緊急事態宣言の発令で、当初のスケジュール通りに歩けなかったり、多少勝手が悪いこともありましたが、振り返れば貴重なコロナ禍の記

録にもなった気がします。

散歩しながらの話し相手として、自分に声をかけてくださり、毎回取材のアポを取り付けてくださった編集の松本さん。素晴らしい写真で本書に彩りを加え、時には再撮影も行ってくれたフォトグラファーの横井さん。スマホでマメにプチ情報を検索しながら、万歩計で歩数を計測してくれていたマフトの藤森さん。一緒に散歩を続けたメンバーは永遠の戦友です。そして装丁を担当してくださった日高さん、取材にご協力いただいた皆様にもこの場を借りて感謝を申し上げます。ありがとうございました！

そしてそしてピエール瀧さん、東京23区に渡る夜のお散歩、本当にお疲れ様でした！　またこの企画の第3弾があれば是非お声かけいただきたいですし、仕事関係なく、夜の散歩相手が必要でしたらいつでも呼び出してください。また一緒に歩きましょう！

2022年8月吉日

カルロス矢吹

ピエール瀧

pierretaki

1967 年、静岡県出身。1989 年に、石野卓球らと電気グルーヴを結成。

音楽活動の他、俳優、声優、タレント、ゲームプロデュース、映像制作などマルチに活動を行う。

著書に『ピエール瀧の 23 区 23 時』(2012 年、産業編集センター／刊) などがある。

ピエール瀧の23区23時　2020-2022

2022年10月13日　第1刷発行

著者／ピエール瀧
聞き手・構成／カルロス矢吹
写真／横井明彦
装丁／日高慶太(monostore)
デザイン／日高慶太、大平千尋(monostore)
DTP／オブジェクトラボ
編集／松本貴子(産業編集センター)
協力／藤森大河(株式会社macht)

発行／株式会社産業編集センター
〒112-0011
東京都文京区千石4丁目39番17号
TEL 03-5395-6133　FAX 03-5395-5320

印刷・製本／株式会社シナノパブリッシングプレス

ISBN978-4-86311-343-5　C0095